經濟全球化背景下
中國外商投資企業法制的發展
開放與管制政策思維之牽動

吳煜賢◎著

臺灣商務印書館

推薦序 1

　　經濟全球化的核心是實現世界經濟的市場化，即把各國的市場連成一片。全球化主要是為了實現貿易、投資、生產要素的自由化，使世界市場走向統一。隨著人類文明的發展，我們進入二十世紀末及二十一世紀初，世界市場的統一不再靠戰爭與武力，而是靠規則的統一來達到市場的統一。因此，法律趨同化是經濟全球化的結果，同時也是經濟全球化的保障。WTO框架下的經濟全球化作為一種客觀歷史潮流，無論是發達國家抑或是發展中國家，都在經受著它的洗禮。但在發達國家對全球化熱情推崇、歡喜雀躍的同時，許多發展中國家卻一直心存猶豫和疑慮。一冷一熱的不同態度的背後，反映出兩類國家在經濟全球化進程中迥然不同的地位與境遇。然而，新型的國際經濟新秩序的建立，就是要實行各國主權與經濟權益的平等，建立公平互利的貿易制度。確立大小國家在國際經濟規則制定中的平等決策權，調整國際經濟結構，改革世界範圍內的不合理的工業生產體系與貿易的單一格局。進一步說，國際經濟新秩序的建立不僅僅是為了促進發展中國家的經濟發展，而是著眼於整個國際社會的共同利益，即國際經濟集體安全利益。

　　中國對外開放可說始於外國直接投資（FDI），經過多年的發展，中國本身與國際的政經形勢皆已發生極大的變化，而作為規制進入中國境內投資的FDI中國外資法制亦已隨之與時俱進。吳煜賢博士從國際環境的發展（經濟全球化）與中國內在環境的變遷（經濟體制變遷）兩個維度對於中國引進FDI發展國民經濟的外資政策思維所帶來的衝擊與影響切入，以法學的角度為基礎，並借助經濟學、政治學、政治經濟學、行政學等學科的相關理論，檢視自改革開放以來，中國外資法制的核心規範——外商投資企業法制的建構與發展脈絡，選擇以中國自改革開放以來的外資政策思維在經濟全球化與經濟體制轉軌交互作用下的變遷作為本文研究的縱軸，而選擇以外商投資企業法制近年來在投資准入、投資措施、投資待遇與投資爭議解決等方面，在經濟體制朝向市場經濟轉軌後立法思維的改革、國際投資法制自由化的要求以及加入世界貿易組織（WTO）等客觀因素影響下的調整與發展作為研究的橫軸，進而以此為肌理鋪陳與架構本文之全貌，實兼具理論與實踐意義。全文的結構嚴謹、條理分明、內容扎實、觀點鮮明、文筆流暢、資料完整，從

一個較宏觀的角度對中國自改革開放以來外商投資企業法制的發展脈絡作出較完整而有系統的分析與總結，在某種程度上，可說是較完整地闡述中國外商投資企業法制的建構發展史。

由於本文題目大、討論範圍寬泛、資料文獻浩瀚，無疑大幅增加為文的難度。通過本文的整體呈現，可知吳博士實付出並耗費相當大的精力與相當多的時間，搜集、鑑別、整理、消化相關文獻，並透過文獻分析、比較分析、歷史分析等研究方法，從中梳理出中國外商投資企業法制的建構與發展的基本線索脈絡，並從涉及的各個方面，加以概括、提煉與總結，且行文之中亦處處展現出吳君犀利的觀察力與自己獨到的觀點，本文整體的為文品質實為一部優秀的學術專著；而其寫作認真的態度、刻苦研究的精神，亦足堪為研究同儕之表率與借鑑，非常值得嘉許與推崇。

吳博士是我在擔任對外經濟貿易大學法學院院長期間所收錄的臺灣博士生，在進入貿大進修博士學位之前，已在臺灣接受完整、專業並嚴格的法學教育訓練，加以多年在民間知名企業與機構歷練，堪稱法學涵養與實務能力兼備。通過其進修期間與其後的相處與互動，體認到吳博士品性敦良、個性隨和、處事圓融、進退有據，與人相處謙恭有禮，學習態度認真，言之有物且不誇大浮華，深獲同儕、師長們的認可與愛護；而其在校學習與處世方面的表現以及學術成果，相信對於日後兩岸法學持續正面、良性地交流有著積極的促進與深化作用，曾身為其導師感到十分欣慰亦與有榮焉。相信這本學術佳作的出版，當可一饗兩岸讀者，一窺中國法制三十多年來發展的堂奧，本人樂於為序推薦。

上海大學法學院院長
對外經濟貿易大學法學院教授
中國教育部社會科學委員會委員
中國國際經濟法研究會會長
中國仲裁法研究會副會長
中國國際經濟貿易仲裁委員會仲裁員
最高人民法院專家諮詢員
北京市華貿硅谷律師事務所創辦人暨合夥律師

2010/9/19

推薦序 2

　　本書作者吳煜賢先生，兼具兩岸知名大學法學碩、博士學位，並有豐富的兩岸法務工作經歷，以及二、三十篇極度備受重視的，關於中國方面的法律論著與研究成果，尤其是此書《經濟全球化背景下中國外商投資企業法制的發展》！

　　適逢中國改革開放屆滿三十年之際與後 WTO 時期的來臨，本書作者吳煜賢博士從法學的角度為基礎，佐以經濟學、政治學、社會學、政治經濟學、行政學、國際投資學等學科的理論，透過跨領域、透過發展脈絡探索與檢討的方式，分析中國外商投資企業法制，成功的分解出此制度之全貌，與其在發展階段中的變革。

　　本書研究方法周延，取材豐富，多視角化的分析，可說是淋漓盡致，尤其在勾勒經濟全球化的背景下，深入探討中國經濟體制改革，牽動其對外資政策之思維與再思維，以及確立或重構外商投資企業法制的問題，難能可貴，也是我們由衷特別推薦的緣由。

王泰銓 教授

國立臺灣大學法律學院

2010/10/22

推薦序 3

在過去十五年以來，中國大陸一直位居我國對外投資的首位，且占比例高達百分之八十以上；最大貿易伙伴、最大貿易順差的來源地。使得中國大陸有關外商投資企業法制的相關領域法律的理解與適用是我國不可或缺的一環，恰恰遺憾的是，我國在這方面的研究仍散發在各個實務上的討論、凌亂不完整的期刊論文之上。加諸改革開放三十餘年來的中國大陸，在外商投資的法制發展與內涵，也並非建構在一層不變的空間。是以，一部系統性且完整深度檢視中國大陸外商投資企業法制的書籍在我國便顯得重要與高度的需求。而吳煜賢博士的大作《經濟全球化背景下中國外商投資企業法制的發展》初步滿足我們在這一領域上的需求。

吳煜賢博士從碩士期間便潛心鑽研於中國大陸外商投資企業法制的研究，其論文便展現出其精湛投入的成果。其後也第一時間親臨中國大陸現場，考入以經貿法制見長的對外經貿大學攻讀國際經濟法專業博士，期間更深入圍繞著此一議題的發揮與考察，逐步積累出其在這一領域的豐富學術底蘊，殊屬不易。

本書深入淺出地就中國大陸外商投資企業法制的發展和政策變遷歷程加以梳理，同時具體翔實地剖析外商投資企業如何順應嬗變中的經濟體制變遷下，在中國的調整與因應。在兩岸 ECFA 的簽署，以及直航下所加劇經貿的互動，我們亟需一個完整而全面的對中國外商投資企業的法制環境掌握，而本書殊值我國學界、產業界、行政機關等在探究兩岸經貿往來之際，對中國外商投資企業法制理解所必須。是以為推薦。

王文杰

2010/10/11 於政大長堤

自序

　　在經濟全球化（Economic Globalization）的發展趨勢下，世界各國的經濟逐漸朝著更加開放與自由化的方向發展，商品、資本、勞動與技術等生產要素跨國界的流動更為便利，然在各國經濟依存度大幅提升的同時，卻也產生相互制約的作用，易言之，當世界市場變得更為開放，相對地競爭必然更加激烈。經濟全球化的發展要求確立政府職能市場化的地位，故對尚未完全從計畫經濟轉型為市場經濟的開發中國家（Developing Country，或譯為「發展中國家」）而言，轉變政府職能便成為其因應經濟全球化發展的一項最為重要任務；質言之，如何能在進一步發揮市場機制力量的前提下，使其政府職能逐漸跳脫以往長期干預的角色窠臼，建立市場經濟發展所需要的法律、體制等基礎，轉而為市場服務；政府如何定位在為市場充分有效發揮作用創造條件，而且能在對市場進行適當的管制或干預，彌補市場的缺陷以避免市場失靈（Market failure）現象產生，同時亦能讓自己免於陷入政府失靈（Government failure）的境地，衍生管制的弊端，達到市場與政府作用的平衡，維繫經濟運作均衡，對其均將是一項嚴峻的挑戰。

　　追求經濟發展的前提在於資源的充分利用，其中，資本更是充分利用資源必不可或缺的要素。經濟發展必須仰賴資本，缺乏資本將妨礙經濟的發展。長久以來，從國際社會汲取所需的資本便是開發中國家謀求經濟發展的重要途徑。研究顯示，在經濟全球化的過程中，外國直接投資（Foreign Direct Investment，以下簡稱 FDI）實發揮原動力與加速器的關鍵角色；1990 年以後，FDI 已然成為開發中國家經濟發展最重要的外部資本來源，取代過往主要透過銀行貸款與公共投資等獲取資本的方式，對於同屬開發中國家的中國亦不例外。中國在改革開放以前，經濟活動的運作基本上係在一種與世隔絕的封閉狀態下進行；惟自 1978 年確立「對外開放」為其基本國策後，便開始積極爭取與利用國外資本發展經濟，自此利用外資便邁入一個嶄新的發展階段。據中國官方統計數據顯示，1992 年實際利用外資額中，FDI 首次超過當年度的對外借款，成為中國利用外資的主導形式，自此，利用外資的資金結構產生根本性的變化；在中國受益於經濟全球化的過程中，FDI 扮演著關

鍵且舉足輕重的角色。考察中國三十多年的經濟發展，吸收 FDI 無疑是其經濟對外開放的首要環節，它帶來巨量的資本進而刺激中國經濟的增長。隨著 FDI 經年不斷的競相進入，中國逐漸成為開發中國家中首屈一指的資本輸入國（The Capital Import Country），以及僅次於美國的世界第二大資本輸入國；據聯合國貿易與發展會議（UNCTAD）於 2004 年 9 月發布的 2004 年《世界投資報告》（World Investment Report 2004）所揭的相關統計資料顯示，中國甚至在 2003 年首次超越美國，成為全球第一大資本輸入國；透過 FDI 的引進所帶動的經濟發展，促使中國整體經濟實力、綜合國力與國際經貿影響力與日俱增。

　　無論是境內抑或是境外的投資者，在一個國家的投資行為某種程度上是由該國（或地區）的投資環境決定的；進言之，國際資本的流向係以投資環境是否有利其發展為前提；因此，資本輸入國其投資環境的良窳，便成為能否吸引 FDI 的重要因素，其中，法制環境的完備與否更在其間扮演著舉足輕重的關鍵性角色。中國為因應改革開放以後 FDI 管理與規範的需求，陸續頒布《中外合資經營企業法》、《外資企業法》、《中外合作經營企業法》以及相關子法，逐步建構以「企業組織本位」為支點，以個別的外商投資企業法制為核心，配合各項專門立法，相互聯繫、交錯綜合的法律制度（即中國外資法制），用以規範 FDI 進入所衍生諸如：准入、措施、待遇、糾紛解決、維運管理等相關問題。然法律制度作為人類社會生活的準繩，是無法自絕於外在環境而不受其影響的，它勢必隨著所處社會的變遷而產生變革。在面對經濟全球化的發展、經濟體制的改革與轉型、WTO 規範的採納、銜接與遵守、國內外政經環境的變化與挑戰，中國外資政策的思維模式必將不斷地受到衝擊、質疑、挑戰並被動調整，進而直接影響中國外商投資企業法制的發展。為探究中國外商投資企業法制在此等內、外在主、客觀環境下的發展脈絡，本文首先以經濟全球化的發展與中國經濟體制的變遷作為線索，考察中國自改革開放以來的外資政策思維因此所受到的影響；在國際投資法制的發展趨勢、政府職能的轉變、國家經濟主權的弱化等外部環境，以及自由市場經濟的導入與深化、法治建設的需求、政府職能的調整等內部環境下，採行開放與管制並立的政策思維，而正是此等思維模式拿捏與角力牽動著中國外資立法的興革與發展。其後，開始依序檢視與梳理作為中國外資法制核心規範的外商投資企業法制其建置的沿革與背景、體系架構的建立與特徵、

國內的正式法源，以及法制層面上的缺陷，藉此窺得該法制的全貌。再次，復以外商投資企業法制在中國經濟體制朝向市場經濟轉型後立法思維的改變、國際投資法制自由化的要求，以及積極爭取加入 WTO 等客觀因素引動下，為圖持續發展經濟並保有既存成果，考察其在投資准入、投資措施、投資待遇、投資爭議解決（商事爭端為主）等四個方面的調整現況，進而掌握其發展脈動。最後，從法律移植（或繼受）與法律成長的角度切入，並借鑑國際間資本輸入國外資立法的體例，從立法權限的明確界定與分配合理化、優化形式結構，以及調整實質內涵等三個面向，對中國外資法制的重構提出自己的設想與建議。

本專論能順利由國內傳揚中華優良文化不遺餘力的出版界翹楚——臺灣商務印書館出版，首當感謝臺灣商務印書館王學哲董事長與方鵬程總編輯的破格採用與鼎力玉成，臺鐵翁中原學長與摯友北檢楊智綸檢察官的熱心促成與居間折衝，以及臺灣商務所有編校諸賢的專業與辛勞。次須感謝多位授業恩師在研究學習與待人接物上的啟迪、提點、指導、鞭策、匡正、教誨與鼓勵，平日無私的關照、愛護與提攜，主要有：博士導師，2006 年獲頒中國教育部「國家級教學名師獎」，享受中國國務院津貼，兩岸著名的中國暨國際商法權威專家，前對外經濟貿易大學法學院院長沈四寶教授（現任上海大學法學院院長）；國內長年鑽研中國大陸法制造詣深湛的大師級知名權威學者，前高雄大學法學院院長、臺灣大學中國大陸法制研究中心暨財經法研究中心主任王泰銓教授（現任臺灣大學法律學系教授）與前交通大學科技法律研究所所長、中國法制中心主任王文杰教授（現任政治大學中國大陸法制研究中心主任、法學院教授）；亦須感謝在我求學、工作、研究與人生歷程中，啟蒙、指導、提攜與幫助過我的其他諸多師長、主管、前輩與摯友。復須感謝本書所引文獻的諸位作者；蓋若非前人的灼知創見，當無法啟迪後人的靈感發想；若非透過渠等秉持披荊斬棘、篳路藍縷、聚沙成塔的精神與熱忱，在相關領域不斷地鑽研探索與辛勞付出，本書將無從自其研究成果中提煉精髓並在其研究基礎上扎根發芽。最後，更須由衷感謝育養與栽培我的父、母親，以及內人琬琳在為文過程中的體恤、關懷與付出；亦感謝蒼天於此際賜予小女倢妮，讓我初嘗為父之樂，願與大家共享這份研究成果。

由於本專論研究面向與所涉專業範圍較廣（涵括國內、外不同的法制與部門），且採取借助諸如：經濟學、國際投資學、行政學、政治經濟學等其

他社會科學的既有理論為工具進行跨領域、多視角的研究，故難免在個別議題研究的深度、跨領域學術知識理解與運用能力方面有不足與偏差的情況，尚祈各界先進名家不吝隨時針砭與指正。

2010 年仲夏夜於自宅

目　錄

第一章
導　論

第一節　撰文旨趣

　　有社會斯有法律（*ubi societas ibi jus*）。法律制度無法自絕於外在環境的影響，勢必隨著所處社會的變遷而產生變革。知名的前美國聯邦最高法院大法官本杰明・N・卡多佐（Benjamin Nathan Cardozo）曾言：我們活在一個變幻不定的世界裏；現行的法律制度即使適用於今日文明，亦不可能滿足明日文明的需求；社會是變動不居的，職是，在此條件下法律不可能經久不變①。奧地利法社會學大師尤根・埃利希（Eugen Ehrlich）亦指出：所有法律的發展皆以社會發展為基礎，社會發展存在於人們與其所屬關係隨著時間的推移而發生變化；由於人與事的變化，法律亦隨之改變②。全球化浪潮對於人類社會在政治、經濟、文化、法律等各領域均產生極其深遠的影響，其中經濟全球化對於轉型（軌）國家的經濟發展（economic development）與制度演化（evolution of institution）發揮重大的影響，甚至在很大程度上左右著該等國家經濟體制變遷的基本制度選擇。對中國自改革開放以來三十餘年的經濟發展與現代化建設而言，經濟全球化進程是外在推動因素，市場化（Marketization）取向的體制改革與制度轉型則是內在催化條件，二者互為犄角相輔相成。外國直接投資（Foreign Direct Investment，以下簡稱 FDI）除做為生產國際化與國際分工進一步深化的重要方式，在近代經濟全球化的推移過程中，亦發揮原動力（motor）與加速器（accelerator）的關鍵作用；而對當時急於謀求經濟發展的中國而言，吸收外國直接投資（FDI）便成為對外開放的首要環節。外國直接投資（FDI）做為一種制度安排（system arrangement），直接涉及財產制度、分配制度、企業制度、市場組織與經濟運行方式，它不僅

①（美）本杰明・N・卡多佐著：《法律的成長、法律科學的悖論》，董炯、彭冰譯，中國法制出版社，2002 年 10 月第 1 版，2003 年 7 月印刷，第 90-91 頁。
②（奧）尤根・埃利希著：《法律社會學基本原理》，葉名怡、袁震譯，九州出版社，2007 年 4 月第 1 版第 1 刷，第 867、877 頁。

依存於一定的經濟制度,甚且改變著既有的經濟制度;而在中國尋求經濟發展的過程中,吸收外國直接投資(FDI)可謂直接或間接地推動著中國經濟制度與經濟運行方式的根本性變革;在檢視中國三十餘年來經濟發展與現代化的過程中,外國直接投資(FDI)對於推動中國社會經濟的發展,促進經濟體制改革,拉動國民經濟的成長,誘發政治、法律制度與社會意識形態的調整,引起整個國家的社會生產關係及其具體實現形式的變化,推進經濟、法律制度等社會各方面的變遷,均發揮著舉足輕重的關鍵作用③。

對於長期實行計畫經濟體制且同時為發展中國家(Developing Country,或譯為「開發中國家」)的中國而言,以往國民經濟活動受到政府全面性既廣且深的干預(intervention)或管制(regulation)誠屬必然;惟當中國自1978年確立「對外開放」為基本國策,希冀透過包括引進外國直接投資(FDI)在內此等利用外資的模式以發展經濟;而隨著國民經濟的大幅增長等客觀情勢的發展,基於經濟持續發展與現代化的需要乃決定從計畫經濟體制向市場經濟體制轉型,在外國直接投資(FDI)於境內設立之外商投資企業所伴隨而來的市場機制(market mechanism)以及競爭機制(competition mechanism)自主運作逐漸步入軌道的催化下,促使新經濟制度日益發揮擴散效應(diffusion effect)以及體制市場化改革逐步深化;由於政府對於經濟活動的干預力量逐漸因此受到制約,致其在以往計畫經濟體制下所擁有的職能日益削弱並產生質變,而須逐步朝更加開放與市場取向進行調整,並重新定位其在經濟活動中所扮演的角色方能順應逐步市場化的需求;而這場市場化革命,可解釋為逐步放鬆計畫性(或指令性)政府管制的過程;而中國改革開放的步伐與市場化的進程,在時間上恰巧與二十世紀八〇年代中期以來,人類歷史邁入經濟全球化加速發展的時代相吻合;隨著經濟全球化的推移與深化,乃對外國直接投資(FDI)提出進一步「自由化」的要求,而此種「投資自由化(Liberalization of Investment)」的理念正迅速透過各種層面(不論係雙邊、區域或多邊)的國際法形式展現出來;此外,經濟全球化的發展要求確立政府職能市場化的地位,對於尚未完全從計畫經濟轉型或過渡為市場經濟的發展中國家而言,轉變政府職能便成為一項至為重要的任務;惟如何能在

---

③桑百川著:《外商直接投資下的經濟制度變遷》,對外經濟貿易大學出版社,2000年7月北京第1版第1刷,第1-2、33頁。

進一步發揮市場機制力量的前提下，使政府職能逐漸從以往長期干預的角色，轉向建立經濟發展所需要的體制基礎來為市場服務？政府如何定位在為市場充分而有效地發揮作用創造條件，並且能夠在對市場進行適當的管制或干預，以彌補市場的缺陷以避免市場失靈（market failure）現象的同時，亦能讓自己免於陷入政府失靈（government failure）的境地，衍生管制的弊端，達到市場與政府在經濟活動中作用的平衡與互補，維繫經濟制度運作均衡？均將是嚴峻的挑戰。再則，由於各國在經濟領域的競爭隨著經濟全球化的迅速發展而日益加劇，以經濟實力為核心的綜合國力成為其參與國際經濟活動競爭的重要基礎，而經濟依存度的提高，使得國際間政經因素的變化動輒影響國內經濟體系的穩定，故如何讓日益開放的本國經濟體系因上述原因所受的衝擊減至最低並維持經濟體系的正常運作？如何使國家的根本經濟利益不致遭受威脅與損害？凡此涉及如何兼顧國家經濟發展與經濟安全（economic security）的威脅或經濟主權（economic sovereignty）的弱化等議題已越發引起關注。

　　社會的變化牽動著法律的變革，而法律的改革復影響著社會的變遷，兩者彼此交互影響。本專論目的，即在於探討中國自改革開放以來，與中國的經濟改革、體制變遷、經濟發展與現代化推移息息相關且密不可分的外國直接投資（FDI），中國基於資本輸入國（The Capital Import Country）或東道國（The Host Country）地位，用以規制因引進它而以外商投資企業法制（Legal System of Foreign-funded Enterprises）為核心規範的中國外資法制（Legal System of Foreign Investment），由於對內須回應市場化取向改革與體制轉型所引發社會變遷的需要，對外則須調和在經濟全球化作用下逐步融入國際社會經濟活動所生影響的此種制度反射特質，其結構（structure）與實體（instance）的建構、形成與改革的整體發展過程，均深受中國政府在面對經濟全球化加速發展與體制轉軌日益深化此等國內、外環境不斷變遷的背景下，對於外國直接投資（FDI）所持開放與管制的政策思維模式的調整所牽動。中國做為全球發展中國家中最大的外國直接投資（FDI）資本輸入國，在投資自由化的發展趨勢下，惟有透過完善與深化經濟體制改革、法制現代化與法治意識生根，方能確保經濟的持續發展與增長，並藉由不斷提高政府的制度供給能力（例如：提高政府效率、轉變政府職能、優化政府品質、調整政策誤差、完善外資法制等），並在不干擾市場機制自主運作的前提下，建立順應經濟

全球化逐漸朝向自由化與強化國際合作發展趨勢並兼顧國家利益的國家經濟安全的制度體系，同時遵循依法行政，並提高政策的「合理性（rationality）」、「透明度（transparency）」與「可預測性（predictability）」，方能兼顧國家的經濟發展與安全，亦惟有以務實的態度、理性的思維、國際的觀點看待與面對伴隨著經濟體制變遷與經濟全球化所帶來的必然影響，方能覓得與掌握開放與管制兩者間的平衡，謀求市場與政府的互補。適逢中國改革開放屆滿三十年之際與後 WTO 時期的來臨，擬從法學的角度為基礎，並借助經濟學、政治學、社會學、政治經濟學、行政學、國際投資學等學科的理論，透過跨領域、多視角的方式進行制度分析，希望透過此種法制發展脈絡探索與檢討的方式，為中國外商投資企業法制下一個階段的變革與發展方向提供參考路徑。

第二節　概念的釐清與界定

為便本專論其後論述，茲先就外國直接投資（FDI）、外商投資企業與外商投資企業法制等核心概念進行釐清與界定，以利掌握本文旨趣。

一、外國直接投資（FDI）

(一)概念區辨與意涵

資本（capital）的本質在於實現增值（growth）④；市場經濟（Market Economy）⑤係透過資本流動來實現資源的配置；對任何國家而言，其經濟發展均須仰賴資本形成（capital formation）⑥。當資本的擴張突破國界的限

---

④盧曉勇等著：《國際投資理論與發達國家對華直接投資》，科學出版社，2004 年 5 月第 1 版第 1 刷，第 1 頁。

⑤市場經濟（又稱為自由市場經濟或自由企業經濟）是一種經濟體系，在這種體系下產品與服務的生產及銷售完全由自由市場的自由價格機制所引導，而不是像計畫經濟一般由國家所引導（參 E. D. Hirsch, Jr., Joseph F. Kett, James Trefil, *The New Dictionary of Cultural Literacy*, Third Edition. 2002，Published by Houghton Mifflin Company.）；是一種主要由個人與私人企業決定生產與消費的經濟制度〔參（美）保羅·薩繆爾森、威廉·諾德豪斯著：《經濟學》（第十八版），蕭琛主譯，人民郵電出版社，2008 年 1 月第 1 版，2008 年 3 月第 2 刷，第 7 頁〕。

⑥葉初升著：《國際資本形成與經濟發展》，人民出版社，2004 年 1 月第 1 版北京第 1 刷，第 2、12 頁。

制，便形成資本的跨國流動，而國際投資（International Investment）⑦即涉及資本的跨國流動。廣義的國際投資概念依不同分類標準，可分為「長期投資（Long-term Investment）與短期投資（Short-term Investment）」、「公共投資（Public Investment）與私人投資（Private Investment）」以及「國際直接投資（International Direct Investment）與「國際間接投資（International Indirect Investment）」等三種主要類型；「長期投資與短期投資」係以投資期間長短不同做為區分標準，「公共投資與私人投資」係以資本來源及用途不同做為區分標準，至於「國際直接投資與國際間接投資」則以有無投資經營權（資本特性或投資方式的不同）做為區分標準⑧。至於本文所討論的中國外商投資企業法制（Legal System of Foreign-funded Enterprises），其規制的對象係「外國直接投資（FDI）」，乃特指國際間的私人直接投資（International Private Direct Investment），其在性質上既為國際直接投資，亦為私人投資，係屬狹義的國際投資概念。此外，觀察同一個狹義的國際投資，將因資本輸出國（The Capital Export Country，即投資者及其資本所在國，亦稱為投資母國）或資本輸入國（The Capital Import Country，即接受外國投資國，亦稱為東道國）角度的不同而異其理解與用語；按資本的跨國流動若以資本流向為觀察點，則可分為「資本外流（capital outflow）」與「資本內流（capital inflow）」；因此，對資本輸出國而言，該國際投資的資本流向即屬外流，因此其稱之為「海外投資（Overseas Investment）」或「海外私人直接投資（Overseas Private Direct Investment）」或「對外投資（Foreign Investment）」；然對資本輸入國而言，該國際投資的資本流向顯屬內流，故其習慣稱之為

---

⑦國際投資係指自然人、跨國公司（Transnational Corporations，以下簡稱 TNCs）、政府（government）、國際組織（International Organization）等國際投資主體，將其擁有的貨幣資本（money capital）或產業資本（industry capital），透過跨國界的流動與營運，以實現價值增值的經濟行為〔參李小北、王斑玖主編：《國際投資學》，經濟管理出版社，2003年9月第1版北京第1刷，第1頁；梁蓓、杜奇華編著：《國際投資》，對外經濟貿易大學出版社，2004年2月北京第1版第1刷，第2-5頁；孔淑紅、曾錚主編：《國際投資學》（第二版），對外經濟貿易大學出版社，2005年8月北京第2版第1刷，第81頁；盧曉勇等著：前揭書，第4頁〕。

⑧梁蓓、杜奇華編著：前揭書，第5-6頁；李小北、王斑玖主編：前揭書，第2-5頁；盧曉勇等著：前揭書，第5-6頁。

「外國投資（Foreign Investment）」、「外國私人投資（Foreign Private Investment）」或「外國直接投資（FDI）」⑨。

目前國際間關於外國直接投資（FDI）的定義並無一個統一且明確的表述，學者間亦各有不同的描述⑩；國際貨幣基金（International Monetary Fund，簡稱 IMF）於其出版的《國際收支手冊》（Balance of Payments Manual）中，先後分別將外國直接投資（FDI）界定為：「在投資者以外的國家（經濟區域）所經營的企業中擁有持續利益的一種投資，其目的在於對該企業的經營管理，同時享有有效的發言權。（[FDI] is made to acquire a lasting interest in an enterprise operating other than that of an investor, the investor's purpose being to have an effective choice in the management of the enterprise.）」⑪以及「是一國的某經濟實體，以從另一國的企業中獲取長期利益為目標。這裏的長期利益意味著直接投資人和企業之間存在著一種長期關係，同時還表明投資人對企業管理有重大影響」⑫；經濟合作與發展組織（Organization for Economic Cooperation and Development，簡稱 OECD）於 1996 年出版的《外國直接投資

---

⑨姚梅鎮主編：《比較外資法》，武漢大學出版社，1993 年 9 月第 1 版第 1 刷，第 3 頁。

⑩關於外國直接投資的各種不同的定義，可參閱 M.Sornarajah, *The International Law on Foreign Investment*, Cambridge University Press, 1994, p4-8（轉引自李貴英著：《國際投資法專論——國際投資爭端之解決》，自版 2004 年 1 月初版第 1 刷，第 3 頁）。

⑪IMF, *Balance of Payments Manual*, Washington DC, Vol. IV, 1977, p.408〔轉引自（日）櫻井雅夫著：《國際經濟法》，陳虹譯，五南圖書出版有限公司，1998 年 9 月初版第 1 刷，第 88 頁；李貴英著：前揭書，第 3 頁；崔新健著：《外商對華直接投資的決定因素》，中國發展出版社，2001 年 9 月第 1 版第 1 刷，第 2 頁〕。

⑫聯合國貿易與發展會議編：《2002 年世界投資報告——跨國公司與出口競爭力》，中國財政經濟出版社，2003 年 11 月第 1 版北京第 1 刷，第 253、264 頁；趙蓓文著：《WTO 規則與中國外資政策》，上海遠東出版社，2004 年 5 月第 1 版第 1 刷，第 3 頁。國際貨幣基金（IMF）《國際收支手冊》（1993 年版）詳細原文為：「Direct investment is the category of international investment that reflects the objective of a resident entity in one economy obtaining a lasting interest in an enterprise resident in another economy.（The resident entity is the direct investor and the enterprise is the direct investment enterprise.）The lasting interest implies the existence of a long-term relationship between the direct investor and the enterprise and a significant degree of influence by the investor on the management of the influence. Direct investment comprises not only the initial transaction establishing the relationship between the investor and the enterprise but also all subsequent transactions between them and among affiliated enterprises,both incorporated and unincorporated.The concept of direct investment presented in this Manual is the basis for that adopted in the second edition of the OECD Detailed Bencbmark Definition of Foreign Direct Investment.」（IMF, *Balance of Payments Manual*, Washington DC, Vol. V, 1993, p.86）。

定義的詳細標準》（Benchmark Definition of Foreign Direct Investment）則對外
國直接投資（FDI）作如下的描述：「Foreign direct investment reflects the objec-
tive of obtaining a lasting interest by a resident entity in one economy（'direct inves-
tor'）in an entity resident in an economy other than that of the investor（'direct invest-
ment enterprise'）.The lasting interest implies the existence of a long-term relationship
between the direct investor and the enterprise and a significant degree of influence on
the management of the enterprise. Direct investment involves both the initial transaction
between the two entities and all subsequent capital transactions between them and am-
ong affiliated enterprises, both incorporated and unincorporated.」⑬；至於聯合國貿
易與發展會議（United Nations Conference on Trade and Development，簡稱 UN-
CTAD）則自 1998 年起，在其每年所刊行的《世界投資報告》（World Invest-
ment Report）中，開始援引國際貨幣基金（IMF）於 1993 年出版的《國際收
支手冊》（第五版）以及經濟合作與發展組織（OECD）於 1996 年出版的
《外國直接投資定義的詳細標準》（第三版）中有關外國直接投資（FDI）
的描述，將外國直接投資（FDI）定義為：「一國（地區）的居民實體（對
外直接投資者或母公司）在其本國（地區）以外的另一國的企業（外國直接
投資企業、分支機構或國外分支機構）中建立長期關係，享有持久利益，並
對之進行控制的投資。〔Foreign Direct Investment [FDI] is defined as an invest-
ment involving a long-term relationship and reflecting a lasting interest and control of
a resident entity in one economy（foreign direct investor or parent enterprise）in an
enterprise resident in an economy other than that of the foreign direct investor（FDI en-
terprise or affiliate enterprise or foreign affiliate）.〕」⑭。雖然國際貨幣基金

⑬OECD, Benchmark Definition of Foreign Direct Investment, Paris, Vol. III, 1996, p.7-8.

⑭UNCTAD, *World Investment Report 1998: Trends and Determinants*, New and Geneva, Sales No.
　E.98.II.D.5., 1998, p.350、359；UNCTAD, *World Investment Report 1999: Foreign Direct In-
　vestment and the Challenge of Development.*, New and Geneva, Sales No.E.99.II.D.3., 1999, p.
　465、476；UNCTAD, *World Investment Report 2000: Cross-border Mergers and Acquisitions
　and Development.*, New York and Geneva, Sales No.E.00.II.D.20, 2000, p.267、282；UNCTAD,
　World Investment Report 2001: Promoting Linkages., New York and Geneva, Sales No.E.01.II.D.
　12., 2001, p.275、289；UNCTAD, *World Investment Report 2002: Transnational Corporations
　and Export Competitiveness.*, New York and Geneva, Sales No.E.02.II.D.4, 2002, p.292；UN-
　CTAD, *World Investment Report 2003: FDI Policies for Development: National and International
　Perspectives.*, New York and Geneva, Sales No.E.03.II.D.8, 2003, p.231、248；UNCTAD, *World

（IMF）、經濟合作與發展組織（OECD）及聯合國貿易與發展會議（UN-CTAD）等國際組織對於外國直接投資（FDI）的描述略有不同，惟考其實質意涵基本上並無二致，亦即均強調以「持久利益」、「長期關係」及「對企業進行控制的意圖」做為認定的重要關鍵標準。

(二)投資方式

按有關外國直接投資（FDI）進入資本輸入國的投資方式，即分別如經濟合作與發展組織（OECD）與聯合國貿易與發展會議（UNCTAD）所示：

「FDI is … …, an entity resident in another country. This may involve either creating an entirely new enterprise（so-called 'greenfield' investment）or, more typically, changing the ownership of existing enterprises（via mergers and acquisitions）.」 ⑮，

「A firm can undertake FDI in a host country in either of tow ways: greenfield investment in a new facility, or acquiring or merging with an existing local firm.」 ⑯主要係透過新建投資（Greenfield Investment，亦有學者譯為「綠地投資」 ⑰）以及

Investment Report 2004: The Shift Towards Services, New York and Geneva, Sales No.E.04.II.D.36, 2004, p.345、365；UNCTAD, *World Investment Report 2005: Transnational Corporations and the Internationalization of R&D.*, New York and Geneva, Sales No.E.05.II.D.10, 2005, p.297-298；UNCTAD, *World Investment Report 2006: FDI from Developing and Transition Economies: Implications for Development.*, New York and Geneva, Sales No.E.06.II.D.11, 2006, p.293-294；UNCTAD, *World Investment Report 2007: Transnational Corporations, Extractive Industries and development.*, New York and Geneva, Sales No.E.07.II.D.9, 2007, p.245；UNCTAD, *World Investment Report 2008: Transnational Corporations, and the Infrastructure Challenge.*, New York and Geneva, Sales No.E.08.II.D.23, 2008, p.249。

⑮OECD, *OECD Economic Outlook*, No.73, June, 2003, p.1。

⑯UNCTAD, *World Investment Report 2000: Cross-border Mergers and Acquisitions and Development.*, New York and Geneva, Sales No.E.00.II.D.20, 2000, p.99。

⑰按外國直接投資的投資者在資本輸入國以設立新企業的方式進行投資，基本上雖可為資本輸入國帶來經濟發展與繁榮等正面效益，然企業在長期投入生產的過程中，仍將使資本輸入國付出若干社會成本（例如：土地、水質、空氣等環境污染，失業與貧富差距等社會問題），並帶來若干負面影響，因此，整體而言，外國直接投資未必全然為資本輸入國帶來正面的影響；按「Greenfield」其字義除可解為「綠地的」之外，若從經濟學的角度尚可解為「（土地）未開發的」，考其之所以使用「Greenfield Investment」，應純係從經濟學的觀點出發，認為外國資本流入資本輸入國進而設立企業，基本上可藉此開發未開發或未完全開發之地區，為其帶來經濟發展並促進經濟繁榮，而非謂必然為資本輸入國創造或帶來所謂的「綠地」或另涉及類如「綠色環保」等概念意涵；至於學者所以譯為「綠地投資」，恐係直譯外來文的結果，而非有其他特定意涵。

跨國併購（Cross-border Mergers & Acquisitions）等兩種方式進行。

1.新建投資

所謂新建投資，係指跨國公司（Transnational Corporations，簡稱 TNCs）[18]
等國際投資主體，以在資本輸入國境內依其法律設立新企業的方式所進行的
投資行為稱之[19]；至於聯合國貿易與發展會議（UNCTAD）則定義為：「Gre-
enfield FDI is, by definition, investment in new productive facilities. Hence, assuming
that no viable domestic investment will take place in the absence of such FDI, it im-
mediately adds to the stock of capital in the host country.」[20]。此種方式係外國直
接投資（FDI）傳統上採取的投資形式。

對於新設立的企業，外國直接投資者其投資模式可採股權參與式[21]

---

[18] 又稱為多國企業（Multinational Enterprise）、多國籍公司（Multinational Corporation）、全
球性公司（Global Corporation）、國際公司（International Company）；依據聯合國貿易與
發展會議（UNCTAD）則將跨國公司定義為：「由母公司及其國外分支機構組成的聯合或
非聯合企業（Transnational Corporations（TNCs）are incorporated or unincorporated enterpri-
ses comprising parent enterprises and their foreign affiliates.）」（UNCTAD, *World Investment
Report 2002: Transnational Corporations and Export Competitiveness.*, New York and Geneva,
Sales No.E.02.II.D.4, 2002, p.292；UNCTAD, *World Investment Report 2003: FDI Policies for
Development: National and International Perspectives.*, New York and Geneva, Sales No.E.03.II.
D.8, 2003, p.231；UNCTAD, *World Investment Report 2004: The Shift Towards Services*, New
York and Geneva, Sales No.E.04.II.D.36, 2004, p.345；UNCTAD, *World Investment Report
2005: Transnational Corporations and the Internationalization of R&D.*, New York and Geneva,
Sales No.E.05.II.D.10, 2005, p.297；UNCTAD, *World Investment Report 2006: FDI from Devel-
oping and Transition Economies: Implications for Development.*, New York and Geneva, Sales No.
E.06.II.D.11, 2006, p.293；UNCTAD, *World Investment Report 2007: Transnational Corpora-
tions, Extractive Industries and development.*, New York and Geneva, Sales No.E.07.II.D.9, 2007,
p.245；UNCTAD, *World Investment Report 2008: Transnational Corporations, and the Infra-
structure Challenge.*, New York and Geneva, Sales No.E.08.II.D.23, 2008, p.249）。至於其他有
關跨國公司的界定，請參閱（日）櫻井雅夫著：前揭書，第 263-268 頁；李小北、王珽玖
主編：前揭書，第 153-155 頁；孔淑紅、曾錚主編：前揭書，第 97-98 頁；李金澤著：《跨
國公司與法律衝突》，武漢大學出版社，2001 年 3 月第 1 版第 1 刷，第 11-14 頁；張紀康
主編：《跨國公司與直接投資》，復旦大學出版社，2004 年 7 月第 1 版第 1 刷，第 1-11 頁。

[19] 梁蓓、杜奇華編著：前揭書，第 150 頁；盧曉勇等著：前揭書，第 8 頁；唐宜紅著：《外
資進入行為研究》，人民出版社，2003 年 10 月第 1 版北京第 1 刷，第 60-62 頁。

[20] UNCTAD, *World Investment Report 1998: Trends and Determinants.*, New and Geneva, Sales No.
E.98.II.D.5., 1998, p.212。

[21] 係指以所有權為基礎，以決策經營權為途徑（持有普通股），以實現對企業有效控制的投
資模式（李小北、王珽玖主編：前揭書，第 72 頁）。

（equity participation；若以全部股權參與投資者係設立獨資企業，若以部分股權參與投資者則係設立合營企業），亦可採非股權參與式㉒（non-equity participation；若係以簽訂合作經營契約的形式設立具有資本輸入國法人資格的經濟實體，則所設立者即為合作企業㉓），一般跨國投資者雖多採取股權參與此種投資模式，惟近年來採取非股權參與模式者則有持續增長的趨勢。新建投資的優點在於：投資者在投資項目、投資金額、投資地點（區域）、投資規模等問題的選擇上，受外界因素的干擾較少，並擁有較大的主動權與靈活度，較能掌握投資風險，另外可按照投資者的計畫，實施一套全新而適合企業本身技術水準與管理風格的管理制度；惟其缺點在於，前期籌建工作較長，投資者須耗費大量時間、精力與資金，且投資收益回收速度慢（特別是一些大型的項目），而由於籌建期間長，受到資本輸入國政經情勢與國際環境變化所生風險影響的可能相對提高㉔。

2.跨國併購

所謂跨國併購，係指跨國公司（TNCs）等國際投資主體以透過一定的程序與管道，在資本輸入國境內，以取得資本輸入國所屬企業全部或部分資產所有權或股權的方式，進而取得該企業控制權所進行的投資行為稱之㉕。聯合國貿易與發展會議（UNCTAD）將其進一步劃分為：外國企業與當地企業

㉒係指國際投資主體在資本輸入國（東道國）的公司中並不參股，僅透過與股權無直接關係的如：技術、管理、銷售管道、工程承包等，與資本輸入國的公司保持緊密聯繫（主要係透過與其簽訂相關合同的方式），並從中獲取利益或取得對該資本輸入國公司的某種控制權（陳繼勇等著：《國際直接投資的新發展與外商對華直接投資研究》，人民出版社，2004年2月第1版北京第1刷，第32頁；唐宜紅著：前揭書，第112-113頁）；非股權參與式的模式除合作經營（亦稱為契約式合營，Contractual Joint Venture）外，主要尚包括：國際技術投資（International Technology Investment）、技術許可證協議（Technical License Agreement）、技術援助或技術諮詢協議（Technical Assistance Or Technical Consulting Agreement）、國際租賃（International Leasing）、管理合同（Management Contract）、銷售協議（Sales Agreement）、交鑰匙工程承包合同（Turn-Key International Engineering Contract）等（李小北、王琁玖主編：前揭書，第77-84頁；唐宜紅著：前揭書，第112-116頁）。

㉓李小北、王琁玖主編：前揭書，第77-78頁。

㉔梁蓓、杜奇華編著：前揭書，第151頁；盧曉勇等著：前揭書，第9頁；唐宜紅著：前揭書，第60-61頁。

㉕梁蓓、杜奇華編著：前揭書，第153-154頁；孔淑紅、曾錚主編：前揭書，第363-365頁；盧曉勇等著：前揭書，第9-10頁；唐宜紅著：前揭書，第61頁。

的資產與業務合併後成立一家新的實體，或合併為一家現有企業的「跨國兼併（Cross-border Mergers）」以及因收購一家現有的當地企業或海外子公司10%以上股權進而取得其控制權的「跨國收購（Cross-border Acquisitions）」兩種型態㉖。惟隨著全球化趨勢的發展，國際投資主體透過跨國併購的目的，已從以往以消滅競爭對手為主要目標的思維模式轉變為以追求雙贏共榮的戰略思考；按「跨國收購」的目的或最終結果並非在於改變企業（公司）的數量，而在於改變目標企業（Target Firms）㉗的產權、股權或經營管理關係，然而「跨國兼併」則意味兩個以上的主體變為一個，這種情形不但在跨國併購的實際案例中非常少見，亦不符合跨國公司（TNCs）通常的全球發展策略規劃㉘；故現今所謂的跨國併購主要係指「跨國收購」而非「跨國兼併」。

對於國際投資主體（主要為跨國公司——TNCs）而言，其可藉由「跨國收購」此等投資方式，謀求利用雙方具互補性的資源、減少在研發領域的重複投資以及擴大經濟規模等有利於雙方的結果；對屬於發展中國家的資本輸入國及其所屬的目標企業（公司）而言，由於跨國公司（TNCs）進行跨國併購思維模式的轉變，其本身的經濟發展程度與市場環境日趨成熟，亦開始對外國直接投資者以跨國併購的方式進入其境內從事投資，持較以往積極的態度，政策取向更加開放，有逐步放鬆管制（Deregulation）的傾向㉙。自1980年代以來，隨著世界經濟市場化及全球化的發展，市場經濟規則在全球範圍內逐漸獲得確立，促使國際間跨國併購活動逐漸頻繁，跨國併購交易在外國直接投資（FDI）流量中所占的比重愈來愈大；進入1990年代以後，在世界經濟全球化的持續推波助瀾下，透過跨國併購實施跨國經營與全球擴張，儼然成為國際資本流動的主要選擇以及大型企業（公司）追求效率與發展壯大的重要途徑。

㉖UNCTAD, *World Investment Report 2000: Cross-border Mergers and Acquisitions and Development.*, New York and Geneva, Sales No.E.00.II.D.20, 2000, p.100。

㉗係指併購行為中，因兼併而被吸收或被收購其股份或資產之一方。

㉘梁蓓、杜奇華編著：前揭書，第153-154頁。

㉙促進跨國公司對華投資政策課題組：「跨國公司在華併購投資：意義、趨勢及應對戰略」，載於《管理世界》，2001年第3期；蔡向輝：「綠地與褐地投資：孰優孰劣」，載於《國際經濟合作》，2002年第8期。

3.新建投資與跨國併購的差異

投資環境（investment climate）係一個地區特有的決定企業進行生產性投資、創造就業以及擴大規模的各種機會與鼓勵措施等一系列因素；好的投資環境為企業（無論微型企業抑或跨國企業）提供機會，激勵它們進行生產性投資、創造就業以及擴大規模，並在經濟增長與減少貧困中發揮核心作用[30]。至於跨國公司（TNCs）等國際投資主體採取何種方式進行投資，取決於資本輸入國（東道國）本身的經濟、法制及技術的發展水平與成熟度、投資行業的規模等諸多層面的複雜因素。基本上，外國直接投資者選擇利用跨國併購方式從事投資，其對於投資環境成熟度（包括：宏觀（總體）經濟穩定度、產權安全性、政府政策透明度、經濟與資本流動的自由度、基礎建設周全度、法制與金融環境健全度等）的要求，相對於新建投資來得高，故跨國併購往往更集中在發達國家（Developed Country，或譯為「已開發國家」）進行。

若觀察外國直接投資（FDI）進入屬於發展中國家的資本輸入國的發展過程，外國直接投資（FDI）透過新建投資或跨國併購等方式進入資本輸入國從事投資，可視為外國直接投資（FDI）的兩個階段；第一個階段為新建投資，例如：中國自改革開放以來的外國直接投資（FDI）基本上為新建投資，目前跨國公司（TNCs）在非洲的外國直接投資（FDI）亦皆為新建投資；第二個階段則為跨國併購；蓋跨國併購通常發生在發達國家，或工業部門與資本市場較為先進與發達的發展中國家，此乃因此等國家的投資環境已逐漸具備從事併購行為的條件（例如：已有十分成熟或較為成熟的行業與足資成為跨國併購的目標企業）；因此，跨國併購可謂外國直接投資（FDI）與資本輸入國經濟發展至一定程度時的必然結果[31]。在全球產業結構大幅調整的背景下，由於透過併購可降低生產成本，故跨國併購近年來有逐漸取代

---

[30] 世界銀行著：《2005 年世界發展報告——改善投資環境 促使人人受益》，中國科學院－清華大學國情研究中心譯，清華大學出版社，2005 年 1 月第 1 版 2005 年 7 月第 2 刷，第 1-2 頁。按世界銀行認為，投資環境係由經濟政治的穩定、國家外貿與投資政策在內的一系列宏觀的或國家因素，國家法律法規的效率，以及可利用之實際與金融的基礎設施其質量與數量等三類因素所組成（參世界銀行東亞與太平洋地區減貧與經濟管理局編：《中國利用外資的前景和戰略》，中信出版社，2007 年 8 月第 1 版第 1 刷，第 48-49 頁）。

[31] 楊亞沙：「跨國併購的發展及對我國的影響」，載於《國際經濟合作》，2004 年第 1 期。

新建投資，成為外國直接投資（FDI）主要形式的趨勢。下表將從不同的面向說明新建投資與跨國併購的歧異[32]：

項　目	新建投資	跨國併購
投資者對投資環境成熟度的需求	相對較低	相對較高
資本輸入國屬性	多為發展中國家	主要為發達國家及部分投資環境較趨成熟的發展中國家
企業生產能力形成時間（籌建時間）	相對較長	相對較短[33]
投資運用的方式	股權形式／非股權形式	多屬股權形式
投資所需成本[34]	相對較高	相對較低
投資金額（規模）[35]	相對較低	相對較高
資本（產）累積的速度	相對較慢	相對較快
投資者投資回收的效益	相對較慢	相對較快
就業機會的提供[36]	成效相對較高	成效不明顯
產銷管道（體系）	需另行建立	可直接取得[37]

---

[32] 有關新建投資與跨國併購進一步的比較分析，請參閱促進跨國公司對華投資政策課題組：前揭文；蔡向輝：前揭文；楊亞沙：前揭文；UNCTAD, *World Investment Report 2000: Cross-border Mergers and Acquisitions and Development.*, New York and Geneva, Sales No.E.00. II.D.20, 2000, p.159-204。

[33] 由於透過跨國併購方式進行投資，可藉此獲得資本輸入國目標企業現成的生產要素（例如：土地、廠房設備、勞動力等），大幅縮短建設與投資週期（梁蓓、杜奇華編著：前揭書，第 154 頁）。

[34] 以跨國併購方式獲取目標公司資產的出價往往低於目標公司資產的真實價值（梁蓓、杜奇華編著：前揭書，第 155 頁）。

[35] 從投資規模來看，跨國併購，特別是大宗併購，涉及金額巨大，通常是新建投資很難與之相比的。其主要原因是被併購的企業通常是十分成熟、發達的企業，本身已經歷過或多次經歷併購，擁有龐大或較為龐大的資產（楊亞沙：前揭文）。

[36] 蓋新設投資能形成新的生產力，只要不是對資本輸入國國內投資的完全替代，就會提供新的就業機會；而透過跨國併購進行投資，由於沒有新增加的生產力，因此新增就業的機會不明顯，甚至可能在併購後進行裁員，短期內還可能減少就業機會（促進跨國公司對華投資政策課題組：前揭文）。

[37] 按透過跨國併購可直接接收目標企業以往所建立與經營的銷售網路，直接透過該網路進行銷售。

項　目	新建投資	跨國併購
對資本輸入國資本存量的貢獻㊳	相對較高	相對較低
壟斷性／稀缺性資源的取得	可能性低	可能性高㊴
稅收基礎㊵	擴大稅收基礎	改善企業納稅能力
資源互補的效益展現面㊶	資本輸入國	資本輸入國與標的企業
市場占有率攫取速度	相對較慢	相對較快㊷

二、外商投資企業與外商投資企業法制

(一)外商投資企業的概念意涵

　　中國自 1978 年確立「對外開放」為基本國策後，並非以單一立法的方式統一規範准許入境的外國直接投資（FDI）所設立的企業組織，而係依其先後立法允許設立的組織型態，依其設立的法律依據，分別稱為中外合資經營企業（Sino-foreign Equity Joint Ventures）或稱合營企業（Joint Ventures）㊸、外資企業（Foreign-capital Enterprises）或稱為外商獨資企業（Foreign-Owned Enterprises）以及中外合作經營企業（Chinese-Foreign Contractual Joint Ventures）

㊳蓋新設投資主要係對新的生產設備的投資，只要不是對國內投資的完全替代，便會自然增加資本輸入國的資本存量；至於透過跨國併購所進行的投資，由於可直接利用目標企業原有的生產設備，因此在短期內可能不會添購新的生產設備，將無助於資本輸入國資本存量的增益（促進跨國公司對華投資政策課題組：前揭文）。

㊴透過跨國併購可直接取得目標企業原所擁有特殊價值的人力資源與專有技術等具壟斷性或稀缺性的資源。

㊵新設投資由於帶來新的生產能力，會提供新的課稅實體，故而擴大資本輸入國的稅收基礎；至於跨國併購雖不能產生新的課稅實體，惟若能提高企業的產值與盈利水準，即可改善原目標企業的納稅能力（促進跨國公司對華投資政策課題組：前揭文）。

㊶新設投資與跨國併購皆可產生資源互補效益。惟新設投資主要表現在資本輸入國層面，即資本輸入國透過吸引新設投資而獲取原本未擁有的新資源；至於跨國併購除表現在資本輸入國層面，尚表現在雙方企業層面，雙方可將其具備的優勢與國外企業的強項相結合，形成協同優勢，達到互利的效應（促進跨國公司對華投資政策課題組：前揭文；楊亞沙：前揭文）。

㊷蓋透過跨國併購不僅可以直接獲取目標企業的原有資產，並可接收目標企業原所占有的銷售市場。

㊸參 1983 年及現行《中外合資經營企業法實施條例》第 2 條。

或稱合作企業（Contractual Joint Ventures）㊹，稱呼不一而足，初期並未賦予統一的名稱。

　　中國首次使用「外商投資企業（Foreign-Funded Enterprises）」的稱法係源自 1986 年 10 月 11 日國務院所發布的《關於鼓勵外商投資的規定》㊺，自此，正式確立「外商投資企業」此統一用語及概念，亦因該行政法規係對「外商投資企業」的統籌性宣示規定，為貫徹該《規定》，其後的官方文件、政府公報及各權責部門所陸續發布的配套部門規章、規範性文件便開始改用「外商投資企業」此一名稱㊻，並逐漸形成一專有名詞㊼，自此，凡以「外商投資企業」做為規範對象所發布的法規（行政法規或地方性法規）、規章（部門規章或地方政府規章）、規範性文件，皆一體適用於外國直接投資（FDI）在中國境內所設立的各種類型企業組織，易言之，其立法模式已

㊹ 參 1995 年《中外合作經營企業法實施細則》第 2 條。

㊺ 1986 年《關於鼓勵外商投資的規定》第 2 條規定：「國家鼓勵外國的公司、企業和其他經濟組織或者個人(以下簡稱外國投資者)，在中國境內舉辦中外合資經營企業、中外合作經營企業和外資企業(以下簡稱外商投資企業)。國家對下列外商投資企業給予特別優惠……或者替代進口的生產型企業(以下簡稱先進技術企業)。」

㊻ 例如：1987 年的《關於外商投資企業申領進出口許可證的實施辦法》、《中國銀行對外商投資企業貸款辦法》，1989 年的《關於外商投資企業代扣代繳零售環節營業稅問題的規定》，1990 年的《關於外商投資企業若干財務問題的通知》，1991 年的《外商投資企業和外國企業所得稅法》、《關於外商投資企業若干財務管理問題的通知》，1992 年的《外商投資企業會計制度》、《外商投資企業財務管理規定》、《關於外商投資企業資本金變動若干問題的通知》，1993 年的《外商投資企業授權登記管理辦法》、《外商投資企業執行新會計制度若干問題的規定》，1994 年的《關於外商投資企業執行新稅收條例有關會計處理的規定》、《關於進一步加強外商投資企業審批和登記管理有關問題的通知》，1995 年的《關於外商投資企業再投資退稅有關問題的批復》，1996 年的《外商投資企業清算辦法》，1997 年的《外商投資企業投資者股權變更的若干規定》，1999 年的《關於外商投資企業合併與分立的規定》，2000 年的《外商投資企業和外國企業購買國產設備投資抵免企業所得稅管理辦法》、《關於外商投資企業境內投資的暫行規定》，2002 年的《關於加強外商投資企業審批、登記、外匯及稅收管理有關問題的通知》，2005 年的《關於依法行政做好外商投資企業審批工作的通知》，2006 年的《關於辦理外商投資企業〈國家鼓勵發展的內外資項目確認書〉有關問題的通知》、《商務部外商投資企業投訴工作暫行辦法》，2007 年的《國家稅務總局關於外商投資企業和外國企業取得政府補助有關所得稅處理問題的批復》，2008 年的《商務部辦公廳關於依法做好外商投資企業解散和清算工作的指導意見》等等。

㊼ 王文杰：「中華人民共和國外商投資企業的發展新動態」，載於《月旦法學雜誌》，第 14 期，1996 年 7 月。

然從以往的個別立法轉向合併立法（詳第三章）；惟考察相關文獻、報章、傳媒，迄今一般仍多習慣以所謂「三資企業」做為合營企業、外資企業及合作企業之統稱，然而此種稱法，在面臨「外商投資股份有限公司」此一新投資型態出現時[48]，顯然已非此俗稱所能涵括，故本文不使用此稱法，但使用「外商投資企業」卻更能精確掌握實況。

目前多數學者將外商投資企業界定為：外國的公司、企業、其他經濟組織或個人，依據中國的法律，在中國境內以私人直接投資的方式，參與或獨立設立的各類企業的總稱[49]，或外國直接投資者在做為資本輸入國的中國境內經批准進行國際私人直接投資所舉辦的企業[50]。此等定義與中國分別於1979年、1986年及1988年先後頒布《中外合資經營企業法》（以下簡稱《合營企業法》）、《外資企業法》及《中外合作經營企業法》（以下簡稱《合作企業法》）等三大基本法律界定外國直接投資（FDI）標準的特點[51]（即判斷是否屬於外國直接投資，主要係以「投資主體」而非以「資本」本身是否具涉外因素論斷）是一致的[52]。此所謂「外商」如前所述係泛指一切外國投資者，惟港、澳、臺地區的公司、企業、其他經濟組織或自然人前往中國

---

[48] 為規範外商投資股份有限公司，1995年1月由當時的「對外貿易經濟合作部」發布《關於設立外商投資股份有限公司若干問題的暫行規定》；該《暫行規定》第1條規定，外國的公司、企業、其他經濟組織或個人，在平等互利的原則下，可在中國境內與中國的公司、企業或其他經濟組織共同設立「外商投資股份有限公司」，並於第3條首次明定「外商投資股份有限公司」係外商投資企業的一種形式，以彌補外商投資企業法制的不足，並為外商投資企業採用股份有限公司形式進行跨國投資提供法律上的依據。

[49] 漆多俊主編：《中國經濟組織法》，中國政法大學出版社，2003年1月第1版第1刷，第326頁；趙燕士、田予編著：《外商投資企業法概論》，中國政法大學出版社，1992年5月第1版第1刷，第1頁。

[50] 姚梅鎮主編：《外商投資企業法教程》，法律出版社，1990年6月第1版，1991年9月第3刷，第1頁。

[51] 參1979年、1990年及現行《合營企業法》第1條，1986年及現行《外資企業法》第1條，1988年及現行《合作企業法》第1條。

[52] 有學者批評以此方式界定外國直接投資的範圍，將產生諸如：「返投資」是否屬於外國直接投資？合營企業、外資企業及合作企業在中國投資設立的企業是否享有外商投資企業待遇？等疑問；進而提出宜實應依涉外因素不同，將外國直接投資分類（如：外國人以境外資本的投資、外國人以境內資本的投資、內國人以境外資本的投資等），而依其不同類別實施不同的政策（王玉梅著：《中國的外國直接投資法律制度研究》，法律出版社，2003年6月第1版第1刷，第14-20頁）。

投資設立的企業，是否涵蓋於外商投資企業此一概念意涵內？實有進一步探
究之必要；以下將以來自於臺灣地區的投資者為例進行分析。按若其係先在
第三國（地）設立公司、子公司或控股公司，再以該等公司名義前來中國境
內投資設立企業（不論係獨資或合資或合作形式），由於進行該投資行為之
公司從中國法律的角度實即外國公司，因此，其在中國所設立之企業即屬外
商投資企業，當無疑義⑤③。惟若該臺灣地區的公司、企業、其他經濟組織或
自然人並非透過第三國（地）的方式，而係直接前往中國投資設立獨資企
業、或與中國公司、企業或其他經濟組織共同設立合營企業或合作企業，此
時仍否屬於外商投資企業？則有進一步探討之必要；按依據國務院於 1988 年
7 月所發布的《關於鼓勵臺灣同胞投資的規定》其相關規定顯示，係將此種
投資型態界定為一種「國內投資」⑤④，並統稱該投資者所設立之企業為「臺
胞投資企業」；而 1994 年 3 月所頒布的《臺灣同胞投資保護法》更進一步以
法律形式明確將此種投資定性為一種「特殊的國內投資」，與外商投資有所
區別⑤⑤，統稱為「臺灣同胞投資企業」，然而，該等企業本質上仍應屬於外
商投資企業。首先，就所適用的規範而言，《關於鼓勵臺灣同胞投資的規
定》明定除適用該《規定》外，參照執行有關涉外經濟法律、法規的規定⑤⑥，
1999 年 12 月發布的《臺灣同胞投資保護法實施細則》亦規定，《臺灣同胞
投資保護法》與該《實施細則》未規定的，臺灣地區投資者比照適用有關涉

---

⑤③ 至於此等投資型態所涉及的進一步相關問題，可參閱王泰銓著：《當前兩岸法律問題分
　　析》，五南圖書出版有限公司，2000 年 9 月初版第 2 刷，第 151-152 頁；王泰銓、陳月端
　　編著：《兩岸關係法律》，大中國圖書股份有限公司，2000 年 10 月 1 版第 2 刷，第 257-259
　　頁。

⑤④ 按 1988 年《關於鼓勵臺灣同胞投資的規定》第 4 條第 2 款、第 5 條、第 7 條、第 8 條、第
　　9 條、第 11 條第 2、3 款等相關規定皆以「國家」冠之，而非如《中外合資經營企業法》、
　　《外資企業法》及《中外合作經營企業法》等三大基本法律及其配套的《實施條例》（或
　　《實施細則》）係使用「中華人民共和國」或「中國政府」，顯然在法規範的用辭上刻意
　　有所區別。

⑤⑤ 1994 年《關於〈中華人民共和國臺灣同胞投資保護法（草案）〉的說明》第 2 點「關於臺
　　胞投資的定性問題」指出：「為了體現一個中國的原則，反對『兩個中國』或者『一國兩
　　地區』的主張，這部法律應當明確規定臺胞投資的性質屬於特殊的國內投資，以與外商來
　　華投資相區別。……」（該《說明》全文詳見《全國人大常委會公報》，1994 年第 1 號）；
　　另 1994 年《臺灣同胞投資保護法》第 2 條第 1 款、第 3 條、第 4 條、第 7 條第 2 款等相關
　　規定與 1988 年《關於鼓勵臺灣同胞投資的規定》相同，皆以「國家」冠之。

⑤⑥ 參 1988 年《關於鼓勵臺灣同胞投資的規定》第 5 條第 1 款。

外經濟法律、行政法規[57]，而中國目前除《臺灣同胞投資保護法》此項法律，《臺灣同胞投資保護法實施細則》、《關於鼓勵臺灣同胞投資的規定》等行政法規，以及若干涉台的地方性法規（例如：1990 年 7 月發布的《福建省臺灣同胞投資企業登記管理辦法》、1997 年 6 月發布的《浙江省臺灣同胞投資保障條例》等）或規章（例如：1991 年 1 月海關總署與原對外經濟貿易部聯合發布的《關於執行〈國務院關於鼓勵臺灣同胞投資的規定〉和〈國務院關於鼓勵華僑和香港澳門同胞規定〉有關問題的通知》、1997 年 11 月發布的《瀋陽市鼓勵臺灣同胞投資的規定》等）可做為該等所謂「臺胞投資企業」或「臺灣同胞投資企業」之規範依據外，實際上仍係援用中國涉外經濟法規範（包括做為外資法制的核心規範的外商投資企業法制）做為涉及該等企業有關投資或經營活動之主要規範依憑；其次，就組織形式與內涵而言，依據《關於鼓勵臺灣同胞投資的規定》、《臺灣同胞投資保護法》及其《實施細則》的規定，臺灣地區投資者與其他外國投資者一樣，均得在中國投資設立獨資企業、合營企業及合作企業，而其具體的規範內容（例如：投資領域、出資方式、投資審批、外匯管理等）亦與規制外商投資企業的相關規範大體一致；第三，就所享有的投資待遇而言，《關於鼓勵臺灣同胞投資的規定》明定「臺胞投資企業」享受相應的外商投資企業待遇[58]，《臺灣同胞投資保護法》亦規定「臺灣同胞投資企業」依據國務院關於鼓勵臺灣同胞投資的有關規定享受優惠待遇，因此，臺灣地區投資者在中國境內投資設立的企業基本上與外商投資企業所享有的待遇相當，可歸類為外商投資企業[59]（或視為外商）[60]。惟臺灣地區投資者在中國境內投資設立之企業依前開解釋雖可歸類為外商投資企業，然若從中國法律管轄的角度，「臺胞投資企業」或「臺灣同胞投資企業」既仍已被定性為中國企業，則其一旦發生投資糾紛，

---

[57] 參 1999 年《臺灣同胞投資保護法實施細則》第 5 條後段。

[58] 參 1988 年《關於鼓勵臺灣同胞投資的規定》第 5 條第 1 款。

[59] 有關臺灣學者對於《臺灣同胞投資保護法》及其《實施細則》的分析與評論，可參閱王泰銓著：前揭書，第 161-166 頁；王泰銓、陳月端編著，前揭書，第 259-267 頁；王泰銓著：《投資大陸市場法律與實務解析》，學林文化事業有限公司，2000 年 12 月第 1 版，第 237-252 頁；王文杰：「台商同胞投資保護法及其實施細則之分析」，載於《實用稅務》，第 303 期，2000 年 3 月。

[60] 漆多俊主編：前揭書，第 326 頁。

恐無法如一般的外商投資企業，享有充分選擇仲裁地點、仲裁機構（如：「臺胞投資企業」或「臺灣同胞投資企業」僅得將其爭議向中國的仲裁機構提付仲裁[61]，與一般的外商投資企業顯有出入[62]）、管轄法院、準據法等權益之餘地[63]（詳第四章）。

　　由以上探討可知，臺灣地區投資者採取不同途徑前往中國投資設立的企業，雖然在實質上均屬於外商投資企業，惟將因其投資途徑不同而異其法律地位，致其享有的權益內涵有所差異。

(二)外商投資企業法制──中國外資法制的核心

　　資本輸入國（東道國）為規制因引進外國直接投資（FDI）所衍生的投資關係（主要是涉及利用與管理外國直接投資所衍生者），往往須透過一套法律制度做為規範的依據，該等規範一般稱為外國投資法（Foreign Investment Act，以下簡稱「外資法」），係一國政府為引進外國資本與技術以發展本國經濟，所制定的關於外國直接投資者的法律地位、鼓勵、保護與限制，以及調整其與內國投資者或政府關係的法律規範的總稱[64]；係資本輸入國為吸收與利用外國直接投資（FDI）而建立的有關保護、鼓勵與管制外資的法律制度的總稱[65]；亦即資本輸入國所制定關於調整外國私人直接投資關係的法

---

[61] 按 1988 年《關於鼓勵臺灣同胞投資的規定》第 20 條第 2 款規定：「當事人不願協商、調解的，或者協商、調解不成的，可以依據合同中的仲裁條款或者事後達成的書面仲裁協議，提交大陸或者香港的仲裁機構仲裁。」；1999 年《臺灣同胞投資保護法實施細則》第 29 條第 2 款規定：「當事人不願協商、調解的，或者經協商、調解不成的，可以依照合同中的仲裁條款或者事後達成的書面仲裁協議，提交中國的仲裁機構仲裁。大陸的仲裁機構可以按照國家有關規定聘請臺灣同胞擔任仲裁員。」

[62] 現行《中外合資經營企業法》第 15 條第 1 款規定：「合營各方發生糾紛，董事會不能協商解決時，由中國仲裁機構進行調解或仲裁，也可由合營各方協議在其他仲裁機構仲裁。」；現行《中外合作經營企業法》第 25 條第 1 款規定：「中外合作者履行合作企業合同、章程發生爭議時，應當通過協商或者調解解決。中外合作者不願通過協商、調解解決的，或者協商、調解不成的，可以依照合作企業合同中的仲裁條款或者事後達成的書面仲裁協議，提交中國仲裁機構或者其他仲裁機構仲裁。」

[63] 王泰銓著：前揭《當前兩岸法律問題分析》，第 152-153 頁。

[64] 姚梅鎮主編：《國際經濟法概論》，武漢大學出版社，2001 年 7 月修訂版第 4 刷，第 395 頁。

[65] 曾華群著：《WTO 與中國外資法發展》，廈門大學出版社，2006 年 3 月第 1 版第 1 刷，第 407 頁。

律規範的總稱（如：確定外國直接投資的範圍、形式，外國直接投資者的法律地位與其權利義務等）(66)；不僅包含有關外國直接投資者權利義務的實體法規定，亦包含涉及外資審查標準與程序等經濟行政法（Wirtschaftsverwaltungsrecht）(67)，以及投資爭議解決等程序法規定(68)。其規範內容主要包括(69)：外資的准入（admission of foreign investment）與投資方向、外國直接投資者其法律地位（legal seats）、稅收（tax revenue）與優惠（incentive）、合法利益的匯出（remit legal interest）、徵用（expropriation）、國有化（nationalization）(70)與補償（compensation）、外國直接投資者自主權的保障、投資爭議解決等等。

考察世界各國的外資立法體例，大致可分為(71)：第一，制定統一的外資法；第二，制定外國投資專法或特別法；第三，直接適用其一般的國內法規等三種（詳第五章）。中國於 1978 年確立「對外開放」基本國策後，在經濟體制逐漸由從「計畫」轉向「市場」的過程中，基於社會經濟活動運作的需要，法律制度必然將隨之變遷；然而，由於當時的主客觀條件未臻成熟，故對於改革國有經濟（state economy）所選擇的方式係為一種漸進的（gradual）而非激進的（radical）模式；與此同時，將主要的改革精力轉移至非國

---

(66)余勁松主編：《國際投資法》，法律出版社，2007 年 2 月第 3 版第 1 刷，第 121 頁；姚梅鎮著：《國際投資法》，武漢大學出版社，1989 年 3 月 2 次修訂版，1990 年 7 月 4 刷，第 40 頁。

(67)係指所有普通法上的對調整經濟的國家機關授予權利、賦予其義務，或對此類調整、監督經濟的機構進行組織規範的法律規範的總稱〔參（德）烏茨・施利斯基著：《經濟公法》（2003 年第 2 版），喻文光譯，法律出版社，2006 年 6 月第 1 版第 1 刷，第 7-8 頁〕。

(68)姚梅鎮著：前揭《國際投資法》，第 40 頁。

(69)余勁松主編：前揭《國際投資法》，第 7-8 頁、第 121 頁；姚梅鎮著：前揭《國際投資法》，第 40 頁；曾華群著：前揭書，第 407-408 頁。

(70)係指國家對於原屬私人或外國所有的財產所採取的收歸國有的強制性措施（姚梅鎮主編：前揭《比較外資法》，第 763 頁）；關於國有化所涉相關問題，參姜勵男著：《國際投資法概要》，五南圖書出版有限公司，1994 年 5 月初版 1 刷，第 206-209 頁；姚梅鎮主編：前揭《比較外資法》，第 763-808 頁；姚梅鎮著：前揭《國際投資法》，第 376-398 頁。

(71)有關外資法的立法體例，參姚梅鎮主編：前揭《比較外資法》，第 242-244 頁；余勁松主編：前揭書，第 121-122 頁；姚梅鎮著：前揭《國際投資法》，第 40-42 頁；曾華群著：前揭書，第 408 頁；(日)櫻井雅夫著：前揭書，第 116-132 頁；張慶麟、彭忠波：「論我國外資法律體系重構模式」，載於《法學評論》，2006 年第 1 期（總第 135 期）。

有經濟（如；集體、個體、私營、涉外經濟等）方面，於此創建「市場」導向的企業，尋求新的增長點並依託其實現增長；經濟學者稱此種改革為「體制外先行（reforming out of the established system）」戰略或「增量改革（incremental reform）戰略」[72]。惟改革精力移至包括涉外經濟在內的此類非國有經濟成分上，便首須面對與解決長期以來疲弱不振的國民經濟問題。在堅持「對內改革，對外開放」的基本路線引導下，乃破除以往「一無外債，二無內債」思想的束縛，開始積極爭取、利用國外資金，而利用外資的結構中，即包括引進外國直接投資（FDI）此種普遍的國際投資形式。當時中國並無一套堪稱完備的企業立法規畫與規模，甚至連做為規範私人間一般社會生活關係最基本的民法（Bürgerliches Recht）以及做為商業組織從事商業行為基礎規範的公司法（Gesellschaftsrecht）皆付之闕如，惟在引資迫切的客觀環境要求下，對於開放外國直接投資（FDI）進入所可能衍生的相關投資問題均須明確地規範，故有必要就此另行制定相關的法律制度與配套措施；此外，礙於改革開放之初立法技術未臻成熟，現代法制環境仍待建設（按中國現今法制主要係在 1993 年針對 1982 年《憲法》進行第二次修正，確立以市場經濟體制做為發展主軸後方始逐步構建），實難有經驗與能力制定一套統一、具有系統性且架構完整的外資法制，而且對於外國直接投資（FDI）此種市場經濟制度運作下的產物，亦無法令之直接適用當時計畫經濟屬性的國內規範，加以本身即屬社會主義國家，因此，在開始建構以外商投資企業法制為核心規範的外資法制時，便自然選擇參考同為社會主義的其他國家其外資立法體例，亦即針對不同的企業類型（基本上仍沿習過往以所有制做為區別標準的一貫立法思維）制定專門法規，並同時輔以其他相關法規的方式進行規制。在當時所處的政經環境與條件下，採取內、外分立的「雙軌制」立法模式，援以分別規範內、外資企業為從事營運、投資等經濟活動所衍生的相關法律關係，誠屬必然的選擇。

　　按中國為調整外國直接投資關係所建構的外資法制，與當時其他大多數的社會主義國家相同，係以「企業組織本位」為支點（此與一般多以「資本

---

[72] 吳敬璉著：《當代中國經濟改革》，上海遠東出版社，2004 年 1 月第 1 版第 1 刷，第 55-60 頁；吳敬璉著：《吳敬璉自選集》，山西經濟出版社，2006 年 1 月第 1 版第 3 刷，第 157-159 頁。

本位」為支點的其他資本輸入國的外資立法例不同），而以規範不同類型外商投資企業的《合營企業法》、《外資企業法》、《合作企業法》等三大基本法律及其配套子法為核心規範，就技術引進與登記、資金、勞動、外匯、財務、進出口、稅收等管理事項，配合各項專門法律、行政法規、地方性法規、規章（部門規章或地方政府規章），由此等規範彼此相互聯繫，逐步架構成目前的中國外商投資企業法制，成為中國外資法制的核心規範，最終形成的中國外資立法體系[73]。惟相較於中國一般經濟法規的發展模式，外商投資企業法制由於主要涉及需與實行市場經濟的國家或地區進行經濟交往與合作，故其制度一開始即融合市場經濟條件下對企業制度的有關要求，故與內資企業（尤其是國有企業）相較，外商投資企業受到計畫經濟體制的影響即相對較少[74]（凡此均將於第三章詳予探討）。

雖然學者間對於外商投資企業法制其概念意涵的界定略有不同，或謂係規定外商投資企業的設立、經營、終止與解散以及解決中外雙方爭議的各類法律規則的總稱（包括對其所施予之優惠措施與法律保護）[75]；或謂概指有關外商投資企業組織與活動的行為規範的各種法律、法規的總稱[76]；或謂係所制定的調整外商投資企業在設立、管理、經營和終止過程中產生的法律規範的總稱[77]；或謂係調整外商投資企業在設立、變更、終止以及生產經營活動中所發生的各種經濟關係的法律規範的總稱[78]；或謂係調整在國家協調經濟運行過程中發生的關於外商投資企業的經濟關係的法律規範的總稱[79]；或謂係調整外商投資企業在設立、經營管理過程中所發生的經濟關係的法律規範的總稱[80]；然若進一步深究其實質內涵，前揭出入係肇因於觀察角度或著

---

[73] 姚梅鎮主編：前揭《比較外資法》，第 249-258 頁；王玉梅著：前揭書，第 34-40 頁；王文杰著：《中國大陸法制之變遷》，自版 2002 年 10 月初版第 1 刷，第 231-232 頁。

[74] 王文杰：前揭「中華人民共和國外商投資企業的發展新動態」乙文。

[75] 沈四寶主編：《中國涉外經貿法》，首都經濟貿易大學出版社，2006 年 2 月第 3 版第 9 刷，第 104 頁。

[76] 姚梅鎮主編：前揭《外商投資企業法教程》，第 21 頁。

[77] 趙燕士、田予編著：前揭書，第 10 頁。

[78] 漆多俊主編：前揭書，第 328 頁。

[79] 楊紫烜、徐杰主編：《經濟法學》，北京大學出版社，2001 年 3 月第 3 版第 1 刷，第 115 頁。

[80] 劉德標主編：《加入WTO後中國涉外經濟貿易法律實施體系與規則》，中國方正出版社，2000 年 12 月第 1 版、2001 年 11 月北京第 2 刷，第 93 頁。

眼點不同，渠等對於外商投資企業法制所為之詮釋並無本質上之歧異。外商投資企業法制實係用以規制外國直接投資（FDI）為進入中國設立外商投資企業從事營業活動，在投資准入（admission of investment）、投資措施（measures of investment）、投資待遇（treatment of investment）、投資爭端解決（settlement of investment disputes）等方面所衍生的各類法律關係的法律制度。若從其規範的性質與內容觀察，既包括公法（Öffentliches Recht）規範，亦涵括私法（Privatrecht）規範，既有實體法（Materielles Recht）規範，亦有程序法（Prozeβrecht）規範，係由分屬不同經濟體制（economic system）下所制定之不同屬性、位階的法規範所交織而成，內容浩翰且錯綜複雜的雙軌（two-track）法律制度；若從其所調整的對象觀察，實際上可歸納為以下四個主要規範面向[81]：第一，外商投資企業與行政機關之間的「經濟管理關係」；第二，外商投資企業與中國境內、外其他企業、經濟組織、自然人之間所生的「經濟協作（或往來）關係」；第三，外商投資企業與其出資者（或合作者）之間，或出資者（或合作者）彼此間的「經濟關係」；第四，外商投資企業內部各級管理機構彼此間，以及外商投資企業與其內部管理人員與職工之間的「內部關係」。至於本文所側重者，主要在於前揭所謂的「經濟管理關係」，僅在個別特殊議題偶涉及他種關係，合先敘明。

---

[81] 漆多俊主編：前揭書，第 328-329 頁；王玉梅著：前揭書，第 35 頁。

第二章
經濟全球化與體制變遷牽動中國外資政策的再思維

　　中國自改革開放三十年以來的經濟發展取得舉世矚目的成就，這些成就除受益於全球化（Globalization）的發展，更來自於包括：發展非國有經濟（如；集體、個體、私營、涉外經濟等）、推動國有經濟的民營化、開放價格、放鬆管制、改革金融體制、改革政府、下放權利、健全法律體制等一系列「市場化」取向的改革①；中國自1990年代初期開始的這場市場化革命②，可謂由「政府主導型」資源配置方式朝向「市場主導型」資源配置方式轉變的過程③，亦可理解為逐步放鬆計畫性（planned）或指令性（command）政府管制的過程，其目標便在於建立市場經濟制度；此一經濟體制（economic system）轉型的歷程，在時間上恰巧與二十世紀八〇年代中期以來，人類歷史邁入新一波經濟全球化（Economic Globalization）加速發展的時代相吻合，而此番經濟全球化實質上便是市場體制（Market System）④的全球化。隨著

①樊綱：「發展中國家如何在全球化中受益──中國的經驗與教訓」，載於（美）約瑟夫·E·斯蒂格利茨著：《全球化及其不滿》，夏業良譯，機械工業出版社，2004年3月第1版第1刷「代序」，第IX頁。

②按中國的改革開放雖始於1978年末，惟當時的經濟體制改革尚以「計畫經濟為主、市場調節為輔」為目標模式，在於建立「有計畫的商品經濟」而非「社會主義市場經濟體制」，易言之，此時的改革尚非市場化改革，最多僅可稱之為經濟轉軌的準備階段或市場模擬階段（郭連成主編：《經濟全球化與轉軌國家經濟發展及其互動效應》，經濟科學出版社，2007年6月第1版第1刷，第55頁）；有關中共中央對於「計畫經濟為主、市場調節為輔」與「有計畫的商品經濟」的闡述，可參閱1982年9月中共十二大政治報告「全面開創社會主義現代化建設的新局」及1984年10月中共十二屆三中全會《中共中央關於經濟體制改革的決定》，分別載於中共中央文獻研究室編：《十一屆三中全會以來黨的歷次全國代表大會中央全會重要文件選編》（上），中央文獻出版社，1997年10月第1版，2000年7月第5刷，第243-245頁、第348-351頁）。

③桑百川著：《外商直接投資下的經濟制度變遷》，對外經濟貿易大學出版社，2000年7月北京第1版第1刷，第1頁。

④其對於社會活動的組織與協調並非透過政府計畫，而是透過買賣雙方的相互交換來實現的；係一種憑藉交易方式中的相互作用而非透過中央指令，以對人類行為在全社會範圍內實現協調的制度〔參（美）C·E·林德布魯姆著：《市場體制的秘密》，耿修林譯，江蘇人民出版社，2002年1月第1版第1刷，第4頁〕。

中國朝向市場經濟轉型的啟動與加速，經濟全球化對中國經濟的影響，除繼續產生明顯的增長效應外，尚且對國內制度變革發揮有力的推動作用；隨著中國融入世界經濟的程度逐步加深，經濟全球化對於國內經濟改革的影響必然不斷地加強[5]。然在中國受益於經濟全球化的過程中，外國直接投資（FDI）扮演著非常重要的角色，亦可能是最重要的角色；它是中國改革開放政策體系中的一個重大舉措，構成中國對外開放與市場化改革的最重要步驟，不但是衝破改革阻力、推動改革與經濟制度變遷的強大動力之一，亦成為影響中國經濟發展與增長最直接的因素。若深入探究中國自改革開放以來外資政策制定的思維與調整的脈絡，實與經濟全球化的發展（外部因素）與體制變遷的進程（內部因素）息息相關。

第一節　經濟全球化發展帶來的影響

隨著人類主體能力的提高、物質生產與科技的發展、交往範圍的擴大，人類社會的發展逐漸超越狹隘的地理界限，在經濟、政治、文化、社會、法律等多層面的活動領域進行世界性的普遍交往並相互聯繫，而此一既分化又多面且全球相互聯繫擴大、深化、加速的進程，有一個時髦的名字──「全球化」[6]。全球化可被視為一個（或一組）體現社會關係與交易的空間組織變革的過程──可根據其廣度（extensity）、強度（intensity）、速度（velocity）及影響（impact）予以衡量──產生跨大陸或區域之間的流動與活動、交往以及權力實施的網路[7]。它反映一種廣泛的認識：亦即在經濟與技術力

---

[5]郭連成主編：前揭書，第 357-358 頁。

[6]（英）戴維・赫爾德等著：《全球大變革──全球化時代的政治、經濟與文化》，楊雪冬等譯，社會科學文獻出版社，2001 年 4 月第 1 版第 1 刷，第 21-23 頁、第 36-39 頁。

[7]（英）戴維・赫爾德等著：前揭書，第 22 頁。全球化係社會交往的跨洲際流動與模式在規模上的擴大、在廣度上的增加、在速度上的遞增以及影響力的深入；係人類組織在規模上的變化或變革，這些組織將相距遙遠的社會聯結起來，並擴大了權力關係在世界各地區與各大洲的影響〔參（英）戴維・赫爾德、安東尼・麥克格魯著：《全球化與反全球化》，陳志剛譯，社會科學文獻出版社，2004 年 12 月第 1 版第 1 刷，第 1 頁〕，惟在學術界目前並未有任何一種全球化的解釋獲得正統的地位。有關全球化定義的探討，另可參（英）阿蘭・魯格曼著：《全球化的終結》，常志霄、沈群紅、熊義志譯，生活、讀書、新知三聯書店，2001 年 6 月北京第 1 版第 1 刷，第 5-7 頁；程偉等著：《經濟全球化與經濟轉軌互動研究》，商務印書館，2005 年 10 月第 1 版北京第 1 刷，第 2-5 頁。至於有關全球化的爭論，則可參（英）戴維・赫爾德等著：前揭書，第 2-14 頁。

量的推動下，世界正被塑造成一個共同分享的社會空間；在全球一個地區的發展能夠對另一個地區的個人或社群的生活機會產生深遠影響[8]；它雖強烈地影響世界各國的經濟增長與發展績效，然其不均衡性（imbalance）亦不可避免地產生矛盾與衝突[9]。今日幾乎人類社會生活的所有領域皆已無法擺脫全球化進程的影響，而經濟全球化正是其進程中一個極為重要的發展面向；由於跨國商品與服務交易及國際資本流動規模與形式的增加，以及技術的廣泛迅速傳播，促使世界各國經濟的相互依賴性增強[10]，並成為型塑二次戰後世界秩序最強大的力量之一。

　　經濟全球化的浪潮已然席捲整個世界，任何國家（不論是發達國家抑或是發展中國家）均難以置身事外。經濟合作與發展組織（OECD）指出：資本流動自由化與放鬆管制、貿易與投資市場的進一步放開，以及資訊與通信技術在經濟發展中的變革性作用等三種力量，主導著經濟的全球化進程[11]。在此背景下，世界各國的經濟格局逐漸朝向更加開放（openness）與自由化（liberalization）的方向發展，商品（包括服務）、資本、勞動、技術、資訊等生產要素跨國界的流動更為便利，而國際資本流動則成為經濟全球化主要的推動力量。隨著市場進入壁壘的逐步取消，地域與國界的概念在經濟全球

---

[8] （英）戴維・赫爾德等著：前揭書，第 1 頁。

[9] 有學者考察認為全球市場與社會穩定間的衝突來源包括：第一，貿易與投資壁壘的減少加重了能跨越國界的社會群體與不能跨越者間的不對稱；第二，全球化引發一國內部及國家之間社會規範與體現這些規範的社會制度間的衝突；第三，全球化已使政府更難於提供社會保障－而此正是政府的核心功能之一，亦是幫助戰後以來一直進行著的自由化獲得國內政治支持並保持社會凝聚力的重要原因（參（美）丹尼・羅德瑞克著：《全球化走的太遠嗎？》，熊賢良、何蓉譯，北京出版社，2000 年 1 月第 1 版第 1 刷，第 4-8 頁）。

[10] 國際貨幣基金（IMF）認為：經濟全球化係透過貿易與資金流動（trade, financial flows）、技術創新（technology spillovers）、資訊網路（information networks）以及文化交流（cross-cultural currents），使各國經濟在世界範圍高度融合，各國經濟透過不斷增長的各類商品與勞務的廣泛輸送，透過國際資金的流動，透過技術更廣泛的傳播，形成相互依賴關係（國際貨幣基金組織編：《世界經濟展望》，康以同等譯，中國金融出版社，1997 年 10 月第 1 版北京第 1 刷，第 45 頁）；然由於研究者其出發點與研究問題的角度各有不同，故學術界對於經濟全球化的界定迄今仍眾說紛紜，莫衷一是。有關經濟全球化的概念內涵的探討，可參閱葉初升著：前揭書，第 130-135 頁；程偉等著：前揭書，第 6-12 頁；李琮主編：《經濟全球化新論》，中國社會科學出版社，2005 年 5 月第 1 版第 1 刷，第 1-4 頁。

[11] 經濟合作與發展組織編：《衡量全球化──OECD 經濟全球化指標體系》，蔡春林、杜耀武主譯，張漢林主校，中國財政經濟出版社，2007 年 5 月第 1 版北京第 1 刷，第 7 頁。

化的背景下已日益模糊不清，在此過程中相當大程度係經由國際投資所推動，而外國直接投資（FDI）更在其間扮演著舉足輕重的關鍵角色⑫，對於資本輸入國工業化（industrialization）的貢獻亦最為直接。經濟全球化的發展進程對轉型國家（Transitional Country）的經濟發展與制度變遷亦產生重大影響，在該等國家從高度集中的計畫經濟（Planned Economy）體制向自由開放的市場經濟（Market Economy）體制的轉換過程中，發揮重要的推動作用；隨著轉型國家厲行經濟改革逐步建立市場經濟制度，經濟全球化藉此不斷地擴大與加深其影響層面，而其市場化的結果正標誌著經濟全球化時代的全面來臨。

　　在經濟全球化與經濟轉型的交互作用下，促使全球範圍內的各國市場與其經濟運行機制日趨一致，此等發展除有利於各國經貿政策的協調，亦為建立國際間的國際投資規範創造有利的條件，大幅推動其制定進程⑬。在此發展背景下，規範外國直接投資（FDI）的國際立法（不論係雙邊、區域抑或多邊層面）開始取得突破性的進展，其後並成為多邊貿易體制規範——世界貿易組織（The World Trade Organization，簡稱WTO）協定群的重要環節，國際投資法制的發展至此邁入一個嶄新的階段。在經濟全球化的發展趨勢下雖大幅提升跨境經濟活動的便利性，然企業與國家所須面對的卻是更為激烈的競爭，在此背景下相對地將增加政府實施經濟行政（Wirtschaftsverwaltung）的負擔與難度，不但政府的責任與作用不斷地加強，而且其作用的重點與方式亦須隨之轉變與調整；特別是轉型國家，其所須面對的則是經濟轉型與全球化競爭的雙重壓力，故其政府職能（functioning of government）的轉變相形之下顯得更為重要。此外，由於各國在經濟領域的競爭隨著經濟全球化的迅速發展而日益加劇，以經濟實力為核心的綜合國力成為其參與國際經濟活動競逐的重要基礎，而經濟依存度的提高，使得國際間政經因素的變化動輒影響國內經濟體系的穩定；因此，如何讓日益開放的本國經濟體系因上述原因所受的衝擊減至最低並維持經濟體系的正常運作，如何使國家的根本經濟利

---

⑫經濟合作與發展組織（OECD）則認為外國直接投資（FDI）係表徵經濟全球化的首要核心參考指標（經濟合作與發展組織編：前揭書，第10-11頁）。

⑬丁偉主編：《經濟全球化與中國外資立法完善》，法律出版社，2004年12月第1版第1刷，第14頁。

益不致遭受威脅與損害，凡此涉及如何兼顧國家經濟發展與經濟安全（economic security）的威脅或經濟主權（economic sovereignty）的弱化等議題已愈發引起關注。

一、國際投資法制的發展趨勢

法律僅係人類生活的映射，往往反映其運作中的社會、政治、經濟條件與文化傳統，其隨著人類各層面活動領域的改變，亦經歷著生生不息的變化。國際社會結構的變化乃國際法（International Law）[14] 發展的前提，做為調整國際關係（特別是國家間關係）的國際法，亦是社會環境本身的產物，它按照國際關係盛行的概念發展，它的繼續存在必須符合時代的現實性[15]。隨著全球化的發展，正在重塑國內與國際領域固定不變的界限，改變著我們關於國內與國際政治與法律的觀念[16]；經濟全球化促使各國市場之間的聯繫越發緊密，亦使貨幣與實物資本具備更大的流通性，有利於地區彼此間展開新的國際競爭（主要是吸引國內、外投資方面的競爭），而掃除投資障礙、制止不正當競爭與減少國家干預正是全球化過程中最核心的內容[17]，至此，國際經濟進入一個嶄新的階段。當國家邊境不再是從事經濟活動的組織與其行為的障礙，經濟活動的全球化已然超越一國政府的規制領域時，在政治與法律面如何建構合適的國際規則、制度與機制，如何調整與完善全球經濟的治理（governance）結構，將是面對經濟全球化發展的首要課題。

---

[14] 國際法巨擘史塔克（J. G. Starke）認為：「國際法大部分是包括國家在其相互交往關係中，認為應該遵守並經常遵守的原則與規則的法律總體，並包括：一、有關國際組織運作以及國際組織相互間及與國家或個人關係的法律規則；二、某些國際社會關切的非國家的個體及個人權利義務的法律規則。」J. G. Starke, *An Introduction to International Law*, 10th ed., London: Butterworth, 1989, p.3（轉引自丘宏達著：《現代國際法》，三民書局股份有限公司，1995 年 11 月初版，第 5-6 頁）。

[15] Shaw, Malcolm N., *International Law*, 4th Ed., Cambridge University Press, 1997.p.36（轉引自楊澤偉：「晚近國際法發展的新趨勢及其制約因素」，載於《中國法學》，2000 年第 6 期）。

[16] 堪尼斯卡·扎亞蘇里亞：「全球化、法律與主權的轉變──全球管制治理的出現」，載於朱景文主編：《法律與全球化──實踐背後的理論》，法律出版社，2004 年 4 月第 1 版第 1 刷，第 242 頁。

[17]（德）馬迪亞斯·赫德根著：《國際經濟法》（第六版），江清雲等譯，上海人民出版社，2007 年 5 月第 1 版第 1 刷，第 8 頁。

(一)國際層面（含 WTO 法制）

　　經濟全球化背景下跨國問題的迅速發展使得政治疆界內、外均產生多層治理，此即導致基於領土的政治決策各方面的轉變、區域與全球性組織及機構的發展，以及區域與全球性法律的出現[18]。經濟全球化促使強大的參與者要求相互作用具有「可預測性（predictability）」，制定出遊戲規則並成為國際法的一部分[19]，其發展必然帶來法律制度的革新，而國際投資的現狀勢將決定國際投資法制的發展。考察國際層面（包括雙邊、區域、全球等各層面）的國際投資法制在經濟全球化背景下的發展，主要有下列幾項趨勢：

1.投資自由化思維的傳播

　　全球化進程改變世界資本主義（Capitalism）的競爭結構；隨著新自由主義（Neoliberalism）在二十世紀七〇年代開始逐漸發揮影響，已然成為推動全球化進程深入發展的力量[20]。在經濟全球化發展背景下，國際經濟秩序朝向於以消除投資與貿易障礙、取消市場准入（admission of market）限制，進而實現跨國經濟交往自由的目的，而投資自由化（Liberalization of Investment）正是經濟全球化重要的表現形式之一；隨著投資自由化運動的擴散，自由化逐步成為調整國際間私人直接投資關係法律規範的國際投資法制[21]的指導原則。聯合國貿易與發展會議（UNCTAD）認為：投資自由化的內涵主要包括：減輕或消除所謂市場扭曲（market distortion）的影響，提高外國投資者的待遇標準（例如：給予外國投資者「公平與公正待遇」、「國民待

---

[18] 戴維・赫爾德：「世界主義——觀念、現實與不足」，載於（英）戴維・赫爾德、安東尼・麥克格魯編：《治理全球化——權力、權威與全球治理》，曹榮湘、龍虎等譯，社會科學文獻出版社，2004 年 12 月第 1 版第 1 刷，第 455 頁。

[19] 格雷厄姆・埃利森：「全球化對國家安全和國際安全的影響」，載於（美）約瑟夫・S. 奈、約翰・D.唐納胡主編：《全球化世界的治理》，王勇、門洪華、王榮軍、肖東燕、高軍、戴平輝譯，世界知識出版社，2003 年 10 月第 1 版第 1 刷，第 75 頁。

[20] （美）戴維・M. 科茨：「全球化與新自由主義」，李松玉摘譯，載於李其慶主編：《全球化與新自由主義》，廣西師範大學出版社，2003 年 10 月第 1 版第 1 刷，第 12 頁。

[21] 姚梅鎮主編：《國際經濟法概論》，武漢大學出版社，2001 年 7 月修訂版第 4 刷，第 380 頁；姚梅鎮著：前揭《國際投資法》，第 37 頁；曾華群主編：《國際投資法學》，北京大學出版社 1999 年 11 月第 1 版第 1 刷，第 12 頁；余勁松主編：《國際投資法》，法律出版社，2007 年 2 月第 3 版第 1 刷，第 9 頁；沈四寶編著：《國際投資法》，中國對外經濟貿易出版社，1990 年 11 月第 1 版第 1 刷，第 11 頁；余勁松、吳志攀主編：《國際經濟法》，北京大學出版社，2005 年 7 月第 2 版，2006 年 11 月第 5 刷，第 200 頁。

遇」、「最惠國待遇」），加強對市場的監督（例如：制定競爭規則、資訊揭露、審慎管理等）以保障市場機制（market mechanism）的正常運作[22]。投資自由化在於減少對外國直接投資（FDI）的限制性措施、改善外國投資者的待遇標準，以保證外國投資者能正常地進行商業活動[23]，其目的便是要逐步在世界範圍內消除歧視性（discriminatory）的外資政策，抑制與取消市場扭曲行為，為外國直接投資（FDI）跨國界的自由流動掃除各種障礙[24]。美國著名的國際投資法學者范德菲爾德（Vandevelde K. J.）教授曾指出：從發達國家與不少新興工業化國家的實證經驗顯示，經濟自由化能最大限度地促進經濟的發展，而投資自由化則是全球經濟自由化的重要組成部分與推動力量[25]。1990年代初以來，各國為適應經濟全球化發展的需要，對於外國直接投資（FDI）普遍採取放鬆管制與提高待遇的作為[26]，並已迅速透過國際間

---

[22]UNCTAD，*World Investment Report 1998: Trends and Determinants.*，New and Geneva，Sales No.E.98.II.D.5.，1998，p.94-95；其原文為：「FDI liberalization is a dynamic process that involves the following:(a)the tempering or removal of those market distortions that result from restrictions applied specifically (and, hence, discriminatorily) to foreign investors (e.g. barriers to entry and operations) and from the granting or withholding of incentives and subsidies that discriminate in their favour or against them; (b)the strengthening of certain positive standards of treatment for foreign investors (e.g. national treatment, most-favoured-nation treatment, fair and equitable treatment);and (c)the strengthening of market supervision to ensure the proper functioning of the market (e.g. competition rules, disclosure of information, prudential supervision).」。

[23]蘇旭霞著：《國際直接投資自由化與中國外資政策——以 WTO 多邊投資框架談判為背景》，中國商務出版社，2005年1月第1版第1刷，第20頁。

[24]徐泉著：《國際貿易投資自由化法律規制研究》，中國檢察出版社，2004年1月第1版第1刷，第257頁。

[25]Kenneth J. Vandevelde, *Investment Liberalization and Economic Development*： *The Role of Bilateral Investment Treaties.* Columbia Journal of Transnational Law.Vol.36,1998,p.502（轉引自劉筍著：《國際投資保護的國際法制——若干重要法律問題研究》，法律出版社，2002年3月第1版第1刷，第12-13頁）。

[26]然而，在這場投資自由化運動中，發達國家與發展中國家在參與的深度與廣度上卻有著明顯的區別。蓋發達國家是主要的鼓吹與宣導者，在其透過經濟實力與影響力的積極推動下，對於投資自由化發展演變具有決定性的作用；而發展中國家卻是在認識外國直接投資（FDI）此等引資模式有著國際間接投資所無法取代的優越性後，為利用外資以發展本國經濟，方被動地接受投資自由化的要求，放寬外資准入的限制、強化對外資的保護，實係立於依附與被動的角色。有學者認為，發達國家所以鼓吹與宣導投資自由化，因為它不僅是發達國家為生產資本尋求利潤最大化的內在要求，亦是發達資本主義國家要求消除阻礙其追逐全球利潤各種形式壁壘以達壟斷資本的外在表現（徐泉著：前揭書，第260、265頁）。

的國際投資法制（雙邊、區域、全球層面）形式展現出來。

晚近雙邊投資條約（Bilateral Investment Treaties，簡稱 BITs）對於投資自由化要求的反應，首先體現於外資准入（admission of foreign investment）[27]自由、廢除履行要求（performance requirements，或稱為「業績要求」、「經營要求」）[28]等兩個方面，至於進一步提高投資待遇（treatment of investment）、加強投資保護（主要涉及徵收與國有化的問題），以及力促投資爭議（investment dispute）的國際解決等，亦是晚近美國式新型雙邊投資條約（BITs）為迎合投資自由化要求的重要呈現方式。在區域層面的國際投資法制方面，1992 年的《北美自由貿易協定》（North America Free Trade Agreement，簡稱 NAFTA）堪稱自由化多邊投資條約的標竿；該《協定》關於准入自由、禁止履行要求、相互給予締約國投資者以投資各階段的國民待遇（National Treatment）與最惠國待遇（Most-Favored-Nation treatment，簡稱 MFN）以及絕對待遇（Absolute Treatment）[29]、提高投資者在爭議解決中的主動性與加強投資爭議的非東道國解決機制等方面的相關規定，實傳承自美式雙邊投資條約（BITs）倡議投資自由的精神[30]。此外，投資自由化開始在部門性多邊投資條約中取得突破，如：《能源憲章條約》（Energy Charter Treaty，簡稱 ECT）。至於在全球層面的國際投資法制方面，WTO 協定群中一系列

---

[27] 若從資本輸入國的角度，係指資本輸入國允許 FDI 投資者進入的自由程度，包括：允許投資進入的條件（condition）、領域（domain）、區位（location）、審查（screening）等方面；若從投資者的角度，則指外國直接投資進入資本輸入國管轄領域的權利與機會（徐泉著：前揭書，第 273-274 頁；徐泉：「略論外資准入與投資自由化」，載於《現代法學》，第 25 卷第 2 期，2003 年 4 月）。

[28] 通常係指基於資本輸入國經濟發展的需要而對投資者所施加的條件限制，以敦促投資者作出有關購買、銷售或製造方面的決定（參閱余勁松：「TRIMs 協議研究」，載於《法學評論》，2001 年第 2 期；劉筍著：《WTO 法律規則體系對國際投資法的影響》，中國法制出版社 2001 年 9 月北京第 1 版第 1 刷，第 65 頁）。

[29] 參閱 NAFTA 第 1105 條第 1、2 款（轉引自劉筍著：前揭《國際投資保護的國際法制──若干重要法律問題研究》，第 150 頁）；按此等抽象性的絕對待遇標準如：「公平與公正待遇（fair and equitable treatment）」、「充分的保護與安全（full protection and security）」、「獨斷與歧視性的措施（arbitrary and discriminatory measures）」、「依據國際法要求（required by international law）」等。

[30] 劉筍：「投資自由化規則在晚近投資條約中的反映及其地位評析」，載於《華東政法學院學報》，2002 年第 1 期。

與投資有關的協定[31]在推動投資自由化方面發揮的作用,則遠遠大於《北美自由貿易協定》(NAFTA)與《能源憲章條約》(ECT),在抑制資本輸入國外資政策與立法對國際貿易與投資自由化的妨礙方面發揮重大影響[32]。

2.投資規則轉進貿易規範中推動

國際投資與國際貿易(International Trade)係國際經濟活動的兩種主要方式,而外國直接投資(FDI)與國際貿易更俱為促進經濟增長與發展的重要因素,對於提高各國經濟實績具有舉足輕重的影響[33];然而,因傳統的貿易理論完全否認生產要素國際流動的存在,致使國際貿易理論與外國直接投資(FDI)理論形成不同的分析框架。二十世紀九〇年代以來,在國際貿易迅速擴展的同時,外國直接投資(FDI)亦獲致迅猛發展,兩者儼然成為推動經濟全球化的最重要的力量;隨著經濟全球化與自由化發展不斷加深,生產要素國際流動的條件逐漸成熟,國際貿易與國際投資新的特徵不斷出現,加以跨國併購愈發活絡與頻繁,導致貿易與投資彼此間相互融合、互補、互動發展的現象日益明顯;在兩者此種既存在替代性亦具有互補性的關係持續加強的背景下,國際經濟活動逐步呈現貿易與投資一體化(integration)的趨勢;而此一發展趨勢,亦影響著調整國際投資關係與國際貿易關係的部分國內法與國際法規範的發展,催化這兩種不同領域的國際經濟行為規範形成相互滲透與相互作用的現象,進而影響國際投資法制的發展。

---

[31]嚴格而言,幾乎所有的 WTO 協定皆可能對國際投資產生直接或間接的影響,惟其中具直接影響的協議或文件首推《與貿易有關的投資措施協定》(Agreement on Trade-related Investment Measures,簡稱 TRIMs 協定)、《服務貿易總協定》(General Agreement on Trade in Services,簡稱 GATS 協定)及該協定附件二【爭端解決規則與程序的諒解】(Understanding on Rules and Procedures Governing the Settlement of Disputes)所規定的爭端解決機制;其次為《與貿易有關的智慧財產權協定》(Agreement on Trade-related intellectual property rights,簡稱 TRIPS 協定)及《補貼與反補貼措施協定》(Agreement on Subsidies and Countervailing Measures,簡稱 SCM 協定);其中,TRIMs 協定係由兩個部分所構成,包括正文共九個條款以及一個附件【例示清單】(illustrative list),並非一個與投資相關完整的協定;其範圍僅限於與貨物貿易有關的投資措施,主要係限制資本輸入國政府透過政策法令直接或間接實施與貨物貿易有關且對貿易產生限制與扭曲作用的投資措施。

[32]劉筍:前揭「投資自由化規則在晚近投資條約中的反映及其地位評析」乙文。

[33]從國際社會吸取所需的資本一向是開發中國家謀求經濟發展的一個重要途徑,而「拓展國際貿易以增加外匯收入」及「自國外輸入公共或私人等國際資本」則成為其取得外來資本主要的兩種方式(陳錦隆著:《國際私人投資之法律問題》,嘉新水泥公司文化基金會,1976 年 5 月,第 1 頁)。

　　二十世紀九〇年代中期以來，自由貿易區（free trade areas）如雨後春筍般大幅湧現，越來越多國家（特別是以美國為首的發達國家）紛紛透過在自由貿易協定（Free Trade Agreements，簡稱FTAs）中納入投資制度或規則的方式，規範彼此間的投資關係，而其中多數的自由貿易協議（FTAs）乃仿效《北美自由貿易協定》（NAFTA）的規範方式，將投資制度納為協定的重要組成部分；據聯合國貿易與發展會議（UNCTAD）統計，截至 2007 年底為止，全球簽署計二百五十四項包含投資條款的自由貿易協定（FTAs）與經濟合作協定（Economic Cooperation Agreements，簡稱 ECAs）㉞。考其數量大幅增加的主要原因在於：科技的高速發展縮短各國在地理上的距離，國際經濟的遠距交流日益頻繁，使得雙邊或多邊自由貿易協定（FTAs）的締結突破地理上的限制。經濟全球化的推展逐步拆解各國市場的壁壘，使發展中國家基於發展其本國經濟需要，願與發達國家就貿易自由化議題進行磋商談判的意願大幅提高；此外，亦與發達國家的積極推動有極大的關聯；按發達國家擬在《關稅與貿易總協定》（General Agreement on Tariffs and Trade，簡稱 GATT）多邊貿易框架內推動綜合性多邊投資規則的意圖由來已久，早在1982年 12 月GATT部長會議中，美國做為主要倡議者，首次提出將投資議題納入GATT 體制的建議，惟烏拉圭回合多邊貿易談判（The Uruguay Round of Multilateral Trade Negotiations）結果僅達成幾項與投資有關的協定（如：TRIMs協定、GATS 協定、TRIPS 協定及 SCM 協定），但隨著 WTO 體制「與貿易有關」領域的不斷擴張，目前投資已成為 WTO 體制下多邊貿易談判的重要議題；WTO 成立後，一方面由於發達國家在經濟合作與發展組織（OECD）內推動綜合性的多邊國際投資法律框架——《多邊投資協定》（Multilateral Agreement on Investment，以下簡稱 MAI）——的努力遭到挫敗㉟，另一方面

㉞UNCTAD, *World Investment Report 2008: Transnational Corporations, and the Infrastructure Challenge.*, New York and Geneva, Sales No.E.08.II.D.23, 2008，p. ⅩⅦ。

㉟關於 MAI（草案）談判失敗原因的探討，可參閱劉筍：「從 MAI 看綜合性國際投資多邊立法的困境和出路」，載於《中國法學》，2001 年第 5 期；葉興平：「WTO 體系內制定投資規則的努力——歷史、現狀與展望」，載於《現代法學》，第 26 卷第 1 期，2004 年 2 月。

則因其試圖在多邊貿易體制內繼續尋求談判投資規則議題的成果有限㊱，故
而轉向選擇在較能運用並展現其談判實力與優勢的雙邊或區域自由貿易框架
內推動投資規則。職是，國際投資規則逐漸被列為雙邊、區域性、區際或複
邊貿易投資協定重要內容的此種規範模式㊲，成為當代國際投資法制的發展
新動向。

3.規範數量的大幅增長

經濟全球化意味著各國彼此間的經濟交往較以往更為頻繁與密切，故在
客觀上需要制定更多的國際經濟條約方能據以規制國際經濟關係與協調彼此
間的經濟利益衝突；而經濟全球化亦標誌著各國在經濟上相互依賴的程度日
益加深，致使各國為促成國際經濟條約的訂立，在主觀上必須有所妥協與讓

㊱1996 年 12 月新加坡部長會議（Singapore Ministerial Conference）中，發達國家代表建議各
國能就投資問題在 WTO 內開始一項投資工作計畫，試圖在 WTO 內就投資規則的制定重
起談判，惟遭到以印度為首的發展中國家代表們的反對，他們認為，透過制定投資規則進
一步限制資本輸入國政策措施的實施範圍，是對國家主權的侵犯，不僅反對在 WTO 內制
定投資規則，而且反對一切與此有關的努力；由於會議中意見分歧過大，無法排除發展中
國家的強大壓力，最後新加坡部長級會議宣言並未提及在 WTO 內制定投資規則，而代之
宣布成立一個名為「貿易與投資關係工作小組（The Working Group on the relationship be-
tween Trade and Investment，簡稱 WGTI）」就貿易與投資的關係及其對經濟增長與發展可
能產生的影響、現存的國際投資協定以及在 WTO 統領下的投資規則體系的談判優缺點展
開分析與討論；宣言特別強調，今後有關投資領域多邊規則（或紀律）的談判，只有在
WTO 成員間對這些談判達成明確的一致決議後方能舉行。1999 年西雅圖部長會議（Seattle
Ministerial Conference）嘗試就開始多邊投資協定體系通過一項決定未果；2001 年多哈部
長會議（Doha Ministerial Conference）確立推動新一回合貿易談判，同意就包括投資在內
的十二項議題進行檢討，並於第五屆部長會議（即其後的坎昆部長會議）後在一定條件下
可進行談判；惟由於發展中國家強烈反對，2003 年坎昆部長會議（Cancún Ministerial Con-
ference）召開時，投資議題再度被排除在多哈回合談判議題之外；2005 年香港部長會議
（Hong Kong Ministerial Conference）投資議題仍未能取得進展（葉興平：前揭文；劉筍：
「貿易與投資——WTO 法和國際投資法的共同挑戰」，載於《法學評論》，2004 年第 1
期；曾華群：「論 WTO 體制與國際投資法的關係」，載於《廈門大學學報》，2007 年第
6 期；（德）彼得-托比亞斯·施托爾、弗蘭克·朔爾科普夫著：《WTO——世界貿易制度
和世界貿易法》，南京大學中德法學研究所譯，法律出版社，2004 年 4 月第 1 版第 1 刷，
第 266 頁；陳安主編：《國際投資法的新發展與中國雙邊投資條約的新實踐》，復旦大學
出版社，2007 年 6 月第 1 版第 1 刷，第 15 頁）。

㊲UNCTAD, Research Note：Recent Developments in International Investment Agreements, 30
August 2005, UNCTAD/WEB/ITE/IIT/2005/1,p.10（轉引自陳安主編：前揭《國際投資法的
新發展與中國雙邊投資條約的新實踐》，第 13 頁）。

步方能互蒙其利。蓋對於各種經濟交往若仍由各國自行其是而使用不同的規則，則規則彼此間存在的積極衝突與消極衝突，勢將破壞交易的穩定性（stability）與可預見性（foresee ability）並增加交易成本，從而阻礙國際經濟交往的順利進行；惟創制更多國際經濟領域的法律制度，將有利於降低各國經濟交往的成本[38]。此外，由於經濟全球化標誌著各國國民經濟中的涉外經濟成分比重將逐漸提高，為加強對各國經濟中涉外經濟利益的保護並強化國際經濟秩序，即需制定更多的國際經濟條約做為依憑[39]。前揭趨勢同樣地影響國際投資法制的發展，在發達國家積極推動下，導致晚近大量的國際投資協定（International Investment Agreements，簡稱 IIAs）以及自由貿易協定（FTAs）中的投資規則應運而生。

　　國際間調整與規制外國直接投資（FDI）關係的國際投資法制，首先出現在雙邊層面。在國際投資法制中，雙邊投資條約（BITs）實居於十分重要的地位，一向是國際投資協定（IIAs）的主要淵源；它不僅數量龐大且內容充實，事實上是國際間為促進與保障外國直接投資（FDI）最重要的國際投資法制類型，係國際投資法制不可或缺的重要組成部分。進入1990年代後，在經濟全球化的推動以及貿易與投資自由化的要求下，雙邊投資條約（BITs）以前所未有的速度加速發展，而此一趨勢對外國直接投資（FDI）的發展則產生相當正面的影響；在目前仍未出現一個全球性、綜合性的多邊投資規範的情況下，雙邊投資條約（BITs）不僅是規範外國直接投資（FDI）關係最重要的國際規範淵源，亦將充分發揮其促進與保護投資的功能。依據聯合國貿易與發展會議（UNCTAD）發布的「世界投資報告（World Investment Report，簡稱WIR）」所揭統計顯示，自1989年起至2006年底，全球所簽署的國際投資協議（IIAs）已累計近五千五百項[40]，光是2007年一整年就締結近一百項新協議，累計至近五千六百項[41]，數量相當驚人；其中，全球所簽

---

[38] 徐崇利：「經濟全球化與跨國經濟立法模式」，載於《華東政法大學學報》，2006年第2期。

[39] 徐崇利：「世界經濟的一體化與晚近國際經濟立法的發展趨勢」，載於《法商研究》，1996年第5期。

[40] UNCTAD, *World Investment Report 2007: Transnational Corporations, Extractive Industries and development.*, New York and Geneva, Sales No.E.07.II.D.9, 2007, p. ⅩⅦ。

[41] UNCTAD, *World Investment Report 2008: Transnational Corporations, and the Infrastructure Challenge.*, New York and Geneva, Sales No.E.08.II.D.23, 2008, p. ⅩⅦ。

署的雙邊投資條約（BITs）至 2007 年底已累計達二千六百零八項，而雙重課稅條約（Double Taxation Treaties，簡稱 DTTs）則累計達二千七百三十項[42]。

　　經濟的全球化雖迫使各國進行經濟合作，惟在多邊自由化談判中因參與者數量龐大且部分議題涉及敏感，致彼此間爭議不斷而協商越發艱難；職是，乃興起由少數國家協商組成區域性貿易整合的論調，並在 1990 年代成為國際間推動貿易自由化活動的另一股新潮流[43]。區域經濟整合在全球迅猛發展，對於國際資本的流動帶來新的刺激因素，而身處某些經濟區域內的國家，為避免競爭，協同步調，紛紛採取共同立場，以簽訂區域層面的多邊協定或條約的方式，藉以規範區域內部各種經濟關係（主要包括：取消關稅及貿易限制，生產要素自由流動，以及貨幣、財政與其他經濟社會政策的協調等），並做為內部爭議解決以及對外經濟關係拓展的依憑。蓋區域貿易協定（Regional Trade Agreements，簡稱 RTAs）的成員可侷限於少數有共同開放意願的貿易夥伴間，爰可加速成員對議題取得共識的時程；此外，因僅向特定成員而非全面性開放本國市場，故對成員其國內產業的衝擊較小[44]，故在二次大戰後國際間簽訂區域貿易協定（RTAs）蔚為風潮，帶動外國直接投資（FDI）、生產及其他經濟活動的塊狀發展，並成為各國對外經貿政策的優先選項，與貿易自由化發展同為當前國際經濟關係的主流[45]，而自由貿易協定（FTAs）便是其中經濟整合程度較低的一種類型[46]。時至今日，各國在簽

---

[42] UNCTAD, *World Investment Report 2008: Transnational Corporations, and the Infrastructure Challenge.*, New York and Geneva, Sales No.E.08.II.D.23, 2008, p. ⅩⅦ。

[43] 1990 年代起，世界局勢產生非常明顯的變化；由於東、西冷戰結束，全球政治情勢一改以往東西對抗的局面而逐漸趨於平穩，並逐步朝向以經貿為主軸的國際關係發展，其中又以「區域經濟整合（regional economic integration）」與「全球貿易自由化（liberalization of global trade）」為兩個主要潮流。

[44] 王文娟：「區域性貿易協定之的發展趨勢及最新動態」，載於《經濟情勢暨評論季刊》，第 8 卷第 3 期，2002 年 12 月。

[45] Robert Gilpin, *Global Political Economy-Understanding The International Economic Order* （New Jersey: Princeton University Press,2001），p.10-11（轉引自柯春共：「區域貿易協定主要類型之研析」，載於《問題與研究》，第 44 卷第 2 期，2005 年 3-4 月）。

[46] 按區域貿易協定（RTAs）依其經濟整合程度可分為：自由貿易協定（FTAs）、關稅同盟（Custom Union）、共同市場（Common Market）、經濟同盟（Economic Union）以及完全經濟整合（Complete Economic Integration）等五種類型（參 Miroslav N. Jovanovic, *International Economic Integration*, London：Routledge, 1992, p.8，轉引自柯春共：前揭文）。

署自由貿易協定（FTAs）時，為減少彼此間的投資障礙、擴大市場規模、促進投資機會與加速經濟增長，普遍將投資制度或規則同時納入協定內容，依據聯合國貿易與發展會議（UNCTAD）的統計顯示，內容包含投資規則的自由貿易協定（FTAs）與經濟合作協定（ECAs）截至 2007 年底已累計達二百五十四項[47]。

4.規制涵蓋範圍擴大與規範制定主體多元化

在經濟全球化背景下必然促使各國經濟更加開放並逐步融入全球經濟體制之中；投資自由化思想的傳播與強化，勢將逐漸消除對投資的各種限制與因歧視所引發的市場扭曲現象，並在各投資者與其投資之間施行非歧視待遇（non-discrimination treatment）進而提高經濟效率。然相對地在此過程中，國際投資法制亦開始涉入一些原屬於各國其內國立法管轄的涉外經濟關係；例如：投資與投資者的含義的界定，允許外資進入的條件、比例、領域、區位、行業與審查機制，對投資者是否實施履行要求與其施予的範圍，對投資者是否給予財政優惠（incentive of finance）、金融優惠（incentive of banking）或其他優惠措施，賦予投資者的待遇標準、時機與範圍，徵收（expropriation）或國有化（nationalization）的時機與標準及其補償方式，以及資本輸入國為投資者所提供的投資爭端解決機制與方式等。由於此等涉及外資准入（admission of foreign investment）、投資措施（measures of investment）、投資待遇（treatment of investment）、投資保護（protection of investment）、投資爭端解決（settlement of investment dispute）等層面的議題不斷被跨國化並進入國際投資法制的視野，需要制定相應的國際投資法規則予以規範，進而推動國際投資法制其規制範圍的擴大[48]。然而，國際層面的國際投資法制所涉範圍越大，相對地對於各國的政策約束力則越大，各國在調整此等涉外經濟事務上的自主權便不可避免地受到一定程度的限制或削弱。惟為促進跨國經濟合作與經濟發展，實現跨國經濟交往自由的目的，各國即須取消市場進入壁壘以提升跨境經濟活動便利性；為此，經濟全球化要求國際社會成員對某些事

---

[47] UNCTAD, *World Investment Report 2008: Transnational Corporations, and the Infrastructure Challenge.*, New York and Geneva, Sales No.E.08.II.D.23, 2008, p. ⅩⅦ。

[48] 徐崇利：前揭「世界經濟的一體化與晚近國際經濟立法的發展趨勢」乙文；徐崇利：前揭「經濟全球化與跨國經濟立法模式」乙文。

務協調一致，此即涉及對某些涉外事項管轄權的妥協並據以形成國際共同規則，故此種限制係自願且必要的，其不但有助於維護經國家認可的正常經濟秩序，亦可防止個別國家濫用權力致損害其他國家甚或國際社會的整體利益⑭；而各國亦可藉此機會重新定位與強化其政府職能，在降低投資管制與減少市場扭曲的同時，建構與維繫一運轉良好的法律秩序，完善相關管理機制俾利法律制度有效實施與運作，方能保證市場正常運行並為投資者提供可預見與確切的投資保障。

傳統上國際法一般係透過國家的實踐（習慣）與國家間所締結的協定（條約）等方式所創制⑮，易言之，係由習慣（custom）與條約（treaty）兩個主要部分所組成（包括任何形式的國際協議）⑯，乃基於各國的「意願」所創制、承認或接受的⑰，實證法學派（Positivists）認為其所以具有拘束力的基礎或依據在於「國家同意（Consent of states）」⑱。然而，經濟全球化使國家主權行使的範圍與參與國際事務的主體產生新的變化；由於經濟全球化導致各國無法單獨對某些經濟活動進行有效管理，而須透國際合作並借助國際性組織（非國家行為主體）的協調管理，進而使國際性組織（如：WTO、UNCTAD、IMF、OECD、WB 等）的作用日益凸顯⑲，若仍恪守以「各國共同同意」為基礎的傳統訂立模式，恐將嚴重制約包括國際投資在內的國際經濟領域法律制度的供給。「國際法只對已經同意的國家具有約束力」的此一原則仍是國際體系的公理；然而，誠如美國著名國際法學者劉易斯・亨金（Louis Henkin）指出：國家雖是國際體系中的權威與法律的唯一淵源，但並非法律唯一的主體或客體；國際體系是由國家組成的體系，也許多半是（依然是）為國家的體系，但不只是為了國家；國家可透過其制定的法律創造（或承認）其他實體，並賦予其在國際體系中一定的地位、權力、權利、責

---

⑭ 余勁松：「經濟全球化與國際經濟法」，載於《法學家》，2003 年第 3 期。

⑮（英）蒂其西・希利爾著：《國際公法原理》（第二版），曲波譯，中國人民大學出版社，2006 年 3 月第 1 版第 1 刷，第 9 頁。

⑯（美）劉易斯・亨金著：《國際法──政治與價值》，張乃根、馬忠法、羅國強、葉玉、徐珊珊譯，中國政法大學出版社，2005 年 2 月第 1 版第 1 刷，第 36 頁。

⑰（美）劉易斯・亨金著：前揭書，第 35 頁。

⑱ 丘宏達著：前揭書，第 35 頁。

⑲ 余勁松：前揭「經濟全球化與國際經濟法」乙文。

任與補救；可為自己立法但沒有必要只為自己立法，可創立體制與作出各種安排，亦可為其他由它們創設或代表的實體立法⑤；國際體系雖依然是國家的體系，然而在政治、經濟、社會領域重要的國家間組織卻遠多於構成這些組織的國家數量，有其自身的存續與特點，滲透與加強該體系並改變其特性；該體系隨著國家地位的特點變化而變化，惟該體系與國家地位意義的變化已帶來法律淵源的變化；同意的原則本質上雖仍不變，但已「鬆動」⑤；此項發展對於國際層面的國際投資法制亦不例外。二次世界大戰後，一種對於國家間合作需要的新的認識，催生越來越多的專門機構從事促進合作的工作，以協助各國追求其漸進的項目以及對福利國家原則（welfare states principles）的更廣泛承諾，進而推動合作國際法（international law of cooperation）運動；然而，它並未明顯地減損國際體系根本的國家特點與其對國家價值的支持⑤。在經濟全球化背景下，國際投資法制此等國際經濟法制其功能在於積極促進國際間的經濟合作，即屬此種合作國際法的範疇，而有別於僅具消極地維持國際最低秩序功能的傳統共存國際法（the international law of coexistence）；而以跨國公司（TNCs）、非政府組織（non-governmental organizations，簡稱 NGOs）等非國家行為主體存在複合相互依賴關係為特徵的經濟全球化趨勢的出現，則加大以各國共同同意為基礎創制國際投資法制此等國際經濟法律制度的難度⑤。

5.規範制定模式的創新

　　為適應經濟全球化的需求，加快包括國際投資在內的國際經濟規範制定進程的途徑亦趨於多元化，制定本身不具創設法定約束力義務的國際經濟軟法（soft law）便是其一。這些國際規範文件儘管非以條約規定的形式約束國家，但它們確設定了規範性的權利主張並為行為規範提供標準；軟法獨特的益處在於——它允許國家參與其未想到的行為規範的制定而充分執行已制定的規範⑤。國際經濟社會架構的變遷（特別是二次世界大戰後）、國際經濟

---

⑤（美）劉易斯・亨金著：前揭書，第 22-23 頁。
⑤（美）劉易斯・亨金著：前揭書，第 400-401 頁。
⑤（美）劉易斯・亨金著：前揭書，第 158-159 頁。
⑤徐崇利：前揭「經濟全球化與跨國經濟立法模式」乙文。
⑤（英）蒂莫西・希利爾著：前揭書，第 36 頁。

事務的多元性、硬法（hard law）形成不易，以及規避國內立法程序的障礙等，皆係促成在國際投資等國際經濟相關領域使用軟法的原因[60]。隨著發達國家與發展中國家之間貧富差距日益懸殊，加以發展中國家迫切希望提升自己在國際經濟關係中的地位與影響力，引發建立國際經濟新秩序（New International Economic Order）的呼籲，並對國際政治與經濟提出一系列的要求[61]。二十世紀六〇、七〇年代，發展中國家在國際間不斷地透過聯合國以決議的形式，反覆確認包括：國家對自然資源的永久主權、資本輸入國對於外資准入的管轄權、實施投資措施（measures of investment）等在內的若干國家經濟權利，藉以宣示經濟主權，進而在當時促使國際經濟新秩序運動重要文件的產生，如：1962 年 12 月的《關於自然資源永久主權決議》（Permanent Sovereignty Over Natural Resources Resolution）、1965 年 12 月的《關於各國內政不容干涉及其獨立與主權之保護宣言》（Declaration on Inadmissibility of Intervention in Domestic Affairs of States and Protection of Their Independence and Sovereignty）、1970 年 10 月的《關於各國依聯合國憲章建立友好關係及合作之國際法原則之宣言》（Declaration on Principles of International Law Concerning Friendly Relations and Cooperation Among States in Accordance with the Charter of the United Nations）、1974 年 5 月的《建立新國際經濟秩序宣言》（Declaration on the Establishment of a New International Economic Order）、《建立新國際經濟秩序的行動綱領》（Programme of Action on the Establishment of a New International Economic Order）以及同年 12 月的《各國經濟權利與義務憲章》（Charter on Economic Rights and Duties of States）等皆屬之。蓋各國參加國際經濟條約即意味要對其他國家做出確定的承諾，而一般國家在面對具有拘束性的國際法義務時，皆會格外謹慎而遲於接受[62]；惟軟法此種兼具不明確性（vagueness）與彈性（flexibility）且不具絕對拘束力的規範，自然降低國家間的疑慮而較易吸引利害關係相對的國家共同接受它做為國際準則。

---

[60] 牛惠之：「軟法之法律效力與其在國際經濟規範中之發展」，載於《經社法制論叢》，第 20 期，1997 年 7 月。

[61] （德）馬迪亞斯・赫德根著：前揭書，第 68 頁。

[62] M. Bothe,「Legal and Non-Legal Norms-A Meaning Distinction in International Relations?」*Netherlands Yearbook of International Law*,Vol.11,1980,p.90（轉引自牛惠之：前揭文）。

　　國際經濟軟法所以較易為國際間接受與採用，顯示部分國家為避免國際組織造法的困難，轉而期待透過軟法的運用以建立某種法律義務（通常用於拘束其他國家）的現象；國際經濟軟法的運用已成功地刺激國際經濟法制的發展，並使其得以妥善地處理在傳統造法程序下形成的法律規範所無法處理的多樣化的南北經濟關係議題[63]。然而，此種規範創制改良的實踐，只是從技術上軟化「國家同意」此一國際法基礎，惟其本質上並未改變。目前國際間屬於此種型態的國際投資法制例如：經濟合作與發展組織（OECD）於1961年 12 月通過的《資本流動自由化法典》（Code of Liberalizations of Capital Movements）及《無形交易自由化法典》（Code of Liberalizations of Current Invisible Operations）；國際商會（International Chamber of Commerce，簡稱ICC）於 1972 年通過的《國際商會國際投資指南》（ICC-Guidelines for International Investment）；OECD 於 1976 年通過的《多國企業指南》（Guidelines for Multinational Enterprises）；國際勞工組織（International Labour Organization，簡稱ILO）於 1977 年 11 月通過的《關於跨國企業及社會政策原則三方宣言》（Tripartite Declaration of Principles Concerning Multinational Enterprises and Social Policies）[64]；聯合國於 1980 年通過的《一套多邊協議的管制限制性商業慣例的公平原則與規則》（A Set of Multilaterally Agreed Equitable Rules and Principles for Control of Restrictive Business Practices）以及於 1982 年完成的《聯合國跨國公司行為守則》（United Nations Code of Conduct on Transnational Corporations）草案（Draft）；聯合國貿易與發展會議（UNCTAD）於 1985 年6 月針對《國際技術轉讓行動守則》（International Code of Conduct on the Transfer of Technology）草案的部分條文所達成的共識；世界銀行（The World Bank，簡稱WB）於 1992 年所通過的《外國直接投資待遇指南》（Guidelines on the Treatment of Foreign Direct Investment）等等。此等文件對國家並無法律上的拘束力，故無從透過法院據以執行，然卻對國際關係具有影響，最後亦

[63] 牛惠之：前揭文。

[64] 該《宣言》的目標在於鼓勵跨國企業對經濟及社會進步作出貢獻，盡量減少並解決跨國企業在業務經營上可能發生的困難；而所謂「三方」包括政府、雇主與工人（李金澤著：《跨國公司與法律衝突》，武漢大學出版社，2001 年 3 月第 1 版第 1 刷，第 55 頁）。

將對國際法產生影響⑥。軟法本身雖不具約束力,亦未構成國際法的正式淵源,但卻替未來法律的發展指出明確的方向⑥。軟法的存在經由闡釋依據傳統理論形成國際法法源的困難性,更進一步促成國際社會對於國際法造法程序的省思⑥。

(二)國內層面——資本輸入國的外資法

隨著經濟的全球化與整合發展,必然要求在國際範圍內實現全球資源的優化配置與國際合作的強化,最大限度地消除人為障礙,從而實現共同利益的最大化。然而,經濟的相互依賴性卻已深深地削弱國家的不可干涉性;一國對於他國法律與體制所享有的豁免(immunity)亦已受到衝擊⑥。現代國家對於經濟生活的領土管轄日益受到經濟與社會生活全球化的限制;隨著國際經濟條約的數量不斷增加、所涉範圍日趨擴大、調整力度更為加強,各國涉外經濟立法(包括外資立法)的空間與自由將越來越小,亦即各國涉外經濟立法權將進一步受制於國際經濟條約的規定⑥。為實現跨國經濟交往的自由與便利生產要素的流通,經濟的全球化治理勢必要求國家機構與制度的國際化。隨著投資自由化運動的擴散,自由化已逐漸成為國際投資法制的指導原則,而經濟全球化的發展則有利於地區彼此間展開新的國際競爭;資本輸入國(特別是發展中國家)為期能在逐漸自由化的國際市場具備吸引外國直接投資(FDI)的競爭優勢,進而利用國際資本發展本國經濟,唯有主動改善與優化其投資環境一途,而其中便包括須對其外資法作出放鬆管制與自由化的調整與改革。在全球化的過程中,掃除投資障礙、制止不正當競爭以及減少國家干預係其最核心的內容;職是,經濟全球化的推展必然對外國直接投資(FDI)提出自由化的要求。此等呼籲,除迅速地透過國際間雙邊、區

---

⑥Louis Henkin, Richard C. Pugh, Oscar Schachter and Hans Smit, *International Law, Cases and Materials*, St. Paul, Minn.: West Publishing Co., 3rd ed., 1993, p.126-127;D. J. Harris, *Cases and Materials on International Law*, 4th ed., London: Sweet & Maxwell, 1991, p.65-66(轉引自丘宏達著:前揭書,第 156 頁)。

⑥(英)蒂莫西·希利爾著:前揭書,第 297 頁。

⑥P. M. Dupuy,「*Soft Law and International Law of the Environment.*」,Vol. 12, *Michigan Journal of International Law*,1991,p.435(轉引自牛惠之:前揭文)。

⑥(美)劉易斯·亨金著:前揭書,第 228 頁。

⑥徐崇利:前揭「世界經濟的一體化與晚近國際經濟立法的發展趨勢」乙文。

域、全球層面的國際投資法制形式展現出來⑦，並導致資本輸入國的外資政策與外資法制朝向促進准入自由、廢除履行要求、提高待遇標準、加強投資保護、推動投資爭議的國際解決等自由化的方向發展。在經濟全球化的發展背景下，資本輸入國不論係因國際政經局勢的結構性變化而被動地遷就，抑或為充分利用資源以圖本國發展經濟而主動地推動，各國紛紛對其外資立法進行重大改革或頒布新的外資法，而其中變動幅度最大與影響層面最廣的，莫過於發展中國家其外資政策與立法的調整與發展動向。

　　首先，外資准入的自由化要求直接挑戰傳統投資立法的禁區；蓋各國一向將外資能否進入以及在何種程度與範圍進入本國經濟領域的自由裁量權，視為其國家管轄權（Jurisdiction of States）的重要組成部分，係國家主權的基本屬性；惟隨著雙邊與多邊層面條約在外資准入制度開始出現諸如：將國民待遇的適用時機從以往設業後（post-establishment）的外資營運階段（operation of foreign investment）向前推至設業前（pre-establishment）的外資准入階段（admission of foreign investment）、放寬投資領域、比例與投資形式的多樣化、簡化審批程序等變化⑦，凡此，皆促使資本輸入國的外資政策與立法須隨之調整或改革以為因應。其次，對於外國直接投資（FDI）施予履行要求以期進行引導與控制的權力亦一向被視為資本輸入國行使其外資管轄權的具體表現，惟此種權力近年來亦隨著雙邊與多邊層面國際投資條約中禁止履行要求條款的律定與推廣而受到抑制。第三，對賦予外國直接投資（FDI）在投資財產、投資活動以及權利救濟等各方面享有何種地位，亦屬資本輸入國行使主權（sovereignty）的表徵；然在經濟全球化的推移下，各國在經濟上相互依賴的程度日益加深，迫使各國必須進行經濟合作，而賦予外國投資者何種待遇標準方能達到促進合作與提升綜效的目的，便成為關鍵因素；隨著國際投資法制朝向自由化推移，對於投資待遇（treatment of investment）在適用範圍與適用標準的發展亦產生一定的影響；晚近在雙邊〔尤以美式雙邊投資條約（BITs）為代表〕與多邊〔尤以《北美自由貿易協定》（NAFTA）為

---

⑦ 余勁松主編：《國際經濟交往法律問題研究》，人民法院出版社，2002 年 7 月第 1 版第 1刷，第 279-313 頁。

⑦ 劉筍：「跨國投資國際法制的晚近發展」，載於《法學研究》，2001 年第 5 期；劉筍：「外資准入法律管制的放鬆及其影響──結合 WTO 和中國入世進行研究」，載於《中外法學》，2001 年第 5 期；徐泉：前揭文。

代表〕層面的國際投資法制中，紛紛加入過去一向遭發展中國家堅決反對的所謂「國際最低標準（minimum international standard）」[72]，而「公平與公正待遇（fair and equitable treatment）」、「充分的保護與安全（full protection and security）」、「獨斷與歧視性的措施（arbitrary and discriminatory measures）」、「依據國際法要求（required by international law）」等抽象性的絕對待遇標準[73]，亦頻頻在晚近的雙邊投資條約（BITs）中出現，凡此發展皆可能使資本輸入國的主權隨時受到挑戰，甚且成為故意規避資本輸入國管轄的託辭。第四，資本輸入國在實施徵收或國有化方面的固有經濟主權雖未遭到晚近雙邊與多邊立法的否定，惟為使外國直接投資者的投資權益獲致最大限度的保障，發達國家長期透過雙邊與多邊國際投資法制，主張行使此項權力時須遵守一系列嚴格標準（如：必須「出於公共目的」、「依據適當的法律程序」、「在非歧視的基礎上進行」等[74]）並採取充分（adequate）、即時（prompt）、有效（effective）的方式補償〔即所謂的「赫爾（Hull）原則」〕等規則，然此舉無異為資本輸入國在實施徵收或國有化時，設置諸多判斷其是否合法的前提要件，某程度上無疑制約其主權的行使。第五，所有主權獨立國家對其領土範圍內所有的人與事及其範圍內的所有案件應擁有管

---

[72] 針對「國民待遇」標準，英、美等發達國家另主張所謂「國際標準（International Standard）」，認為資本輸入國對於外國投資者（包括投資）並非僅給予「國民待遇」即可免除其在國際法上的責任，還必須符合「國際標準」，否則投資者母國仍有理由行使外交保護權（Right of Diplomatic Protection）；關於國際標準的問題與評析，請參閱姚梅鎮著：前揭《國際投資法》，第334-338頁；姚梅鎮主編：《比較外資法》，武漢大學出版社，1993年9月第1版第1刷，第294-299頁。

[73] 無論是在傳統的《友好通商航海條約》（Friendship Commerce and Navigation Treaties，簡稱 FCN 條約）或現代的雙邊投資條約中，均沒有所謂「相對待遇標準」與「絕對待遇標準」的表述方式，這些名詞係學者在分析與評論雙邊投資條約的投資待遇時，為利於區別所為的分類。西方學者一般認為兩種待遇制度的不同在於：「相對待遇」制度的重點在於確保一締約國在非歧視的基礎上，對待另一締約國國民或公司的投資，即通常所稱「國民待遇」及「最惠國待遇」；至於「絕對待遇」制度的重點則在於一締約國為另一締約國所提供待遇的公平公正性，以及是否遵守國際法要求；觀察雙邊投資條約的發展歷程，由於可藉由「絕對待遇條款」不斷地擴大資本輸入國的責任，利於資本輸出國追究資本輸入國違反條約的責任，故「絕對待遇條款」不但未有減少跡象，反而在雙邊投資條約中不斷強化其地位與內涵（劉筍：「雙邊投資條約中的絕對待遇標準評析」，載於《武漢大學學報》，2003年第3期）。

[74] 劉筍：前揭「投資自由化規則在晚近投資條約中的反映及其地位評析」乙文。

轄權，係國家主權的基本屬性⑦；惟晚近雙邊及多邊國際投資法制一個重要的發展特點，即在於投資爭議解決（settlement of investment dispute）機制的強化；其重點主要在於：「尋求投資爭議的非資本輸入國當地救濟」、「賦予投資者可不受資本輸入國約束而直接向國際機構提付仲裁的權利」以及「可適用法律的多元性」，不但倡議投資爭議透過「國際途徑」尋求解決（主要指透過國際商事仲裁），同時主張將爭議解決方式的選擇權置於投資者手中，及以國際法做為可適用的法律⑦。此種完全從投資者角度設計的制度，無疑壓縮資本輸入國法院審理具有涉外因素案件的權力——即司法管轄權（judicial jurisdiction）——其行使空間，致其主權有遭到弱化之虞。

　　國際體系的價值是國家價值——國家自治（autonomy）與不可干涉性（impermeability），這些價值讓做為國際法主體的國家獲益；惟隨著經濟全球化的發展，一個相互依存的國際秩序與經濟環境已然形成，國際體系對於相互依賴的認識雖亦顯著地推動國際合作，但並未根本動搖對於國家自治與國家不可干涉性的堅持⑦。當代國際投資法制的發展雖包括一些減損國家自治與同意價值的做法，然各國仍多自願接受國際管制並同意限制其自治權力，且不得不違心地跟隨或為回應他人而調整與改革其對於外資施予經濟管制的政策與立法，凡此皆為回應複雜的國家間合作安排與多國經濟交往的需求。經濟的相互依賴性雖削弱國家的不可干涉性，然並未減損國際體系對國家價值的支援；蓋各國間合作主要還是為其各自的利益而非共同體或個人的利益。因此，國際經濟環境的變遷引發資本輸入國外資立法的改革，不過是符合時代現實性的需要，應無損國家價值的認同，而國際法亦將繼續反映國際體系對國家獨立與自治價值的承諾⑦。

二、政府角色及職能的轉變與調適

　　全球化是一國政府角色與職能轉型的一股驅動力量。隨著全球化的推移，傳統民族國家（national states）或地理區域（geographic region）之間的障

⑦　（英）蒂其西·希利爾著：前揭書，第 119 頁。
⑦　劉筍：前揭「跨國投資國際法制的晚近發展」、「投資自由化規則在晚近投資條約中的反映及其地位評析」等文。
⑦　（美）劉易斯·亨金著：前揭書，第 161 頁。
⑦　（美）劉易斯·亨金著：前揭書，第 402 頁。

礙與藩籬已然破除，創造更多跨國（區）性政治經濟與社會文化互動的機會並改變社會關係與交易的空間組織，造就權力運用與交往行為的跨國（區）間的網路，進而逐漸將全球串聯為一個更加緊密的世界體系。然而，在全球化的影響下，國內事務與國際事務往往產生交互作用與滲透的現象；由於其間的分野已不若以往徑渭分明，導致政府所處理因政治、經濟、金融、社會、生態、文化等問題衍生的公共政策議題日益複雜與難解。全球化正在重新解構與型塑各國的權力及功能；而政府既做為當前國家機關的統馭者以及政治過程中最重要的決策與執行機制，自然亦會受到全球化因素強烈的影響。全球經濟環境的劇烈變化係促使政府必須有所改革的其中一個重要因素（但卻非唯一），而此亦常被認為是最容易解釋政府治理結構變革的原因⑲。

(一)統治權力的稀釋

隨著經濟全球化發展，一個相互依賴（interdependence）的國際秩序業已形成，各國漸已無法單獨解決某些經濟議題或對某些經濟活動進行有效管理，惟有透過國家間的合作方能克奏膚功，故而催生越來越多的區域性與全球性的非政府組織（NGOs）居中協調以促進合作，此等非國家行為體亦漸普遍地介入各種世界經濟的主體結構與次級結構之中。在跨國公司（TNCs）的全球性擴張下，已將世界經濟空前且廣泛地結合起來，並使世界經濟的相互依存關係從貿易與貨幣領域擴及工業生產領域；而隨著其在國際經濟重要性與主宰地位與日俱增，除對全球經濟結構及相關運作造成深遠影響，亦對世界各國在政經、社會福利等各層面產生決定性的影響⑳。一國政府須處理的國內公共政策議題受到全球化的影響，不但與國際政經情勢的關聯性提高且愈發複雜化，甚至其範疇亦日益廣泛，加以社會多元化（plural）的發展，但政府管制與干預的可能卻有其極限，致其影響力與控制力逐漸衰退，甚至

---

⑲Peters, G. B., *The Future of Governing: Four Emerging Models.*, University Press of Kansas, 2000.（轉引自吳英明、張其祿合著：《全球化下的公共管理》，商鼎文化出版社，2006 年 2 月第 1 版第 1 刷，第 135 頁）。

⑳（美）羅伯特・吉爾平著：《國際關係政治經濟學》，楊宇光等譯，上海人民出版社，2006 年 10 月第 1 版第 1 刷，第 215 頁；（美）羅伯特・吉爾平著：《全球政治經濟學——掌握國際經濟秩序》，陳怡仲、張晉閣、許孝慈譯，桂冠圖書股份有限公司，2004 年 1 月初版第 1 刷，第 353 頁。

過往受到保護並維持的社會團體（如：勞工工會）現卻日益受制於變化的全球結構力量；由於政府已無法一如以往掌握所有的權力，惟有向社會釋放權力，納入更多的決策與治理參與者（如：私人企業、非營利機構、地方社區等），方能解決層面日益廣泛且複雜的公共議題。經濟全球化與社會多元化的發展，使國家不再是國際體系唯一的行為主體，其他的非國家行為體亦共同參與世界的治理，打破過往由國家壟斷一切權力的情況，不再僅由國家此一行為體所掌握；政府不再獨享統治權力，其他非政府行為者已愈發成為重要的社會治理機制，破除傳統政府與行政官僚可掌控一切公共事務的迷思。今日，隨著國際社會與民間力量的崛起，合法的統治權威已逐漸分散至地方、國家、區域，甚至全球層級的官方或民間機構，國家不再是世界唯一的權力核心或主要治理機制[81]；易言之，權力可由國家行使，亦可由非國家權威行使[82]。隨著國家權威的流散（diffusion），除形成國家權力的退卻（the retreat of the state）現象，並逐漸稀釋政府的統治權力。

(二)權威模式的調整

即便國家權威伴隨全球化的推移已逐漸流散，對於經濟與社會的權威領域日益縮減，使其不再是國際體系唯一重要的實體；然而，從現實主義（Realism）的角度，此等變化並不意味國際體系根本的國家特點及其對國家價值的支持已遭貶損，國家依然是處理經濟與政治事務的首要實體，在涉及經濟與政治問題時，做出首要決定的實體仍然是各國政府[83]；因此，包括政府在內的國家內部結構，便是其適應全球化的關鍵。國家回應全球化的一種方式便是參與政府間的合作，並使國際層次的政府合作制度化[84]，至於傳統

---

[81] Rosenau, J., *Along the Domestic-Foreign Frontier.* Cambridge: Cambridge University Press. 1997.（轉引自吳英明、張其祿合著：前揭書，第 7 頁）。

[82]（英）蘇珊‧斯特蘭奇著：《權力流散──世界經濟中的國家與非國家權威》，肖宏宇、耿協峰譯，北京大學出版社，2005 年 10 月第 1 版第 1 刷，前言第 V 頁。

[83] 羅伯特‧吉爾平：「國際治理的現實主義視角」，載於（英）戴維‧赫爾德、安東尼‧麥克格魯編：前揭書，第 340-342 頁。

[84] 恩蓋爾‧伍茲：「全球治理與制度角色」，載於（英）戴維‧赫爾德、安東尼‧麥克格魯編：前揭書，第 9 頁。然而，國家所以創建諸如：國際貨幣基金組織（IMF）、世界銀行（WB）等國際機構做為國際合作協調的平臺，仍是為各國自身的利益，並非為某些共同體或個人的利益。

防禦的思維模式已漸式微。如今，全球化以一種新的緊迫性，提出世界事務應如何治理（governance）的問題[85]。蓋隨著數十年來國家的權力與權威經歷重大的重新改造，治理已成為一個更為複雜、多邊的過程；為實現意願中的國內政治目標，推行重大政策綱領，解決國內危機，各國越來越需要坐上談判桌與公共的或私人的、國內的或國外的各種組織進行磋商[86]；然在此為實現公共目標進行社會協調的過程中，國家所發揮的應僅是一種戰略性而不一定是主導的作用[87]。伴隨著全球化的發展，一張由各種多邊協定、全球與區域機構與體制、跨政府政策網路與峰會所構成的全球治理（global governance）大網仍在逐漸地演進當中，且它實際上亦在調節與干預全球事務的各個方面；但它卻僅是一個有限政府之間的合作體系，而非一個新的世界政府。全球治理的核心特徵在於──權威在治理的不同層次或不同的基礎設施間進行重劃；而與權力重新定位息息相關的，便是全球規則制訂與實行的基本路徑的改變，而此項改變讓公民社會與企業利益皆能充分地體現於全球政策的程序中[88]。

受到全球化的影響，國內公共政策議題動輒與國際關係發生聯結，導致國際與國內事務之間的界線日益模糊；而全球化相互依賴特徵的背後，卻衍生公共政策議題彼此之間的糾結不清並動輒併發連鎖效應（knock-on effect）；凡此複雜多變的情況，已非單一政府其能力以及傳統官僚體制（bureaucracy）運作模式所能獨立負荷、掌控並為有效地處理。此外，隨著社會多元化的發展，民間力量日漸崛起，正逐漸從補充甚至到替代政府處理與解決若干公共問題，雖國家統治權力尚不致完全遭到侵蝕，但公共行政與管理卻已出現實質的轉變。為因應此變局，政府惟有破除以往官僚模式（bureaucratic model）可以掌控一切公共事務的舊有思維，並改變以政府供給

---

[85] Smouts, M.- C.'International cooperation: from coexistence to world governance'. In M. - C. Smouts (ed.), *The New International Relations*, London: Hurst, 2001.（轉引自（英）戴維・赫爾德、安東尼・麥克格魯編：前揭書，導言第 11 頁）。

[86] Bergesen, H. and Lunde, L., *Dinosaurs or Dynamos? The United Nations and the World Bank at the Turn of the Century.*, London: Earthscan.,1999.〔轉引自（英）戴維・赫爾德、安東尼・麥克格魯編：前揭書，導言第 12 頁〕。

[87] Pierre, J. and Peters, B.G., *Governance, Politics and the State.*, London: Palgrave.,2000〔轉引自（英）戴維・赫爾德、安東尼・麥克格魯編：前揭書，導言第 12-13 頁〕。

[88]（英）戴維・赫爾德、安東尼・麥克格魯編：前揭書，導言第 13-17 頁。

為主的運作方式，在組織結構與功能上作出新的調整與改革，方能回應與適應全球化的挑戰與衝擊。面對此項發展，近來學術界提出所謂「治理（governance）」的概念，認為應從「治理」的角度途徑推動公共部門的改革；其主要內涵在於：去中心化（decentralization），國家向社會釋放權力，中央向地方授權，並摒除過往行政官僚掌控一切的迷思；以政府、市場與公民社會三者之間的協力合作體系（多元的「治理」參與者）做為新的權威行使架構，並利用參與及互動的運作方式形成彼此支援與負責的夥伴關係，共同處理與解決公共管理議題；亦即，可視「治理」為促進政府、市場及其他民間組織合作協力的平臺，其目的在於透過多邊力量的分工與合作，共同完成公共管理的任務，以彌補過往政府在管理與服務方面的不足[89]；此等「治理」途徑顯已超越傳統以政府為核心的公共管理觀點。雖然，改以「治理」思維模式行使權威已成為今日主導政府改造最重要的方向之一，然而，它卻不可能替代政府而享有合法的統治權威，亦無法取代市場而成為最有效率的資源配置機制；蓋有效的「治理」必須建立在政府（國家）與市場的基礎上，其作用在於補強而非取代。

(三)競爭能力的提振

各國雖因經濟全球化導致經濟相互依賴程度日益加深而須進行經濟合作，然而，市場的全球化卻同時意味著競爭（Competition）的全球化。隨著市場的全球整合，國家為尋求發展而彼此競爭已是全球化必然的結果。伴隨冷戰的結束與經濟全球化的發展，國與國之間的競爭已從「軍備競賽」轉為「經貿競爭」；在國際經濟激烈競爭壓力下，各國為吸引國際商業與投資，乃試圖透過改革政府來創造更好的投資與商業環境；惟隨著市場機制在全球範圍的逐漸普及，競爭性市場的高效與政府乏效卻形成鮮明對比[90]。因此，

---

[89] 吳英明、張其祿合著：前揭書，第 6-16 頁、第 250-254 頁；孫本初、鍾京佑：「治理理論之初探──政府、市場與社會治理架構」，載於《公共行政學報》，第 16 期，2005 年 9 月。

[90] 伊蓮‧修拉‧卡馬克：「全球化與公共管理改革」，載於（美）約瑟夫‧S.奈、約翰‧D.唐納胡主編：前揭書，第 191、194 頁。作者認為，世界各國雖千差萬別，惟在全球化的公共管理改革運動中皆將管理改革作為其核心目標的原因在於：全球經濟競爭、民主化、資訊革命以及績效赤字。

政府應如何改造以提升國家的經貿競爭力？便成為各國至為關切的戰略思維。易言之，面對全球化時代的競爭，政府在國家競爭力的提升上扮演著關鍵角色。國際權威競爭力評比機構——瑞士洛桑國際管理發展學院（International Institute for Management Development，簡稱 IMD）定期出版的《世界競爭力年鑑》（The World Competitiveness Yearbook）將「政府效能（Government Efficiency）」列為評比國家競爭力的項目（或指標）之一，而「企業效能（Business Efficiency）[91]」、「基礎建設（Infrastructure）[92]」與「經濟表現（Economic Performance）[93]」等其他評比項目，亦或多或少，直接或間接與政府的公共政策或作為有關，顯示出「政府效能」實係決定國家競爭力良窳的核心要素。惟「政府效能」的具體內涵為何？國際管理發展學院（IMD）認為應從公共財政（Public Finance）、財政政策（Fiscal Policy）、制度架構（Institutional Framework）、企業立法（Business Legislation）、社會框架（Societal Framework）等五個面向進行綜合評量。易言之，國家競爭力除來自於企業與民間力量之外，更需要政府優質的行政服務與基礎建設的配合，方能建構優質的經貿與投資環境並自激烈的全球競逐中勝出；政府行政制度、法規措施與服務品質等方面的改革，每每成為決定國家競爭力優劣的關鍵[94]。越來越多的研究發現與事實證明，全球化與自由化的推移非但使國家的重要性不減反增，並且國家基於維持國內秩序或解決問題的需要，進而干預人民日常生活事務的情形越發普遍，國家職能亦進一步地細緻化與複雜化，以期成為具有競爭優勢的國家[95]。政府效能的提升非但能規範市場的公

---

[91]包括：生產力及效率（Productivity and Efficiency）、勞動市場（Labor Market）、金融（Finance）、經營管理（Management Practices）、行為態度及價值觀（Attitudes and Values）等細類評比項目。

[92]包括：基本的基礎設施（Basic Infrastructure）、技術的基礎設施（Technological Infrastructure）、科學的基礎設施（Scientific Infrastructure）、醫療與環境（Health and Environment）以及教育（Education）等細類評比項目。

[93]包括：國內經濟（Domestic Economy）、國際貿易（International Trade）、國際投資（International Investment）、就業（Employment）以及物價（Prices）等細類評比項目。

[94]吳英明、張其祿合著：前揭書，第 119 頁。

[95]Savoie, D. J., *Globalization and Governance. In Governance in a Changing Environment*, ed. B. G. Peters and D. J. Savoie. Montreal: McGill/Queens University Press.,1995；Evans, Peter., 「The Eclipse of the State: Reflections on Stateness in an Era of Globalization.」, *World Politics*, 1997, 50:62-87. （轉引自劉宜君：「全球化與國家財政職能的轉換」，載於《競爭力評論》，第 4 期，2001 年 7 月）。

平交易（fair trade）、降低企業管制的順服成本（compliance costs），並可創造良好的投資環境以吸引更多的包括外國直接投資（FDI）在內的各類型國際投資。因此，政府效能的改革已成為現今國家發展的一個重要課題，亦是國家能否在激烈的全球競逐中勝出的重要關鍵⑯。面對來自於全球競爭的巨大壓力與挑戰，惟有革新政府的組織與功能，強化與增加公共管理的透明度（transparence）與開放程度，以擴大公共領域的治理基礎並加速提升國家競爭力，方能有效地回應全球化的挑戰與面對連鎖效應的衝擊。

三、國家經濟安全的思考——發展與安全的平衡

國家安全（national security）的概念在不同的時代有其不同的內涵。全球化已成為影響國家及其政府行為的一個重要變數（variable），亦同時深刻影響與改變人們對於國家安全問題的認識與理解；隨著全球化的發展，國家安全觀不斷地變動與調整，突破單從軍事、政治面向觀察的傳統思維，而開始關注與探討因國際經濟的相互依存、全球環境變化等領域的問題可能引發的國家安全新模式，其中國家的經濟安全便是一個日益受到重視的議題。隨著冷戰結束，國與國之間窮兵黷武的軍備競賽走入歷史的墳墓，取而代之的是以「發展經濟（development economic）」為主的綜合國力競爭；當經濟發展成為國家政策的重點，國家經濟安全的地位便自然提升，並構成主權國家其整體國家安全的重要環節；至於如何兼顧發展與安全，便成為當今經濟安全探討的重要命題。

(一)經濟依賴程度加深使經濟主權行使的空間受到壓縮

經濟是一國生存與發展的基礎，而全球化對於促進經濟發展具有巨大的潛在力量。世界秩序的變遷促使支配國際體系的各種政治、經濟勢力產生變化，而此種變化亦同時使國際體系的價值觀念受到影響，而轉向各國之間相互依賴的體系⑰。由於全球經濟相互依賴關係的發展，使國內社會結構、經濟政策與國際經濟順利運轉的關係愈加緊密⑱；然而，個別國家的主權結

---

⑯ 吳英明、張其祿合著：前揭書，第 135 頁。

⑰ （美）劉易斯・亨金著：前揭書，第 1 頁。

⑱ （美）羅伯特・吉爾平著：前揭《國際關係政治經濟學》，第 358 頁。

構亦因國內與國際力量及其互動關係而受到影響。蓋在聯繫高度緊密的全球
秩序背景下，國家行動與國家責任的許多傳統領域（如：國防、經濟管理、
通訊、衛生、行政、法律、制度等），若不訴諸國際合作的形式將難以取得
成功，倘無制度化的多邊協作形式恐無實現可能，為此，國家自治（auto-
nomy of states）⑲勢須有所妥協⑳。基於國際合作的需要，國際性、跨國性的
組織與集體逐漸增加，已改變國家與社會的形態及其活動，國家不再是解決
主要政策問題或行使廣泛公共職能的唯一正當政治單位，甚且國家以外的行
為體往往在國際政治經濟中的生產、金融、知識等三個主要結構中，發揮更
具決定性的作用；而原本專屬於國家權威的領域現已由國家及其他來自於不
同中心與淵源的權威所分享㉑。然隨著區域性與全球性聯繫過程的加強、國
際性協議的擴展以及為控制這些現象的空前發展而採取的政府間合作的形
式，已漸消弭外部事務與內部事務、國際政策與國內政策的區別，國家做為
一個制定政策的領域已經支離破碎，並不斷受到國際團體（不論屬政府或非
政府性質的）與國內機構、團體力量的滲透；今天，國家決策制度必須置於
複雜的國際社會背景中進行考察，而此一背景則包括超越國界並在各國間進
行斡旋的區域性與全球性組織㉒。於是，一國政府的經濟政策必須在相當大
的程度上與區域性及全球性資本運作協調一致；亦即，若國家的控制與規定
與更廣泛的國際條件不一致，則其效力便會受到限制與挑戰。在經濟全球化
的背景下，現代國家日益陷入充滿準超國家的（quasi-supranational）、政府
間的，以及跨國力量的區域與全球互動網路而無法獨自決定自己的命運；換
言之，國家在制定與實現國內、國際政策目標方面所擁有的獨力行動能力業
已受到限制㉓。

---

⑲ 國家自治意味著某一個國家不隸屬任何外部權威，除非它自願地同意隸屬此一權威；在國
　 家體系中每個國家的自治，即國家地位的實質平等〔參（美）劉易斯・亨金著：前揭書，
　 第 13 頁〕。

⑳ （英）戴維・赫爾德、安東尼・麥克格魯著：前揭《全球化與反全球化》，第 21 頁；
　 （英）戴維・赫爾德著：《民主與全球秩序——從現代國家到世界主義治理》，胡偉等譯，
　 上海人民出版社，2003 年 11 月第 1 版第 1 刷，第 94 頁。

㉑ （英）蘇珊・斯特蘭奇著：前揭書，第 71 頁。

㉒ （英）戴維・赫爾德著：前揭《民主與全球秩序——從現代國家到世界主義治理》，第
　 92-95 頁。

㉓ （英）戴維・赫爾德、安東尼・麥克格魯著：前揭《全球化與反全球化》，第 21 頁；
　 （英）戴維・赫爾德著：前揭《民主與全球秩序——從現代國家到世界主義治理》，第
　 95、138 頁。

(二)經濟自由化的推移導致經濟自主性降低

　　資本流動自由化與放鬆管制、貿易與投資市場的進一步放開，以及資訊與通信技術在經濟發展中的變革性作用等三種力量，主導著經濟的全球化進程；在此背景下，世界各國的經濟格局逐漸朝向更加開放與自由化的方向發展；開放可使一國從觀念、貨物（商品）與服務、資本、制度等四個方面的輸入或引進而獲益[104]，至於自由化本身則意味著市場作用的增強與政府對經濟管制作用的削弱；所謂經濟的自由化係指在經濟生活中體現國家干預內容的政策與法律對資源配置的影響最小化；國家對其國內市場（包括涉外經濟）的干預，應抱持著不偏頗的態度實行國民待遇與最惠國待遇為基本要求（即對內的中性化），並放寬市場准入的限制，允許外來活動在國民經濟中的比重持續提昇（即對外的開放性）；亦即，經濟自由化首應先消除對國內市場造成扭曲的管制，透過中性化與開放性的要求，最終實現市場要素在國際市場範圍無障礙流動；而由於國內經濟自由化係國際經濟自由化的前提與基礎，後者的形成與促進實際上有賴於國際與國內兩個層面自由化政策與立法的配合[105]。為促進跨國經濟合作與經濟發展，實現跨國經濟交往自由的目的，國際組織、區域性與全球性機構、國際法等多邊或區域經濟監督機制要求國際社會成員對某些事務協調一致並據以形成國際共同規則，而國家基於其本身國家利益的考量，有時不得不採取妥協的態度，降低其所擁有的獨立提出並實現其政策目標的實際權力（即自主性）；蓋由於多邊力量的擴張使國家對其本國及他國人民的活動實行控制的機會降低，國家權力正被進一步縮小[106]。顯然，經濟自由化的推移與隨著全球互動的增長，政府所掌握的政治工具數量以及特定工具的有效性，正呈現明顯的下降趨勢[107]，其結果將造

---

[104]（美）丹尼・羅德里克著：《新全球經濟與發展中國家──讓開放起作用》，王勇譯，世界知識出版社，2004 年 12 月第 1 版第 1 刷，第 16-23 頁。

[105]劉志雲著：《國際經濟法律自由化原理研究》，廈門大學出版社，2005 年 6 月第 1 版第 1刷，第 2-5 頁。

[106]（英）戴維・赫爾德、安東尼・麥克格魯著：前揭《全球化與反全球化》，第 20 頁。

[107]Keohane, R. O. and Nye, J. S., *Transnational Relations and World Politics.* Cambridge, Mass.: Harvard University Press, 1972, p.392-395；Cooper, R. N., *Economic Policy in an Interdependent World.* Cambridge: MIT Press, 1986, p.1-22〔轉引自（英）戴維・赫爾德著：前揭《民主與全球秩序──從現代國家到世界主義治理》，第 93 頁〕。

成政策選擇的成本與收益的轉變，以及降低那些能使國家用以控制境內外活動的政策工具的效能，亦使地區、國家、區域與全球政策選擇之間的平等關係產生變化[108]。以國際法的發展為例，隨著推動經濟自由化的國際經濟條約其數量不斷增加、所涉範圍日趨擴大、調整力度更為加強，受制於國際經濟條約的規定，各國決定自身涉外經濟政策與立法的空間與自由度逐漸降低；國家體系中國家自治與不可干涉性[109]的國家價值正遭到嚴峻的挑戰。

(三)從發展與安全的平衡的角度思考國家經濟安全

經濟發展（economic development）是世界上絕大數國家的最基本目標，貧弱的經濟將影響國家的生存與發展，並形成其最大的不安全因素。蓋一個貧弱的國家將無法在國際間有效維護自身的國家利益（national interest），而國家利益卻正是國家安全的核心；做為國家利益重要組部分的國家經濟利益能否獲得充分拓展並受到妥善維護，便關係著構成國家安全重要環節的經濟安全可否穩固的基礎。因此，國家經濟安全與經濟發展有著內在的、本質性的關聯，安全、穩定與發展互為因果；故須從國家生存與發展的角度來檢視國家經濟安全所面對的現實威脅與可預見的挑戰。

一個國家維護其經濟安全的能力，主要係由經濟的生存力與競爭力、對其國民經濟重要部門的控制力，以及抵禦內外威脅的能力等各方面所組成，在其國家安全戰略中實居於重要的關鍵樞紐地位[110]；然而，受到經濟全球化的影響，國家的此等能力現正逐漸地流失或降低，進而使其經濟安全面臨重大的挑戰與威脅。經濟的全球化雖為各國經濟優化資源配置帶來更多發展機會，然它卻是以開放的市場為基礎，為獲致發展經濟的資源以維繫國家的生存，國家必須面對更為激烈的全球性競爭；職是，國家若無法持續提升其國

---

[108] （英）戴維‧赫爾德著：前揭《民主與全球秩序——從現代國家到世界主義治理》，第93頁；（英）戴維‧赫爾德等著：前揭《全球大變革——全球化時代的政治、經濟與文化》，第605頁。

[109] 即其他國家不能在某一國家干預、滲透於該國社會與政府管理以及該國與其公民的關係；亦不可未經許可處理另一國家內任何居民的事宜〔參（美）劉易斯‧亨金著：前揭書，第13頁〕。

[110] 中國現代國際關係研究院經濟安全研究中心：《國家經濟安全》，時事出版社，2005年7月第1版第1刷，第4-5頁。

際競爭力，勢將影響其獲致經濟利益的機會，進而減損其維護本國經濟安全的能力。全球化的發展打破國家藩籬並增進交往，惟隨著國家彼此依賴程度的加深，卻增加經濟風險在國家之間傳遞的機會，使一國經濟的生存與發展更易受到他國政經因素變遷的威脅與傷害；以金融為例，在全球金融成為經濟全球化的核心力量⑪，形成金融體系全球化的同時，國家在面臨從一個地區蔓延到另一地區，有如骨牌效應（Domino Effect）的經濟危機時便顯得更為脆弱⑫（按 1997 年因泰國金融危機所引發的的亞洲金融風暴以及 2008 年因美國次級房貸所引發且迄今仍未完全平復的全球金融危機即為著例）。在經濟全球化背景下，國家間經濟的依賴程度日益加深，國家唯有從事國際合作方能維繫對其國民提供基本物資與服務的能力（而這些職能正是國家所以存在的價值），否則其統治的合法性恐將受到質疑與唾棄；然而，國際合作必然涉及國家相互協調與妥協，不但意味著國家獨自決定與選擇政策的空間將受到一定程度的干預與壓縮，亦使原本專屬於國家權威的領域將由其他國家與非國家行為主體所分享，國家獨立作用的能力正受到全球化的削弱。實證顯示經濟自由化能最大限度地促進經濟的發展，經濟發展與經濟自由之間有著密不可分的正向關係；然而，當經濟全球化提出經濟自由化的要求，便意味著國家在經濟事務中角色的縮減，同時各國經濟必須對全世界開放；惟在減少干預與放鬆管制的自由化要求下，某種角度而言，無異於國家制定經濟政策的自主性降低。

　　在今日經濟全球化的發展趨勢下，各國經濟相互間依賴程度大幅提升，「零和博弈（Zero-sum）」的此種冷戰時期舊思維模式已不合時宜；從全球經濟體系的融合發展角度觀察，「共榮雙贏」才是各國在經濟全球化下所欲追求的目標。隨著經濟全球化的發展，國家彼此間從事貿易活動與商務往來對於每個國家及其居民的生存都是必要的；然而，全球化亦同時提高經濟的風險性與不確定性，任何一個國家的政府所為之主張與政策及其民間社會的作為與活動均可能產生全球性的影響與衝擊。經濟全球化帶來的自由化與全球資本市場一體化，卻加劇各國在變幻莫測的跨境資本活動中的脆弱性；它

---

⑪（英）戴維·赫爾德、安東尼·麥克格魯編：前揭書，導言第 5 頁。

⑫格雷厄姆·埃利森：前揭「全球化對國家安全和國際安全的影響」，載於（美）約瑟夫·S.奈、約翰·D.唐納胡主編：前揭書，第 72 頁。

改變了各國內部與各國之間在資源、經濟與政治方面的平衡，並要求全球的
與區域的管制體系變得更加完善與成熟[113]；蓋此等全球性的問題已非單一或
少數國家所能獨立克服，各國唯有透過建立不同形式的國際制度（包括國際
規則與國際組織）方能共同攜手解決。國際制度的運作雖將衍生國家權力
（權威）讓渡、弱化與實現程度的降低的現象，惟做為國家利益最基本且重
要組部分的國家經濟利益，卻是制約國家間關係的最重要因素；國家利益不僅
是國家的唯一動力亦是其最大的優點，在國家政策中享有至高無上的地位[114]；
雖有時迫於國際合作的需要（其實各國合作仍是為其各自國家獲取更大利益
的考量），可能須與相競爭的他國利益進行妥協，然並未明顯減損國家體系
中根本的國家特點及其對國家價值的支持[115]。國家主權所以受到挑戰，係因
其政治權威遭到區域及全球的政治、經濟與文化系統的取代及損害；在國內
與國際政策目標的聯繫介面與推行上，全球化雖削弱國家獨立作用的能力，
然全球化發展所挑戰的，係國家的內部的運作主權（operative internal sover-
eignty）而非其合法的內在主權（legal internal sovereignty）[116]；國家主權並未
崩潰，只是其權力、角色與功能正在被重構、重組及重新安排；經濟全球化
絕不必然等於國家權力的弱化，相反的，它改變國家權力實施的條件[117]。

　　透過創新的轉型與變革模式，全球化雖可削弱舊的政治與經濟結構，惟
未必然導致新的調控體系的建立[118]。在全球化加速發展的時代，政府對影響
國家（特別是發展中國家）在全球化的地位日益重要；其中改善公共政策的
制訂、提高政策執行的水準、創造出強有力與穩定的治理機制至關重要[119]。
然政府雖扮演重要角色，但它並不能控制國家競爭優勢；面對全球化潮流的

---

[113] （英）戴維・赫爾德、安東尼・麥克格魯編：前揭書，導言第 6 頁。

[114] （美）劉易斯・亨金著：前揭書，第 157 頁。

[115] （美）劉易斯・亨金著：前揭書，第 157-159 頁。

[116] Reinicke, Wolfgang H., *Global Public Policy. Washington*, D.C.: Brookings Institution Press, 1998, p.66（轉引自劉宜君：前揭文）。

[117] （英）戴維・赫爾德等著：《全球大變革——全球化時代的政治、經濟與文化》，第 608 頁。

[118] （英）戴維・赫爾德著：前揭《民主與全球秩序——從現代國家到世界主義治理》，第 99 頁。

[119] 邁理里・S.格林德：「是否準備好了——發展中世界和全球化」，載於（美）約瑟夫・S. 奈、約翰・D.唐納胡主編：前揭書，第 175 頁。

來臨，政府為提升國家競爭力，必須創造政府的附加價值（value-added），以做為駛向世界體系核心的能量。嚴格而言，經濟安全所涉領域，係指那些對國家經濟發展、國計民生與整體經濟利益有重大影響，且尚須面臨危害大的不安定因素（包括現實的與潛在的）的威脅而言，但此亦非絕對的；有的國家從保障國家安全的大視角出發，亦將增強經濟實力、提高經濟競爭力等通常屬於經濟發展戰略的內容，納入經濟安全的範疇，在當今高度競爭的和平發展時期，此種思考模式有其合理性，蓋經濟安全最可靠的保障，無非在於國家自身的綜合實力⑫。然而，任何一個國家的政府不應將所有須面對與解決的經濟、社會、政治問題，或凡是不利其持續執政的事項或情況皆劃歸為經濟安全的範疇，欲藉此掩飾其施政的無能與缺失，或意圖成就特定的政治目的，若然如此，勢將使資本輸入國本身與外國直接投資者均動輒受制於此種特意型塑的經濟安全幻境，而落入草木皆兵、杯弓蛇影的窘境；而此種因噎廢食、矯枉過正的作法，非但無助於其國家經濟的持續發展與國際經濟活動的交往與交流，亦將損及其因經濟全球化發展可獲取的經濟利益。綜言之，唯有藉由提振政府效能來提升國家獲取發展經濟所需資源的競爭優勢，而在透過國際合作方式增進自身經濟利益的同時，應在國際制度的框架下與其他國家充分合作，攜手解決彼此必須共同面臨的經濟危機，方能強化國家維護其經濟安全的能力，在發展經濟的同時兼顧經濟安全。

第二節　經濟體制變遷帶來的影響

制度（institutions）是人為設計而形成人類相互作用的約束，是由正式約束（如：規則、法律、憲法等）、非正式約束（如：行為規範、習俗與自我施加的行為準則等）及其實施特性所構成⑫；它構築人類在政治、社會、經濟方面發生交換的激勵結構（incentive structure）⑫。制度的關鍵功能在於增

---

⑫中國現代國際關係研究院經濟安全研究中心：前揭書，第 7-8 頁。

⑫（美）道格拉斯· C ·諾思：「時間歷程中的經濟績效」，載於（英）李· J ·阿爾斯通、（冰）恩拉恩·埃格特森等編：《制度變革的經驗研究》，羅仲偉譯，經濟科學出版社，2003 年 5 月第 1 版，2004 年 5 月第 2 刷，第 417 頁。

⑫（美）道格拉斯· C ·諾思：「制度、意識形態和經濟績效」，載於（美）詹姆斯· A.道、史迪夫· H.漢科、（英）阿蘭· A.瓦爾特斯編著：《發展經濟學的革命》，黃祖輝、蔣文化主譯，上海人民出版社，2000 年 10 月第 1 版，2004 年 8 月第 2 刷，第 110 頁。

進秩序，使複雜的人際交往過程變得更易理解且更可預見，從而讓不同個人之間的協調更易於發生；它鼓勵信賴與信任並減少合作的成本，且構成關鍵的社會資本（social capital），已然成為導引人際交往與社會發展的軟體與經濟增長的關鍵[123]。制度對於協調複雜的動態經濟生活非常重要；隨著人類相互依賴的需求與環境複雜性的日益增加，為從交易中獲得潛在收益，便需要更加複雜的制度結構，進而要求社會形成一種制度，至於「計畫」與「市場」便是在資源配置（resource allocation）方面的兩種經濟制度安排。

　　國家經濟發展的首要任務在於解決資源有效配置的問題；隨著經濟全球化的推移，貨物（含服務）、資本等生產要素的跨國流動其自由度大幅提升，而當資源配置將因為不同國家在制度上的差異而導致不同的獲利可能性時，制度選擇（institutions choice）便成為一種競爭中的挑選，此時，經濟開放程度便對生產要素所有者的選擇具有關鍵影響力[124]。計畫經濟（或指令經濟）係由政府做出有關生產與分配的所有重大決策；政府透過其資源支配與實施經濟政策的權力解答基本的經濟問題[125]；惟其制度模式所追求的目標及其制度本身的特徵，卻逐步導致危及制度模式生命的致命缺陷；反觀市場經濟則是一種由個人與企業決定生產與消費的經濟制度[126]，是一種不透過中央指令而憑藉交易方式中的相互作用，以對人的行為在全社會範圍內實現協調的制度[127]，能同時滿足資源配置在效率與公平方面的要求，而其效率優勢已然對計畫經濟體制形成巨大的制度競爭（institutional competition）壓力。由於計畫經濟的缺陷已無從透過其制度本身的改革與調整，在原有的制度框架內尋求克服，唯有透過制度轉型方能解決宏觀（總體）經濟效率低落與微觀（個體）經濟活力喪失的問題。蓋市場經濟制度的效率優勢有助於經濟資源跨國流動的範圍與規模，不但加快其制度擴散的速度並逐漸成為推動經濟全

---

[123] （德）柯武剛、史漫飛著：《制度經濟學——社會秩序與公共政策》，韓朝華譯，商務印書館，2000 年 11 月第 1 版，2004 年 10 月北京第 6 刷，第 7、8、33、142 頁。

[124] （德）柯武剛、史漫飛著：前揭書，第 487 頁。

[125] （美）保羅‧薩繆爾森、威廉‧諾德豪斯著：《經濟學》（第十八版），蕭琛主譯，人民郵電出版社，2008 年 1 月第 1 版，2008 年 3 月第 2 刷，第 7 頁。

[126] （美）保羅‧薩繆爾森、威廉‧諾德豪斯著：前揭書，第 7 頁。

[127] （美）C‧E‧林德布魯姆著：前揭《市場體制的秘密》，第 4 頁。

球化的制度力量。隨著經濟全球化導致經濟與制度競爭的加劇，為改善資源配置效率以提升國際競爭力，計畫經濟國家勢須對其本國的經濟制度安排作出抉擇；面對進行制度改革無望的內部困局以及經濟全球化帶來巨大經濟效益的外部示範效應，最終確立「市場化」為其經濟制度轉型的目標。

原屬計畫經濟國家的經濟轉型，不但是一個從計畫經濟向市場經濟過渡的經濟「市場化」過程，亦是一個從封閉走向開放，逐步放鬆計畫性或指令性政府管制的過程。現代市場經濟係由一系列的經濟制度（如：市場價格機制、自由流通的生產要素市場、產權制度、現代企業制度等）所組成，其中，「統一的市場體系」、「自由的企業制度」與「邊界明確的政府職能」則構成其制度基礎的三個核心要素，通常亦成為經濟轉型國家著手調整的基本路徑[128]；此外，為避免市場經濟因一味追求配置效率而導致公平的減損，為約束政府的不當干預與經濟活動參與者的行為以維護市場競爭，為提供穩定資訊便於預測行為成本與效益以降低風險與不確定性，市場經濟必須建立在法治（rule of law）的基礎上方能長保經濟成果，對於改採市場經濟制度的轉型國家而言亦復如是。中國的經濟制度變遷過程與俄羅斯（Russia）、烏克蘭（Ukraine）及大部分東歐國家不同，係採取一種「先改革，後轉型」的漸進（gradual）做法，而「非一步到位」的激進（radical）[129]模式，隨著市場經濟制度的導入、擴散與深化，對於法治建設與政府職能因應與配合調整的需求日益殷切。

一、市場經濟的導入與深化

市場經濟就是充分發揮市場規律這隻看不見的手（invisible hand）的作

---

[128] 程偉等著：前揭書，第 82-84 頁、第 210-213 頁。

[129] 按激進式的經濟體制改革係由以哈佛大學教授杰弗里·薩克斯（Jeffrey Sachs）為首的經濟學家所制定的轉軌方案，或被稱為「休克療法（shock therapy）」；其具體內可概括為所謂「三化」，即自由化（Liberalization）、私有化（Privatization）與穩定化（Stabilization）。自由化係指用市場經濟代替計畫經濟，實現價格市場化、對外貿易自由化等；私有化係指國家財產私有化，主要便是國有企業私有化；穩定化係指緊縮財政、貨幣政策，保持宏觀經濟穩定〔董輔礽著：《董輔礽縱論中國經濟》，上海交通大學出版社，2005 年 1 月 1 版第 1 刷，第 38 頁；張軍著：《「雙軌制」經濟學—— 中國的經濟改革（1978～1992）》，上海人民出版社，2006 年 3 月新 1 版第 1 刷，第 55-59 頁〕。

用[30]，透過市場機制實現資源配置的一種經濟形式。市場經濟的發展，就是在自由、平等的基礎上尋求利潤的最大化。外國直接投資（FDI）係中國改革開放政策體系中的一個重大舉措，它構成中國對外開放與市場化改革的最重要步驟，不但是衝破改革阻力、推動改革以及經濟制度變遷的強大動力之一，亦是對中國經濟發展與增長影響最直接的因素。中國在改革開放前所實行的計畫經濟（Planned Economies）或指令經濟（Command Economies）體制是一個對外封閉並排斥外資的經濟體系；其後，為順應社會生產力發展的要求，乃於 1970 年代末確立對外開放政策。然而，在開始大規模引入外國直接投資（FDI）的同時，私有財產制、市場經濟運作模式（如：自由市場、市場競爭、追求私人利益與利潤等）以及現代企業等相關制度亦隨之進入中國市場與經濟體系，透過制度的擴散效應，逐步影響整個社會的財產制度、分配制度與資源配置方式，進而促進市場中「排他性制度安排」（即全民所有制與集體所有制企業乃市場中的唯一經濟實體）與所謂「平均主義」分配制度的轉變，以及企業與相關制度的變遷[31]。改革開放以來，中國經濟體制的變遷先後經歷「增量改革（incremental reform）」與「制度轉型（institutions transition）」兩個階段，至於市場經濟的作用與影響，則隨其體制變遷的發展進程而逐步地擴展與深植。

(一)增量改革（incremental reform）階段

1978 年中共十一屆三中全會後，中國的改革之風再度揚起，惟與以往係向各級地方政府分權不同，此次改革重點係轉到擴大國有企業的自主權。然而，因該等擁有某些自主權的企業仍需受國家統一計畫的指導[32]，並非處在市場公平競爭的約束中，亦不處於能反映商品稀缺程度的價格體系引導之下，故企業積極性的發揮，往往不一定有利於社會資源的有效配置[33]；且此

---

[30] （英）亞當‧斯密著：《國富論──國民財富的性質和起因的研究》，謝祖鈞譯，新世界出版社，2007 年 1 月第 1 版北京第 1 刷，第 349-350 頁。

[31] 桑百川著：前揭書，第 33-40 頁；崔健著：《外國直接投資與發展中國家經濟安全》，中國社會科學出版社，2004 年 11 月第 1 版第 1 刷，第 240-242 頁。

[32] 參 1978 年 12 月 22 日《中國共產黨第十一屆中央委員會第三次全體會議公報》，載於中共中央文獻研究室編：前揭書，中央文獻出版社，1997 年 10 月第 1 版，2000 年 7 月第 5 刷，第 23 頁。

[33] 吳敬璉著：《當代中國經濟改革》，上海遠東出版社，2004 年 1 月第 1 版第 1 刷，第 57 頁。

項改革僅是強化對企業超額完成國家計畫的物質刺激，並未使企業真正成為自主經營、盈虧自負的經濟實體，更未提出建立新的經濟體系的問題[134]。其後，在面臨擴大企業自主權的改革陷入瓶頸、國有經濟改革停滯不前的情況下，乃將經濟改革的重點從城市的國有經濟轉向農村的非國有經濟，其中最重大的政策轉折，在於對農村「包產到戶」的政策態度，亦即從「禁止」[135]轉變為「允許」[136]所呈現的作風落差。惟不論是在國有企業中進行擴大企業自主權試點，抑或是為順應農民要求而實行「包產到戶」，此兩類改革無異為市場力量發揮更大的作用開啟大門[137]，進而觸動新中國自建政以來傳統經濟體制的基本框架[138]。

　　中國的經濟改革與同屬社會主義（Socialism）國家的俄羅斯（Russia）、東歐各國其改革不同，其並非將國有經濟視為改革的唯一標的，在遭逢國有經濟改革停滯不前時，即另闢蹊徑將主要的改革精力轉移至農村與涉外等非國有經濟方面。在農村經濟改革方面，1980 年 9 月一改禁止「包產到戶」的政策，決定允許農民依據自願實行「家庭聯產承包責任制」，僅以兩年的時間便實現農業經營方式的根本改革，獲致市場取向改革的新突破；1982 年以後，以集體所有制為主的鄉鎮企業亦開始蓬勃發展，進而帶動城市的非國有經濟（如：個體經濟）的發展[139]。至於在涉外經濟方面，為推動對外開放政策（按早期的對外開放重心在於建立經濟特區）並加速吸引外國直接投資（FDI）以發展經濟，1979 年確定在廣東與福建兩省實行「特殊政策與靈活措施」[140]，俾發揮其毗鄰香港與澳門的地理優勢，就近接觸與熟悉市場機制

[134] 吳敬璉：「從『增量改革』到『整體推進』的改革戰略」，載於吳敬璉著：《吳敬璉自選集》，山西經濟出版社，2006 年 1 月第 1 版第 3 刷，第 158 頁。

[135] 參 1979 年 9 月 28 日《中共中央關於加快農業發展若干問題的決定》，載於中共中央文獻研究室編：前揭書，第 40 頁）。

[136] 參 1980 年 9 月 27 日《關於進一步加強和完善農業生產責任制的幾個問題》。

[137] 吳敬璉：「二十年來中國的經濟改革和經濟發展」，載於《百年潮》，1999 年第 11 期。

[138] 林毅夫、蔡昉、李周著：《中國經濟改革與發展》，聯經出版事業股份有限公司，2000 年7 月初版，第 138 頁。

[139] 吳敬璉著：前揭《當代中國經濟改革》，第 55-60 頁；吳敬璉：前揭「從『增量改革』到『整體推進』的改革戰略」乙文（載於吳敬璉著：前揭《吳敬璉自選集》，第 158-159 頁）。

[140] 參 1979 年 7 月中共中央、國務院批轉的廣東省委和福建省委《關於對外經濟活動實行特殊政策和靈活措施的兩個報告》及同年 8 月國務院所發布的《關於大力發展對外貿易增加外匯收入若干問題的規定》。

運作；1980 年 8 月批准設立深圳、珠海、汕頭、廈門等四個經濟特區，此舉除使中國部分地區與世界市場聯結，發揮對外開放的窗口與橋樑作用，以及經改的示範作用，並增加外國直接投資（FDI）入內設立外商投資企業的誘因，擴大出口創匯能力，對於市場競爭格局的形成發揮極大的促進作用。綜言之，1980 年以後，中國開始採取一種有別於以國有經濟為重點的漸進（gradual）戰略，亦即將改革的重點轉向非國有經濟，於此創建「市場導向」的企業與新體制，尋求新的增長點並依託其實現增長，不再執著從國有經濟領域推行重大的改革步驟；經濟學者稱此種改革戰略為「體制外先行（reforming out of the established system）」或「增 量 改 革（incremental reform）」；惟實行「增量改革」並非一夕之間便將把整個國民經濟質變為市場經濟，而是在占主體地位的國有經濟內大體上保持原有計畫經濟基本架構的同時，在非國有經濟領域開闢市場經濟的新園地⑭。其基本思路在於：在舊體制中「存量」暫時不變的情況下，從「增量」部分首先實行新體制，然後隨著新體制改革所占比例不斷增加時，才逐步改革既有的規範，最終向新體制的全面過渡⑫。在「增量改革」戰略的推行下，非國有經濟迅速壯大，帶來經濟的迅速發展，加以對外開放政策的推波助瀾，逐漸在中國沿海地帶出現為數可觀與境外資本合資的混合所有制企業，開闢大片市場化程度較高的開放區，此時，這些非國有企業漸成為中國經濟發展的主力；惟隨著非國有企業工業總產值的比重不斷提升，對其已漸形成若無市場自由交易即無由生存的境地。然市場經濟中資源有效配置須依賴能反映資源稀缺程度的市場價格體系，一個競爭性市場未能建立且價格體系不合理的市場經濟是無法有效運行的⑭。

　　1984 年 10 月中共十二屆三中全會通過《中共中央關於經濟體制改革的決定》，指出：「社會主義計畫經濟必須……，是在公有制基礎上的有計畫的商品經濟。商品經濟的充分發展，是社會經濟發展的不可逾越的階段，是

---

⑭ 吳敬璉：前揭「二十年來中國的經濟改革和經濟發展」乙文。

⑫ 樊綱：「九〇年代後期仍是漸進式改革唱主角」，載於《改革內參》，1995 年第 6 期（轉引自王文杰著：《中國大陸法制之變遷》，自版 2002 年 10 月初版第 1 刷，第 231 頁）。

⑭ 吳敬璉：「中國經濟改革戰略的分歧與選擇」，載於吳敬璉著：前揭《吳敬璉自選集》，第 148 頁。

實現我國經濟現代化的必要條件。只有充分發展商品經濟，才能把經濟真正搞活，促使各個企業提高效率，靈活經營，靈敏地適應複雜多變的社會需求，而這是單純依靠行政手段和指令性計畫所不能做到的。」[144]「各項經濟體制的改革，包括計畫體制和工資制度的改革，它們的成效都在很大程度上取決於價格體系的改革。價格是最有效的調節手段，合理的價格是保證國民經濟活而不亂的重要條件，價格體系的改革是整個經濟體制改革成敗的關鍵。」[145]「價格體系的不合理，同價格管理體制的不合理有密切的關係。在調整價格的同時，必須改革過分集中的價格管理體制，逐步縮小國家統一定價的範圍，適當擴大有一定幅度的浮動價格和自由價格的範圍，使價格能夠比較靈敏地反映社會勞動生產率和市場供求關係的變化，比較好地符合國民經濟發展的需要。」[146]明確揭示建立此種經濟體制的關鍵在於改變僵化的行政定價制度，使價格既能反映成本亦能反應供需變化。為使非國有企業能在計畫配置資源體系尚未被打破的條件下生存，能透過市場管道取得原材料等的供應並銷售自己的產品，中國乃設計一種特殊的制度安排，亦即在價格與其他方面實施「雙軌制」；1985 年 1 月，當時的國家物價局與國家物資局發布《關於放開工業生產資料超產自銷產品價格的通知》，允許企業按市場價出售與購買「計畫外」的產品[147]，至此，開始正式實行生產資料供應與定價的「雙軌制」。按「雙軌制」係在原有體制不可能立即廢止的情況下保留部分指令性計畫，使此部分產品的生產與流通繼續按原有軌道運行，並透過計畫價格來維持原有經濟利益格局不變；同時又使計畫外的那部分產品的生產與流通納入有調節的市場運行軌道，並透過反應市場規律的價格局部地調整人們彼此間的經濟利益關係[148]。由於「雙軌制」運作模式的正式確立，為非國有經濟的生存與發展營造基本的經營環境；而此種制度安排適應發展非國

---

[144] 中共中央文獻研究室編：前揭書，第 349-350 頁。
[145] 中共中央文獻研究室編：前揭書，第 352 頁。
[146] 中共中央文獻研究室編：前揭書，第 352 頁。
[147] 1985 年《關於放開工業生產資料超產自銷產品價格的通知》第 2 點規定：「工業生產資料屬於企業自銷和完成國家計畫後的超產部分的出廠價格，取消原定的不高於國家定價 20% 的規定，可按稍低於當地的市場價格出售，參與市場調節，起平抑價格作用。企業不得在價格之外加收費用。」
[148] 吳敬璉：「中國工業中的雙重價格體系問題」，載於吳敬璉著：前揭《吳敬璉自選集》，第 120 頁。

有經濟的改革戰略，對改革前期的非國有經濟與中國整個經濟的迅速發展發揮良好作用⑭。其後，「雙軌制」事實上成為中國在經濟體制從「集中計畫」朝向「市場經濟」改革與轉換過程中所普遍採取的形式，舉凡在外商投資企業維運、所有制結構、勞動就業體制、社會保障體系與住房改革等各方面皆然⑮。

在「增量改革」戰略的推動下，無論是在整個國民經濟抑或是在工業生產，集體、個體、私營與涉外經濟等非國有經濟成分逐漸扮演舉足輕重的角色；相對於非國有經濟的日益蓬勃發展，國有經濟的改革卻陷入膠著，國有企業在指令性計畫束縛之下，嚴重缺乏活力而日暮途窮；然由於未能及時實現改革戰略的轉變，造成國民經濟中日益活絡的「體制外」部分與在很大程度上仍受傳統體制束縛的「體制內」部分兩者間產生劇烈磨擦，而影響國民經濟的穩定發展⑮，對於「市場」與「計畫」雙軌並存的可行性帶來嚴重的挑戰。蓋在國民經濟立於領導地位的「體制內」部分改革遲緩卻仍在運轉，而「體制外」部分的機制雖已建立卻猶未完整，新體制的因素在經濟運行中固然日益增多，但仍無法全部替代舊體制，若此種情況不能改變，新的經濟體制的建立必然受到牽制與拖累而無法做為一個完整的系統，整體經濟的效率便無從獲致明顯的提升，甚至出現許多影響經濟發展與社會穩定的不利因素。隨著時間的推移，「增量改革」戰略的局限性與消極影響日益明顯；雖然意識到中國朝向市場經濟轉變乃歷史推移必然結果的人愈來愈多，然而在1988 年與 1989 年出現新的政經情勢以後，部分計畫經濟的倡議者便企圖藉此機會重新挑起「計畫」與「市場」的論爭，「計畫經濟為主，市場調節為輔」⑮的口號此際順勢再度復出；其後幾年，改革取向的論戰又浮上臺面並且逐漸激化，市場取向的改革再次面臨嚴峻的挑戰。

---

⑭吳敬璉著：前揭《當代中國經濟改革》，第 65 頁。

⑮樊綱，前揭文（轉引自王文杰著：前揭《中國大陸法制之變遷》，第 231 頁）。

⑮吳敬璉著：前揭《當代中國經濟改革》，第 67 頁。

⑮胡耀邦：「全面開創社會主義現代化建設的新局面──在中國共產黨第十二次全國代表大會上的報告」，1982 年 9 月 1 日，載於中共中央文獻研究室編：前揭書，第 243-245 頁。

(二)制度轉型（institutions transition）階段

在稀缺（scarcity）與競爭（Competition）的經濟環境中，制度與組織之間連續的相互作用是制度變遷的關鍵[153]，簡言之，「競爭」是制度變遷的關鍵[154]。制度規範人類行為的力量多源於其不變異性（蓋制度的穩定性將降低制度的執行成本並提高其可信賴性，因而促進人際交往）；然而，當環境發生變化，為免不變的規則組合產生傷害與制度僵化的危險，故而需要進行調整[155]。採取「增量改革」戰略的考量在於減少改革阻力、蓄積改革能量、縮短改革進程，其最終目的仍在於建立統一的市場經濟體系，故改革最終仍須回歸於國有經濟，回到體制內進行。然而，中國中央（包括黨與政方面）雖於 1984 年至 1992 年間做出多次決定，擬在體制內進行以國有工商業為重點的全面綜合改革，但其進展卻十分有限；究其原因，除因全面改革變動劇烈且配套要求甚高導致難度較大，並且存在著多重的阻力，此等阻力主要來自於對體制改革認識（諸如：「姓資姓社」的論爭）以及既得利益方面的障礙，在此等因素交互作用下，導致實現戰略重點移轉的困難度提昇[156]。從「計畫經濟為主，市場調節為輔」到「有計畫的商品經濟」[157]再回到「計畫經濟與市場調節相結合」[158]的政策思維變化，即可窺知對於中國是否全面實

---

[153]（美）道格拉斯・諾思：「新制度經濟學及其發展」，載於孫寬平主編：《轉軌、規制與制度選擇》，社會科學文獻出版社，2004 年 8 月第 1 版第 1 刷，第 10 頁。

[154]（美）道格拉斯・諾思著：《理解經濟變遷過程》，鍾正生、邢華等譯，中國人民大學出版社，2008 年 1 月第 1 版第 1 刷，第 55 頁。

[155]（德）柯武剛、史漫飛著：前揭書，第 114、464 頁。

[156]吳敬璉：前揭「從『增量改革』到『整體推進』的改革戰略」乙文，載於吳敬璉著：前揭《吳敬璉自選集》，第 164-165 頁。

[157]1984 年 10 月 20 日《中共中央關於經濟體制改革的決定》，載於中共中央文獻研究室編：前揭書，第 348-351 頁；趙紫陽：「沿著有中國特色的社會主義道路前進——在中國共產黨第十三次全國代表大會上的報告」，1987 年 10 月 25 日，載於中共中央文獻研究室編：前揭書，第 461-462 頁。

[158]1989 年 11 月 9 日《中共中央關於進一步治理整頓和深化改革的決定》、《中國共產黨第十三屆中央委員會第五次全體會議公報》，1990 年 12 月 30 日《中共中央關於制定國民經濟和社會發展十年規畫和「八五」計畫的建議》，《中國共產黨第十三屆中央委員會第七次全體會議公報》，分別載於中共中央文獻研究室編：《十一屆三中全會以來黨的歷次全國代表大會中央全會重要文件選編》（下），中央文獻出版社，1997 年 10 月第 1 版，2000 年 7 月第 5 刷，第 32 頁、第 42 頁、第 94-95 頁、第 112 頁。

行市場經濟，長期以來便有贊成與反對兩股對立勢力不斷地進行角力與拉扯，改革每前進一步均須克服與疏通來自於保守思想的反對聲浪。1988 年初，雙軌制並軌與價格改革再次被提上議程；然而，在經歷同年下半年起引發的經濟危機以及 1989 年的政治風潮之後，一些思想保守者卻將此等政經動盪歸咎於市場取向的改革，提出「取消計畫經濟實現市場化，便是改變社會主義制度，實行資本主義制度」的嚴厲指責[159]，於是出現改革開放以來又一次的思想回潮，直到 1992 年初鄧小平為推動進一步改革開放，發表一系列的「南巡談話」[160]並迅速形成新的改革開放熱潮[161]後，政策上才又重回全面推動市場經濟的改革思維。

　　1992 年 3 月，中共中央政治局會議在「計畫」與「市場」的問題上做出明確決定，揭示：「計畫和市場，都是經濟手段。要善於運用這些手段，加快發展社會主義商品經濟」[162]。同年 10 月，中共十四大正式確立「建立社會主義市場經濟」的改革目標；於會議政治報告明確指出：「社會主義市場經濟體制，就是要使市場在社會主義國家宏觀調控下對資源配置起基礎性作用，使經濟活動遵循價值規律的要求，適應供求關係的變化；通過價格槓桿和競爭機制的功能，把資源配置到效益較好的環節中去，並給企業以壓力和動力，實現優勝劣汰；運用市場對各種經濟信號反應比較靈敏的優點，促進生產和需求的及時協調。」[163]至此，多年來「計畫」與「市場」的論爭基本結束，並確立由「計畫」向「市場」的制度轉型政策。1993 年 3 月八屆全國人大第一次會議通過《中華人民共和國憲法修正案》，以憲法形式確立將以

[159] 王忍之：「關於反對資產階級自由化──1989 年 12 月 15 日在黨建理論研究班的講話」，載於《求是》，1990 年第 4 期（轉引自吳敬璉著：前揭《當代中國經濟改革》，第 75 頁）。

[160] 鄧小平（1992 年 1 月 18 日～2 月 21 日）：「在武昌、深圳、珠海、上海等地的談話要點」，載於鄧小平著：《鄧小平文選》（第三卷），人民出版社，1993 年 10 月第 1 版，2002 年 8 月北京第 16 刷，第 370-383 頁。

[161] 吳敬璉著：前揭《當代中國經濟改革》，第 75 頁。

[162] 吳敬璉：「從計畫到市場」，載於吳敬璉著：前揭《吳敬璉自選集》，第 73 頁。

[163] 江澤民：「加快改革開放和現代化建設步伐奪取有中國特色社會主義事業的更大勝利──在中國共產黨第十四次全國代表大會上的報告」，1992 年 10 月 12 日，載於中共中央文獻研究室編，前揭書（下），第 170 頁。

「市場經濟」體制做為中國往後發展的主軸⑯；同年11月中共十四屆三中全會通過《中共中央關於建立社會主義市場經濟體制若干問題的決定》⑯，指出「經過十多年改革，……。市場在資源配置中的作用迅速擴大，……，計畫經濟體制逐步向社會主義市場經濟體制過渡」，重申「建立社會主義市場經濟體制，就是要使市場在國家宏觀調控下對資源配置起基礎性作用」，宣布採取「整體推進與重點突破結合」新的改革戰略，有別於以往僅在非國有經濟此等「體制外」部分推動改革，乃明確將改革的觸角推及國有經濟此等「體制內」部分；《決定》復指出，如欲發揮市場機制在資源配置中的基礎性作用，則必須培育與發展市場體系，並進而提出包括：「推進價格改革，建立主要由市場形成價格的機制」、「改革現有商品流通體系，進一步發展商品市場」、「發展金融市場、勞動力市場、房地產市場、技術市場和資訊市場等」、「發展市場仲介組織，發揮其服務、溝通、公證、監督作用」以及「改善和加強對市場的管理和監督」等具體推動方向。考該《決定》所揭櫫的內容實係將十四大綱領式的提法予以具體化，可謂替即將建立的社會主義市場經濟體制描繪出一幅藍圖。

1994年初，中國政府開始依據前開《決定》進行宏觀經濟改革，在財稅、金融、外匯管理體制、企業體制以及社會保障體系等重點方面採取一系列的重大改革措施（如：在全國範圍內實行分稅制，以培育公正競爭的環境並改善中央預算與地方預算間的關係等）；同時，國務院要求國有企業按照1993年12月底剛頒布的《公司法》轉換經營機制，進行建立「現代企業制度」⑯的試點，以便在取得經驗後全面推廣；於是，中國的國有大中型企業的公司化改革此時進入實踐階段，而在改革實踐中，最高決策層則提出「抓

---

⑯《憲法》原第15條第1款「國家在社會主義公有制基礎上實行計畫經濟。國家通過經濟計畫的綜合平衡和市場調節的輔助作用，保證國民經濟按比例地協調發展。」修改為：第1款「國家實行社會主義市場經濟。」及第2款「國家加強經濟立法，完善宏觀調控。」（參《中華人民共和國憲法修正案》（1993年），全文詳見《全國人大常委會公報》，1993年第2期）。

⑯全文詳見中共中央文獻研究室編：前揭書（下），第268-298頁。

⑯《中共中央關於建立社會主義市場經濟體制若干問題的決定》所揭櫫現代企業制度的特徵包括：產權清晰、權責明確、政企分開、管理科學。

大放小」的方針⑯；至此，中國改革進入一個「整體推進」的新階段，而
九〇年代中期，中國在宏觀經濟管理體系的建立與所有制結構的調整兩方面
皆取得重大的進展⑱。為實現十四屆三中全會所提在二十世紀末初步建立社
會主義市場經濟體制的目標，國有經濟的改革即須有明顯且有效的突破；蓋
國有經濟在傳統的社會主義計畫經濟中占有統治地位，支配著絕大部分的經
濟資源，若其改革不到位則社會主義市場經濟制度便難以全面建立，且此部
分的缺陷正是中國經濟乃至社會政治發展中，出現種種問題與障礙的主要根
源之一。國有經濟改革的攻堅經過長期探索，在 1997 年 9 月召開的中共十五
大再次取得一次歷史性的突破，該次會議政治報告指出⑯：「只要堅持公有
制為主體，國家控制國民經濟命脈，國有經濟的控制力和競爭力得到增強，
在這個前提下，國有經濟比重減少一些，不會影響我國的社會主義性質。」
亦即不再執著認為國有經濟在國民經濟所占比重越高越好的蘇聯式觀點；此
外，將「公有制為主體、多種所有制經濟的共同發展」確定為中國社會主義
初級階段的一項基本經濟制度，為建立此項制度，應依據「三個有利於」
（即有利於發展社會主義社會的生產力、有利於增強社會主義國家的綜合國
力、有利於提高人民的生活水準）的原則，調整與完善國民經濟的所有制結

---

⑯1995 年 9 月 28 日《中共中央關於制定國民經濟和社會發展「九五」計畫和 2010 年遠景目
標的建議》四「改革開放的主要任務和部署」（26）：「以建立現代企業制度為目標……
取得突破。要著眼於搞好整個國有經濟，通過存量資產的流動和重組，對國有企業實施戰
略性改組。這種改組要以市場和產業政策為導向，搞好大的，放活小的，把優化國有資產
分布結構、企業組織結構同優化投資結構有機地結合起來，擇優扶強，優勝劣汰，形成兼
併破產、減員增效機制，防止國有資產流失。重點抓好一批大型企業和企業集團，以資本
為紐帶，連結和帶動一批企業的改組和發展，形成規模經濟，充分發揮它們在國民經濟中
的骨幹作用。區別不同情況，採取改組、聯合、兼併、股份合作制、租賃、承包經營和出
售等形式，加快國有小企業改革改組步伐。……」這部分論述，其後被簡單概括為「抓大
放小」的改革戰略〔載於中共中央文獻研究室編：前揭書（下），第 350 頁，並參閱董輔
礽主編：《中華人民共和國經濟史》（下卷），經濟科學出版社，1999 年 9 月第 1 版第 1
刷，第 378-380 頁〕。
⑱吳敬璉著：前揭《當代中國經濟改革》，第 76-77 頁；吳敬璉：「共和國經濟五十年」，
載於《財經時報》，2002 年 2 月 26 日。
⑯江澤民：「高舉鄧小平理論偉大旗幟，把建設有中國特色社會主義事業全面推向二十一世
紀——在中國共產黨第十五次全國代表大會上的報告」，1997 年 9 月 12 日，全文載於中
共中央文獻研究室編：前揭書（下），第 406-457 頁。

構；至於調整則包括以下三項主要內容[170]：第一，縮小國有經濟的範圍，國有資本要從非關係國民經濟命脈的重要行業與關鍵領域退出；第二，努力尋找能極大促進生產力發展的公有制實現形式，發展多樣化的公有制；第三，持續鼓勵與引導個體、私營等非公有制經濟的健康發展，使其成為社會主義市場經濟的重要組成部分。

　　1999 年 3 月九屆全國人大第二次會議通過《中華人民共和國憲法修正案》，以憲法形式揭櫫：「國家在社會主義初級階段，堅持公有制為主體、多種所有制經濟共同發展的基本經濟制度」[171]、「在法律規定範圍內的個體經濟、私營經濟等非公有制經濟，是社會主義市場經濟的重要組成部分」[172] 以及「國家保護個體經濟、私營經濟的合法的權利和利益」[173]；於是，一個以混合所有制為基礎的市場經濟輪廓已然呈現；2002 年 11 月中共十六大的政治報告則明確指出：為全面建設小康社會，「完善社會主義市場經濟體制，推動經濟結構戰略性調整，基本實現工業化，大力推進信息化，加快建設現代化，保持國民經濟持續快速健康發展，不斷提高人民生活水準」將成為二十一世紀前二十年中國經濟建設與改革的主要任務[174]，據以因應世界經濟科技發展新趨勢與中國經濟發展新階段的要求。2003 年 10 月中共十六屆三中全會復通過《中共中央關於完善社會主義市場經濟體制若干問題的決定》，進一步將十六大政治報告綱領式的提法進一步予以具體化。2007 年 10 月召開中共十七大，該次會議政治報告指出：「要在加快轉變經濟發展方式、完善社會主義市場經濟體制方面取得重大進展。要大力推進經濟結構戰

---

[170] 吳敬璉著：前揭《當代中國經濟改革》，第 78 頁；江澤民：前揭十五大政治報告，載於中共中央文獻研究室編：前揭書（下），第 425-427 頁。

[171] 1999 年 3 月 15 日《中華人民共和國憲法修正案》第 14 條。

[172] 1999 年 3 月 15 日《中華人民共和國憲法修正案》第 16 條。

[173] 同前註。

[174] 其具體推動的策略綱領包括：「走新型工業化道路，大力實施科教興國戰略和可持續發展戰略」、「全面繁榮農村經濟，加快城鎮化進程」、「積極推進西部大開發，促進區域經濟協調發展」、「堅持和完善基本經濟制度，深化國有資產管理體制改革」、「健全現代市場體系，加強和完善宏觀調控」、「深化分配制度改革，健全社會保障體系」、「堅持『引進來』和『走出去』相結合，全面提高對外開放水準」以及「千方百計擴大就業，不斷改善人民生活」等七項，詳細內容載於江澤民：《全面建設小康社會開創中國特色社會主義事業新局面──在中國共產黨第十六次全國代表大會上的報告》，2002 年 11 月 8 日，人民出版社，2002 年 11 月第 1 版北京第 1 刷，第 21-31 頁。

略性調整，更加注重提高自主創新能力、提高節能環保水平、提高經濟整體素質和國際競爭力。要深化對社會主義市場經濟規律的認識，從制度上更好發揮市場在資源配置中的基礎性作用，形成有利於科學發展的宏觀調控體系」以實現未來小康社會的經濟發展目標[175]。雖然中國多年的經濟改革推移至今，其擬建構的市場經濟體制已初步成型，亦初嚐經濟發展的成果，然而社會失範、貧富分化、腐敗蔓延等問題卻越發嚴重；接下來中國執政當局必須進一步認真思考的，便是如何方能保有得來不易的既有經濟成果，並使人民與投資者其既得權益能獲致確切的保障，而唯有建立在公正、透明的遊戲規則基礎上的市場經濟才能滿足該等需求，換言之，市場經濟應該建立在「法治」的基礎上。

二、法治（rule of law）建設的需求

市場經濟的發展係在自由、平等的基礎上追求利潤的最大化。然而，現代市場經濟的正常運作尚需一系列其他配套制度做為其基礎與支撐，否則勢將陷入混亂與腐敗；為保證市場主體的獨立性，市場競爭的有效性、政府行為的規範性以及市場秩序的有序性，便需要一個良好的「法治」環境；概言之，現代市場經濟亦即「法治」經濟。所謂「法治」係指政府的一切行動均應受到事前已規定並宣布的規則所約束——這種規則使一個人得以十分肯定地預見當局在某一情況中會如何使用它的強制權力，並據此所獲致的認知計劃其自己個人的事務[176]。蓋只有國民能事先準確地知悉國家可能為何種作為，要求、限制或禁止其為何類行為，方能對法律產生信賴進而獲得安全感。「法治」係透過它的兩個經濟作用——約束政府與約束經濟人（企業或

---

[175] 其具體推動的策略綱領包括：「提高自主創新能力，建設創新型國家」、「加快轉變經濟發展方式，推動產業結構優化升級」、「統籌城鄉發展，推進社會主義新農村建設」、「加強能源資源節約和生態環境保護，增強可持續發展能力」、「推動區域協調發展，優化國土開發格局」、「完善基本經濟制度，健全現代市場體系」、「深化財稅、金融等體制改革，完善宏觀調控體系」以及「拓展對外開放廣度和深度，提高開放型經濟水準」，詳細內容載於胡錦濤：《高舉中國特色社會主義偉大旗幟為奪取全面建設小康社會新勝利而奮鬥——在中國共產黨第十七次全國代表大會上的報告》，2007 年 10 月 15 日，人民出版社，2007 年 10 月第 1 版北京第 1 刷，第 21-28 頁。

[176]（英）弗里德里希·奧古斯特·馮·哈耶克著：《通往奴役之路》，王明毅、馮興元等譯，中國社會科學出版社，1997 年 8 月第 1 版，2007 年 3 月第 2 刷，第 73 頁。

自然人）的行為——為市場經濟提供制度保障；前者在於限制政府對於經濟
活動的任意干預，後者則包括財產權的界定與保護、契約（合同）與法律的
履（執）行、公平裁判、維護市場競爭，至於後一作用則係以前一作用為其
前提（亦即只有當政府行為受到約束且與經濟活動保持一定距離時，政府方
能立於中立第三人的地位不偏頗地支持與增進市場有效運作）；若欠缺「法
治」的此等經濟作用做為制度保障，則財產權基本上是不安全的，經濟人是
無法真正獨立自主的，市場將無由形成競爭環境並高效運作，而經濟的發展
亦無法持續[177]。蓋捍衛與保護個人得以充分發揮其才能的權利係「法治」的
首要目的，故在「法治」下，所有的政府權威皆須受到限制以維護個人的自
由；政府各部門唯有獲得憲法或法律的授權（此種權力不得自授）方能憑以
干預此等自由，如此才可使之獲致保障[178]。

　　「法治」是一種與現代市場經濟不可須與分離的制度支撐。「法治」要
求政府的強制權力只能在事先經由法律限定的特定情況下，並按照可預知的
方式被行使[179]。政府所採取的一切強制性行動，皆須由一穩定且持續的法律
框架予以明確規定，而正是這種框架能使個人在制定計畫時保有一定程度的
信心，而且還能夠盡可能地減少人為的不確定性[180]。因此，確保政府行為的
可衡量性與可預測性係「法治」的起碼條件之一[181]；然而，在計畫經濟條件
下，政府係國家經濟資源的全能支配者，係由中央計畫機關運用行政手段配
置資源，其配置資源的命令（計畫）即是「法律」，政府強制權力的使用並
未受到前述形式的制約，其制度特徵顯與「法治」背道而馳。轉型是以「國
家」為單位的制度更替過程，需要大量的制度創新[182]；中國既已從計畫經濟

[177] 錢穎一著：《現代經濟學與中國經濟改革》，中國人民大學出版社，2003 年 8 月第 1 版，
2004 年 5 月第 2 刷，第 24-30 頁。

[178] 沃爾德馬・貝森、戈特弗德・賈斯珀：「法治：一切國家權威都受法律和司法約束」，載
於（德）約瑟夫・夏辛、（德）容敏德編：《法治》，阿登納基金會譯，法律出版社，2005
年 4 月第 1 版第 1 刷，第 51 頁。

[179] （英）弗里德里希・奧古斯特・馮・哈耶克著：前揭《通往奴役之路》，第 83 頁。

[180] （英）弗里德利希・馮・哈耶克著：《自由秩序原理》（上冊），鄧正來譯，生活、讀書、
新知三聯書店，1997 年 12 月北京第 1 版第 1 刷，第 282 頁。

[181] 沃爾德馬・貝森、戈特弗德・賈斯珀：前揭文，載於（德）約瑟夫・夏辛、（德）容敏德
編：前揭書，第 53 頁。

[182] 董海軍著：《轉軌與國家制度能力——一種博弈論的分析》，上海人民出版社，2007 年 1
月第 1 版第 1 刷，第 60 頁。

朝向市場經濟轉型，即面臨一個制度的起點；由於在制度變遷中不可避免地仍存在著路徑的依賴性，因此，需要政府透過其整體性力量來中斷原有制度體系的巨大慣性，並且建立符合市場機制運作的制度體系。其中，「法治」便是一項由政府支援的制度系統[183]，並且需要透過政府來實現[184]。

(一)法律制度的逐步建構

正義是社會制度的首要價值[185]。正義需要秩序的協助方能發揮它的一些基本作用，而秩序的維繫在某種程度上以存在一個合理、健全的法律制度為條件；概言之，法律的目的便在於創設一種正義的社會秩序[186]。然「法治」的意涵並非指每件事皆須由法律規定，而是指政府的強制權力只能夠在事先由法律限定的特定情況下，並按照可預先得知的方式被行使[187]。因此，要建立「法治」的市場經濟，其關鍵在於建立一套可為人們的經濟活動及其所將為的規畫，帶來透明性（transparence）、確定性（certainty）與可預測性（predictability）的法律制度。中國在 1993 年確立以市場經濟體制做為往後的發展主軸以前，現代意義的法律制度並未建立；蓋在計畫經濟體制下，社會並無法律的客觀需求。按計畫經濟係憑藉政府預先所設定的生產計畫進行，而正是此一特點決定其具備不確定的性質；且在計畫經濟體制下，經濟組織皆須依照政府的指令進行分配、調撥、生產，彼此之間並無平等交換的需求與直接的經濟關係，法律在此是不需要的[188]。此外，新中國長期以來一直是個政策社會，依靠政策治國，蓋政策的決策、傳播與執行方式，正好適應政府控制與管理計畫經濟的需要；在廢除舊法統後所確立的「有法律從法律，沒法律從政策」原則下，經過數十年的實踐已形成只靠政策而不需法律的運作模式，然亦正是此種思維妨礙中國法制建設的進程；政策不僅替代、

[183]（德）柯武剛、史漫飛著：前揭書，第 203 頁。

[184]錢穎一：「政府與法治」，載於《經濟社會體制比較》，2003 年第 5 期。

[185]（美）羅爾斯著：《正義論》，李少軍等譯，桂冠圖書股份有限公司，2006 年 3 月初版 3 刷，第 3 頁。

[186]（美）E・博登海默著：《法理學——法律哲學與法律方法》，鄧正來譯，中國政法大學出版社，1999 年 1 月 1 版，2001 年 5 月 2 刷，第 318 頁。

[187]（英）弗里德里希・奧古斯特・馮・哈耶克著：前揭《通往奴役之路》，第 83 頁。

[188]蔡定劍著：《歷史與變革——新中國法制建設的歷程》，中國政法大學出版社，1999 年 3 月第 1 版第 1 刷，第 305-307 頁。

支配法律甚且抑制其成長，法律被政策化，除被賦予政策的形式並被政策性地運用，導致法律成為政策的附庸；惟過於依賴政策將使社會處於一種缺少明確行為規範與準則、有效秩序與穩定發展的狀態，無法如現代意義的法律制度具備明確規範性、穩定性與後果可預測性，在中國向市場經濟轉型後，政策已無從適應多元主體的社會結構與複雜的市場經濟[188]；因此，中國社會主義市場經濟體制的建構，即意味著必須從過往的政策社會轉變為法制社會。

　　為建構社會主義市場經濟體制，即須輔以現代化的法制建設，而一個完善的法律制度的建立則是政府無可推卸與逃避的責任。1993 年 10 月國務院發布《關於加強政府法制工作的決定》，指出：建立社會主義市場經濟體制係經濟體制的根本性變革，較在計畫經濟體制下更迫切要求有健全的法制來引導、規範、保障與約束[190]；同年 11 月中共十四屆三中全會通過《中共中央關於建立社會主義市場經濟體制若干問題的決定》，提出要「加強法律制度建設」的政策方針[191]。由於從立法上確立與完善社會主義市場經濟體制以順應交易過程的要求日益急迫，於是，中國乃借鑑與吸收外國成功的立法經驗，大量制定包括外商投資企業法制在內的經濟性法規範。經年後，雖然法制建設已獲致重大的發展，但對之卻採取工具主義（instrumentalism）的態度，且亦未將其置於治國方略的地位，「人治」與「政策之治」的現象仍舊充斥[192]；1997 年 9 月中共十五大的政治報告中闡述「依法治國」的意涵，從執政黨的立場確立「依法治國」為治國的基本方略[193]；1999 年 3 月，第三次

---

[188] 蔡定劍著：前揭書，第 259-270 頁。

[190] 該《決定》全文詳見《國務院公報》，1993 年第 23 號。

[191] 該《決定》第九部分「加強法律制度建設」第（44）點指出：「社會主義市場經濟體制的建立和完善，必須有完備的法制來規範和保障。要高度重視法制建設，做到改革開放與法制建設的統一，學會運用法律手段管理經濟。法制建設的目標是：遵循憲法規定的原則，加快經濟立法，……，本世紀末初步建立適應社會主義市場經濟的法律體系；……，深入開展法制教育，提高全社會的法律意識和法制觀念。」；第（45）點指出：「堅持社會主義法制的統一，改革決策要與立法決策緊密結合，……。要搞好立法規劃，抓緊制訂關於規範市場主體、維護市場秩序、加強宏觀調控、完善社會保障、促進對外開放等方面的法律。要適時修改和廢止與建立社會主義市場經濟體制不相適應的法律和法規。……為社會主義市場經濟提供法律規範。」〔該《決定》全文詳見中共中央文獻研究室編：前揭書（下），第 268-298 頁〕。

[192] 李曙光著：《轉型法律學——市場經濟的法律解釋》，中國政法大學出版社，2004 年 1 月第 1 版第 1 刷，第 57-60 頁。

修訂 1982 年《憲法》時，乃將「依法治國，建設社會主義法治國家」載入
《憲法》條文中⑲，明確《憲法》的最高法律效力，確認走向「法治主
義」；此舉說明中國執政當局體認到「市場經濟」本身的發展，經由「法
治」的確認與重視，方能有效保障得來不易的經濟發展成果⑲。同年 11 月，
為貫徹「依法治國」的基本方略，國務院發布《關於全面推進依法行政的決
定》以為推動的依循；此外，為從法律層面具體規範立法活動，健全法律制
度，以持續推動「法制建設」並落實「法治主義」，全國人大乃於 2000 年 3
月頒布《立法法》⑲，做為各級立法機關制定、修改與廢止法律、法規、規
章等法規範的依據⑲；2001 年末，國務院又陸續發布《行政法規制定程序條
例》、《規章制定程序條例》、《法規規章備案條例》等相關配套法規，以
進一步健全立法制度。2002 年 11 月中共召開十六大所通過的政治報告提出
要以「社會主義法制更加完備，依法治國基本方略得到全面落實」做為全面
建設小康社會的目標之一⑲；2003 年 10 月在中共十六屆三中全會所通過的

⑲該《報告》第六部分有關「政治體制改革和民主法制建設」中指出：「我國經濟體制改革
的深入和社會主義現代化建設跨越世紀的發展，要求我們在堅持四項基本原則的前提下，
繼續推進政治體制改革，進一步擴大社會主義民主，健全社會主義法制，依法治國，建設
社會主義法治國家。……發展民主必須同健全法制緊密結合，實行依法治國。依法治國，
就是廣大人民群眾在黨的領導下，依照憲法和法律規定，通過各種途徑和形式管理國家事
務，管理經濟文化事業，管理社會事務，保證國家各項工作都依法進行，逐步實現社會主
義民主的制度化、法律化，使這種制度和法律不因領導人的改變而改變，不因領導人看法
和注意力的改變而改變。依法治國，是黨領導人民治理國家的基本方略，是發展社會主義
市場經濟的客觀需要，是社會文明進步的重要標誌，是國家長治久安的重要保障。黨領導
人民制定憲法和法律，並在憲法和法律範圍內活動。依法治國把堅持黨的領導、發揚人民
民主和嚴格依法辦事統一起來，從制度和法律上保證黨的基本路線和基本方針的貫徹實施，
保證黨始終發揮總攬全局、協調各方的領導核心作用。」〔參江澤民：前揭十五大政治報
告，載於中共中央文獻研究室編：前揭書（下），第 435-436 頁〕。
⑲1999 年 3 月對 1982 年《憲法》進行第三次修訂時，增訂「中華人民共和國實行依法治國，
建設社會主義法治國家」等文字，成為中國現行《憲法》第 5 條第 1 款。
⑲王文杰 著：前揭書，第 243-244 頁。
⑲參閱 2000 年《立法法》第 1 條。
⑲參閱 2000 年《立法法》第 2 條。
⑲2002 年 11 月十六大政治報告第三部分有關「全面建設小康社會的奮鬥目標」第四段第二
小段指出：「全面建設小康社會的目標是：……社會主義民主更加完善，社會主義法制更
加完備，依法治國基本方略得到全面落實，人民的政治、經濟和文化權益得到切實尊重和
保障。基層民主更加健全，社會秩序良好，人民安居樂業。」（江澤民：前揭十六大報告，
第 19-20 頁）。

《中共中央關於完善社會主義市場經濟體制若干問題的決定》中，則進一步提出「按照依法治國的基本方略，著眼於確立制度、規範權責、保障權益，加強經濟立法」⑲；而其後，為貫徹落實「依法治國」基本方略與中共十六大、十六屆三中全會的精神，國務院於 2004 年 3 月發布《全面推進依法行政實施綱要》，以做為全面推進依法行政，建設法治政府的規範依據⑳；2006年 10 月在中共十六屆六中全會所通過的《中共中央關於構建社會主義和諧社會若干重大問題的決定》提出「堅持民主法治」係構建社會主義和諧社會必須遵循的原則之一，且須「完善法律制度，夯實社會和諧的法治基礎」㉑。凡此一系列措施與規範的推出，可理解為中國在完備「社會主義法制建設」，為建立「社會主義法治國家」所作出的努力。綜言之，可謂市場經濟體制的轉型為中國法制建設朝向透明、確定、可預測的現代法治轉變提供契機。

　　賦予法律制度生命與真實性的，是外面的社會世界㉒。在中國剛邁入市場經濟之際，平心而論，並無真正確立諸如獨立與平等的法人主體、保證自由與平等競爭秩序，以及處理市場經濟條件下所生之各種混亂與危害社會等方面的相關法律，經濟與社會處於嚴重失範與無序的危機狀態。其後，為順應社會主義市場經濟的建立，建設市場經濟法律制度的任務被視為重要課題而提上立法日程；雖然自八屆全國人大以來市場經濟法律制度的框架逐漸形

---

⑲2003 年 10 月中共十六屆三中全會所通過的《中共中央關於完善社會主義市場經濟體制若干問題的決定》第十一部分「深化行政管理體制改革，完善經濟法律制度」第（38）點指出：「全面推進經濟法制建設。按照依法治國的基本方略，著眼於確立制度、規範權責、保障權益，加強經濟立法。完善市場主體和仲介組織法律制度，使各類市場主體真正具有完全的行為能力和責任能力。完善產權法律制度，規範和理順產權關係，保護各類產權權益。完善市場交易法律制度，保障合同自由和交易安全，維護公平競爭。完善預算、稅收、金融和投資等法律法規，規範經濟調節和市場監管。完善勞動、就業和社會保障等方面的法律法規，切實保護勞動者和公民的合法權益。完善社會領域和可持續發展等方面的法律法規，促進經濟發展和社會全面進步。」（該《決定》全文詳見《國務院公報》，2003 年第 34 號）。

⑳2004 年《關於印發全面推進依法行政實施綱要的通知》與《全面推進依法行政實施綱要》全文均詳見《國務院公報》，2004 年第 16 號。

㉑該《決定》全文詳見《國務院公報》，2006 年第 33 號。

㉒（美）勞倫斯・M・弗里德曼著：《法律制度──從社會科學角度觀察》，李瓊英、林欣譯，中國政法大學出版社，2004 年 1 月修訂版 1 刷，第 17 頁。

成，陸續制頒包括：規範市場主體、調整市場主體維護公平競爭、改善與加強宏觀調控、促進經濟協調發展、建立與健全社會保障等方面的法律[203]；另對於過去以適應市場經濟發展要求所頒布的法律亦逐步進行清理、修改與廢止。然而，立法規畫及據此制定的法律僅僅是法律變革的標誌並非即法制變革本身；若無相應配套的法制變革——特別是若未涉及法律精神的變革與法律觀念的改變，則此等立法仍將可能流於俗套而成為計畫經濟體制法律的延續，仍無法真正建構一個市場主體平等、人格獨立與自由競爭，而政府權力有限且須依法行政的此等符合市場經濟運作需求的法律制度，進而實現真正的法制現代化[204]。

(二)依法行政的自我約束

任何人皆不得超乎法律（*nemo est supra leges*）。如前所述，「法治」的第一個經濟作用在於限制政府對於經濟活動的任意干預，此正是其與所謂「以法治國」的根本區別所在。按構成「法治」基礎的基本觀念在於：政治權力的運用僅能以法律做為基礎並受法律的約束，必須有若干實體性與程序性制度來保護公民自由權與經濟自由權，使其免受權力機構的任意干預[205]；因此，政府的行為必須要有法律依據，其行為方具備正當性與合法性。美國著名的法哲學家愛德格·博登海默（Edgar Bodenheimer）認為：「約束與限制權力係法律的基本作用之一，且不論這種權力係私人權力抑或政府權力。在法律統治的地方，權力的自由行使受到規則的阻礙，這些規則迫使掌權者按一定的行為方式行事。」[206]「在法律國家中，政府的行政活動乃是在規則或標準的範圍內展開的；而且行政官員在做一項政策決定或個別裁決前，必須嚴肅考量其行動是否超越法律所賦予的自由裁量權（discretion）範圍。」[207]「為使法治在社會中得到維護，行政自由裁量權便須受到合理的限制。」[208]

---

[203] 周旺生：《中國立法五十年——1949 至 1999 年中國立法檢視》，載於周旺生主編：《立法研究》（第一卷），法律出版社，2000 年 6 月第 1 版第 1 刷，第 35-36 頁。

[204] 蔡定劍著：前揭書，第 318-319 頁。

[205] （德）柯武剛、史漫飛著：前揭書，第 201 頁。

[206] （美）E·博登海默著：前揭書，第 358 頁。

[207] （美）E·博登海默著：前揭書，第 367 頁。

[208] （美）E·博登海默著：前揭書，第 369-370 頁。

英國知名經濟學家與政治哲學家弗里德里希・奧古斯特・馮・哈耶克（Friedrich August von Hayek）在其名著《自由秩序原理》（The Constitution of Liberty）中則指出：「政府的一切強制行動都必須限於對一般且抽象的規則的實施」、「因為我們有著一項重要的保障措施，即這些規則必須適用於那些制定規則的人和適用規則的人（這就是說，它們必須適用於被統治者，但同時也必須適用於政府），而且任何人都沒有權力賦予例外。」⑳蓋如政府的行為不受法律約束，獨立的企業制度與自由交易便無從獲致根本的保障，現代市場經濟的基礎將不復存在。因此，在市場經濟體制下，政府所為之一切行政行為即須遵循依法行政原則（Der Grundsatz der Gesetzmässigkeit der Verwaltung），此與計畫經濟體制下，政府係以政策、計畫的形式管理經濟活動的情況顯不相同。依法行政原則乃「法治」的具體表現與「法治國家（Rechtsstaat）」的重要理念⑳，其意涵在於行政機關必須依據法律的規定來發動其行政權；該原則在行政權從事公共行政的組織與行為上確保「法治」的實現。以法律做為行政行為的基礎與界限，除保障「法治」所要求的法的可預測性與法安定性，並使職司立法權的立法機關其授權決定可確實產生拘束行政行為的效果。依法行政原則具體又分為法律優越（Vorrang des Gesetzes）與法律保留（Vorbehalt des Gesetzes）兩個層面的內涵，前者又稱為「消極的依法行政原則（negative Gesetzmässigkeit der Verwaltung）」，係謂行政行為或其他一切行政活動，皆不得與法律相牴觸，亦即以法律形式出現的國家意志決定優先於以其他形式所表現的國家意志；故在國家事務中已有法律規定時，則排除其他國家權力以任何方式在此領域為與法律不相符之行為；後者又稱為「積極的依法行政原則（positive Gesetzmässigkeit der Verwaltung）」，係謂若無法律授權，行政機關即不能合法地作成行政行為；在法律保留原則下，行政行為不能以消極的不牴觸法律為已足，尚須有法律之明文依據；亦即法律保留原則要求行政機關對於某些事項的作為，須以立法機關制定的法律為

---

⑳（英）弗里德利希・馮・哈耶克著：前揭《自由秩序原理》（上冊），第 191-192 頁。
⑳有關法治與法治國家（法治國）的概念分析，詳 D. 尼爾・麥考密克：「法治國家與法治」，載於（德）約瑟夫・（德）夏辛、（德）容敏德編：前揭書，第 39-49 頁；（美）米歇爾・羅森菲爾德：「法治與法治國」，載於（中國）夏勇、李林、（瑞士）麗狄亞・芭斯塔・弗萊納主編：《法治與二十一世紀》，社會科學文獻出版社，2004 年 8 月第 1 版第 1 刷，第 188-202 頁。

依據，或至少須有法律的明確授權[21]。

中國在確定轉型為市場經濟體制後，於 1999 年 3 月將「依法治國，建設社會主義法治國家」寫入《憲法》條文中，確認走向「法治主義」並明確《憲法》的最高法律效力（參現行《憲法》第 5 條第 3 款）；而為貫徹「依法治國」的基本方略，國務院於同年 11 月發布《關於全面推進依法行政的決定》以為推動依循；其後，為適應全面建設小康社會的新形勢與「依法治國」的進程，並貫徹落實「依法治國」基本方略與中共十六大、十六屆三中全會的精神，國務院於 2004 年 3 月發布《全面推進依法行政實施綱要》明確規定中國日後十年全面推進「依法行政」的指導思想和具體目標、基本原則與要求、主要任務與措施[22]；2006 年 10 月在中共十六屆六中全會所通過的《中共中央關於構建社會主義和諧社會若干重大問題的決定》提出要「加快建設法治政府，全面推進依法行政，嚴格按照法定許可權和程序行使權力、履行職責」[23]，以夯實社會和諧的法治基礎；其後，為貫徹 2007 年 10 月中共十七大政治報告所揭櫫「全面落實依法治國基本方略，加快建設社會主義法治國家」的要求[24]，國務院則於 2008 年 5 月發布《關於加強市縣政府依法行政的決定》[25]臚列具體強化與遵循之事項。凡此一系列措施與規範的推出，對於要求行政機關落實依法行政或可發揮一定程度自我約束的作用；然如細究中國現階段對於依法行政其實質意涵的理解，似仍與西方發達國家其「法治」原則的制度意涵存有落差。此外，為杜絕各級政府已習於在計畫經濟體制下依據政策從事行政行為的慣性復萌，仍需最高決策當局透過體制整體的力量並展現持續推動的決心，方能使依法行政的觀念逐步內化進而真正落實。

---

[21] 陳茲陽著：《憲法學》，元照出版有限公司，2005 年 11 月第 2 版第 1 刷，第 236-237 頁；許育典著：《憲法》，元照出版有限公司，2008 年 2 月第 2 版第 1 刷，第 63-65 頁；吳庚著：《行政法之理論與實用》（增訂九版），自版 2005 年 8 月增訂 9 版，第 81-84 頁；翁岳生：「法治行政之時代意義」，載於翁岳生著：《法治國家之行政法與司法》，月旦出版社股份有限公司，1994 年 6 月初版，第 225-229 頁。

[22] 全文均詳見《國務院公報》，2004 年第 16 號。

[23] 該《決定》全文詳見《國務院公報》，2006 年第 33 號。

[24] 胡錦濤：前揭十七大政治報告，第 30-31 頁。

[25] 全文均詳見《國務院公報》，2008 年第 18 號。

(三)權利保障與救濟的重視

權利係法律制度賦予個人保護自身利益的法上之力[216]。德國法學巨擘魯道夫・馮・耶林（Rudolf von Jhering）曾於其名著《為權利而鬥爭》（Der Kampf ums Recht）中即指出[217]：「主張受侵害的權利是一種自我維護人格的行為，是權利者對自己的義務」、「權利就是法，在權利中，法被損害將得到維護」、「當他主張其權利時，就是在維護法律。他的這種行為方式的利益與後果遠超出其個人的範圍；這不僅是制定法的權威與尊嚴得以維護的理想的利益，更是交往生活的固有秩序其安全此種非常現實與實際的利益。」法律賦予人們權利並使其知悉在法律制度範圍內可享有何等權利；被有效賦予與保障的權利使人與人間的行為，以及國家與人民間的關係可被預見，進而形成法的安定性（Rechtssicherheit）[218]。然法律既賦予吾人權利，即須加以保障，故當權利受他人侵害時，法律即須設有救濟之道，此即所謂「有權利即有救濟（ubi jus, ibi remedium）」的概念；設若權利遭受侵害卻無從獲致救濟，則社會秩序勢將陷於混亂；然社會秩序的維護卻是與法律永相伴隨的基本價值，而消除社會混亂則是社會生活的必要條件，故有關人民權利救濟保障即成為對「法治」其內涵型塑的基本要求，而「法治」一個主要目的，即在於提供一個解決爭端的公平機制；因此，人民的權利若遭到他人或國家公權力的侵害，國家均應提供一個獨立的司法審判制度以為權利保護與救濟之途徑，否則前揭「法治」的第二個經濟作用——產權界定與保護、契約（合同）與法律的履（執）行、公平裁判、維護市場競爭——勢將難以實現。

西方社會的法律價值認為，財產得到保護，自由、社會秩序以及其他一些基本價值的連續性亦有保障[219]。經濟理論說明私有財產（private good）為

---

[216] （德）伯恩・魏德士著：《法理學》，丁小春、吳越譯，法律出版社，2003 年 7 月第 1 版第 1 刷，第 35 頁。

[217] （德）魯道夫・馮・耶林著：《為權利而鬥爭》，鄭永流譯，法律出版社，2007 年 1 月第 1 版第 1 刷，第 25、27、30 頁。

[218] （德）伯恩・魏德士著：前揭書，第 43 頁；至於法的安定性則包括兩個層面的意涵，亦即「透過法律達成的安定性」以及「法律本身的安定性（即認知可能性、操作可能性與實踐可能性）」，只有當法律本身是安定的，才能透過法律達成一安定性〔參（德）考夫曼著：《法律哲學》，劉幸義等譯，法律出版社，2004 年 6 月第 1 版，2005 年 3 月第 2 刷，第 274 頁〕。

[219] （英）彼得・斯坦、約翰・香德著：《西方社會的法律價值》，王獻平譯，鄭成思校，中國法制出版社，2004 年 11 月第 1 版，2005 年 7 月印刷，第 292-293 頁。

有效利用資源與經濟進步奠定基礎，而一個明確、穩定的私有權制度能夠促進經濟進步[20]；市場經濟便是以私有制（private ownership）做為其制度基礎。對於向市場經濟轉型的中國而言，面臨一個嚴峻的問題——私有財產與財產權的保護；它不但是長期處於計畫經濟體制下的中國許多法律所須面對的一個重點與基本問題，更是做為所有法律源頭的憲法所須面對的核心問題；蓋在計畫經濟體制下並不承認私有財產與私有制，任何人均不能對生產資料進行排他性占有；在此種經濟體制下，制定法律的基本指導原則係將法律做為管理經濟與控制社會的工具，而其所維護的是政府權威及其各部門的利益，著重於保證政府集權與經濟統制，至於所由建構的法律制度除缺乏獨立、平等、自由的精神，亦忽視社會權利與公民權利的保護；其中若干法律甚至已成為推進市場經濟體制改革與建立現代法制的障礙（當年《公司法》出臺的延宕便是一著例）[21]；惟若要實行市場經濟，即必須承認「私有」此一概念，並從憲法與法律等不同層面對私有財產權的保護予以確認，否則，所謂建立社會主義市場經濟終將淪為空談。2004 年修憲前，中國的《憲法》並未如西方發達國家其憲法一般，將私有財產置於與公有財產同等的地位予以保護（按從《憲法》原第 13 條對私有財產的保護係採有限、列舉的態度可見一斑），私有財產的神聖地位與財產權保護的重要性在《憲法》中並未能彰顯；而在經濟體制確定轉型後，中國雖企圖逐步建構符合市場經濟運作的法律制度，然由於思維慣性的作祟，有關私有財產保護的法律仍存在諸如：產權保護的缺乏與不平等、產權界定不明確、私人企業遭受歧視、缺乏對政府侵權行為的審查與有效司法救濟等問題[22]。此外，常見的資本外逃與民間投資活力不足的現象，在一定程度上與保護私人財產的法律制度不完善有著極大的正向關係[23]。

　　隨著市場經濟的日益深化與非國有經濟的益發蓬勃，經濟發展與人民生

---

[20] 詹姆斯·格瓦特尼：「私有財產、自由與西方世界」，載於（美）詹姆斯·L.多蒂、德威特·R.李編著：《市場經濟讀本》，林季紅等譯，江蘇人民出版社，2005 年 5 月第 2 版第 1 刷，第 83 頁。

[21] 蔡定劍著：前揭書，第 322-323 頁。

[22] 李曙光著：前揭書，第 82-85 頁。

[23] 王文杰：「中國大陸現行憲法第四次修正評析」，載於《月旦法學雜誌》，第 109 期，2004 年 6 月。

活水準提高，公民擁有的私人財產普遍增加，特別是越來越多公民擁有私人的生產資料，群眾對於透過法律保護自己的財產有更加迫切的要求[24]，於是，第十屆全國人大第二次會議乃於 2004 年 3 月通過《中華人民共和國憲法修正案》[25]，將原第 13 條第 1 款「國家保護公民的合法的收入、儲蓄、房屋和其他合法財產的所有權」修改為「公民的合法的私有財產不受侵犯」[26]，擴大私有財產保護的範圍；亦即不但改以概括方式呈現，且不再侷限於公民個人的生活資料，尚及於其生產資料。另外，增訂「國家為了公共利益的需要，可以依照法律規定對公民的私有財產實行徵收或者徵用，並給予補償」[27]，要求政府實行徵收或徵用時，不但必須基於特定目的，且須依據法律規定辦理（即依法行政）並應給予補償。私有財產入憲的意義不僅在於其保護的訴求獲得確認，更在於保障公民基本權的思維已在《憲法》中著床，而基本權的保障正是建構「法治國」原則最重要的內涵型塑（實質要素）[28]。然而，「保護私有財產」此項憲法原則仍須待具體制度的建構與推動方能落實；原因在於中國長期實行公有制的經濟制度，人民普遍對於財產所有、財產私有等觀念的認知相對模糊，尚需透過相關配套法律制度的建構予以具體化，而 2007 年 3 月 16 日第十屆全國人大第五次會議審議通過的《物權法》正是其中最為核心與關鍵的環節。蓋《物權法》所規範者係平等主體間的財產關係，對於明確財產歸屬、合理利用資源、保護權利人的財產權益，維護經濟社會秩序等皆具有重要作用；至此，市場經濟體制下，保護財產權中四大權利（即物權、債權、智慧財產權／知識產權、股權）的法律制度雛型基本上已初步建構完成；而一旦人民其前開實體法上的權利遭受侵害或發生糾紛時，即可透過《民事訴訟法》、《仲裁法》、《行政復議法》、《行政訴訟法》、《國家賠償法》等相關法律及司法解釋，循法定途徑在一定程度上獲得解決。

---

[24] 王兆國：《關於〈中華人民共和國憲法修正案（草案）〉的說明》，全文詳見《全國人大常委會公報》，2004 年特刊。

[25] 全文詳見《全國人大常委會公報》，2004 年特刊。

[26] 2004 年 3 月 14 日《中華人民共和國憲法修正案》第 22 條。

[27] 同前註。

[28] 陳慈陽著：前揭書，第 231 頁；許育典著：前揭書，第 59 頁。

三、政府職能的調整

　　一國政府在經濟活動中扮演的角色，將因該國實行的經濟制度及其本身經濟發展水準的不同而有所差異。在計畫經濟體制下，市場機制的作用被嚴格地制約，資源配置與經濟運行基本上皆須在國家的指令性計畫下進行，政府依託公有產權基礎，透過指令性計畫與縱向的條條管理，直接干預經濟活動；簡言之，建立在計畫經濟體制基礎上的政府，是一個統治與替代一切的政府，是一個管制的、全能的超強政府；然而，此種類型的政府卻往往因過多的干預，扼殺民間的創造力，並使經濟缺乏效率與活力。惟此類國家一旦選擇向市場經濟轉型，其政府即須降低對市場的干預力度與範圍（然為避免市場失靈，在不影響市場自主運作的前提下，有時政府對市場仍有進行適當管制或干預的必要），方能使市場機制充分發揮激勵與協調功能，而此亦意味著政府的職能必須隨之進行根本性地調整。對於中國此等尚未完全從計畫經濟轉型為市場經濟的發展中國家而言，轉變政府職能便成為一項最為重要的任務；如何能在進一步發揮市場機制力量與借鑒西方市場經濟發展史上經驗教訓的前提下，使政府職能逐漸從過往長期干預的角色，轉向建立經濟發展所需要的法律、社會、物質與體制基礎來為市場服務[29]，並從轉型前全能、管制型的政府脫胎為一個現代市場經濟體制下有限、服務型的政府，便成為中國市場化改革與深化過程中須面對與待解的核心問題。

(一)機構改革的持續推動——公共服務型政府的追求

　　對於尋求轉型的計畫經濟國家而言，市場經濟體制的確立與政府制度的改革密切相關；蓋市場經濟與計畫經濟中的政府職能是截然不同的，市場經濟體制下的政府並不直接參與競爭性行業的生產，而在於為社會提供公共服務與公共物品（如：保護產權、調解糾紛、維持秩序等），提供一套便於市場經濟得以正常運行的制度；一旦其經濟體制選擇向市場經濟轉型，則原有體制下的政府職能即須配合調整以適應市場經濟的制度運作；設若其原體制下的政府職能與其所牽動的決策思維模式未能從根本上完全改變，則市場經

---

[29] 世界銀行著：《2020 年的中國——新世紀的發展挑戰》，世界銀行中國代表處組織譯，中國財政經濟出版社，1997 年 9 月第 1 版北京第 1 刷，第 1 頁。

濟體制恐將無由真正確立。按政府機構係政府職能的載體，因此，調整政府職能必然涉及政府機構的改革；而推動政府職能轉變一直是中國行政管理體制與機構改革的一條主線。政府機構的改革將有助於市場經濟體制的進一步穩固與深化，易言之，政府機構改革本身即成為計畫經濟國家邁向市場化的一個重要環節。

1.經濟體制轉型前

改革開放以前，中國雖亦曾進行若干次機構改革，然此期間的改革係在計畫經濟體制框架內進行，其所依賴的基礎依然是政府以政策方式指揮經濟、配置資源，而所擬解決者，僅在於因機構臃腫所導致的諸如：管理環節過多、職能重複、效率低落等窠臼，然對於政府直接介入經濟活動這一點並未改變[20]，換言之，前此改革係在不觸動高度集中、以行政手段直接控制為主的管理體制，以及部門分割、條塊分割的基本格局下進行，只是權力在各級政府間、政府部門間挪移而已，並未涉及管理職能與方法的根本改革[21]，亦即並未觸及機構改革的實質——政府與企業職能的明確劃分。為適應變化的政治與經濟形勢，中國於 1982 年進行改革開放以後第一次機構改革；惟因當時經濟體制改革的重點仍僅局限於農村，並未全面展開，體制改革的目標尚未確立，並未觸動高度集中的計畫經濟管理體制，故政企職責仍未分離；其目的主要在於透過精簡機構以解決幹部老化的問題，實未涉及政府職能的本質轉變[22]。按經濟體制改革始於擴大企業自主權，以搞活國有企業為改革出發點，惟儘管對國有企業的管理權已下放，但實際上並未改變其行政隸屬關係，由於長期的政企不分，企業儼然成為行政機構的附屬物；故政府職能如不予調整，則體制改革的成效恐相當有限。1984 年中共十二屆三中全會通過的《中共中央關於經濟體制改革的決定》首度觸及政府職能問題，《決定》批評政府直接管理經營企業的做法，指出應實行政企職責分離，俾

[20] 范恒山：「政、資分開是實現政府職能轉換、機構精簡的根基」，載於劉智峰主編：《第七次革命——1998～2003 年中國政府機構改革問題報告》，中國社會科學出版社，2003 年 10 月第 1 版第 1 刷，第 153 頁。

[21] 謝慶奎：「機構改革陷入惡性循環的五個成因——兼論機構改革的長期性」，載於劉智峰主編：前揭書，第 91 頁。

[22] 劉智峰：「中國政府機構存在的主要問題」，載於劉智峰主編：前揭書，第 239 頁。

正確發揮政府管理經濟的職能㉓；隨著經濟體制改革逐步從農村向城市發展，擴大企業自主權的呼聲日益高漲，政治體制改革議題亦逐漸浮出檯面。鄧小平於1986年9月會見日本公明黨委員長竹入義勝時即指出：「不改革政治體制，就不能保障經濟體制改革的成果，不能使經濟體制改革繼續前進。」㉔其後，在聽取中央財經領導小組彙報時又指出：「不搞政治體制改革，經濟體制改革難以貫徹。……改革的內容，首先是黨政要分開，……第二個內容是權力要下放，……第三個內容是精簡機構……。」㉕據此，1987年中共十三大政治報告再次提出進行機構改革的呼籲：「為了避免重走過去『精簡—膨脹—再精簡—再膨脹』的老路，這次機構改革必須抓住轉變職能這個關鍵。要按照經濟體制改革和政企分開的要求，合併裁減專業管理部門和綜合部門內部的專業機構，使政府對企業由直接管理為主轉變到間接管理為主。……為了鞏固機構改革的成果並使行政管理走上法制化的道路，必須加強行政立法，為行政活動提供基本的規範和程序。要完善行政機關組織法，制定行政機關編制法，用法律手段和預算手段控制機構設置和人員編制。」㉖1988年4月，七屆全國人大第一次會議通過《關於國務院機構改革方案的決定》，《方案》明揭此次機構改革係以「轉變政府管理職能」為關鍵，非如以往僅是簡單的撤減、合併，而是轉變職能，按政企分開的原則，將直接管理企業的職能轉移出，使政府對企業從直接管理逐步轉化為間接管理㉗。儘管提出此項改革原則，然由於經濟體制改革的總體目標未臻明確，計畫經濟體制事實上仍在運作，而雙軌體制並存的結果，政府職能轉變未能到位，其後仍不可避免地落入「精簡—膨脹—再精簡—再膨脹」的惡性循環。

2.經濟體制轉型後

1992年中共十四大確立以市場經濟做為發展的主軸；1993年3月中共十四屆二中全會審議通過《關於黨政機構改革的方案》，並於發布的《公報》中揭櫫「機構改革應以適應社會主義市場經濟發展的要求為目標，轉變職

㉓中共中央文獻研究室編：前揭書（下），第354-357頁。

㉔鄧小平著：前揭書，第176頁。

㉕鄧小平著：前揭書，第177頁。

㉖趙紫陽：前揭十三大政治報告，載於中共中央文獻研究室編：前揭書（上），第474-475頁。

㉗宋平：《關於國務院機構改革方案的說明》，全文詳見《國務院公報》，1988年第3號。

能，理順關係，精兵簡政，提高效率」的指導原則[28]。在此項政策文件指導下，國務院旋於當月舉行的八屆全國人大第一次會議提出《國務院機構改革方案》，發動改革開放以來第三次的機構改革。政企不分、關係不順、機構臃腫、效率低下依然是此次進行改革的主要原因；《方案》闡明機構改革是政治體制改革與社會主義政治建設的重要內容，亦是深化經濟體制改革與加快社會主義現代化建設步伐的重要條件；除重申前開《公報》所揭此次機構改革意旨，並指出此次改革係以「轉變政府職能」為重點（事實上1988年的機構改革即已提出），而轉變職能的根本途徑在於「政企分開」[29]；同年11月通過的《中共中央關於建立社會主義市場經濟體制若干問題的決定》則再一次重申：「轉變政府職能，改革政府機構，是建立社會主義市場經濟體制的迫切要求」[24]。此次改革的出發點完全為適應經濟體制轉型的要求而展開，僅著重於政企分開、轉換政府職能；此外，改革的範圍係從中央到地方各級政府機構，其順序則是先中央後地方，凡此皆為與過往歷次改革不同之處[24]。

　　中國的第八個「五年計畫」在1995年結束，在次年就未來五年全面性施政的總體設計所提出《國民經濟和社會發展「九五」計畫和2010年遠景目標綱要》中指出：為深化經濟體制改革，必須「按照政企分開的原則，轉變政府職能。政府的經濟管理職能，要真正轉變到制定和執行宏觀調控政策，……，把不應由政府行使的職能逐步轉給企業、市場和社會仲介組織。要按照精簡、統一、效能的原則，著手制定進一步改革和調整政府機構的方案，把綜合經濟部門逐步調整和建設成為職能統一、具有權威的宏觀調控部門；把專業經濟管理部門逐步改組為不具有政府職能的經濟實體，或改為國家授權經營國有資產的單位和自律性行業管理組織。」[24]此舉無疑預告日後將進

[28] 1993年3月7日《中國共產黨第十四屆中央委員會第二次全體會議公報》，載於中共中央文獻研究室編：前揭書（下），第266-267頁。

[29] 羅幹：《關於國務院機構改革方案的說明》，全文詳見《全國人大常委會公報》，1993年第2期。

[24] 中共中央文獻研究室編：前揭書（下），第279-280頁。

[24] 謝慶奎：前揭文，載於劉智峰主編：前揭書，第93頁。

[24] 全國人大財政經濟委員會辦公室、國家發展和改革委員會發展規劃司編：《建國以來國民經濟和社會發展五年規劃重要文件彙編》，中國民主法制出版社，2008年1月第1版第1刷，第198頁。

行的機構改革方針，亦為 1998 年的機構改革調整方向埋下伏筆。以 1997 年中共十五大為轉捩點，中國經改已從一般性的經濟體制改革轉入所有制改革，終將觸及政治體制改革這條敏感的神經⑳；十五大的政治報告指出：「當前和今後一段時間，政治體制改革的主要任務是：……實行政企分開、精簡機構……」對於如何推進機構改革，則提出：「要按照社會主義市場經濟的要求，轉變政府職能，實現政企分開，把企業生產經營管理的權力切實交給企業；根據精簡、統一、效能的原則進行機構改革……實現國家機構組織、職能、編制、工作程序的法定化」⑳，惟此次除將行政機構的相關組織、職能、編制、工作程序法定化的作法屬新創見外，幾乎皆為過去機構改革宣示的重申；至此，新一波機構改革的大方向幾已定案。1998 年 2 月中共十五屆二中全會審議通過《國務院機構改革方案》，並於發布的《公報》中揭示：「機構改革，是深化經濟體制改革、發展社會主義市場經濟的客觀要求，……也是政治體制改革的重要內容。」⑳同年 3 月國務院於八屆全國人大第一次會議提出《國務院機構改革方案》，正式啟動改革開放以來第四次的機構改革。過往雖已歷經多次機構改革，然由於歷史條件的制約與宏觀環境的限制，致使存在的諸多沉痾仍未得到根本性的解決，並且與社會主義市場經濟發展的矛盾日益突出⑳；蓋前幾次改革皆在市場經濟體制相對較未成熟的時期進行，與計畫經濟體制相適應的龐大政府機構仍有其存在的合理性，在意識形態的干擾、既得利益制約、操作經驗不足、改革本身的複雜度等因素交錯影響下，終導致機構改革走形變樣，同時造成新機構臃腫與職能混雜。雖此次改革方案仍具過渡性，惟改革幅度與中央領導階層的決心卻較過往為大，舉國改革的企盼亦較以往迫切⑳，而關於機構與人員精簡、職能

---

⑳高輝、王文杰著：《大陸國務院機構改革之研究》，行政院大陸委員會委託研究，1998 年 9 月印製，第 35 頁。

⑳江澤民：前揭十五大政治報告，載於中共中央文獻研究室編：前揭書（下），第 436-439 頁。

⑳劉智峰主編：前揭書，第 49 頁。

⑳羅幹：《關於國務院機構改革方案的說明》，全文詳見《全國人大常委會公報》，1998 年 第 1 期。

⑳謝慶奎：「機構改革的難度及其漸進性、長期性」，載於劉智峰主編：前揭書，第 165 頁。

轉換的要求亦有明確的目標㉔，究其緣由，實因市場經濟的發展已迫使機構面臨非改不可的境地。

　　隨著市場經濟的發展，不同的社會階層雖逐漸形成，卻亦同時衍生不同階層之間在利益與價值上的矛盾與衝突，社會公平與正義的問題日益凸顯；中央與地方或地區之間在利益與目標上的差異，導致中央政策在落實的過程中出現一定程度的扭曲；階層的分化與利益的差別，促使人民產生政治與民主的意識，進而要求積極參與國家政治活動；受到市場經濟日益深化的影響，個人的主體、自由及權利意識逐漸抬頭，不但要求政府對經濟生活減少干涉，且應建全政治與法律制度以有效保障公民權利；至於如何回應與滿足以上需求，則成為下一波機構改革的目標。㉔為因應經濟體制改革不斷深入與 2001 年底加入 WTO 新形勢的發展（蓋過往計畫經濟時期的管理體制與模式已不合時宜，無法因應參與國際經濟活動運作的要求），現行政府機構仍存在的若干不適應問題，唯有透過深化改革方能獲致解決。2002 年 11 月中共召開十六大，該次會議的政治報告第五部分「政治建設和政治體制改革」提出「發展社會主義民主政治，建設社會主義政治文明」係全面建設小康社會的重要目標，並提出一系列的具體方針與步驟，其中的第五點「深化行政管理體制改革」即明確指出機構改革的目標㉕，與十五大政治報告關於機構改革的論述相較，此次的提法與目標皆明顯深切；蓋執政當局此時已意識到機構改革本身並非目的，改革真正的目的在於藉此建設全新的「行為規範、運轉協調、公正透明、廉潔高效」的行政管理體制，進而推動政治體制改革。2003 年 2 月中共十六屆二中全會審議通過《關於深化行政管理體制和機構改革的意見》，並建議國務院據此形成《國務院機構改革方案》提交全國

㉔此次機構改革的目標為：建立辦事高效、運轉協調、行為規範的政府行政管理體系，完善國家公務員制度，建設高素質的專業化行政管理隊伍，逐步建立適應社會主義市場經濟體制的有中國特色的政府行政管理體制；至於改革的原則為：按照社會主義市場經濟的要求，轉變政府職能，實現政企分開；按照精簡、統一、效能的原則，調整政府組織結構，實行精兵簡政；按照權責一致的原則，調整政府部門的職責許可權，明確劃分部門之間職責分工，完善行政運行機制；按照依法治國、依法行政的要求，加強行政體系的法制建設（參《國務院機構改革方案》，全文詳見《全國人大常委會公報》，1998 年第 1 期）。

㉔劉智峰：「2003 年中國政府行政管理體制與機構改革述評」，載於劉智峰主編：前揭書，第 259-260 頁。

㉕詳細內容參閱江澤民：前揭十六大政治報告，第 35 頁。

人大審議㉑；改革方案於同年 3 月向十屆全國人大第一次會議提出並經其審議通過，並據而啟動改革開放以來第五次的機構改革。本次改革主要從政治層面對行政管理體制與機構改革提出新的要求，除有別於前次改革（1998年）所涉者多屬機構本身或技術層面的，帶有豐富與深刻的政治意涵外，且尚具備「穩妥」、「密切配合改革發展情勢」、「進一步落實政企分離」以及「進一步明確與完善政府職能」等特點㉒；至於其改革的重點（主要任務）則在於「深化國有資產管理體制改革、完善宏觀調控體系、健全金融監管體制、繼續推進流通管理體制改革、加強食品安全和安全生產監管體制建設」㉓。

　　中國自改革開放以來的機構改革，皆係在計畫經濟轉向市場經濟體制的背景下展開；雖然在經歷多次的機構改革後，不論係管理理念、管理範圍、行政方式、行政基礎、幹部素質等方面已產生顯著的變化，且整體上已逐漸從一個計畫經濟政府轉向市場經濟政府；然而，與經濟體制改革的實際進程相較，總體上卻相對滯後，行政管理體制仍存在若干不相適應之處（如：政府職能轉變尚未完全，對個體／微觀經濟運作過多干預，社會管理與公共服務仍較薄弱；部門職責交叉、權責脫節與效率不彰的弊端依然顯著；機構設置不盡合理，行政運行與管理制度未臻健全；對行政權力的監督制約機制不盡完善等）；此外，隨著經濟社會的發展，公共治理結構中的一些矛盾日益凸顯，（如：行政成本增大、行政效率低落、公眾參與公共政策制定程度不足等等），凡此皆對行政管理體制的改革提出新的要求。國務院在 2004 年 3 月向十屆全國人大第二次會議提報的《政府工作報告》中指出：未來推進政府職能轉變的具體內涵應「更加注重履行社會管理和公共服務職能」㉔；次年 3 月，在向十屆全國人大會第三次會議提報的《政府工作報告》中再度指

㉑參 2003 年 2 月 26 日《中國共產黨第十六屆中央委員會第二次全體會議公報》，全文詳見中國共產黨歷次全國代表大會資料庫，網址：http://cpc.people.com.cn/BIG5/64162/64168/64569/65410/4519038.html。

㉒劉智峰：前揭「2003 年中國政府行政管理體制與機構改革述評」，載於劉智峰主編：前揭書，第 265-266 頁。

㉓王忠禹：《關於國務院機構改革方案的說明》，全文詳見《全國人大常委會公報》，2003年第 2 期。

㉔全文詳見《國務院公報》，2004 年第 13 號。

出：為加快政府自身改革與建設步伐，勢將要「深化政府機構改革」、「加快轉變政府職能」、「改進經濟管理方式方法」、「努力建設服務型政府」、「提高依法行政能力」以及「大力加強政風建設」㉟。2005 年中國結束第十個「五年計畫」，次年 3 月，在針對未來五年全面性施政的總體設計所提出《國民經濟和社會發展第十一個五年規畫綱要》中指出：應「加快建設服務政府」，要「按照政企分開、政資分開、政事分開以及政府與市場仲介組織分開的原則，合理界定政府職責範圍，加強各級政府的社會管理和公共服務職能」，以推進政府職能轉變㊱；同年 10 月中共十六屆六中全會通過《中共中央關於構建社會主義和諧社會若干重大問題的決定》，《決定》指出：為構建社會主義和諧社會，必須加強社會管理與維護社會穩定，而其具體方針便包括「建設服務型政府，強化社會管理和公共服務職能」㊲。2007 年 10 月中共十七大的政治報告中則進一步明確提出：政治體制改革係中國全面改革的重要組成部分，必須隨著經濟社會發展而不斷深化；由於行政管理體制改革乃深化改革的重要環節，故應「加快行政管理體制改革，建設服務型政府」，而其具體方針便包括「加大機構整合力度，探索實行職能有機統一的大部門體制」㊳；此次提出的「大部制」是一種有別於以往改革的新思路，亦是中國行政管理體制改革在新的歷史條件下為適應市場經濟發展的一項新舉措。2008 年 2 月中共十七屆二中全會通過《國務院機構改革方案》以及進一步將十七大政治報告綱領式提法具體化的《關於深化行政管理體制改革的意見》，以貫徹十七大關於加快行政管理體制改革、建設服務型政府的要求㊴；該《意見》詳細闡述有關「深化行政管理體制改革的指導思想、基本原則和總體目標」、「加快政府職能轉變」、「推進政府機構改革」、「加強依法行政和制度建設」的具體內容㊵。同年 3 月，十一屆全國

㉟全文詳見《國務院公報》，2005 年第 12 號。

㊱全國人大財政經濟委員會辦公室、國家發展和改革委員會發展規劃司編：前揭書，第 53-54 頁。

㊲該《決定》全文詳見《國務院公報》，2006 年第 33 號。

㊳胡錦濤：前揭十七大政治報告，第 28、32 頁。

㊴參 2008 年 2 月 27 日《中國共產黨第十七屆中央委員會第二次全體會議公報》，全文詳見中國共產黨歷次全國代表大會資料庫，網址：http://cpc.people.com.cn/BIG5/64162/64168/106155/116856/6938299.html。

㊵全文詳見《國務院公報》，2008 年第 11 號。

人大第一次會議通過《關於國務院機構改革方案的決定》，正式啟動改革開放以來第六次的機構改革；此次改革的主要任務在於：「圍繞轉變政府職能和理順部門職責關係，探索實行職能有機統一的大部門體制，合理配置宏觀調控部門職能，加強能源環境管理機構，整合完善工業和信息化、交通運輸行業管理體制，以改善民生為重點加強與整合社會管理和公共服務部門」[51]。與前五次改革相較，本次整體的改革思路有較大的變化，包括：透過制定行政管理體制規畫來推進行政改革、改革的目標明確定位為建設服務型政府、按照職能統一「大部制」的改革思路推進改革；希藉透過行政管理體制改革（包括機構改革）的持續推動與深化，建設一個服務、責任、法治與廉潔的政府，為全面建設小康社會提供體制保障。

中國自經濟體制轉型以來已進行四次的機構改革（1993 年、1998 年、2003 年、2008 年），亦取得一定的成果，然仍有相當多不盡完善之處，相信隨著市場經濟的日益深化，行政管理體制改革仍將持續推動。

(二)從全能到有限的轉變

在指令性計畫經濟體制下的政府是一種全能型政府，此種型態的政府不但是資源配置的主體亦是經濟資源的全能支配者，它兼具政治、經濟、社會、思想、文化各方面的職能，控制經濟生活中包括：生產、交換、消費、分配等所有內容，對經濟的發展與運行進行無所不包、無遠弗界的直接干預。易言之，於此體制下，政府的權力至高無上，決定與指揮一切的社會經濟活動，甚至擴展至居民個人及其家庭的工作與生活（如：就業分配、商品配給等）[52]；由於此種體制完全排斥市場機制的作用，指令性計畫成為資源配置的唯一機制。中國在改革開放以前的經濟社會制度，最重要特點便是由「全能大政府」包攬從經濟到政治一切事務的決策權[53]，其權力可不受任何限制地深入並控制企業與民眾其社會生活的各個領域與層面。雖然全能型政

[51] 華建敏：《關於國務院機構改革方案的說明》，全文詳見《全國人大常委會公報》，2008年第 3 期。

[52] 董輔礽：「中國經濟轉變時期政府與市場關係」，載於中國社會科學院科研局組織選編：《董輔礽集》，中國社會科學出版社，2006 年 11 月第 1 版第 1 刷，第 352 頁。

[53] 吳敬璉：「建設一個公開、透明和可問責的服務型政府」，載於吳敬璉著：前揭《吳敬璉自選集》，第 603 頁。

府在一個國家的經濟發展初期或因能集中配置社會一切的資源而促進經濟增長，然由於全能型政府承擔過多原非其份內的職能，行政能力下降且效率低落；而為滿足企業與個人龐雜的需求，不免造成機構臃腫、冗員過多、財政負擔沉重；至於企業及個人則因完全仰賴政府的制度供給，導致喪失自主性、獨立性以及創新的動力；國家唯行政權力獨尊，行政權獨大，「政策」成為國家一切活動的依據以及法律的靈魂與指導，反觀法律的角色與功能，卻成為實現政策的手段與附庸，政府的權力並不受法律的約制，甚而倒置政府與人民間的主僕關係；隨著改革開放後市場機制的導入與其調節範圍的逐步擴大，社會經濟活動不斷地多元與複雜化，凡此制度特徵與內涵，皆與當時為發展經濟所引進的市場機制運作格格不入，且僅依政府的作為已難滿足因市場化推移所不斷產生的新需求。因此，若欲建立市場經濟體制，過往全能政府的角色即須為根本性的轉變。

蓋在市場經濟體制中，政府不再是資源的配置者與個體（微觀）經濟活動的決策者，亦無從做為居民（包括其個人與家庭）、企業從事社會經濟活動的決策者，其作用主要在於為市場與整個國民經濟的運行與發展創造必要的條件，維護市場的公平競爭。此種體制下的政府，與計畫（或指令）經濟那種全能的大政府截然不同，其權力與職能均係有限的。按市場經濟即「法治」經濟，而「法治」的一個重要的作用即在於約束政府；其基本觀念在於：政治權力的運用僅能以法律為基礎並置於法律的約束之下，必須有一些實質性與程序性的制度來保護公民自由權與經濟自主權，使其免受權力機構的任意干預[㉔]；而一個權力有限、致力於為建立在財產私有制與自願交換基礎上的經濟秩序提供必備法律環境的政府，方能為個人的自由提供肥沃的土壤[㉕]。由於市場經濟體制下的政府其任何作為均必須嚴格遵守「依法行政」原則，故「法治」下的政府其權力並非無限而實係有限的，必須受到法律的制約，而非可立於法律之上不受羈束。亞當‧斯密（Adam Smith）認為政府的職責在於：保護社會免受其他獨立社會的暴行與入侵（即國防）、建立一個完全公正的司法機構（即司法制度）、建立與維護便利社會商業發展以及

㉔（德）柯武剛、史漫飛著：前揭書，第 201 頁。
㉕德威特‧R. 李：「自由與個人責任」，載於（美）詹姆斯‧L. 多蒂、德威特‧R. 李編著：前揭書，第 59 頁。

促進人民教育的公共機構與建設⑳；除此，美國著名的經濟學家米爾頓・弗里德曼（Milton Friedman）認為政府尚肩負著第四項職責，亦即——保護社會成員中無法被視為「能負責任」的個人，而政府僅限於在此四項責任上扮演重要的角色，並須以狹義的方式（嚴格地、限縮地）詮釋其內涵⑳。蓋一個適當的政府，其基本任務即在於維護正義（此亦為人們所以需要政府唯一的正當理由與原因）⑳，保護屬民的自由與權利即成為其唯一適當的目的，因此，其所為的任何作為皆不可與此任務與目的牴觸。政府的必要性在於它可保護我們的自由，我們雖可透過政府此一工具行使所擁有的自由，然而，徵諸歷史的實證與檢驗告訴我們——「自由最大的威脅來自於權力的集中」，當權力集中於當權者手中時，勢將對人民的自由構成威脅；因此，唯有政府的職責範圍須有限度且其權力分散，方能使我們在得利於它提供自由保障的同時，又能避免它對自由造成威脅⑳。故為維護市場經濟機制的自由運作、避免政府任意的干預、保障市場參與者的權利，政府的職能與權力均須受到約制，非可無限上綱。

由全能政府轉變為有限政府（limited government），實質上係政府其權力「從無限到有限」的轉變；有限政府其職能、權力、規模、行為皆須受到憲法與法律明確的限制，且需有糾正其偏差的相應機制。從中國機構改革的歷程可知，雖瞭解改革開放引進市場機制後必然牽動既有體制下政府職能的調整，且屢次指摘包括：「政企不分」等須予改革之弊端所在，並一再重申政

---

⑳ （英）亞當・斯密著：前揭書，第 531-618 頁。

⑳ （美）米爾頓・傳利曼、羅絲・傳利曼著：《選擇的自由》，羅耀宗譯，經濟新潮社，2008 年 3 月初版第 1 刷，第 74、76 頁。另米爾頓・弗里德曼在其《資本主義與自由》乙書則詳細闡述政府的重要職能應包括：維持法律與秩序、界定產權的內容、做為我們修改產權內容及其他經濟遊戲規則可茲依循的途徑、裁決有關法規詮釋所生的爭議、強制執行合同、促進競爭、提供貨幣框架、從事對抗技術壟斷（Monopoly）的活動，從事廣泛地被認為重要到促使政府進行干預的鄰近效應（neighborhood effects）的消除，補充私人慈善事業與家庭對無責任能力者（精神病患或兒童）的照顧〔參（美）米爾頓・弗里德曼著：《資本主義與自由》，張瑞玉譯，商務印書館，2007 年 11 月北京第 7 刷，第 40 頁〕。部分學者從制度經濟學的角度認為政府的職能為：保護公民的各項自由、生產共用品、再分配產權〔參（德）柯武剛、史漫飛著：前揭書，第 357-373 頁〕。

⑳ 埃恩・蘭德：「政府的本質」，載於（美）詹姆斯・L.多蒂、德威特・R.李編著：前揭書，第 254 頁。

⑳ （美）米爾頓・弗里德曼著：前揭書，第 5 頁。

府職能轉變的重要性（近年來則強調其係行政管理體制改革的核心）；惟或因經濟改革目標尚未確立（按 1993 年以前對於經改的認識、方向仍舉棋不定），或目標雖已確立卻因舊有制度的慣性作用作祟與既得利益者的從中作梗，遲遲未能完全擺脫全能政府的角色桎梏而徹底朝有限政府轉變。然而，中國既已作出向市場經濟體制轉型的制度選擇，即須斷然捨棄過往計畫經濟下全能政府的思維模式，避免政府權力過於集中，行政審批權力無限延伸致侵害市場參與者的經濟自主權（蓋行政審批制度係計畫經濟體制下的產物，政府主要透過行政審批實現對資源的計畫配置與職能履行），權力「競租（rent seeking，或譯為『尋租』、『鑽營』）」，以及政府越位、缺位、錯位的情況繼續發生；蓋市場化改革的基本目標在於發揮市場對資源配置的基礎性調節作用，在向市場經濟體制過渡時，政府的職能即須為相應的轉變，而市場經濟的確立與完善所需要的是一個有限政府，除非在面臨市場失靈（market failure）且政府干預確實有效率的情況下，否則政府不應任意干預市場交易活動與企業的決策，亦不應在地區、部門、企業間依據自身的偏好配置資源，唯有如此，市場機制方能在資源配置中發揮基礎性作用[20]（按市場制度對公共事務的失靈導致政府在「公共領域」的介入及干預成為必要）。隨著市場經濟體制的不斷深化（內因作用）與身為WTO會員的義務約束（外因推動），政府的作為須遵循依法行政原則、公共資訊透明化（transparency）、避免干預市場、保障經濟自由等類此屬於有限政府制度特徵的要求與呼籲不斷地被提出，並成為檢視市場健全與否的標準；為明確規範政府行為，限制其長久以來過於膨脹的權力，乃於 2003 年 8 月頒布《行政許可法》，該法明確規定：凡可透過市場機制解決者，應由該機制自行解決；透過市場機制解決雖有困難，惟可透過規範、公正的仲介機構自律解決者，應透過該機構自律解決；即便市場機制、仲介機構自律無法解決而需由政府管理者，亦應優先考量透過事後監督的方式解決[21]；此項法律的頒布，標誌著中國的政府改革又向前邁出一步，對於中國宣示建設有限政府具有重大的意

---

[20] 吳敬璉著：《中國增長模式抉擇》，上海遠東出版社，2008 年 10 月第 3 版（增訂版）第 1 刷，第 184 頁。

[21] 楊景宇：《關於〈中華人民共和國行政許可法（草案）〉的說明》，全文詳見《全國人大常委會公報》，2003 年第 5 期；現行《行政許可法》第 13 條。

義（有關行政審批制度改革到《行政許可法》將於第四章中探討）。隨著市場經濟的發展逐漸地成熟與深化，儘速建構一個真正符合市場機制運作的有限政府，仍是日後中國政治改革的必由之路。

第三節　開放與管制政策思維的並立

　　政府的政策與行為影響著企業的經營成本，並進而左右企業對可能獲利的投資機會的選擇。政府營造投資環境的政策與行為在廣泛的領域中發揮作用，包括從契約（合同）的履行與企業的監管，到提供基礎設施與制定勞動力市場政策等各個領域，而每個領域的政策與行為皆能影響企業的機會與動機。中國自改革開放以來，為發展自身經濟引進外國直接投資（FDI）所採取的外資政策，其制定的思維與調整的脈絡，除須考量外在環境——經濟全球化的發展（更加開放與自由化的要求）以及內在環境——經濟改革與體制轉型的過程（從封閉走向開放，從計畫走向市場）既存的客觀現實，亦深受經濟全球化與自身經濟體制變遷所引發之影響及效應的牽動。在經濟全球化與制度轉型的相互促進與交互作用下[22]，中國的改革開放可視為一個放鬆「管制」[23]（regulation，或譯為「規制」、「調節」）的過程；隨著中國市場化取向改革的推移與深化，政府對資源配置的作用日益減弱並逐漸回歸市場機制，而在自由化要求的影響下，政府對經濟的管制作用亦已逐步遞減，反觀市場的作用卻日益茁壯強化；對外開放已成為中國追求現代化必不可缺的組成部分與一項長期的基本國策[24]，並且一再宣示要建設（全）或形成統

---

[22] 有關兩者互動之深入分析，請參程偉等著：前揭書，第 77-90 頁；郭連成主編：前揭書，第 3-8 頁。

[23] 係指由行政機關（administrative agency）制定並執行直接干預市場配置機制或間接改變企業與消費者的供需決策的一般規則或特殊行為〔參（美）丹尼爾・F・史普博著：《管制與市場》，余暉、何凡、錢家駿、周維富譯，余暉總校，上海人民出版社，1999 年 12 月第 1 版，2003 年 7 月第 2 刷，第 45 頁〕；美國著名的經濟學家暨諾貝爾經濟學獎得主保羅・薩繆爾森則認為：管制的基本內容是制定政府條例與設計市場激勵機制，以控制廠商的價格、銷售或生產等決策〔參（美）保羅・薩繆爾森、威廉・諾德豪斯著：前揭書，第297 頁〕。

[24] 江澤民：前揭十五大政治報告，載於中共中央文獻研究室編：前揭書（下），第 434 頁。

一、開放、競爭、有序的現代市場體系㉕。然而，中國從計畫經濟向市場經濟的轉型過程中，卻亦同時在原有的計畫性管制制度基礎上，建立有別於西方國家而專屬自己特有的政府管制制度（即其並非基於防範市場失靈所生，而係源自於計畫經濟的慣性與本能），與西方制度相較，管制的範圍更廣、程度更深、約束更嚴厲㉖，而管制的對象，亦包括擬入內投資的外國直接投資（FDI）及其所設立之外商投資企業（惟容或因其具有涉外屬性，且外方投資者多來自於市場經濟國家，具有強烈的「法治」意識，進而會向東道國主張其政府所為的干預行為須嚴格遵守「依法行政」原則之故，致使其受管制的範圍、強度與約束力等，均不若本國人與內資企業）；此外，經濟全球化的發展雖然促使各國對於外國直接投資（FDI）的政策產生根本轉變，從過往「限制」為主轉向「鼓勵」為主，惟隨著經濟全球化的推移，國家間經濟依賴程度加深，導致經濟主權行使空間遭到壓縮並降低經濟自主性，在維護國家經濟安全（權益）㉗的危機意識催化下，中國外資政策的發展歷程與思維模式，實呈現出開放與管制兩者並立且互為消長的現象。

一、外國直接投資（FDI）與中國的經濟發展

經濟發展（economic development）的前提要件在於充分利用資源，而資

㉕江澤民：前揭十六大政治報告，第 27 頁；《中共中央關於完善社會主義市場經濟體制若干問題的決定》，人民出版社，2003 年 10 月第 1 版北京第 1 刷，第 13 頁；胡錦濤：前揭十七大政治報告，第 26 頁。

㉖徐邦友著：《自負的制度──政府管制的政治學研究》，學林出版社，2008 年 3 月第 1 版第 1 刷，第 12、13、17、23 頁。

㉗主要見諸於：1996 年《國民經濟和社會發展九五計畫和 2010 年遠景目標綱要》，全國人大財政經濟委員會辦公室、國家發展和改革委員會發展規劃司編：前揭書，第 200 頁；江澤民：前揭十五大政治報告，載於中共中央文獻研究室編：前揭書（下），第 434 頁；2001 年《國民經濟和社會發展第十個五年計畫綱要》，全國人大財政經濟委員會辦公室、國家發展和改革委員會發展規劃司編：前揭書，第 40 頁；江澤民：前揭十六大政治報告，第 30 頁；2003 年《中共中央關於完善社會主義市場經濟體制若干問題的決定》，前揭書，第 25 頁；2006 年《國國民經濟和社會發展第十一個五年規畫綱要》，全國人大財政經濟委員會辦公室、國家發展和改革委員會發展規劃司編：前揭書，第 58 頁；2007 年《政府工作報告》，全文詳見《全國人大常委會公報》，2007 年第 2 期；胡錦濤：前揭十七大政治報告，第 27 頁；2008 年《政府工作報告》，全文詳見《全國人大常委會公報》，2008 年第 3 期。

本（capital）則為充分利用資源一項不可或缺的要素[27]；因此，經濟發展必須仰賴資本，缺乏資本將阻礙經濟發展。國外資本（foreign capital）係資本輸入國實現經濟增長的重要外來推動力量；從國際資本水塘（the pool of international capital）中吸取所需的資本，長久以來，便是發展中國家謀求經濟發展的一個重要途徑[29]，而「拓展國際貿易以增加外匯收入」與「自國外輸入公共或私人等國際資本」則成為其獲取外來資本的兩種主要方式[30]。美國經濟學家霍利斯‧B‧錢納里（Hollis B Chenery）與奧蘭姆‧斯特勞特（Alanm Strout）於 1966 年所提出的「雙缺口模型（Two-Gap Model）」指出：發展中國家為維持一定的經濟增長速度，即須積累足夠的資本，而其一般均在「國內儲蓄、外匯有效供給」與「發展計畫目標所需資源數量」之間存在著缺口，即所謂儲蓄缺口（savings gap）與外匯缺口（foreign exchange gap），因此，利用外資便成為其填補缺口一條有效的途徑[31]。此項理論曾經是解釋發展中國家大量引進外資的主要理論，並成為中國在對外開放初期利用外資的理論依據；1992 年以後，中國引進外資從「數量型、粗放型」朝向「品質型、集約型」轉變，引進與利用外資進入了一個嶄新的階段[32]。雖然，「雙缺口模型」已無法符合經濟全球化背景下發展中國家實踐發展的需要，且已非中國現階段引資的理論基礎，惟仍不能抹煞它在中國開放初期，對於利用外資所曾發揮的指導作用。

　　中國於 1978 年確立「對外開放」為基本國策[33]，即希冀利用外資以發展

[27] 保羅‧薩繆爾森認為：資本形成、人力資源、自然資源、技術係一國經濟發展的四大要素〔參（美）保羅‧薩繆爾森、威廉‧諾德豪斯著：前揭書，第 503 頁〕。

[29] 葉初升著：前揭書，第 47 頁。

[30] 陳錦隆著：前揭書，第 1 頁。

[31] 葉初升著：前揭書，第 48-52 頁；王元龍著：《外商直接投資宏觀調控論》，中國人民大學出版社，1998 年 11 月第 1 版第 1 刷，第 66-68 頁；萬解秋、徐濤著：《論 FDI 與國家經濟安全》，復旦大學出版社，2006 年 12 月第 1 版第 1 刷，第 34-35 頁；李小北、王斑玖主編：前揭書，第 423-424 頁；陳永生：「外國直接投資與中國大陸的經濟發展」，載於《中國大陸研究》，第 44 卷第 3 期，2001 年 3 月。

[32] 郝紅光：「我國引資模式轉換與引資戰略調整」，載於《上海大學學報》（社會科學版），2000 年第 1 期；丁永剛：「雙缺口經濟模型與中國引資模式的轉變」，載於《長安大學學報》（社會科學版），2001 年第 1 期。

[33] 李嵐清主編：《中國利用外資基礎知識》，中共中央黨校出版社、中國對外經濟貿易出版社，1995 年 6 月第 1 版第 1 刷，第 55 頁。

經濟；當時利用外資的結構，主要係透過「向外借（貸）款」及「引進外國直接投資（FDI）」兩種形式[24]。為推動「引進來」政策，除開始積極向外舉債（主要來自於外國政府貸款、國際金融機構貸款、外國商業銀行貸款及出口信貸等）之外，並開始吸引外國直接投資（FDI）做為發展國民經濟的資本憑藉。然而，改革開放之初，利用外資仍以向外借款為主要形式，在比重上仍占絕對優勢；在當時，所引進與能予利用的外國直接投資（FDI）仍屈指可數，形成以「向外借款為主，吸收外國直接投資（FDI）為輔」的引資結構；其後，隨著國民經濟的大幅增長，鄉鎮企業的異軍突起，個體經濟的初露鋒芒，加以改革開放不斷的深化與經濟發展的需要，乃於中共十四大確立實行社會主義市場經濟體制，並據此制定進一步加快改革開放的相關決策與措施，逐步為更多地利用外資掃除障礙，加以市場經濟成分在國民經濟所占的比重日益增長，終致經濟結構產生重大變革。由於投資環境的逐步改善與各項投資優惠措施的陸續推出，外國直接投資（FDI）在中國利用外資的資金結構中比重開始逐步增長；1987 年至 1991 年，中國實際利用外資金額為 505.8 億美元，其中對外借款約 320 億美元，占利用外資的 63.27%，至於外國直接投資（FDI）則約 167.53 億美元，占利用外資的 33.12%，此期間每年所吸引之外國直接投資（FDI）實際利用金額均未曾超過同年度的對外借款之實際利用金額[25]；1992 年，實際利用外資額中，外國直接投資（FDI）攀升至 110.7 億美元，首次超過當年度的對外借款數額 79.11 億美元[26]，從前一年（即 1991 年）占利用外資的 37.79% 提升至 57.32%，成為中國利用外資的主導形式；自此，利用外資的資金結構開始發生根本性的變化。隨著外國直接投資（FDI）的競相進入，中國逐漸成為發展中國家之中的第一大資本輸入國，以及僅次於美國的世界第二大資本輸入國；而依據聯合國貿易與發

---

[24] 趙晉平編著：《利用外資與中國經濟增長》，人民出版社，2001 年 6 月第 1 版北京第 1 刷，第 28-29 頁；李嵐清主編：前揭書，第 55 頁；王巾英、崔新健著：《中國利用外資——理論／效益／管理》，北京大學出版社，2002 年 6 月第 1 版第 1 刷，第 196 頁；盧進勇編著：《入世與中國利用外資和海外投資》，對外經濟貿易大學出版社，2001 年 3 月北京第 1 版第 1 刷，第 15 頁。

[25] 國家統計局貿易外經統計司編：《中國對外經濟統計年鑑——2003》，中國統計出版社，2004 年 2 月第 1 版北京第 1 刷，第 118 頁。

[26] 同前註。

展會議（UNCTAD）於 2004 年 9 月所發布的《2004 年世界投資報告》（World Investment Report 2004）中的相關資料及資料顯示，中國甚至在 2003 年首度超越美國，成為全球第一大資本輸入國[28]；而截至 2008 年 11 月底，依據商務部外資司統計，利用外國直接投資（FDI）的項目數金額已累計至 657,300 億美元，而實際利用金額則已累計達 8,771.65 億美元[28]，外國直接投資（FDI）對於中國經濟發展的重要性可見一斑[28]。

對當代中國而言，「改革開放」是決定命運的關鍵抉擇，而外國直接投資（FDI）則是中國改革開放政策體系中的一個重大舉措，它構成中國對外開放與市場化改革的最重要步驟，不但是衝破改革阻力、引發與推動改革與經濟制度變遷的強大動力之一，亦是對中國經濟發展與增長影響最直接的因素。改革開放的實踐證明，積極吸引國際資本流入與充分利用國際資本，是緩解經濟發展資金不足，加速資本形成，促進技術進步的有效途徑；國際資本流入在中國具有典型的資本形成效應（capital formation effect）[29]，而外國直接投資（FDI）在其中更是居於至為關鍵的角色。中國在改革開放前所實行的計畫經濟或指令性經濟體制是一個對外封閉並排斥外資的經濟體系；二十世紀七○年代末，面對窮困凋敝的經濟局面，最高執政當局體認，唯有透過對內改革及對外開放方能發展中國，為現代化建設創造體制條件，達到解放與發展社會生產力、實現國家現代化的目的；為順應社會生產力發展的殷切要求，乃斷然確立對外開放的政策。為謀求經濟發展，除著手對既有的計畫經濟體制進行改革外，並開始撤除或改進部分不合理的對外管制政策與措施，而外國直接投資（FDI）即在此背景下得以進入中國設立外商投資企業。然而，在開始大規模引入外國直接投資（FDI）的同時，資本主義私有財產

---

[28] UNCTAD, *World Investment Report 2004: The Shift Towards Services. Overview*, New York and Geneva，Sales No.E.04.II.D.36, 2004, p.10-11。

[28] 資料來源：中國投資指南，網址：http://www.fdi.gov.cn/pub/FDI/wztj/lntjsj/wstzsj/2007nzgwztj/t20081110_99071.htm；商務部投資促進事務局，網址：http://tzswj.mofcom.gov.cn/aarticle/g/200812/20081205974077.html? 3976620222=437331251）；惟 2008 年 1-11 月之統計資料並未包括銀行、保險、證券領域吸收外國直接投資資料。

[28] 進一步分析可參江小娟：「利用外資對產業發展的促進作用──以發展中國家為背景的理論分析」，載於《中國工業經濟》，1999 年第 2 期；江小娟、李蕊：「FDI 對中國工業增長和技術進步的貢獻」，載於《中國工業經濟》，2002 年第 7 期。

[29] 葉初升著：前揭書，第 347 頁。

制、市場經濟運作模式（例如：自由市場、自我組織、市場競爭、追求私人利益與利潤等）及現代企業（公司）等相關制度與觀念亦隨之進入中國市場與經濟體系，透過經濟制度的擴散效應，逐步影響整個社會的財產、分配制度與資源配置方式，促進市場中排他性制度安排與所謂「平均主義」分配制度的轉變，以及企業與相關制度的更迭⑳；隨著外國直接投資（FDI）的流入，不但加快中國市場體系發育與市場結構調整的速度，並使經濟體制產生一系列的連鎖效應，最終甚至對經濟制度變遷發揮引燃與拉動效果；1993 年透過修憲方式確立向市場經濟體制轉型後，中國改革開放與現代化建設進入新的階段。三十年多來，外國直接投資（FDI）對於中國經濟與工業化（in-dustrialization）的發展進程，產生諸如：重要的建設資金來源、改善投資效益、擴大產出、引進先進技術、促進技術進步、提升產業結構、創造就業機會、擴大出口創匯、提升出口商品結構、增加稅收、帶動研發活動、推進體制改革等主要的積極作用㉒。中國此一「先改革後轉型」的制度變遷過程適逢二十世紀八〇年代中期以來的經濟全球化浪潮，儘管經濟改革與制度變遷仍未徹底完成，然改革成果與制度調整對於中國在參與經濟全球化過程中無疑發揮至為重要的積極作用，得以透過適時參與國際分工的過程，在全球範圍內吸收、獲取、配置各項生產要素，進而促進經濟與貿易高速增長，成為經濟全球化的受益者。隨著中國在 2001 年加入 WTO 後，對外開放則進入另一個新的發展階段；同時亦在向國際與國內社會進一步宣示，建設開放的市場經濟制度將是中國不變的政策方針。中國的入世承諾主要在於：開放市場（包括：商品市場與服務市場）以及接受 WTO 的規則（包括：如 TRIMs、GATS、TRIPS 及 SCM 等幾項與投資有關的協定），並據以修訂自身相關的制度與法規。中國入世後，勢將更深入地融入全球經濟，而外國直接投資（FDI）此等形式的國際資本形成，將持續在中國經濟發展中扮演重要的角色。

二、政府在經濟發展中的作用

　　制度結構選擇對於經濟效率與增長有著深遠的影響㉓；從人類歷史與實

---

⑳ 桑百川著：前揭書，第 33-40 頁；崔健著：前揭書，第 240-242 頁。

㉒ 江小涓著：《中國的外資經濟——對增長、結構升級和競爭力的貢獻》，中國人民大學出版社，2002 年 7 月第 1 版第 1 刷，第 1-3 頁；趙晉平編著：前揭書，第 6-9 頁；盧進勇編著：前揭書，第 8-15 頁。

證研究顯示，一個國家經濟發展的核心因素在於其經濟體制[23]，制度的選擇或安排牽動著一國的經濟發展，進而對其產生促進或阻礙的作用，質言之，制度實係經濟增長的關鍵。然而，一國的經濟決策，主要究係依靠市場機制（市場驅動的發展戰略），或應仰賴政府指令（計畫出來的發展戰略）？一直以來，便是在關於各種經濟模式論爭過程中的核心問題；而模式的一端為市場經濟，另一端則是計畫（指令）經濟。計畫經濟制度模式所追求的目標及其制度特徵導致若干危及制度模式生命的致命缺陷（shortcomings）[25]，非但不可能實現公平（equity）與效率（efficiency）的統一，亦將阻礙經濟的發展，而且此等缺陷已無法在制度框架內克服（此亦為許多原計畫經濟國家在體制內尋求改革未果最後選擇轉型的原因）。至於市場這隻「看不見的手」亦存在著先天的缺陷，在實際運作過程中，亦可能由於自然壟斷（natural monopoly，亦有譯為「自然獨占」）、外部性（externalities，亦有譯為「外在性」或「外在效果」）、公共財（public goods，亦有譯為「公共物品」或「公共財貨」）等等原因[26]導致市場失靈（Market failure）[27]的現象，進而阻

[23] Scully, Gerald W., "The Institutional Framework and Economic Development," *Journal of Political Economy* 96 (1988) p.661（轉引自詹姆斯・A.道：「對不同發展政策的透視」，載於（美）詹姆斯・A.道、史迪夫・H.漢科、（英）阿蘭・A.瓦爾特斯編著：前揭書，第9頁）。

[24]（德）柯武剛、史漫飛著：前揭書，第8-15頁；朱利安・L.西蒙：「人口增長拖了經濟發展的後腿嗎？」，載於（美）詹姆斯・A.道、史迪夫・H.漢科、（英）阿蘭・A.瓦爾特斯編著：前揭書，第89-93、101頁。

[25] 學者指出，此等缺陷主要體現於：第一，制度運行成本過高，行政效率低下；第二，計畫機制的資訊承載量過低，無法提供可靠的價格標準；第三，微觀經濟效率低下，宏觀經濟失衡（程偉等著：前揭書，第43-44頁）。

[26] 張清溪、許嘉棟、劉鶯釧、吳聰敏合著：《經濟學——理論與實踐》（二版上冊），自版1993年2版修訂，第300頁；抑有進者認為導致市場失靈的因素尚有：增加利潤、市場不完善、分配不公〔參（美）查爾斯・沃爾夫著：《市場，還是政府——不完善的可選事物間的抉擇》，陸俊、謝旭譯，重慶出版社，2007年1月第1版第1刷，第16-25頁；董輔礽：「論市場和社會主義市場經濟」，載於中國社會科學院科研局組織選編：前揭書，第279頁）、進入壁壘與內部性〔參（美）丹尼爾・F・史普博著：前揭書，第26頁〕、信息不對稱〔參 Weimer David L. and Aidan R.Vining(1999)*Policy Analysis:Concepts and Practice.*3rd ed.Upper Saddle River,NJ:Prentice-Hall,Inc.p.132，轉引自張世賢、陳恒鈞著：《公共政策——政府與市場的觀點》，商鼎文化出版社，2001年12月第2版第1刷，第53頁；（美）保羅・薩繆爾森、威廉・諾德豪斯著：前揭書，第141頁〕。

[27] 所謂市場失靈，係指市場機能在充分發揮下，不能如所預期地圓滿達成經濟效率〔參張清溪、許嘉棟、劉鶯釧、吳聰敏合著：前揭書，第300頁；（美）保羅・薩繆爾森、威廉・諾德豪斯著：前揭書，第141、649頁〕。

礙資源的有效配置；惟為彌補其不足並維持經濟運作均衡狀態的最適性，仍可透過政府這隻「看得見的手（visible hand）」以制定管制性法律或政策等方式，由行政機關運用行政行為對市場進行適度的干預，以調節或矯正其失衡現象（mismatch phenomenon）；分析兩者其制度內涵，整體而言後者仍優於前者[28]。隨著經濟全球化作用的推移，國際經濟環境已產生巨大的變化，當可為國際移動要素（如：國際資本）的所有者在跨國界重新定位時，不可避免地將在各種制度系統間進行選擇，而制度所能提供（或容許）的經濟開放程度便成為極其重要的選項；此時，制度選擇便變成為一種競爭中的挑選。由於制度（或體制）業已成為國際競爭中的重要因素，因此，制度的優劣勢將攸關一國在經濟全球化背景下的生存與發展；此可從越來越多原實行計畫經濟體制的國家在此背景下，為強化競爭力（包括為爭取外國資本入內投資以創造立基）紛紛改弦更張向市場經濟體制轉型（不論係採「激進」抑或「漸進」的轉型模式皆然）的趨勢充分獲致驗證。

　　考察二十世紀九〇年代以來世界經濟局勢的發展歷程，可發現各種類型的國家（不論是社會主義或資本主義的，發達或發展中的）一直在縮減管制的範圍，並採用市場機制來引導其經濟；儘管做為發展主要的促進工具，「計畫」已讓位予「市場」力量，然市場的存在並不排除對政府（即「非市場」領域中最大且最有影響力的組成部分[29]）的需要。即便如米爾頓・弗里德曼（Milton Friedman）此類鼓吹自由放任（laissez-faire）資本主義不遺餘力的經濟學家，亦不否認政府有其存在的必要，其表示[30]：「為保護我們的自由，政府是必要的；透過政府此一工具，吾等可行使所享有的自由」、「它是『競賽（遊戲）規則』的制定者，亦是解釋與強制執行這些已被決定的規則其裁判者」；其並進一步列舉政府在致力於自由與主要依賴市場組織經濟活動的社會中若干應發揮的作用（即有限政府所享有的職能）[30]。另一名自

---

[28] 董輔礽著：前揭《董輔礽縱論中國經濟》，第 26-30 頁。

[29] 其他非市場組織如：基金會、政府資助的大學、非私人所有的醫院、教會等。至於區別市場與非市場（Nonmarket）的依據在於：市場組織從市場上銷售產品所獲得之對價（索要的價格）為其主要收入，而非市場組織則是從稅收、捐贈或其他非定價資源（non-priced sources）獲取其主要收入〔參（美）查爾斯・沃爾夫著：前揭書，第 28 頁〕。

[30] （美）米爾頓・弗里德曼著：前揭書，第 5、19 頁。

[30] （美）米爾頓・弗里德曼著：前揭書，第 27-42 頁。

由經濟的擁護者弗里德里希‧奧古斯特‧馮‧哈耶克（Friedrich August von Hayek）亦指出[302]：「經濟活動的自由，原本意指法治下的自由，而不是說完全不要政府的行動」、「重要的是政府活動的質，而不是量。一個功效顯著的市場經濟，乃是以國家採取某些行動為前提的；有一些政府行動對於增進市場經濟的作用而言，極有幫助；而且市場經濟還能容受更多的政府行動，只要它們是那類符合有效市場的行動。但是，對於那些與自由制度賴以為基礎的原則相衝突的政府行動，必須加以完全排除，否則自由制度將無從運行。因此，與一個較多關注經濟事務但卻只採取那些有助於自發性經濟力量發展的措施的政府相比較，一個對經濟活動較少關注但卻經常採取錯誤措施的政府，將會更為嚴重地侵損市場經濟的力量。」諾貝爾經濟學獎得主（2001 年），曾任世界銀行（WB）資深副總裁暨首席經濟顧問的約瑟夫‧斯蒂格利茨（Joseph E. Stiglitz）則指出[303]：「政府在所有社會中都扮演著一個突出角色，事實上問題不在於政府要不要參與經濟活動，而在於它應該扮演什麼角色」、「政府在任何經濟制度下都扮演著制定『遊戲規則』的重要關鍵角色（這些規則不僅調節私營各方彼此間的相互關係，而且調節私營各方與政府間的相互關係）」。市場經濟的良好運行，需要政府能夠確立與實施「遊戲規則」，促進廣泛同意的社會目標的實現，為公共部門的活動籌集資金，生產性地運用政府收入，保證契約（合同）的履行，保護產權，生產公共物品，以及一套精煉且清楚明瞭的法規[304]，凡此皆需借助政府的力量方能克竟其功。蓋在現實世界中，迄今未曾出現過一種經濟制度能夠完全依照市場這隻「看不見的手」的原則順利運行，易言之，所有物品與勞務皆依照市場價格自願地以貨幣形式進行交換，無需政府的干預（intervention）便能夠從社會上可供利用的資源中獲取最大利益的此種理想的、純粹的市場經濟從未之見；由於市場存在著先天的缺陷（即制度不完善）必將引發失靈現象，對此，世上任何一個國家的政府（即便其非常地保守）勢必不會坐壁上觀，放任情勢惡化，必然介入市場的運作而兼負起相當多的責任，以彌補市

---

[302]（英）弗里德利希‧馮‧哈耶克著：前揭《自由秩序原理》（上冊），第 279、281 頁。
[303]約瑟夫‧斯蒂格利茨：「關於轉軌問題的幾個建議」，載於孫寬平主編：前揭書，第 149、152 頁。
[304]維托‧坦茨：「體制轉軌和政府角色的改變」，載於孫寬平主編：前揭書，第 326 頁。

場的不足並維持經濟運作均衡的最佳狀態。職是，一國政府參與其經濟發展的程度，除牽動著其政府職能的定位，並進一步影響一國在政府與市場之間此種基本的經濟選擇（Cardinal economic choice），在此種選擇下，政府對於市場進行干預、干涉（interference）或管制的議題便應運而生。

　　一個國家在尋求發展的過程中是離不開政府作用的[305]，惟與西方世界國家經濟發展過程不同的是——或並非由官方有意識地推動產生（如：參與第一次工業革命者）或為工業化時其價值體系中早已存在（如：參與第二次的工業革命者[306]），非西方世界國家其經濟發展係一有意識（consciously）且努力地將一種完全非自發（non-spontaneous）產生於其現存社會內部的體系移植過來的過程。蓋市場經濟並不會在非西方的後發展國家（如：發展中國家或轉型經濟國家）中自發性地產生；在此類國家，其現存的社會結構中並不一定具備產生市場經濟的相關制度與文化此等內在動力，市場機制係經由其政府刻意地引進，藉此提高生產力與生活水準，易言之，此類國家為發展經濟所進行的市場化，必須亦僅能由其政府啟動。此外，市場化是一個必須以「國家」做為實現單位的過程；蓋它必須建立統一且有相關基礎建設（如：市場價格機制、產權制度、法律制度、現代企業制度、仲介組織、政府機構等）支撐的市場，要求強制執行（或遵守）與市場交換相一致的法律、規則與標準，透過稅收、補貼與公共投資糾正個人與區域間的收入不平等，妥適處理對外政經關係（特別是在試圖引進外國直接投資（FDI）推動經濟發展的情況）等等，凡此工作皆非私人部門、宗教團體等其他「非市場」領域組

---

[305] 邁理里・S.格林德：前揭文，載於（美）約瑟夫・S.奈、約翰・D.唐納胡主編：前揭書，第 172 頁。

[306] 第一次工業革命（1760 年～1840 年）：始於十八世紀中葉，其實際性質為生產與動力技術的革命，即係以機器取代人力，以大規模工廠化生產取代個體工廠手工生產的一場生產與科技革命；不但大大降低生產成本，更提高勞動效率。第二次工業革命（1840 年～1950年）：係指十九世紀末期的工業革命，由於熱力學與電磁學的物理理論發展趨於完備，內燃機與發電機替代蒸汽機成為新的生產動力。第三次工業革命（1950 年至今）：進入二十世紀中後期，繼蒸汽技術革命與電力技術革命之後，人類文明史在科技領域又一次地發生重大飛躍；以原子能、電子、電腦與空間技術的廣泛應用為主要標誌，涉及資訊技術、新能源技術、新材料技術、生物技術、空間技術和海洋技術等諸多領域的一場資訊控制技術革命〔參（美）托瑪斯・K・麥格勞著：《現代資本主義——三次工業革命中的成功者》，趙文書、蕭鎮章譯，江蘇人民出版社，2000 年 1 月第 2 版第 1 刷，第 14-16 頁〕。

成部分或地方政府其能力所及，惟因中央政府具有調撥與調配資源的政治權力，故往往須完全仰賴其作為，因此，在非西方的後發展國家推動市場化的初期，它是唯一的選擇。職是，在轉型國家市場化的過程中，其政府的作用便顯得非常關鍵，一個積極作為的政府是絕對必要的（故不可避免地將對市場的運作進行干預或管制），否則其社會基礎將無法轉向市場經濟。當然，此類國家亦須面對倘新引進的市場經濟與現存社會不相容且無法獲致妥善解決時，市場經濟勢將無從發展甚至將引發內部矛盾的窘境與風險；因此，做為變革的啟動者，政府除必須執行相應的政策，創建通往市場經濟必備的制度與意識外，尚須促進社會整合，將其領域內的所有人民凝結成一個為共同目標奮鬥的整體，維繫社會的向心力，並重新調整自己過往在原有經濟制度下的地位與角色[300]，方能成功地推展市場化的進程，才能順利地過渡到市場經濟。

雖然一些政府干預措施對於糾正市場在自然資源方面的失靈是必需的；然而，由於決策者所考量的私主體其成本或利益，與整體社會的成本或利益之間因缺乏非市場的協調機制，致常產生政府失靈（Government failure）的現象[308]。在經濟發展與經濟制度作用中，政府與市場究應扮何種角色？由於市場與政府（非市場的主要成分）各自有其自身的缺陷，故在實際運作過程中便將分別產生失靈現象，易言之，兩者皆不完善（imperfect，或可譯為「不完全」），各有其優缺點；然究竟什麼是政府與市場在經濟體制作用中的合適角色？在面對這種兩難困境（dilemmas）時，是否僅有「非市場即政府」此種零和（Zero-sum）的選擇？抑或有其他選擇？抑有進者提出所謂「非市場失靈理論（theory of nonmarket failure）」試圖提供一個在市場與政府之間進行比較與選擇的基礎，進而導出：市場與政府之間並非一種在完善與不完善之間純然或不摻雜的選擇（a pure choice），而是不完善程度與類型

---

[300] 大野健一：「通向市場經濟的路徑選擇和政府的作用——九〇年代日本的主流發展觀」，載於孫寬平主編：前揭書，第 346-349 頁。

[308] 學者認為政府（非市場）失靈的類型主要包括：成本與收入之間的分離——過剩和上升的成本、內在性與組織目標（internalities and organization goals）、派生的外部性（derived externalities），以及分配不公（權力與特權），參（美）查爾斯・沃爾夫著：前揭書，第 47-68 頁。

間、失靈程度與類型之間的選擇，乃是一個「程度」問題㉚；亦即兩者間的選擇是複雜的，並非「二擇一」此種單純的選擇，而往往是兩者的不同組合之間以及某種配置資源模式不同程度之間的選擇㉛，其結果雖是不完全市場與不完全政府間的不完全結合，卻也是兩者間的一種選擇㉜。若能充分掌握此種選擇含意的真諦，應可使市場與政府此兩種不完善的制度發揮互補性（complementarity）的作用。其實，市場與政府並非意識型態戰爭中用以區別資本主義與社會主義的兩個反義詞（opposite），而是任何社會均不可或缺的事物；只是在不同的社會以及同一社會的不同發展階段，兩者有著不同的合理組合。因此，問題不在於政府應否在經濟發展中發揮作用，而是應在各自所處的社會環境下如何發揮作用㉜。誠如另一位諾貝爾經濟學獎得主（1970 年），美國著名經濟學家保羅・薩繆爾森（Paul Samuelson）所言：社會所面臨的選擇是複雜的；所有的社會皆屬既帶有市場經濟成分亦帶有計畫經濟成分的混合經濟（mixed economy），世上並沒有任何一個經濟完全屬於其中任何一個極端；每個有效率並講求人道的社會都會要求混合經濟的兩個面——市場與政府皆同時存在；倘缺少任何其一，則現代經濟運作勢必均將孤掌難鳴㉝。斯蒂格利茨亦指出㉞：「市場經濟亦有計畫與協調（如：企業內的計畫與企業間的廣泛協調）。問題不在於有無計畫，而在於計畫的位置（locus）」、「建構問題的適當方式並非讓市場與政府相互對立，而是在兩者之間建立適當的平衡（balance）」。新制度經濟學認為政府（國家）既可能發揮增進市場制度的補充作用，亦可能由於自身利益而阻礙市場的發展；惟政府如何定位在為市場充分有效發揮作用創造條件，而能夠在對市場進行適當的管制或干預，以彌補市場的缺陷以避免市場失靈現象的同時，亦能讓自己免於產生政府失靈的情況，衍生管制的弊端，達到市場與政府作用的平衡，維繫經濟運作均衡，對於各種類型的國家（特別是同時身為轉型與發展中國家的中國）而言，均將是一項嚴峻的挑戰。

㉚（美）查爾斯・沃爾夫著：前揭書，第 70 頁、第 119 頁、第 135 頁。

㉛（美）查爾斯・沃爾夫著：前揭書，第 114 頁。

㉜（美）查爾斯・沃爾夫著：前揭書，前言第 1 頁。

㉜大野健一：前揭文，載於孫寬平主編：前揭書，第 336 頁。

㉝（美）保羅・薩繆爾森、威廉・諾德豪斯著：前揭書，第 7、35-36 頁。

㉞約瑟夫・斯蒂格利茨：前揭文，載於前揭書，第 147、152 頁。

三、中國外資政策的現狀檢視──市場（開放）與
政府（管制）的結合

在發達的市場經濟體系中存在著各種制度安排，而這些制度安排的差異將很大程度上決定國家（或地區）間產業生產率與國際競爭力的優劣地位[315]。自改革開放以來，中國的經濟體制先後歷經（或現正處於）「改革」（1978年～1992年）、「轉型」（1992年～2003年）與「完善」（2003年～2020年[316]）等不同的階段；然隨著不同階段的市場化程度與政經制度的改革進程、經濟全球化背景下面對投資自由化的衝擊與壓力、融入國際資本形成與全球經濟的程度及經濟依存度的提高，以及加入 WTO 之後履行入世承諾與多邊投資協議框架制約的影響，依據國家經濟發展目標所制定，在投資准入（admission of investment）、投資措施（measures of investment）、投資待遇（treatment of investment）、投資爭議解決（settlement of investment dispute）等各方面用以規制外國直接投資（FDI）的外資政策與立法，亦隨所處時空背景不同而有所修正與調整，其基本上朝著減少干預、放鬆管制、消除歧視的方向發展。在伴隨外國直接投資（FDI）設立之外商投資企業而來的市場競爭機制以及市場機制自主運作逐漸步入軌道的催化作用下，促使市場經濟制度日益發揮擴散效應；隨著市場化改革的推進與市場力量的與日俱增，政府對於外商投資企業從事經濟活動的干預力量逐漸受到制約，干預的方式與範圍亦發生變化，進行干預的總體水準日益減弱；換言之，隨著中國市場化改革與制度轉型的日益深化，政府與市場對於經濟活動的影響力呈現此消彼長的現象；然此係在不同的經濟制度下所為的相對性差異比較，非謂政府的作用在改革與轉型過程中，即隨著市場經濟的發展而下降（或削減），甚或撤除政府在經濟中的作用而由市場力量取而代之，市場導向的改革與體制轉型，在於要求政府發揮另一種有別於過往計畫經濟體制下的作用，從全能政府轉變為有限政府，易言之，市場化改革僅係促使政府進入新的治理領域，

---

[315] 青木昌彥：「比較制度分析──起因和一些初步的結論」，載於孫寬平主編：前揭書，第119頁。

[316] 按中國所宣示將於 2020 年實現全面建成小康社會的具體目標中，即包括將建成完善的社會主義市場經濟體制（參江澤民：前揭十六大報告，第 19 頁；胡錦濤：前揭十七大報告，第19 頁）。

並非要求政府改變或忘卻其存在的唯一目的——保護屬民的自由與權利。

對於像中國這樣一個先著手經濟改革，再選擇從計畫經濟體制逐漸過渡到市場經濟體制的發展中轉型國家而言，不論是在市場生成的背景（非自發性的）抑或是市場發育的階段，皆有別於西方世界發達國家。長期實施計畫經濟期間的中國基本上是排斥市場因素的，在此體制下政府對於經濟發展與運行進行無所不包的直接干預，並不存在市場機制運作的條件、環境與相關配套措施（按市場發育不成熟係轉型國家市場特有的特徵），決定推動市場化完全是由政府刻意地引進市場機制（即率先在涉外與農村此等非國有經濟領域實行「增量改革」戰略）並予啟動的；雖然，隨著體制改革與轉型促使中國經濟市場化程度日益加深，導致政府在經濟的角色與其職能隨著干預範圍的縮小與直接行政干預的減少而發生變化，但政府在「制度供給（institution supply）」與「秩序維護（order safeguard）」方面的功能並未因此降低或改變，如何解決市場發育不成熟與市場體系不健全的問題以促進剛萌芽且尚脆弱的市場持續發育、茁壯，並讓市場機制能有效運轉（這需要規範化的市場秩序與法律制度的建設、現代化的教育、政府對自身行為的約束——減少對經濟活動的管制等因素的配合）？如何提供制度性基礎建設（包括：法律制度的建構與完善、法治意識的建立與推動、市場交易爭議的裁決、市場秩序的維護與權益的保障、總體/宏觀經濟的穩定——避免市場經濟活動過度波動、公平的稅收管理體制、規制管理的制度框架等）俾強化市場經濟體制良好運行？如何消除原有體制其既得利益者對改革的阻礙與反抗以順利向市場經濟體制過渡（如：透過行政、法律、教育、經濟政策等各種手段）？如何彌補市場的不足（因先天缺陷所導致的市場失靈現象）以維持經濟運作均衡狀態的最適性？在在仍需要政府這個最重要且不可取代的制度供給者其持續地提供與推動，方能完成從計畫經濟向運作完善的市場經濟的轉型[37]，使

---

[37] 從發展經濟學的角度，學者認為轉型必須滿足以下條件：第一，宏觀經濟的穩定－價格必須適當穩定，宏觀經濟應接近均衡狀態；第二，消除控制－大多數商品與勞務必須透過市場機制進行交易，而非透過進口許可、產出配給、政府機構與公營企業；第三，保障競爭－必須有競爭；第四，邁向稀缺性（scarcity）價格－相對價格必須反映經濟中的相對稀缺性；第五，對市場信號作出反應－企業管理人員、農民與其他經濟決策人士必須能夠且願意對市場信號作出反應〔參（美）吉利斯、波金斯、羅默、斯諾德格拉斯著：《發展經濟學》（第四版），黃衛平等譯，中國人民大學出版社，1998 年 9 月第 1 版，1999 年 4 月第 2 刷，第 106-118 頁〕。

國民經濟能在適切與穩定的環境下持續發展。設若沒有政府，則市場經濟所需的制度性框架便無由存在，故政府作用的萎縮並非中國經濟制度改革與轉型合適的方式，反之，政府在制定新的市場取向的制度安排方面發揮著核心作用；雖然，政府權力的節制與從部分領域中撤出係體制轉型的前提，惟市場的培育與制度的組建仍須仰賴政府的作為，亦為其首要與關鍵性任務，此際，政府能力（非指干預或管制力）的增強即成為市場有效運作的必要條件。

外資政策係一可操作的變數（variate），在其他因素短期內難以改變的情況下，調整外資政策係發展中國家增強對外資吸引力的主要手段[18]。中國的社會主義市場經濟，係使市場在國家宏觀調控（Macro-regulation）下對資源配置發揮基礎性作用[19]，藉由宏觀調控彌補市場的弱點與消極面，發揮計畫（政府或管制）與市場兩種手段的長處[20]，避免重蹈西方國家發展市場經濟的覆轍；易言之，市場機制與宏觀調控，皆為社會主義市場經濟體制的重要內容[21]，在此體制下形成市場與政府的有機結合（即屬於一種混合經濟）；至於政府管理經濟的職能，則主要在於制訂與執行宏觀調控政策，透過間接方式（手段）進行宏觀調控[22]（主要係運用經濟手段、法律手段與行政手段），對於外國直接投資（FDI）亦復如是。中國現行制度運作下對於外國直接投資（FDI）宏觀調控的手段與其他經濟領域相同，主要包括：國

---

[18] 蘇旭霞著：前揭書，第 154 頁。

[19] 江澤民：前揭十四大政治報告，載於中共中央文獻研究室編，前揭書（下），第 170-171 頁；1993 年《中共中央關於建立社會主義市場經濟體制若干問題的決定》，載於中共中央文獻研究室編：前揭書（下），第 269、279-280 頁；江澤民：前揭十五大政治報告，載於中共中央文獻研究室編：前揭書（下），第 411、423、430 頁；江澤民：前揭十六大政治報告，第 3、8、27 頁；2003 年《中共中央關於完善社會主義市場經濟體制若干問題的決定》，第 12-13、21 頁；胡錦濤：前揭十七大政治報告，第 21、26-27 頁。

[20] 江澤民：前揭十四大政治報告，載於中共中央文獻研究室編，前揭書（下），第 170-171 頁。

[21] 1995 年《中共中央關於制定國民經濟和社會發展「九五」計畫和 2010 年遠景目標的建議》，載於中共中央文獻研究室編，前揭書（下），第 338 頁。

[22] 1993 年《中共中央關於建立社會主義市場經濟體制若干問題的決定》，載於中共中央文獻研究室編：前揭書（下），第 269、279 頁；1995 年《中共中央關於制定國民經濟和社會發展「九五」計畫和 2010 年遠景目標的建議》，載於中共中央文獻研究室編，前揭書（下），第 349 頁。

家計畫、經濟政策、法律規範以及行政措施，其中，計畫調控手段則是外國直接投資（FDI）宏觀調控機制中的神經中樞與運作軸心，對其他宏觀調控手段發揮導向作用。首先，計畫調控手段係由國家權力組織依照預先確定的目標，透過制定吸收與利用外國直接投資（FDI）的戰略、編制以及組織實施各項規畫與計畫方案，藉以指導與調控外國直接投資（FDI）的運行；目前國務院每五年依據國民經濟與社會發展戰略目標所制定的「國民經濟和社會發展計（規）畫」，即為國家從宏觀層面上指導與調控國民經濟其運行的基本依據以及國家經濟決策的主要體現，而利用外國直接投資（FDI）計畫便是其重要的組成部分。利用外國直接投資（FDI）計畫須以國民經濟中、長期計畫與年度計畫所確立的經濟發展目標與發展速度、產業與區域政策為據，確定中、長期與年度利用外國直接投資（FDI）的規模、產業與區域結構，並在此基礎上形成內容較為詳細的外國直接投資（FDI）指南[22]（如：《外商投資產業指導目錄》、《中西部地區外商投資優勢產業目錄》等）。依據 2006 年 3 月十屆全國人大第四次會議批准的《國民經濟和社會發展第十一個五年規畫綱要》，揭櫫中國現階段（2006 年～2010 年）要實施「互利共贏的開放戰略」，要堅持「對外開放」的基本國策，並在更大的範圍、更廣的領域與更高的層次，積極參與國際經濟技術合作與競爭，要進一步促進國內發展與改革並切實維護國家經濟安全；在外資領域方面，要提高利用外資的品質，為此，應掌握國際產業轉移機遇，繼續積極有效利用外資，藉由利用外資的機會引進國外先進技術、管理經驗及高素質人才，使「利用外資」與「提升國內產業結構及技術水準」相結合，至於其具體作法應透過「引導外商投資方向」與「促進利用外資方式多樣化」等兩個方面來推動[24]。

　　其次，經濟政策亦在不同程度上對外國直接投資（FDI）其投資活動發揮調控作用，特別是在產業、財政、貨幣等方面的政策。其中，在產業政策（industrial policy）方面主要表現在對外國直接投資（FDI）其投資投向的引導與結構的優化方面，例如：引導其投資於出口創匯型企業或技術先進型企業，投向基礎工業（如：冶金、煤炭、石油、電力、化學、機械等工業）、

---

[22]王元龍著：前揭書，第 158-160 頁。
[24]全國人大財政經濟委員會辦公室、國家發展和改革委員會發展規劃司編：前揭書，第 58-59 頁。

基礎設施（infrastructure）項目與其他瓶頸產業（bottleneck industry），或用於國有企業的技術改造等；此外，亦可透過產業政策的推動，發揮限制與防止外商投資企業壟斷市場的作用。在財政政策（fiscal policy）方面則主要表現在對外商投資企業的稅收政策方面，其調控的作用主要透過稅種（如：所得稅、增值稅、消費稅、營業稅、關稅等）、稅目、稅率、稅收優惠（如：減稅、免稅、寬限、加速折舊、成立保稅區等）、稅收懲罰（如：稅收加成、徵收滯納金等）、納稅期限等工具，達到調控投資規模，以及優化投資與產業結構的目的。至於在貨幣政策（monetary policy）方面的工具，則包括外部經濟調節工具（如：國際資本政策、匯率政策與外匯管制政策）與內部經濟調節工具（如：利率政策與信貸政策），凡此調控工具皆可對外國直接投資（FDI）其投資活動產生重要的影響，進而發揮調控的作用[35]。第三，則是透過法律規範做為調控的手段。在市場經濟體制下對外國直接投資（FDI）進行宏觀調控，法律調控手段發揮極其重要的作用。蓋如前所述，市場經濟即「法治」經濟，而「法治」係透過約束政府與經濟人行為的這兩種經濟作用為市場經濟提供制度保障，因此，政府與投資者的一切行為皆須受法律約束。法律調控手段最基本的內容，主要包括：規範政府從事宏觀調控行為的法律（如：《財政法》、《中央銀行法》、《企業所得稅法》、《稅收徵收管理法》等）、投資主體及其行為的法律（如：《合營企業法》、《外資企業法》、《合作企業法》等）以及保障市場秩序的法律（如：《合同法》、《公司法》、《反不正當競爭法》、《反壟斷法》等）。最後，係以行政措施做為手段進行調控。即行政機關透過發布行政法規、部門規章或其他行政作為的方式對外國直接投資（FDI）其投資活動發揮調控作用；然而，在市場經濟體制下，須嚴格遵守「依法行政」原則（包括「法律優越」與「法律保留」兩個內涵），行政機關行政權的發動必須依據法律的規定，以法律做為其行政行為的基礎與界限，方能確保「法治」的實現。2003年8月十屆人大常委會第四次會議審議通過的《行政許可法》將行政審批制度法制化，賦予行政機關透過行政審批對外國直接投資（FDI）進行調控的法律依據，此舉將有助於中國推動依法行政的進程。

---

[35] 王元龍著：前揭書，第 161-166 頁。

　　每個國家通往市場經濟的道路是各不相同的。從政府（管制或干預）與市場（開放或自由）的作用在東西方國家不同經濟體制下的發展歷程，可以清楚地看到兩條不同的調整軌跡：一條是從完全放任市場作用，到逐漸強化政府管制或干預的力度（此以西方資本主義國家為代表），另一條則是從政府包攬一切經濟活動且無所不管（市場幾成空白），到引進市場因素逐漸市場化，進而實行市場經濟並大幅限縮與轉變政府職能，逐步走向有限政府模式（此以二十世紀九〇年代以來的轉型國家為代表）；時至今日，實證顯示：政府與市場皆非完善的制度，一國若欲謀求其經濟的穩定發展，兩者即須發揮互補作用不可偏廢，問題僅在於如何尋得兩者間的平衡點。新中國的經濟發展與制度轉型與外國直接投資（FDI）此種制度安排有著密不可分的關係；中國利用外資的發展過程與其經濟體制先後歷經（或現正處於）「改革」、「轉型」、「完善」不同階段有著直接的關聯並受其牽動，大致分為以下四個階段⑯，即：1979 年至 1986 年的「起步階段」，1987 年至 1991 年的「持續發展階段」，1992 年至 1995 年的「高速增長階段」，以及 1996 年第九個五年計畫以來的利用外資「結構調整階段」；經過多年的市場化改革與國際投資自由化推移，現階段所須面對的國內、國際局勢已今非昔比，在經濟全球化與制度轉型的交互作用下，促使全球範圍內的各國市場與其經濟運行機制日趨一致，並使國際關係產生深刻的變化，彼此間的經濟依賴程度加深，協調與合作已成為國際關係的主流；而一國為參與並遵守國際制度及規範，廣泛地與其他國家進行國際經濟合作，則包括其外資政策在內的國內相關政策即須與之協調，而政策協調的一個根本目的，係為各國適應比較優勢的變化以及為適應新的世界經濟格局相伴隨的其他事態發展而進行不斷調整創造有利條件⑰。此外，市場的全球化等同競爭的全球化，政府唯藉由不斷提振其運作效能與效率，加強國際合作，增強國家競爭力與提振競爭優

---

⑯按學者對於中國自改革開放以來有關利用外資的劃分階段，因劃分標準不同而略有出入（參彭有軒著：《國際直接投資理論與政策研究》，中國財政經濟出版社，2003 年 7 月第 1 版北京第 1 刷，第 33-41 頁；葉初升著：前揭書，第 340-342 頁；盧進勇編著，前揭書，第 1-7 頁；李嵐清主編，前揭書，第 56-58 頁；趙晉平編著，前揭書，第 24-28 頁；蘇旭霞著：前揭書，第 226-233 頁），本文所採者，係趙晉平所編前揭書中的分類方式，主要原因在於其為中國官方機構的研究成果，權威度較高。

⑰（美）羅伯特‧吉爾平著：前揭《國際關係政治經濟學》，第 351 頁。

勢，方能因應全球化的衝擊（包括負面連鎖效應的衝擊）並在競爭激烈的國
際經濟活動中勝出，同時保障國家經濟安全；凡此，皆有賴於政府積極的作
為（包括宏觀調控手段在內），蓋在全球化影響下，民族國家及其政府即便
不再扮演國際體系中的主角，然其仍將是國際與國內權力運作體系中最重要
的參與者之一，亦是新的治理模式與機制能否有效形成與運作的關鍵角色。
當代經濟全球化的模式已強烈地將國家（政府）與市場關係的重構聯繫在一
起㉘；面對國際投資法制自由化的發展趨勢、轉軌國家面臨政府職能轉變的
挑戰以及國家經濟安全的疑慮，開放與管制的抉擇即牽動著中國外資政策的
思維模式與其調整、發展；市場（開放）與政府（管制）的結合反應出中國
外資政策與立法的發展與現狀。

㉘達維德‧海爾德、安東尼‧麥克格魯：「全球的轉變」，載於朱景文主編：前揭書，第115
頁。

第三章
中國外商投資企業法制的體系、法源與缺陷

第一節　建構之沿革與背景

　　良好的投資環境（investment climate）能鼓勵生產性的私人投資，而它正是經濟增長與減少貧困的引擎。一個投資環境的健全與否，將直接或間接影響投資者其投資意願與投資權益的保護，而其中又以法律因素立於主導地位；蓋此皆因各種影響投資環境的因素，往往係藉由該資本輸入國所頒（發）布的法令規章呈現出來，進而直接對外國直接投資（FDI）與其投資者產生影響。分析中國目前對於外國直接投資（FDI）及其所設立的外商投資企業所為的法律規制模式，可分為兩個構面、多種層次。前者係指「國內法制（即本文所主要探討的外資法制部分）與國際法制」等兩個構面；後者係指「憲法、法律、行政法規、地方性法規、規章（部門規章或地方政府規章）」等多種層次，然而，此等法律制度的規模並非一蹴可幾，而係在改革開放之後，隨著市場化取向改革的進程而逐步地建構與完備。按中國在改革開放以前，由於受到「法律虛無主義（legal nihilism）」的影響，造就在事務運作中只重政策，在實際運作中，仍然存在著「以政策代替法律」及所謂「以言代法」的現象①。1978 年改革開放以後，為積極吸引外國直接投資（FDI）藉此提振與發展長期疲弱的國民經濟，如何著手改善投資環境以提供鼓勵與保障投資者的相關配套措施，便成為當務之急；雖然，要改善投資環境（特別是在穩定與安全、監管與稅收、金融與基礎設施、工人與勞動市場等四個核心領域②）固然應從政治、經濟、社會等面向多頭並進，然最終具決定性作用的，仍在於法制環境的建構與完善；在此背景下，無法僅以政

---

①蓋以政策調控的優點在於制定快速、程序簡單、針對性強，然而卻有著缺乏公開性與穩定性的弊端；而以法律調控則具備公開性、權威性與統一性等優點，惟其制定程序卻較為複雜（參王文杰著：前揭書，第 136-137 頁）。

②世界銀行著：前揭《2005 年世界發展報告──改善投資環境促使人人受益》，第 9-12 頁。

策性文件形式創造出改革所需要的客觀條件，必須透過起草法律（廣義）的形式協調一致的共識，透過施行法律明確改革方向並確認改革的成果，1979年7月頒布施行的《合營企業法》便是在此背景下出臺，成為中國首部憑以規範外國直接投資者與內資企業、其他經濟組織或政府之間「投資合作關係」，以及政府與外國直接投資者之間「投資管理關係」的外資立法，此即為中國建構其外資法制的濫觴。

隨著對外開放腳步的拓展與經濟發展的需要，其後，中國又分別於1986年及1988年先後頒布《外資企業法》及《合作企業法》，並以此三大規範外商投資企業的基本法律為基礎，輔以其他個別針對登記、勞動、土地、稅務、會計、外匯、清算、智慧財產權（知識產權）等範疇的管理，陸續制定部門性法律規範，逐步建構以「企業組織本位」為支點的外資立法體系，以做為進一步擴大對外經濟合作與吸收外國直接投資（FDI）的規範依據。如前所述，「雙軌制（two-track system）」係中國在體制改革轉換過程中普遍採取的形式③，對於外國直接投資（FDI）的法律規制亦然；中國從一開始在建構外商投資企業法制時便採取對外、對內區別立法的模式，亦即對內資企業所生的投資關係由國內投資法制規範，至於外商投資企業所衍生的投資關係則透過外資法制予以規範，從而形成對同一類型的規範對象（或規範內容）卻因主體屬性的不同，而透過不同的法律制度分別予以規制。不過，基於行政權力行使的慣行以及法制環境建設的緩慢，在確立實行社會主義市場經濟體制以前的階段，政策與法律在中國體制運作中的關係，依舊秉持——法律是政策的定型化，政策是對法律的補充與完善，法律空白之處，政策仍發揮法律的作用④（按法律服從政策、依賴於政策係新中國建政以來便確立的一項法制建設原則⑤），政策在長期計畫經濟的年代仍具有強大的生命力，而法律則往往須配合政策，故此階段所制定的包括外資法制在內的相關法規範，仍具有濃厚的計畫經濟色彩。

---

③按「雙軌制」最初出現在價格改革領域中，後來則應用於其他許多的改革領域，如外經貿體制改革、勞動就業體制改革、所有制結構改革、社會保障體制改革及住房體制改革等等。因此，「雙軌制」過渡可視為中國漸進式改革的一個基本形式（參閱王文杰著：前揭書，第154-155頁）。

④王文杰著：前揭書，第136-137頁。

⑤蔡定劍著：前揭書，第259頁。

　　除建構屬於國際投資法制中資本輸入國的外資法制體系外，中國亦自
1982 年起開始陸續與其他國家締結涉及投資保護、保險與稅收的雙邊投資條
約〔按自 1982 年起截至 2007 年底為止已陸續與瑞典、德國、法國、日本、
印度等國家或經濟體分別簽訂百餘個雙邊投資條約（BITs）⑥，並已與愛爾
蘭、比利時、阿曼、印度、德國、法國、澳大利亞、英國、阿爾及利亞、新
加坡等八十餘國簽訂避免雙重徵稅協定（International Agreement on Prevention
of Double Taxation）⑦〕，並簽署加入多個與國際投資有關的國際公約，例
如：於 1986 年 12 月加入聯合國的《承認及執行外國仲裁裁決公約》（Con-
vention on the Recognition and Enforcement of Foreign Arbitral Awards，簡稱為
1958 年《紐約公約》）⑧，1988 年 4 月加入世界銀行的《多邊投資擔保機構
公約》（Convention Establishing the Multilateral Investment Guarantee Agency，簡
稱 MIGA），1992 年 7 月加入世界銀行的《關於解決國家和他國國民之間投
資爭端公約》（Convention on the Settlement of Investment Disputes between States
and Nationals of Other States，簡稱 1965 年《華盛頓公約》）⑨，並於 2001 年
12 月正式加入 WTO；凡此，不啻希望藉由國際投資法制的相關規範，統一
解決因外國直接投資（FDI）的保護與促進所可能衍生的相關問題。

第二節　體系架構的建立與特徵

一、體系架構

　　任何法律規範皆非獨立存在；且任何具體規範皆為整個法律秩序（Ges-

---

⑥中國關於雙邊投資協定所使用之名稱或為「保護投資的協定」，或為「相互保護投資的協
　定」，或為「促進和保護投資協定」，或為「促進和相互保護投資協定」，或為「鼓勵和
　相互保護投資協定」，或為「相互鼓勵和保護投資協定」，不一而足。依據聯合國貿易與
　發展會議（UNCTAD）統計，截至 2007 年底，中國計已簽訂一百二十一個雙邊投資協議
　或條約（UNCTAD, *World Investment Report 2008*, p.15）。
⑦資料來源：中國國家稅務總局官方網站：http://www.chinatax.gov.cn/n480462/n480513/
　n481009/index.html。
⑧參 1986 年《全國人民代表大會常務委員會關於我國加入〈承認及執行外國仲裁裁決公約〉
　的決定》（全文詳見《全國人大常委會公報》，1986 年第 7 期）。
⑨參 1992 年《全國人民代表大會常務委員會關於批准〈關於解決國家和他國國民之間投資爭
　端公約〉的決定》（全文詳見《全國人大常委會公報》，1992 年第 4 期）。

amtrechtsordnung）的一部分⑩。如前所述，資本輸入國（不論係發達國家或發展中國家）的外資政策與外資立法，係基於其本國自身實際情況及經濟發展目標所確立與制定的，故而產生不同的立法體例。考察世界各國的外資立法體例，如前所言（將於第五章詳述）大致可分為三種不同的立法體例與形式⑪：第一種係制定統一的外資法（例如：加拿大、日本、澳洲等）；第二種為制定外國投資專法或特別法；（例如：新加坡、韓國、東歐社會主義國家等）第三種乃直接適用其國內法規（例如：法國、英國、美國等）。至於中國的外資法制則屬於第二種立法體例，亦即並非採取統一立法的形式，而係以「企業組織本位」為支點，由各種專項立法及相關的單行法律、行政法規、地方性法規、規章（部門規章或地方政府規章）相互聯繫綜合而形成的法律制度；換言之，以個別的外商投資企業法規範（包括規制「臺胞投資企業」或「臺灣同胞投資企業」的《臺灣同胞投資保護法》、《關於鼓勵臺灣同胞投資的規定》、《福建省臺灣同胞投資企業登記管理辦法》、《臺灣同胞投資保護法實施細則》等各層次的涉台法規範）為主，包括縱向多層次與橫向聯繫的各項專門法律、行政法規、地方性法規、規章（部門規章或地方政府規章）所架構而成的一個有系統的外資法律制度⑫。

二、特徵

由於世界各國在社會、政治、經濟等各方面條件與情況均不相同，因此，處於不同的經濟發展程度（欠發達、發展中、發達）或經濟制度（資本主義、社會主義；計畫經濟、市場經濟、混合經濟）不同的國家，在制定外資政策或外資立法時即不盡相同。由於中國的經濟體制發展歷經計畫（指令）經濟與市場經濟（轉型國家），且目前仍屬於發展中國家，故外資政策或外資立法不但兼具社會主義國家與發展中國家的特點，且從其變遷與發展過程，亦可窺知中國經濟體制改革與轉型的脈絡。考察中國的外資立法，可

---

⑩（德）伯恩・魏德士著：前揭書，第 67 頁。

⑪ 姚梅鎮主編：前揭《比較外資法》，第 242-244 頁；姚梅鎮著：前揭《國際投資法》，1990年 7 月第 4 刷，第 40-42 頁；余勁松主編：前揭《國際投資法》，第 121-122 頁。

⑫ 姚梅鎮主編：前揭《比較外資法》，第 249 頁；王玉梅著：前揭書，第 34-40 頁；王文杰著：前揭書，第 231-232 頁；劉豐名、葉俊英著：《中國外資法》，同濟大學出版社，1988年 9 月第 1 版第 1 刷，「前言」，第 1 頁。

發現其具有以下幾點特徵⑬：

(一)以企業組織形式為本位

　　一般資本輸入國制定其外資政策或外資法制大多以「資本本位」為支點，對於外資進入的鼓勵與限制、外資利用的調查與研究、外資政策的擬定與推動、外資立法的研擬與頒布等，均圍繞著資本及其性質的特徵進行審查；然而，對於一般社會主義國家而言（例如：東歐國家⑭等），在其仍實行計畫經濟體制之際，對於規範外國直接投資（FDI）的法律制度卻是以「企業組織本位」做為支點，對同為社會主義國家的中國亦復如是⑮。考察其產生的特殊背景在於：中國自 1978 年確立「對外開放」為基本國策後，雖開始積極著手利用國外資本（金），惟對於外資進入仍存有疑慮，且當時尚未制定做為現代商業組織從事商業行為基礎規範的公司法（按中國第一部《公

---

⑬ 有關中國外資法特徵的探討，可參閱丁偉主編：前揭書，第 229-231 頁；王文杰著：前揭書，第 230-232 頁；王玉梅著：前揭書，第 39-40 頁；曾華群著：《WTO 與中國外資法發展》，廈門大學出版社，2006 年 3 月第 1 版第 1 刷，第 408-412 頁；王文杰：「大陸外商投資企業法律體系之變遷與進入 WTO 後之調整」，載於《全國律師》，2000 年 9 月號；沈木珠：「完善中國外商投資法的若干建議」，載於《政治與法律》，1997 年第 2 期；蔡奕：「論我國外資立法體系的重構——兼議外國投資法典的編纂問題」，載於《法學》，2000 年第 5 期；盧炯星：「論完善外商投資法律制度」，載於《中國法學》，1996 年第 3 期。

⑭ 東歐國家自 1960 年代後期開始利用外國資本（南斯拉夫是當時東歐第一個以立法形式允許外國直接投資在其境內設立合營企業的社會主義國家），惟受當時國際經濟新秩序運動，以及其本身的經濟體制、體質、發展程度、法制環境、管理經驗等諸多因素的影響，對於外來投資仍秉持著審慎甚至懷疑的態度，為嚴格管制外資的准入及其進入後的經營活動，當時普遍採取或制定限制性的外資政策與外資立法，在此背景下，東歐國家僅允許外國直接投資（FDI）以合營企業的組織形式入內投資（雖然東歐各國間關於合營企業的組織形式仍有不同，惟主要對於外國直接投資者採取有限責任形式），故而其規制外國直接投資（FDI）的外資立法皆以合資經營企業法的形式出現；此外，其外資立法亦具備如：對外資進行審查甄別、依據本國經濟發展目標引導投資投向、在推出優惠與鼓勵措施的同時實施一定程度的限制等共同特點。其後雖然受到國際投資自由化發展的推移與世界經濟發展的影響而在政策面及法律面逐步放鬆對外國直接投資（FDI）的管制，進而對其外資立法進行改革，然以「企業組織本位」為支點的立法模式基本上仍予維持〔關於東歐國家的外資政策與外資立法，請參閱姚梅鎮主編：前揭《比較外資法》，第 222-231 頁；姚梅鎮著：前揭《國際投資法》，第 103-116 頁；（日）櫻井雅夫著：《國際經濟法》，陳虹譯，五南圖書出版有限公司，1998 年 9 月初版第 1 刷，第 130-132 頁〕。

⑮ 王文杰著：前揭書，第 231-232 頁。

司法》遲至 1993 年底才頒布），故在外資立法的結構上設計出一種較容易控制的安全閥（a safety valve），以「有限責任公司（Limited Liability Company；Gesellschaft mit beschränkter Haftung）」做為外商投資企業的主要組織形式，並輔以行政審批的方式使行政主管機關便於對外商投資企業進行掌控；此種立法模式在當時具有「針對性強與利於貫徹實施」的優點，且如此亦較有利於做為合作對象的中方⑯。由於中國外資法制係以不同型態的外商投資企業立法為主，而該等企業立法的主要內容則包括企業的法律地位、設立程序、組織形式、資本與出資、董事會及其經營管理、財務會計、解散清算等方面，堪稱兼具組織法（organization law）與行為法（behavior law）的規制作用。

(二)從個別立法轉向合併立法

如前所述，中國外資法律制度係以三大外商投資企業法制為支點所架構而成。按中國對外開放初期，對於外商投資的方式及其企業形式，一開始即以不同型態的外商投資企業為規範對象分別進行個別立法；首先頒布《合營企業法》、該法的《實施條例》以及各項單行的配套法規範（例如：《中外合資企業所得稅法》、《關於中外合資經營企業進出口貨物監管和免徵稅規定》、《關於中外合資經營企業外匯收支平衡問題的規定》等），以做為專門規制合營企業（Joint Ventures）的依據；其後陸續頒布《外資企業法》、《合作企業法》、其各自的《實施細則》與各項單行的配套法規範（例如：《國務院關於授權省、自治區、直轄市、經濟特區和計畫單列市人民政府審批外資企業的通知》、《關於〈中華人民共和國外資企業法實施細則〉若干條款的解釋》、《關於執行〈中華人民共和國中外合作經營企業法實施細則〉若干條款的說明》、《財政部關於中外合作經營企業外國合作者回收投資審批許可權問題的通知》），分別規制外資企業（Foreign-capital Enterprises）與合作企業（Contractual Joint Ventures）。1986 年 10 月 11 日國務院所發布的《關於鼓勵外商投資的規定》⑰，首次正式確立「外商投資企業（Foreign-Funded Enterprises）」的統一用語及概念，亦因該行政法規係對「外商投

---

⑯王文杰著：前揭書，第 231-232 頁。
⑰1986 年《關於鼓勵外商投資的規定》第 2 條。

資企業」的統籌性宣示規定，為貫徹該《規定》，各相關部門陸續發布一系列與之配套的部門規章；自此，中國各行政部門在針對「外商投資企業」所發布的行政法規、地方性法規、規章（部門規章或地方政府規章）基本上均一體適用於合營企業、外資企業與合作企業等三種型態的「外商投資企業」（按事實上亦包括「外商投資股份有限公司」此種其後出現的新型態企業），形成對不同型態「外商投資企業」的合併立法，逐步發展成一套較有系統的法律制度。

(三)內外資分別立法的「雙軌制」模式

「雙軌制」此種特殊的制度安排，係中國改革開放以後，在經濟體制從「集中計畫」朝向「市場經濟」進行增量改革（incremental reform）與體制轉型過程中普遍採取的模式，對改革前期中國的非國有經濟與整體經濟迅速發展發揮良好的作用；其基本思路在於：舊體制中「存量（stock）」暫時不變的情況下，在「增量（increment）」部分首先實行新體制，然後隨著新體制改革所占比例不斷增加時，才逐步改革既有的規範，最終向新體制的全面過渡（詳第二章）；此種制度安排普遍應用在所有制結構、勞動就業體制、社會保障體系與住房改革等各方面[18]，在吸收與利用外資的領域，制定做為規制外國直接投資（FDI）規範依據的外資法制時亦然；亦即外國直接投資（FDI）所設立的外商投資企業與中國內資企業分別適用不同的法律制度。考察中國此種「雙軌制」立法模式的背景因素主要在於：改革開放之初百廢待舉，雖擬引進外資，然在計畫經濟體制下並不存在市場機制運作的空間，若不引入市場機制而仍堅持原有制度，恐無法提供外商投資企業生存與發展的環境；此外，市場的有效運作尚仰賴類如法律制度等相關機制與制度的配合，然此際法律運作亦尚待重建，並無一套堪稱完備的立法規模與規畫，故對於外國直接投資（FDI）所涉相關投資問題的規範與其相關配套法規範均需另為立法[19]；再則，外商投資企業法制的內容除規範具有涉外因素的投資關係，尚涉及種種有別其內資企業的優惠與獎勵措施（例如：在稅收、外

---

[18] 樊綱：前揭「九〇年代後期仍將是漸進式改革唱主角」乙文（轉引自王文杰著：前揭書，第 231 頁）。

[19] 王文杰著：前揭書，第 230-231 頁；曾華群著：前揭《WTO 與中國外資法發展》，第 410-411 頁。

匯、信貸、生產經營權、進出口經營權、企業設立程序等方面）等「超國民待遇」[20]，故有另行制定規範以為規制的必要。「雙軌制」立法模式為外國直接投資（FDI）的投資者創設有別於計畫經濟體制的法律環境，向投資者表明中國做為資本輸入國進行經濟體制改革與建立平等互利法律機制的意願[21]。

在中國外商投資企業法制的建構與發展過程中，此種「雙軌制」的立法模式實不勝枚舉。例如：1981 年的《經濟合同法》適用於內資企業，1985 年的《涉外經濟合同法》則適用於外商投資企業（按 1999 年 10 月《合同法》實施後，此種情形已不復存在）；1990 年 5 月，國務院在發布《城鎮國有土地使用權出讓和轉讓暫行條例》的同時，亦發布《外商投資開發經營成片土地暫行管理辦法》用以分別規範內、外資企業；1991 年的《外商投資企業和外國企業所得稅法》適用於外商投資企業，1993 年的《企業所得稅暫行條例》則適用於內資企業（按 2007 年 3 月間所頒布的《企業所得稅法》於 2008 年 1 月 1 日正式實施後，此種情形基本上將不復存在）；1993 年 12 月頒布《公司法》時，對於股份有限公司雖設有專章規定，惟針對外商投資股份有限公司此一新類型的外商投資企業，則由當時的對外貿易經濟合作部[22]於 1995 年 1 月間發布《關於外商投資股份有限公司若干問題的暫行規定》另為規範；1994 年 7 月頒布《勞動法》，同年 8 月當時的勞動部[23]與對外貿易經濟合作部則聯合發布《外商投資企業勞動管理規定》用以規範外商投資企

---

[20] 有關中國對於外國直接投資（FDI）所實行的各種主要「超國民待遇」的介紹，可參閱梁蓓：「國民待遇原則與我國外資政策調整」，載於《國際經濟合作》，2003 年第 10 期；戴德生：「WTO《與貿易有關的投資措施協議》與中國加入 WTO」，載於《現代法學》，第 24 卷第 3 期，2002 年 6 月；李廣輝、彭曉紅：「中國加入世貿組織與外資立法的完善」，載於《韶關學院學報》—社科版，2002 年第 11 期；蔡慶輝：「《與貿易有關的投資措施協議》與我國外資法」，載於《國際貿易問題》，1998 年第 10 期。

[21] Cheryl W. Gray, Willuam W. Jarosz, Law and the Regulation of Foreign Direct Investment: Theb Experience from Central and Eastern Europe, *Columbia Journal of Transnational Law*, Vol. 33, 1995, p.38-39（轉引自曾華群著：前揭《WTO 與中國外資法發展》，第 407 頁）。

[22] 國務院於 1993 年 3 月進行改革開放以來第三次的機構改革，其中將「對外經濟貿易部」更名為「對外貿易經濟合作部」（參 1993 年《關於國務院機構改革方案的說明》，全文詳見《全國人大常委會公報》，1993 年第 2 期）。

[23] 國務院於 1998 年 3 月進行改革開放以來第四次的機構改革，「勞動部」則新組建為「勞動和社會保障部」（參 1998 年《關於國務院機構改革方案的說明》，全文詳見《全國人大常委會公報》，1998 年第 1 期）。

業；2003 年 1 月發布《外商投資創業投資企業管理規定》適用於外商投資企業，2005 年 11 月則另行發布《創業投資企業管理暫行辦法》等等，在在凸顯中國對於外國直接投資（FDI）在其境內投資設立的外商投資企業，一直有著不同於中國內資企業的相關對應規範以為規制。

(四)主要法規均制定於「計畫經濟」體制時期

中國自改革開放以來，雖然一直將經濟法與涉外經濟法（包括以外商投資企業法制為核心的外資法制）的制頒列為立法工作的重點，但先後於 1979 年、1986 年及 1988 年所分別頒布的《合營企業法》、《外資企業法》及《合作企業法》等外商投資企業法制三大基本法律當時的立法背景，其經濟體制改革仍分處於「計畫經濟」、「計畫經濟為主市場調節為輔」、「有計畫的商品經濟」與「計畫經濟與市場調節相結合」等不同階段，導致在這種經濟體制下的立法難免仍帶有計畫經濟的色彩㉔；此外，復受限於實際立法經驗的不足及立法技術的未臻成熟，亦造成以外商投資企業法制為核心的中國外資立法問題叢生。

外資法制係以外國直接投資（FDI）及其在資本輸入國所設立的企業為規範對象，對屬於市場經濟為因應經濟全球化發展而逐漸茁壯的外國直接投資（FDI）而言，由於其具備講求效率、自由、公平、競爭的市場經濟本質，做為它規制規範的外資法制，實應具確定性（certainty）、穩定性（stability）、透明性（transparence）、可預測性（predictability），方能引發外國資本（金）前往投資的動力與意願；然而，中國外資法制（為其核心的外商投資企業法制亦然）在建構過程中，仍堅守計畫經濟體制期間所謂「成熟一個制定一個，宜粗不宜細」的立法方針與立法特色㉕，導致產生諸如：法律規定中的「空白條款（blank article）」偏多、法律內容過於原則性、授權立法（delegated legislation）流於浮濫、司法解釋其準立法（quasi-legislative）功能

㉔ 例如：中國對三種外商投資企業分別立法的模式，即或多或少地受到當時以所有制為標準進行立法的影響，三大外商投資企業立法（按中國視外商投資企業為一種混合所有制企業）正是當時一系列以國有企業、集體所有制企業及私營企業等不同所有制型態的企業立法的延續。此外，中國外商投資企業法制否定自然人作為中方合營者的資格以及有關外商投資企業在投資措施、投資待遇等方面的未實行「國民待遇」的規定，亦屬「計畫經濟」色彩的具體表現。

擴大等特殊現象；所謂「法律不明確等於無法律（*ubi jus incertum, ibi jus nullum*）」，如此一來，不但造成行政機關在制定相關配套法規以為補充規範時，有著相當大的自由解釋（expositio）與裁量（arbitrium）空間，於是在母法條文極其有限的情況下，往往制定出內容遠超過母法數倍的相關配套法規範；更有甚者，在法制機制運作與法位階觀念尚未建立，以及個別事項主管部門間缺乏橫向聯繫的情況下，每每發生「子法逾越母法」以及「子法彼此間相互衝突」的情形，以致造成外國直接投資者與外商投資企業在適用法律上的困擾[26]，進而影響法律秩序的安定。

(五)限制性（管制作用）較強

發達國家由於經濟發展程度較高並追求資本流動的自由化，故對於外國直接投資（FDI）一般較傾向採取自由開放的政策與立法，倡議外資准入自由（the freedom of admission）並對於內、外資企業依法給予相同的待遇（在部分國家甚至內、外資企業適用相同的法律，不另制定外資法）；因此，外國直接投資者若赴大部分發達國家進行投資，除某些特定領域外，基本上享有「國民待遇」以及較高的「准入自由」。與之相較，屬於發展中國家的中國，外資法制的自由化程度則相對低於發達國家；蓋中國在改革開放之初，雖然亟需引進外國直接投資（FDI）發展國民經濟，然亦如同其他發展中國家一般，為維護國家的主權（sovereignty）與利益（interest），促進其民族工業與民族經濟的自主發展，對於外國資本仍抱持存疑的態度[27]，故而採取限

---

[25] 1978 年底，鄧小平針對當時百廢待舉，立法工作量大，人力不足的窘況，對於法律的制定提出「法律條文開始可以粗一點，逐步完善。有的法規地方可以先試搞，然後經過總結提高，制定全國通行的法律。修改補充法律，成熟一條就補充一條，不要等待『成套設備』。總之，有比沒有好，快搞比慢搞好」的具體指示；抑有進者稱之為「分批零售」、「原則立法」的立法模式〔鄧小平著：《鄧小平文選》（第二卷），人民出版社，1994 年 10 月第 2 版，2002 年 8 月北京第 13 刷，第 147 頁；王文杰著：前揭書，第 209 頁〕。

[26] 王文杰著：前揭書，第 233 頁。

[27] 關於學者對於引進外資與國家經濟安全、民族經濟（或民族工業）間關係的探討，可參閱引進外資與發展民族經濟課題組：「民族經濟及其與外資的矛盾」，載於《中國工業經濟》，1999 年第 6 期；李欣達：「引進外資與維護國家經濟安全」，載於《國際貿易問題》，1999 年第 8 期；溫耀慶、陳泰鋒：「論引進外資與國家經濟安全」，載於《國際貿易問題》，2001 年第 2 期；盧炯星主編：《中國外商投資法律問題研究》，法律出版社，2001 年 12 月第 1 版第 1 刷，第 133-153 頁；萬解秋、徐濤著：前揭書，第 1-33 頁。

制性的外資政策與外資立法；其具體作法主要包括：第一，對外資准入實行管制（例如：對於外商投資企業實施審批制度，限制外商投資企業的投資地區、領域、期間、方式、金額、持股比例、股權轉讓、業務範圍，將審批標準與各種形式的履行要求結合適用，以外商投資企業滿足履行要求做為允許其進入投資的條件等）；第二，對外商投資企業的投資或經營管理施予某些履行要求（例如：內、外銷比例要求、當地成分要求、貿易平衡要求、外匯平衡要求、國內銷售要求等，詳細內容將於下一章探討）；第三，對外商投資企業實施一定程度的「差別待遇（discrimination treatment）」（即賦予外資企業在當地成分、外匯平衡、產品出口、投資領域、行政審批等各方面，相對於內資企業所沒有的優惠或限制）；第四，對於外商投資企業的資產在特定情況下得予徵用（expropriation）或採取國有化（nationalization）措施（例如：1982 年的《對外合作開採海洋石油資源條例》[28]、1986 年《外資企業法》[29]、1993 年的《對外合作開採陸上石油資源條例》[30]）。總體而言，與其他實行市場經濟而屬於發達國家的資本輸入國相較，中國外資法制的限制性相對較強，自由化程度相對較低。

第三節　法源（source of law；rechtsquellen）——聚焦於其國內的正式法源

已逝的美國法學巨擘羅斯科・龐德（Roscoe Pound）教授指出：法律淵源（source of law）係形成法律規則內容的因素，亦即發展與制定那些規則的力量，做為背後由立法與執法機關賦予國家權力的某些東西[31]。德國知名

---

[28] 1982 年《對外合作開採海洋石油資源條例》第 26 條規定：「在戰爭、戰爭危險或其他緊急狀態下，中國政府有權徵購、徵用外國合同者所得的和所購買的石油的一部或全部。」

[29] 1986 年《外資企業法》第 5 條規定：「國家對外資企業不實行國有化和徵收；在特殊情況下，根據社會公共利益的需要，對外資企業可以依照法律程序實行徵收，並給予相應的補償。」

[30] 1993 年《對外合作開採陸上石油資源條例》第 5 條規定：「國家對參加合作開採陸上石油資源的外國企業的投資和收益不實行徵收。在特殊情況下，根據社會公共利益的需要，可以對外國企業在合作開採中應得石油的一部分或者全部，依照法律程序實行徵收，並給予相應的補償。」

[31] （美）羅斯科・龐德著：《法理學》（第三卷），廖德宇譯，法律出版社，2007 年 2 月第 1 版第 1 刷，第 287 頁。

法學家伯恩·魏德士（Bernd Rüthers）教授表示：法律淵源（rechtsquellen）係指客觀法（objektives recht）[32]的（即能夠為法律適用者所識別的）形式與表現方式[33]。而另一位美國著名的法哲學家愛德格·博登海默（Edgar Boden-heimer）則認為：舉凡可從體現為權威性法律文件的明確文本形式中得到的淵源（source）即屬法律淵源中的正式法源（the formal source of the law），此等法源包括：憲法與法律、行政命令、行政法規、條例、自主或半自主機構與組織的章程與規章、條約與某些其他協議以及司法先例；至於非正式法源（the nonformal source of the law）則指那些具有法律意義的資料與值得考量的材料，惟它尚未在正式法律文件中得到權威性地或至少是明文地闡述與體現（如：正義標準、推理與思考事物本質的原則、衡平法、習慣法、公共政策、道德信念、社會傾向等屬之）[34]。基此，以下將針對目前中國域內的法律制度中（亦即限於其「國內法（municipal law）」部分，蓋「國際法（international law）」部分尚涉及中國在其立法與司法實踐中適用國際條約的相關議題，尚非本文擬討論的範疇），足堪成為外商投資企業法制其正式法源的此類成文法源（written source of law）進一步探討。

一、發展沿革——從法制（rule by law）到法治（rule of law）

中國自對外開放以來，雖已制定、頒（發）布大量的外商投資企業法規範，並曾先後於1987年及1990年發布《行政法規制定程序暫行條例》與《法規規章備案規定》做為全國人大及其常委會以外得行使立法權的其他立法主體制定該等法規範之依循；惟長久以來並不甚重視所謂「法律位階（class character of law）」的概念，因此，對於同一事件若發生數個法規範均有規定進而產生「法規競合（overlap of enactments；gesetzeskonkurrenz）」的情況時，並無一明確的規則足資做為判斷其間法律效力優劣的依循標準，故常發生行政機關所發布的法令間相互牴觸、甚或逾越法律等此種法位階僭越的情形，常令外商投資企業無所適從；簡言之，改革開放初期整體「法制化」程

---

[32] 即客觀意義上的法（recht），係指具體的現行法律規範，包括法律制度的所有規範〔參（德）伯恩·魏德士著：前揭書，第34頁〕。

[33] （德）伯恩·魏德士著：前揭書，第101頁。

[34] （美）E·博登海默著：前揭書，第414-415頁。

度明顯不足。隨著改革開放不斷地深化與經濟發展的需要，1992 年 10 月中共十四大確立將實行社會主義市場經濟體制，而在制度變遷過程中，法律制度的調整尤為重要；蓋市場經濟活動本身需要一定的規範與秩序，而法律做為規則，其本質上即為一種遊戲規則與穩定期待；職是，市場經濟係「法治」的孕育者，而「法治」則是市場經濟的基礎，兩者彼此間相互依存且密不可分，惟經濟體制若欲「市場化」首即須先落實現代市場運作規範的「法制化」。隨著市場化取向改革逐漸走向市場經濟，在樹立市場經濟的過程即必須考量法律制度能為市場交易所適用，惟過往高度集中下的立法模式與思維所呈現的法律制度，顯然難以適應市場經濟對「法制」的要求；最高執政當局亦逐漸瞭解到，若欲建立與完備社會主義市場經濟體制，即須輔以現代化的法制建設，至於中國現代意義上的法制則遲至 1993 年以憲法形式確立向市場經濟體制轉型後方始逐步建立（按過往的法制皆是在計畫經濟思想與階級鬥爭理論的指導下所建立與發展的）；經過包括修憲在內的多年努力，並持續借鑒與吸收外國成功的立法經驗針對法規範進行立、改、廢的立法工作，時至今日，中國的市場經濟法制建設可謂已初步建立並取得長足的發展。

　　然而，市場經濟所要求的「法治」，係指建立在客觀規則基礎上的法律制度對所有的人（包括為政者、統治者、執政者在內）具有同等的約束力並能得到有效的實施，與做為法律制度的「法制」有所不同[35]。中國在朝向市場經濟改革與轉型的歷程中，雖透過法律的繼受（reception）或移植（transplant）使法律制度得以快速呈現，並已逐步鋪陳出發展市場經濟相適應的法律制度（包括以外商投資企業法制為核心規範的外資法律制度），同時已透過修憲將「依法治國，建設社會主義法治國家」納入《憲法》，但這並不當然表示中國業已走向「法治」。蓋「法治」本身所強調的，是一套民主、公正、自由的，具有至高無上權威的法律制度，而不應取決於為政者或個人的智慧與素質；至於「依法治國」的基本主張，係做為最高立法者的立法機關，完全不受任何一種更高層級法律所束縛。倘統治者的權力在形式上雖亦受法律限制，但實際上卻可左右或影響立法者在其認為適當的時候變更法律，則可預見在所謂「法治國」的偽裝下，統治者將可輕易地透過手中所握有得以任意修改法律的權力來規避法律的約束；若統治者的權力未受到限制

---

[35] 王文杰著：前揭書，第 244 頁。

與制約，則此號稱為「法治國」者雖可能是一個「法制」高度完備的國家，但卻不是一個「法治」的國家[36]。無論何人皆不得立於法律之上（*nemo est supra leges*），一個「法治」的社會，任何公共權力皆須受法律的約制與監督（亦即出於法，限於法並受制於法），並不存在最高的、無上的、不受制約的絕對權力[37]；因此，如何達到建立在客觀規則基礎上的法律制度，對所有的人（包括統治者本身）具有同等約束力並能得到有效實施的「法治化」程度，確認法律的可預測性、法律規則的權責分明、政策實施的標準程序、非人格化的的決策與適度的裁量權，則是中國經濟體制向市場經濟轉型後所必須重視的[38]。此外，法律制度的建立遠較法律文化的養成容易得多，但法律文化對於「法治」的支撐卻較為牢靠且長久的；對於「法治」在一共同體內持續存在而言，培育守法意識（the attitude of legality），以及使公民們基本上自覺地服從共同體的法律（包括在發生衝突時的自覺守法）皆屬必要；而且法律必須在整體上不與共同體的內在制度及其基本價值相衝突，人們方能並願意服從法律；設若執著於法律文字與正當程序的正規性，卻違背社會上廣泛持有的基本價值與倫理規則，則「法治」將無從建立[39]。

二、法源種類

在三十餘年的改革開放過程，中國已分別透過修憲、立法、修法、政府體制改革等各種手段，不斷地加強與完備所謂的「社會主義法制建設」；而做為中國外資法制核心規範——外商投資企業法制的建構及發展，亦已隨著中國經濟體制改革與轉型、對外開放的進程，以及現代法制建設的推移而逐步完備。依據《憲法》及《立法法》所規劃建構的法律制度，中國外商投資企業法制的正式法源（the formal source of law）主要可分為：「憲法」、「法律（狹義）」、「行政法規」、「地方性法規」以及「規章（部門規章與地方政府規章）」等五大部分，以下將分就此等不同類型與位階的國內的正式法源，以此為基礎，進一步探討其內涵。

---

[36] 王文杰著：前揭書，第 246 頁。
[37] 蔡定劍著：前揭書，第 280-281 頁。
[38] 王文杰著：前揭書，第 244 頁。
[39] （德）柯武剛、史漫飛著：前揭書，第 203 頁。

(一)憲法

　　按憲法（Constitution；Verfassung）係一個國家最高位階統治與價值秩序的基本原則及規範整體[40]，係該國法體系中所有規範正當性的來源與法秩序的基本規範，處於最高地位的國內法淵源[41]。中國自 1978 年確立「對外開放」為基本國策後，便開始積極爭取、利用國外資本（金），雖然已於 1979 年頒布《合營企業法》做為規制外國直接投資（FDI）的規範依據，惟當時的 1978 年《憲法》（泛稱為「四個現代化《憲法》」）係在粉碎所謂「四人幫」後不到兩年的時間內倉促制頒，其內容雖較 1975 年《憲法》（泛稱為「文革《憲法》」）進步，但並未擺脫過激的意識型態，徹底消除「文革」的影響，頒布後雖歷經 1979 年、1980 年兩次局部性修改，然其整體的規範內容仍無法因應經濟制度改革與對外開放的新局勢；直至 1982 年 12 月修憲時（此次修憲以類似於制憲的方式進行，即所謂「制憲式的改憲」），始將「對外開放」此項政策宣示正式納入《憲法》當中，以具體條文揭示利用外資的基本形式，以及對於外國直接投資（FDI）與其投資者合法權益的保障；當時所頒布的《憲法》其第 18 條即規定：「中華人民共和國允許外國的企業和其他經濟組織或者個人依照中華人民共和國法律的規定在中國投資，同中國的企業或者其他經濟組織進行各種形式的經濟合作。在中國境內的外國企業和其他外國經濟組織以及中外合資經營的企業，都必須遵守中華人民共和國的法律。它們的合法的權利和利益受中華人民共和國法律的保護」；考其所以允許外國在中國境內進行合法投資，或與中方從事經濟合作，係希在自力更生的基礎上，依照「平等互利（equality and reciprocity）」的原則，利用外資與引進先進技術，俾利加速社會主義現代化建設[42]。該次修憲，除首度在「序言」中確立《憲法》具有最高的法律效力[43]，並明確揭示一切「法律」、「行政法規」及「地方性法規」皆不得與之牴觸[44]。其

---

[40] 陳慈陽著：前揭書，第 63 頁。

[41] （德）伯恩‧魏德士著：前揭書，第 104 頁。

[42] 彭真：「關於《中華人民共和國憲法修改草案》的說明」，全文詳見《全國人大常委會公報》，1982 年第 2 期。

[43] 參現行《憲法》序言第 13 自然段。

[44] 參現行《憲法》第 5 條第 2 款。

後，1982年《憲法》雖歷經1988年、1993年、1999年及2004年四度修訂㊺，然並未絲毫更動前述內容；職是，現行《憲法》乃中國外商投資企業法制最高位階的正式法源依據與法律宣示。

（二）法律（狹義）

依據中國現行《憲法》㊻及《立法法》㊼規定，可制定屬於「法律」位階法規範的立法機關，僅限於全國人大及其常委會，換言之，僅該等機關享有制定、修改與廢止「法律」的立法權。其中，由全國人大所制頒者，一般稱為「基本法律」㊽；至於由全國人大常委會所制頒者，有稱為「一般法律」㊾，亦有稱為「非基本法律」㊿或「其他法律」[51]。在此意義下，屬於「法律」位階的外商投資企業法規範，除於1979年、1986年及1988年先後制頒的《合營企業法》、《外資企業法》及《合作企業法》等外商投資企業三大基本法律外，其他由全國人大或其常委會就外商投資企業在設立、變更、終止，以及生產經營活動所衍生諸如：契約（合同）、土地、勞動、公司、稅務、會計、金融、外匯、智慧財產權（知識產權）等各種涉及外商投資企業在「經濟管理關係」、「經濟關係」等方面相關內容，所制定或修訂的法律均屬之；主要有：1986年4月頒布的《民法通則》，1991年4月頒布的《外商投資企業和外國企業所得稅法》，1993年9月頒布的《反不正當競爭法》、12月頒布的《公司法》，1994年5月頒布的《對外貿易法》，1998年8月修訂頒布的《土地管理法》，1999年3月頒布的《合同法》、10月修

㊺有關中國現行《憲法》第四度修訂的主要修正議題內容及其評析，請參閱王文杰：「中國大陸現行憲法第四次修正評析」，載於《月旦法學雜誌》，第109期，2004年6月。

㊻參現行《憲法》第58條、第62條第3項、第67條第2項、第3項。

㊼參2000年《立法法》第7條。

㊽現行《憲法》第62條第3項所規定全國人大的職權為：「制定和修改刑事、民事、國家機構的和其他的基本法律」；2000年《立法法》第7條第2款則規定：「全國人民代表大會制定和修改刑事、民事、國家機構的和其他的基本法律。」

㊾王泰銓著：《當前兩岸法律問題分析》，五南圖書出版有限公司，2000年9月初版第2刷，第17頁。

㊿參「中央立法權若干問題研究——立法學專題討論會會議紀要」第二部分「全國人大常委會立法權的研究視角及其與全國人大立法權的關係」，收錄於周旺生主編：《立法研究》（第四卷），法律出版社，2003年12月第1版第1刷，第472-476頁。

[51]李培傳著：《論立法》，中國法制出版社，2004年1月第1版第1刷，第122頁。

訂頒布的《會計法》，2000 年 7 月修訂頒布的《海關法》，2001 年 4 月修訂
頒布的《稅收徵收管理法》，2002 年 4 月修訂頒布的《進出口商品檢驗法》，
2003 年 8 月頒布的《行政許可法》，2004 年 4 月修訂頒布的《對外貿易法》、
8 月修訂頒布的《公司法》，2005 年 8 月頒布的《公證法》、10 月修訂頒布
的《公司法》，2006 年 8 月頒布的《企業破產法》，2007 年 3 月頒布的《企
業所得稅法》、6 月頒布的《勞動合同法》、8 月頒布的《反壟斷法》、12 月
頒布的《勞動爭議調解仲裁法》，2008 年 12 月修訂頒布的《專利法》等等。

　　然而，全國人大所制定的「基本法律」與全國人大常委會所制定的「一
般法律」，兩者在位階效力上是否相同？對此，《憲法》及現行《立法法》
均未明確規定，僅謂全國人大常委會於全國人大閉會期間，得對其所制定的
法律進行部分補充與修改，然不得牴觸該等法律的基本原則[52]；至於學者間
則有不同的見解，有認為「基本法律」與「一般法律」均為法律形式，故具
同等之效力[53]；有認為從《憲法》規定，全國人大常委會僅享有「補充立法
權」以及兩者在立法程序與內容上之差異觀之，「基本法律」其法位階應高
於「一般法律」[54]。管見以為，除基於後者所揭示之理由外，另依現行《憲
法》及《立法法》規定，全國人大尚享有「變更或撤銷全國人大常委會所制
定不適當的決定或法律，並得撤銷其所批准但違背《憲法》及《立法法》第
66 條第 2 款[55]規定之自治條例與單行條例」的此一法定職權以觀[56]，應以後
者見解為當。至於全國人大或全國人大常委會所制定的「法律」，其效力雖
高於行政法規、地方性法規及規章（部門規章或地方政府規章），然仍不得
與《憲法》牴觸[57]，倘有《立法法》第 87 條所定情事[58]，得視違反情事不

---

[52] 參現行《憲法》第 67 條第 3 項、2000 年《立法法》第 7 條第 3 款後段。

[53] 許崇德等編：《中國憲法教程》，人民法院出版社，1994 年第 3 版第 1 刷，第 294 頁；北
京大學法律系法學理論教研室編：《法學基礎理論》，北京大學出版社，1988 年 8 月第 2
版第 6 刷，第 361 頁（轉引自王泰銓著：前揭《當前兩岸法律問題分析》，第 18 頁）。

[54] 王泰銓著：前揭《當前兩岸法律問題分析》，第 18-19 頁。

[55] 2000 年《立法法》第 66 條第 2 款規定：「自治條例和單行條例可以依照當地民族的特點，
對法律和行政法規的規定作出變通規定，但不得違背法律或者行政法規的基本原則，不得
對憲法和民族區域自治法的規定以及其他有關法律、行政法規專門就民族自治地方所作的
規定作出變通規定。」

[56] 參現行《憲法》第 62 條第 11 項、2000 年《立法法》第 88 條第 1 項。

[57] 參 2000 年《立法法》第 78 條、第 79 條第 1 款。

同，由全國人大或全國人大常委會依法予以變更或撤銷(59)。

(三)行政法規

此所謂「行政法規」，係指由國務院根據《憲法》與法律的授權，所制定發布的法規範。依據《立法法》規定，得以「行政法規」進行規範的事項主要包括(60)：國務院為執行「法律」的規定需要制定「行政法規」的事項，以及《憲法》第89條所規定有關國務院行政管理職權的事項(61)；據此，國務院在其授權立法權限範圍內，可制定各種涉及外商投資企業「經濟管理關係」、「經濟關係」等相關內容的「行政法規」。在此意義下，例如：1983年9月發布的《中外合資經營企業法實施條例》，1986年10月發布的《關於鼓勵外商投資的規定》，1988年6月發布的《企業法人登記管理條

(58)2000年《立法法》第87條規定：「法律、行政法規、地方性法規、自治條例和單行條例、規章有下列情形之一的，由有關機關依照本法第88條規定的許可權予以改變或者撤銷：(一)超越許可權的；(二)下位法違反上位法規定的；(三)規章之間對同一事項的規定不一致，經裁決應當改變或者撤銷一方的規定的；(四)規章的規定被認為不適當，應當予以改變或者撤銷的；(五)違背法定程序的。」

(59)參2000年《立法法》第88條第1項。

(60)參2000年《立法法》第56條。

(61)現行《憲法》第89條規定：「國務院行使下列職權：(一)根據憲法和法律，規定行政措施，制定行政法規，發布決定和命令；(二)向全國人民代表大會或者全國人民代表大會常務委員會提出議案；(三)規定各部和各委員會的任務和職責，統一領導各部和各委員會的工作，並且領導不屬於各部和各委員會的全國性的行政工作；(四)統一領導全國地方各級國家行政機關的工作，規定中央和省、自治區、直轄市的國家行政機關的職權的具體劃分；(五)編制和執行國民經濟和社會發展計畫和國家預算；(六)領導和管理經濟工作和城鄉建設；(七)領導和管理教育、科學、文化、衛生、體育和計畫生育工作；(八)領導和管理民政、公安、司法行政和監察等工作；(九)管理對外事務，同外國締結條約和協議；(十)領導和管理國防建設事業；(十一)領導和管理民族事務，保障少數民族的平等權利和民族自治地方的自治權利；(十二)保護華僑的正當的權利和利益，保護歸僑和僑眷的合法的權利和利益；(十三)改變或者撤銷各部、各委員會發布的不適當的命令、指示和規章；(十四)改變或者撤銷地方各級國家行政機關的不適當的決定和命令；(十五)批准省、自治區、直轄市的區域劃分，批准自治州、縣、自治縣、市的建置和區域劃分；(十六)依照法律規定決定省、自治區、直轄市的範圍內部分地區進入緊急狀態；(十七)審定行政機構的編制，依照法律規定任免、培訓、考核和獎懲行政人員；(十八)全國人民代表大會和全國人民代表大會常務委員會授予的其他職權。」按本條第16項之內容，係配合2004年修訂《憲法》第67條有關全國人大常委會職權時，所為之相應調整（參2004年《關於〈中華人民共和國憲法修正案（草案）〉的說明》，全文詳見《全國人大常委會公報》，2004年特刊）。

例》，1990 年 5 月發布的《外商投資開發經營成片土地暫行管理辦法》，1993 年 12 月發布的《企業所得稅暫行條例》，1995 年 7 月發布的《知識產權海關保護條例》，1996 年 1 月發布的《外匯管理條例》，1997 年 1 月發布的《海關稽查條例》，1999 年 11 月發布的《關於全面推進依法行政的決定》，2001 年 11 月發布的《行政法規制定程序條例》、《規章制定程序條例》，同年 12 月發布的《法規規章備案條例》、《外資金融機構管理條例》、《外商投資電信企業管理規定》、《外資保險公司管理條例》，2002 年 2 月發布的《指導外商投資方向規定》，2003 年 11 月發布的《進出口關稅條例》，2004 年 3 月發布的《全面推進依法行政實施綱要》，2005 年 12 月修訂發布的《公司登記管理條例》，2006 年 11 月發布的《外資銀行管理條例》，2007 年 5 發布的《行政復議法實施條例》，同年 11 月發布的《企業所得稅法實施條例》，2008 年 5 月發布的《關於加強市縣政府依法行政的決定》，同年 8 月修訂發布的《外匯管理條例》，同年 9 月發布的《勞動合同法實施條例》，同年 11 月修訂發布的《消費稅暫行條例》、《營業稅暫行條例》、《增值稅暫行條例》等，凡此皆屬此等位階的外商投資企業法規範。

依《立法法》規定，「行政法規」應於公（發）布後三十日內報全國人大常委會備案(62)；《行政法規制定程序條例》發布後，取代 1987 年的《行政法規制定程序暫行條例》，自 2002 年 1 月 1 日起，「行政法規」的立項、起草、審查、決定、公（發）布、解釋，則一律適用《行政法規制定程序條例》之相關規定(63)。「行政法規」其效力雖高於地方性法規與規章（部門規章或地方政府規章），然不得與《憲法》或法律牴觸，倘有《立法法》第 87 條所定情事，則全國人大常委會有權予以撤銷(64)。

(四)地方性法規

依據《立法法》規定，省、自治區、直轄市的人民代表大會及其常務委員會，依據其行政區域本身的具體情況與實際需要，在不牴觸《憲法》、法

(62)參 2000 年《立法法》第 89 條。
(63)參 2001 年《行政法規制定程序條例》第 2 條、第 37 條。
(64)參 2000 年《立法法》第 78 條、第 79 條第 2 款、第 88 條第 2 項前段。

律、行政法規的前提下，可制定「地方性法規」(65)；另外，較大的市(66)的人民代表大會及其常務委員會，依據其市本身的具體情況與實際需要，在不牴觸上位規範的前提下，亦可制定「地方性法規」，惟須報省、自治區的人民代表大會常務委員會批准後方能施行(67)。至於得以「地方性法規」規範的事項主要包括(68)：為執行法律、行政法規的規定，需根據本行政區域的實際情況作具體規定的事項，以及屬於地方性事務需制定地方性法規的事項。此外，除《立法法》第 8 條規定(69)只能制定「法律」予以規範的事項外，其他事項若尚未制定「法律」或「行政法規」時，省、自治區、直轄市及較大的市其立法機關，得依據其地方的具體情況與實際需要，先制定「地方性法規」以為規範依據；惟其後就該其他事項若已另行制定「法律」或「行政法規」者，則在該等法規範生效後，「地方性法規」與其牴觸之規定應歸於無效，制定機關應及時予以修改或廢止(70)。因此，若符合前開條件（限授權立法範圍內），地方立法機關可制定、發布各種涉及外商投資企業「經濟管理關係」、「經濟關係」等相關內容的「地方性法規」，以為規範之依據；在此意義下，例如：1987 年 2 月發布的《江蘇省外商投資企業勞動管理辦法》(71)、同年 12 月發布的《上海市中外合資經營企業勞動人事管理條例》(72)，1990 年 7 月發布的《江蘇省外商投資企業勞動爭議仲裁辦法》，1992 年 11 月發布的《福建省外商投資企業工會條例》、同年 12 月發布的《上海外資保

(65) 參 2000 年《立法法》第 63 條第 1 款。

(66) 此所謂「較大的市」係指省、自治區的人民政府所在地的市，經濟特區所在地的市和經國務院批准的較大的市（參 2000 年《立法法》第 63 條第 4 款）。

(67) 參 2000 年《立法法》第 63 條第 2 款。

(68) 參 2000 年《立法法》第 64 條第 1 款。

(69) 2000 年《立法法》第 8 條規定：「下列事項只能制定法律：(一)國家主權的事項；(二)各級人民代表大會、人民政府、人民法院和人民檢察院的產生、組織和職權；(三)民族區域自治制度、特別行政區制度、基層群眾自治制度；(四)犯罪和刑罰；(五)對公民政治權利的剝奪、限制人身自由的強制措施和處罰；(六)對非國有財產的徵收；(七)民事基本制度；(八)基本經濟制度以及財政、稅收、海關、金融和外貿的基本制度；(九)訴訟和仲裁制度；(十)必須由全國人民代表大會及其常務委員會制定法律的其他事項。」

(70) 參 2000 年《立法法》第 64 條第 2 款。

(71) 該《辦法》其後分別於 1993 年 12 月、1994 年 10 月、1997 年 7 月、1999 年 8 月進行修訂。

(72) 該《條例》其後於 1994 年 12 月修訂，名稱業已修改為《上海市外商投資企業勞動人事管理條例》（參 1994 年 12 月《上海市人民代表大會常務委員會關於修改〈上海市中外合資經營企業勞動人事管理條例〉的決定》）。

險機構暫行管理辦法》，1993 年 3 月發布的《青島市中外合資經營企業清算條例》、同年 8 月發布的《北京市外商投資企業清算條例》，1994 年 9 月發布的《河南省外商投資企業和私營企業工會條例》，1995 年 2 月發布的《天津市外商投資企業清算條例》，同年 6 月發布的《北京市外商投資企業解散條例》，1996 年 1 月發布的《遼寧省外商投資企業條例》，同年 8 月發布的《上海市外商投資企業審批條例》，1997 年 1 月發布的《湖北省外商投資企業工會條例》，1998 年 4 月發布的《西安市外商投資企業工會條例》，1999 年 8 月發布的《安徽省外商投資企業工會條例》等等，均屬於「地方性法規」位階的外商投資企業法規範。

依《立法法》規定，「地方性法規」應於公（發）布後的三十日內，視其制定主體所屬的行政區劃，自行或由省、自治區的人大常委會，報全國人大常委會及國務院備案[73]；《法規規章備案條例》發布後，業已取代 1990 年的《法規規章備案規定》，自 2002 年 1 月 1 日起，「地方性法規」須於公（發）布後，依《法規規章備案條例》之相關規定報送備案[74]。惟省、自治區、直轄市及較大的市其立法機關（即其人民代表大會及其常務委員會）所制定的「地方性法規」，不得與《憲法》、「法律」或「行政法規」牴觸，倘有《立法法》第 87 條所定情事，全國人大常委會有權予以撤銷[75]；此外，省、自治區、直轄市的人民代表大會亦得變更或撤銷其常委會所制定或批准之不適當的「地方性法規」[76]。

由於《立法法》僅規定「地方性法規」其效力高於「本級」與「下級」地方政府所制定的「規章（地方政府規章）」[77]，至於其與「上級」地方政府所制定的「規章（地方政府規章）」彼此間，以及不同地方的人民代表大會或其常委會所制定的「地方性法規」彼此間，其效力優劣如何評斷？如有不一致的情況，應由何等機關裁決？目前均缺乏明確之適用規範，恐將造成規範適用上之紛擾。此外，「地方性法規」其效力是否高於「部門規章」？

---

[73] 參 2000 年《立法法》第 89 條。
[74] 參 2001 年《法規規章備案條例》第 3 條、第 22 條。
[75] 參 2000 年《立法法》第 78 條、第 79 條、第 88 條第 2 項中段。
[76] 參 2000 年《立法法》第 88 條第 4 項。
[77] 參 2000 年《立法法》第 80 條第 1 款。

就此《立法法》僅規定：「部門規章與地方政府規章之間具有同等效力」(78)，並無其他可供進一步判斷之明文，然是否即可據此逕行援引《立法法》第80條之規定，遽認為「地方性法規」效力一概高於「部門規章」？恐仍有待商榷；蓋此所謂與「部門規章」具有同等效力之「地方政府規章」，究指「地方性法規」其「本級」或「下級」地方政府所制定之「規章（地方政府規章）」？抑或指「地方性法規」其「上級」地方政府所制定之「規章（地方政府規章）」？若屬前者，或可援引《立法法》第80條做為認定依據；惟若屬後者，則同樣將面臨前述適用上之困難。然而，倘「地方性法規」與「部門規章」果有不一致的情況，《立法法》則提供釋疑與解決的方式，亦即由國務院提出意見，國務院若認為應適用「地方性法規」，則應決定在該地方適用「地方性法規」的規定；若認為應適用「部門規章」，則須提請全國人大常委會裁決(79)。

(五)規章（部門規章與地方政府規章）

1.部門規章

爰《立法法》規定，「部門規章」係指國務院各部、委員會、以及具有行政管理職能的直屬機構（如：海關總署、新聞出版總署、國家工商行政管理總局等），依據「法律」與國務院發布的「行政法規」、決定、命令，在其部門授權立法權限範圍內所制定的法規範稱之。惟「部門規章」規定的事項，應屬於執行「法律」或國務院發布的「行政法規」、決定、命令所規定的事項(80)。在此意義下，例如：1990年9月發布的《上海外資金融機構、中外合資金融機構管理辦法》、同年12月發布的《外資企業法實施細則》，1991年6月發布的《外商投資企業和外國企業所得稅法實施細則》，1992年6月發布的《外商投資企業會計制度》，1993年發布的《關於外商投資企業合同、章程的審批原則和審查要點》，1994年8月發布的《外商投資企業勞動管理規定》，1995年6月發布的《指導外商投資方向暫行規定》、《外商投資產業指導目錄》，同年9月發布的《中外合作經營企業法實施細則》，1996

(78)參2000年《立法法》第82條。
(79)參2000年《立法法》第86條第1款第2項。
(80)參2000年《立法法》第71條。

年 6 月發布的《外商投資企業清算辦法》，1997 年 2 月發布的《外商投資企業工資收入管理暫行辦法》，1999 年 6 月發布的《外商投資商業企業試點辦法》、同年 9 月發布的《關於外商投資企業合併與分立的規定》，2000 年 7 月發布的《關於外商投資企業境內投資的暫行規定》，2001 年 8 月發布的《關於設立外商投資創業投資企業的暫行規定》，2002 年 6 月發布的《關於改革外商投資項下資本金結匯管理方式的通知》，2003 年 1 月發布的《外商投資創業投資企業管理規定》，2004 年 5 月發布的《外資保險公司管理條例實施細則》，2005 年 2 月發布的《外商投資租賃業管理辦法》，2006 年 9 月發布的《商務部外商投資企業投訴工作暫行辦法》，2007 年 1 月發布的《外商投資建設工程服務企業管理規定》，同年 10 月修訂發布的《外商投資產業指導目錄》，2008 年 10 月修訂發布的《外商投資廣告企業管理規定》等，凡此皆屬於「部門規章」位階的外商投資企業法規範。

依據《立法法》規定，「部門規章」應於公（發）布後三十日內報國務院備案[81]；《規章制定程序條例》發布後，「部門規章」的立項、起草、審查、決定、公（發）布、解釋及備案，自 2002 年 1 月 1 日起均適用《規章制定程序條例》及《法規規章備案條例》的相關規定[82]。惟「部門規章」不得牴觸《憲法》、「法律」或「行政法規」，倘有《立法法》第 87 條所定情事，國務院得變更或撤銷之[83]。此外，若「部門規章」與「地方性法規」有不一致的情況，則由國務院提出意見，國務院若認為應適用「地方性法規」，則應決定在該地方適用「地方性法規」的規定；若認為應適用「部門規章」，則須提請全國人大會常委會裁決[84]；至於「部門規章」彼此之間、「部門規章」與「地方政府規章」彼此之間具有同等的效力，並在各自的許可權範圍內施行；若對於同一事項的規定有不一致的情形時，則由國務院進行裁決[85]。

2.地方政府規章

《立法法》規定，省、自治區、直轄市和較大的市，其人民政府可依據

---

[81] 參 2000 年《立法法》第 89 條。
[82] 參 2001 年《規章制定程序條例》第 2 條、第 34 條，2001 年《法規規章備案條例》第 3 條。
[83] 參 2000 年《立法法》第 78 條、第 79 條、第 88 條第 3 項。
[84] 參 2000 年《立法法》第 86 條第 1 款第 2 項。
[85] 參 2000 年《立法法》第 82 條、第 86 條第 1 款第 3 項。

「法律」、「行政法規」及本省、自治區、直轄市的「地方性法規」（不包括較大的市其立法機關所制定者），對於包括：地方政府為執行「法律」、「行政法規」、「地方性法規」的規定需要制定「規章」的事項，以及屬於其行政區域具體行政管理事項等方面，可制定「地方政府規章」予以規範[86]，而該「規章（地方政府規章）」應當在公（發）布後三十日內向相關立法或行政機關備案[87]。基此，若符合前開條件（即授權立法範圍內），地方政府可制定涉及外商投資企業「經濟管理關係」、「經濟關係」等相關內容的「規章（地方政府規章）」，以為規範依據。

在此意義下，例如：1989 年 6 月發布的《上海市外商投資企業物資採購和產品銷售辦法》，同年 12 月發布的《上海市外商投資企業投訴及處理辦法》，1990 年 8 月發布的《青島市外資企業管理暫行辦法》，1991 年 4 月發布的《黑龍江省外商投資企業中方幹部人事管理暫行規定》，1992 年 8 月發布的《關於浦東新區外商投資項目審批和管理暫行辦法》，1993 年 1 月發布的《青島市外商投資開發經營房地產管理規定》，1994 年 8 月發布的《鞍山市外商投資企業管理放權暫行規定》，1995 年 11 月發布的《合肥市外商投資企業管理暫行規定》，1996 年 9 月發布的《上海市外商投資企業土地使用管理辦法》，1997 年 1 月發布的《福建省外商投資企業安全保衛工作規定》、《重慶市人民政府關於對外商投資企業負擔實行登記監督制度的通知》，1998 年 2 月發布的《山東省人民政府關於對外商投資企業逐步實行國民待遇的通知》、《丹東市人民政府關於進一步改善外商投資軟環境的若干規定》，同年 7 月發布的《天津市對外商投資企業收費管理規定》，1999 年 1 月發布的《浙江省鼓勵外商直接投資的若干政策》、同年 2 月發布的《錦州市人民政府關於進一步改善外商投資軟環境的暫行規定》、同年 5 月發布的《廣州市外商投訴受理辦法》，2000 年 6 月發布的《青海省人民政府關於改善投資環境的決定》，2001 年 1 月發布的《湖北省鼓勵外商投資的優惠政策》，2002 年 4 月發布的《廈門市鼓勵外商投資公路橋樑及附屬設施暫行辦法》、同年 12 月發布的《湖州市人民政府關於加強涉及對外商投資企業收費管理的通知》，2003 年 12 月發布的《寧波市人民政府關於進一步鼓勵外

---

[86] 參 2000 年《立法法》第 73 條。
[87] 參 2000 年《立法法》第 89 條。

商投資的若干規定》，2004 年 2 月發布的《杭州市人民政府關於進一步下放外商投資項目審批許可權的通知》、同年 4 月發布的《寧波市外商投資企業投訴處理辦法》等等，凡此皆屬於「地方政府規章」位階的外商投資企業法規範。

在《規章制定程序條例》發布後，舉凡「地方政府規章」的立項、起草、審查、決定、公（發）布、解釋及備案等，自 2002 年 1 月 1 日起均應適用《規章制定程序條例》及《法規規章備案條例》的相關規定[88]。惟省、自治區的人民政府所制定的「規章」其效力高於本行政區域內的較大的市的人民政府所制定者[89]，且「地方政府規章」不得牴觸《憲法》、「法律」、「行政法規」、「本級」或「上級」地方立法機關所制定的「地方性法規」；倘有《立法法》第 87 條所定情事，各該地方的人大常委會得變更或撤銷其本級人民政府所制定的「規章（地方政府規章）」，至於省、自治區的人民政府則可變更或撤銷其「下一級」人民政府所制定的「規章（地方政府規章）」[90]。此外，「地方政府規章」與「部門規章」彼此間具有同等的效力，並在各自的許可權範圍內施行；若對於同一事項的規定有不一致的情形時，則依法由國務院進行裁決[91]。

第四節　法制層面上的缺陷

觀察一個社會法制發展狀況的重點，並不在其法律數量的多寡，而在於其法律結構（legal structure）。做為中國外資法制核心規範的外商投資企業法制，其形成雖在晚近幾年內已有長足的進步，惟因其係在中國經濟體制改革與轉型過程中逐步架構而成，職是，在不同體制下所制定的法規範，其立法目的、指導思想與所隱含的價值勢必不同；另亦由於兩種經濟體制下的法規範在同一時空並存，故在具體適用時，其彼此間發生錯位與衝突的情形勢所難免。此外，由於立法體例並非透過一部統一的部門法形式具體呈現，而

---

[88] 參 2001 年《規章制定程序條例》第 2 條、第 34 條，2001 年《法規規章備案條例》第 3 條。
[89] 參 2000 年《立法法》第 80 條第 2 款。
[90] 參 2000 年《立法法》第 78 條、第 79 條、第 80 條第 1 款、第 88 條第 5 項與第 6 項。
[91] 參 2000 年《立法法》第 82 條、第 86 條第 1 款第 3 項。

係就所欲規範的事項〔即涉及外國直接投資（FDI）在登記、資金、勞動、外匯、財務、進出口、稅收、技術引進等方面的「經濟管理」事項〕各別訂定專法，並採取內、外分立的「雙軌制」立法模式分別進行規範，復因立法權過於分散、原則性與授權性立法過多、立法技術未臻成熟等等法制建設所存在的諸多負面本質因素，凡此，皆是導致中國外商投資企業法規範在法制層面產生若干缺陷的原因⑨，茲將進一步探討。

一、三大外商投資企業法內容重複性過高

中國現行外資立法體系係以「企業組織本位」為支點，以先後制頒的《合營企業法》、《外資企業法》及《合作企業法》等三大外商投資企業基本法律為核心所逐步建構而成；由於此種三足鼎立的立法結構，難免就相同性質的事項（例如：設立程序、組織形式、出資方式、用地與費用、購買與銷售、稅務、外匯管理、財務會計、職工與工會、董事會及其經營管理、解散清算等等）為相似或相同的規定，惟如此不但形成立法資源的浪費，甚至因立法機關之間缺乏協調，各行其是，而造成不同型態的外商投資企業彼此間存在著「差別待遇」或「法規範相互衝突與牴觸」的情形；首先，在「差別待遇」方面，例如：主管機關對於申請設立外商投資企業的審批期限並不一致，合營企業為三個月，外資企業為九十天，合作企業則大幅縮減為四十五天⑨；其次，在法規範相互牴觸方面，例如：對於外商投資企業開立外匯帳戶的規範，依《外資企業法》規定，應當在「中國銀行」或「國家外匯管理機關指定的銀行」開戶⑨，然而《外資企業法實施細則》卻規定：須於「在中國境內可以經營外匯業務的銀行」開立帳戶⑨；凡此規範內容不一致或相互牴觸的情形，不但造成不同型態的外商投資企業之間的不公平競爭，亦勢將妨礙市場經濟制度的推動與深化（蓋市場經濟體制的有效運作必須仰

---

⑨有關學者對於外資法制或外商投資企業法制缺陷的相關評述，請參閱徐泉著：前揭書，第495-502頁；漆多俊主編：前揭書，第334-337頁；丁偉主編：前揭書，第229-231、261-279頁；王玉梅著：前揭書，第40-61頁；蔡奕：前揭文；李廣輝、彭曉紅：前揭文；慕亞平、黃勇：「適應入世新形勢重構我國外資法」，載於《政法學刊》，2001年第1期。

⑨參現行《中外合資經營企業法》第3條、《外資企業法》第6條及《中外合作經營企業法》第5條。

⑨參現行《外資企業法》第18條。

⑨參現行《外資企業法實施細則》第53條。

賴競爭機制配置資源，「競爭」係市場經濟運行機制的靈魂，亦係其內在屬性與固有規律），並導致外商投資企業在適用法規時無所適從，不利於其長期與穩定的經營管理。

二、「雙軌制」立法模式造成內、外資企業的「差別待遇」

內、外分立的「雙軌制」立法模式，雖源於改革開放初期特定的歷史環境，但公平競爭原則（fair competition rule）乃市場經濟的基本原則與核心價值；蓋在商品交換的過程中，唯有交易雙方的地位平等並享有充分的意思自由，進而透過相互協商共同決定彼此的權利義務關係，方能達到公平競爭的目的並符合市場經濟的精神。然而，「雙軌制」立法卻以人為的方式在內、外資企業之間形成「差別待遇」，使內、外資企業處於不平等的競爭狀態。其中，在對外商投資企業實施「次國民待遇（sub-national treatment）」方面：例如：以三大外商投資企業基本法律為核心的外資立法往往要求外商投資企業在出口實績（export performance）、當地含量（local content）、外匯平衡（foreign exchange-balancing）、貿易平衡（trading-balancing）等方面必須符合一定的標準（將於第四章作進一步探討），對外商投資企業施予相較內資企業所未有，甚或更高標準的投資措施；此外，先後於 1995 年 6 月、1997 年 12 月發布的《指導外商投資方向暫行規定》與《外商投資產業指導目錄》基於保護民族經濟的現實考量，均有若干限制或禁止外商投資企業從事投資的相關規定 ⑨⑥，藉此管制與影響外國直接投資者其投資流向與行為決策；凡此，皆導致外商投資企業遭受「次國民待遇」，挫傷外國直接投資者的積極性，嚴重影響其投資信心。至於在對外商投資企業實施「超國民待遇（super-national treatment）」方面：例如：在計畫經濟體制下，為保證國家計畫的執行，內資企業（尤其是國營企業）在生產、流通、分配等各個領域對國家負有特殊的義務，惟此等義務未必然加諸於外商投資企業或外國企業；此外，為爭取更多國外資金入內投資以發展經濟，外商投資企業法規範中對於外商投資企業在稅收、外匯管理、進出口權等方面設有諸多優於內資企業的規定（詳後述）；由於外商投資企業或外國企業享受「超國民待遇」，致相對削

---

⑨⑥例如 1995 年《指導外商投資方向暫行規定》第 6 條、第 7 條以及 1997 年《外商投資產業指導目錄》中，有關「限制外商投資產業目錄」與「禁止外商投資產業目錄」所列舉者。

弱內資企業的競爭能力，使其在市場上處於劣勢地位，甚而導致許多內資企業為享受外商投資企業的優惠待遇，頻頻出現所謂「假外資」或「假合資」的脫序現象。

三、「雙軌制」立法模式導致內、外資法規範適用上的齟齬

適用乃法規之生命（*Applicatio est vita regulae*）。中國採行的「雙軌制」立法模式，形成內、外資企業對於同一種客觀事實所生的問題必須各自透過不同的法律制度（分別為公司法制與外商投資企業法制）尋求解決，卻因內、外資法規範各自內容的差異與法位階（class character of law）的不同，導致規範內容的不協調與適用上的齟齬，此等法律衝突現象主要反映在：設立所實行的立法主義（設立原則）、投資主體、資本繳納制度、出資方（形）式、出資（股權）轉讓、減資限制以及經營管理組織制度等方面[97]；特別是兩者在出資（股權）轉讓與減資限制的不同規定，導致在內、外資企業之間形成「差別待遇」，進而產生不公平競爭的現象。以企業（公司）設立所採行的立法主義為例：外商投資企業皆須報經有關部門審查批准方得設立（即採核准主義）[98]。至於本國公司的設立，1993 年《公司法》對有限責任公司與股份有限公司分別採取不同的設立主義；亦即對前者以嚴格的準則主義為原則，核准主義為例外[99]，至於對後者則一律實行核准主義[100]；惟 2005 年修法時則不再區分，除非法律或行政法規所規定的特定行業與經營特定項目的公司需在公司設立登記前報有關部門審批外，不論所擬設立者為有限責任公司或股份有限公司，只要符合法定條件即可直接申請登記，無需由行政主管部門實施前置審批[101]（即一律實行嚴格的準則主義）。又如：《合營企業法

---

[97] 吳煜賢：「大陸雙軌立法模式下外商投資企業法制與公司法間之法律衝突」，載於《月旦民商法》，第 22 期，2008 年 12 月。

[98] 參 1979 年《合營企業法》第 3 條，1986 年《外資企業法》第 6 條、第 7 條，1988 年《合作企業法》第 5 條、第 6 條，以及其他外商投資企業法制（如：1994 年《關於進一步加強外商投資企業審批和登記管理有關問題的通知》、2002 年《關於加強外商投資企業審批、登記、外匯及稅收管理有關問題的通知》等）。

[99] 參 1993 年《公司法》第 8 條、第 27 條第 2 款。

[100] 參 1993 年《公司法》第 77 條、第 84 條第 3 款。

[101] 參現行《公司法》第 6 條第 1 款、第 2 款。

實施條例》⑩與《外資企業法實施細則》⑩均規定外商投資企業在經營期間不得減少註冊資本，然而《公司法》則規定公司得減少註冊資本⑩；再如：外商投資企業法制對於外商投資企業資本繳納制度大多採取較為寬鬆的「認繳（Subscription）資本制」⑩（惟對於外商投資股份有限公司則採「實繳資本制」⑩），1993年所頒布的原《公司法》則實行實繳（Paid-up）制⑩，與外商投資企業採取認繳制度相較，內資公司在資金籌措與實際運作方面顯欠缺靈活性⑩。2005年《公司法》修法時，為避免要求註冊資本一次性全部繳足而造成資金閒置⑩，故對有限責任公司以及發起設立的股份有限公司其資本繳納制度已改採認繳制，惟募集設立的股份有限公司則仍採實繳制⑩。

　　因法規範的龐大數量及其不同的位階，亦彰顯法律適用的複雜性（Komplexität der Rechtsanwendung）；適用者除須尋獲所有適用於當時出現的法律問題的法規範之外，尚需確定適用於特定法律問題的不同法規範彼此間的位階關係；若相同位階的法規範所要求的事實構成均可適用於待定事實，但將同時產生相互衝突的法律後果，此時便出現特定的適用問題⑩。至於解決此種衝突的方法則包括：特別法優於普通法（*lex specialis derogate generali*）與新法優於舊法（*lex posterior derogate priori*）兩項規則⑩。按外商投資企業法制相對於《公司法》、《合夥企業法》、《獨資企業法》等其他經濟組織法

---

⑩參1983年《中外合資經營企業法實施條例》第22條，現行《中外合資經營企業法實施條例》第19條前段（按同條後段「因投資總額和生產經營規模等發生變化，確需減少的，須經審批機構批准」之例外規定係2001年修訂時所增訂）。

⑩參1990年《外資企業法實施細則》第22條，現行《外資企業法實施細則》第21條本文。

⑩參現行《公司法》第39條第2款、第103條。

⑩參1983年《合營企業法實施條例》第21條第1款、1990年《外資企業法實施細則》第21條第1款、現行《合作企業法實施細則》第16條第1款前段（即1995年所發布者）。

⑩參1995年《關於設立外商投資股份有限公司若干問題的暫行規定》第7條前段。

⑩參1993年《公司法》第23條第1款、第78條第1款；趙旭東主編：《新公司法制度設計》，法律出版社，2006年1月1版1刷，第261-262頁；盧炯星：前揭文；沈四寶：「外商投資企業適用公司法的若干問題」，載於《中國法學》，1995年第1期。

⑩安麗：「WTO規則與中國外資法重構」，載於《法商研究》，2002年第3期。

⑩曹康泰：《關於〈中華人民共和國公司法（修訂草案）〉的說明》，全文詳見《全國人大常委會公報》，2005年第7期。

⑩參現行《公司法》第26條第1款前段，第81條第1款前段、第2款。

⑩（德）伯恩・魏德士著：前揭書，第123-124頁。

⑩（德）伯恩・魏德士著：前揭書，第124頁。

而言屬於特別法，就其法律適用（Rechtsanwendung）而言，特別法的效力應優於普通法（參現行《公司法》第 218 條後段，原《公司法》第 18 條亦然）；然由於此等屬於特別法的外商投資企業法規範卻早於《公司法》等其他屬於所謂普通法的法規範制頒，制定時實無從亦無法針對外商投資企業的特殊性別為規範；另外，由於兩者立法背景並不相同，一是在中國當時仍奉行計畫經濟時所制定，一則是卻在改採社會主義市場經濟時所制定，因此造成在法律適用上，適用帶有計畫經濟烙印的特別法的奇怪的現象，從而產生諸多齟齬與疑義[113]。

四、立法權分散引發規範不協調

由前述有關外商投資企業法規範的法源可知，中國目前享有立法權者包括：全國人大、全國人大常委會，國務院，省、自治區、直轄市、較大的市的人大及其常委會，經濟特區所在地的省、市的人大及其常委會，國務院其各部、委員會以及具有行政管理職能的直屬機構，省、自治區、直轄市和較大的市的人民政府等等；至於享有立法權的地方政府，為吸引外國直接投資（FDI）前來投資設立外商投資企業，乃競相制定各種政策法規，其數量遠遠超中央立法。從此角度觀察，它是中央統一領導與一定程度分權的，多級（多層次）並存、多類結合的立法權限劃分體制[114]。然而，此種從中央到地方的多層級立法架構，勢必產生以下嚴重的弊端；首先，過於繁瑣的法律制度，降低外資立法所應有的透明度（其中尤為人所詬病者即所謂「紅頭文件」[115]的氾濫）；其次，不同的立法主體往往就相同或類似的事項各別立

---

[113] 有關中國雙軌制立法模式下，外商投資企業法制與《公司法》法律衝突解決模式的法理商榷，可參閱吳煜賢：前揭「大陸雙軌立法模式下外商投資企業法制與公司法間之法律衝突」乙文。

[114] 周旺生著：《立法學》，法律出版社，2004 年 11 月第 1 版，2005 年 4 月第 2 刷，第 144 頁。

[115] 此類規範性文件係透過權力機關、相關機關、企事業單位，以及社會團體（即發布主體不限於行政機關，包括各級黨委、人大、政府、政協等）等其內部層層傳達的方式發布，與法律、行政法規、地方性法規、規章（部門規章與地方政府規章）係透過刊載於媒體的公開方式頒布或發布不同。係以不特定多數人為適用對象，能長期、反覆地對外發生效力（亦即具有抽象及一般性拘束力，與行政機關所發布的行政命令相同）的各種政策性文件、決定、意見等，事實上係中國行政執法的重要依據。此類文件結尾皆有傳達至何層級（如：省軍級、縣團級等）的要求，部分甚至標示密等（如：絕密、機密、保密）；由於文件上部標示紅色標題且蓋用紅色印章，故習稱「紅頭文件」。查 1999 年 4 月頒布的《行政復議

法、各自為政，導致不同的市場規範彼此間（不論位階相同或不同者）的不一致或不協調，形成支離破碎的現象；第三，為數眾多的法規範帶來實際操作與執行上的難度與不確定性；第四，有礙市場經濟體制的建構、運作、落實與深化。凡此衍生諸如：立法權限不明（主要包括：「中央權力機關與地方權力機關」與「權力機關與行政機關」兩個層面）、越權立法、內容重複、法規名稱混亂、規範相互衝突（包括橫向與縱向的法律衝突）、法制統一性的破壞、法權威性的稀釋等問題，不但造成法律規範的疊床架屋與不協調，法規適用上無所適從，更直接導致並形成不同地區的外商投資企業的「差別待遇」與不公平競爭的現象。雖然，《立法法》的頒布（2000 年）在立法權限的明晰化與減少法律衝突方面邁出重要的一步，前開問題與弊端在某些層面或可透過《立法法》獲致一定程度的改善與解決⑯，惟總體而言，多層次立法的外資法規範過於龐雜分散，缺乏系統性，不僅影響外資立法的統一實施與外資政策的貫徹，使外商投資企業感到無所適從，甚且妨礙中國投資法律環境進一步的完備，終將影響外國直接投資（FDI）其投資者持續投資的意願。

五、規範內容過於原則性

中國於改革開放初期，由於仍處於計畫經濟體制階段，且法律制度尚待逐步重建，相關立法經驗不足，特別是有關規制外國直接投資（FDI）等涉外經濟領域方面的法制，故實行「成熟一個制定一個，宜粗不宜細」的立法模式，因而產生法律中空白條款過多，法律內容過於原則性或抽象（例如：常使用「一般應」、「一般不」、「需要時」、「原則上」、「特殊情況下」等字眼）等立法特色。然法律不明確等於無法律（*ubi jus incertum, ibi jus*

法》第 7 條將此類文件籠統且限縮界定為：部門規章與地方政府規章以外的「國務院部門、縣級以上地方各級人民政府及其工作部門、鄉鎮人民政府」的規定（然事實上尚包括各級黨委、人大等非行政機關的權力機關所發布的各種政策性文件、決定、意見等）；倘公民、法人或者其他組織認為行政機關具體行政行為所依據的前開規定不合法，在對具體行政行為申請行政復議時，可一併向行政復議機關提出對該規定的審查申請。

⑯ 按對於下列立法權限的重要問題現行《立法法》仍未能解決：第一，中央與地方立法權限劃分的問題；第二，部門規章與地方性法規、部門規章與地方政府規章的許可權衝突的問題；第三，全國人大與其常委會立法權限模糊的問題（劉莘主編：《國內法律衝突與立法對策》，中國政法大學出版社，2003 年 6 月第 1 版第 1 刷，第 77-78 頁）。

nullum），法律貴在明確，方使人易知易守，否則無異於未規範；按明確性原則（Der Grundsatz der Bestimmtheit）係法律本身應遵守的原則，係自憲法上法治國原則所導出的行政法一般原則，係依法行政原則的主要成分，乃屬憲法層次的原則，所謂內容明確並不僅限於行政行為即足，更重要的，在法律保留原則支配下，法律與法規命令的規定，內容必須明確，在涉及人民權利義務事項時方有清楚的界限與範圍，對於何者為法律所許可或禁止，始能事先預見與考量⑰。隨著 1992 年確立改採社會主義市場經濟體制以後，必須考量既有的法規範能否為市場交易所適用，特別是對強調經濟自由與資本自由的外國直接投資（FDI），做為規制依據而以外商投資企業法制為核心規範的外資法制在運作上卻常常窒礙難行。蓋過去計畫經濟由於高度集中，政府直接干預企業的生產、經營活動，而中國主要的外資立法規範（即三大外商投資企業基本法律與其配套子法）均係當時所制定，難免帶有立法過於僵硬、行政干預性過強等計畫經濟色彩，在經濟體制轉型後，顯然已無法因應市場交易的實際需求；此外，改革開放之初法制建設仍處於初步發展階段，相關立法無法配合市場交易發展需要即時制定或修訂，致無從提供司法機關在審理新型態經濟案件（例如：涉外經濟案件）時適用的需要；為此，全國人大常委會於 1981 年 6 月通過《關於加強法律解釋工作的決議》，授權最高人民法院與最高人民檢察院對分別屬於法院或檢察院在從事審判或檢察工作中具體應用法律、法令的問題進行解釋⑱（惟法律解釋權仍由全國人大常委會專屬享有⑲），而最高人民法院與最高人民檢察院所為的司法解釋，或可填補中國因立法滯後而導致不可避免的種種空白。然由於授權立法（de-

---

⑰吳庚著：前揭書，第 70 頁。

⑱1981 年《關於加強法律解釋工作的決議》對於法律的解釋問題作出四項規定，其中第二項指出：「凡屬於法院審判工作中具體應用法律、法令的問題，由最高人民法院進行解釋。凡屬於檢察院檢察工作中具體應用法律、法令的問題，由最高人民檢察院進行解釋。最高人民法院和最高人民檢察院的解釋如果有原則性的分歧，報請全國人民代表大會常務委員會解釋或決定。」這成為目前中國司法體系從事司法解釋的法源依據（該《決議》全文詳見《全國人大常委會公報》，1981 年第 2 期）；儘管該《決議》規定最高人民法院所為之解釋應限於「屬於法院審判工作中具體應用法律、法令的問題」，然而，綜觀其所為司法解釋的內容仍以具體個案的抽象解釋居多。關於司法解釋對中國立法的衝擊，可參王文杰著：前揭書，第 190-194 頁。

⑲參現行《憲法》第 67 條第 4 項、2000 年《立法法》第 42 條。

legated legislation）過多⑫、司法解釋的準立法（quasi-legislative）職能⑫持續不斷擴張，此等發展情況不但造成行政機關在適用法律或制定相關配套法規以為補充時，或是最高人民法院與最高人民檢察院在制定司法解釋時，有相當大的自由解釋空間，往往在母法條文極其有限的情況下，制定出內容超過母法數倍的相關配套法規或司法解釋⑫；更有甚者，在法律制度運作與法位階觀念尚未建立以及個別事項其主管部門間缺乏橫向聯繫的情況下，每每發生子法逾越母法、子法彼此間相互衝突、司法解釋逾越法律的情形，凡此，均有礙於法的安定性（stability of law）與市場經濟體制的有利發展，並造成

---

⑫例如：1981 年 11 月全國人大常委會通過《關於授權廣東省、福建省人民代表大會及其常務委員會制定所屬經濟特區的各項單行經濟法規的決議》，授權廣東省、福建省人大及其常委會，根據有關的法律、法令、政策規定的原則，依照各該省經濟特區的具體情況與實際需要，制定經濟特區的各項單行經濟法規，並報全國人大常委會及國務院備案（該《決議》全文詳見《全國人大常委會公報》，1981 年第 4 期）；1984 年 9 月全國人大常委會通過《關於授權國務院改革工商稅制發布有關稅收條例草案試行的決定》，授權國務院在實施國營企業利改稅與改革工商稅制的過程中，可擬訂相關的稅收條例，並以草案的形式發布試行，其後再根據試行的經驗修訂後，提交全國人大常委會審議；1985 年 4 月全國人大通過《關於授權國務院在經濟體制改革和對外開放方面可以制定暫行的規定或者條例的決定》，授權國務院對於有關經濟體制改革與對外開放方面的問題，必要時可根據憲法，在與相關法律及全國人大及其常委會的有關決定的基本原則不牴觸的前提下，制定暫行的規定或條例，頒布實施，並報全國人大常委會備案，待經過實踐檢驗，條件成熟時，再由全國人大或全國人大常委會制定法律（該《決定》全文詳見《全國人大常委會公報》，1985 年第 3 期）；1991 年 12 月全國人大常委會通過《關於授權深圳市人民代表大會及其常務委員會和深圳市人民政府分別制定法規和規章在深圳經濟特區實施的決定》，授權深圳市人大及常委會根據具體情況與實際需要，遵循憲法的規定及法律和行政法規的基本原則，制定法規，在深圳經濟特區實施，並報全國人大常委會、國務院及廣東省人大常委會備案；授權深圳市人民政府制定規章並在深圳經濟特區組織實施（該《決定》全文詳見《國務院公報》，1992 年第 21 號）；此外，1994 年 3 月全國人大通過的《關於授權廈門市人民代表大會及其常務委員會和廈門市人民政府分別制定法規和規章在廈門經濟特區實施的決定》（該《決定》全文詳見《國務院公報》，1994 年第 7 號）及 1996 年 3 月全國人大通過的《關於授權汕頭市和珠海市人民代表大會及其常務委員會、人民政府分別制定法規和規章在各自的經濟特區實施的決定》亦為類似的授權（該《決定》全文詳見《國務院公報》，1996 年第 9 號）。

⑫依據 1997 年最高人民法院《關於司法解釋工作的若干規定》第 4 條規定：「最高人民法院制定並發布的司法解釋，具有法律效力。」（該《規定》全文詳見《最高人民法院公報》，1997 年第 3 期）。

⑫如：1986 年 4 月頒布的《民法通則》僅一百五十六條，惟 1988 年 4 月發布的《最高人民法院關於貫徹執行〈中華人民共和國民法通則〉若干問題的意見(試行)》則多達二百條。

外商投資企業或其投資者在適用法律上的困擾；尤其在《立法法》頒布後，此等法制未完備前所實行的權宜措施，實有必要進一步通盤檢討與調整。

六、與國際投資法制自由化趨勢存有落差

　　1980 年代中期，由於區域經濟與全球經濟一體化逐步發展、外債危機的嚴重衝擊以及投資環境存在的問題，發展中國家所能吸引的外國直接投資（FDI）相較於全球總數所占比例越來越低；為積極爭取外國資本以發展國內經濟，迫使發展中國家必須改變其以往具限制性的外資政策與外資立法，此際「放鬆管制（Deregulation）」便成為該等國家制定或調整其外資立法與外資政策的重心；隨著經濟全球化的不斷深化，消除歧視性外資政策、提高外國直接投資者其待遇標準（例如：實施「國民待遇」）、取消市場扭曲行為（例如：優惠或限制性的投資措施）、強化資訊揭露與透明度、掃除外國直接投資（FDI）自由流動障礙等投資自由化的主張與需求日益殷切，導致國際投資法制的自由化發展。中國自改革開放以後，開始積極爭取與利用外國資本做為發展經濟的資本與途徑；然而，或基於國民經濟計畫的總體需求、民族經濟自主發展的保障、投資環境未臻健全等因素的考量，基本上亦實行限制性的外資政策與立法，對外國直接投資（FDI）的進入實施嚴格審查，並對其所設立的外商投資企業從事經營活動方面施予一定的限制措施與履行要求，易言之，即採取有目的的引導與管制（理）策略；中國在經濟體制確定向市場經濟轉軌後，為配合市場交易的需要，乃透過借鑒與吸收外國成功立法經驗的方式，大量制定相關規範以為因應；其後，受到投資自由化改革浪潮的影響以及爭取加入 WTO 的需要，更大幅修訂包括外資立法在內的相關法規；近年來，中國外資立法方面的法制建設雖有長足進步，惟仍與目前國際投資法制自由化的發展趨勢存在著一定程度的落差；就投資審批制度而言，中國雖自 1996 年起逐步下放審批許可權，但審批機關重疊以及審批程序繁瑣的問題依然存在（按其後的制頒《行政許可法》即希冀解決此沉疴）；就履行要求而言，雖然近年來修訂三部外商投資企業基本法律及其配套子法時，已調整或廢除包括當地成分要求、貿易平衡要求、外匯平衡要求、出口實績要求等為 TRIMs 協定所禁止的限制型投資措施，然而，在其他方面（例如：外資准入的國民待遇）仍存在一定程度的落差，凡此均將於下一章作進一步深入地探討。

第四章
中國外商投資企業法制的鼎革——開放與管制政策思維之牽動

第一節　成因與背景

　　國際投資（International Investment）與國際貿易（International Trade）①係建立在比較優勢的基礎上，國際資本的流動係以有利的投資環境為前提，做為外國直接投資（FDI）主要行為主體的跨國公司（TNCs）擁有特殊的資源優勢，當其在決定資源配置方式究係透過投資抑或貿易時，抉擇關鍵取決於成本（cost）與效益（benefit）的算計；其中，對於資本輸入國（東道國）所具備的特殊區位優勢（如：貿易政策、外資政策、法律制度等）的評估是不可或缺的；資本輸入國如欲吸引外國直接投資（FDI）樂於前來投資，進而有效利用它發展經濟，便須創造一個優質、健全的投資環境，提供投資者相關配套的鼓勵與保護措施，以保障其利益與安全，而法制環境的建構與完善便在其間扮演著關鍵且決定性的角色及作用。中國用以規制外國直接投資（FDI）法律關係，以外商投資企業法制為核心規範的外資法制，其制度與體系的建構始於 1978 年改革開放以後，其時的國際經濟環境氛圍，導致屬於發展中國家的資本輸入國普遍採取限制性的外資立法，而當時的中國方始企圖進行市場化取向的經濟改革，市場機制仍待建立，對於是否向市場經濟轉型，內部仍有正反不同的力量相互拉扯、彼此較勁，此從「計畫經濟為主市場調節為輔」到「有計畫的商品經濟」再到「計畫經濟與市場調節相結合」等不同政策基調的轉變即可窺知；加以在計畫經濟體制下，法律地位（法律受政策支配、法律政策化）、立法思維及立法技術的局限，致使外資

---

① 係泛指國與國之間商品與勞務的交易；又稱為「對外貿易（external trade）」、「國外貿易（foreign trade；overseas trade）」或「世界貿易（world trade）」（中華徵信所主編：《國際貿易金融大辭典》，中華徵信所股份有限公司，1994 年 4 月修訂 6 版，第 583 頁）。

立法本身存在著若干缺陷，而此種法律制度上的不完備，勢將影響吸引外國直接投資（FDI）整體投資環境的建構。

中國在確認走向市場經濟之後，由於涉及經濟體制的根本性變革，且涉及經濟基礎與上層結構（superstructure，或譯為「上層建築」）的諸多領域，致產生越發錯綜複雜的經濟活動與糾葛不清的利益關係，故更須藉由健全的法律制度來引導、規範、保障與約束外國直接投資（FDI）。儘管在市場化改革、經濟體制轉型及發展過程中，可以透過法律繼受（reception of law）快速地得到法律制度的呈現②，但如何確認法律的可預測性（predictability）卻是向市場經濟轉軌時所須予重視的。國際投資法制自由化（liberalization）的發展促使中國做為一個資本輸入國必須將「改善投資環境、加強外資保護」做為其外資立法鼎革的目標；隨著中國經濟體制朝向市場經濟轉型後立法思維的改變、國際投資法制自由化的要求，以及積極爭取加入 WTO 與履行成員義務，凡此，皆成為影響中國外資立法變革與發展的重要因素。

一、國際投資自由化的趨勢

自 1990 年代以後，經濟全球化發展的腳步持續加速，促使國際經濟進入一個嶄新的發展階段；受其發展的影響，晚近雙邊（bilateral）與多邊（multilateral）層面的國際投資法制亦朝向放寬對外國直接投資（FDI）的限制與加強對其保護等自由化的趨勢發展，而此種現象已然對國際投資法制的發展產生巨大的推移作用，促使資本輸入國必須將改善其投資環境、加強外資保護做為其外資立法改革的目標；其具體的影響主要包括：外資准入自由化（liberalization of the admission of foreign investment）的要求、履行要求（performance requirements）的禁止、國民待遇（National Treatment）的主張與擴大適用、徵收（expropriation）與國有化（nationalization）的嚴格標準與補償上

---

②儘管中國外商投資企業法制在立法內容中吸收與借鑑一些現代商業組織的合理因素與成分，但其本身仍存在諸多不合理的規範（例如：缺少註冊資本最低額的限制、投資總額的制度設計、禁止減少註冊資本、董事地位不明確、缺乏專門的監督體系等），致使外國直接投資者入內投資時，在適用上常有窒礙難行之處，甚至投資權益無法得到基本的保障（參閱王文杰：《中華人民共和國外商投資企業的發展新動態》，《月旦法學》，第 14 期，1996年 7 月）。

的「赫爾（Hull）原則」③（按中國於 1990 年修訂《合營企業法》時，於第 2 條增訂對合營企業不實行國有化④；此外，1988 年發布的《關於鼓勵臺灣同胞投資的規定》、1994 年頒布的《臺灣同胞投資保護法》以及 1999 年發布的《臺灣同胞投資保護法實施細則》，均明定對臺灣投資者的投資不實行

---

③所謂「赫爾原則」，即實行國有化的國家有義務以充分（adequate）、即時（prompt）、有效（effective）的方式補償財產遭國有化的外國人所受之一切損失，此原則係美國國務卿赫爾（Hull）於 1938 年所提出；其中，所謂「充分」係指全部補償而言，即應支付遭國有化財產的全部價值，包括到實際支付補償金額前的利息；所謂「即時」係指補償金額支付的時間，而非指確定補償金額的時間；所謂「有效」係指補償的確切形式，特別是受補償方有直接利用的可能性，通常又轉化為補償應支付的貨幣問題；此一原則的實質便是從賠償數量、支付方式及支付時間三方面要求獲得完全的補償，即「全部補償（full compensation）」，以確保投資者的既得權益不致損失，並要求補償包括期待利益在內的間接損失。按已開發國家及傳統國際法理論認為，「公正補償（iust compensation）」係國有化的合法條件，而所謂「公正」即指補償上須符合「赫爾原則」的「充分」、「即時」、「有效」等三要件，並認為此乃「國際最低標準（minimum international standard）」。（姚梅鎮主編：前揭《比較外資法》，第 789-808 頁；姚梅鎮著：前揭《國際投資法》，第 380-390 頁；盧炯星主編：前揭書，第 218-220 頁）。按關於國有化後應否給予補償，應給予何種補償數額，在國際間存在著嚴重的對立與分歧，對此目前國際間主要有三種不同觀點，即所謂的全部補償論、部分補償（或適當補償）論以及無補償責任論，多數屬於發達國家的資本輸出國主張應採全部補償論，惟多數屬於發展中國家的資本輸入國，則堅持應採聯合國 1974《各國經濟權利與義務憲章》第 2 條第 2 項第 3 款所謂「適當補償（appropriate compensation）」原則解決徵收與國有化的問題。中國現行外商投資企業法制明定對於合營企業及外資企業原則上不實行國有化和徵收；至於有關特殊情況下實施徵收補償標準的主張，則大致以聯合國前開《憲章》的原則為基礎，採用「適當補償」原則（按現行《合營企業法》第 2 條第 2 款、《外資企業法》第 5 條、《對外合作開採海洋石油資源條例》第 4 條、《對外合作開採陸上石油資源條例》第 5 條稱為「相應的補償」）；而與其他國家所簽訂的雙邊投資保護協議中關於補償的具體標準，亦採用「適當補償」原則，分別給予外國直接投資者「適當」、「合理」或「公平合理」的補償，兩者均未採納「赫爾原則」中必須全部補償的「充分」要件（王泰銓著：《大陸經濟體制改革與投資爭議問題》，月旦出版股份有限公司，1995 年 6 月初版，第 108 頁；1984 年 5 月《中華人民共和國政府和法蘭西共和國政府關於相互鼓勵和保護投資的協議》第 4 條第 2 款、1985 年 9 月《中華人民共和國和奧地利共和國關於促進和相互保護投資協定》第 4 條第 2 款、1985 年 11 月《中華人民共和國政府和科威特國政府關於促進和保護投資協議》第 5 條第 1 款、1986 年 11 月《中華人民共和國政府和瑞士聯邦政府關於相互促進和保護投資協議》第 7 條、1988 年 7 月《中華人民共和國政府與澳大利亞政府相互鼓勵和保護投資協議》第 8 條第 1 款、2004 年 11 月《中華人民共和國政府和芬蘭共和國政府關於鼓勵和相互保護投資協議》第 4 條第 4 款）。

④鄭拓彬：《關於〈中華人民共和國中外合資經營企業法修正案（草案）〉的說明》、《全國人民代表大會關於修改〈中華人民共和國中外合資經營企業法〉的決定》（全文均詳見《全國人大常委會公報》，1990 年第 2 期）。

國有化⑤）、弱化資本輸入國在解決投資爭端的權力與透過多邊體制迂迴解決投資問題等。

投資自由化的根本精神在於消弭資本輸入國對投資的各種限制，並在各投資者（或投資）間實施「無差別待遇（non-discrimination treatment，或譯為「非歧視待遇」）」，投資自由化不僅是國際經濟近半個世紀以來發展的結果，亦為國際經濟未來重要的發展趨勢之一。投資自由化運動對於國際投資法制的發展有著至深且巨的影響，隨著諸如「促進准入自由」、「廢除履行要求」、「提高投資待遇」、「加強投資保護」、「推動投資爭議的國際解決」等國際投資法制發展的趨勢，以及各國對於吸引外國直接投資（FDI）的全球性競爭加劇，迫使各國將改善投資環境與加強外資保護列為其外資立法亟須改革的方向，對於改革開放後積極尋求經濟發展的中國而言亦復如是，而在經濟體制確定向市場經濟轉型後，更加快其此等自由化改革的速度。

二、外資立法本身存在的缺陷

短缺資金長期以來便是發展中國家發展經濟的瓶頸，利用各種形式與來源的國外資本促進本國經濟發展即成該等國家的一種歷史選擇。中國改革開放之初，雖然亟需引進外國直接投資（FDI）藉以發展疲弱的經濟，然而，亦如同當時其他發展中國家倡議經濟自決（economic self-determination）一般，為維護國家主權（sovereignty of states）與國家利益（interest of states），促進民族工業與民族經濟的自主發展，對於外來資本抱持著疑慮、排斥、限制的態度，故而實行限制性的外資政策與外資立法，就外資准入（admission of foreign investment）實施嚴格審查，並對外國直接投資（FDI）其投資項目

---

⑤1988 年《關於鼓勵臺灣同胞投資的規定》第 8 條規定：「國家對臺灣投資者的投資和其他資產不實行國有化。」1994 年《臺灣同胞投資保護法》第 4 條規定：「國家對臺灣同胞投資者的投資不實行國有化和徵收；在特殊情況下，根據社會公共利益的需要，對臺灣同胞投資者的投資可以依照法律程序實行徵收，並給予相應的補償。」1999 年《臺灣同胞投資保護法實施細則》第 24 條規定：「國家對臺灣同胞投資者的投資不實行國有化和徵收；在特殊情況下，根據社會公共利益的需要，對臺灣同胞投資者的投資可以依照法律程序實行徵收，並給予相應的補償。補償相當於該投資在徵收決定前一刻的價值，包括從徵收之日起至支付之日止按合理利率計算的利息，並可以依法兌換外匯、匯回臺灣或者匯往境外。」

或所設企業實施限制型投資措施（如：當地成分要求、出口要求、當地股權要求等），俾利引導與管制。引進外國直接投資（FDI）必然同時攜入市場與競爭機制，惟中國當時的法制卻是在計畫經濟思想與階級鬥爭理論的指導下所建立與發展，法律純係管理經濟與社會的工具，由於此種法制缺乏維護獨立、平等、自由的精神，忽視個人權利的保護（按計畫經濟體制主要倚仗政府的行政權力，其本質上是排斥機會平等、自由競爭的）⑥，實難符合講求自由開放、公平競爭，仰賴市場機制的外國直接投資（FDI）其運作需求；為此，雖試圖借鑑他國立法例並採取雙軌立法的方式，陸續制頒專門適用於外商投資企業此等非國有經濟成分（涉外經濟）的法規範，並逐漸形成以三大外商投資企業基本法律及其配套子法為核心規範的外資立法，但因傳統思想根深蒂固、欠缺相關立法經驗等多重因素，該等原應用以規制市場經濟條件下市場主體經濟活動的法規範卻充斥計畫經濟的色彩與影響；雖中國為因應改採社會主義市場經濟體制而開始進行法律制度的轉換，逐步調整過往在計畫經濟體制下所制頒卻已不合時宜的法規範（包括若干的外資立法在內），但在制度的慣性作用下，若干新制頒、已修改或尚未廢止的外資立法，或仍無法完全抹滅其中所留存的計畫經濟烙印，或雖美其名以之做為宏觀調控的手段然卻未盡符合「法治」理念的要求，加以立法經驗有限、立法技術未臻成熟，凡此種種法律制度上的缺陷，造成在法律適用（rechtsanwendung）上產生諸多齟齬與疑義。

　　中國現行的外資立法體系係以三大外商投資企業基本法律及其配套子法為中心所逐步建構而成；然而此種三足鼎立的立法結構，往往造成立法資源的浪費，甚至在不同類型的外商投資企業間造成「差別待遇」；至於所實行的「雙軌制」立法模式，則造成內、外資企業的不公平競爭與不同屬性規範彼此之間的法律衝突；此外，法律內容過於原則性且授權立法過多，往往導致法規範的衝突與僭越，並加大法規適用的難度，影響法的安定性（Rechtssicherheit）；而立法權過於分散，造成法規範的疊床架屋與不協調現象，亦將使在不同區位投資的外商投資企業遭受差別待遇；另法規與政策透明度（transparence）不足，亦影響投資法律環境的穩定性與投資保障的落實；凡

---

⑥蔡定劍著：前揭書，第 314、319、323 頁。

此制度與結構上的缺陷，除已無法因應國際投資法制自由化發展的要求（例如：國民待遇），延滯法制現代化（the modernization of legal system）的進程，妨礙市場經濟體制的發展、深化與健全，更將有礙於爭取入世以及入世後的義務履行；因此，唯有對弊端叢生的外資法制進行根本性地改革，方能改善並跳脫所面臨的困境，建構符合市場經濟運作的外資法制。

三、符合 WTO 規範原則的需要

雖然經過國際社會多年來的持續努力，基本上已建構一套相對完整的國際投資法體系，先前雖已經達成若干與外國直接投資（FDI）有關的全球性公約（例如：1958 年的《承認及執行外國仲裁裁決公約》、1965 年的《關於解決國家和他國國民之間投資爭端公約》、1985 年的《多邊投資擔保機構公約》（MIGA）等），然該等國際規範所涉範圍有限，迄今仍欠缺一個屬於全球、實體性質的綜合性國際投資法制。隨著 WTO 協議的簽署，透過 WTO 多邊貿易體制確立若干與外國直接投資（FDI）有關的原則與規則，促使投資保護所涉的相關問題得以迂迴地在多邊貿易體制中尋求解決。WTO 協議的通過所代表的意涵，首先，創設在多邊貿易體制中調整外國直接投資（FDI）相關議題（例如：投資准入、投資待遇、投資措施、投資爭議解決等）的先例，標幟多邊（multilateral）投資法制在立法模式上的重大突破；其次，WTO 協議雖是一個規範國際貿易的多邊協定群，且對於外國直接投資（FDI）的規制有其局限性而非全面的，但其規範內容卻直接或間接地確立若干國際投資規則，且相關的協定所涉部分皆屬國際投資法領域中最新的、最重大的發展，故勢將對未來國際投資立法（無論國內法制或國際法制）的方向與內涵產生深刻的影響；而在經濟全球化持續地推波助瀾下，世界各國的內部經濟行為與外資立法皆有逐漸 WTO 規則化（亦即法律的趨同化）的現象。

(一)WTO 協議對國際投資法制的影響

WTO 協議的通過，除創設在多邊貿易體制中調整國際投資問題的先例，象徵多邊投資法制立法模式的重大突破，而 WTO 協定群的具體內容與規範原則，對於國際投資法制（無論國內法制或國際法制）的立法方向與規範內涵，均將產生深遠的影響；以下將就其影響分別探討⑦。

1.對資本輸入國其外資立法的影響

　　法律與秩序是國際體系的理想與主要價值，並支援著其他價值（對法律與秩序的承諾，對國家間「友好關係」的承諾，均是已被接受的規範）；國際服從的習慣（國際法兩個主要組成部分之一）是透過各國的內部動機與國際的外部壓力建立的⑧。國家的同意（consent of states）係國際法的基礎；而國際法僅對已經同意的國家具有拘束力的此一原則仍是國際政治體系的公理⑨。條約（或公約）簽署國於簽署後，即應受該條約（或公約）之拘束，此係一項國際法上的基本原則，並已成為 1969 年《維也納條約法公約》（The Vienna Convention on the Law of Treaties）的重要條文內容；該公約第 26 條規定：「凡有效之條約對其各當事國有拘束力，必須由各該國善意履行（Every treaty in force is binding upon the parties to it and must be performed by them in good faith.）」⑩，第 27 條前段則規定：「當事國不得援引其國內法規定為理由而不履行條約（A party may not invoke the provisions of its internal law as justification for its failure to perform a treaty.）」⑪。蓋 WTO 成員均肩負著履行條約的義務⑫，因此，必須配合 WTO 協定群的具體內容與規範原則調整其外資立法；即使未加入 WTO 的國家，基於國際經濟活動交往的客觀情勢的現實要求，其做為規制外國直接投資（FDI）的國內法制亦將間接受到影響。易言之，只要國際經濟社會存在交流活動，資本輸入國即須逐步接納國際通行的規則，故各國外資立法的融合（fusion）與趨同（assimilation），乃是國際經濟交往進一步拓展的必要前提與必然結果，只是融合的速度與程度，取決於各國經濟發展與

---

⑦關於 WTO 協議對於國際投資法制其不同法源的影響，可參閱劉筍著：《WTO 法律規則體系對國際國際投資法的影響》，中國法制出版社 2001 年 9 月北京第 1 版第 1 刷，第 48-55 頁；劉筍：「論 WTO 協議對國際投資法的影響」，載於《法商研究》，2000 年第 1 期；劉筍：「外資准入法律管制的放鬆及其影響——結合 WTO 和中國入世進行研究」，載於《中外法學》，2001 年第 5 期。

⑧（美）劉易斯・亨金著：前揭書，第 67 頁。

⑨（美）劉易斯・亨金著：前揭書，第 36 頁。

⑩條文詳見陳治世著：《條約法公約析論》，臺灣學生書局，1992 年 8 月初版，第 127、308 頁。

⑪條文詳見陳治世著：前揭書，第 129、308 頁。

⑫參 1994 年《馬拉喀什建立世界貿易組織協定》第 16 條第 4 項、第 5 項（對外貿易經濟合作部國際經貿關係司譯：《烏拉圭回合多邊貿易談判結果法律文本》，法律出版社，2000 年 10 月第 1 版第 1 刷，第 14 頁）。

法治化的程度。

2.對雙邊（bilateral）層面國際投資法制的影響

雙邊投資條約（BITs）事實上是國際間為促進與保護外國直接投資（FDI）最重要的國際投資法制類型，業已成為國際投資法制不可或缺的重要組成部分，並構成締約國其國內的國際投資法制重要的補充規範來源。發達國家將可能在日後與其他國家（特別是發展中國家）簽訂雙邊投資條約（BITs）的過程中，援引 WTO 協議框架下一系列與投資有關的協定，如：《與貿易有關的投資措施協定》（Agreement on Trade-related Investment Measures，簡稱TRIMs協定）⑬、《服務貿易總協定》（General Agreement on Trade in Services，簡稱 GATS 協定）及該協定附件二【爭端解決規則與程序的諒解】（Understanding on Rules and Procedures Governing the Settlement of Disputes，或譯為【爭端解決規則與程序瞭解書】）所規定的爭端解決機制、《與貿易有關的知識產權協定》（Agreement on Trade-related intellectual property rights，或譯為《與貿易有關的智慧財產權協定》，簡稱TRIPS協定）及《補貼與反補貼措施協定》（Agreement on Subsidies and Countervailing Measures，或譯為《補貼暨平衡措施協定》，簡稱 SCM 協定），要求在此等雙邊條約中訂入擴大「服務業」投資准入（admission of investment）的範圍、禁止履行要求（performance requirements）、提高投資待遇（treatment of investment）、加強智慧財產權（知識產權）保護、借鑑多邊解決投資爭端（settlement of investment dispute）等各種條款，藉此加速雙邊投資條約（BITs）自由化程度，並持續強化其在國際投資法制中的主要法源地位。

3.對多邊（multilateral）層面國際投資法制的影響

WTO 協議對於多邊層面國際投資法制的影響主要包括：第一，WTO 法律規則體系創設出一個新的國際投資多邊規範，開始涉及資本輸入國對外資管轄權（jurisdiction）、投資者待遇、服務貿易、智慧財產權（知識產權）的國際保護等敏感領域⑭；第二，與其他現有的多邊層面國際投資法制相較，

---

⑬TRIMs 協定係由兩個部分所構成，包括正文共九個條款以及一個附件【例示清單】(illustrative list)，並非一個與投資相關完整的協定；其範圍僅限於與貨物貿易有關的投資措施，主要係限制資本輸入國政府透過政策法令直接或間接實施與貨物貿易有關且對貿易產生限制與扭曲作用的投資措施。

由於 WTO 協議中與國際投資有關的協定，皆配置有專門的機構（即與貿易有關的投資措施委員會、服務貿易理事會、與貿易有關的智慧財產權（知識產權）理事會、補貼與反補貼措施委員會等）負責監督執行，協議附件二【爭端解決規則與程序的諒解】則可適用於 WTO 的各項協定；且由於 WTO 的爭端解決機制具有準司法（quasi-judicial）性質，故更能保障各協定規範事項的具體落實，無疑將刺激今後雙邊與多邊層面的國際投資法制在爭議解決機制的進一步強化與完善；第三，與其他多邊投資法制不同，WTO 協議可透過定期或不定期的多邊貿易談判而不斷演變；雖然，WTO 協議目前尚非屬於一個綜合性的多邊投資條約，然而，其直接或間接涉及國際投資的各項協定勢將隨著投資自由化的要求而不斷地發展與完善，進而可能促使 WTO 協議日後成為一個規範投資准入、投資措施、投資待遇、投資保護以及爭議解決等投資問題的全球性、綜合性的多邊投資條約。由此可知，WTO 協議將促使各種層面（不論係單邊、雙邊、區域）的國際投資法制趨同化與服從於多邊紀律，並朝加強投資保護、提高投資待遇、取消履行要求等更高程度的國際投資自由化方向發展。

(二)中國外資立法將受 WTO 協議投資規則的影響

加入 WTO 的先決條件即成員國必須實施市場經濟體制，或至少在貿易領域須遵循市場經濟規則；而隨著 WTO 協議的簽署，基於經濟全球化背景下國際經濟交流與合作必然性且無可迴避的客觀現實，不論是否為 WTO 的成員國，勢必逐步接納 WTO 協議中經國際間認可的通行規則，亦將持續要求各國在外資立法與外資政策方面朝更加開放與自由化此一放鬆管制（De-regulation）的發展趨勢持續改革；對於希冀藉由加入 WTO 以換取相對穩定的外部環境並獲得進入他國市場權力鑰匙的中國而言，亦復如是。1986 年 7

⑭學者認為，在 WTO 多邊貿易體制中確立與投資有關的協議與條款，無疑是發達國家為了在全球範圍內提高投資保護、限制資本輸入國主權所創造的一種新的方法，亦即投資保護問題迂迴地在多邊貿易體制中解決。發達國家將其在貿易上的談判實力運用於投資問題上，從而為創設有利於發達國家的全球多邊投資法制另闢蹊徑。發達國家可以其貿易實力為籌碼，以關稅減讓及市場准入為誘餌，以跨部門交叉報復為威脅，迫使發展中國家在此多邊協議立法過程中讓渡更多的外資管轄權（劉筍：前揭「論WTO協定對國際投資法的影響」乙文）。

月 10 日中國正式提出「恢復在 GATT 中的締約國地位」的申請,而在 WTO
成立後(1994 年 4 月),1995 年 11 月起即從「復關」談判改為「入世」談
判。中國所以積極爭取入世,其目標在於替改革開放與經濟建設營造一個有
利的國際環境⑮;首先,由於加入 WTO 勢須依循國際規則(包括 WTO 協定
群直接或間接所確立的許多國際投資規則)行事,藉此提升貿易與管理的透
明度並逐步實施國民待遇,優化投資環境,進而增強中國對於外國直接投資
(FDI)的吸引力;其次,入世將使中國得以在 WTO 所提供的多邊、穩定、
無條件的最惠國待遇(Most-Favored-Nation treatment,簡稱 MFN)原則下,與
其他成員進行國際貿易,進而促使主要貿易國逐步取消對其所為的歧視性
(discriminatory)貿易限制;再次,加入 WTO 之後,中國可利用 WTO 架構
下的爭端解決機制(the system of disputes settlement)⑯,避免與其他國家因
貿易問題所產生的衝突與對抗,增加在處理對外貿易關係方面迴旋餘地與轉
寰空間。

　　經過十六年漫長而曲折的雙邊諮商談判過程,WTO 終於在 2001 年 11 月
10 日通過《關於中華人民共和國加入的決定》(Accession of The People's Pe-
public of China)⑰,同年 12 月 11 日中國正式成為 WTO 的一員。依據《馬拉
喀什建立世界貿易組織協議》(Marrakesh Agreement Establishing The World
Trade Organization)第 16 條第 4 項規定:「每一成員應保證其法律、法規與
行政程序與所附各協定對其規定的義務相一致」⑱,同條第 5 項更規定:「不
得對本協議的任何條款提出保留。對多邊貿易協議任何條款的保留應僅以這
些協議規定的程度為限。對一諸邊貿易協議條款的保留應按該協議的規定執
行」⑲;這意味著 WTO 要求其成員的國內法必須與之吻合,中國既已是 WTO

---

⑮王文杰:前揭「大陸外商投資企業法律體系之變遷與進入 WTO 後之調整」乙文。

⑯即 WTO 協定附件二【爭端解決規則與程序的諒解】所建構的制度;有關該機制的詳細內
　容,可參李貴英著:《國際投資法專論──國際投資爭端之解決》,自版 2004 年 1 月初版
　第 1 刷,第 430-447 頁。

⑰對外貿易經濟合作部世界貿易組織司譯:《中國加入世界貿易組織法律文件》,法律出版
　社,2002 年 1 月第 1 版第 1 刷,第 1 頁。

⑱其原文為:「Each Member shall ensure the conformity of its laws, regulations and administrative
　procedures with its obligations as provided in the annexed Agreements.」(對外貿易經濟合作
　部國際經貿關係司譯,前揭書,第 14 頁。)

的成員國，即應受此等規定的拘束⑳。雖然 WTO 協定群所涉及有關國際投資規範的內涵仍有其局限性（以TRIMs協定為例：受規制的投資措施以其實施的結果將對「貨物貿易」的流量或流向產生扭曲性影響者為限，尚不及於「服務貿易」或其並未產生扭曲性影響者），然而 WTO 協定群直接或間接地所確立的諸如：貿易自由化（trade liberalization）、最惠國待遇（MFN）、國民待遇、普遍消除數量限制（general elimination of quantitative restrictions）、透明化及可預測性（transparency & predictability）等原則，勢必對中國以外商投資企業法制為核心規範的外資法制的立法思維與模式，政府的經濟管理活動，外國直接投資（FDI）的市場准入、經營運作的投資措施與待遇標準，政策法規的透明度等涉及投資保護的諸多層面與外資立法的發展，產生相當程度與深遠的正面影響。

四、小結

法律制度（legal system）不是靜止的，它不斷地在動、在變化；而重大的法律變化是隨著社會變化而發生的，並取決於社會變化；然社會要求產生法律變化，反之亦導致重大的社會變化㉑。法制現代化（modernization of legal system）是一個變革的概念與創新的過程，考其實質在於從「人治」型的價值－規範體系向「法治」型的價值－規範體系的轉變㉒。在計畫經濟體制下，政策不僅越俎代庖取代法律並支配著法律，使法律政策化，進而成為其附庸，亦遏止法律的成長；政策剝奪了法律蓬勃生命力與效力，使法律軟弱且缺乏權威（authority）；由於長期形成的政策思維模式，許多法律被制定成政策式的宣言，其實際上不過是一項政策「套上了法律的外衣」㉓。市場

---

⑲其原文為：「No reservations may be made in respect of any provision of this Agreement. Reservations in respect of any of the provisions of the Multilateral Trade Agreements may only be made to the extent provided for in those Agreements. Reservations in respect of a provision of a Plurilateral Trade Agreement shall be governed by the provisions of that Agreement.」（對外貿易經濟合作部國際經貿關係司譯，前揭書，第 14 頁。）

⑳王文杰：「中國大陸加入 WTO 後的法制因應」，載於《萬國法律》，2002 年第 4 期。

㉑（美）勞倫斯・M・弗里德曼著：前揭書，第 314、322 頁。

㉒公丕祥著：《法制現代化的理論邏輯》，中國政法大學出版社，1999 年 1 月第 1 版，2003年 1 月第 2 刷，第 2 頁。

㉓蔡定劍著：前揭書，第 265、267-268 頁。

經濟係「法治」經濟，惟政策與法律不同，並不具備明確的規範性、可操作性、穩定性與後果的可預測性，故無從適應市場經濟體制下多元主體且複雜的社會結構。中國在向市場經濟轉型與過渡的過程中，必須從過往的依靠政策干預的「人治」向遵循法律規制的「法治」轉變，在建構適應市場機制運作的現代化法制轉型過程中，對於反映市場機制運行一般規則的域外法律文化的有益因素（不應僅限於先進的法典此等硬體，尚應包括與之有關的倫理價值與思想觀念等相關軟體），均應予以移植（transplant）或繼受（reception），俾利與世界法律文明的通行規則接軌與溝通。當代中國法制建設正呈現出現代化的發展趨勢，此一進程的基本目標，在於堅持與實行「依法治國」以建設社會主義法治國家，涉及治國方略的根本轉變——以法律取代政策，而政府做為最重要的制度供給者，於此過程中便扮演至關重要的角色。雖然，經濟體制的改革（reform）與轉型（transformation）為中國法制建設向現代化的法制轉變提供機遇，但同時卻亦帶來挑戰；未來包括外商投資企業法制在內的中國法制如何在開放（市場）與管制（政府）之間建立適當的平衡並產生互補性（complementarity），仍考驗著執政者與立法者的智慧。

在開放經濟的條件下，外國直接投資（FDI）對於資本輸入國（特別是發展中國家）的經濟發展發揮舉足輕重的作用。然而，資本輸入國往往在制定一些優惠政策藉以吸引外來投資的同時，為防止或消除外國直接投資（FDI）可能帶來的不利影響（特別是標榜經濟自決的發展中國家），亦採取若干管制性或限制性的外資政策與立法（包括：財政、金融、資本、技術、人事、再投資等各方面）俾對外國直接投資者（或其所設立的投資企業）的行為予以規制與管理。惟隨著二十世紀八〇年代中期以來經濟全球化的加速發展與深化，「放鬆管制（Deregulation）」已蔚為西方追求經濟進一步的自由化（liberalization）與管制改革的潮流；由於資本跨國流動的自由度大幅提高，各國經濟相互依賴度不斷加深，如中國等轉型國家為提升自身在全球範圍內吸引外國直接投資（FDI）的競爭能力，不得不改弦易轍，檢討、調整、改革原具濃厚管制色彩的外資政策與外資立法；蓋國家政策的首要目標係要確保競爭，故政府必須採取行動，最大限度地減少進入市場的障礙[24]。國際投資自由化實際上是一個動態推移的概念，其不僅係指各國對外國直接

---

[24]約瑟夫・斯蒂格利茨：前揭文，載於孫寬平主編：前揭書，第151頁。

投資（FDI）開放的程度，亦為資本輸入國的外資政策不斷朝自由與規範方向發展的趨勢與過程；自由化核心的內容在於逐步消除因原帶有限制（limitation）、歧視（discrimination）性質的外資政策與外資立法所引發的市場扭曲（market distortion）行為與現象，從而須建構有序、必要的機制與規則來規範進入其境內的外國直接投資（FDI）。在各國外資立法朝向自由化改革過程中，往往涉及投資的准入、待遇、措施、爭議解決等涉及投資保護方面的議題（按投資保護雖亦涉及徵用與國有化等議題，惟礙本文框架設計結構的考量，故不擬進一步討論），其中又以「放寬投資准入」為自由化改革的重點，而提高投資待遇、消除履行要求則與准入自由化有著極其密切的關係。中國在加入WTO之後，基於成員所肩負的履約義務，勢須遵照WTO協議框架下一系列與外國直接投資（FDI）有關的協定，意味著中國將從以往半開放、半保護的狀態走向全面性的開放與保護格局，意味著經貿活動勢需遵循國際經貿規則，更意味著經濟發展策略、經貿法律及各種經貿運作將進行一連串的適應性調整及興革㉕。對於中國外資立法中關於外國直接投資（FDI）的准入、投資措施的妥當性、外資經營運作的待遇標準、政策法規的透明度㉖、爭端解決等諸多方面的要求，基於國內法終將逐步與國際投資

㉕ 王文杰：「大陸外商投資企業法制之修正與評析──以中外合資經營企業法暨實施條例為中心」，載於《中國大陸研究》，第46卷第5期，2003年9-10月。

㉖ 近年來，中國有關政策與法規透明度的重要談話與文件，見諸中共十六大通過的政治報告、十六屆三中全會通過的《中共中央關於完善社會主義市場經濟體制若干問題的決定》及中共十七大通過的政治報告。2002年11月中共十六大通過的政治報告第四部分有關「經濟建設和經濟體制改革」第七段「堅持『引進來』和『走出去』相結合，全面提高對外開放水準」第三小段指出：「進一步吸引外商直接投資，提高利用外資的品質和水準。……。改善投資環境，對外商投資實行國民待遇，提高法規和政策透明度。……注意維護國家經濟安全。」（江澤民：前揭十六大報告，第29頁）；2003年10月中共十六屆三中全會通過的前開《決定》第六部分「繼續改善宏觀調控，加快轉變政府職能」第18點「轉變政府經濟管理職能」、第七部分「完善財稅體制，深化金融改革」第24點「完善金融監管體制」、第八部分「深化涉外經濟體制改革，全面提高對外開放水準」第25點「完善對外開放的制度保障」及第十一部分「深化行政管理體制改革，完善經濟法律制度」第36點「繼續改革行政管理體制」皆論及政策與法規透明度問題（該《決定》全文詳見《國務院公報》，2003年第34號）；2005年10月中共十七大通過的政治報告第六部分有關「堅定不移發展社會主義民主政治」第一段「擴大人民民主，保證人民當家作主」指出要：「增強決策透明度和公眾參與度」第六段「完善制約和監督機制，保證人民賦予的權力始終用來為人民謀利益」指出要：「提高政府工作透明度和公信力」（胡錦濤：前揭十七大報告，第29、33頁）。

規範銜接的發展趨勢下，必然地須配合調整其外資法制；易言之，入世前後中國外資政策與外資立法勢必經歷立、改、廢的情況，以因應國際投資規範的要求；在此背景下，做為其外資法制核心規範的三大外商投資企業基本法律及其配套子法，已於 2000 年與 2001 年間，相繼為修訂與調整，以符合國際規範的要求[27]。下一節開始，將分別從投資准入（admission of investment）、投資措施（measures of investment）、投資待遇（treatment of investment）及投資爭端解決（settlement of investment disputes）等層面的投資保護議題切入，探討做為中國外資法制核心規範的外商投資企業法制在各該領域主要的調整內容與發展方向。

第二節　在投資准入（admission of investment）方面的主要發展

若從資本輸入國的角度，投資准入係指該國允許外國直接投資者（外國直接投資）進入自由的程度，包括：允許投資進入的條件（condition）、領域（domain）、區位（location）、審查（screening）等方面；若從投資者的角度，係指外國直接投資（FDI）進入資本輸入國管轄領域的權利與機會[28]。在傳統國際投資法制，外資准入屬於資本輸入國對其本國境內的跨國投資活動得以行使經濟主權的重要內容，其往往反映在其所制定用以規制外國直接投資（FDI）的外資立法、所簽署的各項雙邊投資條約（BITs），以及多邊國際投資條約（或公約）之中，成為傳統國際投資法制的重要制度[29]。中國在改革開放之初，雖然亟需引進外國直接投資（FDI）發展經濟建設，然為維

---

[27] 事實上，中國早在「烏拉圭回合多邊貿易談判（The Uruguay Round of Multilateral Trade Negotiations）」中就已經認識到外商投資企業法制與未來多邊貿易規則間的衝突，但直到在加入 WTO 前夕才為修法安排，其根本原因還在於國情不允許激進式廢除；其後隨著經濟持續發展、各項相關經濟制度、法律制度的進一步改革，條件逐步成熟情況下，才正式考慮外商投資企業法制相關條款的修改與廢除問題（劉筍著：前揭《WTO 法律規則體系對國際國際投資法的影響》，第 108 頁）。

[28] 徐泉著：前揭書，第 273-274 頁。

[29] 有關外資准入相關問題，可參劉筍著：前揭《國際投資保護的國際法制──若干重要法律問題研究》，第 85-87 頁；徐泉著：前揭書，第 273-284 頁；劉筍：前揭「跨國投資國際法制的晚近發展」、「外資准入法律管制的放鬆及其影響──結合 WTO 和中國入世進行研究」等文。

護國家主權與利益，促進其民族工業的自主發展，乃制定屬於限制性的外資立法，對外來資本實施嚴格審查並實施一定的限制，進行有目的的引導及管理，甚至基於公共利益（public interest）的需要，徵用外國直接投資者的財產；長久以來，中國外資立法管制外資准入的具體作法，主要如：對外商投資企業實施審批制度，限制外商投資企業的投資地區、領域、期間、方式、金額、持股比例、股權轉讓、業務範圍，限制設立外商投資企業的數量，將審批標準與各種形式的履行要求結合適用，以滿足外資立法規定的履行要求做為允許外商投資企業進入的條件等；然而，不論係為因應國際投資自由化的趨勢，抑或是基於外資立法本身的缺陷無法因應市場經濟運作的需求，還是為爭取加入 WTO 並符合入世門檻所作的妥協，近年來，中國透過大量移植國外立法並不斷地改革外資立法。

考察中國外資立法在投資准入方面的改革，主要表現在投資領域、投資形式以及投資審查等方面，以下將逐項進行探討。

一、投資領域的逐步放寬

(一)限制規範的統一與透明化

中國在改革開放初期，由於嚴重缺乏資金與技術，故對於前來投資的外國直接投資者，若不涉及管制事項，則幾乎抱持來者不拒的態度；隨著外國直接投資（FDI）的比重逐步增長，1992 年當年度的外國直接投資（FDI）金額首次超過當年度的對外借款數額，成為中國利用外資的主導形式，並逐漸已成為發展國家中第一大資本輸入國（甚至在 2003 年間一度超越美國成為世界第一大資本輸入國）。然而，在這看似輝煌的光景下，卻也導致外商投資企業生產力過剩與投資項目高度重複的窘境；此外，在趨利動機的推動下，外商投資企業往往優先選擇在交通、通訊等基礎設施條件佳、接近消費市場與投資收益高的地區進行投資；爰中國的對外開放的戰略是「先東後西」，讓東部沿海等基礎條件較好的地區享有各種優惠政策，以迅速實現經濟增長，於是東部地區吸引絕大部分的外國直接投資（FDI），致使其區域經濟發展嚴重失衡[30]。由於上述情勢演變將不利於中國整體經濟的發展，故

---

[30]陳漫：「我國引進外商直接投資的實效分析」，載於《東方文化》，2001 年第 4 期。

促使中國開始著手調整引資策略，並於 1995 年發布《指導外商投資方向暫行規定》，對外國直接投資（FDI）的投向進行統一的引導與篩選，以提升利用外國資本的效益，加速調整在發展上日益扭曲的經濟結構[31]。

在1995年發布《指導外商投資方向暫行規定》以前，有關外國直接投資（FDI）的投資項目並無統一的規範依據。1979年制定《合營企業法》當時，雖未明確規定合營企業（Joint Ventures）的投資項目，然而，於其後所發布的《合營企業法實施條例》中，開始明定允許設立合營企業的行業及最基本要求[32]；1986 年所制定的《外資企業法》則僅提出較為籠統、原則性的引導方向，雖亦未能詳細且精確地界定外資企業（Foreign-capital Enterprises）投資准入的範圍，但已授權國務院得透過另行制定「行政法規」的方式予以規範[33]；其後，國務院即依據此項授權，於1990年發布《外資企業法實施細則》，該《細則》中，除進一步闡明設立外資企業所應具備的基本條件，並明定禁止或限制外資企業投資的行業[34]；至於 1988 年所制定的《合作企業

---

[31] 王文杰：前揭「大陸外商投資企業法律體系之變遷與進入 WTO 後之調整」乙文。

[32] 1983 年《合營企業法實施條例》第 3 條規定：「在中國境內設立的合營企業，應能促進中國經濟的發展和科學技術水準的提高，有利於社會主義現代化建設。允許設立合營企業的主要行業是：(一)能源開發，建築材料工業，化學工業，冶金工業；(二)機械製造工業，儀器儀錶工業，海上石油開採設備的製造業；(三)電子工業，計算器工業，通訊設備的製造業；(四)輕工業，紡織工業，食品工業，醫藥和醫療器械工業，包裝工業；(五)農業，牧業，養殖業；(六)旅遊和服務業。」；第 4 條規定：「申請設立的合營企業應注重經濟效益，符合下列一項或數項要求：(一)採用先進技術設備和科學管理方法，能增加產品品種，提高產品品質和產量，節約能源和材料；(二)有利於企業技術改造，能做到投資少、見效快、收益大；(三)能擴大產品出口，增加外匯收入；(四)能培訓技術人員和經營管理人員。」

[33] 1986 年《外資企業法》第 3 條規定：「設立外資企業，必須有利於中國國民經濟的發展，並且採用先進的技術和設備，或者產品全部出口或者大部分出口。國家禁止或者限制設立外資企業的行業由國務院規定。」

[34] 1990 年《外資企業法實施細則》第 3 條規定：「設立外資企業，必須有利於中國國民經濟的發展，能夠取得顯著的經濟效益，並應當至少符合下列一項條件：(一)採用先進技術和設備，從事新產品開發，節約能源和原材料，實現產品升級換代，可以替代進口的；(二)年出口產品的產值達到當年全部產品產值 50%以上，實現外匯收支平衡或者有餘的。」；第 4 條規定：「下列行業，禁止設立外資企業：(一)新聞、出版、廣播、電視、電影；(二)國內商業、對外貿易、保險；(三)郵電通信；(四)中國政府規定禁止設立外資企業的其他行業。」；第 5 條第 1 款規定：「下列行業，限制設立外資企業：(一)公用事業；(二)交通運輸；(三)房地產；(四)信託投資；(五)租賃。」

法》則如同《外資企業法》的規範模式，僅規定較為籠統與原則性的投資引導方向㉟。其後，為統一對於外國直接投資（FDI）在投資領域方面的規制，並使其投資能配合國民經濟及社會發展的規劃，乃由當時的國家計畫委員會、國家經濟貿易委員會以及原對外貿易經濟合作部於 1995 年 6 月以發布《指導外商投資方向暫行規定》及《外商投資產業指導目錄》等部門規章的方式，將外商投資企業的投資領域（投資項目）明確區分為鼓勵、允許、限制及禁止等四個類別，並以《外商投資產業指導目錄》做為相關權責部門審批外商投資項目時的指導依據㊱。同年 8 月所發布的《合作企業法實施細則》則明定，設立合作企業應符合國家的發展與產業政策，遵守國家關於指導外商投資方向的規定㊲，同時規定不允許設立合作企業的情形㊳。

(二)限制規範的調整

1.概說

為落實擴大吸收外國直接投資（FDI）、鼓勵引進先進技術與設備、提升利用外資工作的水準、促進產業結構調整與技術進步、保持國民經濟持續快速發展等政策目標，原對外貿易經濟合作部與其他相關部門乃於 1999 年 8 月聯合發布《關於當前進一步鼓勵外商投資意見的通知》，就進一步鼓勵外國直接投資（FDI）提出包括：「鼓勵外商投資企業技術開發與創新並擴大國內採購」、「加大對外商投資企業的金融支持力度」、「鼓勵外國直接投資（FDI）向中西部地區投資」以及「進一步改善對外商投資企業的管理與服務」等若干意見，供作各省、自治區、直轄市地方政府，國務院各部委與直屬機構執行之依據。《通知》指出《外商投資產業指導目錄》應根據經濟

㉟1988 年《合作企業法》第 4 條規定：「國家鼓勵舉辦產品出口的或者技術先進的生產型合作企業。」（該法全文詳見《全國人大常委會公報》，1988 年第 3 期）。

㊱按鼓勵類、限制類與禁止類的外商投資項目，列入《外商投資產業指導目錄》。至於非屬此三類者均為允許類，惟不列入《外商投資產業指導目錄》（參 1995 年《指導外商投資方向暫行規定》第 4 條第 2 款）。

㊲參 1995 年《合作企業法實施細則》第 2 條。

㊳1995 年《合作企業法實施細則》第 9 條規定：「申請設立合作企業，有下列情形之一的，不予批准：(一)損害國家主權或者社會公共利益的；(二)危害國家安全的；(三)對環境造成污染損害的；(四)有違反法律、行政法規或者國家產業政策的其他情形的。」（該《細則》全文詳見《國務院公報》，1995 年第 24 號）。

發展情況適時地進行調整，適當減少《目錄》中要求中方控股與不允許外商
獨資的限制項目；並應儘速針對外商投資企業的政策規定進行清理並調整不
利於吸引外資的相關政策規定，俾健全外商投資企業法制。其後，中、美兩
國於同年 11 月達成加入 WTO 的雙邊協議，由於入世時程上的壓力，2000 年
初國務院決定必須儘速清理、修改與 WTO 協議及入世承諾不一致的法律、
法規及政策性文件，而 1995 年的《指導外商投資方向暫行規定》及 1997 年
的《外商投資產業指導目錄》均列為必須調整的對象。

2.制定《指導外商投資方向規定》

2001 年底中國正式成為 WTO 的一員，惟 1995 年所發布的《指導外商投
資方向暫行規定》（以下簡稱《暫行規定》）其中有關外商投資企業在中國
境內的投資項目及領域的若干限制或禁止的規定（其中尤以服務業為甚）有
依其入世承諾予以調整的必要；國務院乃於 2002 年 2 月發布《指導外商投資
方向規定》（以下簡稱《規定》），取代《暫行規定》。此次新制定的《規
定》其主要特色包括：第一，提升規範的位階：將規範的法位階從以往僅屬
於國務院部委（即原國家計畫委員會、原國家經濟貿易委員會及原對外貿易
經濟合作部等）所發布的「部門規章」，提升為由國務院發布的「行政法
規」。第二，調整《外商投資產業指導目錄》的主管部門：1995 年《暫行規
定》規定《外商投資產業指導目錄》由當時的國家計畫委員會會同國務院有
關部門定期編制與修訂；惟 2002 年《規定》則明定改由原國家發展計畫委
員會、原國家經濟貿易委員會以及原對外貿易經濟合作部[39]會同國務院有關
部門制（修）訂。第三，增列指導審批與適用政策的依據：1995 年《暫行規
定》規定，《外商投資產業指導目錄》係「指導審批外商投資項目」的依
據；惟 2002 年《規定》除增列《中西部地區外商投資優勢產業目錄》[40]同為

---

[39] 國務院於 2003 年 3 月進行改革開放以來第五次的機構改革，包括將「國家發展計畫委員
會」改組為「國家發展和改革委員會」，組建「商務部」，不再保留「國家經濟貿易委員
會」、「對外貿易經濟合作部」（參 2003 年《國務院機構改革方案》，該《方案》全文詳
見《國務院公報》，2003 年第 11 號）。

[40] 按由原「國家發展計畫委員會」、原「國家經濟貿易委員會」及原「對外貿易經濟合作部」
於 2000 年 6 月聯合發布的《中西部地區外商投資優勢產業目錄》業已廢止，由「國家發展
和改革委員會」及「商務部」另行發布新的《中西部地區外商投資優勢產業目錄》（參閱
2004 年 6 月國務院《關於〈中西部地區外商投資優勢產業目錄〉有關問題的批復》，該
《批復》全文詳見《國務院公報》，2004 年第 22 號）。

「指導審批外商投資項目」的依據外，亦明定兩個《目錄》均為外商投資企業「適用有關政策」的依據[41]。第四，調整「限制類」外商投資項目的類別與分類：2002 年《規定》調整「限制類」的類別並取消 1995 年《暫行規定》依據產業政策與宏觀經濟調控的需要，再將「限制類」細分為限制類（甲）或限制類（乙）的分類方式[42]，對於「限制類」不再作進一步區分。第五，刪除限制類中特定經營（投資）項目必須約定企業經營期限以及中方投資之固定資產限用標的限制。

3.修訂《外商投資產業指導目錄》

(1)2002 年 3 月修訂

為配合 2002 年《指導外商投資方向規定》的發布，《外商投資產業指導目錄》於同年 3 月進行調整（按 1997 年《外商投資產業指導目錄》同時廢止）；此次調整的內容主要包括：第一，「限制類」不再區分為（甲）、（乙）類；而新的產業（產品）分類，採用其國民經濟統計中的現行分類方法；第二，增加「鼓勵類」項目，由一百八十六項增至二百六十二項[43]；將「限制類」項目由一百一十二項減至七十五項，並將原禁止外商投資電信及燃氣、熱力、供排水等城市管網，首次列為對外開放領域；第三，放寬外商投資的股份比例限制；第四，為履行其入世承諾，依照承諾的地域、數量、經營範圍、股權要求，進一步開放銀行、保險、外貿、旅遊、商業、電信、運輸、會計等服務貿易領域。第五，為鼓勵外商投資西部地區的優勢產業，放寬外商投資西部地區的股份比例及行業限制。

(2)2004 年 11 月修訂

為進一步深化改革與擴大開放、加速經濟結構調整的形勢，國務院機

---

[41] 參 2002 年《指導外商投資方向規定》第 3 條第 2 款。

[42] 參 1995 年《指導外商投資方向暫行規定》第 6 條。

[43] 2002 年《外商投資產業指導目錄》主要鼓勵外商投資以下領域：(一)鼓勵外商投資改造傳統農業，發展現代農業，促進農業產業化；(二)鼓勵外商投資交通、能源、原材料等基礎設施和基礎產業；(三)鼓勵外商投資電子資訊、生物工程、新材料和航空航太等高新技術產業，鼓勵外商在華設立研發中心；(四)鼓勵外商運用先進適用技術改造機械、輕工、紡織等傳統工業，實現裝備工業的升級換代；(五)鼓勵外商投資綜合利用資源和再生資源、環境保護工程和市政工程；(六)配合西部大開發戰略，鼓勵外商投資西部地區的優勢產業；(七)鼓勵外商投資產品全部出口的允許類項目。（該《目錄》全文詳見《國務院公報》，2003 年第 3 號）。

構改革⑭後的國家發展和改革委員會與商務部，於 2004 年 11 月聯合發布新的《外商投資產業指導目錄》（按 2002 年《外商投資產業指導目錄》同時廢止）；修訂後的《目錄》在保持吸收外資政策連續性與穩定性的同時，針對原《目錄》內容為部分調整，其中主要涉及三個部分：第一，為適應擴大對外開放及引進先進技術的需要，將亟需發展的產業及產品增列為「鼓勵類」項目，或透過修改原「鼓勵類」項目，增加鼓勵內容；第二，放寬外資准入範圍，加快服務業對外開放的速度（例如：首次將廣播電視節目製作、發行及電影製作列為對外開放的領域）；第三，為適應宏觀調控的需要，防止部分行業盲目投資，將已出現盲目投資的熱門行業或產品，從「鼓勵類」目錄中刪除，調整為「允許類」項目；將部分出現投資過熱，但仍需鼓勵外商投資、引進先進技術的行業或產品，提高投資標準以防止低水準重複建設（例如：刪除與修改原有鼓勵外商投資的項目包括：寬厚板生產、鍍鋅板生產、廢鋼加工、氨綸生產、聚酯生產等。）

(3) 2007 年 10 月修訂

隨著入世過渡期逐步結束，中國對於七十餘個服務部門的擴大開放的承諾期限即將屆至；此外，為適應世界產業結構調整的新趨勢以及中國本身增長方式的轉變與產業結構的調整，有必要及時調整外商投資產業政策。基此，國家發展和改革委員會與商務部於 2007 年 10 月底聯合發布新的《外商投資產業指導目錄》（2004 年《外商投資產業指導目錄》同時停止執行）；新《目錄》吸收國家發展和改革委員會於 2005 年 12 月底發布的《產業結構調整指導目錄（2005 年本）》⑮以及商務部、科學技術部於 2006 年 12 月底聯合發布的《鼓勵外商投資高新技術產品目錄（2006）》中的若干重要內容並

---

⑭國務院於 2003 年 3 月進行改革開放以來第五次的機構改革；這次國務院機構改革的主要任務是：「㈠深化國有資產管理體制改革，設立國務院國有資產監督管理委員會。㈡完善宏觀調控體系，將國家發展計畫委員會改組為國家發展和改革委員會。㈢健全金融監管體制，設立中國銀行業監督管理委員會。㈣繼續推進流通管理體制改革，組建商務部。㈤加強食品安全和安全生產監管體制建設，在國家藥品監督管理局基礎上組建國家食品藥品監督管理局，將國家經濟貿易委員會管理的國家安全生產監督管理局改為國務院直屬機構。㈥將國家計畫生育委員會更名為國家人口和計畫生育委員會。㈦不再保留國家經濟貿易委員會、對外貿易經濟合作部。」（該《改革方案》全文詳見《國務院公報》，2003年第 11 號）。

⑮該《目錄》全文詳見《國務院公報》，2006 年第 3 號。

酌為增刪，條目數量較原《目錄》增加近30%。新《目錄》重點鼓勵外資更多地投向高新技術產業、現代服務業、高端製造環節、現代農業與基礎設施。此次調整的內容主要包括：第一，進一步擴大對外開放的領域：修訂後的《目錄》共列入鼓勵、限制與禁止類條目四百七十八條，其中「鼓勵類」三百五十一條，較原《目錄》增加九十四條，占《目錄》的比重從原來的69%升至73%；「限制類」八十七條，占《目錄》比重由原來的21%調降至18%；「禁止類」四十條，占《目錄》的比重由原來的9%調降至8%。第二，進一步提高外資政策的透明度：將當初入世時承諾開放的領域與股比等內容均列入《目錄》中，使各項法律、法規與專項政策的外資准入要求對外保持一致。第三，促進自主創新、推進產業結構優化升級：根據國家經濟發展的需要，將現代農業、高新技術產業、現代服務業、高端製造環節與基礎設施等領域列入「鼓勵類」，並將《鼓勵外商投資高新技術產品目錄（2006）》中大部分產品整合後列入新《目錄》之「鼓勵類」。第四，鼓勵發展節能環保產業：《目錄》將發展迴圈經濟（circular economy）、清潔生產、可再生能源和生態環境保護以及資源綜合利用產業列入了「鼓勵類」，以加強能源資源與生態環境保護。第五，促進平衡發展的貿易政策：取消原《目錄》「鼓勵類」第十三項中「產品全部直接出口的允許類外商投資項目」的條目，針對貿易順差過大、外匯儲備快速增加等情況，不再繼續實施單純鼓勵出口的導向政策。第六，促進區域協調發展：為結合西部大開發、中部崛起、振興東北老工業基地等戰略，此次修訂《目錄》在鼓勵外商投資產業目錄中，不再列入僅「限於中西部地區」的條目。對屬於需鼓勵外商投資的中西部地區與東北老工業基地的優勢、特色產業，將在修訂《中西部地區外商投資優勢產業指導目錄》時統籌考量列入（按新的《中西部地區外商投資優勢產業指導目錄》已於2008年12月23日發布，並自2009年1月1日起施行）。第七，大力發展服務貿易：新的《目錄》增訂有關「租賃和商務服務業」的內容（在鼓勵、限制與禁止三類目錄中均有體現），同時對外商投資對外貿易公司不再予以限制。第八，對部分涉及國家經濟安全的戰略性與敏感性行業，持謹慎開放的態度，適當調整相關條目，限制外資進入或增加股比限制。

(三)個別投資領域的放寬

自1992年確立向市場經濟體制轉型之後，在逐步放寬外國直接投資者在

個別領域從事投資的同時，中國的外資立法亦開始出現一些調整，具體表現在外國直接投資（FDI）進入中國境內投資時，在法律適用（rechtsanwendung）上不再僅受限於內容較為含糊的三大外商投資企業法制其相關規定，而是更進一步針對在個別的產（行）業設立外商投資企業時，有更為具體的設立條件與規範；換言之，更具體而微地設定經營條件，如此的發展方向更能符合國際投資自由化的期待，並朝向更自由開放與市場化發展⑯。

1.開放經營投資業務

(1)允許從事直接投資業務

原對外貿易經濟合作部於1995年4月發布《關於外商投資舉辦投資性公司的暫行規定》，針對外國投資者設立投資性公司為原則性的規定，允許外國投資者得在中國境內以獨資形式或與中方投資者以合資形式設立從事直接投資的有限責任公司，改變過去僅允許外國直接投資者須以單一企業為主的型態，進而可設立一統籌的控股公司（Holding Company）對其在中國境內的投資事業進行管理。此外，為進一步澄清與明確《暫行規定》中的相關條款以利適用，原對外貿易經濟合作部於1996年2月發布《關於外商投資舉辦投資性公司的暫行規定有關問題的解釋》；其後為積極爭取入世，分別又於1999年8月及2001年5月先後發布《〈關於外商投資舉辦投資性公司的暫行規定〉的補充規定》以及《〈關於外商投資舉辦投資性公司的暫行規定〉的補充規定（二）》，進一步補充《暫行規定》的內涵，以排除其入世障礙。2001年底中國正式成為WTO成員後，為因應入世後的新情勢，原對外貿易經濟合作部於2003年3月發布《關於修改〈關於外商投資舉辦投資性公司的暫行規定〉及其補充規定的決定》；同年6月，機構改革後的商務部將當時有關投資性公司的幾個規定整合為《關於外商投資舉辦投資性公司的規定》，自此統一外商投資舉辦投資性公司的法律規範；其後，該《規定》又先後於2004年2月、同年11月進行修訂。而為進一步鼓勵跨國公司來華投資，並完善投資性公司功能，商務部復於2006年5月發布《關於外商投資舉辦投資性公司的補充規定》，針對其前所發布的《規定》為若干補充與調整（如：修訂《規定》第7、11、22條，刪除第16條；允許投資性公司承接境

---

⑯王文杰：前揭「大陸外商投資企業法律體系之變遷與進入 WTO 後之調整」乙文。

外公司的服務外包業務等）⑰。

　　考察中國自 1995 年允許外國直接投資者設立投資性公司以來的法制發展歷程，可以發現，允許投資性公司投資的領域不斷地擴大（如今已可在《外商投資產業指導目錄》規定的「鼓勵類」、「允許類」及部分「限制類」的領域進行投資），而且其經營範圍亦不斷地擴大⑱，此等改變或可理解為逐漸符合國際投資法制自由化的發展趨勢。

　　(2)允許從事境內投資業務

　　原對外貿易經濟合作部及國家工商行政管理總局於 2000 年 7 月聯合發布《關於外商投資企業境內投資的暫行規定》，允許在中國境內依法設立，採取有限責任公司形式的合營企業、合作企業、外資企業以及外商投資股份有限公司，符合一定條件者（即註冊資本已繳清、開始盈利且依法經營，無違法經營紀錄），得以本企業的名義，在中國境內投資設立企業或購買其他企業（即「被投資公司」，惟僅限於有限責任公司或股份有限公司）投資者的股權；惟仍應比照《指導外商投資方向暫行規定》（2002 年 2 月已廢止）與《外商投資產業指導目錄》的相關規定執行，且不得在禁止外商投資的領域進行投資⑲。

　　(3)允許從事創業投資業務

---

⑰該《補充規定》全文詳見《國務院公報》，2007 年第 2 號。

⑱2004 年《關於外商投資舉辦投資性公司的規定》第 10 條：「投資性公司經商務部批准設立後，可以依其在中國從事經營活動的實際需要，經營下列業務：(一)在國家允許外商投資的領域依法進行投資；(二)受其所投資企業的書面委託（經董事會一致通過），向其所投資企業提供下列服務：1.協助或代理其所投資的企業從國內外採購該企業自用的機器設備、辦公設備和生產所需的原材料、元器件、零部件和在國內外銷售其所投資企業生產的產品，並提供售後服務；2.在外匯管理部門的同意和監督下，在其所投資企業之間平衡外匯；3.為其所投資企業提供產品生產、銷售和市場開發過程中的技術支援、員工培訓、企業內部人事管理等服務；4.協助其所投資企業尋求貸款及提供擔保。(三)在中國境內設立科研開發中心或部門，從事新產品及高新技術的研究開發，轉讓其研究開發成果，並提供相應的技術服務；(四)為其投資者提供諮詢服務，為其關聯公司提供與其投資有關的市場訊息、投資政策等諮詢服務；(五)承接其母公司和關聯公司的服務外包業務。」2006 年《關於外商投資舉辦投資性公司的補充規定》第 2 條：「允許投資性公司承接境外公司的服務外包業務。」第 9 條：「經商務部批准，允許被認定為地區總部的投資性公司從事經營性租賃和融資租賃業務。」

⑲參 2000 年《關於外商投資企業境內投資的暫行規定》第 2 條、第 3 條、第 5 條。

2001 年 8 月由原對外貿易經濟合作部、科學技術部、國家工商行政管理總局聯合發布《關於設立外商投資創業投資企業的暫行規定》，允許具備一定條件的外國投資者（包括外國公司、企業、其他經濟組織或個人），可單獨或與中國的公司、企業或其他經濟組織，依該《暫行規定》在中國境內設立以創業投資（主要係指投資未上市高科技企業股票，並提供創業管理服務，以期獲取資本增值收益的投資方式）為經營活動的外商投資有限責任公司或不具有法人資格的中外合作企業[50]；其後，為進一步完善其規範內容，原對外貿易經濟合作部、科學技術部、國家工商行政管理總局、國家稅務總局以及國家外匯管理局於 2003 年 1 月另行聯合發布《外商投資創業投資企業管理規定》，以取代《關於設立外商投資創業投資企業的暫行規定》。

2.開放經營金融、保險業務

首先，在金融業務部分：國務院於 1994 年 2 月發布《外資金融機構管理條例》，取代 1985 年 4 月的《經濟特區外資銀行、中外合資銀行管理條例》及 1990 年 9 月的《上海外資金融機構、中外合資金融機構管理辦法》；其後為因應入世需要，國務院復於 2001 年 12 月發布新的《外資金融機構管理條例》，並於 2004 年 7 月由中國銀行業監督管理委員會（以下簡稱銀監會）發布新的《外資金融機構管理條例實施細則》以利操作；惟為適應對外開放及經濟發展的需要，加強與完善對「外資銀行」[51]的監督管理，國務院於 2006 年 11 月發布《外資銀行管理條例》[52]（按 2001 年《外資金融機構管理條例》同時廢止），而主管部門銀監會則隨即發布《外資銀行管理條例實施細則》[53]（按 2004 年《外資金融機構管理條例實施細則》同時廢止）以利進一步執行與落實。此外，為開放外資參與「金融資產管理公司」[54]的資產重組與處

---

[50]參 2001 年《關於設立外商投資創業投資企業的暫行規定》第 1 條至第 3 條。
[51]係指依照中華人民共和國有關法律、法規，經批准在中華人民共和國境內設立的下列機構：
　　(一)一家外國銀行單獨出資或者一家外國銀行與其他外國金融機構共同出資設立的外商獨資銀行；(二)外國金融機構與中國的公司、企業共同出資設立的中外合資銀行；(三)外國銀行分行；(四)外國銀行代表處。（參 2006 年《外資銀行管理條例》第 2 條第 1 款）
[52]該《條例》全文詳見《國務院公報》，2007 年第 1 號。
[53]該《實施細則》全文詳見《國務院公報》，2007 年第 28 號。
[54]所謂金融資產管理公司，係指經國務院決定設立的收購國有銀行不良貸款，管理和處置因收購國有銀行不良貸款形成的資產的國有獨資非銀行金融機構（參 2000 年《金融資產管理公司條例》第 2 條）。

置,原對外貿易經濟合作部、財政部、中國人民銀行於2001年10月聯合發布《金融資產管理公司吸收外資參與資產重組與處置的暫行規定》做為規範依據⑤。其次,在保險業務部分:上海市最早於1992年9月發布《上海外資保險機構暫行管理辦法》,惟開放區域有限;2001年12月國務院發布《外資保險公司管理條例》,允許符合一定條件⑥的外國投資者在中國境內設立「外資保險公司」⑦以經營保險業務,惟設立「外資保險公司」的地區、其設立形式、外資比例,由主管部門中國保險監督管理委員會(以下簡稱保監會)依有關規定另行確定;其後,保監會乃於2004年5月發布《外資保險公司管理條例實施細則》對「外資保險公司」為進一步管理與規範(按香港特別行政區、澳門特別行政區與臺灣地區的保險公司在內地設立與營業的保險公司,比照適用《條例》與其《實施細則》;惟法律、行政法規或行政協議另有規定的,適用其規定⑧)。

3.開放經營商業業務

1999年6月,原國家經濟貿易委員會及原對外貿易經濟合作部聯合發布《外商投資商業企業試點辦法》,對符合一定條件的中、外公司或企業,允許其以合資或合作的形式(當時暫不允許外國投資者以獨資方式投資)設立外商投資商業企業以進一步在試點地區內(包括:省會城市、自治區首府、直轄市、計畫單列市與經濟特區)從事商業活動⑨。其後,決定將商業利用

---

⑤該《暫行規定》全文詳見《國務院公報》,2002年第17號。

⑥2001年《外資保險公司管理條例》第8條規定:「申請設立外資保險公司的外國保險公司,應當具備下列條件:(一)經營保險業務三十年以上;(二)在中國境內已經設立代表機構二年以上;(三)提出設立申請前一年年末總資產不少於五十億美元;(四)所在國家或者地區有完善的保險監管制度,並且該外國保險公司已經受到所在國家或者地區有關主管當局的有效監管;(五)符合所在國家或者地區償付能力標準;(六)所在國家或者地區有關主管當局同意其申請;(七)中國保監會規定的其他審慎性條件。」

⑦2001年《外資保險公司管理條例》第2條規定:「本條例所稱外資保險公司,是指依照中華人民共和國有關法律、行政法規的規定,經批准在中國境內設立和營業的下列保險公司:(一)外國保險公司同中國的公司、企業在中國境內合資經營的保險公司(以下簡稱合資保險公司);(二)外國保險公司在中國境內投資經營的外國資本保險公司(以下簡稱獨資保險公司);(三)外國保險公司在中國境內的分公司(以下簡稱外國保險公司分公司)。」

⑧參2001年《外資保險公司管理條例》第39條、2004年《外資保險公司管理條例實施細則》第46條。

⑨參1999年《外商投資商業企業試點辦法》第2條至第5條。

外資由試點轉入正常開放，依據入世承諾逐步擴大開放的領域及範圍，商務部乃於 2004 年 4 月發布《外商投資商業領域管理辦法》取代《外商投資商業企業試點辦法》；該《管理辦法》允許具備一定條件（即有良好的信譽，無違反中國法律、行政法規及相關規章的行為）的外國公司、企業、其他經濟組織或個人，在中國境內設立「外商投資商業企業」（不限定其投資形式，惟外資商業企業須於自同年 12 月 11 日起方得設立）從事商業經營活動，而此等商業經營活動包括：傭金代理、批發、零售及特許經營⑩。其後，為促進香港、澳門與內地建立更緊密經貿關係，鼓勵香港、澳門服務提供者在內地設立商業企業，商務部乃先後於 2006 年 1 月、同年 11 月與 2007 年 11 月，就《管理辦法》中有關香港與澳門服務提供者投資商業領域問題，分別發布《〈外商投資商業領域管理辦法〉的補充規定》、《〈外商投資商業領域管理辦法〉補充規定（二）》⑪及《〈外商投資商業領域管理辦法〉補充規定（三）》⑫做為補充規範。

4.開放經營其他領域業務——主要為「服務業」

儘管現行三大外商投資企業法規範皆允許外商投資企業投資服務業領域，惟該等領域的投資卻長期受到內部規範的限制，有些領域甚至明文禁止市場准入（market access），例如：1990 年所發布的《外資企業法實施細則》中，即揭明禁止及限制外國獨資企業投資的行業⑬；近年來，為因應經濟發

---

⑩參 2004 年《外商投資商業領域管理辦法》第 2 條、第 3 條、第 6 條、第 21 條。

⑪該《補充規定》全文詳見《國務院公報》，2007 年第 27 號。

⑫該《補充規定》全文詳見《國務院公報》，2008 年第 23 號。

⑬1990 年《外資企業法實施細則》第 3 條規定：「設立外資企業，必須有利於中國國民經濟的發展，能夠取得顯著的經濟效益 ，並應當至少符合下列一項條件：（一）採用先進技術和設備，從事新產品開發，節約能源和原材料，實現產品升級換代，可以替代進口的；（二）年出口產品的產值達到當年全部產品產值 50%以上，實現外匯收支平衡或者有餘的。」；第 4 條規定：「下列行業，禁止設立外資企業：（一）新聞、出版、廣播、電視、電影；（二）國內商業、對外貿易、保險；（三）郵電通信；（四）中國政府規定禁止設立外資企業的其他行業。」；第 5 條第 1 款規定：「下列行業，限制設立外資企業：（一）公用事業；（二）交通運輸；（三）房地產；（四）信託投資；（五）租賃。」；惟本《實施細則》於 2001 年 4 月為修訂時，已將原第 3 條修改為：「設立外資企業，必須有利於中國國民經濟的發展，能夠取得顯著的經濟效益。國家鼓勵外資企業採用先進技術和設備，從事新產品開發，實現產品升級換代，節約能源和原材料，並鼓勵舉辦產品出口的外資企業」，同時將原第 4 條、第 5 條合併，修改為：「禁止或者限制設立外資企業的行業，按照國家指導外商投資方向的規定及外商投資產業指導目錄執行。」（參國務院《關於修改〈中華人民共和國外資企業法實施細則〉的決定》第 1 條、第 2 條，該《決定》全文詳見《國務院公報》，2001 年第 17 號）。

展的實際需要、爭取加入 WTO 以及履行入世承諾[64]，已透過頒（發）布或修訂政策與法規的方式，逐漸放寬對於服務業在市場准入方面的限制，易言之，目前外國直接投資者在中國投資服務業已超越過往外資立法規範的諸多限制。現行三大外商投資企業基本法律及其配套子法中對於外國直接投資者得以投資的範圍係採所謂「列舉式」的規定，除其間的內容重複性過高外，更重要的是，已不符中國目前經濟發展的實際狀況，似應取消或調整為「概括性」的規範方式方能符合現狀[65]。以下將就中國外資立法近年來陸續以立法或修法的方式，逐步開放外商投資企業經營其他領域業務（主要為「服務業」方面）的主要規範與內容：

(1)放寬對外貿易公司設立限制

1996 年 9 月原對外貿易經濟合作部發布《關於設立中外合資對外貿易公司試點暫行辦法》，在特定區域開放外國投資者設立合資貿易公司；惟為履行入世承諾且考量試行成果良好，原對外貿易經濟合作部乃於 2003 年 1 月發布《關於設立中外合資對外貿易公司暫行辦法》，進一步開放設立合資外貿公司的區域，取代 1996 年的《試點暫行辦法》[66]。新的《暫行辦法》規定外國公司、企業可與中國公司、企業共同設立符合一定條件的「中外合資對外貿易公司」專門從事對外貿易經營活動[67]；此外，該外國直接投資者其投資占註冊資本比例不得少於 25%[68]；亦即外國投資者在領域的投資准入尚非完全自由，仍受有限制。其後，為鼓勵香港及澳門服務提供者在中國內地以合資、合作、獨資的形式設立對外貿易公司，商務部於 2003 年 12 月發布《〈關於設立中外合資對外貿易公司暫行辦法〉補充規定》以為規範依據。

(2)開放投資經營電影院

2000 年 10 月國家廣播電影電視總局、文化部、原對外貿易經濟合作部

---

[64] 有關中國在服務貿易領域的水平承諾（Horizontal Commitments）與具體承諾（Specific Commitments）的詳細內容，可參【中華人民共和國加入議定書】（Protocol on the Accession of The People's Republic of China）附件九【服務貿易具體承諾減讓表】（Schedule of Specific Commitments on Services），對外貿易經濟合作部世界貿易組織司譯：前揭書，第 700-746 頁。

[65] 王文杰：前揭「大陸外商投資企業法律體系之變遷與進入 WTO 後之調整」乙文。

[66] 該《暫行辦法》全文詳見《國務院公報》，2003 年第 13 號。

[67] 參 2003 年《關於設立中外合資對外貿易公司暫行辦法》第 2 條、第 4 條。

[68] 參 2003 年《關於設立中外合資對外貿易公司暫行辦法》第 3 條。

聯合發布《外商投資電影院暫行規定》⑥，允許外國公司、企業及其他經濟組織在平等互利原則的前提下，經主管部門批准後，可在中國境內與中國的公司、企業，設立中外合資或合作企業（不包括外商獨資方式），建設、改造電影院，從事電影放映業務。為因應入世後的新情勢及履行入世承諾，國家廣播電影電視總局、商務部、文化部於 2003 年 11 月聯合發布新的《外商投資電影院暫行規定》⑦，放寬外商投資電影院的條件（例如：最低註冊資本從一千萬人民幣調降為六百萬人民幣，調降在試點城市所設合營企業合營中方資本所占註冊資本的比例）⑦；換言之，外國直接投資者在此領域的投資准入仍非完全自由。其後，為促進內地與香港及澳門更緊密經貿關係的發展，鼓勵香港及澳門服務提供者在內地設立從事電影放映業務的企業，前開主管部門於 2005 年 4 月聯合發布《〈外商投資電影院暫行規定〉的補充規定》，以為規範依據；另為鼓勵香港、澳門服務提供者在內地設立的獨資公司，在多個地點新建（或改建）多間電影院，經營電影放映業務，主管部門復於 2006 年 1 月聯合發布《〈外商投資電影院暫行規定〉的補充規定（二）》以為補充規範。

(3)開放投資經營租賃業

2001 年 8 月，原對外貿易經濟合作部發布《外商投資租賃公司審批管理暫行辦法》，允許外國公司、企業及其他經濟組織在平等互利原則的前提下，經主管部門批准後，可在中國境內與中國的公司、企業或其他經濟組織

---

⑥該《暫行規定》全文詳見《國務院公報》，2001 年第 20 號。

⑦該《暫行規定》全文詳見《國務院公報》，2004 年第 15 號。

⑦2000 年《外商投資電影院暫行規定》第 4 條規定：「外商投資電影院應當符合以下條件：(一)符合當地文化設施的布局與規劃；(二)註冊資本不少於一千萬元人民幣；(三)有固定的營業（放映）場所；(四)中外合資、合作電影院不得冠以境外影視(媒體)、院線名稱；(五)中外合資電影院，合營中方在註冊資本中的投資比例不得低於 51%；中外合作電影院，合營中方應擁有經營主導權；(六)合資、合作期限不超過三十年；(七)符合中國有關法律、法規及有關規定。」；至於 2003 年《外商投資電影院暫行規定》第 4 條則規定：「外商投資電影院應當符合以下條件：(一)符合當地文化設施的布局與規劃；(二)註冊資本不少於六百萬元人民幣；(三)有固定的營業(放映)場所；(四)中外合資電影院，合營中方在註冊資本中的投資比例不得低於 51%；對全國試點城市：北京、上海、廣州、成都、西安、武漢、南京市中外合資電影院，合營外方在註冊資本中的投資比例最高不得超過 75%；(五)合資、合作期限不超過三十年；(六)符合中國有關法律、法規及有關規定。」

以合資或合作的方式設立外商投資租賃公司。2005 年 2 月，商務部發布《外商投資租賃業管理辦法》⑫取代 2001 年的《外商投資租賃公司審批管理暫行辦法》；該《辦法》進一步允許外商得以「獨資」的形式設立從事租賃業務、融資租賃業務的外商投資企業。

(4)開放設立職業介紹機構

2001 年 10 月原勞動和社會保障部⑬及國家工商行政管理總局聯合發布《中外合資中外合作職業介紹機構設立管理暫行規定》⑭，規定具備一定條件（如：有良好的信譽、為從事職業介紹的法人等⑮）的外國投資者及中方投資者，允許其僅得以合資或合作的形式設立「職業介紹機構」，但不允許外國投資者以獨資方式設立⑯；且該機構的註冊資本不得低於三十萬美金及三名以上具職業介紹資格的專職工作人員⑰；由此可知，對外國直接投資者在此領域的投資准入仍設有限制。另為進一步落實於 2004 年 10 月與香港、澳門分別簽署的《〈內地與香港關於建立更緊密經貿關係的安排〉補充協議》與《〈內地與澳門關於建立更緊密經貿關係的安排〉補充協議》，原勞動和社會保障部、商務部、國家工商行政管理總局於 2005 年 10 月聯合發布《關於允許香港澳門服務提供者在內地設立獨資職業介紹機構的通知》以資規範⑱。

(5)開放投資經營道路運輸業、民用航空業與國際海運業

2001 年 11 月，交通部與原對外貿易經濟合作部聯合發布《外商投資道路運輸業管理規定》，依據營業屬性分別允許外國投資者以不同的投資形式（或為中外合資，或中外合資、合作兼可，或為獨資），投資道路運輸業⑲，

---

⑫該《辦法》全文詳見《國務院公報》，2005 年第 33 號。

⑬按國務院於 2008 年 3 月進行改革開放以來第六次的機構改革；此次國務院機構改革的主要任務在於：轉變政府職能與理順部門職責關係，探索實行職能有機統一的大部門體制；其中將人事部、勞動和社會保障部的職責整合劃入「人力資源和社會保障部」，不再保留勞動和社會保障部（該《改革方案》全文詳見《全國人大常委會公報》，2008 年第 3 期）。

⑭該《暫行規定》全文詳見《國務院公報》，2002 年第 24 號。

⑮參 2001 年《中外合資中外合作職業介紹機構設立管理暫行規定》第 6 條。

⑯參 2001 年《中外合資中外合作職業介紹機構設立管理暫行規定》第 3 條第 3 款。

⑰參 2001 年《中外合資中外合作職業介紹機構設立管理暫行規定》第 6 條第 3 項。

⑱該《通知》全文詳見《國務院公報》，2006 年第 5 號。

取代交通部於 1993 年所發布的《外商投資道路運輸業立項審批暫行規定》；而為履行入世承諾與落實 2001 年《外商投資道路運輸業管理規定》的相關規定，交通部乃於 2002 年 11 月發布《關於進一步對外開放道路運輸投資領域的通知》以資進一步規範。另為鼓勵香港與澳門服務提供者在內地設立從事道路運輸業務的企業，交通部與商務部於 2003 年 12 月聯合發布《關於〈外商投資道路運輸業管理規定〉的補充規定》，做為規範依據[80]；2004 年 12 月再發布《關於〈外商投資道路運輸管理規定〉的補充規定（二）》，進一步允許 WTO 成員的企業、其他經濟組織或個人採用獨資形式（包括併購形式）在中國境內設立道路運輸企業，從事道路貨物運輸、道路貨物運輸站（場）及機動車維修等經營活動；至於在境內已依法設立的其他外商獨資企業、中外合資企業，若其註冊資本已全部繳齊滿一年者，則允許其申請從事前開道路運輸經營活動[81]。

　　2002 年 6 月，中國民用航空總局、原國家發展計畫委員會（現已改組為「國家發展和改革委員會」）、原對外貿易經濟合作部聯合發布《外商投資民用航空業規定》[82]，允許外國公司、企業及其他經濟組織或個人得以法定方式（如：合營、購買民航企業股份、其他經批准的投資方式[83]）投資民航業；若以合營方式（包括：合資、合作經營）投資者，其經營期限不得逾三十年[84]；即外國直接投資者在此領域的投資准入仍受有一定程度的限制。其後，為進一步履行分別與香港、澳門特區政府所簽署的《〈內地與香港關於建立更緊密經貿關係的安排〉補充協議》、《〈內地與澳門關於建立更緊密經貿關係的安排〉補充協議》及後續的《補充協定》，主管部門先後於 2005

---

[79] 2001 年《外商投資道路運輸業管理規定》第 3 條規定：「允許外商採用以下形式投資經營道路運輸業：(一)採用中外合資形式投資經營道路旅客運輸；(二)採用中外合資、中外合作形式投資經營道路貨物運輸、道路貨物搬運裝卸、道路貨物倉儲和其他與道路運輸相關的輔助性服務及車輛維修；(三)採用獨資形式投資經營道路貨物運輸、道路貨物搬運裝卸、道路貨物倉儲和其他與道路運輸相關的輔助性服務及車輛維修。本條第(三)項所列道路運輸業務對外開放時間由國務院對外貿易經濟主管部門和交通主管部門另行公布。」

[80] 該《補充規定》全文詳見《國務院公報》，2004 年第 27 號。

[81] 參 2004 年《〈外商投資道路運輸管理規定〉補充規定（二）》第 1 條。

[82] 該《規定》全文詳見《國務院公報》，2003 年第 8 號。

[83] 參 2002 年《外商投資民用航空業規定》第 4 條。

[84] 參 2002 年《外商投資民用航空業規定》第 7 條。

年 1 月、2007 年 1 月、同年 10 月分別發布《〈外商投資民用航空業規定〉的補充規定》、《〈外商投資民用航空業規定〉的補充規定（二）》、《〈外商投資民用航空業規定〉的補充規定（三）》，以為規範依據。

交通部與商務部於 2004 年 2 月聯合發布《外商投資國際海運業管理規定》，外國投資者經主管部門批准後，可依不同的業務性質，以中外合資、中外合作及獨資方式在中國境內經營國際海運業[85]。惟外國投資者仍須符合一定的條件[86]方得投資設立「外商國際船舶運輸企業」、「外商投資國際船舶代理企業」、「外商投資國際船舶管理企業」。

(6)開放投資經營電信業

2001 年 12 月國務院發布《外商投資電信企業管理規定》[87]，允許外國投資者與符合一定條件的中國投資者在中國境內以中外合資經營的方式，共同投資設立經營電信業務的企業。惟外商投資電信企業經營業務的地域範圍須由主管部門另行確定，且對其註冊資本及外方投資者在企業中的出資比例

---

[85] 2004 年《外商投資國際海運業管理規定》第 4 條規定：「經交通部和商務部批准，允許外商採用以下形式投資經營國際海運業：(一)設立中外合資、中外合作企業經營國際船舶運輸、國際船舶代理、國際船舶管理、國際海運貨物裝卸、國際海運集裝箱站和堆場業務；(二)設立中外合資、中外合作、外商獨資企業經營國際海運貨物倉儲業務；(三)設立中外合資、中外合作、外商獨資企業為投資者擁有或者經營的船舶提供日常業務服務。」

[86] 2004 年《外商投資國際海運業管理規定》第 5 條規定：「設立外商投資國際船舶運輸企業，需符合如下條件：(一)有與經營國際海上運輸業務相適應的船舶，其中必須有中國籍船舶；(二)投入運營的船舶符合國家規定的海上交通安全技術標準；(三)有提單、客票或者多式聯運單證；(四)有具備交通部規定的從業資格的高級業務管理人員；(五)以中外合資或中外合作企業形式設立，外商的出資比例不得超過 49%；(六)企業的董事長和總經理，由投資各方協商後由中方指定；(七)法律、行政法規規定的其他條件。」；第 7 條規定：「設立外商投資國際船舶代理企業，需符合如下條件：(一)高級業務管理人員中至少二人具有三年以上從事國際海上運輸經營活動的經歷。高級業務管理人員是指具有中級或中級以上職稱、在國際海運企業或者國際海運輔助企業任部門經理以上職務的中國公民；(二)有固定的營業場所和必要的營業設施，包括具有同港口和海關等部門進行電子資料交換的能力；(三)以中外合資或中外合作企業形式設立，外商出資比例不得超過49%；(四)法律、行政法規規定的其他條件。」；第 9 條規定：「設立外商投資國際船舶管理企業，需具備下列條件：(一)高級業務管理人員中至少二人具有三年以上從事國際海上運輸經營活動的經歷；(二)有持有與所管理船舶種類和航區相適應的船長、輪機長適任證書的人員；(三)有與國際船舶管理業務相適應的設備、設施。」

[87] 該《規定》全文詳見《國務院公報》，2002 年第 2 號。

均設有限制⑧；即外國直接投資者在此領域的投資准入仍受有限制，尚非完全自由。其後，為適應電信業對外開放的需要並配合機構改革後職掌改隸，國務院對原《規定》進行修訂，並於2008年9月發布新的《外商投資電信企業管理規定》；新《規定》主要修訂內容包括：降低外商投資電信企業其註冊資本最低限額⑧；刪除原《規定》第23條有關境內電信企業在境外上市須事先送經審批的規定⑨。

　　(7)開放投資經營印刷業

　　2002年1月，新聞出版總署、原對外貿易經濟合作部聯合發布《設立外商投資印刷企業暫行規定》⑨，允許具備一定條件的外國機構、公司、企業在平等互利原則的前提下，可與中國公司、企業共同投資設立中外合營（包括合資、合作）印刷企業，亦可獨資設立外資印刷企業。惟對於經營特定業務的外商投資印刷企業註冊資本、中方投資者的持股比例及設立分支機構等仍設有限制⑨；易言之，外國直接投資者在此領域的投資准入尚非完全自

---

⑧2001年《外商投資電信企業管理規定》第4條規定：「外商投資電信企業經營業務的地域範圍，由國務院資訊產業主管部門按照有關規定確定。外商投資電信企業可以經營基礎電信業務、增值電信業務，具體業務分類依照電信條例的規定執行。」；第5條規定：「外商投資電信企業的註冊資本應當符合下列規定：(一)經營全國的或者跨省、自治區、直轄市範圍的基礎電信業務的，其註冊資本最低限額為二十億元人民幣；經營增值電信業務的，其註冊資本最低限額為一千萬元人民幣；(二)經營省、自治區、直轄市範圍內的基礎電信業務的，其註冊資本最低限額為二億元人民幣；經營增值電信業務的，其註冊資本最低限額為一百萬元人民幣。」；第6條規定：「經營基礎電信業務（無線尋呼業務除外）的外商投資電信企業的外方投資者在企業中的出資比例，最終不得超過49%。經營增值電信業務（包括基礎電信業務中的無線尋呼業務）的外商投資電信企業的外方投資者在企業中的出資比例，最終不得超過50%。外商投資電信企業的中方投資者和外方投資者在不同時期的出資比例，由國務院資訊產業主管部門按照有關規定確定。」；第7條規定：「外商投資電信企業經營電信業務，除應當符合本規定第4條、第5條、第6條規定的條件外，還應當符合電信條例規定的經營基礎電信業務或者經營增值電信業務應當具備的條件。」

⑧經營全國或跨省、自治區、直轄市範圍的基礎電信業務者，從二十億元人民幣調降為十億人民幣；經營省、自治區、直轄市範圍內的基礎電信業務者，從二億元人民幣調降為一億元人民幣（參2008年《外商投資電信企業管理規定》第5條）。

⑨參2008年《國務院關於修改〈外商投資電信企業管理規定〉的決定》第8條。

⑨該《暫行規定》全文詳見《國務院公報》，2002年第32號。

⑨2002年《設立外商投資印刷企業暫行規定》第6條規定：「設立外商投資印刷企業，應當具備下列條件：(一)申請設立外商投資印刷企業的中、外方投資者應當是能夠獨立承擔民事責任的法人，並具有直接或間接從事印刷經營管理的經驗。(二)外方投資者應當符合下列要求之一：1.能夠提供國際先進的印刷經營管理模式及經驗；2.能夠提供國際領先水準的自

由。另為促進香港、澳門與內地建立更緊密的經貿關係,鼓勵香港、澳門的服務提供者在內地設立商業企業,新聞出版總署與商務部於 2008 年 11 月復聯合發布《關於〈設立外商投資印刷企業暫行規定〉的補充規定》,就兩地服務提供者其投資印刷領域所涉問題做出補充規範。

　　(8)開放投資經營建築業

　　2002 年 9 月建設部、原對外貿易經濟合作部聯合發布《外商投資建築業企業管理規定》[93],允許外國投資者以中外合資、中外合作及獨資方式,設立外商投資建築業企業;惟以前兩種方式設立者,中方合營者的出資總額不得低於註冊資本的 25%[94],取代 1994 年 3 月建設部發布的《在中國境內承包工程的外國企業資質管理暫行辦法》以及 1995 年 9 月建設部、原對外貿易經濟合作部聯合發布的《關於設立外商投資建築業企業的若干規定》;其後,為促進內地與香港及澳門經貿關係的發展,鼓勵香港與澳門的服務提供者在內地設立建築業企業,2003 年 12 月建設部、商務部聯合發布《〈外商投資建築業企業管理規定〉的補充規定》[95]以為規範依據。

　　(9)開放投資經營城市規劃服務業與廣告業

　　2003 年 2 月建設部、原對外貿易經濟合作部聯合發布《外商投資城市規劃服務企業管理規定》[96],允許外國投資者(包括:公司、企業、其他經濟組織或個人)以中外合資、中外合作及獨資方式,設立具備一定條件的「外商投資城市規劃服務企業」從事城市規劃服務[97]。同年 12 月,為促進內地與

印刷技術和設備;3.能夠提供較為雄厚的資金。(三)申請設立外商投資印刷企業的形式為有限責任公司。(四)從事出版物、包裝裝潢印刷品印刷經營活動的外商投資印刷企業註冊資本不得低於一千萬元人民幣;從事其他印刷品印刷經營活動的外商投資印刷企業註冊資本不得低於五百萬元人民幣。(五)從事出版物、其他印刷品印刷經營活動的中外合營印刷企業,合營中方投資者應當控股或占主導地位。其中,從事出版物印刷經營活動的中外合營印刷企業的董事長應當由中方擔任,董事會成員中方應當多於外方。(六)經營期限一般不超過三十年。審批設立外商投資印刷企業,除依照前款規定外,還應當符合國家有關印刷企業總量、結構和布局的規劃。」;第 12 條規定:「外商投資印刷企業不得設置分支機構。」

[93] 該《規定》全文詳見《國務院公報》,2003 年第 20 號。
[94] 參 2002 年《外商投資建築業企業管理規定》第 2 條、第 12 條。
[95] 該《補充規定》全文詳見《國務院公報》,2004 年第 26 號。
[96] 該《規定》全文詳見《國務院公報》,2003 年第 21 號。
[97] 參 2003 年《外商投資城市規劃服務企業管理規定》第 3 條、第 4 條、第 6 條。

香港及澳門經貿關係的發展，鼓勵香港及澳門服務提供者在中國內地設立城
市規劃服務企業，建設部、商務部聯合發布《〈外商投資城市規劃服務企業
管理規定〉的補充規定》⑱以為規範依據。

　　2004 年 3 月國家工商行政管理局及商務部聯合發布《外商投資廣告企業
管理規定》，允許外國投資者以中外合資、中外合作及獨資方式，設立外商
投資廣告企業；惟外商投資廣告企業除應符合有關法律、法規規定的條件
外，尚須具備該《規定》所訂之條件⑲。該《規定》取代由國家工商行政管
理總局與原對外貿易經濟合作部於 1994 年 11 月所發布的《關於設立外商投
資廣告企業的若干規定》，並放寬外國投資者投資的形式、其本身及設立分
支機構應具備的條件⑳。為加強外商投資廣告企業的管理，主管部門於 2008
年 8 月發布新修訂的《外商投資廣告企業管理規定》以因應實際發展需要。

(四)小結

　　中國雖於近年來不斷透過立法與修法的方式，逐步放寬以往在投資領域
方面的限制，惟由前述規範的內容可知，迄今在投資准入方面仍未完全開
放，仍視不同的行業別設有程度不等的若干限制，換言之，投資准入自由化
的程度仍有待進一步提升。雖然，WTO 協議要求其成員（國）解除其對外
國直接投資（FDI）所為限制，但主要僅限於其成員（國）為履行 GATS 協

---

⑱該《補充規定》全文詳見《國務院公報》，2004 年第 27 號。
⑲2004 年《外商投資廣告企業管理規定》第 9 條規定：「設立中外合營廣告企業，除符合有
　關法律、法規規定的條件外，還應具備以下條件：(一)合營各方應是經營廣告業務的企業；
　(二)合營各方須成立並運營二年以上；(三)有廣告經營業績。」；第 10 條規定：「設立外
　資廣告企業，除符合有關法律、法規規定的條件外，還應具備以下條件：(一)投資方應是
　經營廣告業務為主的企業；(二)投資方應成立並運營三年以上。」
⑳1994 年《關於設立外商投資廣告企業的若干規定》第 2 條規定：「本規定所稱外商投資廣
　告企業，是指中外合資、合作經營廣告業務的企業。」；第 6 條規定：「設立外商投資廣
　告企業，除符合有關法律、法規規定的條件外，還應具備以下條件：(一)合營各方必須是
　具有一定規模的以經營廣告業務為主的企業法人；(二)能夠引進國際先進的廣告製作技術
　和設備；(三)具有市場調查、廣告策劃和廣告效果測定等能力；(四)能夠在廣告策劃、創
　意、設計、製作和經營管理等方面培訓中國職員；(五)註冊資本不低於三十萬美元。」；
　第 7 條規定：「申請設立分支機構的外商投資廣告企業，應具備以下基本條件：(一)註冊
　資本全部繳清；(二)年營業額不低於二千萬元人民幣；(三)分支機構所在地須有三個以上相
　對固定的廣告客戶。」

定，就於【服務貿易具體承諾減讓表】中所為具體承諾的服務貿易領域，以及 TRIMs 協定所要求者（即以投資措施實施的結果將對「貨物貿易」的流量或流向產生扭曲性影響者為限，尚不及於「服務貿易」），除此之外，並不受 WTO 協議的規制；因此，中國在入世後，對於此等不受約束的領域，對外國直接投資者在投資領域方面所施予的限制（例如：投資期間、投資比例、出資轉讓、減資等），所實施的限制型投資措施（例如：當地成分要求、出口要求、當地股權要求等），甚至使其處於部分「次國民待遇（sub-national treatment）」的狀態，若不牴觸 WTO 協議，基於保護內資企業在該等領域的生存與發展，極可能仍將保留並繼續實施。

二、投資形式的多元化發展

在確定實行市場經濟體制之後，中國的外資立法亦開始出現一些不同於以往的調整與變革，增加外國直接投資（FDI）對設立外商投資企業在其組織型態上或投資方式選擇的多樣性，在此發展下，更能符合商業行為講求的操作靈活的要求以及國際投資法制追求自由化的期待，而朝向更加自由開放與市場化的方向轉變[101]。

(一)開放設立股份有限公司

有限責任公司（Limited Liability Company；Gesellschaft mit beschränkter Haftung）形式雖較適合於中、小型外商投資企業，然而，有限責任公司的封閉型特徵卻嚴重妨礙採此形式的外商投資企業其進一步的發展。為充分發揮股份有限公司（Incorporated）利用外國直接投資（FDI）的優勢與功能，中國乃於 1992 年 6 月由原國家計畫委員會、原國家經濟體制改革委員會[102]聯合發布《股份制試點企業宏觀管理的暫行規定》，明定在《外商投資產業指導目錄》範圍內，除非屬於法律或行政法規禁止外商投資企業投資的行業，均歡迎並鼓勵外國資本入股組建股份制企業（亦即法律或行政法規禁止外商投資

---

[101] 王文杰：前揭「大陸外商投資企業法律體系之變遷與進入 WTO 後之調整」乙文。

[102] 國務院於 1998 年 3 月進行改革開放以來第四次的機構改革，其中將「國家計畫委員會」更名為「國家發展計畫委員會」，至於「國家經濟體制改革委員會」則改為國務院高層次的議事機構，不再列入國務院組成部門序列（參 1998 年《國務院機構改革方案》，該《方案》全文詳見《全國人大常委會公報》，1998 年第 1 期）。

企業投資的行業，仍然不得設立外資入股的股份制企業）；至於已設立的中外合資企業如擬轉為股份有限公司，則需經原審批機構會同有關部門批准[⑬]；其後，原對外貿易經濟合作部於 1993 年 10 月接連發布《關於審批中外合資股份公司有關問題的通知》（現已廢止）、《關於舉辦中外股份有限公司有關問題的通知》（現已廢止）、《關於舉辦股份有限公司形式中外合資企業有關問題的通知》（現已廢止）做為進一步規範外國投資者投資股份有限公司的依據。1995 年 1 月，原對外貿易經濟合作部總結過去實踐經驗，發布《關於設立外商投資股份有限公司若干問題的暫行規定》，規定外國的公司、企業、其他經濟組織或個人，在平等互利的原則下，可在中國境內與中國的公司、企業或其他經濟組織共同設立「外商投資股份有限公司」，並且首次明定「外商投資股份有限公司」係外商投資企業的一種形式[⑭]，以彌補中國外商投資企業法制的不足，並為外商投資企業採用股份有限公司形式進行跨國投資提供法律上的依據。

惟該《暫行規定》的出現立意雖佳，然而，僅以法位階較低的「部門規章」的形式做為外國直接投資者設立企業的規範依據，似與中國對於吸引外國直接投資（FDI）所一向採取的慎重態度有違；而且，以僅具「部門規章」位階效力的《暫行規定》修正具有「法律」位階效力的外商投資企業立法中的相關規定，勢將又造成外國直接投資者在進入中國境內投資時，面臨適用外商投資企業法規範的困境[⑮]。但隨著《公司法》的發展更為落實之後，儘管目前以此形式所設立的外商投資企業在數量上相對較少，惟因較受外國直接投資者所青睞，必然將逐步在中國擴展[⑯]。

(二)跨國併購投資模式的出現

1990 年代中期以來，全球併購活動發展迅速，跨國併購（Cross-border Mergers & Acquisitions）已成為外國直接投資（FDI）的主要方式；然而，中國自改革開放以來，由於政策導向與投資環境未臻完備等諸多因素，所吸引

[⑬] 參 1992 年《股份制試點企業宏觀管理的暫行規定》第 1 條第 5 款、第 3 條第 3 款。
[⑭] 參 1995 年《關於設立外商投資股份有限公司若干問題的暫行規定》第 1 條、第 3 條。
[⑮] 王文杰：前揭「中華人民共和國外商投資企業的發展新動態」乙文。
[⑯] 王文杰：前揭「大陸外商投資企業法律體系之變遷與進入 WTO 後之調整」乙文。

的外國直接投資（FDI），主要仍以新建投資（Greenfield Investment）為主；由於此種傳統投資模式與國際投資的發展趨勢相左，造成利用外資的金額有逐漸減少的現象；基於促進經濟持續增長、減少重複建設與生產、推動國有企業改革、補充社會保障資金等多方考量，中國已開始逐步放鬆外國直接投資（FDI）在投資模式方面的管制，允許外國直接投資者在符合一定條件下，得以透過跨國併購的方式在中國境內進行投資[107]。

　　在 2003 年 3 月發布《外國投資者併購境內企業暫行規定》以前，中國即已有相當數量可資適用的法律、行政法規或部門規章做為規範併購行為之依循。就「法律」位階的規範部分，例如：1986 年 4 月頒布的《民法通則》[108]、1993 年 12 月頒布的《公司法》[109]、1998 年 12 月頒布的《證券法》[110]、1999 年 3 月頒布的《合同法》[111]等；至於「行政法規」或「部門規章」位階的規範部分，例如：1997 年 5 月，原對外貿易經濟合作部發布的《外商投資企業投資者股權變更的若干規定》提供透過股權收購方式併購外商投資企業的法源依據[112]；1999 年 9 月，原對外貿易經濟合作部與國家工商行政管理局聯合

---

[107]有關中國對外資併購法律規制的發展與建議，可參黃紫紅：「外資併購及其法律規制」，載於《華東政法學院學報》，2003 年第 4 期。

[108]參 1986 年《民法通則》相關條文（如：第 44 條）。

[109]參 1993 年《公司法》相關條文（如：第 38 條第 11 項、第 39 條第 2 款、第 46 條第 7 項、第 66 條、第 103 條第 10 項、第 106 條第 2 款、第 112 條第 2 款第 7 項、第 149 條第 1 款、第 182 條、第 183 條、第 184 條、第 185 條、第 188 條第 1 款、第 190 條第 3 項、第 217 條第 1 款）。

[110]參 1998 年《證券法》相關條文（如：第 62 條第 2 款第 9 項、第 92 條、第 123 條）。

[111]參 1999 年《合同法》相關條文（如：第 70 條、第 90 條）。

[112]1997 年《外商投資企業投資者股權變更的若干規定》第 2 條規定：「本規定所稱的外商投資企業投資者股權變更，是指依照中國法律在中國境內設立的中外合資經營企業、中外合作經營企業、外資企業（以下統稱為企業）的投資者或其在企業的出資（包括提供合作條件）份額（以下稱為股權）發生變化。包括但不限於下列主要原因導致外商投資企業投資者股權變更：(一)企業投資者之間協議轉讓股權；(二)企業投資者經其他各方投資者同意向其關聯企業或其他受讓人轉讓股權；(三)企業投資者協議調整企業註冊資本導致變更各方投資者股權；(四)企業投資者經其他各方投資者同意將其股權質押給債權人，質權人或受益人依照法律規定和合同約定取得該投資者股權；(五)企業投資者破產、解散、被撤銷、被吊銷或死亡，其繼承人、債權人或其他受益人依法取得該投資者股權；(六)企業投資者合併或者分立，其合併或分立後的承繼者依法承繼原投資者股權；(七)企業投資者不履行企業合同、章程規定的出資義務，經原審批機關批准，更換投資者或變更股權。」；第 3 條規定：「企業投資者股權變更應遵守中國有關法律、法規，並按照本規定經審批機關批

發布的《關於外商投資企業合併與分立的規定》則允許符合法定條件的外商投資企業，彼此間可以合併與分割⑪；2000 年 7 月，原對外貿易經濟合作部與國家工商行政管理局聯合發布的《關於外商投資企業境內投資的暫行規定》則允許在中國境內依法設立的合營企業、合作企業、外資企業以及外商投資股份有限公司，若符合一定條件（即註冊資本已繳清、開始盈利且依法經營，無違法經營紀錄），便得以本企業的名義，在中國境內購買其他企業投資者的股權⑭；2001 年 11 月，原對外貿易經濟合作部及中國證監會聯合發布的《關於上市公司涉及外商投資有關問題的若干意見》則進一步確認外商投資企業（包括外商投資股份有限公司，但不包括投資性公司）得依據《關於外商投資企業境內投資的暫行規定》受讓並持有境內上市公司非流通股⑮；

准和登記機關變更登記。未經審批機關批准的股權變更無效。」；第 4 條規定：「企業投資者股權變更必須符合中國法律、法規對投資者資格的規定和產業政策要求。依照《外商投資產業指導目錄》，不允許外商獨資經營的產業，股權變更不得導致外國投資者持有企業的全部股權；因股權變更而使企業變成外資企業的，還必須符合《中華人民共和國外資企業法實施細則》（以下簡稱《外資細則》）所規定的設立外資企業的條件。需由國有資產占控股或主導地位的產業，股權變更不得導致外國投資者或非中國國有企業占控股或主導地位。」；第 5 條規定：「除非外方投資者向中國投資者轉讓其全部股權，企業投資者股權變更不得導致外方投資者的投資比例低於企業註冊資本的 25%。」

⑬ 1999 年《關於外商投資企業合併與分立的規定》第 2 條規定：「本規定適用於依照中國法律在中國境內設立的中外合資經營企業、具有法人資格的中外合作經營企業、外資企業、外商投資股份有限公司（以下統稱公司）之間合併或分立。公司與中國內資企業合併，參照有關法律、法規和本規定辦理。」；第 5 條規定：「公司合併或分立，應當遵守中國的法律、法規和本規定，遵循自願、平等和公平競爭的原則，不得損害社會公共利益和債權人的合法權益。公司合併或分立，應符合《指導外商投資方向暫行規定》和《外商投資產業指導目錄》的規定，不得導致外國投資者在不允許外商獨資、控股與占主導地位的產業的公司中獨資、控股或占主導地位。公司因合併或分立而導致其所從事的行業或經營範圍發生變更的，應符合有關法律、法規及國家產業政策的規定並辦理必要的審批手續。」；第 6 條規定：「公司合併或分立，應當符合海關、稅務和外匯管理有關部門頒布的規定。合併或分立後存續或新設的公司，經審批機關、海關和稅務等機關核定，繼續享受原公司所享受的各項外商投資企業待遇。」；第 9 條規定：「在投資者按照公司合同、章程規定繳清出資、提供合作條件且實際開始生產、經營之前，公司不得合併或分立。」；第 10 條規定：「有限責任公司之間合併後為有限責任公司。股份有限公司之間合併後為股份有限公司。上市的股份有限公司與有限責任公司合併後為股份有限公司。非上市的股份有限公司與有限責任公司合併後可以是股份有限公司，也可以是有限責任公司。」

⑭ 參 2000 年《關於外商投資企業境內投資的暫行規定》第 2 條第 1 款、第 5 條。

⑮ 參 2001 年《關於上市公司涉及外商投資有關問題的若干意見》第 4 條。

此外，於 2001 年 11 月修訂原《關於外商投資企業合併與分立的規定》，以因應對外開放新情勢的需要；2002 年 11 月，原國家經濟貿易委員會、財政部、國家工商行政管理總局及國家外匯管理局聯合發布的《利用外資改組國有企業暫行規定》，原國家經濟貿易委員會、中國證監會、財政部聯合發布的《關於向外商轉讓上市公司國有股和法人股有關問題的通知》，以及中國證監會、中國人民銀行聯合發布的《合格境外機構投資者境內證券投資管理暫行辦法》⑯對於外國投資者受讓國有股、法人股均為明確規範，並進一步放寬併購的限制。

　　為規範外國投資者對已完成股權分置改革的上市公司與股權分置改革後新上市公司透過具有一定規模的中長期戰略性併購投資而取得該公司A股股份的行為，商務部等主管部門於 2005 年 12 月聯合發布《外國投資者對上市公司戰略投資管理辦法》⑰以做為規制的依據。另外，為因應新情勢的需要，主管部門分別針對 2002 年《合格境外機構投資者境內證券投資管理暫行辦法》以及 2003 年《外國投資者併購境內企業暫行規定》的相關內容進行修訂，並於 2006 年 8 月先後另行發布《關於外國投資者併購境內企業的規定》⑱與《合格境外機構投資者境內證券投資管理辦法》⑲取而代之。為預防與制止包括具有（或可能具有）排除、限制競爭效果的「經營者集中」⑳在內的此等壟斷行為，保護市場公平競爭並維護消費者與社會公共利益，第十屆全國人大常委會於 2007 年 8 月通過《反壟斷法》㉑，該法對於外商投資企業從事併購行為亦具規制作用。雖然跨國併購已逐漸成為中國引資的新形態，且亦已陸續制定相關的政策法規做為跨國併購的規範依據；然而，該等規範仍未形成完整的體系，且其彼此間往往存在不配套、不協調的情形。綜合言之，中國對於跨國併購的開放程度依然有限，屆達到真正所謂的

---

⑯該《暫行辦法》全文詳見《國務院公報》，2003 年第 21 號。

⑰該《辦法》全文詳見《國務院公報》，2006 年第 33 號。

⑱該《規定》全文詳見《國務院公報》，2007 年第 22 號。

⑲該《辦法》全文詳見《國務院公報》，2007 年第 24 號。

⑳2007 年《反壟斷法》第 20 條規定：「經營者集中是指下列情形：(一)經營者合併；(二)經營者通過取得股權或者資產的方式取得對其他經營者的控制權；(三)經營者通過合同等方式取得對其他經營者的控制權或者能夠對其他經營者施加決定性影響。」

㉑該法全文詳見《國務院公報》，2007 年第 30 號。

「促進」或「鼓勵」的政策目標尚有相當大的距離。

(三)BOT 投資模式的出現

BOT（Build-Operate-Transfer）係指政府（透過契約）授與私營企業（包括外國企業）以一定期限的特許專營權（franchising rights），許可其融資建設及經營特定的公用基礎設施，並准許其透過向用戶收取費用或出售產品，以清償貸款、回收投資並賺取利潤；特許權期限屆滿時，該基礎設施則無償移交予政府的一種投資模式⑫。此種類型的投資契約在國際投資法制上基本上屬於一種特許協定（concession agreement）。BOT 係國際間利用私人資本進行基礎設施建設所採取的一種新型投融資方式，具有融資能力強、自籌資本少及投資回收易等眾多優點，現已受到各國的高度重視並廣泛採用。中國於 1985 年在廣東深圳大亞灣興建沙角火力電廠時首次引入 BOT 方式；其後，隨著經濟增長，基礎建設需求迫切，迫於資金嚴重短缺，乃陸續開放外國直接投資（FDI）對涉及公路、鐵路、電力、廢水處理等方面的基礎建設以 BOT 的方式進行投資；由於獲得一定的成果，故日益受到各級政府的重視⑬。雖然 BOT 逐漸成為中國吸引與引導外國直接投資（FDI）參與基礎設施建設的重要方式，然而目前仍僅限於部分特許項目，且尚處於試點階段，尚未形成較為完善的法律保障環境。

目前中國規範 BOT 此種投資方式的立法，主要為原對外貿易經濟合作部於 1995 年 1 月發布的《關於以 BOT 方式吸收外商投資有關問題的通知》以及原國家計畫委員會、原電力部、交通部於同年 8 月聯合發布的《關於試辦外商投資特許權項目審批管理有關問題的通知》；然而，僅以此等法位階較低的「部門規章」做為指導 BOT 項目試點工作的主要依據，除其妥當性有待斟酌外，恐有違反法律保留（Vorbehalt des Gesetzes）此一積極的依法行政原則（positive Gesetzmässigkeit der Verwaltung）的疑慮；此外，該等《通知》內容過於簡陋，對於 BOT 項目運作過程中所可能遭遇的諸多疑難問題皆未

---

⑫S.W.Stein, *Build-Operate-Transfer(BOT)-A Re-evaluation*, The International Construction Law Review, Pt.2, 1994, p.103（轉引自余勁松主編：前揭《國際投資法》，第 107 頁）。

⑬有關中國對於 BOT 應用的沿革，可參閱王玉梅著：前揭書，第 125 頁；于安著：《外商投資特許權項目協議（BOT）與行政合同法》，法律出版社，1998 年 4 月第 1 版第 1 刷，第 17-19 頁。

涉及，加以其內容存在著諸多法律障礙（例如：對政府擔保的限制或禁止性
規定、對BOT項目範圍、資本的限制、投資回報率的限制等），而且部分條
文的規範內容相互矛盾引發的法律衝突更令投資當事人無所適從[124]，凡此皆
為目前中國擬透過BOT方式吸引外國直接投資（FDI）在法律環境上所存在
並待克服的障礙。

三、投資審查制度的改革——行政審批制度改革到《行政許可法》

(一)概說

行政審批制度（administrative examination and approval）係政府管制（government regulation）的重要組成部分。外國直接投資（FDI）的審批（以下簡稱投資審批），係指資本輸入國政府或經政府授權者（即屬德語系國家行政法學理所稱委託個人或團體行使公權力此種「委託行政」中的受託者[125]），根據一定的程序、標準，對擬進入其國內投資的外國直接投資（FDI）進行評定（appraise）、甄別（screening，或譯為「篩選」）、評價（estimate），並決定是否給予許可的一種制度[126]。大多數實行市場經濟體制的資本輸入國（一般多屬發達國家），由於較傾向於採取自由開放的政策，因此，對於外國直接投資者在其境內設立（establishment）企業或公司，一般採取「準則主義」，而不採「許可主義」（審批制度即屬此類）；至於對外資准入實行審批制度者，則多屬實行計畫經濟的社會主義國家。審批制度係對於國際資本自由化移動所為的一種限制性手段，在實行審批制度的國家，外國直接投資者依法取得審批許可係其在資本輸入國取得合法地位的條件。在傳統的國際投資法（無論國內法制或國際法制），資本輸入國視投資審批為其外資管轄

---

[124] 例如：依1995年《關於以BOT方式吸收外商投資有關問題的通知》第3條明白揭示，政府機構一般不應對項目作任何形式的擔保或承諾，其中包括外匯兌換擔保，然而《關於試辦外商投資特許權項目審批管理有關問題的通知》第3條卻規定，對於項目公司償還貸款本金、利息及紅利匯出所需的外匯，國家保證兌換及匯出境外。其他適用衝突的進一步，可參孫潮、沈偉：「BOT投資方式在我國的適用衝突及其法律分析」，載於《中國法學》，1997第1期。

[125] 吳庚著：前揭書，第185-187頁。

[126] 余勁松主編：前揭《國際投資法》，第145-146頁；姚梅鎮主編：前揭《比較外資法》，第518頁。

權（jurisdiction）的重要部分，亦即國家主權（sovereignty of states）的一環，具有不可干涉性（impermeability），故其應享有完全的自由裁量權（discretion）；雖然，就維護其經濟主權與經濟利益有其一定程度的作用，然不可諱言，資本輸入國就審批設定的項目越多，實際上即增加投資准入的障礙；而審批制度所衍生的諸如：審批內容涵蓋範圍過廣、審批事項過多、審批機構不明或重疊、審批標準過於嚴苛或不明或不一致、審批手續繁瑣、審批期限過長行政效率低落、審批主觀性過高、裁量權過大等等弊端，不但嚴重阻礙市場機制對資源配置（resource allocation）基礎作用的發揮，妨害並限制競爭，亦將對資本的自由流動產生負面影響。隨著近年來國際投資自由化的發展，為持續吸引外國直接投資（FDI）以發展經濟或維持經濟增長，各國紛紛開始對其外資立法中的審批制度進行改革。

(二)審批制度的缺陷

　　行政審批制度係計畫經濟體制下的產物，全能型政府主要即透過此種行政手段實現其對資源的計畫配置與職能的履行。中國的行政審批制度實際上即脫胎於計畫經濟體制時期；其精神實質在於為政府主觀中的公共利益，限制公民與法人從業的權利與自由，使公民與法人的社會實踐活動（不論是營利或非營利的）符合政府偏好的價值序列⑫。它雖曾在中國發展經濟與政府管理社經事務中發揮一定程度的積極作用，惟因其制度特徵，導致各種設租（rent setting）與尋租（rent seeking）等腐敗現象與滋生與蔓延，不但增加企業、社會與政府管理成本，亦降低政府的管理效率與國家整體競爭力，已然成為經濟發展與社會進步的束縛，且已無法適應經濟全球化背景下經濟自由化與投資自由化發展、中國市場化取向經濟改革與體制轉型的需要，以及市場經濟賴以運作的「法治」要求。

　　中國外資立法有關外國直接投資（FDI）的審批，主要表現在《合營企業法》、《外資企業法》及《合作企業法》三大外商投資企業基本法律及其配套子規範中。爰在建構外商投資企業的審批制度時，經濟體制仍處於計畫

---

⑫廖揚麗著：《政府的自我革命——中國行政審批制度改革研究》，法律出版社，2006 年 11
　　月第 1 版第 1 刷，第 98 頁；袁曙宏、楊偉東：「論建立市場取向的行政許可制度」，載於
　　《中國法學》，2002 年第 5 期。

經濟（或有計畫的商品經濟）階段，故難免帶有計畫經濟的色彩，加以立法技術與法治觀念相對落後與欠缺，因此產生如下主要弊端[128]：第一，審批許可權過於分散，部門間相互牽制效率低落；第二，中央及地方各級政府，基本上係按「投資金額」而非「行業別」分配審批許可權，導致外商投資企業在不同地區、不同行業、不同規模的投資，須由不同的審批機關負責審批[129]；第三，由於審批許可權過於下放，造成各地方政府的審批程序與標準寬嚴不一，特別是部分地方政府盲目追求引進外國直接投資（FDI）的數量與規模，不惜逾越審批許可權，導致審批制度形同虛設[130]；第四，審批手續過於繁瑣，步驟過多，造成審批時間過長，加以官僚式的作業拖延，毫無工作效率可言；第五，外商投資企業彼此間的審批規定不一致，例如：合營企

---

[128] 有關中國外資審批制度弊端的探討，可參閱杜賢中、許望武主編：《中國外資企業管理》，北京大學出版社，2003 年 1 月第 1 版第 1 刷，第 144-147 頁；廖揚麗著：前揭書，第 101-106 頁；徐泉著：前揭《國際貿易投資自由化法律規制研究》，第 524-525 頁；黃雪蘭：「完善外商投資企業審批制度的思考」，載於《法律適用》，總 194 期，2002 年 5 月；劉志雲：「試論外資併購審批制度的重構」，載於《改革》，2002 年第 5 期；李萬強：「我國外資法規的若干問題」，載於《國際經濟合作》，1995 年第 4 期。全國人大在 2002 年制定《行政許可法》的（草案）說明第一段則具體指出：「行政許可（也就是通常所說的『行政審批』），是行政機關依法對社會、經濟事務實行事前監督管理的一種重要手段，……。問題是行政許可過多、過濫，究其主要原因：一是，行政許可設定權不明確，有些鄉政府、縣政府在設，有些行政機關內設機構也在設。二是，設定行政許可的事項不規範，一講行政管理，就要審批。三是，實施行政許可環節過多、手續繁瑣、時限過長、『暗箱操作』，老百姓辦事很難。四是，重許可、輕監管或者只許可、不監管的現象比較普遍，市場進入很難，而一旦進入卻又缺乏監管。五是，有些行政機關把行政許可作為權力『尋租』的一個手段。不少企業、個人為了取得行政許可，還要給好處、托關係，助長了腐敗現象的蔓延。六是，行政機關實施行政許可，往往只有權力、沒有責任，缺乏公開、有效的監督制約機制。」（參楊景宇：《關於〈中華人民共和國行政許可法（草案）〉的說明》，該《說明》全文詳見《全國人大常委會公報》，2003 年第 5 期）。

[129] 一般而言，上一級政府比下一級政府的審批額大，經濟特區比同級沿海開放城市政府的審批額大，沿海開放城市比沿海經濟開發區政府的審批額大，沿海經濟開發區又比非開放城市政府的審批額大。

[130] 為解決地方越權審批的問題，中央曾發布若干規範試圖導正，例如：1994 年 11 月國家工商行政管理局與原「對外貿易經濟合作部」聯合發布的《關於進一步加強外商投資企業審批和登記管理有關問題的通知》、1995 年 11 月國務院辦公廳發布的《關於當前審批外商投資企業有關問題的緊急通知》、1997 年 5 月國務院辦公廳發布的《關於立即停止地方自行審批外商投資商業企業的緊急通知》、1998 年 5 月原「對外貿易經濟合作部」發布的《關於加強外商投資企業審批管理工作的通知》等。

業為三個月，外資企業為九十天，合作企業則為四十五天㉛，造成不同組織型態的外商投資企業彼此間不平等；第六，對於項目建議書的審批計畫性過強（按項目建議書係由計畫部門而非由個別行業的主管部門審批），與市場經濟的運作機制及精神不符；第七，審批規範及標準缺乏透明度或規定過於空泛，有違「法治」理念的基本要求並增加行政尋租與官員腐敗的機率；第八，審批事項過多，範圍太廣；由於中國並未規定不須經審批的外商投資企業或投資項目，換言之，外國投資者如擬進行投資皆須經過審批，因此不但增加審批成本，亦與國際投資法制朝向放鬆管制（Deregulation）的自由化發展趨勢相違。

(三)行政審批制度的改革

中國的行政審批制度（包括投資審批）乃計畫經濟條件下，政府援之為管理社會經濟的基本手段與方式，透過審批實現對社會資源的計畫配置；企業的人、財、物、產、供、銷均由政府具體操作，企業的一切行為皆須主管部門審批，由此角度觀察，「計畫經濟」即「審批型經濟」，係以審批管理為主的一種經濟制度；此種運用行政權力配置資源的審批經濟，不但嚴重制約與限制企業與生產者的活力，並逐漸成為中國經濟進一步發展的桎梏㉜。雖然中國為因應經濟體制的調整與國際經濟環境的變遷，逐步檢討與改革審批制度，惟改革主要仍停留在簡單化的收權、放權與整頓補充等層面上，似未見針對其審批制度本身的存在與缺失著手改革；按行政權過度地介入企業經營權等私經濟行為的範疇或領域，不但影響企業的正常運營，制約其自由與正常發展的空間，甚至已干擾講求自由、公平競爭的市場經濟其自主運作的功能；隨著中國社會主義市場經濟體制的確立與發展，經濟自由化的壓力，特別是加入WTO之後，由於WTO協議相關規則要求儘量減少對經濟行為的干預，縮小管制範圍，致使原先在計畫經濟條件下所形成的行政審批制度，因體系龐雜、手續繁瑣所暴露出的諸多缺陷，愈發難以適應當今經濟形勢發展的需要；為符合WTO協議的要求與經濟持續市場化的發展與深化，

㉛參現行《合營企業法》第 3 條、《外資企業法》第 6 條及《合作企業法》第 5 條。

㉜石文龍、關洪濤：「『入世』與我國政府行政職能之轉變」，載於《行政與法》，2004 年第 1 期。

政府職能勢須作根本性的轉變以為因應，惟要實現此目標，首先即須加大對現行行政管制的改革力度，而做為政府管制關鍵與主要手段的行政審批制度勢必配合時勢的發展為相應的改革。蓋從「經濟建設型政府」轉向「公共服務型政府」已是中國市場化改革進程的必然選擇，在市場經濟體制下，政府必須深切體認其應扮演的角色，係市場經濟的「服務者」而非「審批者」，其主要職能在於為市場經濟創造發展環境並維護市場秩序，為經濟發展提供有效的宏觀調控，故儘速從「行政控制型、審批型經濟、政府主導型」體制的全能政府向「依法行政型、服務型經濟、市場主導型」體制的有限政府徹底轉變，改頭換面，真正實現「法治」與「公共服務型」政府已刻不容緩，亦是新階段中國政府職能調整的基本目標。

考察中國近年來針對行政審批制度的缺陷所推動的改革，主要涵蓋以下幾個重點：

1.明確審批原則

2001 年 9 月，國務院辦公廳發布《關於成立國務院行政審批制度改革工作領導小組的通知》，據此成立行政審批制度改革工作領導小組，以主導推動行政審批制度的改革[133]；同年 10 月國務院發布《關於行政審批制度改革工作的實施意見》（以下簡稱《實施意見》），其中明確提出行政審批制度改革的「指導思想」、「總體要求」[134]、「遵循原則」[135]以及「實施步驟」[136]等；而為使各地方、各部門正確適用前開《實施意見》，同年 12 月，國務院行政審批制度改革工作領導小組發布《關於貫徹行政審批制度改革的五項

---

[133]該《通知》全文詳見《國務院公報》，2001 年第 31 號。

[134]2001 年《關於行政審批制度改革工作的實施意見》第 1 條第 2 款規定，行政審批制度改革的總體要求為：「不符合政企分開和政事分開原則、妨礙市場開放和公平競爭以及實際上難以發揮有效作用的行政審批，堅決予以取消；可以用市場機制代替的行政審批，通過市場機制運作。對於確需保留的行政審批，要建立健全監督制約機制，做到審批程序嚴密、審批環節減少、審批效率明顯提高，行政審批責任追究制得到嚴格執行。」（該《實施意見》全文詳見《國務院公報》，2001 年第 33 號）。

[135]即合法、合理、效能、責任及監督等五項原則（參 2001 年《關於行政審批制度改革工作的實施意見》第 2 條）。

[136]2001 年《關於行政審批制度改革工作的實施意見》第 3 條規定，國務院各部門的行政審批制度改革工作具體實施步驟包括：(一)全面清理行政審批項目並提出處理意見；(二)研究確定行政審批項目處理意見；(三)公布行政審批項目處理決定；(四)制定監督制約措施。

原則需要把握的幾個問題》，除指出行政審批、行政審批制度的基本涵義及改革所欲達到的總體要求外，並明確解釋關於執行行政審批制度改革原則的具體標準；2003 年 8 月，全國人大常委會頒布《行政許可法》[137]，確立行政許可必須遵循的六項原則：即「合法原則」[138]、「公開、公平、公正原則」[139]、「便民原則」[140]、「救濟原則」[141]、「信賴保護原則」[142]、「監督原則」[143]，此法的頒布，將使中國行政審批制度進一步朝法制化發展。

2.調整審批範圍

2002 年 11 月，國務院發布《關於取消第一批行政審批項目的決定》[144]，共取消第一批七百八十九項行政審批項目，其中涉及經濟管理事務者計五百六十項；2003 年 2 月，國務院續發布《關於取消第二批行政審批項目和改變一批行政審批項目管理方式的決定》[145]，共取消四百零六項行政審批項目，另將八十二項行政審批項目作改變管理方式處理，移交行業組織或社會仲介機構管理，取消的項目中涉及經濟管理事務的計二百四十一項；2003 年 8 月

---

[137] 該法全文詳見《全國人大常委會公報》，2003 年第 5 期。

[138] 2003 年《行政許可法》第 4 條規定：「設定和實施行政許可，應當依照法定的許可權、範圍、條件和程序。」

[139] 2003 年《行政許可法》第 5 條規定：「設定和實施行政許可，應當遵循公開、公平、公正的原則。有關行政許可的規定應當公布；未經公布的，不得作為實施行政許可的依據。行政許可的實施和結果，除涉及國家秘密、商業秘密或者個人隱私的外，應當公開。符合法定條件、標準的，申請人有依法取得行政許可的平等權利，行政機關不得歧視。」

[140] 2003 年《行政許可法》第 6 條規定：「實施行政許可，應當遵循便民的原則，提高辦事效率，提供優質服務。」

[141] 2003 年《行政許可法》第 7 條規定：「公民、法人或者其他組織對行政機關實施行政許可，享有陳述權、申辯權；有權依法申請行政復議或者提起行政訴訟；其合法權益因行政機關違法實施行政許可受到損害的，有權依法要求賠償。」

[142] 2003 年《行政許可法》第 8 條規定：「公民、法人或者其他組織依法取得的行政許可受法律保護，行政機關不得擅自改變已經生效的行政許可。行政許可所依據的法律、法規、規章修改或者廢止，或者准予行政許可所依據的客觀情況發生重大變化的，為了公共利益的需要，行政機關可以依法變更或者撤回已經生效的行政許可。由此給公民、法人或者其他組織造成財產損失的，行政機關應當依法給予補償。」

[143] 2003 年《行政許可法》第 10 條規定：「縣級以上人民政府應當建立健全對行政機關實施行政許可的監督制度，加強對行政機關實施行政許可的監督檢查。行政機關應當對公民、法人或者其他組織從事行政許可事項的活動實施有效監督。」

[144] 該《決定》全文詳見《國務院公報》，2002 年第 34 號。

[145] 該《決定》全文詳見《國務院公報》，2003 年第 10 號。

所頒布的《行政許可法》則明定原則得設定行政許可的事項⑭，若該等事項
能透過市場機制等法定方式予以規範者，則可不設行政許可⑭；2004 年 5 月
國務院再發布《關於第三批取消和調整行政審批項目的決定》⑭，共取消的
行政審批項目三百八十五項；改變管理方式，不再做為行政審批，由行業組
織或仲介機構自律管理的計三十九項；下放管理層級的計四十六項；至此，
國務院決定取消與調整的行政審批項目已近國務院部門審批項目總數的一
半；惟基於管制上的實際需要，國務院另於 2004 年 6 月發布《對確需保留的
行政審批項目設定行政許可的決定》⑭，針對法律、行政法規以外的規範性
文件設定，但確需保留且符合《行政許可法》規定的行政審批項目⑮，依據
《行政許可法》第十四條第二款規定⑮予以保留並設定行政許可，其總數計
有五百項。雖然如此，惟與以往相較，已大幅縮減行政審批的範圍。為進一
步貫徹《行政許可法》並減少行政審批項目與規範行政行為，國務院辦公廳
於 2007 年 4 月發布《關於進一步清理取消和調整行政審批項目的通知》⑮，
要求國務院各部委及直屬機構依據《通知》所揭示的「取消和調整的原

---

⑭2003 年《行政許可法》第 12 條規定：「下列事項可以設定行政許可：(一)直接涉及國家安
　全、公共安全、經濟宏觀調控、生態環境保護以及直接關係人身健康、生命財產安全等特
　定活動，需要按照法定條件予以批准的事項；(二)有限自然資源開發利用、公共資源配置
　以及直接關係公共利益的特定行業的市場准入等，需要賦予特定權利的事項；(三)提供公
　眾服務並且直接關係公共利益的職業、行業，需要確定具備特殊信譽、特殊條件或者特殊
　技能等資格、資質的事項；(四)直接關係公共安全、人身健康、生命財產安全的重要設備、
　設施、產品、物品，需要按照技術標準、技術規範，通過檢驗、檢測、檢疫等方式進行審
　定的事項；(五)企業或者其他組織的設立等，需要確定主體資格的事項；(六)法律、行政法
　規規定可以設定行政許可的其他事項。」
⑭2003 年《行政許可法》第 13 條規定：「本法第十二條所列事項，通過下列方式能夠予以
　規範的，可以不設行政許可：(一)公民、法人或者其他組織能夠自主決定的；(二)市場競爭
　機制能夠有效調節的；(三)行業組織或者仲介機構能夠自律管理的；(四)行政機關採用事後
　監督等其他行政管理方式能夠解決的。」
⑭該《決定》全文詳見《國務院公報》，2004 年第 18 號。
⑭該《決定》全文詳見《國務院公報》，2004 年第 23 號。
⑮參 2003 年《行政許可法》第 12 條。
⑮2003 年《行政許可法》第 14 條規定：「本法第十二條所列事項，法律可以設定行政許可。
　尚未制定法律的，行政法規可以設定行政許可。必要時，國務院可以採用發布決定的方式
　設定行政許可。實施後，除臨時性行政許可事項外，國務院應當及時提請全國人民代表大
　會及其常務委員會制定法律，或者自行制定行政法規。」
⑮該《通知》全文詳見《國務院公報》，2007 年第 16 號。

則」、「清理、取消和調整工作步驟」以及「工作要求」，對現有的行政審
批項目進行集中清理，以利再次取消與調整行政許可項目與非行政許可審批
項目。同年 11 月，國務院復發布《關於第四批取消和調整行政審批項目的決
定》⑱，此次共取消一百二十八項行政審批項目，另調整的行政審批項目五
十八項（包括：下放管理層級二十九項、改變實施部門八項、合併同類事項
二十一項）；至於有七項擬取消或調整的行政審批項目，因當初係透過有關
法律所設定，故國務院將依照法定程序提請全國人大常委會審議修訂。其
後，主管部門亦據此陸續發布相關規範以資落實（如：2008 年 8 月，商務部
發布《關於下放外商投資股份公司、企業變更、審批事項的通知》；同年 9
月，復發布《關於下放外商投資商業企業審批事項的通知》）。至此，審批
的範圍較過往鋪天蓋地的設定已大幅限縮。

3.釐清審批許可權

以往，由於審批許可權過於分散，行政許可（審批）設定權並不明確，
致造成部分鄉政府、縣政府，甚至行政機關的內設機構實際上均在設定，然
而，行政許可的設定實質上應屬於立法行為（legislative act），故在市場經濟
體制下，應符合「法治」原則所確立的「依法行政」原則（包括「法律優
位」與「法律保留」兩項子原則）與《立法法》所確定的立法體制。為解決
長久以來的亂象，2003 年的《行政許可法》規定，只有全國人大或全國人大
常委會所頒布「法律」（包括基本法律與一般法律）、國務院所發布的「行
政法規」，以及具有普遍約束力的「決定」方得設定行政許可，至於省、自
治區、直轄市與較大的市的人大或其人大常委會所發布的「地方性法規」，
以及省、自治區、直轄市的人民政府所發布的「地方政府規章」，可依據
《行政許可法》規定的條件設定行政許可，此外，其他規範性文件（例如：
部門規章、依法不享有規章制定權的地方人民政府與其他機關所制定的規範
性文件）則一律不得設定行政許可⑲；至於行政許可，則由具有行政權限的

---

⑱ 該《決定》全文詳見《國務院公報》，2007 年第 33 號。

⑲ 參 2003 年《行政許可法》第 14 條、第 15 條、第 17 條。《關於〈中華人民共和國行政許
可法（草案）〉的說明》第 2 點「關於行政許可的設定權」指出：「行政許可是一項重要
的行政權力。設定行政許可屬於立法行為，應當符合立法法確定的立法體制和依法行政的
要求，做到相對集中。從許可權講，原則上只有全國人大及其常委會、國務院可以設定行
政許可，省、自治區、直轄市和較大的市的人大及其常委會、人民政府可以依據法定條件

行政機關在其法定職權範圍內實施⑮；此外，《行政許可法》明定該法施行前有關行政許可的規定⑯，制定機關應依據該法予以清理，若與該法不符者，該法施行後停止執行⑰。為因應改革開放後第五次機構改革中有關商務部的組建，國務院辦公廳於 2003 年 10 月發布《關於商務部履行現行行政法規、國務院文件中相應職責的通知》，明定現行行政法規、國務院文件以及經國務院批准的部門規章與規範性文件中涉及原對外貿易經濟合作主管部門職責者，均由新組建的商務部履行。2005 年 1 月商務部發布《關於依法行政做好外商投資企業審批工作的通知》，指出各級外經貿（商務）主管部門要嚴格依據法律規定的程序與國務院授權的許可權，在國務院所核定的外商投資行政許可（審批）事項內⑱對外商投資及港澳臺投資進行審批。已設立的外商投資企業與港澳臺投資企業的變更手續，原則上由原企業設立審查批准部門審查批准；已設立的「鼓勵類」、「允許類」外商投資企業與港澳臺投

設定行政許可，國務院各部門和其他國家機關一律不得設定行政許可。從形式講，……。總的來說，只有法律、行政法規和國務院有普遍約束力的決定可以設定行政許可，地方性法規和地方政府規章可以依據法定條件設定行政許可，其他規範性文件一律不得設定行政許可。……。」

⑮參 2003 年《行政許可法》第 22 條。

⑯例如：1988 年 3 月國務院所發布的《關於沿海地區發展外向型經濟的若干補充規定》第 1 點「擴大沿海地區吸收外商直接投資的審批許可權」指出：「在沿海地區舉辦中外合資經營企業、中外合作經營企業，凡屬符合國家指導吸收外商投資方向規定的生產性項目，建設和生產經營條件以及外匯收支不需要國家綜合平衡，產品出口不涉及配額、許可證的，天津、上海、廣東、福建、海南和北京仍按原規定，投資總額在三千萬美元以下的項目由省（市）自行審批；遼寧、河北、山東、江蘇、浙江和廣西的自行審批許可權，由原規定的投資總額五百萬美元以下或一千萬美元以下，擴大到投資總額在三千萬美元以下的項目；經濟特區的審批許可權由原規定的輕工業三千萬元、重工業五千萬元以下，擴大到投資總額在三千萬美元以下的項目。沿海省、自治區、直轄市所轄市、縣的審批許可權，由各省、自治區、直轄市人民政府在上述許可權範圍內自行規定。地方審批的項目應報國家計委和經貿部備案。在沿海地區舉辦外資企業，除國發（1985）90 號文件規定的統一歸口的項目外，也按上列審批許可權辦理。」同年 7 月國務院所發布的《關於擴大內地省、自治區計畫單列市和國務院有關部門吸收外商投資審批許可權的通知》指出：「為了進一步貫徹對外開放的方針……吸收外商投資的生產性項目，凡符合國家規定投資方向，建設和生產經營條件以及外匯收支不需要國家綜合平衡，產品出口不涉及配額與許可證管理的，上述有關地方和部門的審批許可權，由現行項目總投資額五百萬美元以下提高到一千萬美元以下。項目批准後報國家計委備案。人民團體興辦外商投資企業，由企業所在省、自治區、直轄市或計畫單列市審批。」

⑰參 2003 年《行政許可法》第 83 條第 2 款。

資企業新增投資額一億美元及以上者，以及「限制類」外商投資企業與港澳臺投資企業新增投資額五千萬（含）美元以上者，由商務部辦理審查批准手續；原經地方外經貿（商務）主管部門或國務院授權部門審查批准的外商投資企業與港澳臺投資企業增加經營範圍等事項，若涉及國家專項規定須報商務部審查批准者，則應由商務部辦理變更手續⑯。

4.引進審批救濟制度

權利（即「主觀的法（Subjektives Recht）」）係法律制度（即「客觀的法（Objektives Recht）」）賦予個人保護自身利益的法律上之力⑯。權利即法，權利遭受侵害將得到維護⑯。設若權利遭受侵害卻無從獲致救濟，則社會秩序勢將陷於混亂，故有關人民權利救濟保障即成為對「法治」內涵型塑的重要且基本要求，而「法治」的一個主要目的即在於提供一個解決爭端的公平機制。長久以來，外商投資企業對於因審批機關不當或違法行使審批權導致其權益受到侵害時，並無明確的法律依據可資援引並獲得救濟，造成外國直接投資者其投資權益無法獲致充分、有效的保障，不但長期為人所垢病，同時將影響外國直接投資者其投資與再投資意願；為解決此問題，中國於2003年8月所頒布的《行政許可法》中明確規定，公民、法人或其他組織對於行政機關所實施之行政許可（包括投資審批），享有陳述、申辯權，並有權依法申請行政復議或提起行政訴訟；且若其合法權益因行政機關違法實施行政許可遭受損害者，可依法要求賠償⑯；基此，日後外商投資企業對於審批機關所為之審批，可依《行政復議法》⑯提出行政復議申請，若不服行

---

⑯依據2005年《關於依法行政做好外商投資企業審批工作的通知》第4點，主要有：「依法由商務部和原外經貿部負責審批的外商投資企業設立及企業變更審批；地方政府批准設立的外商投資企業及企業變更的備案；石油、天然氣、煤層氣對外合作開採合同、物探協定、聯合研究協定及變更的審及備案；外國（地區）企業承包經營中外合資經營企業、受託經營管理合營企業的審批；外商投資企業出口配額、許可證項目的立項審批；外商投資企業在境外設立非獨立法人的分支機構的審批；外商投資企業部分進口貨物配額、許可證的審批等。」

⑯參2005年《關於依法行政做好外商投資企業審批工作的通知》第7點。

⑯（德）伯恩・魏德士著：前揭書，第35頁。

⑯（德）魯道夫・馮・耶林著：前揭書，第30頁。

⑯參2003年《行政許可法》第7條。

⑯該法全文詳見《全國人大常委會公報》，1999年第3期。

政復議，復可依《行政訴訟法》[164]繼續向人民法院提起行政訴訟；若其合法權益因審批機關違法實施審批遭受損害，則可依《國家賠償法》[165]要求賠償。至此，外國直接投資者其投資權益可依法透過行政或司法救濟途徑尋求保障終於獲得法律明文規範（至於事實上能否藉此途徑真正獲得保障，則仍待觀察與檢驗）。

第三節　在投資措施（measures of investment）[166]方面的主要發展

實施投資措施的依據來自於國家的經濟主權，屬於資本輸入國（東道國）外資管轄權的重要內容；此種管轄權原即為主權國家（souveräner）所享有不須另為宣示，惟對屬於發展中國家的資本輸入國而言，基於歷史成因，為尋求經濟自決（economic self-determination），不斷地要求聯合國透過決議形式〔主要包括 1962 年 12 月的《關於自然資源永久主權決議》（Permanent Sovereignty Over Natural Resources Resolution）、1974 年 5 月的《建立新國際經濟秩序宣言》（Declaration on the Establishment of a New International Economic Order）、《建立新國際經濟秩序的行動綱領》（Programme of Action on the Establishment of a New International Economic Order）與同年 12 月的《各國經濟權利與義務憲章》（Charter on Economic Rights and Duties of States）等國際文件[167]〕

---

[164] 該法全文詳見《全國人大常委會公報》，1989 年第 2 期。

[165] 該法全文詳見《全國人大常委會公報》，1994 年第 4 期。

[166] 對於何謂投資措施，學者間的認定不一。有認為僅限於資本輸入國為貫徹其本國的外資政策，針對外國直接投資（FDI）的項目或所設立的企業所採取的各種法律或行政措施，即所謂「狹義的投資措施」；有認為除前述投資措施外，尚包括資本輸出國為保護其本國海外私人投資的利益與安全所採取的各種法律或行政措施（主要為海外投資保險措施），即所謂「廣義的投資措施」（曾令良著：《世界貿易組織法》，武漢大學出版社，1996 年 12 月第 1 版第 1 刷，第 351 頁；劉筍著：前揭《WTO 法律規則體系對國際國際投資法的影響》，第 60-61 頁；曾華群著：前揭《WTO 與中國外資法發展》，第 124 頁；劉筍：「投資措施及其國際管制──結合 WTO 和中國入世進行研究」，收錄於陳安主編：《國際經濟法論叢》（第四卷），法律出版社，2001 年 9 月第 1 版第 1 刷，第 385-421 頁）；至於本文所採者則屬於前者，即「狹義的投資措施」的概念。

[167] 有關該等決議的詳細內容，可參曾華群主編：《國際投資法學》，北京大學出版社，1999 年 11 月第 1 版第 1 刷，第 539-547 頁；陳安、劉智中編選：《國際經濟法資料選編》，法律出版社，1991 年 5 月第 1 版，1995 年 6 月第 3 刷，第 1-44 頁。

反覆宣示與確認其享有此項權力；此等決議所表彰的許多原則與規則，隨後則為現代國際投資法制所採納，並在資本輸入國制定其外資立法時，轉化為具體的規範內容或各項投資措施，成為其引導、管理或限制外資活動的依據。惟近年來，由於資本輸入國對於外國直接投資（FDI）所實施的各種政策、立法與行政措施（不論屬於鼓勵性抑或限制性）逐漸成為國際社會關注的焦點，特別是「與貿易有關的投資措施（trade-related investment measures）」被納入 WTO 多邊管制範疇後，更是受到普遍重視。

投資措施依據不同的區分標準可劃分為不同的類型[168]。首先，若以投資措施設置的目的為分類標準，可分為「限制型的投資措施」與「鼓（激）勵型的投資措施」。前者係指資本輸入國為限制外國直接投資者的投資行為所採取的措施；後者則指資本輸入國為鼓勵外國直接投資者其投資行為所採取的措施。其次，若以投資措施與貿易流量（或流向）的關係，則可分為「與貿易有關的投資措施（trade-related investment measures）」以及「與貿易無關的投資措施（non-trade-related investment measures）」。前者係指該等措施實施的結果將對貿易的流量（或流向）產生扭曲性影響；聯合國曾將此類投資措施分為[169]：履行要求（performance requirements，或稱為「經營要求」）[170]、投資鼓勵（investment encouragements）、公司行為（corporate measures）／限制性商業行為（restrictive business practice，或稱為「限制性商業慣例」）[171]及母國措施（home country measures）[172]等四種類型。至於後者係指該等措施實施的結果不致於對貿易的流量（或流向）產生扭曲性影響。基此，可知「限

---

[168] 有關投資措施的形式，請參閱劉筍：前揭「投資措施及其國際管制——結合 WTO 和中國入世進行研究」乙文。

[169] United Nations, *The Impact of Trade-related Investmen t Measures on Trade and Development. U. N. Doc. ST/LT/120*, N.U.Sales, No.E.91.II.A, 1991, p.12（轉引自劉筍著：前揭《WTO 法律規則體系對國際國際投資法的影響》，第 65 頁）。

[170] 通常係指基於資本輸入國經濟發展的需要而對投資者所施加的條件限制，以敦促投資者作出有關購買、銷售或製造方面的決定（余勁松：「TRIMs 協議研究」，載於《法學評論》，2001 年第 2 期；劉筍著：前揭《WTO 法律規則體系對國際國際投資法的影響》，第 65 頁）。

[171] 主要係指跨國公司透過各種反競爭的行為或移轉定價政策所實施的行為（劉筍著：前揭《WTO 法律規則體系對國際國際投資法的影響》，第 65 頁）。

[172] 主要係指投資者母國對投資者所為的限制措施（劉筍著：前揭《WTO 法律規則體系對國際國際投資法的影響》，第 65 頁）。

制型的投資措施」可能與貿易有關，亦可能無關；而「與貿易有關的投資措施」可能是限制型的，亦可能是鼓勵型的，未可一概而論。目前國際間的國際投資法制主要係透過下列兩種途徑對投資措施進行約制[173]。第一種途徑：係透過雙邊投資條約（BITs）、多邊投資條約或多邊國際投資文件（如：世界銀行的《外國直接投資待遇指南》等）其中的「履行要求」禁止條款，來限制或禁止投資措施；至於第二種途徑：則是藉由多邊貿易體制來約制投資措施，其管制的依據在於某些投資措施具有「扭曲貿易流向或流量」的不良經濟後果；烏拉圭回合多邊貿易談判通過的 GATT1994 以及 WTO 協議中的TRIMs協定，則以多邊協定的方式來約制投資措施；雖然，此係屬於貿易法意義上的約制方式，然隨著貿易與投資一體化的發展趨勢，勢將對國際投資法制（包括國內層面的各國外資立法）的方向與實質內涵產生重大影響。

一、鼓勵型投資措施方面——以租稅優惠（tax incentives）為例

(一)概說

　　屬於發展中國家的資本輸入國，由於其投資環境無論在軟體（如：政策、法制等），抑或硬體（如：基礎設施）方面，皆與發達國家相去甚遠，而為與發達國家及其他發展中國家爭奪外國直接投資（FDI），乃競相推出種種激勵（impel）或優惠（incentive）政策與措施。國際間一般將對外國直接投資（FDI）所提供之優惠（即鼓勵型的投資措施）分為：財政優惠（incentive of finance）、金融優惠（incentive of banking）或其他優惠等三大類[174]。其中，財政優惠是 1990 年代對外國直接投資（FDI）實施優惠最廣泛運用的類型，主要包括：降低所得稅稅率、免稅期、投資或再投資額納稅抵免、免徵進口關稅、出口退稅、加速折舊、虧損結轉下期等；而金融優惠則是在發達國家一直居於重要地位的優惠類型，主要包括：補助金、補貼性貸款、擔

---

[173] 有關投資措施的國際管制，可參劉筍著：前揭《WTO 法律規則體系對國際國際投資法的影響》，第 71-85 頁；劉筍：前揭「投資措施及其國際管制——結合 WTO 和中國入世進行研究」乙文。

[174] 有關外國直接投資優惠的相關問題，可參閱張文春：「對外國直接投資優惠的經濟分析」，載於《經濟理論與經濟管理》，1999 年第 1 期；徐思嘉、麥挺：「外國直接投資的福利效應與激勵政策—兼論中國外資激勵政策的調整」，載於《改革》，2004 年第 2 期；趙蓓文：「外國直接投資激勵政策的國內外效應」，載於《世界經濟研究》，2003 年第 1 期。

保貸款、政府參股、優惠費率、政府保險等，惟其在發展中國家的重要性明顯不及財政優惠；至於其他優惠，主要包括：基礎建設補貼、服務補貼、市場優先權、外匯優惠待遇等。中國自改革開放之後，為彌補資金不足、促進經濟發展、擴大勞工就業，亦陸續推出若干優惠措施藉以吸引（或激勵）外國直接投資（FDI）；主要的表現形式包括[175]：給予外國直接投資者或外商投資企業各項租稅優惠（例如：所得稅減免、再投資退稅、關稅優惠[176]、特定地區稅率優惠、特定產業稅率優惠、延期納稅、稅收抵免等）、享有生產經營權、免辦進出口許可證[177]、外匯管理優惠[178]、信貸優惠、企業設立程序

---

[175] 關於中國優惠措施的形式，可參劉豐名、葉俊英著：前揭書，第 214-233 頁；陳業宏著：《利用外資中國有資產流失及法律防範研究》，湖北人民出版社，2002 年 12 月第 1 版第 1 刷，第 186-190 頁；戴德生：「WTO《與貿易有關的投資措施協議》與中國加入 WTO」，載於《現代法學》，第 24 卷第 3 期，2002 年 6 月。

[176] 依據 1983 年《合營企業法實施條例》第 71 條、第 72 條及 1990 年《外資企業法實施細則》第 52 條、第 53 條規定，外商投資企業較其內資企業擁有更多的進出口關稅優惠，例如：外商投資企業在投資總額內進出口設備與原材料均享有免稅待遇。

[177] 為引進國外投資，便利外商投資企業辦理進出口業務，允許外商投資企業在某些情況下享有免領進出口許可證的優惠，例如：1987 年《關於外商投資企業申領進出口許可證的實施辦法》第 3 條前段規定：「外商投資企業為生產出口產品所需進口（包括實行進口許可證管理的）機械設備、生產用車輛（指運輸用貨車、特種車和客貨兩用車）、原材料、燃料、散件、零部件、元器件、配套件，免領進口許可證，由海關實行監管，憑批准成立企業的文件、合同或進出口合同驗放。」（按該《實施辦法》業經原「對外經濟貿易合作部」於 2001 年 11 月 26 日廢止）；1996 年《關於出口許可證管理的若干規定》第 27 條規定：「來料加工復出口（另有規定者除外），免領出口許可證，由海關按有關規定監管驗放。」（按本《規定》已於 2001 年由原「對外經濟貿易部」另行發布《出口許可證管理規定》取代之）；2001 年《貨物進口許可證管理辦法》第 17 條規定：「對加工貿易進口屬於許可證管理的商品，除成品油、監控化學品、易致毒化學品、光碟生產設備外，一律免領進口許可證。」（按本《辦法》已於 2004 年由商務部所發布的《貨物進口許可證管理辦法》取代之）；依據現行《貨物進口許可證管理辦法》及《貨物出口許可證管理辦法》已無前開免辦進出口許可證的規定。

[178] 依據 1996 年《結匯、售匯及付匯管理規定》第 10 條、第 32 條、第 40 條及 1996 年《關於對外商投資企業實行銀行結售匯公告》第 1 條、第 2 條等規定，外商投資企業可在銀行結售匯，同時享有開立外匯帳戶、保留一定數量的經常項目收入的優惠。而其內資企業除經特殊批准外，大多數經常項目的外匯收入均須售給外匯指定銀行，不能保留外匯帳戶。此外，允許外商投資企業自由選擇在外匯指定銀行或外匯調劑中心買賣外匯，就外匯調劑管道而言，較其內資企業多。

優惠、土地使用優惠⑰等，而其中又以租稅優惠（tax incentives）為主⑱，蓋在外國直接投資（FDI）激勵政策中產生最直接效應的便是國家之間的稅收競爭（tax competition）。

　　為配合引資政策，中國在涉外稅法中對外商投資企業設置諸多稅收減免的優惠；有關外國直接投資（FDI）的涉外稅法始於 1980 年、1981 年分別頒布的《中外合資經營企業所得稅法》及《外資企業所得稅法》，其特點主要表現在「稅負從輕、優惠從寬及手續從簡」等方面；其後，國務院先後於 1984 年、1986 年發布《關於經濟特區和沿海十四個港口城市減徵免徵企業所得稅和工商統一稅的暫行規定》及《關於鼓勵外商投資企業的規定》⑱，進一步提供優惠；另外，當時的財政部為執行國務院《關於鼓勵外商投資企業的規定》，於 1987 年發布《貫徹〈國務院關於鼓勵外商投資的規定〉中稅收優惠條款的實施辦法》，自此，中國基本確立對於外國直接投資（FDI）稅收優惠措施的法律制度框架（framework）。1991 年 4 月頒布《外商投資企業與外國企業所得稅法》、同年 6 月發布《外商投資企業與外國企業所得稅法實施細則》，就涉外企業的稅率、稅收優惠，以及稅收管轄權統一規範；1994 年實行工商稅制改革之後，內、外資企業在流轉稅（verkehrssteuer）⑱、財產稅（property tax）等方面的徵收標準與稅負基本上可謂統一，然而，在所得稅（income tax）方面，在內、外資企業所得稅未統一前，由於並行的兩套企業所得稅法在諸如：徵稅與收益權主體、稅收優惠（主要反應在所得稅

---

⑰ 1983 年《合營企業法實施條例》第 50 條第 2 款規定，在經濟不發達地區從事開發性的項目，場地使用費經所在地人民政府同意，可以給予特別優惠；1986 年《關於鼓勵外商投資的規定》第 4 條規定，對於產品出口企業及先進技術企業的場地使用費，地方人民政府可以酌情在一定期限內免收。

⑱ 有關外商投資企業過往所享有的租稅優惠概況，請參閱姚梅鎮主編：《外商投資企業法教程》，法律出版社，1990 年 6 月第 1 版，1991 年 9 月第 3 刷，第 167-177 頁。

⑱ 1986 年《關於鼓勵外商投資企業的規定》除對外商投資企業規定若干優惠措施外，對屬於產品出口及先進技術的外商投資企業另規定給予特別優惠。按此所謂「產品出口外商投資企業」係指產品主要用於出口，年度外匯總收入額減除年度生產經營外匯支出額及外國投資者匯出分得利潤所需外匯額後，外匯有結餘的生產型企業，至於「先進技術外商投資企業」係指外國投資者提供先進技術，從事新產品開發，實現產品升級換代，以增加出口創匯或替代進口的生產型企業。

⑱ 係指以權利取得或移轉等交易有關之各種事實或法律行為為對象，所課徵的租稅（顏慶章著：《租稅法》，月旦出版股份有限公司，1995 年 1 月初版，1996 年第 2 刷，第 28 頁。）

的減、免、緩等措施）、稅前扣除標準、對資產的稅務處理、稅率（儘管兩者名義上稅率均為 33%，惟有關外商投資企業 3%的地方稅部分，各地基本上並未徵收，且其可享有 15%、24%等不同程度的低稅率優惠）等方面實際上仍存在諸多差異，故內、外資企業在整體稅制上依然有別[⑬]（按在《企業所得稅法》頒布後[⑭]，此種不一致的情況將僅存在於該法生效前已成立的外商投資企業而在該法實施後五年的過渡期屆滿之前）。

(二)與國際投資法制發展的背離

雖然中國對於外國直接投資（FDI）實行投資優惠措施，在吸引外來投資、推動與促進經濟發展、調整產業結構、改革經濟體制，以及加速市場化進程等方面均有其正面貢獻；然而，優惠措施僅能發揮部分的激勵作用並非決定性因素，真正影響外國直接投資者其投資意願的關鍵，主要還是在於資本輸入國（東道國）自身整體的投資環境（investment environment），即包括：宏觀環境（經濟、政治的穩定性）、制度環境（如：法律法規的框架、效率等）、基礎建設的數量與品質等三大部分的優劣[⑮]。長久以來，中國各地政府為吸引外國直接投資（FDI）所推出與頒（發）布的優惠政策與法令五花八門、各行其是，並有過度浮濫的現象；由於未能就引進外國直接投資（FDI）的優惠措施有系統地為整體規劃，在相關優惠政策或法律種類繁多，甚至相互衝突的情況下，導致外國直接投資者在具體援引時常有無所適從之感，凡此，皆有礙於中國整體投資環境穩定性的維持與發展。由於內在制度的缺陷與政策導向的偏差，造成財源減少、假外資、產業與區域經濟結構的不均衡發展等若干負面效應[⑯]，其中，尤以造成不公平競爭現象為甚。首

⑬ 楊慧芳：「我國企業所得稅法的統一及對外資的影響」，載於《外交評論》，2005 年第 5 期；劉劍文：「統一企業所得稅法的若干問題」，載於《法學雜誌》，2006 年第 5 期；劉劍文：「統一企業所得稅法的必要性、改革趨勢及其影響」，載於《法學雜誌》，2007 年第 2 期。

⑭ 該法全文詳見《全國人大常委會公報》，2007 年第 3 期。

⑮ 王水林、徐立新、大衛‧多拉爾、時安卿：「中國投資環境的國際比較」，載於《經濟社會體制比較》，2003 年第 3 期。

⑯ 有關中國租稅優惠措施所衍生之負面效應，請參閱古惠冬：「對我國優惠政策的再思考」，載於《改革》，2000 年第 6 期；劉劍文、熊偉：「WTO 與中國外資稅收優惠法律制度之改革」，載於《中外法學》，2001 年第 2 期；梁蓓：「國民待遇原則與我國外資政策調整」，載於《國際經濟合作》，2003 年第 10 期；劉劍文：前揭「統一企業所得稅法的若干問題」乙文。

先，由於中國過往在所得稅的優惠方面，因內、外資企業屬性不同而有不同的規定，造成內資企業的實際稅收負擔遠高於外商投資企業與外國企業，換言之，因賦予外國直接投資者以超國民待遇（super-national treatment），導致在內、外資企業之間形成不公平競爭[⑰]（按 2007 年《企業所得稅法》頒布後，對於在 2008 年 1 月 1 日該法施行後成立的外商投資企業，此種情況將不復存在）；其次，中國現階段的涉外稅收優惠法制係在改革開放後，為因應不同時期經濟形勢的發展需要以及開放地區的先後順序，依據不同的情況所分別制頒，故而導致稅收優惠措施相互之間的差異待遇（例如：外商投資企業因組織型態及投資區位的不同而異其企業所得稅優惠）甚至衝突，人為地造成外國直接投資者（包括外商投資企業與外國企業）彼此間的不公平競爭。此外，往往將「限制型的投資措施」與「鼓勵型的投資措施」作不當結合，以外國直接投資者履行某種要求做為獲取享有某種「鼓勵型的投資措施」的前提條件（此等情況可望在《企業所得稅法》實施後獲致一定程度的改善），凡此，實有悖非正當合理結合（sachwidrige Koppelung）禁止原則[⑱]〔亦有稱為「不當聯結禁止原則（Kopplungsverbot）[⑲]」〕此自憲法上「法治國」原則所派生的行政法一般原則，將有礙於「法治」的建設、發展與扎根。

公平競爭（fair competition）乃市場經濟的核心價值，亦為 WTO 協議所揭櫫的一項重要原則；在市場經濟下，各經濟行為主體彼此之間的競爭必須是公開、平等、公正的，不能因所有制、隸屬關係或投資來源的不同而給予差別待遇（discrimination treatment）；至於投資自由化的根本精神，則在於消除對於國際投資的各種限制並在各投資主體間實施無差別待遇（non-discrimination treatment，或稱非歧視待遇）；然而，中國現階段的投資優惠措施顯然與前開原則與精神相悖，不但與國際投資法制的發展有違（例如：1992 年《外國直接投資待遇指南》第 3 條明確反對給予外國直接投資者稅收減免或

[⑰] 在 2007 年《企業所得稅法》頒布前，中國內資企業適用《企業所得稅暫行條例》，而外商投資企業及外國企業則適用《外商投資企業與外國企業所得稅法》，兩部法律在稅基以及減免稅措施等各方面均不一致。

[⑱] 吳庚著：前揭書，第 363 頁。

[⑲] 趙義德：「析論不當聯結禁止原則」，收錄於城仲模主編：《行政法之一般法律原則》（一），三民書局股份有限公司，1999 年 3 月再版，第 219-244 頁。

其他財政優惠等超國民待遇，藉此吸引投資⑩；NAFTA 第 1106 條明文禁止
成員國在他成員國或非成員國的投資者接受投資鼓勵時附加特定的履行要
求⑪），甚至可能被認定為是一種對貿易的流量（或流向）產生扭曲性影響
的「與貿易有關的投資措施」，屆時此等投資優惠措施將有被判定違反 TRI-
Ms 協定所揭櫫的國民待遇義務的可能；即使此等投資優惠措施不被認定係
一種「與貿易有關的投資措施」，但若被認定為 SCM 協定所謂的補貼（sub-
sidies）⑫，且屬於禁止性補貼（prohibited subsidies）⑬或可予控訴補貼（ac-
tionable subsidies）⑭時，則將可能被判定違反 SCM 協定。若不適時調整，不

---

⑩ 曾華群主編：前揭《國際投資法學》，第 566 頁；戴德生，前揭「WTO《與貿易有關的投
資措施協議》與中國加入 WTO」乙文。

⑪ 劉筍著：前揭《WTO 法律規則體系對國際國際投資法的影響》，第 77-78 頁。

⑫ SCM 協定第 1 條對補貼定義如下：「1.1 就本協定之目的而言，如有下列情況應視為有補
貼之存在：(a)(1)會員（本協議簡稱為「政府」）境內有由政府或任何公立機構提供之財務
補助者，即(i)政府措施涉及資金（例如補助金、貸款及投入股本）之直接轉移，資金或債
務可能之直接轉移（例如：貸款保證）；(ii)政府拋棄或未催繳原已屆期應繳納之稅收（例
如：租稅抵減之財務獎勵）；(iii)政府提供一般基本設施以外之商品或勞務，或收購商品；
(iv)政府提供給付予募集基金之機構，或委託或指示一民營機構執行通常歸屬政府之前述第
(i)點至第(iii)點所列之一種或多種功能，且其做法與政府通常做法實際上並無差異者；或
(2)(a)存有 GATT 1994 第 16 條所指任何形式之所得補貼或價格維持者；(b)因而授與利益
者。1.2 前項定義之補貼應受第二篇規定之規範，或若其構成第 2 條規定之特定性要件者，
應受第三篇或第五篇規定之規範。」（其原文詳見對外貿易經濟合作部國際經貿關係司譯：
前揭書，第 231 頁）；按 SCM 協定主要係規範給予特定產業或為達到特定政策性目的的
特定性補貼；該等特定性補貼再依可能對 WTO 其他會員的貿易產生不利效果之程度，分
為禁止性補貼（prohibited subsidies）、可予控訴之補貼（actionable subsidies）及不受控訴
之補貼（non-actionable subsidies）三類。特定性補貼的認定步驟：首先應確定該項補貼是
政府資金之提供或政府實施收入支援或價格支援；其次應確定該項補貼是否使企業因而獲
得利益（a benefit is thereby conferred）；最後方能確定該項補貼是否具有特定性（羅昌發
著：《國際貿易法》，月旦出版股份有限公司，1996 年 10 月第 1 版，第 403-411 頁）。

⑬ 即法律上或事實上視出口實績（export performance）為惟一條件或多種條件之一而給予的
補貼或視使用本國貨物而非進口貨物的情況為惟一條件或多種條件之一而給予的補貼者稱
之（參 SCM 協定第 3 條；其原文詳見對外貿易經濟合作部國際經貿關係司譯：前揭書，
第 233 頁）。由於該等補貼之目的在於干預貿易，因此最有可能對其他國家之貿易造成不
利影響，自應予以禁止，故稱為「禁止性補貼」。

⑭ 即不屬於禁止性補貼及不可控訴補貼的其他特定性補貼。當 WTO 成員採用特定補貼措施
而使其他會員的特定產業造成損害，或使其他成員在 GATT 1994 直接或間接獲得的利益喪
失、減損，或嚴重侵害其他成員的利益時，受不利影響的成員得採課徵平衡稅，或向 WTO
爭端解決機制提出指控以尋求救濟（參 SCM 協定第 5 條、第 6 條、第 7 條；其原文詳見
對外貿易經濟合作部國際經貿關係司譯：前揭書，第 235-239 頁）。

但將損及中國的國際形象，恐亦不利於中國社會主義市場經濟深化與完善政策目標的達成。

(三)逐步取消優惠措施的調整趨勢

以外商投資企業法制為核心規範的中國外資立法中關於優惠措施的制度，造成「內、外資企業之間」以及「外國直接投資者（包括外商投資企業與外國企業）彼此間」的不公平競爭，除顯與國際投資法制朝向自由化發展所追求的無差別待遇精神相違，亦不利於中國市場化取向的經濟改革與轉型其進一步的發展與深化；尤其是中國在加入 WTO 之後，稅收優惠措施將產生重大變化（諸如：減免稅條款的適用將逐漸統一、地區性優惠向結構性優惠轉變、普惠制向特惠制的過渡）[195]，而此等措施極可能被認為違反 TRIMs 協定或 SCM 協定，恐將影響日後外國直接投資（FDI）投資的意願與經濟的持續發展；為此，已陸續展開相關修法工作，著手逐步調整租稅方面的鼓（激）勵型投資措施。近年來，中國不斷透過法規範的立、改、廢等方式漸次調整租稅優惠制度，調整內、外資企業的待遇，希藉此拉平內、外資企業在稅收方面的差距，避免形成差別待遇；其主要表現在：「統一內、外資稅收法律制度」、「調整外國直接投資（FDI）的優惠措施」、「減少內、外資的稅負差異」等幾個方面，凡此作為，皆可達到逐步取消優惠措施的目的。透過相關改革，在內、外資企業間基本上已實行統一的稅制。以下將就不同稅種的發展狀況略予說明：

1.在個人所得稅方面

1980 年 9 月所頒布的《個人所得稅法》同時適用於中國公民以及在中國境內的外國居民[196]；惟國務院於 1986 年 9 月發布《個人收入調節稅暫行條例》，自此，原《個人所得稅法》僅適用於在中國境內的外國居民，至於在中國境內有住所並取得個人收入的中國公民，則適用《個人收入調節稅暫行條例》課徵個人所得稅（惟此顯有違「稅收法定主義（Taxation Legalism）」此一現代稅收立法的最高指導原則）。隨著社會經濟生活的變遷，特別是

---

[195] 劉劍文著：《財稅法專題研究》（第二版），北京大學出版社，2007 年 3 月第 2 版第 1 刷，第 514-515 頁
[196] 參 1980 年《個人所得稅法》第 1 條。

1992 年社會主義市場經濟體制確立後，兩個法規彼此間所存在的矛盾逐漸浮現，特別是在稅率部分的差異所造成的不公平情況；為適應發展社會主義市場經濟的需要，解決此等矛盾與不合理現象，落實公平稅負，乃於 1993 年 10 月修訂原《個人所得稅法》（1986 年《個人收入調節稅暫行條例》同時廢止）[197]；修訂後的新法規定，內、外國人員的個人所得稅統一依照《個人所得稅法》課徵[198]，自此，外國人員已不再享受各種個人所得稅的優惠[199]；其後，為希在 WTO 體制下進一步完善，該法雖復先後於 1999 年 8 月（第二次）[200]、2005 年 10 月（第三次）[201]、2007 年 6 月（第四次）[202]修訂部分條文，惟此等規定仍予維持並未更動。

2.在增值稅、消費稅、營業稅方面

1993 年 12 月，全國人大常委會頒布《關於外商投資企業和外國企業適用增值稅、消費稅、營業稅等稅收暫行條例的決定》，依該《決定》所示，在相關稅收法律制定前，外商投資企業與外國企業均應適用國務院於同年 11 月所發布的《增值稅暫行條例》、《消費稅暫行條例》及《營業稅暫行條例》等三個稅收行政法規，自此，從法制面統一內、外資企業在流通稅的待遇[203]。1994 年 2 月，國務院則依據前開《決定》發布《關於外商投資企業和外國企業適用增值稅、消費稅、營業稅等稅收暫行條例有關問題的通知》，針對外商投資企業與外國企業在「適用稅種」、「改徵增值稅、消費稅、營

---

[197] 該法全文詳見《全國人大常委會公報》，1993 年第 6 期。

[198] 1993 年《個人所得稅法》第 1 條規定：「在中國境內有住所，或者無住所而在境內居住滿一年的個人，從中國境內和境外取得的所得，依照本法規定繳納個人所得稅。在中國境內無住所又不居住或者無住所而在境內居住不滿一年的個人，從中國境內取得的所得，依照本法規定繳納個人所得稅。」

[199] 有關中國個人所得稅的發展，可參劉隆亨著：《中國稅法概論》，北京大學出版社，1986 年 2 月第 1 版，2003 年 11 月第 4 版第 1 刷，第 174-175 頁；劉劍文著：前揭書，第 304-319 頁。

[200] 參 1999 年《全國人民代表大會常務委員會關於修改〈中華人民共和國個人所得稅法〉的決定》，該《決定》全文詳見《全國人大常委會公報》，1999 年第 5 期。

[201] 參 2005 年《全國人民代表大會常務委員會關於修改〈中華人民共和國個人所得稅法〉的決定》，該《決定》全文詳見《全國人大常委會公報》，2005 年第 7 期。

[202] 參 2007 年《全國人民代表大會常務委員會關於修改〈中華人民共和國個人所得稅法〉的決定》，該《決定》全文詳見《全國人大常委會公報》，2007 年第 5 期。

[203] 該《決定》全文詳見《全國人大常委會公報》，1993 年第 7 期。

業稅後增加之稅負處理」等方面的相關問題為進一步補充規範。惟隨著經濟社會環境的發展變化，為配合轉型改革與政策調整，國務院於 2008 年 11 月同時發布《增值稅暫行條例》、《消費稅暫行條例》、《營業稅暫行條例》等三個稅收規範的修訂條文，以因應實際需要，而其各自的《實施細則》主管部門亦已於同年 12 月同時發布。

3.在關稅及工商統一稅方面

中國於 2001 年 4 月修訂原《外資企業法實施細則》時，將有關外資企業對於特定物資或生產的出口產品（限制出口除外）、免徵關稅及工商統一稅此等稅收優惠待遇的規定[24]，調整為僅能「依照中國稅法的有關規定減稅、免稅」[25]。同年 7 月修訂原《合營企業法實施條例》有關合營企業進口所規定的特定物資免徵關稅及工商統一稅的規定[26]，現行《合營企業法實施條例》調整為「應依照中國稅法的有關規定減稅、免稅」[27]；自此，在法制面統一內、外資企業在關稅及工商統一稅方面的待遇。

4.在企業所得稅方面

透過法規範的制定與修訂，先從形式上統一有關內、外資企業在所得稅方面的優惠措施。首先，於 1993 年 12 月由國務院發布《企業所得稅暫行條例》，將原僅適用於外商投資企業的 33% 的優惠稅率規定擴及於所有內資企業[28]，在形式上統一內、外資企業的所得稅率；其次，於 1994 年 4 月由當時的財政部及國家稅務總局聯合發布《關於企業所得稅若干優惠政策的通知》，規定經稅務機關審核，符合一定條件的內資企業，可依該《通知》相關規定給予減稅或免稅優惠[29]；但除《企業所得稅暫行條例》及該《通知》所揭示的優惠政策外，其他優惠政策一律廢止；且各地區、各部門一律不得越權制定企業所得稅的優惠政策[30]。然此等舉措雖解決形式上待遇的不平

---

[24] 參 1990 年《外資企業法實施細則》第 52 條、第 53 條第 1 款。

[25] 參現行《外資企業法實施細則》第 50 條、第 51 條。

[26] 參 1983 年《合營企業法實施條例》第 71 條。

[27] 參現行《合營企業法實施條例》第 61 條。

[28] 參 1993 年《企業所得稅暫行條例》第 3 條。

[29] 參 1994 年《關於企業所得稅若干優惠政策的通知》第 1 條第 1 款、第 2 款、第 3 款、第 4 款、第 8 款、第 9 款。

[30] 參 1994 年《關於企業所得稅若干優惠政策的通知》第 4 條。

等，惟內、外資企業間依然存在實質上待遇的不平等[211]。為達到積極合理有效地利用外資的目標，1996 年 3 月提出的《國民經濟和社會發展「九五」計畫和 2010 年遠景目標綱要》揭示要「逐步統一內外資企業政策」[212]；為推進改革完善社會主義市場經濟體制，2001 年 3 月《國民經濟和社會發展第十個五年計畫綱要》指出：在深化財稅體制改革方面應「逐步統一內外資企業所得稅」[213]；2003 年中共十六大三中通過的《中共中央關於完善社會主義市場經濟體制若干問題的決定》則表示：在完善財稅體制方面的具體作法應包括「統一各類企業稅收制度」[214]；為深化社會主義市場經濟體制改革，2006 年 3 月《國民經濟和社會發展第十一個五年規畫綱要》再度重申：在完善稅收制度方面必須「統一各類企業稅收制度」[215]；為此，乃於同年 12 月將《企業所得稅法（草案）》納入《全國人大常委會 2007 年立法計畫》當中[216]，經過多年的周折後，終於正式排入立法議程。

　　蓋中國自改革開放實行市場化取向的經濟改革與制度轉型，社會主義市場經濟體制已初步建立；2001 年入世之後，國內市場對外國直接投資（FDI）進一步開放，至於內資企業則逐漸融入世界經濟體系的運作，內、外企業所面臨的將是全球市場的競爭，其競爭壓力勢將越來越大，設若持續採取內、外資企業不同的稅收政策，勢將使中國的內資企業處於不平等競爭地位；由於現行內、外資企業所得稅制度經過長年施行早已弊端叢生[217]，惟有統一

---

[211] 中國內、外資企業所得稅的名義稅率雖同為 33%，但實際上外資企業享有更多的稅收優惠。例如：在經濟特區、經濟技術開發區、經濟開放區投資適用的低稅率；生產型企業「免二減三」的定期優惠；出口型企業的額外優惠；各地對地方所得稅的減免；再投資退稅及預提所得稅的減免等（楊慧芳：「外資稅收優惠問題探析」，載於《外交評論》，2003 年第 1 期；江豔冰：「TRIMs 協議與我國外資立法」，載於《國際經貿探索》，1999 年第 6 期）。

[212] 全國人大財政經濟委員會辦公室、國家發展和改革委員會發展規劃司編：前揭書，第 201 頁。

[213] 全國人大財政經濟委員會辦公室、國家發展和改革委員會發展規劃司編：前揭書，第 139 頁。

[214] 該《決定》全文詳見《國務院公報》，2003 年第 34 號。

[215] 全國人大財政經濟委員會辦公室、國家發展和改革委員會發展規劃司編：前揭書，第 56 頁。

[216] 該《計畫》全文詳見《全國人大常委會公報》，2007 年第 4 期。

[217] 此等弊端包括：第一，並行的兩套企業所得稅制造成內、外資企業的差異性稅收負擔；第二，以資金來源為基礎的稅收優惠措施喪失其制度基礎；第三，以行政法規、規章為主的規範性文件難以適應當前社會經濟的發展（劉劍文：前揭「統一企業所得稅法的必要性、改革趨勢及其影響」乙文；金人慶：《關於〈中華人民共和國企業所得稅法（草案）〉的說明》，全文詳見《全國人大常委會公報》，2007 年第 3 期）。

內、外資企業所得稅方能有效解決。此次提交全國人大審議的《企業所得稅法（草案）》體現所謂「四個統一」：第一，內資、外資企業適用統一的《企業所得稅法》；第二，統一且適當降低企業所得稅稅率；第三，統一與規範稅前扣除辦法及標準；第四，統一稅收優惠政策，實行「產業優惠為主、區域優惠為輔」的新稅收優惠體系㉘。2007 年 3 月全國人大通過本法，從法制面實現企業所得稅的「納稅主體」、「稅率」、「稅基」、「稅收徵管制度」的統一並建構企業普遍適用的稅收優惠制度㉙，應有助於未來建構與營造統一、平等、公平競爭的法制與市場環境，落實內、外資企業的無差別待遇。

二、限制型投資措施方面──以與 TRIMs 協定背離者為例

如前所述，投資措施的實施依據在於國家的經濟主權，此種屬地管轄權（territoriality jurisdiction）在經濟交往領域，凸顯在一國對其境內的外國直接投資（FDI）以及與投資有關活動的引導、管理與限制的權力；惟資本輸入國實施何種具體的投資措施，往往須結合其本國經濟發展水準、一定時期的社會經濟發展目標、投資與貿易政策等多項因素綜合考量；考 1980 年代中期以前，多數國家（特別是發展中國家）其「限制型的投資措施」所以占其投資措施比重較大，主要原因在於：國內經濟力量薄弱、面對跨國公司消極行為經驗不足、憂心經濟命脈遭外來資本控制、外資立法不健全、國際資本自由流動的環境尚未形成㉚，故多採如：生產限制（manufacturing limitation）、匯付限制（remittance restriction）、外匯限制（exchange restriction）當地含量要求（local content requirement）、限制外國直接投資（FDI）的股權比例或強制要求其股權比例必須逐步減少等「限制型的投資措施」。其後，面對巨額外債壓力、引資能力下降，經濟發展陷入困境，在部分國家藉由引資成功增長經濟的激勵與適逢全球經濟自由化潮流的影響下，各國開始放鬆外資管制；加以，雙邊、區域、多邊層面國際投資法制持續向自由化發展（如：TRIMs 協定的簽署）經濟全球化的推移加深國家的相互依賴性（inter-

---

㉘金人慶：前揭《說明》。

㉙劉劍文：前揭「統一企業所得稅法的必要性、改革趨勢及其影響」乙文。

㉚劉筍：前揭「投資措施及其國際管制──結合 WTO 和中國入世進行研究」乙文。

dependence），對資本輸入國其投資措施的約制作用日益加大，致迫使其外資政策與外資立法亦須逐漸朝自由化方向發展。

(一)TRIMs 協定所禁止的投資措施

TRIMs協定首次直接將國際投資納入貿易範疇予以規範，雖然TRIMs協定並未否定資本輸入國透過制定各種投資措施對外國直接投資（FDI）行使管轄權的權力，但卻明確要求這些投資措施不得妨礙國際貿易的自由進行。TRIMs 協定規定，WTO 成員在不影響 GATT1994 中其他權利與義務的前提下，不得實行任何與GATT1994 第 3 條或第 11 條條文相牴觸而對貨物貿易產生扭曲或限制作用的投資措施（即 TRIM）[21]；而 TRIMs 協定則於其後列出一份與 GATT1994 第 3 條第 4 款「國民待遇」義務與 GATT1994 第 11 條第 1 款「普遍消除數量限制」義務不一致的「與貿易有關的投資措施（TRIMs）」的【例示清單】[22]。檢視此份【例示清單】內容，具體而言，對於外國投資者（或外國投資）不得維持當地成分（local content）、貿易平衡（trading-balancing）、外匯平衡（foreign exchange -balancing）等要求，且不得以國內銷售（domestic sales）為條件限制企業出口，及以出口為條件限制企業進口，均為 TRIMs 協定所禁止實施的主要投資措施。易言之，TRIMs協定對投資措施的約束，主要係透過 GATT1994 的「國民待遇」與「普遍消除數量限制」兩項原則予以落實。

---

[21] 參 TRIMs 協定第 2 條第 1 項。

[22] TRIMs協定附件【例示清單】第 1 條規定：「與 GATT1994 第 3 條第 4 款『國民待遇』義務相牴觸的 TRIMs包括：根據國內法律或根據行政裁定，屬於強制性或可執行的措施、或取得某項利益而必須遵守的措施，且該措施：(a)要求企業購買或使用國產品或自任何國內來源的產品，無論按照特定產品種類、產品數量或價值規定，或按照其當地生產在數量或價值上所占比例規定；或(b)要求企業購買或使用的進口產品限制在與其出口的當地產品的數量或價值相關的水準。」；第 2 條規定：「與 GATT 1994 第 11 條第 1 款『普遍消除數量限制』義務相牴觸的 TRIMs包括根據國內法律或行政裁定屬強制性或可執行的措施，或為獲得一項利益而必須遵守的措施，且該措施：(a)普遍限制企業對用於當地生產或與當地生產相關產品的進口，或將進口限制在與其出口的當地產品的數量或價值相關的水準；(b)透過將該企業可使用的外匯限制在與可歸因於該企業外匯流入相關的水準，從而限制該企業對用於當地生產或與當地生產相關產品的進口；或(c)限制企業產品出口或供出口產品的銷售，無論是按照特定產品、產品數量或價值規定，還是依照當地產品在數量或價值上所占比例規定。」（該【例示清單】原文詳見對外貿易經濟合作部國際經貿關係司譯：前揭書，第 146 頁）。

(二)違反 TRIMs 協定的主要投資措施

中國在改革開放之初，雖然亟需引進外國直接投資（FDI）發展經濟建設，然而，亦如同當時大多數的其他發展中國家一樣，為維護國家經濟主權與經濟利益，保護民族工業的發展，乃採取限制性的外資政策與外資立法，對外來資本實施嚴格的審查並設定若干的限制，其中即包括對外商投資企業的投資活動與經營管理行為施予若干履行要求（performance requirements）的「限制型的投資措施」。然此等履行要求實施的結果若對貿易的流量（或流向）產生扭曲性影響，則屬於「與貿易有關的投資措施（TRIMs）」，若與GATT1994 第 3 條「國民待遇」或第 11 條「普遍消除數量限制」所定 WTO 成員應遵守之義務牴觸，則該履行要求將被認定為違反 TRIMS 協定。以外商投資企業法制為核心規範的中國外資法制，在其發展過程中，曾經或現仍規定的屬於此類投資措施的履行要求，其主要類型包括：

1.屬於違反「國民待遇」義務者

(1)當地成分（local content）要求

按資本輸入國要求外國投資者在當地生產一定比例或一定數量的產品，或採用一定比例或一定數量的當地零件，即稱為當地成分要求[22]；通常資本輸入國擬透過此種限制型投資措施減少外匯流失，或在其終端產品中加入一定比例的當地價值，惟此種要求事實上有扭曲貿易的作用。由於中國主要的外資法規範均制定於計畫經濟體制階段，而當時的企業主體為國有企業，長期以來，中國對於企業的物資、設備採購、產品銷售等採取統購統銷、國家定價的方式；改革開放初期，雖然亟需引進外國直接投資（FDI）發展經濟，惟考量民族經濟的自主發展，加以對外國資本的不信任，且礙於對相關法制建構與商務運作經驗嚴重不足，因此，很大程度仍係依循過往國有企業運作的模式做為管理外商投資企業的標準，進而在當初制定外商投資企業法規範時，植入當地成分要求的相關規定；如：1979 年頒布的《合營企業法》要求合資企業所需原材料、燃料、配套件等，應「儘先」在中國當地購買[24]；

---

[22] 羅昌發著：《貿易與競爭之法律互動》，月旦出版股份有限公司，1994 年 4 月初版，第 261 頁。

[24] 參 1979 年《合營企業法》第 9 條第 2 款。

1983 年發布的《合營企業法實施條例》亦要求合資企業所需的設備、原材料、配套件等物資，應「儘先」在中國當地購買[25]；1986 年頒布的《外資企業法》亦規定外資企業在批准的經營範圍內需要的原材料、燃料等物資，在同等條件下，應當「儘先」在中國當地購買[26]，類此規定均屬之。

    (2)外匯平衡（foreign exchange-balancing）要求

    按所謂外匯平衡，係指資本輸入國要求外國投資者進口所需外匯，不得超過該企業從出口及其他來源所獲外匯的一定比例的投資措施[27]；資本輸入國有時透過此種限制型投資措施來防止外匯流失，惟此種履行要求實施結果將產生扭曲貿易的作用而被認定為是一種TRIM。中國在經濟改革開放之際，考量本身外匯儲備較少，因此，對外匯管理採取較為嚴格的措施；在外資法制發展過程中所實行的外匯平衡要求，主要如：1983 年發布的《合營企業法實施條例》在涉及外匯管理中規定「合營企業的外匯收支一般應保持平衡」[28]；1988 年頒布的《合作企業法》在相同領域的管理則規定「合作企業應當自行解決外匯收支平衡」[29]；1986 年頒布的《外資企業法》以及 1990 年發布的《外資企業法實施細則》亦規定「外資企業應當自行解決外匯收支平衡」[30]等。1986 年 1 月，國務院發布的《關於中外合資經營企業外匯收支平衡的規定》亦要求合營企業所生產的產品，應儘量多出口、多創匯，以保持外匯平衡[31]。惟實施外匯平衡要求，將使外商投資企業在面臨內地銷售問題時遭遇阻礙，而在中國境內享有國民待遇的實益亦不大的情況下，必將減低前往中國投資的意願；中國雖常以廣大的市場做為引資的誘因，惟對前往投資的外國直接投資（FDI）卻又施以層層的行政與經濟管制，減損其入內投資的動機，使其投資意願排除於無形的管制措施之中[32]。

---

[25]參 1983 年《合營企業法實施條例》第 57 條。

[26]參 1986 年《外資企業法》第 15 條。

[27]世界貿易組織秘書處編：《烏拉圭回合協議導讀》，索必成、胡盈之譯，法律出版社，2000 年 5 月第 1 版，2001 年 6 月第 2 刷，第 116 頁。

[28]參 1983 年《合營企業法實施條例》第 75 條。

[29]參 1988 年《合作企業法》第 20 條。

[30]參 1986 年《外資企業法》第 18 條第 3 款及 1990 年《外資企業法實施細則》第 56 條。

[31]參 1986 年《關於中外合資經營企業外匯收支平衡的規定》第 2 條。

[32]王文杰：前揭「大陸外商投資企業法制之修正與評析──以中外合資經營企業法暨實施條例為中心」乙文。

(3)出口（export）要求

按此種投資措施係資本輸入國要求外國投資者須將其所生產產品之某一百分比（或一定數量或一定價值的產品）出口至國外[23]；此種以人為的方式增加出口的限制型投資措施足以影響甚至干預市場經濟的自由運作，此種履行要求實施結果將對貿易的流量（或流向）產生扭曲性影響，顯屬一種TRIM。中國外資立法過往實行此種限制型投資措施的規定主要如：1983 年發布的《合營企業法實施條例》、1990 年發布的《外資企業法實施細則》及1995 年發布的《合作企業法實施細則》均規定，報批的合資企業契約（合同），或合作企業契約（合同）或申請書內，應載明該外商投資企業在中國境內與境外銷售產品的比例[24]。此外，1990 年的《外資企業法實施細則》規定，外國直接投資者在提出設立外資企業申請前向主管部門所提交的報告內容，亦應包括該外資企業產品在中國境內與市場的銷售比例[25]。1986 年頒布的《外資企業法》則規定，如欲在中國境內設立外商投資企業，其條件之一便是產品必須全部或大部分出口[26]；1990 年的《外資企業法實施細則》則更進一步明確指出，須年出口產品的產值達當年全部產品產值 50%實現外匯收支平衡或有結餘[27]方可設立等等，凡此皆屬於對外國直接投資者所為的出口要求。

(4)當地股權（local equity）要求

此類限制性投資措施係資本輸入國要求外國投資者在其境內所設立的企業（或公司），其股份的一定比例必須由資本輸入國政府或當地投資者所擁有或控制[28]；此種履行要求不但影響市場經濟的自由運作，其實施結果亦可能對貿易的流量（或流向）產生扭曲性影響，若果如此，將進而被認定屬於一種 TRIM。過往中國外資立法實行此種履行要求的規定主要如：1995 年發布的《指導外商投資方向暫行規定》明定：《外商投資產業指導目錄》可列

---

[23] 羅昌發著：前揭《貿易與競爭之法律互動》，第 261 頁；盧炯星主編：前揭書，第 118 頁。
[24] 參 1983 年《合營企業法實施條例》第 14 條第 1 款第 7 項，1990 年《外資企業法實施細則》第 15 條第 7 項及 1995 年《合作企業法實施細則》第 12 條第 8 項。
[25] 參 1990 年《外資企業法實施細則》第 10 條第 1 款。
[26] 參 1986 年《外資企業法》第 3 條。
[27] 參 1990 年《外資企業法實施細則》第 3 條。
[28] 羅昌發著：前揭《貿易與競爭之法律互動》，第 263 頁。

明不允許外商獨資經營，以及應由國有資產占控股地位或主導地位（即國有資產占註冊資本51%以上者）的外商投資項目[29]；2002年發布的《指導外商投資方向規定》則明定：《外商投資產業指導目錄》可對外商投資項目規定「中方控股」（即中方投資者的投資比例之和大於或等於51%）或「中方相對控股」（即中方投資者的投資比例之和大於任何一方外國投資者的投資比例）[30]；2001年發布的《外商投資電信企業管理規定》明定：經營基礎電信業務的外商投資電信企業的外方投資者，在企業中的出資比例最終不得超過49%；經營增值電信業務的外商投資電信企業的外方投資者，在企業中的出資比例最終不得超過50%[31]（按該《規定》此等規範內容於2008年9月修訂時並未更動，仍予維持[32]）；2003年發布的《外國投資者併購境內企業暫行規定》則明定：依照《外商投資產業指導目錄》不允許外國投資者獨資經營的產業，併購不得導致外國投資者持有企業的全部股權；需由中方控股或相對控股的產業，該產業的企業被併購後，仍應由中方在企業中占控股或相對控股的地位[33]（按2006年8月新發布的《關於外國投資者併購境內企業的規定》第四條第二款仍維持原規定）。

2.屬於違反「普遍消除數量限制」義務者

(1)進口替代（import-substitution）要求

按進口替代要求〔或稱「貿易平衡（trade-balancing）要求」〕此種限制型投資措施係資本輸入國要求外國投資者所進口的零組件或原料，不得超過其所出口產品的總量或一定比例；其主要作用之一，亦在於限制外匯的流失，而且可藉此強化資本輸入國所屬中間產品（intermediate goods）的生產者，使其可在外國廠商之間就零件所實施的國際市場劃分、長期專屬供應安排或搭售協議（bundle agreements）下，仍有競爭機會[34]；惟此種要求將增加外國投資者的投資成本或減損其投資效益，其實施結果將對貿易的流量（或

---

[29]參 1995 年《指導外商投資方向暫行規定》第 4 條第 3 款。

[30]參 2002 年《指導外商投資方向規定》第 8 條第 1 款。

[31]參 2001 年《外商投資電信企業管理規定》第 6 條。

[32]參 2008 年《外商投資電信企業管理規定》第 6 條；2008 年《國務院關於修改〈外商投資電信企業管理規定〉的決定》。

[33]參 2003 年《外國投資者併購境內企業暫行規定》第 4 條第 2 款。

[34]羅昌發著：前揭《貿易與競爭之法律互動》，第 262 頁。

流向）產生扭曲性影響，進而被認定屬於一種 TRIM。中國外資立法過往涉及進口替代要求的規範內容，主要如：1986 年 10 月國務院發布的《關於鼓勵外商投資的規定》第 13 條明定：「外商投資企業為履行其產品出口合同，需要進口（包括國家限制進口）的機械設備、生產用的車輛、原材料、燃料、散件、零部件、元器件、配套件……。前款所述進口料、件，只限於本企業自用，不得在國內市場出售；如用於內銷產品，應當按照規定補辦進口手續，並照章補稅。」；1987 年 10 月，由當時的國家計畫委員會（按其後於 1998 年國務院機構改革時更名為「國家發展計畫委員會」，而 2003 年國務院機構改革時已改組為「國家發展和改革委員會」[25]）所發布的《關於中外合資、合作經營企業產品以產頂進辦法》明定：凡經批准實行以產頂進的產品，其境內的用戶在同等條件下，須優先選用[26]；與此同時，當時的國家經濟委員會所發布的《中外合資、合作經營企業機電產品以產頂進管理辦法》則規定：對於以產頂進的產品可由中國機電設備招標中心（或經當時的國家經濟委員會批准的招標公司）按照有關規定，在其境內組織招標，指導用戶在境內選購，以代替進口[27]。

　　(2)國內銷售（domestic sales）要求

　　另一種限制型投資措施──國內銷售要求，係指資本輸入國要求外國投資者須將其所投資生產之產品的一定數量，以低於國際市場價格的價格在其境內銷售[28]；考資本輸入國採取此種措施的目的在於確保其國內廠商可以有充分的貨源與適當的價格來滿足需求[29]；若從另一個角度觀察，即等同於對

---

[25] 參 1998 年《國務院機構改革方案》、2003 年《國務院機構改革方案》（兩《方案》全文分別詳見《全國人大常委會公報》，1998 年第 1 期、2003 年第 2 期）。

[26] 1987 年《關於中外合資、合作經營企業產品以產頂進辦法》第 8 條規定：「上述經中央和地方計委（或部門）審批同意以產頂進的產品，屬於在中長期進口計畫內預批的，必須根據當年的進口計畫情況，在年度中進一步核定落實。凡經批准實行以產頂進的產品，國內用戶在同等條件下，必須優先選用。各級進口管理部門和進口審查部門，對合資、合作企業已能生產並符合以產頂進條件的產品，應指導和鼓勵國內用戶優先採購。」

[27] 1987 年《中外合資、合作經營企業機電產品以產頂進管理辦法》第 5 條則規定：「需要目錄內產品的用戶可直接向企業訂貨，或由中國機電設備招標中心（或經國家經委批准的招標公司）按國家有關規定在國內組織招標，指導用戶在國內選購，以代替進口。」

[28] 丁偉主編：前揭書，第 164 頁。

[29] 羅昌發著：前揭《貿易與競爭之法律互動》，第 262 頁。

外國直接投資者在資本輸入國所生產的產品採取限制出口（exportation restriction）的措施，亦屬於一種以人為的方式扭曲貿易的行為，其實施結果將對貿易的流量（或流向）產生扭曲性影響，進而被認定屬於TRIMs協定附件【例示清單】中，違反「普遍消除數量限制」義務的一種 TRIM 類型(250)。中國的外資立法雖然賦予外商投資企業享有進出口經營權的優惠，惟對於某些種類產品的出口，仍實行許可證（licensing）制度(251)；易言之，對外商投資企業的某些產品出口仍實施配額許可證管理，該等產品若不被允許出口即須在國內進行銷售，因此，當然屬於一種國內銷售要求的投資措施。其主要規定如：1983 年發布的《合營企業法實施條例》規定：「合營企業生產的產品，可自主經營出口，凡屬國家規定需要領取出口許可證的，合營企業按本企業的年度出口計畫，每半年申領一次」(252)；1987 年 1 月，由當時的對外經濟貿易部所發布的《外商投資企業申領進出口許可證的實施辦法》則規定：「外商投資企業出口本企業生產的產品，其中屬於實行出口許可證管理的商品，憑企業年度出口計畫每半年申領一次出口許可證」(253)；1990 年發布的《外資企業法實施細則》亦規定：「外資企業出口產品，依照中國規定需要領取出口許可證的，應當編制年度出口計畫，每半年向發證機關申領一次」(254)；1996 年原對外貿易經濟合作部所發布的《關於出口許可證管理的若干規定》規定，外商投資企業出口自產的屬出口許可證管理商品（含進料加工複出口），應

---

(250)TRIMs 協定附件【例示清單】第 2 條(c)款。

(251)依原「對外經濟貿易部」（即原「對外貿易經濟合作部」前身）於 1991 年 12 月所發布的《關於實行出口許可證管理的商品目錄》，中國商品（貨物）的出口實行「許可證」制度者共二百三十四種的，其後乃依實際需求作調整；例如：1999 年 12 月發布《2000 年出口許可證管理商品目錄》（計六十八種）、2000 年 12 月發布《2001 年出口許可證管理商品目錄》（計六十六種）、2001 年 12 月發布《2002 年出口許可證管理商品目錄》（計五十四種）、2002 年 12 月發布《2003 年出口許可證管理商品目錄》（計五十二種）、2003 年 12 月發布《2004 年出口許可證管理商品目錄》（計五十種）；2004 年 12 月發布《2005 年出口許可證管理貨物目錄》（計四十七種）；2005 年 12 月發布《2006 年出口許可證管理貨物目錄》（計四十六種）；2006 年 12 月發布《2007 年出口許可證管理貨物目錄》（計四十一種）；2007 年 12 月發布《2008 年出口許可證管理貨物目錄》（計四十七種）；2008 年 12 月發布《2009 年出口許可證管理貨物目錄》（計五十種）。

(252)參 1983 年《合營企業法實施條例》第 63 條第 2 款。

(253)參 1987 年《外商投資企業申領進出口許可證的實施辦法》第 6 條。

(254)參 1990 年《外資企業法實施細則》第 47 條第 3 款。

按該《規定》辦理㊲；凡此涉及配額、進出口許可證的規定，皆為一種數量限制措施。此外，1983 年發布的《合營企業法實施條例》、1990 年發布的《外資企業法實施細則》，以及 1995 年發布的《合作企業法實施細則》所規定：報批的合資企業契約（合同）或合作企業契約（合同）或申請書內，應載明該外商投資企業在中國境內與境外銷售產品的比例㊱；1990 年的《外資企業法實施細則》所規定：外國投資者在提出設立外資企業申請前向主管部門所提交的報告內容，亦應包括該外資企業產品在中國與市場的銷售比例㊲；從另一角度觀察，即要求外商投資企業必須在其境內銷售一定比例的產品，儼然亦為一種數量限制措施。

　　(3)外匯限制（exchange restriction）

　　按外匯限制係資本輸入國為防止本國資本外流、保障進口及對外支應所需之外匯，限制外國投資者將其所持有之資本輸入國貨幣兌換成自由兌換的外幣的一種限制型投資措施㊳；由於此等投資措施將影響外國直接投資者購買外國零件需用外匯的充足性，進而削弱其進口的能力；而相關部門通常以制定內部規定的方式對外商投資企業實施外匯管制，透過限制取得外匯迫使外商投資企業實行進口替代，故亦屬於以人為的方式扭曲貿易的一種投資措施。中國外資立法中涉及此種投資措施的規範主要有：1983 年發布的《合營企業法實施條例》、1990 年發布的《外資企業法實施細則》及 1995 年發布

㊲1996 年《關於出口許可證管理的若干規定》第 19 條規定：「外商投資企業出口自產的屬出口許可證管理商品（含進料加工復出口），應按以下規定辦理：(一)對經批准的外商投資企業出口，發證機關憑外經貿部下達的外商投資企業出口配額數量簽發出口許可證。(二)在出口許可證管理商品目錄調整前已被批准的外商投資企業，其出口產品因調整後成為新的出口許可證管理商品，外經貿部可根據批准的經營範圍、生產出口規模核定外商投資企業出口配額，發證機關憑外經貿部下達的外商投資企業出口配額數量簽發出口許可證。(三)外商投資企業投資項目涉及出口許可證管理商品出口，應在項目立項階段報外經貿部批准同意後，方可按審批程序進行審批。對未經同意而自行批准的上述項目，外經貿部不予下達年度出口配額，發證機關不簽發出口許可證。」

㊱參 1983 年《合營企業法實施條例》第 14 條第 1 款第 7 項，1990 年《外資企業法實施細則》第 15 條第 7 項及 1995 年《合作企業法實施細則》第 12 條第 8 項。

㊲參 1990 年《外資企業法實施細則》第 10 條第 1 款。

㊳趙維田著：《世貿組織（WTO）的法律制度》，吉林人民出版社，2000 年 1 月第 1 版，2001 年 4 月第 4 刷，第 417 頁；丁偉主編：前揭書，第 164 頁；世界貿易組織秘書處編：前揭書，第 116 頁。

的《合作企業法實施細則》，此等規範均規定：報批的合資企業契約（合同）、合作企業契約（合同）或申請書內，均應載明關於「外匯資金收支的安排」⑳。

(三)逐步向減少或取消履行要求的方向調整

中國對於外國直接投資（FDI）所實施的上述諸多限制型投資措施，在很大程度上已對外商投資企業在中國內銷市場的滲透產生負面作用；不僅限制外商投資企業的經營活動，亦同時制約中國內資企業的發展。按在加入WTO之前，外商投資企業與內資企業對於內銷權與貿易權的配置截然不同，外商投資企業擁有自營進出口權，可以在進口原料及機器設備上享有關稅優惠，但在中國內地市場卻只能銷售在中國生產的產品，不能銷售進口貨品，削弱外商投資企業對中國市場的直接滲透的機會，進而影響其投資意願；至於在內資企業方面則完全相反，其雖擁有完全的內銷權，卻無法享有自營進出口的權利，僅能透過國有貿易公司代理，易言之，限制其從事生產的內資企業直接接觸世界市場的機會及與之融合的程度，限制該等內資企業瞭解與進入世界市場的能力⑳。近年來，對於中國法律制度影響最為深遠的，莫過於為爭取入世所作的調整，特別是近年來的各項改革，幾乎無一不是在為其入世預作準備，而且改革的速度明顯加快、幅度顯著提高；為期能順利加入WTO，並持續順利獲取國外資金、技術、設備、管理經驗以繼續發展經濟，維持經濟穩定成長，消弭外資立法與國際投資法制間的歧異，已成為晚近改革的方向與目標，特別是減少或廢除有違 TRIMs 協定的履行要求或投資措施，方能滿足外國直接投資（FDI）其投資者的需求。

在入世談判中，中國政府承諾自加入時起，即完全遵守TRIMs協定（但不援用TRIMs協定第5條規定），取消並停止執行透過法律、法規或其他措施實施的當地成分、出口實績要求、貿易與外匯平衡；此外，中國將不執行含有此類要求的契約（合同）條款。此外，在不損害【中華人民共和國加入

---

⑳參 1983 年《合營企業法實施條例》第 14 條第 1 款第 8 項、1990 年《外資企業法實施細則》第 15 條第 8 項及 1995 年《合作企業法實施細則》第 12 條第 9 項。

⑳王文杰：前揭「大陸外商投資企業法制之修正與評析——以中外合資經營企業法暨實施條例為中心」乙文。

議定書】（Accession of The People's Pepublic of China）相關規定的情況下，
保證中央與地方各級主管部門對進口許可證、配額、關稅配額的分配，或對
進口、進口權或投資權的任何其他批准方式，不考量此類產品是否存在與之
競爭的中國國內供應者，亦不採取諸如：當地成分（含量）、補償、技術轉
讓、出口實績，或在中國進行研究與開發等任何類型的實績要求做為條件㊱。
對於外商投資企業因生產所需投入物、貨物與服務的採購，及其貨物據以在
國內市場或供出口而生產、行銷或銷售的條件，除非【議定書】另有規定，
否則中國亦承諾對其給予不得低於對其他企業所給予的待遇（即無差別、非
歧視待遇）㊲。查中國在入世前多已依據TRIMs協定完成外資立法的相關修
法工作，且在入世後為履行承諾亦持續進行調整；以下將就中國近年來為消
弭外資立法中涉及投資措施方面的規範內容與TRIMs協定間的扞格，以符合
國際投資規範所為的調整作進一步的探討。

1.為符合「國民待遇」原則所為的調整

(1)當地成分要求方面

中國經過多年的經濟改革與發展，內資企業實已具備一定程度的競爭
力，企業有權根據市場自主決定物資需求，此時，行政機關實不宜再過於干
預；而強制外商投資企業必須優先在中國內地採購生產原材料等，顯已不符
實際需求且有違市場運作㊳。在中國加入 WTO 之後，此等限制型的投資措
施，更有悖於 WTO 協議所揭櫫的「國民待遇」原則，故須予以調整，以符
國際投資規範的要求。近年來，中國外資立法涉及當地成分要求此等限制型
投資措施的調整，主要如：2000 年修訂《外資企業法》時，除刪除原法有關
外資企業在批准的經營範圍內需要的原材料、燃料等物資，在同等條件下，
應當「儘先」在中國境內購買的規定㊴，並重新調整其規範內容㊵。2001 年

㊱參 2001 年【中華人民共和國加入議定書】第 7 條第 3 款、2001 年【中國加入工作組報告
　書】第 203 段，分別載於對外貿易經濟合作部世界貿易組織司譯：前揭書，第 6、808 頁。

㊲參 2001 年【中華人民共和國加入議定書】第 3 條第(a)款、2001 年【中國加入工作組報告
　書】第 15-23 段，分別載於對外貿易經濟合作部世界貿易組織司譯：前揭書，第 5、762-765
　頁。

㊳王文杰：前揭「大陸外商投資企業法制之修正與評析──以中外合資經營企業法暨實施條例
　為中心」乙文。

㊴參 1986 年《外資企業法》第 15 條。

㊵參現行《外資企業法》第 15 條。

修訂《合營企業法》時，刪除原法有關要求合營企業所需原材料、燃料、配套件等，應「儘先」在中國購買的規定[266]，改由外商投資企業自主決定[267]。同年修訂《合營企業法實施條例》時，亦刪除原《實施條例》要求外商投資企業所需的設備、原材料、配套件等物資，應「儘先」在中國購買的規定[268]，改由企業自行決定在中國當地抑或向國外購買[269]。此外，修訂《外資企業法》、《合作企業法》及《合營企業法》時，在各原法有關外商投資企業所需的設備、原材料、配套件等物資的相關規定中，增加「按照公平、合理的原則」等文字描述[270]，試圖從規範形式上符合無差別待遇的要求。

(2)外匯平衡要求方面

隨著中國改革步伐加快，在金融體制上亦為大幅度的調整；1994 年中國實行人民幣經常項目（Current Account）[271]下有條件兌換；1996 年取消所有經常性國際支付與移轉的限制，同年 11 月 28 日正式宣布接受《國際貨幣基金組織協定》（Articles of Agreement on International Monetary Fund，簡稱 IMF）第 8 條第 2 款至第 4 款的規定，實現人民幣經常項目可兌換[272]；國務院並於 1997 年 1 月發布修訂的《外匯管理條例》，修訂後的《條例》第 5 條規定「國家對於經常性國際支付和轉移不予限制」[273]（按此等規範內容在 2008 年 8 月修訂後新發布的《外匯管理條例》仍予維持[274]），從法規上明確允許經

---

[266] 參 1979 年《合營企業法》第 9 條第 2 款。

[267] 參現行《合營企業法》第 10 條第 1 款。

[268] 參 1983 年《合營企業法實施條例》第 57 條。

[269] 參現行《合營企業法實施條例》第 51 條。

[270] 參現行《合作企業法》第 19 條、《外資企業法》第 15 條、《合營企業法》第 10 條第 1 款。

[271] 此所謂「經常項目」係指國際收支中涉及貨物、服務、收益及經常轉移的交易項目等（參 2008 年《外匯管理條例》第 52 條第 3 項）；中國自 1993 年底，依據國務院所發布的《進一步改革外匯管理體制的公告》，建立以市場為基礎的浮動匯率制度與統一規範的外匯市場，以使人民幣成為可兌換的貨幣。自 1994 年 1 月 1 日起實現浮動匯率制度，同年 4 月 1 日實行全面銀行結售匯制度，對經常項目下外匯不再進行審批（林桂軍著：《人民幣匯率問題研究——兼析現代西方匯率決定理論》，對外經濟貿易大學出版社，1997 年 5 月第 1 刷，第 71-72 頁）。

[272] 關於人民幣實現經常項目下自由兌換的原因背景，參景學成：「試論人民幣實現經常項目下可兌換的宏觀經濟意義」，載於《經濟研究》，1997 年第 4 期。

[273] 參 1997 年國務院《關於修改〈中華人民共和國外匯管理條例〉的決定》第 1 條，該《決定》全文詳見《國務院公報》，1997 年第 1 號。

[274] 參 2008 年《外匯管理條例》第 5 條。

常項目下的外匯可以自由兌換；此際，外商投資企業法制中有關自行解決外匯平衡的規定已不符實際運作的內涵[25]，而此等投資措施亦不符合TRIMs協定的要求，為爭取入世，乃著手進行外商投資企業法規範的修法工作。近年來，中國外資立法涉及外匯平衡要求此等投資措施的調整，主要如：2000 年10 月全國人大常委會發布《關於修改〈中華人民共和國中外合作經營企業法〉的決定》，揭示新法刪除原法中「合作企業應當自行解決外匯收支平衡」的規定[26]。同年 10 月全國人大常委會發布《關於修改〈中華人民共和國外資企業法〉的決定》，揭示新法刪除原法中有關「外資企業應當自行解決外匯收支平衡」[27]的規定。2001 年 4 月，國務院發布《關於修改〈中華人民共和國外資企業法實施細則〉的決定》，揭示刪除原《實施細則》有關「外資企業應當自行解決外匯收支平衡」的規定[28]。同年 7 月，國務院發布《關於修改〈中華人民共和國中外合資經營企業法實施條例〉的決定》時，揭示刪除原《實施條例》涉及外匯管理有關「合營企業的外匯收支一般應保持平衡」的規定[29]。同年 10 月，國務院發布《關於廢止 2000 年底以前發布的部分行政法規的決定》，廢止 1986 年所發布的《關於中外合資經營企業外匯收支平衡的規定》。自此，三大外商投資企業基本法律及其配套的《實施條例》（或《實施細則》）已無涉及外匯平衡要求此等限制型投資措施的規定[30]。

　　2001 年底中國加入 WTO，自此，改革開放進入一個嶄新的階段；隨著

---

[25] 王文杰：前揭「大陸外商投資企業法制之修正與評析──以中外合資經營企業法暨實施條例為中心」乙文。

[26] 參 1988 年《合作企業法》第 20 條。

[27] 參 1986 年《外資企業法》第 18 條第 3 款。

[28] 參 1990 年《外資企業法實施細則》第 56 條。

[29] 參 1983 年《合營企業法實施條例》第 75 條。

[30] 為切實滿足企業用匯需求，降低企業財務成本，國家外匯管理局於 2005 年 2 月發布《關於調整經常項目外匯帳戶限額管理辦法的通知》，該《通知》規定：將超限額結匯期限由現行的十個工作日延長至九十日。境內機構經常項目外匯帳戶餘額超出核定限額後，超限額部分外匯資金仍可在外匯帳戶內存放九十日。對於超過九十日後仍未結匯或對外付匯的，開戶金融機構須在九十日期滿之後的五個工作日內，為境內機構辦理超限額部分外匯資金結匯手續並通知該境內機構；此外，擴大按實際外匯收入 100%核定經常項目外匯帳戶限額的企業範圍。對於因實際經營需要而確需全額保留經常項目外匯收入的進出口及生產型企業，各分支機構可根據其實際需要，按其實際外匯收入的 100%核定其經常項目外匯帳戶限額。

經貿格局迅速而深刻地變化，對外經濟交往的主體、規模與形式增多，國內、外經濟聯繫日益緊密，外匯管理難度加大與成本提高，這對向來以數量控制、行政審批為主的中國外匯管理模式提出新的挑戰。實現資本項目（Capital Account）㉘可兌換是一個國家經濟發展至一定階段，參與世界合作與國際競爭所必須面臨的問題；特別是在經常項目可兌換的情況下，隨著對外開放的不斷深入，資本流動的管制效率必然愈來愈低，資本項目開放已經成為中國經濟融入經濟全球化的必然結果。為進一步改善投資環境，俾便利外商投資企業對其投資資金運作，國家外匯管理局於 2002 年 6 月發布《關於改革外商投資項下資本金結匯管理方式的通知》，在全國範圍內實施外商投資項下資本金結匯管理方式的改革；2003 年 10 月，在中共 16 屆 3 中全會所通過的《中共中央關於完善社會主義市場經濟體制若干問題的決定》中，進一步提出「在有效防範風險前提下，有選擇、分步驟放寬對跨境資本交易活動的限制，逐步實現資本項目可兌換」㉙，為下一階段的金融體制改革方向定調；2004 年 5 月國家外匯管理局復發布《關於改進外商投資企業資本項目結匯審核與外債登記管理工作的通知》，進一步調整對於外商投資企業資本項目的管制。雖然透過立法與修法，對於資本項目的管制已逐漸鬆動，惟對於跨境資本流動仍實行一定的限制，特別是嚴格控制「短期資本的流入」與「證券類的資本交易」；而對於資本項目管制的手段，主要包括：交易審批、數量與規模控制等，外匯管理部門依據交易類型的不同，實施不同的管制政策㉚。

㉘ 此所謂「資本項目」係指國際收支中引起對外資產和負債水準發生變化的交易項目，包括資本轉移、直接投資、證券投資、衍生產品及貸款等（參 2008 年《外匯管理條例》第 52 條第 4 項）。

㉙ 該《決定》第七部分「完善財稅體制，深化金融改革」第 23 點「健全金融調控機制」指出：「穩步推進利率市場化，建立健全由市場供求決定的利率形成機制，中央銀行通過運用貨幣政策工具引導市場利率。完善人民幣匯率形成機制，保持人民幣匯率在合理、均衡水平上的基本穩定。在有效防範風險前提下，有選擇、分步驟放寬對跨境資本交易活動的限制，逐步實現資本項目可兌換。建立和完善統一、高效、安全的支付清算系統。改進中央銀行的金融調控，建立健全貨幣市場、資本市場、保險市場有機結合、協調發展的機制，維護金融運行和金融市場的整體穩定，防範系統性風險。」（該《決定》全文詳見《國務院公報》，2003 年第 34 號）。

㉚ 馬德倫：「中國資本帳戶開放的現狀與前景展望──在『國際資本的中國戰略』高層論壇上的講話」，2004 年 5 月 23 日（轉引自國家外匯管理局網站，網址：http://www.safe.gov.cn；按講者時任該局副局長）。

　　為深化社會主義市場經濟體制改革，2006 年 3 月《國民經濟和社會發展第十一個五年規畫綱要》指出：在健全金融調控機制方面必須「完善有管理的浮動匯率制度，逐步實現人民幣資本項目可兌換」㉘。隨著國內經濟的快速發展與國際經濟形勢的深刻變化，中國的外匯管理面臨新的問題與挑戰；資本項目可兌換程度不斷提高，人民幣匯率形成機制進一步完善，有必要進一步修法藉以鞏固改革成果。2008 年 8 月，國務院再次修訂《外匯管理條例》㉕，從法制的形式上創造公平競爭的環境，以期進一步取消內、外資企業之間的差別待遇。相信在經濟全球化不斷深化的影響下，中國今後的外匯管理政策仍將逐步推動並儘速實現資本項目可自由兌換。

　　　　(3)出口要求方面

　　近年來，中國外資立法涉及出口要求此類投資措施的調整，主要如：2000 年 10 月全國人大常委會發布的《關於修改〈中華人民共和國外資企業法〉的決定》，新法除刪除原法有關以「產品全部或大部分出口」做為在中國境內設立外資企業條件的規定㉖，並重新調整其規範內容㉗，取消出口要求的規定。2001 年 4 月，國務院發布《關於修改〈中華人民共和國外資企業法實施細則〉的決定》，新《實施細則》刪除原《實施細則》第 3 條第 2 款有關「年出口產品的產值達當年全部產品產值 50%，實現外匯收支平衡或有結餘方可設立外資企業」、第 10 條第 1 款外國投資者在提出設立外資企業申請前向主管部門提交之報告中有關「外資企業產品在中國與市場的銷售比例」以及第 15 條設立外資企業的申請書中有關「外資企業產品在中國與國外市場的銷售比例」等相關規定㉘；此外，刪除原《實施細則》第 45 條外資企業在中國市場銷售其產品，應經批准比例銷售，以及第 48 條第 2 款及第 3 款有關超過批准銷售比例須經審批機關批准的規定及其配套規定㉘；依新《實

<hr>

㉘全國人大財政經濟委員會辦公室、國家發展和改革委員會發展規劃司編：前揭書，第 57 頁。

㉕該《條例》全文詳見《國務院公報》，2008 年第 23 號。

㉖參 1986 年《外資企業法》第 3 條。

㉗參現行《外資企業法》第 3 條。

㉘參 2001 年國務院《關於修改〈中華人民共和國外資企業法實施細則〉的決定》第 1、3、4 條。

㉘參 2001 年國務院《關於修改〈中華人民共和國外資企業法實施細則〉的決定》第 9、11 條。

施細則》規定，外資企業得以在中國市場銷售其產品，而中國亦鼓勵外資企業出口其生產的產品⑳。同年 7 月國務院發布的《關於修改〈中華人民共和國中外合資經營企業法實施條例〉的決定》，揭示新《實施條例》已刪除原《實施條例》第 14 條第 1 款合營企業其合營企業合同內容中，有關「外商投資企業在中國境內與境外銷售產品的比例」的規定㉑。

2.為符合「普遍消除數量限制」原則所為的調整

(1)外匯限制方面

中國自 1996 年底已實行經常項目下人民幣可自由兌換外匯，而且外商投資企業可透過調劑外匯餘缺、擴大外匯結算，以及人民幣再投資等方式，緩解其外匯方面的需求㉒。近年來，中國外資立法涉及外匯限制此等投資措施的調整，主要如：2001 年 7 月國務院發布《關於修改〈中華人民共和國中外合資經營企業法實施條例〉的決定》，指出新《實施條例》已刪除原《實施條例》有關要求合營企業契約（合同）必須包括「外匯資金收支的安排」的規定，賦予企業更大得自主權㉓。然而，國務院在同年 4 月修訂 1990 年《外資企業法實施細則》時，並未比照前開修法模式刪除原《實施細則》有關設立外資企業申請書內應載明「外匯資金收支的安排」的規定；何以有此不同的修法結果，礙於目前資訊有限，不得而知。此外，1995 年《合作企業法實施細則》有關報批的合作企業應載明「外匯資金收支的安排」的規定迄今亦未一併調整。凡此，仍有待日後修法時再行檢討與調整，以進一步符合國際規範的要求。

(2)進口替代要求方面

近年來中國外資立法涉及此類限制型投資措施的調整，主要如：2001 年 4 月及 7 月，國務院先後發布的《關於修改〈中華人民共和國外資企業法實施細則〉的決定》及《關於修改〈中華人民共和國中外合資經營企業法實施條例〉的決定》，揭櫫新規範已分別刪除原《外資企業法實施細則》有關外

---

⑳ 參現行《外資企業法實施細則》第 43 條。

㉑ 參 2001 年《關於修改〈中華人民共和國中外合資經營企業法實施條例〉的決定》第 8 條前段。

㉒ 戴德生：前揭「WTO《與貿易有關的投資措施協議》與中國加入 WTO」乙文。

㉓ 參 2001 年國務院《關於修改〈中華人民共和國中外合資經營企業法實施條例〉的決定》第 8 條後段。

資企業申請設立前所提交的報告與設立申請書的內容應包括「產品在中國和國外市場的銷售比例」的規定⑳，以及原《合營企業法實施條例》有關要求合營企業契約（合同）必須包括「產品在中國境內和境外銷售的比例」的規定㉕，先從法制的形式規範面符合TRIMs協定有關「普遍消除數量限制」的原則。此外，為配合前開外商投資企業法規範的修訂，國務院於同年10月發布《關於廢止2000年底以前發布的部分行政法規的決定》，其中包括廢止1987年的《關於中外合資、合作經營企業產品以產頂進辦法》以及《中外合資、合作經營企業機電產品以產頂進管理辦法》，進一步取消中國外資立法中，涉及進口替代要求此等違反 TRIMs 協定的限制型投資措施（或履行要求），以減少國內法與TRIMs協定此類多邊層面國際投資法制之間的扦格。

　　(3) 國內銷售方面

　　2001年4月與同年7月，國務院在分別修訂《合營企業法實施條例》及《外資企業法實施細則》時，對其中涉及國內銷售要求此等投資措施的相關規定已進行調整；包括：刪除原《合營企業法實施條例》及《外資企業法實施細則》中關於「報批的合資企業契約（合同）或申請書內，應載明該外商投資企業在中國境內與境外銷售產品的比例」以及「外國投資者在提出設立外資企業申請前向主管部門所提交的報告內容，應包括該外資企業產品在中國與市場的銷售比例」㉖。刪除原《外資企業法實施細則》中有關外資企業在中國市場銷售其產品，應經批准比例銷售，以及超過批准銷售比例須經審批機關批准的規定及其配套規定㉗；新規範規定外資企業可以在中國市場銷售其產品，而中國亦鼓勵外資企業出口其生產的產品㉘。易言之，以往此等違反「普遍消除數量限制」義務的履行要求，在現行法制的形式規範面已不復存在。

　　中國雖然於2001年陸續修訂原《合營企業法實施條例》及原《外資企業

---

⑳參1990年《外資企業法實施細則》第10條第1款、第15條第7款。

㉕參1983年《合營企業法實施條例》第14條。

㉖參2001年國務院《關於修改〈中華人民共和國外資企業法實施細則〉的決定》第3條、第4條，2001年7月《關於修改〈中華人民共和國中外合資經營企業法實施條例〉的決定》第8條前段。

㉗參1990年《外資企業法實施細則》第45條、第48條第2款及第3款。

㉘參現行《外資企業法實施細則》第43條。

法實施細則》，惟並未涉及長久以來，對外商投資企業某些種類產品的出口所實行「許可證」制度的調整；詳言之，1983 年的《合營企業法實施條例》第 63 條第 2 款，以及 1990 年的《外資企業法實施細則》第 47 條第 3 款中有關外商投資企業進出口產品的「許可證」制度，於新規範中仍繼續保留❷❷，於該次修法時並未異動。其後，為調整「許可證」制度，原對外貿易經濟合作部依據《對外貿易法》與《貨物進出口管理條例》，於 2001 年 12 月分別發布《出口商品配額管理辦法》、《出口許可證管理規定》，以及《貨物進口許可證管理辦法》；其中，《出口商品配額管理辦法》係為規範出口商品配額管理，並維護配額管理商品的正常出口，該《辦法》自 2002 年 1 月 1 日起，取代 1998 年 10 月發布的《關於出口商品配額編報下達和組織實施的暫行辦法》以及 1999 年 1 月所發布的《關於出口商品配額編報、下達與和組織實施暫行辦法的實施細則》；至於《出口許可證管理規定》則規定在特定情況下，可實行「出口配額許可證」或「出口許可證管理」❸❸，且仍維持 1996年《關於出口許可證管理的若干規定》第 19 條對外商投資企業出口「自產商品」須取得出口許可證的規定❸❸；而該《規定》自 2002 年 1 月 1 日起，取代 1996 年的《關於出口許可證管理的若干規定》。其後，商務部為配合 2004年 4 月新修訂發布的《對外貿易法》，於同年 12 月分別發布《貨物出口許可證管理辦法》❸❷與《貨物進口許可證管理辦法》❸❸，兩項《辦法》正式實施後（即 2005 年 1 月 1 日），分別取代 2001 年原對外貿易經濟合作部之前所發布的《出口許可證管理規定》以及《貨物進口許可證管理辦法》。近來，為遵守國際規範履行承諾，商務部復於 2008 年 6 月發布新修訂的《貨物出口

㉙㉙ 參現行《合營企業法實施條例》第 55 條第 2 款及《外資企業法實施細則》第 45 條第 3 款。

㉚㉚ 2001 年《出口許可證管理規定》第 2 條規定：「對下列情況之一，國家可以實行出口配額許可證或出口許可證管理：(一)為維護國家安全或者社會公共利益，需要限制出口的；(二)國內供應短缺或者為有效保護可能用竭的國內資源，需要限制出口的；(三)對任何形式的農業、牧業、漁業產品有必要限制出口的；(四)根據中華人民共和國所締結或者參加的國際條約、協定的規定，需要限制出口的。」

㉛㉛ 參 2001 年《出口許可證管理規定》第 19 條。

㉜㉜ 2004 年《貨物出口許可證管理辦法》第 13 條仍維持 1996 年《關於出口許可證管理的若干規定》第 19 條對於外商投資企業出口自產商品須取得出口許可證的管理規範（該《辦法》全文詳見《國務院公報》，2005 年第 27 號）。

㉝㉝ 該《辦法》全文詳見《國務院公報》，2005 年第 27 號。

許可證管理辦法》（按 2004 年《貨物出口許可證管理辦法》同時廢止），新
《辦法》對於外商投資企業出口屬於出口許可證管理的貨物，不再如舊《辦
法》僅限於「自產商品」⑳，現行法制形式上已基本符合國際規範的要求，
惟從以上有關「許可證」制度的修法歷程，可知中國對於此項制度的堅持與
執著。

第四節　在投資待遇（treatment of investment）方面的主要發展

　　按外國直接投資（FDI）的待遇標準問題，實際上便是它在資本輸入國
的法律地位問題，其構成一國投資法律環境的基礎與核心。一直以來，便是
外國直接投資者關注與各國締結國際投資條約時爭論的焦點。有關外國直接
投資者的待遇標準，目前國際上尚無統一且具體的規定，一般係由資本輸入
國的外資法（單邊層面）與國際間的國際投資法制（雙邊、區域、多邊層
面）各自規定⑳。聯合國跨國公司中心（United Nations Center on Transnational
Corporations，簡稱 UNCTC）則將外國投資者的待遇標準分為「一般待遇標
準」與「特定待遇標準」兩類，前者主要包括「公平與公正待遇（fair and
equitable treatment）」、「國民待遇」、「最惠國待遇（MFN）」等，涉及外
國直接投資者在資本輸入國的所有事項；至於後者則僅涉及特定的、具體的
問題（例如：資金移轉、軍事衝突或內亂所致損害的賠償等）⑳。惟一般在
討論與研究外國直接投資者其待遇標準時，因認為「一般待遇標準」具有原
則性地位，故較側重之，因此，「公平與公正待遇」、「國民待遇」及「最

---

⑳ 2008 年《貨物出口許可證管理辦法》第 13 條。

⑳ 由於國際貿易與國際直接投資兩者在本質、特徵、發展時程、自由化程度與規範機制等多
　方面的差異，故而形成投資待遇標準與貿易待遇標準兩個相對獨立的標準體系；雖然因此
　產生兩者在適用對象、適用範圍、各待遇標準相對重要性等方面的差異，且一般對於國際
　投資待遇標準的理解與認可遠不及國際貿易待遇標準，但由於自由化的推移，國際貿易與
　國際投資的關係日益密切，貿易與投資一體化的發展趨勢逐漸形成，兩個標準體系彼此間，
　勢須相互協調（周忠海等著：《國際法學述評》，法律出版社，2001 年 7 月第 1 版第 1
　刷，第 770-778 頁）。

⑳ United Nations Center on Transnational Corporation, *Bilateral investment Treaties*, Graham &
　Trotman Limited, 1988, p.40.（轉引自周忠海等著：前揭書，第 747 頁）。

惠國待遇（MFN）」被認為是通常的待遇標準[307]。雖然資本輸入國的外資立法中一般皆會規定外國直接投資者所享有的待遇標準，然而，實踐上的待遇標準，則主要表現在國際間的國際投資法制中（特別是雙邊層面的國際投資法制），例如：美國式新型雙邊投資條約（美式 BIT）、《北美自由貿易協定》（NAFTA）、《能源憲章條約》（ECT）、《外國直接投資待遇指南》[308]、WTO 協議中的 TRIMs 協定、TRIPS 協定及 GATS 協定等。

由於各國在經濟發展程度上的差異與經濟承受能力的現實情況，因此，待遇標準適用的範圍亦有所差異；以「國民待遇」為例[309]：對於外國直接投資者在投資設業前（pre-establishment）的外資准入階段（admission of foreign investment）即已提供「國民待遇」者，僅限於少數如：美國等發達國家；至於多數屬於發展中國家的資本輸入國，則僅於外國直接投資者設業後（post-establishment）的外資營運階段（operation of foreign investment）方對之提供「國民待遇」；惟近年來受到經濟全球化、區域經濟一體化，以及投資自由化的影響，主要是為發達國家的資本輸出國透過雙邊談判的優勢，要求多數屬於發展中國家的資本輸入國必須接受其一系列內容以「提高投資待遇、加強投資保護、促進准入自由」為特色的雙邊投資條約（BITs），故晚近「國民待遇」已有逐漸擴大適用於投資設業前階段的趨勢；此外，部分發展中國家的外資立法開始明確規定給予外國直接投資者「國民待遇」，亦有逐步擴大其適用範圍的傾向。

一、背景與沿革

市場經濟是實行「國民待遇」的基礎，其所具有的平等、競爭、透明、規範等特性，賦予「國民待遇」其提出與實行的理論基礎以及現實可能。「國民待遇」須以市場經濟與經濟發展至一定程度為基礎；然而，在 1992 年

---

[307] 有關三者的具體內涵，可參姚梅鎮主編：前揭《比較外資法》，第 292-310 頁；周忠海等著：前揭書，第 751-761 頁。

[308] 有關《北美自由貿易協定》（NAFTA）、《能源憲章條約》（ECT）及《外國直接投資待遇指南》等多邊條約與文件對於投資待遇問題的規定，請參劉筍著：前揭《國際投資保護的國際法制—若干重要法律問題研究》，第 144-157 頁。

[309] 有關對外國直接投資（FDI）實行「國民待遇」其定義與評述，可參盧炯星主編：前揭書，第 98-103 頁。

中共十四大確定經濟體制改革的目標為建立社會主義市場經濟體制以前，在計畫經濟體制的框架下，囿於計畫經濟的運作導致缺乏市場機制，而以所有制形式為基礎的不同類型內資企業其彼此之間所享有的待遇即不平等，實欠缺採取內、外資企業「國民待遇」的完備條件⑩，加以當時中國的經濟發展程度仍嫌不足且受制於經濟體制改革的方向不明，故長久以來，無從賦予外國直接投資者以「國民待遇」⑪。以往，中國外資立法對外商投資企業雖有種種特殊優惠與限制的規定，惟其內容卻鮮少涉及「國民待遇」；對於國務院於 1988 年 5 月所發布的《關於鼓勵投資開發海南島的規定》⑫，有學者解為係中國嘗試在局部地區實行較為全面性的「國民待遇」措施⑬；至於中國與其他國家所締結的雙邊投資保護協定，一般亦僅提到「公平與公正待遇」與「最惠國待遇（MFN）」，卻很少論及「國民待遇」；1986 年 5 月，中國與英國所簽訂的《促進和相互保護投資協議》第 3 條第 3 款⑭，則是中國首次嘗試在雙邊投資條約（BITs）中對外國直接投資者提供「國民待遇」；然總體而言，在確立市場經濟體制之前，中國對外國直接投資者實施「國民待

---

⑩中國長期以來係按所有制形式的不同，作為區分內資企業的標準，即國有企業（全民所有制企業）、集體所有制企業及私營企業；由於法律或法規對於不同所有制的企業在資金來源、物資供應、產品銷售、勞動人事、財政信貸、稅收等方面之規定各不相同，已造成不同類型的內資企業彼此間的權利義務不一致的現象，更惶論主張內、外資企業應享有同等待遇，且若要求享有同等待遇，究應以何種類型的內資企業為標準？均成問題。

⑪徐崇利：「試論我國對外資實行國民待遇標準的問題」，收錄於陳安主編：《國際經濟法論叢》（第一卷），法律出版社，1998 年 5 月第 1 版第 1 刷，第 173-201 頁。

⑫1988 年《關於鼓勵投資開發海南島的規定》第 3 條規定：「國家鼓勵境內外的企業、其他經濟組織或者個人（以下簡稱為投資者）投資開發海南島，興辦各項經濟和社會事業。」

⑬單文華：「我國外資國民待遇制度的發展與完善」，載於《法學研究》，1995 年第 6 期。

⑭1986 年 5 月《中華人民共和國政府和大不列顛及北愛爾蘭聯合王國政府關於促進和相互保護投資協議》第 3 條規定：「一、締約任何一方在其領土內給予締約另一方國民或公司的投資或收益的待遇不應低於其給予任何第三國國民或公司的投資或收益的待遇。二、締約任何一方在其領土內給予締約另一方國民或公司在管理、使用、享有或處置他們的投資的待遇，不應低於其給予任何第三國國民或公司的待遇。三、除本條第一、二款的規定外，締約任何一方應儘量根據其法律和法規的規定給予締約另一方的國民或公司的投資與其給予本國國民或公司以相同的待遇。四、上述第一款至第三款的規定，不應解釋為締約一方有義務因下述情況而產生的待遇、特惠或特權給予締約另一方的國民或公司：(甲)締約任何一方已經或可能參加的任何現存或將來的關稅同盟或類似的國際協定或為方便邊境貿易的協定；(乙)任何全部或主要與稅收有關的國際協議或安排，或任何全部或主要與稅收有關的國內立法。」

遇」的情況仍非常有限。

　　1993 年 3 月，第八屆全國人大通過 1982 年《憲法》的第二次《憲法》修正案，正式宣布改採社會主義市場經濟，同年 11 月，中共召開十四屆三中全會，會中通過《中共中央關於建立社會主義市場經濟體制若干問題的決定》，該《決定》對於「深化對外經濟體制改革，進一步擴大對外開放」正式提出要：「創造條件對外商投資企業實行國民待遇，依法完善對外商投資企業的管理」㉟；1995 年 9 月，中共十四屆五中全會通過《中共中央關於制定國民經濟和社會發展九五計畫和 2010 年遠景目標的建議》，提出「對外商投資企業逐步實行國民待遇」的政策目標㊱；1996 年 3 月，全國人大依據前開《建議》所通過《國民經濟和社會發展九五計畫和 2010 年遠景目標綱要》中，則提出要「積極、合理、有效地利用外資」、「逐步統一內外資企業政策，實行國民待遇」㊲；1997 年 9 月，中共十五大的政治報告進一步提出要：「依法保護外商投資企業的權益，實行國民待遇，加強引導和監管」㊳；2001 年 3 月《國民經濟和社會發展第十個五年計畫綱要》指出：為擴大對外開放發展開放型經濟，在提高對外開放水準方面應「對外商投資企業逐步實行國民待遇」㊴；2002 年 11 月，中共十六大所通過的政治報告更明確提出要「改善投資環境，對外商投資實行國民待遇，提高法規和政策透明度」㊵做為完善社會主義市場經濟體制，全面建設小康社會的政策。從前開黨政決策權力機構先後發布的相關政策性文件中一再宣示可知，中國自經濟體制確定朝向市場經濟轉型與發展後，對於外國直接投資者實行「國民待遇」已逐漸成為調整外資政策、改革外資立法的目標；此項發展，雖或多或少將衝擊著往後擬赴中國投資，或持續在中國投資的外國直接投資者其投資意向，並影響中國外資政策與外資立法的制定與調整；然而，考察中國多年來所頒

㉟ 中共中央文獻研究室編：前揭書（下），第 290 頁。

㊱ 中共中央文獻研究室編：前揭書（下），第 355 頁。

㊲ 全國人大財政經濟委員會辦公室、國家發展和改革委員會發展規劃司編：前揭書，第 201 頁。

㊳ 江澤民：前揭十五大政治報告，載於中共中央文獻研究室編：前揭書（下），第 434 頁。

㊴ 全國人大財政經濟委員會辦公室、國家發展和改革委員會發展規劃司編：前揭書，第 140 頁。

㊵ 江澤民：前揭十六大政治報告，第 29 頁。

（發）布的相關外資法規範，除 1994 年 5 月所頒布的《對外貿易法》（係新中國立法史上首度將「國民待遇」納入條款中的法律，參該法第 6 條㉚、第 23 條㉜；至於 2004 年 4 月修訂頒布的新《對外貿易法》第 6 條㉝、第 24 條㉞、第 31 條㉟亦將「國民待遇」納入條文中）外，其他鮮有明確給予外國直接投資者「國民待遇」的法律明文。

二、與國際投資法制的發展背離——以 TRIMs 協定為例

中國自改革開放以來，外資立法對於外國直接投資（FDI）所提供的投資待遇制度，經歷了由限制到鼓勵的漸進式開放過程；由於過往外資立法一般僅給予外國直接投資者以「公平合理待遇」與「最惠國待遇（MFN）」，且因對外國直接投資者採取鼓勵與限制相結合的外資政策，導致在具體實踐中，出現一方面對於外國直接投資者存在「差別待遇」〔一般為「次國民待遇（sub-national treatment）」〕的情況，惟另一方面又賦予外國直接投資者其所設立的外商投資企業享有多於中國內資企業的優惠待遇〔即「超國民待遇（super-national treatment）」〕，致外商投資企業往往處於「超國民」與「次國民」的雙重地位，凡此，皆是對包括 TRIMs 協定在內的 WTO 協議所揭櫫的「國民待遇」原則的一種扭曲。

嚴格而言，「超國民待遇」本質上屬於一種積極性的歧視（positive dis-

㉚ 1994 年《對外貿易法》第 6 條：「中華人民共和國在對外貿易方面根據所締結或者參加的國際條約、協定，給予其他締約方、參加方或者根據互惠、對等原則給予對方最惠國待遇、國民待遇。」

㉜ 1994 年《對外貿易法》第 23 條：「中華人民共和國在國際服務貿易方面根據所締結或者參加的國際條約、協定中所作的承諾，給予其他締約方、參加方市場准入和國民待遇。」

㉝ 2004 年《對外貿易法》第 6 條：「中華人民共和國在對外貿易方面根據所締結或者參加的國際條約、協定，給予其他締約方、參加方最惠國待遇、國民待遇等待遇，或者根據互惠、對等原則給予對方最惠國待遇、國民待遇等待遇。」

㉞ 2004 年《對外貿易法》第 24 條：「中華人民共和國在國際服務貿易方面根據所締結或者參加的國際條約、協定中所作的承諾，給予其他締約方、參加方市場准入和國民待遇。」

㉟ 2004 年《對外貿易法》第 31 條：「其他國家或者地區在知識產權保護方面未給予中華人民共和國的法人、其他組織或者個人國民待遇，或者不能對來源於中華人民共和國的貨物、技術或者服務提供充分有效的知識產權保護的，國務院對外貿易主管部門可以依照本法和其他有關法律、行政法規的規定，並根據中華人民共和國締結或者參加的國際條約、協定，對與該國家或者該地區的貿易採取必要的措施。」

crimination），是一種在市場機制尚未完善的情況下，資本輸入國誘導外國直接投資（FDI）的行為，若過度使用必然會影響市場在資源配置中的基礎性作用，特別是在經濟全球化與自由化的趨勢下，更會妨礙多邊貿易與投資規則的推行，對發展中國家的經濟發展亦將帶來負面影響㊱。中國對外國直接投資（FDI）實施「超國民待遇」，雖然產生諸如：擴大利用外國資本的規模、帶動外國先進技術與管理經驗的引進、提升工業化的水準、加速市場經濟體制建設、促進對外貿易的高速發展，以及提供大量的就業機會等正面效應，然卻也形成諸如：不符合國際投資規範的內涵、違背市場經濟公平競爭的要求、不利於地區經濟的均衡發展與產業結構的合理化，以及加劇財政收入的流失與國有企業經營的困難等負面效應㊲。「國民待遇」原則係GATT1994 與 WTO 協議奉行的基本原則，TRIMs 協定將此原則納入投資領域，並在協定附件【例示清單】中列舉違反「國民待遇」的投資措施㊳；在中國入世後，外資立法對外國直接投資者所實施的，不論是「次國民待遇」抑或是「超國民待遇」，均將受到嚴格的挑戰與強烈的質疑；雖然，外資立法近年來對此已大幅調整，惟在部分的外資法規範或與其他國家所簽訂的一些雙邊投資保護協議的具體承諾中，雖然賦予外國直接投資者享受「國民待遇」，然與TRIMs協定所要求的標準相較，事實上仍存在著相當大的落差。

　　以下將就中國外資立法在發展與調整過程中，涉及「次國民待遇」以及「超國民待遇」的主要規範內容進行探討：

(一)在「次國民待遇（sub-national treatment）」方面

1.投資准入部分

　　(1)投資領域的限制

　　對於外國直接投資者在中國境內所設立的外商投資企業，依法得限制其投資項目與區域，外資立法中，類此限制性（或管制性）的規定主要如：1983 年發布的《合營企業法實施條例》明定允許設立合資企業的行業與最基

㊱黃克安、張家恩：「對外商直接投資實行超國民待遇的利弊分析」，載於《國際貿易問題》，1999 年第 12 期。

㊲黃克安、張家恩：前揭文。

㊳TRIMs 附件【例示清單】第 1 條。

本要求㉙；1990 年發布的《外資企業法實施細則》除進一步闡明設立外資企業所應具備的基本條件，並明定禁止及限制外資企業投資的行業㉚；1995 年6 月發布的《指導外商投資方向暫行規定》則將外商投資企業的投資領域與投資項目明確區分為「鼓勵」、「允許」、「限制」及「禁止」等四大類，並以《外商投資產業指導目錄》做為指導相關權責部門審批外商投資項目的依據；其後，國務院於 2002 年 2 月發布的《指導外商投資方向規定》，與歷次所修訂的《外商投資產業指導目錄》，皆為對外國直接投資者其投資領域設置若干限制或禁止的規定㉛，其中尤以服務業為甚。其後，為規範對外商投資項目的核准管理，國家發展和改革委員會於 2004 年 10 月發布《外商投資項目核准暫行管理辦法》，適用於中外合資、中外合作、外商獨資、外商購併境內企業、外商投資企業增資等各類外商投資項目的核准。

　　(2)投資期間的限制

　　中國外資立法涉及限制外商投資企業其投資期間的規定，主要有：1983 年發布的《合營企業法實施條例》明定，合營企業一般項目的合營期限，原則上為十年至三十年；然投資大、建設週期長、資金利潤率低的項目，則可超過三十年㉜。1990 年發布的《外資企業法實施細則》規定，外資企業的經營期限，依據不同行業與企業的具體情況，由外國投資者在設立外資企業的申請書中擬訂，並須經審批機關批准；如需延長，則應於距經營期滿一百八

㉙參 1983 年《合營企業法實施條例》第 3 條。
㉚參 1990 年《外資企業法實施細則》第 3 條、第 4 條、第 5 條。
㉛例如 1995 年《指導外商投資方向暫行規定》第 6 條規定：「屬於下列情況之一的外商投資項目，列為限制類外商投資項目：(一)屬於國內已開發或者已引進技術，生產能力已能滿足國內市場需求的；(二)屬於國家吸收外商投資試點或者實行專賣的產業的；(三)屬於從事稀有、貴重礦產資源勘探、開採的；(四)屬於需要國家統籌規劃的產業的；(五)屬於國家法律、行政法規規定限制的其他項目。限制類外商投資項目，根據國家產業政策和宏觀經濟調控的需要，分別列入限制類(甲)或者限制類(乙)。」；第 7 條規定：「屬於下列情況之一的外商投資項目，列為禁止類外商投資項目：(一)屬於危害國家安全或者損害社會公共利益的；(二)屬於對環境造成污染損害，破壞自然資源或者損害人體健康的；(三)屬於占用大量耕地，不利於保護、開發土地資源，或者危害軍事設施安全和使用效能的；(四)屬於運用我國特有工藝或者技術生產產品的；(五)屬於國家法律、行政法規規定禁止的其他項目。前款規定的外商投資項目，任何公司、企業、其他經濟組織或者個人均不得舉辦。」（該《規定》全文詳見《國務院公報》，1995 年第 17 號）；至於 1997 年、2002 年、2004 年、2007 年修訂《外商投資產業指導目錄》時，亦列舉限制與禁止外商投資產業的項目。
㉜參 1983 年《合營企業法實施條例》第 100 條。

十天前向審批機關報送延長經營期限的申請書㉝。1995年發布的《合作企業法實施細則》雖未明確規定投資期限，惟規定合作企業期限屆滿，如擬延長合作期限的，應於期限屆滿一百八十天前向審查批准機關提出申請，並須說明原合作企業契約（合同）執行情況與延長期限的原因㉞；2002年6月發布的《外商投資民用航空業規定》亦規定，若以合營方式（包括：合資、合作經營）投資者，其經營期限不得逾三十年㉟；同年12月發布的《外商投資國際貨物運輸代理企業管理辦法》則規定：外商投資國際貨運代理企業的經營期限一般不超過二十年㊱；2003年3月發布的《外商投資圖書、報紙、期刊分銷企業管理辦法》乃規定，設立外商投資圖書、報紙、期刊批發企業，其經營期限不超過三十年㊲；2005年2月發布的《外商投資租賃業管理辦法》則規定，有限責任公司形式的外商投資租賃公司，其經營期限一般不超過三十年㊳。

(3)投資比例的限制

有關限制外國直接投資者其投資比例的中國外資立法主要有：先後於1979年、1990年、2001年頒布（修訂）的《合營企業法》均明定：外國合營者在合營企業註冊資本比例的下限（即不得低於25%）㊴。1995年發布的《合作企業法實施細則》則規定，外國合作者的投資，不得低於合作企業註冊資本的百分之25%㊵。此外，1995年1月發布的《關於設立外商投資股份有限公司若干問題的暫行規定》㊶、2000年10月發布的《外商投資電影院暫行規定》㊷、2001年12月發布的《外商投資電信企業管理規定》㊸、2002年1月發布的《設立外商投資印刷企業暫行規定》㊹、2002年9月發布的《外

㉝ 參1990年《外資企業法實施細則》第73條、第74條第2款。
㉞ 參1995年《合作企業法實施細則》第47條第2款。
㉟ 參2002年《外商投資民用航空業規定》第7條。
㊱ 參2002年《外商投資國際貨物運輸代理企業管理辦法》第10條。
㊲ 參2003年《外商投資圖書、報紙、期刊分銷企業管理辦法》第7條第5項。
㊳ 參2005年《外商投資租賃業管理辦法》第8條第3項。
㊴ 參1979年、1990年及現行《合營企業法》第4條第2款。
㊵ 參1995年《合作企業法實施細則》第18條第3款前段。
㊶ 參1995年《關於設立外商投資股份有限公司若干問題的暫行規定》第7條。
㊷ 參2000年《外商投資電影院暫行規定》第4條第5項。
㊸ 參2001年《外商投資電信企業管理規定》第6條。
㊹ 參2002年《設立外商投資印刷企業暫行規定》第6條第5款。

商投資建築業企業管理規定》㉟、2003 年 1 月發布的《關於設立中外合資對
外貿易公司暫行辦法》㊱、2003 年 3 月發布的《外國投資者併購境內企業暫
行規定》㊲，以及 2003 年 11 月發布的《外商投資電影院暫行規定》㊳等，
亦均對外國投資者在中國境內所設立的外商投資企業其所占投（出）資比
例，設有程度不等的限制。

(4)出資轉讓的限制

中國外資立法中涉及限制外國直接投資者轉讓其出資的規定，如：先後
於 1979 年、1990 年、2001 年頒布（修訂）的《合營企業法》均規定，合營
者如擬轉讓其註冊資本，須經合營各方同意㉞；1983 年、2001 年發布的《合
營企業法實施條例》則進一步規定，尚須經審批機構批准，如有違反，其轉
讓無效㉚。1988 年、2000 年發布的《合作企業法》均規定，一方擬轉讓其在
合作企業契約（合同）中全部或部分的權利或義務時，須經他方同意，並報
審查批准機關批准㉛。1995 年發布的《合作企業法實施細則》則更進一步規
定，合作各方相互間轉讓或任一方向其他第三人轉讓屬於其在合作企業契約
（合同）中全部或部分權利者，除須經合作他方書面同意，且須報審查批准
機關批准㉜。1990 年、2001 年發布的《外資企業法實施細則》均規定，外資
企業如擬轉讓其註冊資本，則須經審批機關批准㉝。

(5)減資的限制

涉及限制外商投資企業減少註冊資本的中國外資立法規定，如：1983 年
發布的《合營企業法實施條例》及 1990 年發布的《外資企業法實施細則》
均嚴格規定，合營企業在合營期內或外資企業在經營期內，均不得減少其註
冊資本，沒有任何例外情況㉞。1995 年發布的《合作企業法實施細則》則規

㉟參 2002 年《外商投資建築業企業管理規定》第 12 條。
㊱參 2003 年《關於設立中外合資對外貿易公司暫行辦法》第 3 條。
㊲參 2003 年《外國投資者併購境內企業暫行規定》第 4 條第 2 款。
㊳參 2003 年《外商投資電影院暫行規定》第 4 條第 4 項。
㉞參 1979 年、1990 年及現行《合營企業法》第 4 條第 4 款。
㉚參 1983 年《合營企業法實施條例》第 23 條及現行《合營企業法實施條例》第 20 條。
㉛參 1988 年、現行《合作企業法》第 10 條。
㉜參 1995 年《合作企業法實施細則》第 23 條第 1 款。
㉝參 1990 年《外資企業法實施細則》第 23 條及現行《外資企業法實施細則》第 22 條。
㉞參 1983 年《合營企業法實施條例》第 22 條；1990 年《外資企業法實施細則》第 22 條。

定，合作企業的註冊資本，除非係因投資總額與生產經營規模等變化確需減少且經審查批准機關批准外，否則在合作期限內不得減少㉟。蓋外商投資企業的註冊資本係中國掌握外商投資總規模的必要條件，亦為外商投資企業對外承擔債務與對內確定投資各方享有權利承擔義務的基礎，基此，為便發揮監管功能與保護外商投資企業在其國內債權人之權益並維持公司資本不變，初期除合作企業因投資總額與生產經營規模等變化確需減少且經審查批准機關批准外，外商投資企業法制一律不允許合營企業、合作企業及外資企業在經營期（或合作期限）內辦理減資；1992 年 6 月所發布的《外商投資企業財務管理規定》更明定：合營企業與外資企業在經營期內，投資人不得以任何名義與方式抽回其註冊資本㊱。與適用《公司法》或其他經濟組織法的中國內資企業相較，其時外商投資企業在此方面顯受到差別待遇，並非立於公平競爭的市場環境。

　　(6)投資審批制度

　　中國外資立法中涉及外國直接投資（FDI）的審批項目與審批機關相當龐雜，除三大外商投資企業基本法律及其配套的《實施條例》（或《實施細則》）中有相當多的規範外，其他涉及投資審批規範的主要法規，尚包括：1993 年發布的《關於依照國家法律規定進行外商投資企業合同、章程審批的通知》、《關於外商投資企業合同、章程的審批原則和審查要點》，1994 年發布的《關於進一步加強外商投資企業審批和登記管理有關問題的通知》，1995 年發布的《關於審批利用外商投資改造現有企業項目的通知》、《關於試辦外商投資特許權項目審批管理有關問題的通知》、《關於當前審批外商投資企業有關問題的緊急通知》，1996 年發布的《部分行業外商投資企業審批原則和審批程序》、《關於審批部直屬事業單位下屬企業舉辦外商投資企業有關問題的通知》、《關於擴大內地省、自治區、計畫單列市和國務院有關部門等單位吸收外商直接投資項目審批許可權的通知》，1997 年發布的《關於吸收外商直接投資項目審批許可權問題的復函》，1999 年發布的《關於地方自行審批鼓勵類外商投資企業報外經貿部備案有關問題的通知》，2000 年的《關於外商投資設立研發中心有關問題的通知》，2001 年發布的

㉟參 1995 年《合作企業法實施細則》第 16 條第 2 款。
㊱參 1992 年《外商投資企業財務管理規定》第 10 條前段。

《外商投資租賃公司審批管理暫行辦法》、《關於設立外商投資創業投資企業的暫行規定》，2002 年發布的《關於加強外商投資企業審批、登記、外匯及稅收管理有關問題的通知》，2003 年發布的《外國投資者併購境內企業暫行規定》，2004 年發布的《關於外商投資舉辦投資性公司的規定》，2005 年發布的《關於依法行政做好外商投資企業審批工作的通知》、《中外合作經營企業外國合作者先行回收投資審批辦法》，2006 年發布的《關於外商投資的公司審批登記管理法律適用若干問題的執行意見》，2007 年發布的《關於進一步加強、規範外商直接投資房地產業審批和監管的通知》，2008 年發布的《關於深入推進行政審批制度改革的意見》等等；從以上綿密、龐雜與繁瑣的投資審批（許可）規範，或可窺知過往在計畫經濟體制下，中國行政審批制度的發達程度。

2.投資措施部分

　　(1)當地成分要求

　　在涉及當地成分要求此等限制型投資措施的中國外資立法，其主要規定如：1979 年《合營企業法》第 9 條第 2 款、1983 年《合營企業法實施條例》第 57 條，以及 1986 年《外資企業法》第 15 條均要求：外商投資企業所需設備、原材料、燃料、配套件等物資，應「儘先」在中國當地購買。此外，中國審批機關於審批時，往往會設定某種當地成分要求（較典型者為國產化要求）做為投資准入或享有投資優惠的條件㊲。

　　(2)出口要求

　　中國外資法制發展過程中，涉及出口要求此類限制型投資措施的主要規定如：1983 年《合營企業法實施條例》第 14 條第 1 款第 7 項、1990 年《外資企業法實施細則》第 15 條第 7 項、1995 年《合作企業法實施細則》第 12 條第 8 項均規定：報批的合資（合作）企業契約（合同）或申請書內，應載明該外商投資企業產品在中國境內與境外的銷售比例（或銷售安排）。1990 年《外資企業法實施細則》第 10 條第 1 款則規定：外國直接投資者在提出設立外資企業申請前向主管部門所提交的報告內容，亦應包括該外資企業產品在中國與國外市場的銷售比例。此外，1986 年《外資企業法》第 3 條規定：

㊲蔡慶輝：「《與貿易有關的投資措施協議》與我國外資法」，載於《國際貿易問題》，1998年第 10 期。

如欲在中國設立外商投資企業,其條件之一,便是產品必須全部或大部分出口;1990 年《外資企業法實施細則》第 3 條則更進一步明確指出,須年出口產品的產值達當年全部產品產值 50%實現外匯收支平衡或有結餘方可設立。

(3)外匯平衡要求

中國外資立法有關外匯平衡要求此等限制型投資措施的主要規定如:1983 年《合營企業法實施條例》第 75 條、1988 年《合作企業法》第 20 條、1986 年《外資企業法》第 18 條第 3 款,以及 1990 年《外資企業法實施細則》第 56 條。此外,國務院於 1986 年 1 月發布的《關於中外合資經營企業外匯收支平衡的規定》第 2 條,亦要求合營企業所生產的產品,應儘量多出口、多創匯,以保持外匯平衡(有關各該規定的詳細內容均詳前述)。

(4)當地股權要求

在中國外資立法中,涉及當地股權要求此等投資措施的主要規定如:1995 年發布的《指導外商投資方向暫行規定》第 4 條第 3 款明定:《外商投資產業指導目錄》可列明不允許外商獨資經營,以及應由國有資產占控股地位或主導地位(即國有資產占註冊資本 51%以上者)的外商投資項目;2001年發布的《外商投資電信企業管理規定》第 6 條明定:經營基礎電信業務(無線尋呼業務除外)的外商投資電信企業的外方投資者,在企業中的出資比例最終不得超過 49%;經營增值電信業務(包括基礎電信業務中的無線尋呼業務)的外商投資電信企業其外方投資者,在企業中的出資比例最終不得超過 50%(按 2008 年修法時此項規定仍予維持);2002 年發布的《指導外商投資方向規定》第 8 條第 1 款則明定:《外商投資產業指導目錄》可對外商投資項目規定中方控股或中方相對控股;2003 年發布的《外國投資者併購境內企業暫行規定》第 4 條第 2 款明定:依照《外商投資產業指導目錄》不允許外國投資者獨資經營的產業,併購不得導致外國投資者持有企業的全部股權;需由中方控股或相對控股的產業,該產業的企業被併購後,仍應由中方在企業中占控股或相對控股地位;同年 9 月發布的《中外合資人才仲介機構管理暫行規定》則規定:中方合資者的出資比例不得低於 51%[38];另 2004 年《外商投資商業領域管理辦法》第 18 條、《外商投資國際海運業管理規定》

---

[38] 參 2003 年《中外合資人才仲介機構管理暫行規定》第 6 條第 3 項。

第 7 條第 3 項亦均有類似的規定。此外，前述有關中國外資立法在「投資准入」部分，涉及限制外國直接投資者投資比例的相關規定，若從「投資措施」的角度觀察，實質上亦屬於此所謂當地股權要求的規定；易言之，即使從不同的面向切入，此等規定均將面臨是否符合 WTO 協議規定與揭櫫原則的檢視問題。

(二)在「超國民待遇（super-national treatment）」方面

1.稅收部分

(1)所得稅優惠

1986 年 10 月，國務院發布《關於鼓勵外商投資的規定》，明定「產品出口企業」及「先進技術企業」的外國投資者，將其從企業分得的利潤匯出境外時，免繳匯出額的所得稅[359]；雖然 1993 年 12 月發布《企業所得稅暫行條例》時，將原僅適用於外商投資企業的33%的優惠稅率規定擴及於所有中國內資企業[360]，已從法制形式上統一內、外資企業的所得稅率，然實際上外商投資企業仍較內資企業享有更多的稅收優惠；例如：外商投資企業依照「設立地區」（如：沿海經濟開放區、經濟特區、經濟技術開發區、高新技術產業開發區）、「企業性質」（如：生產型企業）或「投資行業」（如：基礎設施、第一、二、三產業[361]）等方面的不同，按30%、24%、15%[362]，甚至更低的稅率徵收其企業所得稅，而且外商投資企業尚可享受「兩免三減」的優惠；另外，對於鼓勵外商投資的行業、項目，地方人民政府則可依據實

---

[359] 參 1986 年《關於鼓勵外商投資的規定》第 7 條。

[360] 參 1993 年《企業所得稅暫行條例》第 3 條。

[361] 此係依據社會生產活動歷史發展的順序對產業結構所為分類法，第二次世界大戰後，經濟學界普遍採用此種劃分方法；所謂第一產業，係指產品直接取自自然界，生產不須經過深度加工即可消費的產品或工業原料的部門，所謂第二產業，係指對初級產品進行再加工的部門，所謂第三產業，即第一、二產業以外的其他產業，係指以服務勞動（提供勞務）為基礎，為社會生產與生活提供服務的部門（孫林主編：《寫給法律人的經濟辭彙》，法律出版社，2004 年 1 月第 1 版第 1 刷，第 117-119 頁）。

[362] 例如：為鼓勵外商投資企業從事能源、交通基礎設施項目，促進中西部地區經濟發展，國務院於 1999 年 7 月發布《關於擴大外商投資企業從事能源交通基礎設施項目稅收優惠規定適用範圍的通知》，規定《外商投資企業和外國企業所得稅法實施細則》第 73 條第 1 款第 1 項第 3 目關於從事能源、交通基礎設施項目的生產性外商投資企業，在報准後可減按15%的稅率徵收企業所得稅的規定，溯自當年 1 月 1 日起擴大至各地區執行。

際情況，決定免徵、減徵地方所得稅[⑯]。

此外，2000 年 1 月，財政部與國家稅務總局聯合發布《關於外商投資企業和外國企業購買國產設備投資抵免企業所得稅有關問題的通知》，其中規定：外商投資企業在投資總額內購買的國產設備，如符合一定條件，其購買國產設備投資的40%，可從購置設備當年較前一年新增的企業所得稅中抵免[⑭]；同年 5 月國家稅務總局進一步發布《外商投資企業和外國企業購買國產設備投資抵免企業所得稅管理辦法》，以充實前開《通知》的規範內容；同年 10 月，國土資源部、財政部等主管部門於聯合發布《關於進一步鼓勵外商投資勘查開採非油氣礦產資源若干意見的通知》中，規定外商投資勘查開採非油氣礦產資源，可按照現行外商投資企業與外國企業有關規定，享受國家的稅收優惠政策[⑮]。從過往此等外資法制中有關外商投資企業所得稅的主要規定顯示，外商投資企業實際上仍較內資企業享有更多的稅收優惠。

(2)流通稅優惠

雖然 1993 年頒布的《關於外商投資企業和外國企業適用增值稅、消費稅、營業稅等稅收暫行條例的決定》明定，在相關稅收法律制定以前，外商投資企業與外國企業應適用國務院所發布的《增值稅暫行條例》、《消費稅暫行條例》及《營業稅暫行條例》等三個涉及稅收的「行政法規」，已從法制形式上統一內、外資企業在流通稅方面的待遇；然而，1993 年以前批准設立的外商投資企業若因徵收增值稅、消費稅及營業稅等流轉稅而增加稅負者，仍可退還多繳的稅款[⑯]，反觀內資企業則無法享有此項優惠。

(3)關稅優惠

中國外資立法中涉及外商投資企業其關稅優惠的主要規定如：1983 年發布的《合營企業法實施條例》第 71 條[⑰]、1990 年發布的《外資企業法實施

[⑯] 參 1991 年《外商投資企業與外國企業所得稅法》第 5 條、第 7 條、第 8 條、第 9 條。

[⑭] 參 2000 年《關於外商投資企業和外國企業購買國產設備投資抵免企業所得稅有關問題的通知》第 1 條第 1 款。

[⑮] 參 2000 年《關於進一步鼓勵外商投資勘查開採非油氣礦產資源若干意見的通知》第 2 條第 1 款。

[⑯] 參 1993 年《關於外商投資企業和外國企業適用增值稅、消費稅、營業稅等稅收暫行條例的決定》第 2 條。

細則》第 52 條⑯，以及 1995 年發布的《合作企業法實施細則》第 39 條⑯規定，外商投資企業基於履行出資義務或生產、經營進口所需物品（如：機器設備、零部件、元器件、包裝物料、生產用交通運輸工具、生產管理設備、其他物料等），對之免徵進口關稅；惟此等關稅優惠皆非內資企業可得享有。

2.利潤再投資部分

有關中國外資立法中涉及外商投資企業「利潤再投資」優惠（主要係享有退稅優惠）的主要規定如：先後於 1979 年、1990 年、2001 年發布（修訂）的《合營企業法》均規定：外國合營者若將分得的淨利潤在中國境內再行投資時，可申請退還已繳納的部分所得稅⑰。此外，1986 年、2000 年發布（修訂）的《外資企業法》均規定：若外資企業將繳納所得稅後的利潤在中國境內再投資者，可依照相關規定申請退還再投資部分已繳納部分的所得稅稅款⑰；惟其再投資所增資或新設的企業經營期限，依 1991 年發布的《外商投資企業與外國企業所得稅法》規定不得少於五年，若經稅務機關批准後，則可退還其再投資部分已繳納所得稅的 40% 稅款（國務院另有優惠者依該規

⑯1983 年《合營企業法實施條例》第 71 條規定：「合營企業進口下列物資免徵關稅和工商統一稅：(一)按照合同規定作為外國合營者出資的機器設備、零部件和其他物料（其他物料係指合營企業建廠（場）以及安裝、加固機器所需材料，下同）；(二)合營企業以投資總額內的資金進口的機器設備、零部件和其他物料；(三)經審批機構批准，合營企業以增加資本所進口的國內不能保證生產供應的機器設備、零部件和其他物料；(四)合營企業為生產出口產品，從國外進口的原材料、輔料、元器件、零部件和包裝物料。上述免稅進口物資，經批准在中國國內轉賣或轉用於在中國國內銷售的產品，應照章納稅或補稅。」

⑯1990 年《外資企業法實施細則》第 52 條規定：「外資企業進口下列物資，免徵關稅和工商統一稅：(一)外國投資者作為出資的機器設備、零部件、建設用建築材料以及安裝、加固機器所需材料；(二)外資企業以投資總額內的資金進口本企業生產所需的自用機器設備、零部件、生產用交通運輸工具以及生產管理設備；(三)外資企業為生產出口產品而進口的原材料、輔料、元器件、零部件和包裝物料。前款所述的進口物資，經批准在中國境內轉賣或者轉用於生產在中國境內銷售的產品，應當依照中國稅法納稅或者補稅。」

⑯1995 年《合作企業法實施細則》第 39 條規定：「外國合作者作為投資進口的機器設備、零部件和其他物料以及合作企業用投資總額內的資金進口生產、經營所需的機器設備、零部件和其他物料，免徵進口關稅和進口環節的流轉稅。上述免稅進口物資經批准在中國境內轉賣或者轉用於國內銷售的，應當依法納稅或者補稅。」

⑰參 1979 年、1990 年《合營企業法》第 7 條第 3 款及現行《合營企業法》第 8 條第 3 款。

⑰參 1986 年、2000 年《外資企業法》第 17 條第 2 款。

定），但若再投資不滿五年即撤出者，則應繳回已退的稅款㉜。然而，若進一步探究，前開有關利潤再投資的相關規定，從其規範所呈現的表象雖可歸類為「超國民待遇」，惟實際上卻往往透過各種方式干擾外商投資企業資金的抽回，而外商投資企業之所以選擇將其經營利潤再行投入，乃係基於避免先前的投資血本無歸的考量；易言之，利潤再投資實際上乃外商投資企業迫於無奈而不得不然的選擇。因此，若單純從法制形式面的「利潤再投資可享有退稅優惠」規定，或可認為外商投資企業所享有者係「超國民待遇」，惟若從實務操作面「選擇利潤再投資是否受到不當干擾」的角度考察，外商投資企業所享有者實則為「次國民待遇」而非「超國民待遇」。

3.土地使用費部分

考察中國外資立法中涉及外商投資企業享有土地使用費優惠的規定，主要如：先後於 1983 年、2001 年發布（修訂）的《合營企業法實施條例》均規定：合資企業若在經濟不發達地區從事開發性項目，場地使用費經所在地人民政府同意後，可給予特別優惠㉝。1986 年國務院所發布的《關於鼓勵外商投資的規定》則明定：對於產品出口企業及先進技術企業的場地使用費，地方人民政府可酌情在一定期限內免收㉞。

4.外匯管理部分

在涉及外商投資企業外匯管理優惠的中國外資立法主要規定如：1986 年國務院發布的《關於鼓勵外商投資的規定》明定：外商投資企業彼此間，在外匯管理部門監管下，可相互調劑外匯餘缺；中國銀行以及其他經中國人民銀行指定的銀行，可對外商投資企業開辦現匯抵押業務，貸放人民幣資金㉟。此外，1996 年 6 月，中國人民銀行分別發布的《結匯、售匯及付匯管理規定》與《關於對外商投資企業實行銀行結售匯公告》中，明定：外商投資企業享有「自由選擇在外匯指定銀行結匯與售匯或在外匯調劑中心買賣外匯」㊱、「開立外匯帳戶」㊲、「保留一定數量的經常項目收入」㊳等外匯

㉜參 1991 年《外商投資企業與外國企業所得稅法》第 10 條。
㉝參 1983 年《合營企業法實施條例》第 50 條第 2 款、現行《合營企業法實施條例》第 47 條第 2 款。
㉞參 1986 年《關於鼓勵外商投資的規定》第 4 條。
㉟參 1986 年《關於鼓勵外商投資的規定》第 14 條。

管理上的優惠；反觀內資企業，除非經特殊批准外，其大多數經常項目的外匯收入必須賣給外匯指定銀行，不能保留於外匯帳戶。凡此，皆顯示外商投資企業在使用外匯方面，享有優於內資企業的待遇。

5.進出口經營權部分

中國對於一定種類商品（貨物）的進出口實行「許可證」制度，惟在現行的外貿體制下，內資企業並不當然享有直接的進出口經營權，而且某些進口產品尚須申領進出口許可證；因此，導致大多數的內資企業無法直接從事進出口業務，必須委託享有進出口經營權的專業外貿公司代理方能進口其所需物品。而根據外商投資企業法規範的規定，外商投資企業一旦依法經批准設立，即享有進出口經營權，可直接進口其生產所需的原材料、機器設備，亦可直接進口該企業所生產的產品[37]，在某些情況下還享受免領進口許可證的優惠[38]。此外，2001 年 7 月原對外貿易經濟合作部進一步發布《關於擴大外商投資企業進出口經營權有關問題的通知》，擴大符合一定條件的外商投

---

[36]1996 年《結匯、售匯及付匯管理規定》第 32 條規定：「外商投資企業可以在外匯指定銀行辦理結匯和售匯，也可以在外匯調劑中心買賣外匯，其他境內機構、居民個人、駐華機構及來華人員只能在外匯指定銀行辦理結匯和售匯。」；1996 年《關於對外商投資企業實行銀行結售匯公告》第 1 條規定：「根據中國人民銀行 1996 年 6 月 20 日發布的《結匯、售匯及付匯管理規定》，外商投資企業可以在外匯指定銀行辦理結匯和售匯，也可以繼續通過外匯調劑中心買賣外匯。」

[37]1996 年《結匯、售匯及付匯管理規定》第 40 條規定：「境內機構應當在其註冊地選擇經營外匯業務的銀行開立外匯帳戶、按照本規定辦理結匯、購匯、付匯業務。境內機構在異地和境外開立外匯帳戶，應當向外匯局申請。外商投資企業經常項下的外匯收入，經批准可以在註冊地選擇經營外匯業務的銀行開立外匯結算帳戶。」；1996 年《關於對外商投資企業實行銀行結售匯公告》第 2 條第 1 款：「中國人民銀行授權國家外匯管理局發布《外商投資企業境內外匯帳戶管理辦法》。根據這一辦法，外商投資企業可以根據需要在外匯指定銀行開立用於經常項目收支的外匯結算帳戶和用於資本項目收支的外匯專用帳戶。」

[38]1996 年《結匯、售匯及付匯管理規定》第 10 條規定：「外商投資企業經常項目下外匯收入可在外匯局核定的最高金額以內保留外匯，超出部分應當賣給外匯指定銀行，或者通過外匯調劑中心賣出。」；1996 年《關於對外商投資企業實行銀行結售匯公告》第 2 條第 2 款規定：「國家外匯管理局根據外商投資企業實投資本和經常項目外匯資金周轉的需要，確定外商投資企業經常項目下外匯收入可以保留的外匯最高金額。」

[39]參 1979 年《合營企業法》第 9 條第 2 款，1983 年《合營企業法實施條例》第 63 條、第 71 條，1986 年《外資企業法》第 15 條，1988 年《合作企業法》第 19 條，1990 年《外資企業法實施細則》第 44 條、第 47 條、第 52 條，1995 年《合作企業法實施細則》第 37 條、第 39 條。

[40]參 1987 年《關於外商投資企業申領進出口許可證的實施辦法》第 3 條前段。

資生產型企業⑱其出口經營權（包括從事非配額許可證管理、非專營商品的收購出口業務，以及參加自產產品的出口配額招標）以及母公司為生產型集團的外商投資投資性公司其進口經營權，並允許外商投資研發中心為進行其研發產品的市場測試，進口並銷售少量其母公司生產的高新技術產品⑲。凡此優惠皆非中國的內資企業所能享有。

三、發展與調整方向——逐步實行「國民待遇」

　　國際投資法制的自由化發展促使資本輸入國必須將「改善投資環境並加強外資保護」做為其外資立法改革的方向；而「國民待遇」的主張與擴大適用（即提高投資待遇）便是其中一個至為重要的議題。公平競爭原則（the rule of fair competition）乃市場經濟的核心價值，亦為 WTO 協議一項重要的基本原則；中國既已向市場經濟轉型，為進一步深化與健全其體制發展，即應在建構與完善市場經濟法制建設的過程中，在相關法規範內落實此項原則，方能優化投資法制環境並確保經濟的持續發展；至於投資自由化的根本精神，即在於放鬆與排除對外國直接投資（FDI）的各項限制，並且在各外國直接投資（FDI）或其投資者之間實施「無差別待遇」。然而，中國外資立法中不論係賦予外國直接投資者以「次國民待遇」抑或是「超國民待遇」，均有違「無差別待遇」原則的精神，亦是對 WTO 協議標榜的「國民待遇」原則的一種扭曲，如被認定為是一種對貿易的流量（或流向）產生扭曲性影響的「與貿易有關的投資措施（TRIM）」，屆時恐將被判定違反 TRIMs 協定所揭櫫的「國民待遇」原則。

　　長期以來，中國主要係藉由提供若干優惠措施吸引外國直接投資（FDI），雖然外商投資企業因此可享有諸多優惠，然而，實際上在優惠條件下並非受到真正的平等對待；例如：投資領域的限制（主要是對外資投向服務業的限制）、審批手續複雜且嚴格、服務收費名目浮濫、履行要求過多

---

⑱ 2001 年《關於擴大外商投資企業進出口經營權有關問題的通知》第 1 條規定，該類企業須具備以下條件：(一)年出口額在一千萬美元以上；(二)申請前連續二年，在稅收、外匯和進出口方面沒有違法、違規紀錄；(三)有從事國際貿易的專業人員。

⑲ 2001 年《關於擴大外商投資企業進出口經營權有關問題的通知》第 3 條規定，此項產品必須為研發中心正在進行的研發項目產品的市場測試產品，且其進口量與市場測試目的相適應。

（例如：當地成分要求、外匯平衡要求等）等㉘。近年來，在經貿政策不斷地調整下，涉及稅收或進出口方面的條件已漸漸無法凸顯其在引資方面的優勢地位；而在各國競相推出優惠政策以爭取外國直接投資（FDI）的同時，對於考量長遠利益的外國直接投資者而言，投資優惠未必具有太大的吸引力，相較之下，法律制度的完備與法治環境的健全方能真正落實其投資權益的保障。中國為爭取加入 WTO，在外資立法方面的改革速度明顯加快，當時為期能順利入世，乃積極消弭外資立法與國際投資規範間有所歧異與背離的規範內容；即便在入世之後，基於成員國負有履行條約的義務，勢須遵照WTO協議框架下一系列與國際投資有關的協定（如：TRIMs協定）；因此，透過調整外資立法中可能違反「國民待遇」原則相關規定的方式，藉以提高外國直接投資者在准入、經營運作方面的待遇標準，進而逐步實行「國民待遇」，已成為近年來中國外資立法改革的重要方向。以下將就近年來中國為消弭外資立法在投資待遇方面與TRIMs協定「國民待遇」原則相背離的規範內容，以符合國際投資規範所為之調整做進一步的探討。

(一)在調整「次國民待遇（sub-national treatment）」方面

考察近年來中國外資立法的改革，雖然仍未完全取消對外國直接投資者所實施的「差別待遇」（例如：雖開放設立外商投資電信企業，惟其經營業務的地域範圍仍須由主管部門另行確定，且對其註冊資本、外方投資者在企業中的出資比例等均設有限制㉙；又如：雖允許外商從事境內投資業務，惟應比照《指導外商投資方向暫行規定》與《外商投資產業指導目錄》的規定受到規範，且不得在禁止外商投資的領域進行投資㉚；再如：雖開放設立外商投資印刷企業，惟對於經營特定項目業務的外商投資印刷企業其註冊資本、中方投資者的持股比例、設立分支機構等方面仍設有限制㉛），惟確實已持續減少在投資准入方面的限制，逐步取消部分的履行要求，已從法制的形式面對外國直接投資者逐步實行「國民待遇」，大體上可謂與市場化取向

㉘單文華：前揭文。

㉙參 2001 年《外商投資電信企業管理規定》第 4 條、第 5 條、第 6 條、第 7 條。

㉚參 2000 年《關於外商投資企業境內投資的暫行規定》第 2 條、第 3 條、第 5 條。

㉛參 2002 年《設立外商投資印刷企業暫行規定》第 6 條、第 12 條。

的改革以及國際投資法制朝「促進准入自由、提高投資待遇、加強投資保護」此等自由化發展方向大致吻合。

1.投資准入部分

為逐步實行「國民待遇」，中國外資立法在投資准入方面的改革，主要表現在：放寬過往在投資領域、投資期間、減資等方面的限制，以及將投資審批制度予以法制化；以下將就相關調整內容進一步探討。

(1)逐步放寬投資領域的限制

①制定《指導外商投資方向規定》與修訂《外商投資產業指導目錄》

若與1995年發布的《指導外商投資方向暫行規定》相較，2002年2月新發布的《指導外商投資方向規定》增列「鼓勵類」外商投資項目若係從事投資額大、回收期長之交通、城市基礎設施建設或經營者，經批准後，得以擴大與其相關經營範圍的領域類別（如：石油、天然氣、機場、城市道路、汙水處理、垃圾處理等）㊳；惟對外國直接投資者其投資領域仍設置若干限制或禁止的規定㊳，並未完全符合「國民待遇」原則，容有相當大的改革與調整空間。至於《外商投資產業指導目錄》自1995年發布後，業已歷經1997年、2002年、2004年、2007年多次修訂，雖每次修訂即或多或少放寬對於外商投資企業投資領域的限制，惟迄今仍未完全符合「國民待遇」原則；易言之，就此部分仍容有相當大的改革與調整空間。

②開放經營投資、金融保險、商業業務

首先，在開放經營投資業務方面，主要領域包括：允許從事「直接投資」業務（主要依據2003年發布的《關於外商投資舉辦投資性公司的規定》）；允許從事「境內投資」業務（主要依據2000年發布的《關於外商投資企業境內投資的暫行規定》）；允許從事「創業投資」業務（主要依據2003年發布的《外商投資創業投資企業管理規定》）。其次，中國近年來積極開放外國直接投資者經營金融保險業務，並制定或修訂若干外資立法以為規範；其中涉及「金融業務」的主要規範，如：2001年發布的《外資金融機構管理條例》、《金融資產管理公司吸收外資參與資產重組與處置的暫行規定》，以及2004年發布的《外資金融機構管理條例實施細則》。至於涉及

㊳參2002年《指導外商投資方向規定》第9條。
㊳參2002年《指導外商投資方向規定》第6、7條。

「保險業務」的主要規範，則如：2001 年發布的《外資保險公司管理條例》
與 2004 年發布的《外資保險公司管理條例實施細則》。至於在開放經營商
業業務方面，近年來中國外資立法涉及此領域的改革，主要為 2004 年發布
的《外商投資商業領域管理辦法》；該《辦法》允許具備一定條件（即有良
好的信譽，無違反中國法律、行政法規及相關規章的行為）的外國公司、企
業、其他經濟組織或個人，在中國境內設立外商投資商業企業從事商業經營
活動；此等經營活動包括：傭金代理、批發、零售及特許經營㊦；凡此，皆
屬從法制形式面進一步放寬外國直接投資者經營商業業務的原有限制。

　　③開放經營其他領域業務（主要為服務業）

　　考察中國近年來涉及開放外國直接投資者經營其他領域業務的主要外資
立法規定例如：2001 年 8 月發布的《外商投資租賃公司審批管理暫行辦法》
允許外國投資者在中國境內以合資或合作的方式設立外商投資租賃公司（按
本《辦法》已為 2005 年 2 月另行發布的《外商投資租賃業管理辦法》所取
代）；同年 11 月發布的《外商投資道路運輸業管理規定》則依據營業屬性，
分別允許外國投資者以不同的投資形式（或合資，或合作，或為獨資）投資
道路運輸業；同年 12 月發布的《外商投資電信企業管理規定》乃允許外國
投資者與符合一定條件的中國投資者在中國境內以合資經營的方式，共同投
資設立經營電信業務的企業（按本《規定》已於 2008 年 9 月修訂）。2002 年
1 月發布的《設立外商投資印刷企業暫行規定》允許具備一定條件的外國投
資者設立合資、合作或獨資印刷企業；另《外商投資建築業企業管理規定》
則允許外國投資者以合資、合作或獨資方式，設立外商投資建築業企業。
2003 年 1 月發布的《關於設立中外合資對外貿易公司暫行辦法》乃進一步開
放設立合資外貿公司的區域；同年 11 月發布《外商投資電影院暫行規定》
則放寬外商投資電影院的條件㊦。2004 年 2 月發布的《外商投資國際海運業
管理規定》允許外國投資者經主管部門批准後，可依不同的業務性質，以合
資、合作或獨資方式在中國境內經營國際海運業；同年 3 月發布的《外商投
資廣告企業管理規定》則允許外國投資者以合資、合作或獨資方式設立外商

㊦參 2004 年《外商投資商業領域管理辦法》第 2 條、第 3 條、第 6 條、第 21 條。

㊦例如：最低註冊資本從一千萬人民幣調降為六百萬人民幣，調降在試點城市所設合營企業
　合營中方資本所占註冊資本的比例。

投資廣告企業（按本《規定》已於 2008 年 8 月修訂）。2007 年 1 月發布的《外商投資建設工程服務企業管理規定》允許外國投資者得以合資、合作或獨資方式在中國境內從事包括：建設工程監理、工程招標代理，以及工程造價諮詢在內的建設工程服務。2008 年 7 月發布的《外商投資礦產勘查企業管理辦法》則允許外國投資者得以合資、合作或獨資方式，在中國境內從事礦產（石油、天然氣、煤層氣除外）勘查投資及相關活動。考此等投資領域的調整主要係為履行入世承諾；與以往相較雖已大幅放寬限制，惟仍設有若干限制，並未完全符合「國民待遇」原則，其間仍存有一定程度的落差，仍容或有相當大的改革空間。

　　(2)放寬投資期間的限制

　　中國外資立法近年來涉及放寬外國直接投資者其投資期間限制的主要調整規定，如：1986 年 1 月，國務院發布的《關於〈中華人民共和國中外合資經營企業法實施條例〉第 100 條的修訂》揭示，對於投資大、建設週期長、資金利潤率低的項目，由外國合營者提供先進技術或關鍵技術生產尖端產品的項目，或在國際上有競爭能力的產品的項目，其合營期限可延長至五十年，倘經國務院特別批准，則可延長至五十年以上㉛。至於 2001 年修訂《合營企業法實施條例》時，則已刪除有關合營企業的合營期限的規定，改依 1990 年發布的《中外合資經營企業合營期限暫行規定》規範㉜。

　　(3)放寬減資的限制

　　考察近來有關放寬外國直接投資者減少其所設企業註冊資本限制的主要調整如：2001 年 4 月國務院發布《關於修改〈中華人民共和國外資企業法實施細則〉的決定》，放寬原《實施細則》有關減資的限制，修改為外資企業在經營期內，原則上仍不得減少其註冊資本，但如因投資總額與生產經營規模等發生變化確需減資，而經審批機構批准後，則例外可以減資㉝；同年 7 月國務院發布的《關於修改〈中華人民共和國中外合資經營企業法實施條例〉的決定》，亦揭示放寬原《實施條例》有關減資的限制，新《實施條例》修訂為合營企業在合營期內，原則上仍不得減少其註冊資本，惟若因投

㉛ 該《修訂》全文詳見《國務院公報》，1986 年第 2 號。
㉜ 參現行《合營企業法實施條例》第 89 條。
㉝ 參現行《外資企業法實施細則》第 21 條。

資總額與生產經營規模等發生變化確需減資，而經審批機構批准後，則例外得予減資㉞。由此可知，中國外資立法為逐步實行「國民待遇」，已從法制形式面陸續調整外國直接投資者在中國境內的投資待遇。

　　(4)投資審批制度

　　為逐步實行「國民待遇」，中國外資立法近年來亦開始改革其積弊叢生的行政審批制度（至於投資審批則為其中一環），其調整主要表現在：明確審批原則、調整審批範圍、釐清審批許可權以及引進審批救濟制度等幾個方面。首先，在明確審批原則方面：2001 年 10 月，國務院發布的《關於行政審批制度改革工作的實施意見》，明確提出行政審批制度改革的遵循原則與實施步驟等；2003 年 8 月全國人大常委會頒布的《行政許可法》則確立行政許可（包括投資審批）必須遵循的「合法」、「公開、公平、公正」、「便民」、「救濟」、「信賴保護」、「監督」等六項基本原則。其次，在調整審批範圍方面：近年來，國務院已先後於 2002 年 11 月、2003 年 2 月、2004年 5 月、2007 年 11 月陸續取消與調整的行政審批項目，已超過國務院部門審批項目總數的一半；惟基於管制（管理）上的需要，針對由「法律」、「行政法規」以外的規範性文件所設定，但確需保留且符合《行政許可法》規定的行政審批項目，依據《行政許可法》規定予以保留，並設定行政許可的項目㉟，惟與以往相較，現已大幅縮減行政審批的範圍。此外，2003 年 8月所頒布的《行政許可法》明定原則上得設定行政許可的事項㊱，然若該等事項能透過市場機制等法定方式予以規範者，則可不設行政許可㊲。再次，在釐清審批許可權方面：為解決過往因審批許可權過於分散所造成的亂象，2003 年頒布的《行政許可法》已初步釐清審批許可權，該法明定僅全國人大與其常委會所頒布的「法律」、國務院所發布的「行政法規」與具有普遍約束力的決定得設定行政許可，「地方性法規」以及省、自治區、直轄市的人民政府所發布的「地方政府規章」，則可依據法定條件設定行政許可，至於其他規範性文件則一律不得設定行政許可㊳；至於行政許可，則由具有行政

㉞參現行《合營企業法實施條例》第 19 條。
㉟參 2004 年國務院《對確需保留的行政審批項目設定行政許可的決定》。
㊱參 2003 年《行政許可法》第 12 條。
㊲參 2003 年《行政許可法》第 13 條。

權限的行政機關在其法定職權範圍內實施[39]；制定機關應依據該法予以清理，若與該法不符者，該法施行後應停止執行[40]。最後，在引進審批救濟制度方面：《行政許可法》引進審批救濟制度，日後外商投資企業對於審批機關所為之審批，可依《行政復議法》提出行政復議申請，復可依《行政訴訟法》向人民法院提起行政訴訟；若其合法權益因審批機關違法實施審批而蒙受損害者，尚可依據《國家賠償法》向行政機關要求賠償，故其投資權益可依法透過行政或司法救濟途徑尋求保障；蓋有權利，斯有救濟（*ubi jus, ibi remedium*），法律既賦予吾人權利，必加以保障。

2.投資措施部分

對於外國直接投資（FDI）所實施的諸多限制型投資措施，將限制其在中國境內所設立的外商投資企業在中國內銷市場的開拓與深耕，不僅拘束外商投資企業的經營活動，削弱其投資意願，同時亦將對中國內資企業的發展產生制約作用；近年來，為期能順利入世，以持續順利獲取國外資金、技術與設備的挹注，繼續發展經濟並維持經濟增長，並促進內資企業能儘早融入世界市場，如何進一步完善市場經濟法制建設，拉進或消弭中國外資法制與WTO 協議等國際投資規範之間存在落差的相關規定，進而優化投資法律環境與「法治」基礎，已成為中國外資立法晚近重要的改革目標，特別是減少或取消屬於TRIMs協定所禁止的履行要求或投資措施；其中，涉及當地成分要求、外匯平衡要求、出口要求等部分已陸續進行的調整，雖與TRIMs協定所揭櫫的「國民待遇」原則容存有落差，惟不可否認有長足的進步；然遺憾的是，改革範圍卻未涉及同屬TRIMs協定所禁止的「當地股權要求」此一類型履行要求的相關規定（詳前述）；易言之，中國外資立法涉及此部分的相關規定仍與WTO所揭「國民待遇」原則有所背離，實有待日後進一步調整。以下將分別減視中國近年來外資立法改革進程中涉及當地成分要求、外匯平衡要求、出口要求等方面的調整內容。

(1)調整當地成分要求

中國外資立法近年涉及當地成分要求此等限制性投資措施的調整規定，

---

[38] 參 2003 年《行政許可法》第 14 條、第 15 條、第 17 條。
[39] 參 2003 年《行政許可法》第 22 條。
[40] 參 2003 年《行政許可法》第 83 條第 2 款。

主要如：2000 年 10 月修訂《外資企業法》時，刪除原法有關當地成分要求的規定⑩，重新調整其規範內容⑫；2001 年 3 月修訂《合營企業法》時，刪除原法有關當地成分要求的規定⑬，改由合資企業自主決定⑭。同年 7 月修訂《合營企業法實施條例》時，亦刪除原《實施條例》當地成分要求的規定⑮，改由合資企業自行決定在中國購買或向國外購買⑯。

　　(2)刪除外匯平衡要求

中國業於 1994 年實現人民幣在經常項目下可有條件兌換，並於 1996 年 7 月將外商投資企業的外匯買賣納入銀行結匯體系，取消經常項目下兌換外匯的限制，同年 11 月宣布同意接受《國際貨幣基金組織協定》（IMF）的規定，並據此於 1997 年 1 月修正《外匯管理條例》，從法規上明確允許經常項目下的外匯可以自由兌換；由於目前外商投資企業購買原材料、零組（部）件或支付工資、股息、紅利等所需要的外匯，均可透過銀行購匯支付，或從其外匯帳戶中支付，至此，刪除外商投資企業法規範中有關外匯平衡要求的條件業已成熟。其後，於 2000 年、2001 年分別修訂《合作企業法》、《外資企業法》、《外資企業法實施細則》、《合營企業法實施條例》時，刪除原各法律或法規中有關要求外商投資企業「應當自行解決外匯收支平衡」此等外匯平衡要求的規定⑰。此外，2001 年 10 月，國務院發布《關於廢止 2000 年底以前發布的部分行政法規的決定》時，宣告廢止 1986 年所發布的《關於中外合資經營企業外匯收支平衡的規定》。取消前開涉及外匯平衡要求的規定，基本上已從法制形式面排除違反 TRIMs 協定所揭櫫「國民待遇」原則的可能。

　　(3)刪除出口要求

2000 年 10 月，國務院發布《關於修改〈中華人民共和國外資企業法〉

---

⑩參 1986 年《外資企業法》第 15 條。
⑫參現行《外資企業法》第 15 條。
⑬參 1979 年《合營企業法》第 9 條第 2 款。
⑭參現行《合營企業法》第 10 條第 1 款。
⑮參 1983 年《合營企業法實施條例》第 57 條。
⑯參現行《合營企業法實施條例》第 51 條。
⑰參 1983 年《合營企業法實施條例》第 75 條，1988 年《合作企業法》第 20 條，1986 年《外資企業法》第 18 條第 3 款及 1990 年《外資企業法實施細則》第 56 條。

的決定》，宣告刪除原《外資企業法》中有關以「產品全部或大部分出口」做為在中國境內設立外資企業條件的規定[408]，重新調整規範內容[409]，取消原法涉及出口要求此等限制型投資措施的規定。次年，國務院修訂《合營企業法實施條例》與《外資企業法實施細則》時，刪除原《實施條例》及《實施細則》中關於「報批的合資企業契約（合同）或合作企業契約（合同）或申請書內，應載明該外商投資企業在中國境內與境外銷售產品的比例」、「外國投資者在提出設立外資企業申請前向主管部門所提交的報告內容，應包括該外資企業產品在中國與市場的銷售比例」，以及「年出口產品的產值達當年全部產品產值50%，實現外匯收支平衡或有結餘方可設立外資企業」等藉由國內法令要求以出口實績做為投資條件的限制型投資措施的相關規定[410]，以符合 TRIMs 協定所揭櫫的「國民待遇」原則。

(二)在調整「超國民待遇（super-national treatment）」方面

考察中國外資立法近年來的改革，除於 1992 年頒布《稅收徵收管理法》統一內、外資企業的稅收徵管制度，且自 1994 年的財稅體制改革後，已陸續減少對外國投資者的鼓勵型的投資措施（以取消租稅優惠為主），逐步實行「國民待遇」，在法制形式面可謂與「無差別待遇」的國際投資法制發展趨勢大致吻合，惟實務運作上，許多賦予外國直接投資者以「超國民待遇」的現象迄今依然存在，例如：利潤再投資的退稅優惠、繳交土地使用費部分的特別或免收優惠、外匯管理方面的優惠（如：外商投資企業享有「自由選擇在外匯指定銀行結匯與售匯或在外匯調劑中心買賣外匯」、「開立外匯帳戶」、「保留一定數量的經常項目收入」等），以及享有進出口經營權等等，仍有一定程度改革與努力的空間。

1.稅收部分

(1)統一所得稅徵收

在稅收上實施「雙軌制」儘管有其考量因素與歷史背景，惟隨著國內與

---

[408] 參 1986 年《外資企業法》第 3 條。

[409] 參現行《外資企業法》第 3 條。

[410] 參 2001 年 4 月，國務院《關於修改〈中華人民共和國外資企業法實施細則〉的決定》第 1 條、第 3 條、第 4 條，同年 7 月，國務院《關於修改〈中華人民共和國中外合資經營企業法實施條例〉的決定》第 8 條前段。

國際政治、經濟、社會等客觀情勢的變化，此種在實質內涵所存在的不對等現象，恐將減損中國內資企業的國際競爭力，甚至影響其生存與發展，故有著手進行調整的必要。中國外資立法近年來在所得稅徵收方面的調整，主要如：1993 年 12 月發布《企業所得稅暫行條例》時，將原僅適用於外商投資企業的 33% 的優惠稅率規定擴大適用於所有的中國內資企業[⑪]，在法制形式上統一內、外資企業的所得稅率；其後，1994 年 4 月發布的《關於企業所得稅若干優惠政策的通知》則規定：經稅務機關審核，符合一定條件的內資企業，可依該《通知》相關規定給予減稅或免稅優惠[⑫]。雖然，中國已透過立法方式從形式上統一內、外資企業在所得稅方面的待遇標準（即企業所得稅稅率同為 33%），試圖符合「國民待遇」原則，惟實際上，外商投資企業仍享有相當多的稅收優惠（例如：在經濟特區、經濟技術開發區、經濟開放區投資適用的低稅率；生產型企業「二免三減」的定期優惠等）；此外，在規範形式方面，外商投資企業其所得稅的規範法位階層級為「法律」，而內資企業其所得稅的規範法位階層級卻僅屬效力較低的「行政法規」；凡此對於外商投資企業在實質上所實施的「超國民待遇」，對此應如何取消與調整，相關政府部門雖曾於 1990 年代中期進行研究與準備，惟適逢 1997 年亞洲金融危機經濟遭受波及而停頓；此項議題在中國入世後再次引發激烈討論，檢討聲浪不斷。蓋一般認為，中國為爭取入世與履行入世承諾，已逐步開放與減少外商投資企業的經營範圍與限制，反觀中國自己的內資企業其經營卻仍受有若干不同層面的限制（例如：經營項目、融資借貸等等），而為縮短內、外資企業在實際上的落差，提升內資企業的競爭力，故認有必要全面檢討與調整外商投資企業所享有的優惠待遇。

　　入世經年後，部分人士乃倡議進行新一波的稅制改革，並認為已屆統一內、外資企業所得稅制度相對妥適的時機。蓋在入世協議過渡期結束後，外國直接投資者進入中國的限制勢將大幅減少，這意味著運用特殊的稅收優惠政策吸引外國直接投資（FDI）的必要性已經顯著減弱；而隨著外商投資企業進入服務業等各經濟領域，內資企業將面臨與其爭奪市場占率的激烈競

---

⑪ 參 1993 年《企業所得稅暫行條例》第 3 條。
⑫ 參 1994 年《關於企業所得稅若干優惠政策的通知》第 1 條第 1 款、第 2 款、第 3 款、第 4 款、第 8 款、第 9 款。

爭，若在稅收政策上繼續讓外商投資企業享受特殊優惠政策，顯將迫使內資企業處於市場競爭的劣勢地位。雖然，有關內、外資企業所得稅合併的「兩稅合一」政策已定調，甚至已排入 2005 年 2 月通過的《全國人大常委會 2005 年立法計畫》中所謂「條件成熟時安排審議」的法律草案⑭，然考量對於外國直接投資者所可能帶來的衝擊，以及對於外資、外貿增長速度的影響，其具體方向與內容一直未能明朗。經過多年的周折，決策當局終於認為制定統一的企業所得稅制的時機已成熟，乃於 2006 年 12 月將《企業所得稅法（草案）》正式排入立法議程，並於 2007 年 3 月報經十屆全國人大決議通過；該法的頒布不僅可從法制形式上實現法律的統一與「稅收法定主義」，更可望從實質上拉平內、外資企業在所得稅方面的待遇，落實「國民待遇」原則，此舉將有利於建構一個統一、規範、公平競爭的市場環境；惟為實現新、舊企業所得稅制度的銜接，保持現行企業所得稅優惠政策的連續性，對於在新法生效之前成立的外商投資企業，將可繼續享受當前的稅收優惠政策直到優惠期滿⑭（按此實乃「信賴保護原則（Der Grundsatz des Vertrauensschutz）」⑮的具體表現），然期滿後是否會予延長或保留其稅收以外的優惠措施而真正恪守「國民待遇」原則？則均仍待持續觀察。

(2)統一流通稅徵收

全國人大常委會於 1993 年頒布的《關於外商投資企業和外國企業適用增值稅、消費稅、營業稅等稅收暫行條例的決定》明定，在相關稅收法律制定前，外商投資企業仍應適用 1993 年發布的《增值稅暫行條例》、《消費稅暫行條例》以及《營業稅暫行條例》等三個稅收行政法規繳納流轉稅；次年，國務院復發布《關於外商投資企業和外國企業適用增值稅、消費稅、營業稅等稅收暫行條例有關問題的通知》為進一步補充規範，至此，中國的內、外資企業在流通稅方面的待遇，從法形式規範的角度考察業已統一。惟此三個《條例》自 1994 年實施以來，中國的經濟社會業已產生深刻的變化，相關

---

⑬資料來源：中國人大網，網址：http://www.npc.gov.cn/npc/xinwen/rdyw/wj/2005-03/01/content_335715.htm。

⑭參 2007 年《企業所得稅法》第 57 條。

⑮此項原則不僅拘束行政部門，對立法與司法部門亦有拘束力，屬於憲法層次的法則（參吳庚著：前揭書，第 62 頁）。

內容實已無法因應經濟發展與稅收管理的要求，為推動增值稅轉型、優化納稅服務，並落實「依法行政」原則，有進一步完善的必要；加以 2008 年以來，蔓延全球的金融海嘯仍餘波盪漾，為期轉型後的增值稅能充分發揮稅收調節作用，亦成為催化修法的重要動因。2008 年 11 月，國務院為配合轉型改革與政策調整[46]，乃同時發布修訂後新的《增值稅暫行條例》、《消費稅暫行條例》、《營業稅暫行條例》等三項稅收法規範以取代舊有規範，以因應實際需要；惟法制上美中不足的，係仍一如以往採取「行政法規」位階的法規範做為規制的依據，似仍有違現代稅收立法的最高原則──「稅收法定主義」，仍期待日後能進一步完善。

(3)調整關稅優惠

1995 年 12 月，國務院發布的《關於改革和調整進口稅收政策的通知》指出：自 1996 年 4 月 1 日起，對新批准設立的外商投資企業（包括合營企業、合作企業以及外商獨資企業）投資總額內進口的設備與原材料，一律按法定稅率徵收關稅與進口環節稅；至於在此之前已依法批准設立的外商投資企業，在法定寬限期內，仍可繼續享受減免關稅及進口環節稅的優惠[47]；同時，揭示日後將對外商投資企業逐步實行「國民待遇」。此外，國務院於 2001 年 4 月修訂原《外資企業法實施細則》時，將有關外資企業對於特定物資或生產的出口產品（除中國限制出口的以外）免徵關稅及工商統一稅的此項租稅優惠待遇規定[48]，調整為：僅能「依照中國稅法的有關規定減稅、免稅」[49]。同年 7 月則修訂原《合營企業法實施條例》中有關合營企業進口規

---

[46] 按為推進改革完善社會主義市場經濟體制，經九屆全國人大於 2001 年 3 月批准發布的《國民經濟和社會發展第十個五年計畫綱要》指出：在深化財稅體制改革方面，須「改革生產型增值稅稅制完善消費稅和營業稅」；其後，基於深化社會主義市場經濟體制改革的需要，經十屆全國人大於 2006 年 3 月批准發布的《國民經濟和社會發展第十一個五年規劃綱要》指出：為推進財政稅收體制改革，在完善稅收制度方面，應「在全國範圍內實現增值稅由生產型轉為消費型。適當調整消費稅徵收範圍，合理調整部分應稅品目稅負水平和徵繳辦法。合理調整營業稅徵稅範圍和稅目」（全國人大財政經濟委員會辦公室、國家發展和改革委員會發展規劃司編：前揭書，第 56、139 頁）。

[47] 參 1995 年國務院《關於改革和調整進口稅收政策的通知》第 2 條第 1 款前段。

[48] 參 1990 年《外資企業法實施細則》第 52 條、第 53 條第 1 款。

[49] 參現行《外資企業法實施細則》第 50 條、第 51 條。

定的特定物資免徵關稅及工商統一稅的規定㊵，現行《合營企業法實施條例》已調整為：「應依照中國稅法的有關規定減稅、免稅」㊶；自此，基本上已從法制形式面統一內、外資企業在關稅方面的待遇。然而，目前的關稅減免仍與「國民待遇」原則有不一致之處；若檢視與比較《外商投資產業指導目錄》與《當前國家重點鼓勵發展的產業、產品和技術目錄》的規定，目前，外商投資企業與中國內資企業在關稅減免的範圍等方面並不一致，若擬真正符合TRIMs協定所揭櫫的「國民待遇」原則，似仍有待進一步調整，方能使內、外資企業的實際關稅稅率與名義關稅稅率趨於一致㊷。

2.進出口經營權部分

目前中國對於一定種類商品（貨物）的進出口仍實行「許可證」制度，惟在中國現行的外貿體制下，內資企業並不當然享有直接的進出口經營權，而且某些進口產品尚須申領「進出口許可證」；因此，導致大多數的內資企業無法直接從事進出口業務，必須委託有進出口經營權的專業外貿公司代理方能進口其產品。惟近年來，隨著中國持續對外開放的需求，為加快與深化外貿經營體制的改革，並建立符合 WTO 協議相關規則的外貿經營制度，原對外貿易經濟合作部乃於 2000 年 2 月發布《關於賦予企業進出口經營權有關問題的通知》，其中允許科研院所、公有制（國有、集體）高新技術企業，除自營出口自產產品外，可代理出口「將自行研製開發的技術轉讓給其他企業所生產的非自產產品」㊸；此外，對於允許非國有經濟成分進入流通領域的公有制外貿企業，賦予該類企業進出口經營權㊹。自此，屬於該《通知》

㊵參 1983 年《合營企業法實施條例》第 71 條。

㊶參現行《合營企業法實施條例》第 61 條。

㊷劉劍文主編：《WTO 體制下的中國稅收法治》，北京大學出版社，2004 年 3 月第 1 版第 1 刷，第 168 頁。

㊸參 2000 年《關於賦予企業進出口經營權有關問題的通知》第 1 條第 1 款。

㊹2000 年《關於賦予企業進出口經營權有關問題的通知》第 5 條規定：「以公有制經濟為主體，允許多種經濟成分進入流通領域的外貿企業為適應當前以公有制為主體、多種所有制經濟共同發展的形勢，在以公有制經濟（包括國有經濟和集體經濟）為主體的前提下，允許非公有制經濟成分進入流通領域的外貿企業，賦予該類企業進出口經營權。即：(一)出資主體為兩個的：公有制經濟成分占絕對控股地位（出資比例占 51%以上），非公有制經濟成分出資比例不超過 49%。(二)出資主體為三個以上的：公有制經濟成分占絕對控股地位（出資比例占 51%以上），並且其中一個出資主體應為該公司的最大股東，處於相對控股地位；非公有制經濟成分出資比例不超過 49%。」

所規範的公有制（國有、集體）企業，亦享有一定程度的進出口經營權。

　　2001 年 12 月 11 日中國正式成為 WTO 的一員，為履行入世承諾，並充分運用 WTO 協議相關規則以促進對外貿易發展，乃於 2004 年 4 月修訂頒布新的《對外貿易法》。此次主要係從以下三個方面對 1994 年頒布的《對外貿易法》進行調整[45]：第一，針對原《對外貿易法》與入世承諾、WTO 協議相關規則不符合的內容進行修訂；第二，依據入世承諾及 WTO 協議相關規則，對享受 WTO 成員權利的實施機制與程序進行規範；第三，為因應原《對外貿易法》實施以來出現的新情勢並促進對外貿易發展進行調整。依據原《對外貿易法》，中國的自然人並不享有進出口經營權進而從事對外貿易經營活動[46]，惟當時簽訂的【中華人民共和國加入議定書】承諾放寬外貿經營權的範圍，並在過渡期內完成執行此等規定所必需的立法程序[47]；此外，考量在技術貿易與國際服務貿易、邊境貿易活動中，自然人從事對外貿易經營活動已大量存在，該法做為外貿領域的基本法規範，應允許自然人從事對外貿易經營活動。因此，在此次修法時將該條修改為：「本法所稱對外貿易經營者，是指依法辦理工商登記或者其他執業手續，依照本法和其他有關法律、行政法規的規定從事對外貿易經營活動的法人、其他組織或者個人。」自此，中國的自然人亦享有進出口經營權。此外，原《對外貿易法》規定，對外貿易經營者若從事貨物進出口與技術進出口的對外貿易經營，須具備一定條件，且須取得國務院對外經濟貿易主管部門的許可（然外商投資企業進口一定物資或出口其生產的產品，則免辦許可）[48]；由於此等規定並不符合

---

[45] 有關 2004 年《對外貿易法》的修法方向，可參呂福源：《關於〈中華人民共和國對外貿易法（修訂草案）〉的說明》，全文均詳見《全國人大常委會公報》，2004 年第 4 期。

[46] 1994 年《對外貿易法》第 8 條規定：「本法所稱對外貿易經營者，是指依照本法規定從事對外貿易經營活動的法人和其他組織。」（該法全文詳見《全國人大常委會公報》，1994 年第 4 期）。

[47] 參 2001 年【中華人民共和國加入議定書】第 5 條第 1 款（內容詳對外貿易經濟合作部世界貿易組織司譯：前揭書，第 5 頁）。

[48] 1994 年《對外貿易法》第 9 條規定：「從事貨物進出口與技術進出口的對外貿易經營，必須具備下列條件，經國務院對外經濟貿易主管部門許可：(一)有自己的名稱和組織機構；(二)有明確的對外貿易經營範圍；(三)具有其經營的對外貿易業務所必需的場所、資金和專業人員；(四)委託他人辦理進出口業務達到規定的實績或者具有必需的進出口貨源；(五)法律、行政法規規定的其他條件。前款規定的實施辦法由國務院規定。外商投資企業依照有關外商投資企業的法律、行政法規的規定，進口企業自用的非生產物品，進口企業生產所需的設備、原材料和其他物資，出口其生產的產品，免予辦理第一款規定的許可。」

當初簽署的【中華人民共和國加入議定書】第五條第一款㉔及【中國加入工作組報告書】第八十四段(a)款㉚所為,在入世後三年內取消對外貿易權的審批以及放開貨物與技術貿易外貿經營權的承諾,且為明確此類登記係屬備案性質㉛,故此次修法除刪除原《對外貿易法》所設定的條件限制,並明定對外貿易經營登記僅屬備案,同時重新調整相關規範內容㉜。易言之,已從法制形式上進一步解除內資企業以往享有進出口經營權的限制。不論 2000 年發布的《關於賦予企業進出口經營權有關問題的通知》,抑或 2004 年修頒的《對外貿易法》,從法制的形式規定而言,在一定程度內可謂拉近內、外資企業在進出口經營權方面的待遇標準,亦已縮減外商投資企業過往所享有的「超國民待遇」,亦可謂中國在此方面逐步落實「國民待遇」原則的積極法制調整作為。

第五節 以解決商事爭端(commercial dispute)為主的爭議解決方向

一、前言

衝突(conflict)的本質在於當事人利益的對抗,外化為雙方意志的對抗。法正是利益衝突的調整工具與判斷標準;法律制度其所具有的裁判功能即在關於法律制度內容的糾紛中,做出對爭議雙方皆有效的判決㉝,藉此消弭歧異阻止混亂發生,進而穩定國家與社會秩序。投資爭端(investment dispute)係指因國際間私人直接投資關係所產生的爭端;詳言之,即外國私人

㉔ 全文詳見對外貿易經濟合作部世界貿易組織司譯:前揭書,第 5 頁。

㉚ 全文詳見對外貿易經濟合作部世界貿易組織司譯:前揭書,第 779 頁。

㉛ 參閱《關於〈中華人民共和國對外貿易法(修訂草案)〉的說明》以及《全國人大法律委員會關於〈中華人民共和國對外貿易法(修訂草案)〉修改情況的彙報》。

㉜ 現行《對外貿易法》第 9 條規定:「從事貨物進出口或者技術進出口的對外貿易經營者,應當向國務院對外貿易主管部門或者其委託的機構辦理備案登記;但是,法律、行政法規和國務院對外貿易主管部門規定不需要備案登記的除外。備案登記的具體辦法由國務院對外貿易主管部門規定。對外貿易經營者未按照規定辦理備案登記的,海關不予辦理進出口貨物的報關驗放手續。」

㉝ (德)伯恩・魏德士著:前揭書,第 44 頁。

投資者（個人或公司等）與資本輸入國政府、私經濟權利主體（公司、企業或個人等）間，因國際間私人直接投資問題所產生的爭端[34]，復稱國際投資爭端（international investment dispute）或外國投資爭端（foreign investment dispute）。由於國際間私人直接投資關係涉及不同國家所屬自然人（natural persons）、法人（legal entities）、其他私經濟權利主體彼此之間的關係，以及私人投資者與資本輸入國政府之間的關係；對資本輸入國而言，由於國際投資具有涉外因素（foreign elements），倘國際投資活動衍生的私法上法律關係產生糾紛，應由何國的法院管轄？應適用何國的法律？均與當事人其權利（或權益）的主張與保障有著極其密切的關聯，實則，爭端解決機制係保證國際投資條約實體規則得以實施的支柱。至於投資爭端依據不同的區分標準，可劃分為不同的類型[35]。首先，若以投資爭端「產生的主體」為分類標準，可分為「外國投資者與資本輸入國人民之間的投資爭端」[36]〔屬於商事爭端（commercial dispute）的一種類型，即本文稍後擬予討論者〕與「外國投資者與資本輸入國政府之間的投資爭端」[37]，在國際實踐（international practice）中，後者所涉層面較為複雜且難以處理，而國際上通常所指者即屬此類投資爭端。其次，若以投資爭端「發生的原因」為分類標準，則可分為「直接基於投資契約所引發的投資爭端」[38]與「非直接基於投資契約所引發

---

[34] 余勁松主編：前揭《國際投資法》，第 302 頁；姚梅鎮主編：前揭《比較外資法》，第 938-939 頁。

[35] 有關國際投資爭議的分類，可參閱姚梅鎮主編：前揭《比較外資法》，第 939-940 頁；余勁松主編：前揭《國際投資法》，第 302-303 頁。

[36] 此類爭議主要係因外國投資者與資本輸入國人民（公司、企業或個人等）在合資（或合作）經營企業或合作開發自然資源時所生；其所涉及者，一般多與投資契約有關。其特點在於：發生爭議的雙方皆為私法上權利義務主體。

[37] 此類爭議最主要係因資本輸入國政府對於外國投資者的投資活動行使管理或監督權時所生，惟有時亦可能因雙方間的「特許協議」而生；其所涉及者可能與投資契約有關（例如：投資審批），亦可能與投資契約無關（例如：外國投資者其財產遭國有化）。其特點在於：第一，當事人一方為私法上權利主體，另一方則為公法（主要為行政法）上權利主體〔主要為公法人（國家、地方自治團體）、公法人之機關〕；第二，不僅涉及外國投資者的財產權與經營權，尚涉及資本輸入國政府的經濟主權的行使範圍與程度。

[38] 此類爭議係肇因於當事人對投資契約的解釋、效力、履行、增修、消滅有不同的認知。其特點則在於：爭議直接涉及當事人在投資契約上的權利義務關係；且此項爭議既可能發生在外國投資者與資本輸入國人民之間一般的投資契約，亦可能發生在外國投資者與資本輸入國政府之間的「特許協議」。

的投資爭端」㊵。

在國際實踐中，解決國際投資爭端的的方式主要包括：外交保護（diplo-matic protection）㊵、協商（negotiation）㊶與調解（conciliation）㊷、仲裁（arbitration）㊸以及訴訟（suit）㊹等四種途徑。至於應採取何種途徑尋求解決，由於涉及資本輸入國與資本輸出國利益的衝突與管轄權（jurisdiction）的爭奪與角力，而選擇不同的解決途徑亦將產生不同的結果，故在發展中國家與發達國家間就此存在著嚴重的歧見。

對於多數屬於發展中國家的資本輸入國而言，由於其一向反對透過「外交保護」以及「在外國法院提起訴訟」的方式解決投資爭端，因此，一般傾向於選擇透過資本輸入國當地的救濟途徑〔即一般所稱的「東道國當地救濟

㊴此類爭議係指，基於投資契約關係以外的原因，或資本輸入國政府在與外國投資者之間並無投資契約關係的情況下所引發者；在實踐中其多由於資本輸入國行使國家權力（例如：外國投資者財產國有化、對外國投資者的投資活動行使管理或監督權等）或發生其他政治事件（例如：政治動亂、革命、戰爭等），導致外國投資者因而遭受損失所生的爭議。至於其特點則在於：所涉及者為國家責任而非投資契約權利義務。

㊵指外國直接投資者在資本輸入國遭受損害而無法依該國國內法程序獲得救濟時，則由其投資者母國（資本輸出國）透過外交手段向該資本輸入國政府要求適當救濟以解決紛爭，係斡旋（good offices）、調停（mediation）之外的另一種透過政治手段解決投資爭議的方式；惟為避免此種解決途徑遭到濫用而侵害資本輸入國的管轄權，一般認為行使時尚須受到如「國籍繼續原則（The rule of continuity of nationality，或稱國籍連續原則）」、「用盡當地救濟原則（The rule of exhaustion of local remedies）」等條件的限制（余勁松主編：前揭《國際投資法》，第 317-324 頁；姚梅鎮著：前揭《國際投資法》，第 341-356、401-403 頁）。

㊶指發生投資爭議時，由當事人在自願互諒的基礎上，依照有關法律、政策及契約條款的規定，直接進行磋商或談判而自行達成協議；其特點在於完全靠當事人自行解決，無需第三人介入，此亦為各國所最普遍宣導的投資爭議解決途徑（姚梅鎮主編：前揭《國際經濟法概論》，第 665 頁；姚梅鎮主編：前揭《比較外資法》，第 952 頁）。

㊷指在第三者主持下，透過其勸說引導，使發生投資爭議的各方當事人在互諒互讓的基礎上達成協議，從而解決爭議（姚梅鎮主編：前揭《國際經濟法概論》，第 667 頁）。

㊸指雙方當事人依其合意將其現有（existing）或將來（future）的投資爭議提交所選定的第三者（即仲裁人）審理，並願接受該第三者所為仲裁裁決（判斷）的拘束，以解決其間的爭議（陳煥生著：《國際仲裁法專論》，五南圖書出版有限公司，1994 年 4 月初版第 1刷，第 5、30 頁；姚梅鎮主編：前揭《國際經濟法概論》，第 683 頁；余勁松主編：前揭《國際投資法》，第 328 頁；姚梅鎮主編：前揭《比較外資法》，第 977 頁）。

㊹指當事人對於其間的投資爭議，向資本輸入國、投資者母國或其他第三國所屬的司法機關或向國際法院（An International Coure of Justice）提起訴訟，依循司法程序尋求解決。

（The Host Country's local remedy）」⑭⑤〕或在國際仲裁機構（international arbitral institutions）解決爭端；然對於多數屬於資本輸出國的發達國家及其所屬投資者而言，因並不信任資本輸入國（尤其是發展中國家）當地救濟方式的公正性（impartiality）與司法獨立性（judicial independence），因此，除非選擇採取外交保護的方式，否則傾向於不在資本輸入國解決，而選擇交由資本輸入國以外的第三者（如：投資者母國、其他第三國或國際爭端解決機構等）透其既有的紛爭解決機制（例如：仲裁、訴訟等）處理〔即所謂「第三方解決（third party settlement）」〕。為避免爭端發生時，當事人對於應採取前述何種途徑解決仍存在歧見（特別是其分屬發達國家與發展中國家的情況），致紛爭懸而未決而妨礙經濟秩序的安定性。實務上確定爭端解決途徑主要作法係透過：第一，在投資契約中約明〔如：簽訂仲裁協議（arbitration agreement）⑭⑥或約定透過訴訟解決等〕；第二，由資本輸入國或資本輸出國於其國內立法中明定（屬單邊層面的國際投資法制）；第三，經由雙邊或多邊的國際投資法制形成共識〔如兩國於所簽訂的雙邊投資保護或投資保證協定；又如1965年世界銀行（WB）通過的《解決各國與其他國家國民間投資爭端公約》⑭⑦以及 WTO 協議附件二【爭端解決規則與程序的諒解】所規定

---

⑭⑤所謂「東道國當地救濟」在國際投資而言，係指外國投資者在資本輸入國的司法機關（構）、行政機關（構）或仲裁機構，依據資本輸入國的程序法及實體法解決投資爭議（姚梅鎮主編：前揭《比較外資法》，第 959 頁；劉筍著：前揭《國際投資保護的國際法制──若干重要法律問題研究》，第 221 頁）。至於國際法上一般所謂「當地救濟規則（The rule of local remedies）」或「用盡當地救濟規（原）則」，係指索償國在替受害人提出國際索償（international claim）以前，受害人必須先用盡責任國國內的救濟辦法；此項規（原）則的主要理由有二：第一，減少國際間的索償要求；第二，尊重當地國的主權與管轄權，不先排除當地法律制度的運作（丘宏達著：前揭書，第754頁；陳錦隆著：前揭書，第 136 頁）。

⑭⑥所謂仲裁協議，係當事人合意將其間的現有爭議（existing dispute）或將來爭議（future dispute）透過仲裁方式解決的一種書面協定。至於仲裁協議的性質，主要有「訴訟法上契約說」、「私法上契約說」、「混合說」及「特殊契約說」等不同的見解（林俊益：「論涉外仲裁契約」，收錄於林俊益著：《國際商務仲裁(一)論文集》，長弘出版社，第9-12頁；吳光明著：《商事爭議之仲裁》，五南圖書出版有限公司，1999 年 9 月初版第 1 刷，第 149-152 頁）。

⑭⑦次年依照該公約成立「國際投資爭端解決中心（ICSID）」，為各締約國與其他締約國國民間的投資爭議，提供調解與仲裁的便利。關於該中心的組織架構與運作機制，可參李貴英著：前揭書，第 20-27 頁；余勁松主編：前揭《國際投資法》，第 348-375 頁；劉筍著：前揭《國際投資保護的國際法制──若干重要法律問題研究》，第 235-265 頁。

的爭端解決機制⑱〕。

　　長久以來，國際投資爭端解決機制一直是個不健全的機制，考察其根源主要在於：國際間迄今未能簽署一個全球性、綜合性的國際投資公約。在實體法（substantive law）方面，往往僅能在資本輸入（出）國其外資立法與少數抽象的國際規範中尋得解決爭端的依據，而不若貿易爭端可透過其貿易立法與GATT等諸多實體規範予以解決。至於在程序法（procedural law）方面，除依據 1965 年《解決各國與其他國家國民間投資爭端公約》〔即一般所稱的 1965 年《華盛頓公約》（Washington Convention 1965）〕所成立的國際投資爭端解決中心（ICSID）訂有相對完善的程序規則外，目前仍然缺乏一個如同 WTO 爭端解決機制的多邊程序法規則的國際性規範來解決投資爭端⑲。隨著外國直接投資（FDI）在世界經濟生活中的地位日益提升，對世界經濟與社會的影響日益深刻，投資爭端能否妥善解決，不但將影響國際經濟交往，更與世界經濟發展的推動與維護息息相關。隨著國際分工趨勢的發展與各國間依存度的加深，國際合作已成為現今國家賴以生存與發展方式，如何尋求與確立合理且能為各國所接受的紛爭解決途徑，使投資爭端獲致妥善的解決，以促進國際經濟交往，已然成為國際投資法制亟待努力的目標。至於全球投資自由化的迅速發展，勢必要求全球投資環境進一步改善，而此種改善的內涵，將已不再局限於某些特定層面；投資爭端能否快速、有效、合理地解決，已成為投資自由化進一步發展不可或缺的條件。

二、在商事爭端解決方面的沿革與調整

　　對於應採取何種途徑解決國際投資糾紛（investment disputes），如前所述，可透過投資契約、國內投資法制或國際投資法制等不同層面的規範形式予以確認；至於本文所擬探討者，僅限於中國外資立法或相關法制中，涉及

---

⑱ 關於 WTO 爭端解決機制的法源依據涵蓋於下列三種法律文件中：第一，WTO 協定附件二【爭端解決規則與程序的諒解】；第二，構成 GATT1994 部分內容的 GATT 文本第 22 條、第 23 條及 GATT1947 以此兩條款為基礎所發展與爭端解決機制有關的闡述與編纂；第三，WTO 法律體制內各單項協議與爭端解決有關的條款。其中又以【爭端解決規則與程序的諒解】為核心，除將以往分散於 GATT 中涉及爭端解決的條款予以整合外，並進一步將所發展許多新的原則納於規則中（劉筍著：前揭《WTO 法律規則體系對國際國際投資法的影響》，第 303-304 頁）。

⑲ 劉筍著：前揭《國際投資保護的國際法制─若干重要法律問題研究》，第 219 頁。

投資爭端解決途徑部分的相關規範內容，至於其他層面規範形式所涉及諸
如：當事人透過投資契約（合同）約定紛爭解決條款所生之相關議題（如：
仲裁協議效力準據法的確認、仲裁程序法與實體法的適用等）、中國與其他
國家所簽訂的雙邊投資保護協定中相關的規範內容⑩（考察其內容有僅規範
「締約國相互間」爭端的解決者⑪，惟絕大多數係同時規範「投資者與資本
輸入國間」與「締約國相互間」兩種類型投資爭端的解決⑫；此外，極少數

---

⑩此等雙邊投資協定的主要內容包括：受保護的投資財產種類，對外國投資者的投資及與投
　資有關的業務活動給予公平合理待遇，對外國投資財產的徵收、國有化措施及其補償，投
　資及其收益的回收，投資爭議的解決等（劉豐名、葉俊英著：前揭書，第196-210頁；李
　嵐清主編：前揭書，第113-116頁；王泰銓著：前揭《大陸經濟體制改革與投資爭議問
　題》，第103-114頁；杜新麗：「中外雙邊投資保護協定法律問題研究」，載於《政法論
　壇》，1998年第3期）。

⑪如：1982年3月《中華人民共和國政府和瑞典王國政府關於相互保護投資的協議》第6
　條；1985年3月《中華人民共和國政府和泰王國政府關於促進和保護投資的協定》第9條。

⑫如：1984年5月《中華人民共和國政府和法蘭西共和國政府關於相互鼓勵和保護投資的協
　議》第8條、第10條；1985年1月《中華人民共和國政府和義大利共和國政府關於鼓勵
　和相互保護投資協議》第5條、第11條，同年9月《中華人民共和國和奧地利共和國關於
　促進和相互保護投資協定》第10條，同年11月《中華人民共和國政府和新加坡共和國政
　府關於促進和保護投資協議》第13條、第14條；1986年11月《中華人民共和國政府和
　瑞士聯邦政府關於相互促進和保護投資協議》第11條、第12條；1988年7月《中華人民
　共和國政府與澳大利亞政府相互鼓勵和保護投資協議》第12條、第13條，同年8月《中
　華人民共和國和日本國關於鼓勵和相互保護投資協定》第11條、第13條，同年11月《中
　華人民共和國政府和新西蘭政府關於促進和保護投資協議》第13條、第14條；1989年6
　月《中華人民共和國政府和保加利亞人民共和國政府關於相互鼓勵和保護投資協議》第8
　條、第9條；1990年11月《中華人民共和國和土耳其共和國關於相互促進和保護投資協
　定》第7條、第8條；1991年5月《中華人民共和國和匈牙利共和國關於鼓勵和相互保護
　投資協定》第9條、第10條；1992年2月《中華人民共和國和西班牙王國關於相互鼓勵
　和保護投資協定》第8條、第9條，同年9月《中華人民共和國政府和大韓民國政府關於
　鼓勵和相互保護投資協定》第9條、第10條，同年11月《中華人民共和國政府和阿根廷
　共和國政府關於促進和相互保護投資協議》第7條、第8條；1993年1月《中華人民共和
　國政府和白俄羅斯共和國政府關於鼓勵和相互保護投資協議》第8條、第9條；1994年3
　月《中華人民共和國政府和智利共和國政府關於鼓勵和相互保護投資協議》第8條、第9
　條，同年11月《中華人民共和國政府和印尼共和國政府關於促進和保護投資協議》第9條、
　第10條；1995年3月《中華人民共和國政府和摩洛哥王國政府關於鼓勵和相互保護投資協
　定》第9條、第10條；1996年2月《中華人民共和國和沙烏地阿拉伯王國關於相互鼓勵和
　保護投資協定》第7條、第8條；2003年12月《中華人民共和國和德意志聯邦共和國關於
　促進和相互保護投資的協定》第8條、第9條；2004年11月《中華人民共和國政府和芬蘭
　共和國政府關於鼓勵和相互保護投資協議》第8條、第9條；2005年3月《朝鮮民主主義人
　民共和國政府和中華人民共和國政府關於促進和保護投資協議》第8條、第9條。

尚兼及規範「外國投資者與資本輸入國人民間」此類私人間的私權爭端⑤），或國際投資法制涉及國際投資爭端的規範內容〔如：國際投資爭端解決中心（ICSID）或 WTO 協議所規定的爭端解決機制等〕，多暫不擬於本文探討，合先敘明。此外，由於「投資者與資本輸入國間」的投資爭端，較少係直接基於「投資契約（合同）」所引發，卻多係基於資本輸入國政府所實施的行政行為所致（例如：對於外國直接投資者其投資活動行使管理監督權、投資審批、徵收與國有化等⑭），對此，若資本輸入國與外國直接投資者所屬母國之間並未簽訂雙邊投資保護協議，或雖有簽訂但未對之為明確規範者，實應透過資本輸入國本身的行政爭訟途徑尋求救濟（在中國主要係透過行政復議、行政訴訟等方式），然此顯已屬行政法（Verwaltungsrecht）規制的範疇（主要包括：《行政復議法》、《行政許可法》、《國家賠償法》等）；另由於中國已在 1990 年 2 月加入《解決各國與其他國家國民間投資爭端公約》，故此類爭端尚涉及國際投資爭端解決中心（ICSID）所規定的解決機制；凡此，皆非本文所設定欲探究的內容，故暫不擬對此部分多所著墨。

現代「法治」依據的一種普遍經驗——亦即自己的案件不應由自己審理⑤（*nemo debet esse judex in propria causa*）。隨著市場化取向改革與轉型的推進與過渡，導致社會交往複雜性與日俱增，加以因大部分的經濟交易逐漸從公共行政領域移轉至市場領域，權利義務關係在私人間進一步明確界定的需求

---

⑤ 如：1988 年 7 月《中華人民共和國政府與澳大利亞政府相互鼓勵和保護投資協議》第 5 條「締約雙方國民間爭議的解決」規定：「締約一方應依照其法律：(一)使在其領土內進行投資的締約另一方國民和其雇用從事與投資有關活動的雇員在和其國民的爭議中，可以完全在其有管轄權的司法或行政機關進行訴訟，以提供維護請求權和執行權利的方式。(二)允許其國民選擇和締約另一方國民有關投資和投資活動的爭議的解決方式，包括在第三國進行仲裁。(三)為承認和執行任何由此產生的判決或裁決作出規定。」同年 11 月《中華人民共和國政府和馬來西亞政府關於相互鼓勵和保護投資協定》第 7 條「投資爭議的解決」第 5 款規定：「除本條上述規定外，締約一方投資者與投資所在締約另一方投資者之間的爭議，可以根據雙方訂立的仲裁條款通過國際仲裁解決。」

⑭ 按中國與其他國家所簽訂之雙邊投資保護協議，將外國直接投資者與資本輸入國間的爭議分為三大類：第一，對於徵收補償數額的爭議；第二，對於徵收合法性的爭議；第三，其他有關投資事項的爭議（王泰銓著：前揭《大陸經濟體制改革與投資爭議問題》，第 112-114 頁）。

⑤ 沃爾德馬‧貝森、戈特巴德‧賈斯珀：前揭文，載於（德）約瑟夫‧夏辛、（德）容敏德編：前揭書，第 52 頁。

大幅提升，此等變化導致對爭議解決替代機制（Alternative Dispute Resolution，簡稱ADR）、司法服務與「法治」建設引發額外的需求。此際，對同屬發展中國家的中國而言，對於運作良好的爭端解決機制、其替代機制以及相關程序的急迫需求是前所未見的。中國外資立法所規定的國際投資爭端解決途徑大致與國際實踐相同，主要亦分為「協商與調解」、「仲裁」及「訴訟」等三類；至於中國法制中（主要為《仲裁法》與《民事訴訟法》）對於透過「仲裁」或「訴訟」的方式，解決「外國直接投資（FDI）其投資者與中國人民之間」因投資所生此等具有涉外因素的商事爭端（對中國而言即為一種「涉外仲裁（foreign-related arbitration）」或「涉外民事訴訟（civil action concerning foreign interests）」），究係如何規範？則為本文所擬探討的內容。

(一)涉外仲裁（foreign-related arbitration）法制方面

中國係當今世界主要的資本輸入國與貿易大國，由於跨國境的經濟活動頻繁，故中國人民與外國直接投資（FDI）其投資者之間因投資產生商事爭端的機會便相對地提高；對於此等具有涉外因素的投資爭議，設若外國直接投資者選擇在中國境內透過仲裁的方式尋求解決時，究係透過中國何種法律制度做為規範依據？以下將進一步探討。

1.《仲裁法》頒布前

(1)法規規範方面

關於涉外仲裁的立法，最早可追溯至1954年5月6日由當時的政務院所通過的《中央人民政府政務院關於在中國國際貿易促進委員會內設立對外貿易仲裁委員會的決定》；該《決定》共十二條，其中對於涉外仲裁機構、組織、受理範圍與仲裁程序等事項均有原則性的規定。其後，中國國際貿易促進委員會（以下簡稱「貿促會」）根據該《決定》，於1956年3月通過《中國國際貿易促進委員會對外貿易仲裁委員會仲裁程序暫行規則》，而該《暫行規則》便成為中國的涉外仲裁機構當時受理涉外仲裁案件的主要法律依據[56]。改革開放以後，1979年《合營企業法》規定，合營各方發生糾紛而董事會無

---

[56] 周曉燕主編：《解決涉外經濟糾紛的法律與實務》，中信出版社，1999年1月第1版第1刷，第74頁；劉想樹著：《中國涉外仲裁裁決制度與學理研究》，法律出版社，2001年8月第1版第1刷，第27頁。

法協商解決時，可由中國的仲裁機構（arbitral institutions）進行仲裁，亦可由合營各方協議在其他仲裁機構仲裁[57]，該等規定便成為外國直接投資者與中方合資者因投資產生商事爭議時，尋求仲裁方式解決的首部規範依據（按1990年4月、2001年3月修訂本法時，仍保留此項規定）；為適應對外經貿關係發展的需要，國務院於1980年2月將當時的「對外貿易仲裁委員會」改為「對外經濟貿易仲裁委員會」，並將受理案件的範圍，從以往僅受理中外雙方關於對外貿易契約與交易所生之爭議，擴及於國際投資爭議；1982年3月所頒布的《民事訴訟法（試行）》[58]中，對於涉外仲裁則設專章規定，其內容包括：受理範圍、保全措施、裁決執行等事項[59]，從立法上明確涉外仲裁程序與民事訴訟程序的關係；1985年3月所頒布的《涉外經濟合同法》[60]中，對於透過仲裁方式解決商事爭端的範圍，擴大至幾乎所有涉外經濟貿易契約（合同）爭議，並對契約（合同）中涉及的仲裁條款（arbitration clauses）其效力與仲裁機構其裁量權為相應的規定，此部法律的頒布為中國的涉外仲裁機構受理國際經貿契約（合同）糾紛案件，以及涉外經濟契約（合同）當事人透過仲裁解決紛爭提供法律依據[61]。其後，1988年4月頒布的《合作企業法》中亦規定，中外合作者因履行契約（合同）或章程發生爭議時，若當事人不願意透過協商、調解解決，或者協商、調解不成，可將其爭議提交中國的仲裁機構或其他仲裁機構進行仲裁[62]（2000年10月修訂本法時，仍保留此項規定）；同年6月，國務院發布《關於將對外經濟貿易仲裁

---

[57] 1979年《合營企業法》第14條規定：「合營各方發生糾紛，董事會不能協商解決時，由中國仲裁機構進行調解或仲裁，也可由合營各方協議在其他仲裁機構仲裁。」

[58] 全文詳見《全國人大常委會公報》，1982年第1期。

[59] 參1982年《民事訴訟法（試行）》第192條至第195條。

[60] 該法全文詳見《全國人大常委會公報》，1988年第2期。

[61] 1985年《涉外經濟合同法》第2條規定：「本法的適用範圍是中華人民共和國的企業或者其他經濟組織同外國的企業和其他經濟組織或者個人之間訂立的經濟合同（以下簡稱合同）。但是，國際運輸合同除外」；第37條：「發生合同爭議時，當事人應當可能通過協商或者通過第三者調解解決。當事人不願協商、調解的，或者協商、調解不成的，可以依據合同中的仲裁條款或者事後達成的書面仲裁協議，提交中國仲裁機構或者其他仲裁機構仲裁。」

[62] 1988年《合作企業法》第26條規定：「中外合作者履行合作企業合同、章程發生爭議時，應當通過協商或者調解解決。中外合作者不願通過協商、調解解決的，或者協商、調解不成的，可以依照合作企業合同中的仲裁條款或者事後達成的書面仲裁協議，提交中國仲裁機構或者其他仲裁機構仲裁。中外合作者沒有在合作企業合同中訂立仲裁條款，事後又沒有達成書面仲裁協議的，可以向中國法院起訴。」

委員會改名為中國國際經濟貿易仲裁委員會和修訂仲裁規則的批復》；同年9月，貿促會通過《中國國際經濟貿易仲裁委員會仲裁規則》，規定可聘請外籍仲裁員、仲裁員迴避制度等。1991年4月所頒布的《民事訴訟法》㊸中，則進一步充實有關涉外仲裁的相關內容，例如：明定法院不予執行仲裁裁決（ar-bitral award）的條件㊹，以及內、外國仲裁裁決的相互執行㊺等，凡此與1958年《承認及執行外國仲裁裁決公約》〔即一般所稱的1958年《紐約公約》（New York Convention 1958）〕所確認的原則係一致的；其後，《民事訴訟法》於2007年雖經修訂㊻，惟前述該等內容皆予維持，僅條次略有調整。

　　(2)司法解釋方面

　　如前所述，全國人大常委會於1981年6月通過《關於加強法律解釋工作的決議》，授權最高人民法院得就屬於法院在從事審判工作中具體應用法律、法令的問題的進行解釋；在涉外仲裁方面，最高人民法院分別於1987年4月、同年10月、1992年7月先後發布《關於執行我國加入的〈承認及執行外國仲裁裁決公約〉的通知》㊼、《關於適用〈涉外經濟合同法〉若干問題的解答》、《關於適用〈中華人民共和國民事訴訟法〉若干問題的意見》等多份司法解釋，以為補充規範。

2.《仲裁法》頒布後

　　(1)法規規範方面

　　1992年10月，中共十四大確立將轉型改採社會主義市場經濟體制後，隨著經濟體制改革逐漸走向市場經濟體制，從立法上確立與完善社會主義市

㊸該法全文詳見《全國人大常委會公報》，1991年第3期。

㊹1991年《民事訴訟法》第260條規定：「對中華人民共和國涉外仲裁機構作出的裁決，被申請人提出證據證明仲裁裁決有下列情形之一的，經人民法院組成合議庭審查核實，裁定不予執行：(一)當事人在合同中沒有訂有仲裁條款或者事後沒有達成書面仲裁協議的；(二)被申請人沒有得到指定仲裁員或者進行仲裁程序的通知，或者由於其他不屬於被申請人負責的原因未能陳述意見的；(三)仲裁庭的組成或者仲裁的程序與仲裁規則不符的；(四)裁決的事項不屬於仲裁協議的範圍或者仲裁機構無權仲裁的。人民法院認定執行該裁決違背社會公共利益的，裁定不予執行。」（即現行《民事訴訟法》第258條）。

㊺參1991年《民事訴訟法》第266、269條（即現行《民事訴訟法》第264、267條）。

㊻該法全文詳見《國務院公報》，2007年第35號。

㊼1987年1月22日中國成為1958年聯合國《承認及執行外國仲裁裁決公約》的締約國（參全國人大常委會1986年《關於我國加入〈承認及執行外國仲裁裁決公約〉的決定》，該《決定》全文詳見《全國人大常委會公報》，1986年第7期）。

場經濟的要求日益急迫；然而，欲建立與完備社會主義市場經濟，必須有完備的法制建設予以配合並提供保障；基此，1993 年 11 月，中共十四屆三中全會提出要「加強法律制度建設」的政策方針[68]。改革開放以來，因引進外資所衍生的各種投資糾紛層出不窮，故亟需儘速建立一套完整、公正及迅速的商事爭端解決機制，以因應日益急迫的需求。中國雖早已針對涉外仲裁透過立法方式進行規範，然而，因立法體制尚未建全以及長期施行計畫經濟等因素，形成分散立法、多頭仲裁的現象，非但彼此之間時有衝突，而制度本身具有濃厚行政色彩，甚已忽視仲裁制度原應尊重「當事人意願（autonomie de la volonté）」的基本特性，致使仲裁喪失應有的權威性與獨立性，並與國際間通行的做法相悖。

為解決上述的問題，在符合社會主義市場經濟發展策略與國情的前提下，中國乃借鑑外國立法例與國際通行規制，於 1994 年 8 月頒布《仲裁法》，自此，基本結束以往多頭仲裁、各自為政的亂象，建立統一的仲裁制度，同時確立市場經濟的法則，打破以往計畫經濟時期的行政仲裁制度；除仍維持「涉外仲裁」與「國內仲裁」的「雙軌」立法體例（按其中的「仲裁裁決司法監督制度」即為一例）外，制定本法主要精神包括：「仲裁委員會與行政機關分離」，實行「自願原則」與「或裁或審、一裁終局」的制度[69]；明定仲裁

---

[68] 參 1993 年《中共中央關於建立社會主義市場經濟體制若干問題的決定》第 9 部分第(44)點。（中共中央文獻研究室編：前揭書（下），第 293 頁。）

[69] 參 1994 年《關於〈中華人民共和國仲裁法（草案）〉的說明》；其中有關實行「自願原則」部分，該《說明》第 3 點指出：「自願是仲裁制度的一個基本原則。實行或裁或審的制度，當事人選擇仲裁的，實際上就放棄了向法院訴訟的權利，不能再向法院起訴，如果不採取雙方協議仲裁的原則，必然會侵犯另一方當事人的訴訟權利。民事訴訟法已強調了仲裁須雙方自願的原則。草案根據自願原則，作了以下規定：第一，當事人採用仲裁方式解決糾紛，應當雙方自願，達成仲裁協定。沒有仲裁協議，一方申請仲裁的，仲裁委員會不予受理。第二，向哪個仲裁委員會申請仲裁，應當由當事人協議選定。第三，仲裁員由當事人選定或者委託仲裁委員會主任指定。第四，當事人可以自行和解，達成和解協議的，可以請求仲裁庭根據和解協定作出裁決書，也可以撤回仲裁申請。」至於「仲裁委員會」，該《說明》第 4 點指出係依據下列原則所制定：「第一，仲裁委員會要和行政機關分開。草案規定，仲裁委員會是獨立於行政機關，與行政機關沒有隸屬關係。第二，仲裁委員會應當具備一定的條件。草案對需要具備的條件做了具體規定。第三，原則上按地區設立統一的仲裁委員會，在仲裁員名冊上按專業劃分，便利當事人選擇仲裁員。同時，不排除根據實際需要，設立某個方面的仲裁委員會，如現在已有的國際經濟貿易仲裁委員會、海事仲裁委員會。第四，仲裁委員會不分級別，不實行級別管轄和地域管轄。」（該《說明》全文詳見《全國人大常委會公報》，1994 年第 6 期）。

委員會應由當事人協議選定，且仲裁不實行級別管轄（grade jurisdiction）與地域管轄（territorial jurisdiction）⑩。此外，因考量涉外仲裁的特殊性，特別設置專章為特別規定；其中，明確規定關於涉外經濟貿易糾紛〔當然包括外國直接投資（FDI）所引發的商事爭端〕的仲裁，適用該法規範⑪。至於有關受理涉外案件的仲裁機構，因《仲裁法》第 66 條僅規定「涉外仲裁委員會可以由中國國際商會組織設立」，並未規定係由「中國國際經濟貿易仲裁委員會」享有專屬管轄權（exclusive jurisdiction），而依據《仲裁法》第 6 條（即應由當事人協議選定仲裁委員會）以及第 65 條（即涉外仲裁專章未規定者，適用該法其他有關規定），應可認為該法第 10 條所定的仲裁委員會亦享有涉外仲裁案件的管轄權；此外，依據國務院辦公廳於 1996 年 6 月所發布的《關於實施〈中華人民共和國仲裁法〉需要明確的幾個問題的通知》更進一步明確指出，新組建的仲裁委員會（即依據《仲裁法》第 79 條規定，在直轄市、省與自治區人民政府所在地的市，以及其他設區的市所重新組建，而獨立於行政機關的仲裁機構），若經涉外仲裁案件的當事人選定者，亦得受理涉外仲裁案件⑫；換言之，依據中國現行的仲裁制度，中國國際經濟貿易仲裁委員會或《仲裁法》第 10 條所規定的仲裁委員會若經當事人選定，均得受理涉外仲裁案件。1999 年 3 月頒布的《合同法》⑬，則規定涉外契約（合同）的當事人可依據仲裁協議（arbitration agreement），向中國的仲裁機構或其他仲裁機構申請仲裁⑭；此外，為因應實際需要，貿促會先後於 1994 年、1995 年、1998 年、2000 年、2005 年多次修訂《中國國際經濟貿易仲裁委員會仲裁規則》，其中尤以 2005 年所發布者的修訂幅度最大⑮。

---

⑩參 1994 年《仲裁法》第 6 條。

⑪參 1994 年《仲裁法》第 65 條。

⑫1996 年《關於實施〈中華人民共和國仲裁法〉需要明確的幾個問題的通知》第 3 點規定：「新組建的仲裁委員會的主要職責是受理國內仲裁案件；涉外仲裁案件的當事人自願選擇新組建的仲裁委員會仲裁的，新組建的仲裁委員會可以受理；新組建的仲裁委員會受理的涉外仲裁案件的仲裁收費與國內仲裁案件的仲裁收費應當採用同一標準。」

⑬該法全文詳見《全國人大常委會公報》，1999 年第 2 期。

⑭參 1999 年《合同法》第 128 條。

⑮貿促會於 1994 年 3 月修訂本《規則》時，增加有關調解、簡易程序的規定；其後又分別於 1995 年 9 月、1998 年 5 月及 2000 年 9 月進行修訂，逐步充實規則內涵並進一步符合國際規範；2005 年 1 月又再次進行修訂，而本次修訂的指導思想係：「適應形勢需要，在現行

　　(2)司法解釋方面

　　至於最高人民法院則分別於 1995 年 8 月、10 月，1997 年 3 月，1998 年 4 月、6 月、11 月、1999 年 12 月、2005 年 12 月先後發布《關於人民法院處理與涉外仲裁及外國仲裁有關問題的通知》、《關於認真貫徹仲裁法依法執行仲裁裁決的通知》、《關於實施〈中華人民共和國仲裁法〉幾個問題的通知》、《關於人民法院執行工作若干問題的規定（試行）》、《關於人民法院撤銷涉外仲裁裁決有關事項的通知》、《關於承認和執行外國仲裁裁決收費及審查期限問題的規定》、《關於適用〈中華人民共和國合同法〉若干問題的解釋（一）》、《關於審理請求裁定仲裁協議效力、申請撤銷 仲裁裁決案件的若干問題的意見》❼，以及《關於適用〈中華人民共和國仲裁法〉若干問題的解釋》❼等多份司法解釋，以進一步規範與補充涉外仲裁所涉相關事宜。

(二)涉外民事訴訟（civil action concerning foreign interests）法制方面

　　中國自 1978 年確立對外開放為基本國策後，在堅持「對內改革、對外開放」的基本路線引導下，開始積極利用國外資本（金），以加速社會主義現代化建設；然而，在引進國際資本的同時，勢必衍生本國人民與他國人民之間因外國直接投資（FDI）所引發的商事爭端；設若投資者選擇透過「訴訟」

法律的框架下，最大程度地尊重當事人意思自治原則；充分借鑒國際和國內先進作法，完善程序規則以保障仲裁程序靈活高效地進行；在尊重當事人意思自治的基礎上，加強仲裁庭對程序的管理權；增強機構對仲裁員及仲裁案件的品質管制，提高機構的服務品質；發展行業仲裁及專業仲裁，滿足市場主體對爭議解決方式的多種需求。在具體的修訂技術上，注意程序的對稱性和選擇性，平等地對待雙方當事人，並給予當事人對於程序的選擇權；同時，強調程序的可操作性。」（詳劉想樹著：前揭書，第 27-29 頁；2004 年《關於修訂〈中國國際經濟貿易仲裁委員會仲裁規則〉的說明》）。

❼ 參 1999 年最高人民法院《關於審理請求裁定仲裁協議效力、申請撤銷仲裁裁決案件的若干問題的意見》第 11、19 點。

❼ 如：2005 年最高人民法院《關於適用〈中華人民共和國仲裁法〉若干問題的解釋》第 11 條第 2 款：「涉外合同應當適用的有關國際條約中有仲裁規定的，發生合同爭議時，當事人應當按照國際條約中的仲裁規定提請仲裁。」第 12 條第 2 款：「申請確認涉外仲裁協議效力的案件，由仲裁協議約定的仲裁機構所在地、仲裁協議簽訂地、申請人或者被申請人住所地的中級人民法院管轄。」第 16 條：「對涉外仲裁協議的效力審查，適用當事人約定的法律；當事人沒有約定適用的法律但約定了仲裁地的，適用仲裁地法律；沒有約定適用的法律也沒有約定仲裁地或者仲裁地約定不明的，適用法院地法律。」

方式尋求解決時，究係透過何種法律制度規範此等具有涉外因素的商事性投資爭議？以下將進一步探討。

1.法規範方面

在改革開放之後惟尚未頒布民事訴訟法典之前，為因應當時民事審判的需要，最高人民法院曾於1979年2月發布《人民法院審判民事案件程序制度的規定（試行）》，針對案件受理、審理前的準備工作等十一個部分進行規範⑩，以供在民事訴訟法典頒布前試行的依據，惟當時並未涵蓋涉外民事訴訟程序。同年9月全國人大常委會法制委員會成立「民事訴訟法起草小組」，開始草擬民事訴訟法典。1982年3月，全國人大常委會頒布《民事訴訟法（試行）》，其中，首度就涉外民事訴訟程序所涉及的相關事項（包括：一般原則、送達、期間、訴訟保全及司法協助等）為明確規範⑩；其在總結中國民事訴訟建設與民事糾紛解決傳統習慣經驗的同時，亦借鑒蘇聯與大陸法系國家民事訴訟法中的若干具體制度。惟隨著經濟體制市場化取向改革的持續發展，以及因推動對外開放政策所衍生的涉外投資或貿易此等商事糾紛大幅增長，1982年頒布的《民事訴訟法（試行）》所建構的訴訟制度，已無法完全因應客觀社會經濟發展的需要，弊端日益浮現；與此同時，以《民法通則》為主的民商事實體法陸續頒行，在法制面亟需民事程序法制配合增加相應的制度，方能落實人民權益的保障並維繫社會秩序的穩定，進而促進市場化改革的持續發展與深化；因此，乃於1991年4月頒布新的《民事訴訟法》，其中，乃參酌以往的審判實踐、相關的國際條約與國際慣例，補充、調整1982年《民事訴訟法（試行）》有關涉外民事訴訟程序的相關規定（特別是增訂「管轄」的規定），以兼顧司法權的維護與對外開放的需要。然而，社會與經濟的發展使頒布實施多年的《民事訴訟法》已無法完全適應快速變化的社會現實；2003年12月，十屆全國人大常委會正式將《民事訴訟法》的修訂納入「立法規畫」；2007年10月28日，十屆全國人大常委會審議通過《關於修改〈中華人民共和國民事訴訟法〉的決定》，完成小幅度的

---

⑩ 按1979年《人民法院審判民事案件程序制度的規定試行》的規範內容，包括：案件受理、審理前的準備工作、調查案情和採取保全措施、調解、開庭審理、裁判、上訴、執行、申訴與再審、回訪、案卷歸檔等十一個部分。

⑩ 參1982年《民事訴訟法（試行）》第185條至第205條。

修訂（主要係再審與執行兩項制度進行修改）⑩。

2.司法解釋方面

《民事訴訟法（試行）》於 1982 年頒布後，為進一步強化其操作性，1984 年 8 月，最高人民法院乃發布《關於貫徹執行〈民事訴訟法（試行）〉若干問題的意見》，其中對於涉外民事訴訟程序在具體適用法律的相關問題訂定若干規範⑩。1991 年 4 月，《民事訴訟法》頒布後，為使各法院正確適用該項法律，最高人民法院於 1992 年 7 月發布《關於適用〈中華人民共和國民事訴訟法〉若干問題的意見》，該《意見》明定：若中國的人民法院與外國法院對於涉外案件俱有管轄權，雖一方當事人向外國法院起訴，惟另一方當事人另向中國人民法院起訴者，則人民法院仍可受理；另外，除非當事人所屬國所共同參加或簽署的國際條約另有規定，否則，如人民法院判決後，外國法院或當事人向人民法院申請或請求承認與執行外國法院對於該案所作的判決或裁定者，將不予准許⑩。其後，為因應日後入世的新形勢並妥善處理涉外民商事案件，最高人民法院於 2001 年 4 月發布《關於審理和執行涉外民商事案件應當注意的幾個問題的通知》，該《通知》指出：除《合同法》第 126 條第 2 款所規定的三類契約（合同）必須適用中國法律外，均應依照有關規定或當事人約定選用準據法；對於參加的國際公約，除有保留條款聲明外，應優先適用，同時可參照國際慣例審理與執行⑩。以往中國涉外民商事案件的管轄，分散於各基層法院或中級法院，並未統一規範；此外，法院管轄權的區劃與行政管理區域重疊，常造成部分案件的審理受到地方保護主義勢力的影響與干涉；為解決此等問題並因應入世需求，最高人民法院乃於 2002 年 2 月發布《關於涉外民商事案件訴訟管轄若干問題的規定》，將涉外民商事案件調整為集中管轄⑩；其後，基於進一步方便當事人訴訟，防止涉

---

⑩ 梁炳揚：「發展與問題——民事訴訟法修改述評」，載於《廣西政法管理幹部學院學報》，2008 年第 1 期；劉加良：「《民事訴訟法》新近修改之冷思考」，載於《河南大學學報》（社會科學版），2008 年第 5 期。

⑩ 參 1984 年《關於貫徹執行〈民事訴訟法（試行）〉若干問題的意見》第 75 條至第 82 條。

⑩ 參 1992 年《關於適用〈中華人民共和國民事訴訟法〉若干問題的意見》第 306 條。

⑩ 參 2001 年《關於審理和執行涉外民商事案件應當注意的幾個問題的通知》第 2 條。

⑩ 2002 年《關於涉外民商事案件訴訟管轄若干問題的規定》第 1 條規定：「第一審涉外民商事案件由下列人民法院管轄：(一)國務院批准設立的經濟技術開發區人民法院；(二)省會、自治區首府、直轄市所在地的中級人民法院；(三)經濟特區、計畫單列市中級人民法院；

外商事案件流失等考量，最高人民法院復於 2004 年 12 月發布《關於加強涉外商事案件訴訟管轄工作的通知》，針對 2002 年《關於涉外民商事案件訴訟管轄若干問題的規定》的相關規範內容為進一步補充⑱；自此，中國關於涉外民商事案件的管轄與類型有更明確的規範。另為規範涉外民商事案件司法文書送達，最高人民法院乃依根據 1991 年《民事訴訟法》的規定並結合審判實踐，於 2006 年 8 月發布《關於涉外民事或商事案件司法文書送達問題若干規定》以為規範依據。按唯有正確審理涉外民商事合同糾紛案件並準確適用法律，方能確實達到保障經濟活動參與人其合法權利的目的；基此，最高人民法院乃依據《民法通則》、《合同法》等有關規定，於 2007 年 7 月發布《關於審理涉外民事或商事合同糾紛案件法律適用若干問題的規定》，明定：涉外商事契約（合同）應適用的法律僅指有關國家或地區的「實體法」（不包括衝突法與程序法）⑲、契約（合同）爭議的意涵（包括：訂立、效力、履行、變更與轉讓、終止、及違約責任等）⑳等；晚近，為因應現階段外國直接投資（FDI）領域的糾紛與問題複雜度日增的發展，最高人民法院於 2010 年 5 月發布《關於審理外商投資企業糾紛案件若干問題的規定(一)》，企圖重點解決外商投資企業在設立、變更過程中所生糾紛的法律適用問題（主要包括未經審批的契約／合同效力與法律效果，股權的確認、轉讓與質

（四)最高人民法院指定的其他中級人民法院；(五)高級人民法院。」；第 3 條規定：「本規定適用於下列案件：(一)涉外合同和侵權糾紛案件；(二)信用證糾紛案件；(三)申請撤銷、承認與強制執行國際仲裁裁決的案件；(四)審查有關涉外民商事仲裁條款效力的案件；(五)申請承認和強制執行外國法院民商事判決、裁定的案件。」（該《規定》全文詳見最高人民法院公報，2002 年第 2 期）。

⑱2004 年《關於加強涉外商事案件訴訟管轄工作的通知》第 1 點規定：「受理邊境貿易糾紛案件法院的上訴審中級人民法院，國務院批准設立的經濟技術開發區法院的上訴審中級人民法院，以及其他中級人民法院，需要指定管轄一審涉外商事案件的，由其所在地的高級人民法院報請最高人民法院審批。各高級人民法院要在調研的基礎上，於 2005 年 3 月底前將需要指定管轄的上列中級人民法院上報指定。」；第 2 點規定：「授權廣東省和各直轄市的高級人民法院根據實際工作需要指定轄區內的基層人民法院管轄本區的第一審涉外（含涉港澳臺）商事案件，明確基層人民法院與中級人民法院的案件管轄分工，並將指定管轄的情況報最高人民法院備案。」；第 4 點規定；「指定管轄一審涉外商事案件的法院，要及時確定其管轄區域，並向社會公布，確保最高人民法院《關於涉外民商事案件訴訟管轄若干問題的規定》的正確貫徹實施。」

⑲2007 年《關於審理涉外民事或商事合同糾紛案件法律適用若干問題的規定》第 1 條。

⑳2007 年《關於審理涉外民事或商事合同糾紛案件法律適用若干問題的規定》第 2 條。

押等），明確規定未經行政審批的契約（合同）效力的認定規則[48]、股權轉讓契約（合同）未經審批情形下的處理規則[49]、外商投資企業因隱名投資（undisclosed investment）所生糾紛的處理規則，以及認定外商投資企業股東出資責任的規則[50]；此外，尚明確規範外商投資企業股權質押契約（合同）糾紛[51]、因提供虛假資訊進行股權變更報批導致股權爭議[52]，以及外商投資企業股東在股權轉讓中的同意權、優先購買權糾紛等方面問題的處理方式。

(三)外國投資者與中國民間投資爭議的解決

由於本文係設定以「私法上權利主體間商事性質」的投資爭議（即商事爭端）做為探討的對象，並未涉及「投資者與資本輸入國間」此種類型投資爭議的探討；因此，以下將僅就中國外資立法與相關法制中涉及解決「外國直接投資者與中方合作者間」投資爭議的主要規定予以說明。

1.解決途徑

中國外資立法關於規範外國直接投資者與中國人民（即中方合資或合作者）間因外國直接投資（FDI）所生商事爭端的解決途徑，可分為「協商與調解」、「仲裁」及「訴訟」等三種，前兩種即屬於前所提及的爭議解決替代機制（ADR）。蓋此類法律機制允許私人在不危及公共利益的前提下，利用其自己所選擇的規則，透過第三人居間折衝以協助解決彼此之間的爭議；由於 ADR 除可增強爭議各方對尋求紛爭解決過程的控制，亦可避免或降低因透過既有的司法服務所生另須面臨的問題與困境（如：效率低落、缺乏透明度、貪污腐敗等），促使商事爭議當事人更願透過此等 ADR 做為其紛爭解決的途徑。以下將就此進一步探討。

(1)協商與調解

關於外國直接投資者在中國投資設立合資企業而與中方直接基於投資契約（合同）或合資企業章程引發商事（投資）爭議時，1979 年的《合營企業

---

[48] 2010 年《關於審理外商投資企業糾紛案件若干問題的規定(一)》第 1～3 條。
[49] 2010 年《關於審理外商投資企業糾紛案件若干問題的規定(一)》第 5～10 條。
[50] 2010 年《關於審理外商投資企業糾紛案件若干問題的規定(一)》第 4 條。
[51] 2010 年《關於審理外商投資企業糾紛案件若干問題的規定(一)》第 13 條。
[52] 2010 年《關於審理外商投資企業糾紛案件若干問題的規定(一)》第 21 條。

法》規定：先由董事會協商解決，如不能協商解決時，則由中國的仲裁機構進行調解⑬；其後於 1983 年發布的《合營企業法實施條例》則進一步明確協商與調解為解決投資糾紛首先應選擇的途徑，即合營各方如在解釋或履行合營企業協議、契約（合同）、章程時發生爭議，應儘量透過友好協商或調解等方式解決⑭。1990 年、2001 年修訂《合營企業法》及 2001 年修訂《合營企業法實施條例》時，該等規定均未有變動⑮。關於外國直接投資者在中國投資設立合作企業而與中方直接基於投資契約（合同）或合作企業章程引發投資爭議時，依據 1988 年、2000 年的《合作企業法》規定，應先透過協商或調解等方式解決糾紛⑯。關於外國直接投資者與中國企業合作開採海洋石油資源活動中直接基於投資契約（合同）引發投資爭議時，依據《對外合作開採海洋石油資源條例》規定：應先透過友好協商解決，若無法透過協商解決，則由中國的仲裁機構進行調解⑰。至於合作開採者為陸上石油資源，依據《對外合作開採陸上石油資源條例》規定：應透過協商或調解解決⑱。最後須特別說明者，若臺灣地區投資者非透過第三國（或第三地），而係直接在中國境內投資設立獨資企業、合營企業或合作企業，由於 1988 年發布的《關於鼓勵臺灣同胞投資的規定》以及 1994 年頒布的《臺灣同胞投資保護法》將該等台資企業定性為中國的內資企業，法律地位與外商投資企業有所不同（雖其本質與外商投資企業無異）；若該等台資企業與內資企業之間發生與投資有關的爭議，事實上恐無從適用外商投資企業的相關規定尋求解決，而須適用《關於鼓勵臺灣同胞投資的規定》⑲、《臺灣同胞投資保護

---

⑬參 1979 年《合營企業法》第 14 條。

⑭參 1983 年《合營企業法實施條例》第 109 條前段。

⑮參 1990 年《合營企業法》第 14 條，現行《合營企業法》第 15 條第 1 款，現行《合營企業法實施條例》第 97 條前段。

⑯參 1988 年《合作企業法》第 26 條，現行《合作企業法》第 25 條。

⑰參 1982 年《對外合作開採海洋石油資源條例》第 27 條，2001 年《對外合作開採海洋石油資源條例》第 24 條。

⑱參 1993 年《對外合作開採陸上石油資源條例》第 26 條，2001 年《對外合作開採陸上石油資源條例》第 25 條。

⑲1988 年《關於鼓勵臺灣同胞投資的規定》第 20 條第 1 款規定：「臺灣投資者在大陸投資因履行合同發生的或者與合同有關的爭議，當事人應當盡可能通過協商或者調解解決。」

法》⑩、《臺灣同胞投資保護法實施細則》⑩的相關規定透過協商或調解尋求解決。

(2)仲裁

合資企業各方間的商事（投資）爭議若無法透過協商解決，或雖經中國的仲裁機構進行調解但調解無效時，若在契約（合同）中訂有仲裁條款（arbitration clauses）或事後達成書面仲裁協定（arbitration agreement）者，可將其間的爭議提付仲裁⑩；至於向何處的仲裁機構提付仲裁？1983 年的《合營企業法實施條例》規定：可向「中國國際貿易促進委員會對外經濟貿易仲裁委員會」提付仲裁，若當事各方同意，亦可在被訴方所在國或第三國的仲裁機構進行仲裁⑩；惟 1988 年國務院發布行政法規將「對外經濟貿易仲裁委員會」更名為「中國國際經濟貿易仲裁委員會」⑩，加以中國於 1990 年 2 月加入《解決各國與其他國家國民間投資爭端公約》並於 1994 年 8 月頒布《仲裁法》，為配合相關法規與國際規範的調整與規定，乃於 2001 年修訂《合營企業法實施條例》時，調整為：合營各方可在中國的仲裁機構或其他仲裁機構進行仲裁⑩。1988 年的《合作企業法》規定：合作企業的各方若因履行契約（合同）或章程發生爭議，而當事人不願透過協商、調解解決，或雖經協商、調解然不成功者，如在合作企業契約（合同）中訂有仲裁條款，或事後達成書面仲裁協議時，可將其爭議提付中國的仲裁機構或其他仲裁機構進行

---

⑩1994 年《臺灣同胞投資保護法》第 14 條第 1 款規定：「臺灣同胞投資者與其他省、自治區和直轄市的公司、企業、其他經濟組織或者個人之間發生的與投資有關的爭議，當事人可以通過協商或者調解解決。」

⑩1999 年《臺灣同胞投資保護法實施細則》第 29 條第 1 款規定：「臺灣同胞投資者與大陸的公司、企業、其他經濟組織或者個人之間發生的與投資有關的爭議，當事人可以通過協商或者調解解決。」

⑩參 1979 年、1990 年《合營企業法》第 14 條及現行《合營企業法》第 15 條第 1 款，1983 年《合營企業法實施條例》第 109 條後段及現行《合營企業法實施條例》第 97 條後段。

⑩參 1983 年《合營企業法實施條例》第 111 條。

⑩1988 年 6 月國務院發布《關於將對外經濟貿易仲裁委員會改名為中國國際經濟貿易仲裁委員會和修改仲裁規則的批復》，除將「對外經濟貿易仲裁委員會」改名為「中國國際經濟貿易仲裁委員會」外，其受案範圍擴大及於國際經濟貿易中所發生的一切爭議，同時授權中國國際貿易促進委員會修訂、發布新的仲裁規則。

⑩參現行《合營企業法實施條例》第 98 條。

仲裁⑯（此項規定於該法 2000 年 10 月修訂時仍予保留，並未修訂⑰）。至於外國直接投資者與中國企業合作開採海洋石油資源而基於投資契約（合同）引發投資爭議時，若無法透過協商解決，可由選擇提付仲裁；至於向何處的仲裁機構提付仲裁？依《對外合作開採海洋石油資源條例》規定：可選擇在中國的仲裁機構進行，亦可由契約（合同）雙方協議在其他仲裁機構仲裁⑱。至於合作開採者為陸上石油資源，若當事人不願協商、調解，或雖經協商、調解但無法達成協議者，亦可依《對外合作開採陸上石油資源條例》將其間的爭議，提付中國的仲裁機構或其他仲裁機構仲裁⑲。

　　從以上中國外資立法有關透過仲裁方式解決商事（投資）爭議的法制發展，似與晚近雙邊及多邊層面的國際投資法制其發展的其中一項重要特點──「賦予投資者可不受資本輸入國約束而直接向國際機構提付仲裁的權利」相符，與當前國際投資法自由化的發展趨勢大致吻合；即並不堅持投資糾紛必須在中國透過當地的救濟途徑解決（即「東道國當地救濟」），當事人仍得選擇交由資本輸入國以外的第三者，由其透過仲裁的方式解決商事（投資）爭端。在此須特別指出者，係 1988 年的《關於鼓勵臺灣同胞投資的規定》以及 1994 年的《臺灣同胞投資保護法》將臺灣地區自然人或法人非透過第三國（或第三地），而直接在中國境內投資設立的獨資企業、合營企業或合作企業統稱為「臺胞投資企業」或「臺灣同胞投資企業」，由於該等企業被定性為中國的內資企業，故其法律地位與外商投資企業有所不同（雖其本質與外商投資企業無異）；若該等台資企業與內資企業發生與投資有關的商事爭端，當事人並不願或無法透過協商、調解解決，而擬透過仲裁的方式尋求解決時，將不被界定為涉外仲裁，故事實上並不適用外商投資企業有關仲裁的相關規定，而係適用《關於鼓勵臺灣同胞投資的規定》⑳、《臺灣同胞投

---

⑯參 1988 年《合作企業法》第 26 條。

⑰參現行《合作企業法》第 25 條。

⑱參 1982 年《對外合作開採海洋石油資源條例》第 27 條，現行《對外合作開採海洋石油資源條例》第 24 條。

⑲參 1993 年《對外合作開採陸上石油資源條例》第 26 條第 1 款，現行《對外合作開採陸上石油資源條例》第 25 條第 1 款。

⑳1988 年《關於鼓勵臺灣同胞投資的規定》第 20 條第 1 款規定：「臺灣投資者在大陸投資因履行合同發生的或者與合同有關的爭議，當事人應當盡可能通過協商或者調解解決。」第 2 款規定：「當事人不願協商、調解的，或者協商、調解不成的，可以依據合同中的仲裁條款或者事後達成的書面仲裁協議，提交大陸或者香港的仲裁機構仲裁。」

資保護法》⑪、《臺灣同胞投資保護法實施細則》⑫的規定解決。

　　(3)訴訟

　　當事人將選擇何種方式用以化解其間的糾紛，往往受制於各種因素的制約與影響，其中一個重要的因素，便是蘊含於糾紛中的內在衝突程度。若糾紛主體在糾紛中的內在衝突愈劇烈，則其所選擇或可接受的解紛機制便越具有對抗性與強制性，相應地國家強制力的成分亦越加明顯，而訴訟便是國家強制力作用最為明顯的一種紛爭解決方式。現行《合營企業法》（按：係2001年修法時所增訂⑬）及現行《合營企業法實施條例》（按：原《實施條例》即有規範）對於合資企業中、外各方之間的商事（投資）爭議均規定：雖經透過協商或調解但無效，而合營各方之間若無仲裁的書面協議（包括未在契約／合同訂有「仲裁條款」或事後未達成書面「仲裁協議」）者，發生爭議的任何一方，皆可依法向人民法院起訴，循司法途徑解決其間的爭議⑭。1988年及現行的《合作企業法》均規定：合作企業中、外各方對於其間的投資爭議若無仲裁的書面協定（包括未在契約／合同訂有「仲裁條款」或事後未達成書面「仲裁協定」），發生爭議時，可向人民法院起訴，循司法途徑解決⑮。至於外國直接投資者與中國企業合作開採陸上石油資源而因投資契約（合同）引發涉及外國直接投資（FDI）此類的商事爭端時，《對外合作開採陸上石油資源條例》亦有相同的規定⑯。須特別說明者，若雙方在契約

---

⑪ 1994年《臺灣同胞投資保護法》第14條第1款規定：「臺灣同胞投資者與其他省、自治區和直轄市的公司、企業、其他經濟組織或者個人之間發生的與投資有關的爭議，當事人可以通過協商或者調解解決。」第2款規定：「當事人不願協商、調解的，或者經協商、調解不成的，可以依據合同中的仲裁條款或者事後達成的書面仲裁協議，提交仲裁機構仲裁。」

⑫ 1999年《臺灣同胞投資保護法實施細則》第29條第2款規定：「當事人不願協商、調解的，或者經協商、調解不成的，可以依照合同中的仲裁條款或者事後達成的書面仲裁協議，提交中國的仲裁機構仲裁。大陸的仲裁機構可以按照國家有關規定聘請臺灣同胞擔任仲裁員。」

⑬ 參2001年全國人大《關於修改〈中華人民共和國中外合資經營企業法〉的決定》第7條。

⑭ 參現行《合營企業法》第15條第2款，1983年《合營企業法實施條例》第109條後段、第111條及現行《合營企業法實施條例》第97條後段、第99條。

⑮ 參1988年《合作企業法》第26條及現行《合作企業法》第25條。

⑯ 參1993年《對外合作開採陸上石油資源條例》第26條第2款及現行《對外合作開採陸上石油資源條例》第25條第2款。

（合同）中訂有「仲裁條款」或於爭議發生後達成書面「仲裁協定」，載明願將彼此間的商事爭端提付中國的涉外仲裁機構或其他仲裁機構仲裁者，依法當事人即不得向人民法院起訴，而爭議經中國的涉外仲裁機構裁決者，當事人亦不得向人民法院起訴[517]；除非仲裁協議無效，若未經向仲裁機構提付仲裁即向人民法院起訴者，人民法院依法將不予受理，且應告知原告向仲裁機構申請仲裁[518]；若爭議業經中國的涉外仲裁機構裁決者，人民法院依法將不予受理[519]。另外，依現行《民事訴訟法》規定：因在中國履行合營企業契約（合同）、合作企業契約（合同）、中外合作勘探開發自然資源契約（合同）發生糾紛而選擇提起訴訟者，其管轄權專屬於中國的人民法院，雙方不得選擇向中國以外的司法機構（包括投資者母國、其他第三國的司法機構以及解決國際紛爭的司法機構）尋求救濟[520]。最後，如前所述，臺灣地區投資者直接（非透過第三地或第三國）在中國境內投資設立的獨資企業、合營企業或合作企業由於已被定性為中國的內資企業，因其法律地位與外商投資企業有所不同，若其與內資企業間發生與外國直接投資（FDI）有關的此類商事爭議，卻未事前在契約（合同）中訂立「仲裁條款」，事後又未達成書面「仲裁協定」時，雖可透過訴訟方式尋求解決[521]，但將不被界定為涉外民事訴訟，故事實上並非適用外商投資企業的相關規定。

　　從以上的相關規定顯示，中國對於以訴訟方式解決涉及外國直接投資（FDI）此類商事爭端所採取的態度與前述選擇透過仲裁方式解決者不同，仍堅持必須透過中國當地的救濟途徑；易言之，對於涉外民事訴訟仍實行所謂「東道國當地救濟」原則。就此，似與晚近雙邊與多邊層面的國際投資法制其發展的另一項重要特點──「尋求投資爭議的非資本輸入國當地救濟」有所出入，而仍與當前國際投資法自由化的發展趨勢存在一定程度的落差。

---

[517] 參現行《民事訴訟法》第 255 條第 1 款、第 257 條前段（即 1991 年《民事訴訟法》第 257 條第 1 款、第 259 條前段）。

[518] 參現行《民事訴訟法》第 111 條第 2 項、第 235 條（即 1991 年《民事訴訟法》第 111 條第 2 項、第 237 條）；現行《仲裁法》第 5 條、第 65 條。

[519] 參現行《仲裁法》第 9 條、第 65 條。

[520] 參現行《民事訴訟法》第 244 條（即 1991 年《民事訴訟法》第 246 條）。

[521] 參 1988 年《關於鼓勵臺灣同胞投資的規定》第 20 條第 3 款、1994 年《臺灣同胞投資保護法》第 14 條第 3 款、1999 年《臺灣同胞投資保護法實施細則》第 29 條第 3 款。

任何一個國家在其國家自治（autonomy of states）的此一權威下，當可不受干預地建構屬於自己國家的法律制度（即使它明顯與國際規範背離），亦擁有在其領土內，以及對其中的人、事、物的完全權威（除非其同意自行放棄某些權威，例如：司法管轄權）；然而，在經濟全球化的推移並隨其深化，現已形成一個相互依賴的國際秩序，一個彼此依存的經濟體系，各國基於各自生存與發展必要的自身利益（並非為共同體的利益）即須進行跨國合作，而往往為成就此項目的，常有適時調整自有規範體系使之與國際規則相容或一致的必要，但在彼此角力與妥協後，基於「國家同意」而產生的新的合作性法規範（不論係單邊、雙邊、多邊層面的）並未明顯減損國家係國際體系中權威與法律惟一淵源的此一根本的國家特點與其對國家價值（自治、不受干涉）的支持⑳。故而，中國此類現行的法律制度與規範內容，容或有進一步調整的空間。

2.解決投資爭議實體法的適用

契約（合同）（尤其是國際商事契約／合同）一般對於當事人間共同的意思表示、彼此的權利義務及不履行契約（合同）須承擔的責任等，均有較明確的約定；惟當事人間法律關係的確立，則有賴於契約（合同）的準據法（proper law）。在國際商務仲裁與國際民事訴訟中，仲裁庭（arbitral tribunal）或管轄法院（jurisdiction court）將據何特定法律制度的規定或規則做為適用於審理當事人間國際商事（務）糾紛（包括國際投資糾紛）的準據法，對於仲裁裁決（arbitral award）與法院裁判（judgement）的作出有著決定性的影響，當然亦直接關係著當事人的權益；因此，如何確定可適用於解決當事人間紛爭（包括與外國直接投資（FDI）有關的此類商事爭議）的實體法，無異是整個國際商務仲裁與國際民事訴訟中一個至關重要的議題。

(1)涉外仲裁方面

有關涉外仲裁實體法（arbitral substantive law）的擇定，由於仲裁乃當事人雙方以協議的方式所創設的一種解決爭議的機制，因此，幾乎所有關於國際商務仲裁的國內立法與國際立法，均將「當事人意思自主原則（the doctrine of autonomy of the parties；或稱為「當事人意思自治原則」）」做為仲裁實體

---

⑳（美）劉易斯・亨金著：前揭書，第 158-161 頁。

法適用的基本原則㉓。因國際商務仲裁兼具跨國性與自治性，故在提供仲裁庭眾多可供適用的法律的同時，要求仲裁庭必須尊重當事人的自主意志，優先適用當事人選擇的仲裁實體法；倘當事人並未選擇擬適用的仲裁實體法時，仲裁庭一般將依仲裁地國或其認為適當的「衝突規則（conflict rules，亦有稱為衝突規範）」，進而確定處理糾紛應適用的仲裁實體法㉔。至於中國法制就此如何規範？將略予說明。

首先，可否依照「當事人意思自主原則」選擇仲裁實體法？一般涉外契約（合同）糾紛依據 1986 年《民法通則》及 1999 年《合同法》規定，在法律沒有特別規定（按：此所謂特別規定，主要係指《合同法》第 126 條第 2 款）的情形下，原則上，當事人可選擇處理契約（合同）爭議所適用的法律㉕，雖然《仲裁法》、《中國國際經濟貿易仲裁委員會仲裁規則》㉖及《中國海事仲裁委員會仲裁規則》對此並無明確規定，惟學者認為，中國的仲裁機構對於涉外契約（合同）糾紛的仲裁，亦可依照「當事人意思自主原則」選擇仲裁實體法㉗。然而，中國的仲裁機構若運用此種方式處理涉外仲裁爭

㉓例如：1961 年《國際商務仲裁歐洲公約》（European Convention on International Commercial Arbitration Geneva）第 7 條第 1 項規定：「當事人有權透過協議自行選擇確定仲裁員應適用於爭議實體事項的法律」；1965 年《解決各國與其他國家國民間投資爭端公約》第 42 條第 1 項亦規定：「法庭應依照雙方當事人可能同意的法律規則判定一項爭端。」此外，對於國際商事仲裁具有重大影響的 1976 年《聯合國國際貿易法委員會仲裁規則》（Rules of the Arbitration of the UNCITRAL）第 33 條第 1 項、1985 年《聯合國國際貿易法委員會國際商事仲裁示範法》（Model Law on International Commercial Arbitration of the UNCITRAL）第 28 條第 1 項以及 1988 年《國際商會調解及仲裁規則》（Rules of the Conciliation and Arbitration of the I.C.C.）第 13 條第 3 款，均採取「當事人意思自主原則」（有關涉外仲裁實體準據法的確定方式之介紹，可參韓德培主編：《國際私法》，高等教育出版社，2000 年 8 月第 1 版，2002 年 5 月第 5 刷，第 516-532 頁；劉想樹著：前揭書，第 138-153 頁；趙秀文著：《國際商事仲裁及其法律適用研究》，北京大學出版社，2002 年 1 月第 1 版，2002 年 10 月第 2 刷，第 291-295 頁）。

㉔仲裁庭選擇法律的方法錯綜複雜，但依衝突規則選擇準據法是最常用的方法，主要可依下列衝突規則作為選擇：第一，適用仲裁地的衝突規則；第二，適用仲裁人本國的衝突規則；第三，適用仲裁執行地的衝突規則；第四，適用與爭議有最密切聯繫國家的衝突規則（韓德培主編：前揭書，第 519-521 頁）。

㉕參 1986 年《民法通則》第 145 條第 1 款；1993 年《合同法》第 126 條第 1 款前段。

㉖雖然 2005 年《中國國際經濟貿易仲裁委員會仲裁規則》第 43 條第 1 項規定：「仲裁庭應當根據事實，依照法律和合同規定，參考國際慣例，並遵循公平合理原則，獨立公正地作出裁決。」然而並未明確規定是否允許當事人選擇仲裁實體法。

㉗劉想樹著：前揭書，第 139-140 頁；趙秀文著：前揭書，第 291-292 頁。

議時，將可能產生幾個問題：第一，當事人可否透過選擇衝突規則來間接選擇仲裁實體法？第二，當事人可否選擇非契約（合同）性質商事糾紛（主要是侵權損害賠償）的仲裁實體法？第三，當事人所選擇的仲裁實體法是否受有限制（例如：時間、範圍、內涵等）？對此，2007 年發布的《關於審理涉外民事或商事合同糾紛案件法律適用若干問題的規定》已釐清部分的疑慮（如《規定》第 4 條規定：當事人在「一審法庭辯論終結前」，可透過協商一致選擇或變更選擇合同爭議應適用的法律）。其次，若涉外契約（合同）雙方當事人未選擇仲裁實體法時，應如何適用準據法？對此，1985 年《涉外經濟合同法》第 5 條第 1 款後段即已明確規定：即應適用「與契約（合同）有最密切聯繫的國家的法律」做為準據法[528]；其後，1986 年《民法通則》第 145 條[529]、1992 年《海商法》第 269 條後段[530]、1995 年《民用航空法》第 188 條[531]等法律，則一再重申此項原則；至於取代 1985 年《涉外經濟合同法》的 1999 年《合同法》[532]以及 2007 年所發布的《關於審理涉外民事或商事合同糾紛案件法律適用若干問題的規定》[533]皆亦採取相同的規定。因此，在中國以仲裁方式解決一般涉外契約（合同）糾紛時，若契約（合同）雙方當事人未選擇仲裁實體法時，則應適用「與契約（合同）有最密切聯繫的國家或地區的法律」[534]做為仲裁實體法；惟前開《規定》認為：當事人雖未選擇契約（合同）爭議應適用的法律，但均援引同一國家（或地區）的法律且均未提

---

[528] 1985 年《涉外經濟合同法》第 5 條第 1 款規定：「合同當事人可以選擇處理合同爭議所適用的法律。當事人沒有選擇的，適用與合同有最密切聯繫的國家的法律。」

[529] 1986 年《民法通則》第 145 條第 2 款規定：「涉外合同的當事人沒有選擇的，適用與合同有最密切聯繫的國家的法律。」

[530] 1992 年《海商法》第 269 條規定：「合同當事人可以選擇合同適用的法律，法律另有規定的除外。合同當事人沒有選擇的，適用與合同有最密切聯繫的國家的法律。」

[531] 1995 年《民用航空法》第 188 條規定：「民用航空運輸合同當事人可以選擇合同適用的法律，但是法律另有規定的除外；合同當事人沒有選擇的，適用與合同有最密切聯繫的國家的法律。」

[532] 1993 年《合同法》第 126 條第 1 款規定：「涉外合同的當事人可以選擇處理合同爭議所適用的法律，但法律另有規定的除外。涉外合同的當事人沒有選擇的，適用與合同有最密切聯繫的國家的法律。」

[533] 2007 年《關於審理涉外民事或商事合同糾紛案件法律適用若干問題的規定》第 5 條第 1 款規定：「當事人未選擇合同爭議應適用的法律的，適用與合同有最密切聯繫的國家或者地區的法律。」

出法律適用異議者，應視為當事人已就契約（合同）爭議應適用的法律作出選擇㉝。最後，中國涉外仲裁若雙方當事人未選擇仲裁實體法時，仲裁機構可否適用「國際慣例」做為準據法？對此，1995 年、1998 年、2000 年、2005 年的《中國國際經濟貿易仲裁委員會仲裁規則》均規定：仲裁庭在裁決時，應根據事實，依照法律與契約（合同）的規定，參考國際慣例，遵循公平合理原則獨立公正為之㊱；此外，《中國海事仲裁委員會仲裁規則》第 52 條亦有相同的規定。惟中國前開規範所謂的「國際慣例」，究指「實體法上的國際慣例」？抑或是「衝突法上的國際慣例」？或者兩者兼俱？學者間則有不同的意見㊲；然而，在中國涉外仲裁的處理實踐中，其仲裁機構常適用「國際慣例」做為仲裁實體法以處理涉外商事糾紛已是不爭的事實。

　　須特別說明者，該涉外契約（合同）若屬於在中國境內履行的合營企業契約（合同）、合作企業契約（合同）、中外合作勘探開發自然資源契約（合同），依現行《合同法》第 126 條第 2 款規定，則應一律適用中國法律做為處理契約（合同）糾紛實體問題的準據法㊳；另依 2007 年發布的《關於審理涉外民事或商事合同糾紛案件法律適用若干問題的規定》規定，此類應適用中國法律做為準據法的尚包括：三大外商投資企業股份轉讓契約（合同）等其他類型在中國領域內履行的契約（合同）㊴；換言之，當事人對於該等法定契約（合同）不得自行選擇仲裁實體法，職是，此時即無前開問題

㉝至於如何認定，最高人民法院曾在 1987 年 10 月發布的《關於適用〈涉外經濟合同法〉若干問題的解答》中，界定與十三種涉外經濟合同有最密切聯繫的法律，可供參酌；另 2007 年《關於審理涉外民事或商事合同糾紛案件法律適用若干問題的規定》則於第 5 條第 2 款前段規定：「人民法院根據最密切聯繫原則確定合同爭議應適用的法律時，應根據合同的特殊性質，以及某一方當事人履行的義務最能體現合同的本質特性等因素，確定與合同有最密切聯繫的國家或者地區的法律作為合同的準據法。」明確揭示判別的標準，並於同條款後段界定與十七種合同有最密切聯繫的法律。

㉟參 2007 年《關於審理涉外民事或商事合同糾紛案件法律適用若干問題的規定》第 4 條第 2 款。

㊱參 1995 年、1998 年、2000 年的《中國國際經濟貿易仲裁委員會仲裁規則》第 53 條及 2005 年《中國國際經濟貿易仲裁委員會仲裁規則》第 43 條第 1 項。

㊲有關學者對此問題的不同論述，可參劉想樹著：前揭書，第 149-153 頁。

㊳1993 年《合同法》第 126 條第 2 款規定：「在中華人民共和國境內履行的中外合資經營企業合同、中外合作經營企業合同、中外合作勘探開發自然資源合同，適用中華人民共和國法律。」

㊴參 2007 年《關於審理涉外民事或商事合同糾紛案件法律適用若干問題的規定》第 8 條。

產生。惟此項規定,似顯與現今涉及國際商務仲裁的國際規範(如:1965年《解決各國與其他國家國民間投資爭端公約》、1976年《聯合國國際貿易法委員會仲裁規則》(UNCITRAL Rules of the Arbitration 1976)第33條第1款、1985年《聯合國國際貿易法委員會國際商事仲裁示範法》(UNCITRAL Model Law on International Commercial Arbitration 1985)第28條第1款、1988年《國際商會調解及仲裁規則》(Rules of the Conciliation and Arbitration of the I.C.C. 1988)第13條第3項等)與國際實踐,大多以「當事人意思自主原則」做為擇定仲裁實體法的此項基本原則有所出入。

(2)涉外民事訴訟方面

由於民事訴訟尚涉及國家司法權(jurisdiction of the state)的行使,與仲裁程序係因當事人之合意而生,故高度尊重當事人意思自主的制度設計迥然不同;因此,國際民事訴訟(涉外民事訴訟)與國際商務仲裁兩者在實體法的適用上,必然存在若干差異。就確定實體準據法的法律原則而言,國際民事訴訟即不若國際商務仲裁來得複雜,係由管轄法院(jurisdiction court)依據法院地國際私法中的衝突規則進行確定;涉外民事案件與內國民事案件的重大區別在於:內國民事案件的審理主要著重於「事實的認定」與「法律的適用」,然而,涉外民事案件的審理雖亦涉及前述事項,惟在進行審理前,首須解決「管轄權(jurisdiction)」的問題。從內國法院審理涉及外國直接投資(FDI)的商事爭端的角度而言,在選擇實體準據法之前,應先確認內國法院對該涉外案件有無管轄權,確定享有該案管轄權後,方能開展訴訟程序。國際民事訴訟管轄權(從資本輸入國的角度考察,即涉外民事訴訟的管轄權)的確認,不但是一國法院審理涉外民事案件的基礎,更與案件的審理結果有著極為密切的關係;實際上,當一個涉外契約(合同)糾紛或國際投資糾紛此類商事爭端其管轄權經確定後,該案的實體準據法將極有可能便是「法院地法(law of the forum)」或是「法院地法衝突規則所指向的法律」⑩;因此,在國際民事訴訟(涉外民事訴訟)中,確認訴訟管轄權的重要性,顯然高於確認該涉外民事訴訟案件的實體準據法。

雖然現行《民事訴訟法》允許涉外契約(合同)或涉外財產權益糾紛的

---

⑩雖然在以最密切聯繫原則確定合同實體準據法時,各國的規定雖有一定差別,然仍以適用法庭地法的機會最高。

當事人，得以書面協定的方式，選擇與爭議有實際聯繫的地點的法院管轄其間的糾紛[50]；但亦規定：如在中國因履行合營企業契約（合同）、合作企業契約（合同）、中外合作勘探開發自然資源契約（合同）發生糾紛而選擇提起訴訟者，其管轄權專屬於中國的人民法院，雙方不得選擇向中國以外的司法機構（包括：投資者母國或其他第三國的司法機構以及解決國際紛爭的司法機構）尋求救濟[51]。據此，進入中國境內從事投資的外國直接投資者，若與其中方合資（或合作）者因涉及投資相關事宜發生商事爭議，而擬透過「訴訟」方式尋求解決，倘該爭議係因履行前開例如：合營企業契約（合同）等此類法定類型的契約（合同）所衍生者，則中國的人民法院依法即享有該涉外投資案件的專屬管轄權（exclusive jurisdiction），外國直接投資者不得向其投資母國、其他第三國的司法機構或其他解決國際紛爭的司法機構（如：國際法院）尋求救濟。而依據 2002 年 2 月最高人民法院發布的《關於涉外民商事案件訴訟管轄若干問題的規定》規定，管轄該涉外案件的第一審人民法院，則包括：「國務院批准設立的經濟技術開發區人民法院」、「省會、自治區首府、直轄市所在地的中級人民法院」、「經濟特區、計畫單列市中級人民法院」、「最高人民法院指定的其他中級人民法院」以及「高級人民法院」[52]。此外，除現行《合同法》第 126 條第 2 款規定，該等涉外契約（合同）應一律適用中國法律做為處理契約（合同）糾紛實體問題的準據法[53]外，最高人民法院於 2001 年 4 月發布的《關於審理和執行涉外民商事案件應當注意的幾個問題的通知》則在次重申：《合同法》第 126 條第 2 款所規定的三類契約（合同），必須適用中國法律[54]。

　　由前開規定顯然，對於《合同法》所明列的特定涉外紛爭，中國仍實行所謂「東道國當地救濟」原則，惟此等規範內容似與晚近雙邊與多邊層面的

---

[50] 參現行《民事訴訟法》第 242 條（即 1991 年《民事訴訟法》第 244 條）。

[51] 參現行《民事訴訟法》第 244 條（即 1991 年《民事訴訟法》第 246 條）。

[52] 參 2002 年《關於涉外民商事案件訴訟管轄若干問題的規定》第 1 條第 1 款。其中所謂「最高人民法院指定的其他中級人民法院」，參 2004 年《關於加強涉外商事案件訴訟管轄工作的通知》第 1 點、第 2 點之規定。

[53] 1993 年《合同法》第 126 條第 2 款規定：「在中華人民共和國境內履行的中外合資經營企業合同、中外合作經營企業合同、中外合作勘探開發自然資源合同，適用中華人民共和國法律。」

[54] 參 2001 年《關於審理和執行涉外民商事案件應當注意的幾個問題的通知》第 2 條。

國際投資法制其發展的另一項重要特點——「尋求投資爭議的非資本輸入國當地救濟」有所背離。因此，如何尋求與確立一個合理，且能為外國直接投資（FDI）其投資者所樂於接受且充分信賴的商事爭端解決制度，使其與中方合資（或合作）者之間的涉外投資紛爭得以獲致妥善的解決，相信這必將成為日後中國須嚴肅面對的課題，以及檢討與調整整體投資爭議法律制度時，所必須努力的改革目標。

第五章
重構中國外資法制的芻議

　　法乃隨社會生活而存在，亦即以社會生活的存立為其存在的條件①。在經濟全球化的持續推移下，隨著市場觀念的普及、國際競爭的增強、金融市場日趨成熟、國家自治空間壓縮，對許多國家自主選擇制度安排的彈性構成威脅；面對擴散中的國際性法律理念，國家為保有其合法性與正當性，乃透過對「被認同的普遍準（法）則」做為回應，至於其國內法即成為接受這些被認同（感知）準則的一種重要標誌②。市場化取向的經濟改革與經濟體制的轉型，為新中國法制建設向現代化法治轉變提供契機；而受到經濟全球化的影響，各國經濟體制日益相近，在此趨勢下必然要求與之相適應的法律制度、執法標準與原則雷同，方能提升跨國經濟合作的效益；中國經由入世積極融入世界經濟的運作，為使經濟體制轉型後的法制建設得以因應國內、外新的情勢變化，即須再度進行調整與改革以提升制度的國際競爭力。此項變革當然包括中國用以規制外國直接投資（FDI）而以外商投資企業法制為核心規範的外資法制的重新建構在內。

第一節　法律移植（legal transplant）與法律的成長（growth of law）

　　做為一項人類的精神成果，法律制度往往集中而突出地反映人類在認識自身、調節社會、謀求發展的各個重要進程中的思想與行動，它源自於人類的現實生活並真實地反映現實的要求，透過考察一個國家、民族、時代的法

---

① （日）美濃部達吉著：《憲法學原理》，歐宗佑、何作霖譯，中國政法大學出版社，2003年7月第1版第1刷，第2頁。
② 伊莉薩白·海格爾·博伊爾、約翰·W.邁耶爾：「作為世俗化和全球化的現代法——法律社會學的諸內涵」，載於（美）伊夫斯·德扎雷、布賴恩特·加思主編：《全球性解決方案——新法律正統性的產生、輸出與輸入》，陸幸福、王煜宇、趙明譯，法律出版社，2006年9月第1版第1刷，第65頁。

律制度，吾人可藉此瞭解當時人們關於人、社會、人與人彼此之間的關係、社會組織，以及有關哲學、宗教等諸多方面的思想與觀點。然而，每個國家由於環境（如：地理、社會、經濟、文化等）與政治因素的差異，不可能存在完全相同的法律制度，亦即各國的法律制度皆有其獨特的個性，是相對獨立的，故制度間的相互學習與借鑑，非但無損其各自的獨立性，反將在一定程度上產生促進與完善的作用。雖然，制度規範人類行為的力量多數源自於它們的不變異性，惟當環境發生變化時，不變的規則組合亦將產生傷害，制度亦需進行調整，蓋制度本身並非目的，它們僅是追求基本的人類價值的手段③，由此可知，制度是可以學習、修改的而非神聖固定的④，至於推動法律制度演化（evolution）、改革（reform）與進步（progress）的動力，正是現實的社會生活，是政治、經濟與社會文化的變遷，促使法律制度的不斷成長（growth）與完善（maturity），亦是人類社會文明進步的明顯體現。

一、法律移植——法律繼受（reception of law）

誠如十八世紀法國啟蒙思想家孟德斯鳩（Montesquieu）所言：「為某一國人民而制定的法律，應該是非常適合於該國人民的；所以如果一個國家的法律竟能適合於另外一個國家的話，那只是非常湊巧的事」⑤，揭櫫「文化（culture）的差異性必將導致法律制度多樣性」的此一真理。法實為一種文化現象與表現形式；蓋法律係源自於某一民族其物質與精神生活的觀念，因此，「每種文化皆有其特定的法律，而每種法律皆有其特定的文化」⑥，每個法律制度皆有其獨特的個性。美國勞倫斯 · M · 弗里德曼（Lawrence M. Friedman）教授在其名著《法律制度——從社會科學角度觀察》中亦表示：法律文化係與整個文化具有有機聯繫的有血有肉的習慣，而非某個社會可選擇或購買因而不具任何特定社會遺傳標誌的中性人造產品；至少在某種意義

---

③（德）柯武剛、史漫飛著：前揭書，第 464 頁。

④（美）勞倫斯 · M · 弗里德曼著：前揭書，第 332 頁。

⑤（法）孟德斯鳩著：《論法的精神》，張雁深譯，臺灣商務印書館，1998 年 1 月初版第 1 刷，第 6 頁。

⑥Josef Kohler, Das Recht als Kulturerscheinung, Würzburg 1885, S.5〔轉引自（德）伯恩哈德 · 格羅斯菲爾德著：《比較法的力量與弱點》，孫世彥、姚建宗譯，清華大學出版社，2002 年 10 月第 1 版，2003 年 9 月第 2 刷，第 69 頁〕。

上每個國家或社會皆有其自己的法律文化，且沒有兩種法律文化是完全相同的⑦。職是，每個法律制度都是「各種決定性因素所特定結合的獨特產物」⑧。然而，正如肌肉與骨骼均為身體的組成部分一樣，法律制度依附於人類社會，是社會的一部分，它並非亦無法以一個獨立實體的形態存在，而且「法律做為一種實用性的事物，必須以現實的力量為基礎」⑨，設若其賴以存在的社會基於發展（如：因「工業化（industrialization）」或「現代化（modernization）」需要）必須面臨變革，因而產生新的需求與問題，則必須透過法律解決，惟由於物質的或觀念（按文化並非來自於真空，它是社會化與社會習得的產物）的需要以及本土文化對新的形勢不及（按法律變化通常滯後於社會變化，除非文化率先變化，否則法律無從變革）或不能提供有效的對策，或僅能提供不充分的手段時，從早已面對或開始回應這些問題的其他國家或地區移植（transplant）、借鑑（borrowing）、吸收（assimilation）其法律制度並適應它們，便成為獲得合適法律最容易、便捷的方式⑩。蓋世界上種種法律制度能夠提供更多的、在它們分別發展中形成的豐富多彩的解決辦法，而此並非那種局限本國法律制度界限內即使是最富有想像力的法學家在他們短促的一生所能想到的；比較法（Rechtsvergleichung；Comparative Law）做為一所「真理的學校（école de vérité）」擴充並充實了「解決辦法的倉庫（Vorrat an LÖsungen）」，並向那些有批判能力的觀察家提供機會，使他們能夠認識在其時「更好的解決辦法」⑪。

　　法律移植（或借鑑）非但是法律發展的一種規律，亦為世界法律發展的一個基本歷史現象⑫；時至今日，制度的移植（或借鑑）仍為工業革命以來

---

⑦（美）勞倫斯・M・弗里德曼著：前揭書，第 228、233 頁。

⑧Constantinesco. Die Kulturkreise als Grundlage der Rechtskreise. Zeitschrift für Rechtsvergleichung, 1981. 161, 174〔轉引自（德）伯恩哈德・格羅斯菲爾德著：前揭書，第 68 頁〕。

⑨（美）小奧利弗・溫德爾・霍姆斯著：《普通法》，冉昊、姚中秋譯，中國政法大學出版社，2006 年 1 月第 1 版第 1 刷，第 187 頁。

⑩（美）H. W. 埃爾曼著：《比較法律文化》，賀衛方、高鴻鈞譯，清華大學出版社，2002 年 10 月第 1 版，2004 年 4 月第 2 刷，第 5-8 頁；L. 弗里德曼：「對科特雷爾和法律移植的若干評論」，載於（意）D・奈爾肯、（英）J・菲斯特編：《法律移植與法律文化》，高鴻鈞等譯，清華大學出版社，2006 年 12 月第 1 版第 1 刷，第 130 頁。

⑪（德）K・茨威格特、H・克茨著：《比較法總論》，潘漢典、米健、高鴻鈞、賀衛方譯，法律出版社，2003 年 1 月第 1 版第 1 刷，第 22 頁。

⑫何勤華：「法的移植與法的本土化」，載於《中國法學》，2002 年第 3 期。

的現代法律一個關鍵的主題，輸入國之所以願借鑑他國的法律或國際規範，其目的不外為使其社會實現現代化，藉此繁榮經濟與壯大國家並促進法律的成長。蓋每個國家皆受制於自身的傳統規則與規範、社會分歧，以及社會結構，而因規則模式的差異，突顯出抵制那些可能與特定環境下促進經濟繁榮的既有制度產生衝突的制度移植其重要性。事實上，法律制度從一種文化向另一種文化的移植（或借鑑）是非常普遍的現象；蓋文化並非一座孤島，不同的文化彼此之間往往相互地影響與滲透（特別是在現今國際交往日益頻繁且漸無障礙的全球化時代）；在各國在尋找足資借鑑的法律模式時或可有眾多選擇，惟當今絕大多數法律移植的模式，係從發達國家移植至發展中國家。然而，或因輸入國其社會缺乏適應外來法律的必要基礎結構（如：公正的司法制度、執法的資源支持等），或因外來法律其內在價值與本土文化相互衝突（按若無法獲致認同將難期人們為遵守而改變行為模式），或因既得利益的抗拒與阻撓，凡此，皆可能提高法律輸入的複雜度（蓋涉及移植的對象、內容、原因、方式與效果等問題）並限制法律移植的可能性⑬。此外，誠如前述，每個法律秩序皆在其自身所處的社會與其歷史中產生與發展，必然有其特定的文化與獨特的個性，故唯有在移植前多深入瞭解該外來法律其結構、一般原則、賦予其生命的精神、與規範對象之間的互動關係、在具體實踐中的運作，並對照其社會、政治、經濟等所謂法外的各種因素，審慎評估移植的後果，方能降低移植的風險與失誤進而達到移植的目的。法律移植隱含須將移植之法在某種程度上「本土化（localization）」，使其適應新環境（包括：法律制度、社會制度以及經濟發展階段等）且輸入國人民認為其普遍行之有效，方可謂移植成功，否則移植之法最終恐將遭致排拒的命運。

今日的發展中國家或正在考量，或已在進行其法律改革（law reform），至於「法律移植」則為其法律變革的主要來源之一（至於「法律趨同化」則是其另一來源）；蓋在大多數情況下（特別是商事領域），交往的規則實已超越政治的界限，故當市場規模在國際範圍內拓展時，用於解決一國經濟交易的法律便會被移植至另一個國家，亦即法律移植可提供一個管道，透過此

---

⑬棚瀨孝雄：「日本法律話語中的現代性缺位」，載於（義）D·奈爾肯、（英）J·菲斯特編：前揭書，第244頁。

一途徑，國家的法律便可開始反映商業實際與社會規範⑭。二十世紀七〇、八〇年代，相當多的發展中國家為持續推動其經濟改革，乃對一些主要的新法律（主要是商事領域）的發展產生需求；特別是像中國這樣的轉型國家，在賦予非國有經濟權力的經濟改革被真正認為是向「市場」轉型前，法律與司法框架即須先進行根本性的變革，蓋在向市場經濟轉型的過程中，必然需要一種清楚且有效規範經濟交易活動的法律框架。儘管中國在改革開放以後的法制發展是一個自發性（spontaneity）的繼受，係因瞭解自身的滯後而有意識地引進若干欠缺或不完備的法律制度，惟其選擇與出發卻係受到政治因素與意識形態的左右⑮（蓋其時對於是否實行市場經濟仍有正反兩股勢力不斷地進行角力與拉扯），為繼受的可能設下無形的藩籬，並使擬透過繼受進行法制改造的速度、規模與效果大打折扣；此外，在實際的繼受過程中，往往非按部就班、分門別類地進行法律移植，而係呈現出同時且大量地移植不同國家乃至於不同法系的法律，此種情況在 1993 年確立以市場經濟體制發展主軸後尤為明顯；蓋結構性的危機必然導致新的法律、規則與規範的出現，故法律制度必須適時回應因經濟結構與體制在本質上的轉換所牽動的社會變革與所帶來的巨大影響，自此，現代意義的法律制度方始在中國初步建立。

　　隨著經濟全球化的擴張，國際經濟群體之間的相互聯繫、依存度與影響不斷加強，並導致包括法律制度在內的各個制度領域彼此相互滲透並逐漸產生趨同（assimilation）的現象，故全球化的過程本身在某種意義上便是法律移植的過程⑯；由於經濟全球化實質上便是市場體制的全球化，在經濟全球化的推動下「法治」業已成為一項新的集體呼籲，這意味著必將對初具雛型而發展相對滯後的中國市場經濟法制不斷提出更加現代化與自由化的要求（特別是中國入世後對多邊規範的遵循度），面對此等國際性刺激，必將促使中國各領域的法律制度（不限於商事領域）朝向全面性革新。一個國家越是與國際系統相聯繫，其國內法則越會遵守國際法的理念標準，進而逐步建

---

⑭（美）艾德加多・巴斯卡哥利亞、威廉・賴特利夫著：《發展中國家的法與經濟學》，趙世勇、羅德明譯，法律出版社，2006 年 9 月第 1 版第 1 刷，第 2、14-15、25 頁。

⑮ 王文杰著：前揭書，第 60-61 頁。

⑯（義）D・奈爾肯、（英）J・菲斯特編：前揭書，第 7 頁。

立共同的法律語言（按法律是表達意志行為的一組符號的集合⑰）與價值標準，增進彼此法律系統的同構性，如此將有助於在國際社會與其他國家的溝通、對話、交流、合作。惟「法治全球化（globalization of the of law）」的任何有益效用的取得，皆源自於「它的本土化（localization）」此一先決條件；國際範圍內所產生的移植僅在本土環境（文化）允許其被本土化的地方才能取得成功——使其成為移植者內生結構與經驗的一部分；設若缺乏傳播（dif-fusion）類如「被統治者與統治者應遵守同樣的規則」思想與實踐的一套制度體系，恐反將使民族國家因全球化而加劇「法治」在其國內不均衡發展的危險⑱；特別是在大多數的發展中國家，改革往往須面對來自於政治與文化上對真正變革的大量抵制，然所移植者若能融入本土法律文化，則主要的新規則與制度性安排將會依次回饋並改變其他制度性安排⑲。

法律的移植或借鑑不但與法律的演化及成長息息相關，另亦誠如十九世紀德國著名法學家魯道夫・馮・耶林（Rudolf von Jhering）所言：繼受外國法律制度的問題並非是一個國家性（民族性）的問題，而是一個簡單明瞭的合目的性與需要的問題（cine Frage der Zweckmässigkeit, des Bedürfnisses）⑳。

二、法律的成長——法的嬗變（Rechtsperversion）

法律存在於「事物的秩序」中，存在於一種「源於事物所要求的秩序」中㉑；法律必然與社會有著緊密的聯繫，不能脫離社會共同體而存在與發展。孟德斯鳩（Montesquieu）即指出：法律與國家的一些因素（如：氣候、地理環境、人民的生活方式、政治制度所能容忍的自由程度、法律淵源、立

---

⑰（英）杰里米・邊沁著：「論一般法律」，毛國權譯，上海三聯書店，2008 年 4 月第 1 版第 1 刷，第 196 頁。
⑱杰理米・阿德爾曼、米格爾・安格爾・森特努：「自由主義和新自由主義之間——拉丁美洲的法律僵局」，載於（美）伊夫斯・德扎雷、布賴恩特・加思主編：前揭書，第 123 頁。
⑲羅博特・博耶：「什麼是適合國際化時代的制度體制」，載於（美）伊夫斯・德扎雷、布賴恩特・加思主編：前揭書，第 96、97 頁。
⑳（德）K ・茨威格特、H ・克茨著，前揭書，第 24 頁；（日）大木雅夫著：《比較法》（修訂譯本），范愉譯，法律出版社，2006 年 12 月第 1 版第 1 刷，第 72 頁。
㉑彼得・菲茨帕特里克：「法律的臭名聲」，載於（英）阿布杜勒・帕力瓦拉、薩米・阿德爾曼等著：《第三世界國家的法律與危機》，鄧宏光、陳紅梅、劉麗君等譯，法律出版社，2006 年 12 月第 1 版第 1 刷，第 55 頁。

法者的目的、做為法律建立基礎的事物秩序等）之間必然存在一定的關聯，故應從所有這些觀點考察法律㉒，正所謂「有社會即有法（*ubi societas, ibi jus*）」；職是，實際運作中的法律制度是一個結構（structure）、實體（instance）與文化（culture）相互作用的複雜有機體（organism），賦予它生命與真實性的，是外面的社會世界，它並非隔絕的、孤立的，實完全依靠外界的輸入（inputs），而此等輸入係從社會所發射出來的要求的衝擊波（shock wave），至於法律的輸出（outputs）則僅僅是法律制度回應社會要求所產生的東西㉓；故而，採取不同政治、經濟制度類型的國家基於維繫其制度運作並避免失序混亂的需要，必然孕育與發展出與其所採制度相適應卻彼此不同的法律制度（包括其形式結構與其實質性目的）以為其政治、社會、經濟生活有序且穩定運行的框架與依憑。

誠然，法的安定性（Rechtssicherheit）係法治國家（Rechtsstaat）原則中一項重要的元素，特別是對轉型市場經濟體制為時尚短的發展中國家，為利市場機制的有效運作，法治環境的建立與發展實為其當務之急，因此，法律的穩定性（stability）與確定性（certainty）是須予實現與落實的，否則其結果必將是導致而非抑制混亂。惟如前述，社會與法殆如形影之相隨，法律做為社會的規範，勢將隨著社會發展而不斷演化，亦即重大的法律變化係隨著社會變化而發生的，並取決於社會變化㉔，故社會的變化勢必影響並改變著法律。此即羅斯科・龐德（Roscoe Pound）教授所揭示的一個永恆且無可辯駁的真理：「法律必須是穩定的，但又不能靜止不變」㉕；愛德格・博登海默（Edgar Bodenheimer）教授則進一步闡釋：穩定性與確定性本身並不足以為吾人提供一個行之有效且富生命力的法律制度。法律還必須服從進步（progress）所提出的正當要求；一個法律制度若跟不上時代的需求或要求，而死抱著前一個時代僅具短暫意義的觀念不放，則顯然是不可取的；蓋處於一個變幻不定的世界中，若僅將法律視為是一種永恆的工具，則它將無法有效地

㉒（法）孟德斯鳩著：前揭書，第 6 頁。

㉓（美）勞倫斯・M・弗里德曼著：前揭書，第 14、17-19 頁。

㉔（美）勞倫斯・M・弗里德曼著：前揭書，第 314 頁；（日）大木雅夫著：前揭書，第 4 頁。

㉕（美）羅斯科・龐德著：《法律史解釋》，鄧正來譯，中國法制出版社，2002 年 12 月第 1 版，2003 年 9 月印刷，第 1 頁。

發揮作用㉖。可知,法律並非靜態而一成不變的,它實際上係隨著社會的變遷而不斷地在運動(move)、遷移(shift)、進化(evolve)、變化(flux);故而,變革〔包括「規劃(planning)」此類積極的變革與「破壞(disruption)」此類消極的變革㉗〕即成為完善法律的重要手段,因此,觀察均衡狀態下的社會制度是必要的(即使實際上社會制度亦面臨不斷的衝突與變化)㉘。

　　法律的發展雖不可能與其賴以存在的社會、經濟制度的變化相分離。然法律的變化往往滯後於社會的變化,經濟體制與結構、傳統觀念,甚至正義觀念的變化,一般並不會立即透過法律條文的變化及時反應出來;通常要使法律發生變化,需要形成社會與政治的壓力,甚至這種壓力出現後亦可能遭到抵制與阻止,除非此等壓力的力量足夠強大且明確具體㉙,而每個法律的變化皆有獨特的歷史事件;社會力量、歷史與文化不斷地對法律制度發揮作用,改變法律規則,或延緩、塑造、緩和變化㉚。以1978年開始的經濟改革為起點,中國經濟體制變遷先後經歷「增量改革」與「制度轉型」兩個階段,透過放鬆經濟行為與活動的管制、允許經濟利益的追求、經濟結構的調整,逐步從實行國家權力至上的計畫經濟向承認社會權力為本位與動力的市場經濟轉變。在此過程中,國家與社會的關係產生諸如:從意志本位到規律本位、從管理本位到權利本位、從國家控制企業到企業自治、從產權高度國有化到產權社會化、從完全國家意志到意思自治、從人治到法治等方面的轉變,過往係國家權力從社會權力分出,而今則是社會權力自國家權力解放,此一變化必然引發法律觀念與立法思維的根本轉變㉛。市場化取向的經濟改革與制度轉型,逐漸改變著人們的社會經濟生活與其在此方面的觀念與追求,並因此從根本上影響著與之密切關聯的法律(包括以外資企業法制為核

㉖（美）E・博登海默著:前揭書,第326頁。

㉗（美）勞倫斯・M・弗里德曼著:前揭書,第323頁。

㉘William J. Chambliss, Robert B. Seidman, *Law Order and Power* (1971), p.18.〔轉引自（美）勞倫斯・M・弗里德曼著:前揭書,第314頁〕。

㉙（美）H. W. 埃爾曼著:前揭書,第5頁;（日）大木雅夫著:前揭書,第4頁。

㉚（美）勞倫斯・M・弗里德曼著:前揭書,第340頁。

㉛江平:「國家與社會關係的轉變——論中國現今法律觀念之變化」,載於許傳璽主編:《中國社會轉型時期的法律發展》,法律出版社,2004年5月第1版第1刷,第31-40頁。

心規範的外資法制）其發展與改革，以及各種價值取向；而隨著市場經濟體制的逐步深化，對於「法治（rule of law）」〔而非單限於「法制（rule by law）」〕的需求亦日益殷切，法律改革開始更明確地追求其自身的價值與權威，試圖擺脫單只做為繁榮經濟此一純粹工具主義（instrumentalism）的附屬角色。職是，經濟改革及其所帶來廣泛且深刻的社會變革，即構成中國法制現代化發展與其嬗變的背景與動因；然一個法律制度對變化做出反應的能力，部分地取決於它利用其他體系的經驗[32]，畢竟中國真正實行市場經濟的時間並不長，而借鑑其他市場經濟法制的經驗亦尚淺，惟有不斷累積此方面的經驗方能增進法制變革的能力。

　　經濟係法律制度的基礎。隨著具備經濟活動全球性交叉、經濟因素全球性分布、經濟影響全球性擴散等特徵的經濟全球化其推移與深化，各國經濟的相互依存度與日俱增，跨國經濟合作已成為在現實的國際經濟環境下的生存之道，惟此亦導致現代國家對於經濟生活的領土管轄權日益受到經濟與社會生活全球化的限制與壓縮。在經濟全球化的發展趨勢下，將原來割裂的國家與區域性市場連成一個大的世界市場，在此轉換過程中，國際社會中的各國其經濟制度均將或多或少地產生變化，已完成或正在完成向市場經濟的過渡（按經濟全球化其實質即「市場制度的全球化」，其表現形式係以市場經濟為特點的跨國界經濟交流與交往），迫使各國不得不檢討其原來的行為模式與理念，特別是法律制度。蓋經濟全球化要求搭配並輔以與其相適應的法律規範，否則跨國經濟交易便無法在有序的條件下進行，亦即要求所謂「法治的全球化（globalization of the rule of law）」；在此背景下，主權國家的國內法與國際社會的國際法已漸難截然切割，在各國相互依賴關係不斷加深的情況下，兩者之間已然產生相互作用、互為補充、交相融合的現象[33]；在此趨勢下，全球範圍內法律的實際規範（actual rules，即法律制度的實體）、制度框架（framework，即法律制度的結構），乃至於理念、價值觀、思維（即法律制度的文化），執法的標準與原則等方面的國際性日益增強，在某種程

---

[32] Touster, Peflections on the Emigré Scholar. see Fuller, the Principles of Social Order, Durham, N. C. 1981, S. 296〔轉引自（德）伯恩哈德・格羅斯菲爾德著：前揭書，第 174 頁〕。

[33] 王貴國：「經濟全球化與中國法制興革的取向」，載於陳安主編：《國際經濟法論叢》（第 3 卷），法律出版社，2000 年 8 月第 1 版第 1 刷，第 2-3 頁。

度上越來越相似，而逐步朝著趨同化（assimilation）的方向推移。自改革開放以來，中國的法律制度受到經濟全球化的影響，經歷兩次改革；第一次改革發生的時點，即如前述在從計畫經濟確定向市場經濟轉型並以修憲方式確認之際，其後的立法雖已漸向符合市場經濟體制運作的方向調整，惟當時所移植（transplant）、借鑑（borrowing）、吸收（assimilation）者主要集中於經濟、商務等私法（Privat Recht）領域，卻較少涉及諸如行政法、司法制度等公法（Öffentliches Recht）領域，且國際社會在中國其時的法制建設中主要僅扮演被動的角色。至於第二次改革發生的時點，則肇因於中國加入 WTO；蓋為便在與各國協商時提高其同意中國入世的機會，即須承諾使既有法律制度的實體與結構更趨近於 WTO 協議的標準與要求（諸如：開放與自由化、公平競爭、可預見性與透明度、國民待遇、普遍消除數量限制等），惟在入世後，原所具有選擇移植境外立法與執法經驗的自主性在一定程度上已不復存在，取而代之的是履行入世承諾與遵守條約規範的義務，對本國各領域（非如以往僅局限在私法領域）的法律制度全面配合作出相應的改革與調整，俾建構與執行能充分發揮市場經濟特點與潛能的制度規範，提升便利國際的法律交往此一效益。雖然，對於所謂的「法律全球化」的觀點學者間的意見容或有異（抑有進者另行提出所謂「法律趨同化」理論對「法律全球化」理論進行修正與補遺㉞），反對者或譏其純屬囈語甚或大加撻伐，惟無論如何，法律此類規則既來自於社會背景，必將隨著社會的變化而變化㉟，且不論此項變遷係來自於國內的制度結構抑或國際的政經環境的改變，為適應其變化，一國的法律皆須隨之為相應的調整；至於如何方為有益的鼎革，誠如德國著名比較法學家伯恩哈德・格羅斯菲爾德（Bernhard Groβfeld）教授所言：「保持我們法律制度的可接近性與可理解性將更符合我們自己的利益，特別是在一個法律越來越統一化、標準不停地國際化，以及一般法律原則不斷產生的時代，這顯得更為重要」㊱。

㉞ 李雙元、李贄：「全球化進程中的法律發展理論評析──『法律全球化』和『法律趨同化』理論的比較」，載於《法商研究》，2005 年第 5 期。

㉟（美）勞倫斯・M・弗里德曼著：前揭書，第 361 頁。

㊱（德）伯恩哈德・格羅斯菲爾德著：前揭書，第 176 頁。

第二節　資本輸入國外資立法體例的國際考察

　　立法（legislation）或制定法（statute；gesetz）係法律形式的一種[37]，而各國由於環境、制度或立法技術方面的差異，對於規範相同或類似的法律事實的體例亦往往有所出入。 比較法承擔著「創造與構成的作用（part de création et de construction）」，而其實踐目的之一，便在於為立法提供資料[38]。考察各類資本輸入國（包括發達國家、發展中國家）其外資立法的規範內容，主要包括：外國直接投資（FDI）其投資的條件、範圍（如：地區、產業領域等）、形式（如：合資或獨資、有限責任或股份有限責任等）、待遇（投資者的權利義務），對其之鼓勵（如：租稅優惠等）、管制（如：投資期間、股權轉讓、投資審批、限制型投資措施等）、保護（如：爭端解決機制的提供）、徵收與國有化等，主要係基於其本國的政治社會情況、經濟基礎與結構、經濟與技術發展程度、經濟目標與外資政策、法律制度發展水準、立法經驗與技術等多重且複雜的層面綜合考量而制定，故往往形成不同的立法體例，且規範名稱與實質內容亦不盡一致；蓋法律是制度化的，因為它的適用與法典化在很大程度上係透過特定的制度予以實現或規定[39]。目前據考察，世界大多數資本輸入國其外資法的立法體例，大致可分為以下三種形式[40]。

一、制定統一的外資法

　　此種立法體例係制定較具系統的統一「外資法（Foreign Investment Act）」、「投資法（Investment Law）」、「投資法典（Investment Code）」、「投資鼓勵法（Investment Incentive Act）」、「投資及外國資本保護法（Law

---

[37]（美）羅斯科・龐德著：前揭《法理學》（第三卷），第 316 頁。

[38]（日）大木雅夫著：前揭書，第 70-72 頁。

[39]（英）約瑟夫・拉茲著：《法律體系的概念》，吳玉章譯，中國法制出版社，2003 年 6 月第 1 版第 1 刷，第 4 頁。

[40] 有關外資法的立法體例，參姚梅鎮主編：前揭《比較外資法》，第 242-244 頁；余勁松主編：前揭《國際投資法》，第 121-132 頁；姚梅鎮著：前揭《國際投資法》，第 40-42 頁；曾華群著：前揭書，第 408 頁；（日）櫻井雅夫著：前揭書，第 116-132 頁；盧炯星：前揭文；張慶麟、彭忠波：「論我國外資法律體系重構模式」，載於《法學評論》，2006 年第 1 期（總第 135 期）。

Regarding the Investment and Protection of Foreign Capital）」或「外國資本保護法（Law for the Protection of Foreign Capital）」（其名稱不一而足），做為調整外國直接投資（FDI）關係的基本法律，並輔以其他可適用於外國直接投資（FDI）的相關法規範（例如：民法、公司法、商法、勞動法、稅法、智慧財產權法/知識產權法、技術移轉法等）。例如：加拿大（Canada）的《加拿大投資法》（Investment Canada Act）[41]、阿根廷（Argentina）於 1977 年修訂的《外國投資法》、沙烏地阿拉伯（Saudi Arabia）1978 年的《外國投資法典》（Foreign Capital Investment Code）、印尼（Indonesia）的《外國資本投資法》（Foreign Capital Investment Law）、澳大利亞（Australia）1975 年的《關於外國人收買企業法》（Foreign Take-over Act 1975）、菲律賓（Philippine）1991 年的《外國投資法》（Foreign Investment Act 1991）（按該國開始時係分別頒布若干關於外國直接投資（FDI）的專門法規，其後再將各法規整合成一部投資法典）等即屬此類；至於其他採行此種立法體例的國家尚有：日本（Japan）[42]、智利（Chile）、埃及（Egypt）、敘利亞（Syria）、巴西（Brazil）、西班牙（Spain），以及剛果（Congo）、馬達加斯加（Madagascar）、阿爾及利亞（Algeria）等若干非洲國家。抑有進者稱此種立法體例為「簡單雙軌制」；即訂定外資基本法為統一的規定，既明確賦予政府干預的權力，復對此種權力的範圍與行使的立法模式[43]。

二、制定外國投資專法或特別法

此種立法體例的特點在於，形式上並未制定統一的外資法，而係制定單項或多項有關外國直接投資（FDI）的專門法律或特別法規、命令（即外資法群），藉此在事實上形成一個外資法體系，並輔以其他相關法規。惟採取此種立法例的國家其立法形式仍有差異：有的國家專門制定一個所謂外國投資鼓勵法做為規範依據，例如：新加坡（Singapore）1967 年的《經濟發展鼓

---

[41] 有關加拿大外資立法的沿革與特色，可參姚梅鎮主編：前揭《比較外資法》，第 166-176 頁；姚梅鎮著：前揭《國際投資法》，第 57-69 頁；（日）櫻井雅夫著：前揭書，第 117 頁。

[42] 有關日本外資立法的沿革，可參姚梅鎮主編：前揭《比較外資法》，第 187-190 頁；姚梅鎮著：前揭《國際投資法》，第 69-88 頁。

[43] 張慶麟、彭忠波：前揭文。

勵（所得稅豁免）法》（Economic Expansion Incentives〈Relief from Income Tax〉Act，或稱為《經濟擴大獎勵（減輕所得稅）法》）㊹、泰國（Thailand）1977年的《投資鼓勵法》（Promotion of Investment Code，或稱為《獎勵投資法》）㊺、韓國（South Korea）1973年的《外國投資鼓勵法》、汶萊（Brunei）的《獎勵投資法》（Investment Incentives Enactment）等；有的國家（或地區）則制定多個專門法規做為規範依據，例如：臺灣分別制定的《外國人投資條例》（Statute for Investment by Foreign Nationals）、《華僑回國投資條例》（Statute for Investment by Overseas Chinese）、《促進產業升級條例》（Statute for Upgrading Industries）等；又如：模里西斯（Mauritius）則分別制定1970年的《出口加工區法》、1974年的《發展鼓勵法》、1981年的《出口勞務區法》、1982年的《旅館管理（鼓勵）法》等；有的國家則僅就外國投資企業制定專門法規，同時輔以其他相關法規（例如：涉外稅法、關稅法、外匯管理法、進出口管理法、企業登記法等）以為規範，例如：前蘇聯（Soviet Union）、中國，以及匈牙利（Hungary）、羅馬尼亞（Algeria）、保加利亞（Bulgaria）、南斯拉夫（Yugoslavia）等部分東歐社會主義國家㊻的外資法制，皆採行此種立法體例。抑有進者稱此種立法體例為「複合雙軌制」，即資本輸入國政府透過諸多專項的外資法，對外資為有別於其內資的規定，具體展現其外資政策並體現其干預的靈活度的立法模式㊼。

三、直接適用一般國內法規

此種立法體例既未制定統一的外資法，亦未制定專門或特別的投資法規，而係直接適用（direct application）資本輸入國其國內一般的法規範來調整外國直接投資（FDI）關係及其活動；此種體制主要為一些發達國家所採行。例如：美國（United States of America）迄今並未制定一部外資法㊽，外

㊹有關新加坡外資立法的沿革，可參姚梅鎮主編：前揭《比較外資法》，第 190-192 頁。

㊺有關泰國外資立法的沿革，可參姚梅鎮主編：前揭《比較外資法》，第 199-204 頁。

㊻關於前蘇聯、東歐社會主義國家其外資法具體規定，請參（日）櫻井雅夫著：前揭書，第 125-132 頁；姚梅鎮主編：前揭《比較外資法》，第 222-231 頁；姚梅鎮著：前揭《國際投資法》，第 103-116 頁。

㊼張慶麟、彭忠波：前揭文。

㊽有關美國對於外國直接投資（FDI）規制的沿革，可參姚梅鎮主編：前揭《比較外資法》，第 157-165 頁；姚梅鎮著：前揭《國際投資法》，第 43-57 頁；（日）櫻井雅夫著：前揭書，第 117 頁。

國直接投資者與美國國民享有同等的待遇，外國直接投資（FDI）關係及其活動亦透過其國內法規範；雖然，其曾於 1976 年頒布《國際投資調查法》（International Investment Survey Act 1976），惟其所以制定該法主要係出於應配備繼續收集資訊與分析需要的法令，其重點在於瞭解其境內外國直接投資（FDI）的情況與動態（對象包括外來投資者與投資雙方），且以事後（而非事前）審查為目的[49]。在聯合國跨國公司中心（UNCTC）1978 年選擇調查當時的十二個主要已開發國家中，除日本（Japan）、澳大利亞（Australia）、加拿大（Canada）係制定專門規範外國直接投資（FDI）的統一的外資法以外，奧地利（Austria）、瑞士（Switzerland）、法國（France）、前聯邦德國（West Germany）、義大利（Italy）、英國（United Kingdom）、比荷盧經濟聯盟（Benelux Economic Union）及美國等其餘國家，對於外國直接投資（FDI）則均直接適用其國內法做為規範依據[50]。抑有進者稱此種立法體例為「單軌制」，在整體上實現內、外資法律適用的一致性，可謂從制度面提供內、外資企業在其國內市場公平競爭的基本保障，體現市場經濟對法律制度統一、公平、透明適用基本要求的立法模式[51]。

四、小結

從以上可知，一個國家的經濟發展水準與對外開放程度，直接影響其在設計外國直接投資（FDI）法規範時所採行的立法模式；因此，雖同樣為資本輸入國，發達國家與發展中國家所制定的外資立法，其所採行的立法體例與規範內容仍有顯著的不同；首先，就立法體例而言，發展中國家較多採行以制定專法或特別法的立法方式來規範外國直接投資，至於發達國家則多採直接適用其國內法的方式規範外國直接投資（FDI）。其次，就規範內容而言，發展中國家的外資立法較側重准入管制（例如：限制外國直接投資者其投資地區、投資領域、投資期間、投資方式、投資金額、持股比例、股權轉

---

[49]（日）櫻井雅夫著：前揭書，第 117、602 頁。

[50] UN, CTC, *National Legislation and Regulations Relating to Transnational Corporations*, p.275. UN Publication, Sales No. E.78. Ⅱ.A.3.（轉引自余勁松主編：前揭《國際投資法》，第 121 頁）。

[51] 張慶麟、彭忠波：前揭文。

讓、業務範圍等）、投資審批、限制型投資措施（例如：外匯管制等）、徵用或國有化等方面，雖亦不乏提供獎勵措施，惟相對而言限制性較強，蓋此乃因發展中國家其經濟實力較弱，雖希藉助外國直接投資（FDI）的引入加速經濟發展，但卻恐經濟命脈遭到外人控制致影響其經濟自決（economic self-determination）之故使然；至於發達國家的外資立法則較側重有關環境保護、反壟斷（anti-monopoly）等方面，且相對而言其自由化程度較高。隨著世界的趨同化進程，現代的立法，與其認為是以某一個法做為模式，毋寧認為是或多或少地透過比較法式的折衷而完成的；亦即實已非所謂「非此即彼（Entweder-Oder）」的零和抉擇，而在於經過比較後應「在何種程度上（In-wieweit）」進行揉合；而在借鑑他國立法體例時，不但應深究其條文的實效性，更應考察其在該國的實踐經驗，非僅從形式表象模仿其條文的建構方式（亦即比較立法的含義）[52]，方能克竟其功。

第三節　中國外資法制重構的思考

　　法並非孤立、獨立、自我確定的事物，而是與國家及社會的其他現實與潮流多方面結合在一起；它的一切效力（wirkungsmacht）皆是當時歷史的總體狀況的產物與縮影[53]。中國以外商投資企業法制為核心規範的外資法制，建構於國家工作中心確定轉移至經濟建設，決定實行改革開放政策與進行現代化建設之際，並隨著社會變遷與經濟發展逐步形成制度框架；其間雖因歷經體制改革、制度轉型與入世等客觀環境的變化而曾為若干調整以為回應，惟肇因於意識形態的束縛、對法律理念（如：法的本質、作用、目的等）與價值體系認知的落差、市場與計畫兩種體制的相互對峙與滲透、舊有制度慣性（路徑依賴）作用的作崇、立法體制的結構性癥結、立法經驗的不足與技術未臻成熟、現代化與自由化的時日過短且程度尚淺、國家經濟主權恐遭弱化的疑慮等多重且複雜的因素的交相作用，導致目前的外資法律制度不論在結構（structure）抑或在實體（instance）方面均存在若干缺陷（詳第三章）；在面對因市場體制影響不斷深化與經濟全球化效應持續擴張而引發社會所有

---

[52]（日）大木雅夫著：前揭書，第 73 頁。
[53]（德）伯恩‧魏德士著：前揭書，第 284 頁。

領域產生結構性的變遷，中國的外資法制為因應這些變化，唯有從實體到結構全面性地進行調整與重塑以尋求發展，方能提升在投資法律環境方面的國際競爭力並符合社會的需求與期待，否則法律的有效性（validity；geltung）(54)必將受到嚴峻的挑戰。然誠如二十世紀前半期德國最有影響力的法學大師古斯塔夫・拉德布魯赫（Gustav Radbruch）所言(55)：一個新的法律追求不可能在法律虛無的空間內實現，其實現的方式或係透過轉換現存法律制度的意義，或係透過在既有的法律制度中植入新的法律制度；惟不論採取何種方式，新的法律追求將被植於強大的、個別部分為此兩種情況做出修改的法律大廈其建築結構當中，且亦毫無例外地被這個法律大廈的風格所定型。法律的範疇概念表現為實際的法律文化形式中的現實，而該文化形式占有並型塑法律世界的現象。而此亦為中國在重構外資法制時所必須深切認知的。

一、立法權限的明確界定與分配合理化

立法（Legislation；Gesetzgebung）權的概念係隨著分權（Gewaltenteilung）理論的發展而產生，並為國家主要的職能之一。由於立法權的性質、作用與地位（按在代議民主制中，依據憲法所制定的法律係國家統治最重要的形式，它代表主權國家的人民意志，行政與司法必須為實現該意志服務(56)——此即「法治」的概念），決定它僅能由重要的、特定的（而非一般的、所有的）國家機關享有與行使；現代國家中，此等立法權的配置係由憲法或憲法性法律文件予以確認。至於中國，在以往計畫經濟體制下，立法權歷來主要由中央統一行使，一般地方並無法享有，故不存在所謂「配置」的問題；惟隨著經濟體制改革不斷地深化，此種立法權由中央獨占的局面方始結束，並促使中央與地方的立法關係開始呈現實質的變化，而在確定向市場經濟轉型後，地方基於發展其本身經濟的需要，乃不斷要求中央下放權力，最終導致

(54)有關法律的有效性思考可參（德）G・拉德布魯赫著：《法哲學》，王朴譯，法律出版社，2005年3月第1版，2006年11月第2刷，第79-87頁；（美）E・博登海默著：前揭書，第332-340頁。

(55)（德）G・拉德布魯赫著：前揭書，第89頁。

(56)（德）伯恩・魏德士著：前揭書，第104頁。

兩者之間產生互為消長的情況，朝向分權形式發展[57]。在目前法制下，中國有關立法權配置的主要確認依據，實際上包括：現行《憲法》[58]、《立法法》、《地方組織法》、《民族區域自治法》、《香港特別行政區基本法》、《澳門特別行政區基本法》，以及全國人大及其常委會有關立法授權的決定或決議。惟根據現行《憲法》，中國現行立法體制有關立法權的劃分，主要可區分為：國家立法權（由為國家最高立法機關的全國人大及其常委會所共享）、國務院及其部委立法權、一般地方立法權、民族自治地方立法權、特別行政區立法權，形成一種由中央與地方政府、權力與行政機關為一定程度分權的多元化立法主體的特殊立法體制[59]；此種從中央到地方的多層級立法架構造成的嚴重弊端已如前述（詳第三章），而其中由於立法主體彼此間的立法權「劃分不明確」[60]與「分配不合理」，不但容易造成法規範彼此間的法律衝突[61]，折損法的權威性、有效性與安定性，更將妨礙中國現代法制的完善與法治秩序的建立（以授權立法為例，是否符合「依法行政」原則即必須接受嚴格的檢視）；對此，現行《立法法》雖嘗試理順，惟礙於

---

[57] 1979 年以來，中國為促進經濟體制改革與地方經濟發展，立法機關採取三種分權形式：第一，透過憲法與組織法賦予行政機關、地方權力機關、民族地方自治權力機關以「法規創制權」；第二，直接由全國人大及其常委會依據憲法，授予全國最高行政機關、地方有關國家機關以立法權的「授權立法」模式；第三，由全國人大依據憲法，賦予特別行政區以「立法權」（朱麗君：「論立法與經濟體制改革」，載於周旺生主編：前揭《立法研究》（第一卷），第 460-461 頁）。

[58] 參現行《憲法》第 31、58、62、67、89、90、99、100、115、116 條。

[59] 有關中國立法體制的爭論，可參劉莘主編：《立法法》，北京大學出版社，2008 年 9 月第 1 版第 1 刷，第 108-110 頁。

[60] 有關授權立法方面因立法權限劃分不明所生之具體疑義，可參蘇元華：「立法法授權立法制度若干問題研究」，載於周旺生主編：《立法研究》（第四卷），法律出版社，2003 年 12 月第 1 版第 1 刷，第 343-345 頁；在行政立法權限方面則主要存在以下問題：第一，主體的確立不嚴謹；第二，許可權劃分過於原則性；第三，地方立法主體過於寬泛導致許可權過於分散；第四，經濟特區行政立法權限懸而未決（李燕梅：「我國行政立法權限若干問題研究」，載於周旺生主編：前揭《立法研究》（第四卷），第 217-224 頁）；至於在部門規章方面因此衍生的弊端，可參孫毅珉：「論國務院部門立法」，載於周旺生主編：前揭《立法研究》（第一卷），第 197-199 頁。

[61] 劉莘主編：前揭《國內法律衝突與立法對策》，第 71-78 頁；朱麗君：前揭文，載於周旺生主編：《立法研究》（第一卷），第 464-471 頁。

國情、政體與國家結構形式上的諸多癥點，故仍多力有未逮之處(62)。職是，立法權限問題的解決實係其他立法問題的基本前提。

如前所述，在外資法制領域亦面臨相同的問題；惟在一個高度發達的現代國家，社會經濟活動異常龐雜且多元，若僅由一個獨享立法權的國家機關負責制定法規範，不但無法在時效上滿足社會快速變遷的因應需求，且立法效益與品質恐均將大打折扣；此外，在專門的政府管理領域中，部分立法活動要求立法者對存在該特殊領域中的組織與技術問題能完全熟悉與掌握，而此類專業知識往往並非全國人大及其常委會此等享有國家立法權的立法者所能兼修；再則，地方立法對於幅員廣大的中國全面推動經濟發展，因可提振地方的主動性、積極性與創造性，有助於促進地方經濟的繁榮發展，仍有其現實上的必要性；基此，受制於現實條件，立法權容或有為適當分權的需要（抑有進者提出所謂「法制統一原則」為解決之道(63)）。然而，若未能從立法體制層面，立足中國的政治體制與基本國情，並借鑑其他國家的法制經驗（視國家結構形式為「單一制」或「聯邦制」而略有差異；前者可分為「中央集權型」與「地方分權型」兩種形式，後者則分為「聯邦集權」與「聯邦分權」兩種模式(64)），透過修憲或修法的方式，明確劃定中央與地方分權的界線，重新檢視立法主體適度減少地方層級，並在符合「依法行政」原則（包括「法律優位」與「法律保留」兩項子原則）的前提下根本解決「中央權力機關與地方權力機關」、「權力機關與行政機關」有關立法權限劃分不明確與配置不合理的問題，恐難以根除此種從中央到地方的多層級立法體制對中國各領域法律制度（包括外資法制在內）所造成弊端，進而達成完善社會主義市場經濟法制建設的政策目標。

---

(62)現行《立法法》對於下列立法權限的重要問題仍未能解決：第一，中央與地方立法權限劃分的問題；第二，部門規章與地方性法規、部門規章與地方政府規章的許可權衝突的問題；第三，全國人大與其常委會立法權限模糊的問題（劉莘主編：前揭《國內法律衝突與立法對策》，第 77-78 頁；湛中樂、楊君佐：「立法法若干問題質疑」，載於周旺生主編：《立法研究》（第二卷），法律出版社，2001 年 6 月第 1 版第 1 刷，第 24-34 頁）。

(63)劉莘主編：前揭《國內法律衝突與立法對策》，第 188-195 頁。

(64)封麗霞著：《中央與地方立法關係法治化研究》，北京大學出版社，2008 年 8 月第 1 版第 1 刷，第 128-153、167-192 頁。

二、優化形式結構

　　美國史丹佛大學法學院勞倫斯・M・弗里德曼（Lawrence M. Friedman）教授認為法律制度係由結構（structure）、實體（instance）與文化（culture）等三個要素所構成；結構是法律制度的骨架，它是持久的模型與體制性的架構，是將程序保持在軌道之內的堅硬骨骼，它型塑並定義出整體的法律制度；實體則是實際的規則、規範及人們在制度中的行為模式（其復由「實質性規則」與「有關機構運作的規則」所組成）；至於法律文化則是人們對於法律與法律制度的瞭解、態度與舉動模式，人們的信仰、價值、想法、期待，是決定法律如何被適用、被避免、被濫用的社會觀念與社會力量的氛圍[65]。基此，若擬重構中國的外資法制，唯有這三方面皆須進行變革方能成功，然文化的變遷因其中涉及諸多因素具有路徑依賴性，通常需要經過較長時間的檢驗並非須臾之間即可驗證其實效（如：「法治」觀念的建立與內化即非一蹴可幾），故本文將主要針對結構與實體的改革進行論述，尚不多涉法律文化變遷的探討，合先敘明。

(一)破—裂解（disruption）

1.徹底採行合併立法模式

　　如前所述，中國現行以外商投資企業法制為核心規範的外資法體系在建構之初所以採取合營企業、外資企業、合作企業此種以「企業組織本位」為支點的三足鼎立的立法架構，除因受限於當時對於此類法制的立法經驗不足而借鑑東歐、前蘇聯此類其他同為社會主義國家的立法例外，多少受到過往計畫經濟體制下即以所有制做為劃分企業類型（國營企業、集體企業）標準的此一慣性思維的影響（當時一般稱之為「混合所有制」[66]），此可從其後為因應伴隨改革開放的進程導致所有制結構多元化發展所頒（發）布的一系列企業立法（如：1988 年的《全民所有制工業企業法》、《私營企業暫行條例》，1990 年的《鄉村集體所有制企業條例》，1991 年的《城鎮集體所有制

---

[65]（美）勞倫斯・M・弗里德曼著：前揭書，第 16-17、226-227 頁；（美）勞倫斯・傅利曼著：《美國法導論》，楊佳陵譯，商周出版，2004 年 3 月初版，第 38-40 頁。
[66] 漆多俊主編：《市場經濟企業立法觀——企業、市場、國家與法律》，武漢大學出版社，2000 年 10 月第 1 版第 1 刷，第 67-68 頁。

企業條例》）得到印證。然此種「分立」的立法模式必將導致諸如：浪費立法資源減損立法效益（如：企業的宗旨、組織形式、設立、審批程序與申請文件，外資的保護，出資的方式、程序與期限，資本的增減、轉讓，企業的經營與監管，企業的解散、結算、爭議解決等皆有相同或類似的規定），內容矛盾衝突挫傷法的權威性、有效性與安定性，人為地型塑差別待遇的制度環境影響不同類型企業間的公平競爭等弊害；雖自國務院於1986年發布《關於鼓勵外商投資的規定》確立「外商投資企業」的統一用語及概念後，多已逐漸改採「合併」立法的模式，一體適用於合營企業、外資企業與合作企業，逐步發展成一套較有系統的法律制度，此種分別立法的情況已稍獲改善但卻並未完全貫徹，迄今仍所在多有[67]。為根絕此種分別立法可能產生的諸多弊端，進一步完善市場經濟與現代化的法制建設，應將現行三大外商投資企業基本法律及其各自子法的規範內容先行整合，而後併為單一規範，徹底採行「合併」的立法模式，方可達釜底抽薪之效，同時展現優化立法品質的成果。

2.揚棄雙軌改採單軌立法模式

「雙軌制」此種制度安排主要係改革開放後，為便在既有的計畫經濟體制下替包括涉外經濟在內的非國有經濟營造生存與發展的基本經營環境所設想的「增量改革」戰略的一環。「雙軌制」的立法模式的確在使中國的外資立法在發展過程中較少受到其他因素的影響與制約（按中國自改革開放以來的市場化取向改革多次面臨保守勢力掣肘與干擾，導致是否向市場經濟體制過渡遲遲未能明朗），對於建構吸引外國直接投資（FDI）的投資法律環境方面實發揮一定程度的促進作用；然而，隨著市場化改革的日益深化、市場經濟法制建設初具雛型、經濟全球化的影響與日俱增、國際規範自由化要求

---

[67] 例如：1995 年 9 月發布的《中外合作製作電視劇（錄影片）管理規定》，1996 年 5 月發布的《中外合作舉辦教育考試暫行管理辦法》，1997 年 9 月《〈中外合資經營企業合營各方出資的若干規定〉的補充規定》，1998 年 12 月發布的《中外合資旅行社試點暫行辦法》，2001 年 12 月發布的《中外合作音像製品分銷企業管理辦法》，2003 年 9 月發布的《中外合資人才仲介機構管理暫行規定》、同年 10 月發布的《中外合作攝製電影片管理規定》，2004 年 9 月《中外合作製作電視劇管理規定》，2005 年 6 月發布的《中外合作經營企業外國合作者先行回收投資審批辦法》，2006 年 7 月發布的《中外合作職業技能培訓辦學管理辦法》。

殷切，此種具有時代意義與背景的立法模式所衍生的若干弊端與其負面效應日益凸顯（詳第三章），揚棄此種過渡性濃厚、特殊非常規的制度安排，回歸一般現代化國家通常採行的單一立法模式（即「單軌」立法），已是勢在必行，否則「雙軌制」立法模式下造成不同法制其具體規範彼此之間的法律衝突（conflict of laws），必將損害國家、社會與公民的利益，妨礙社會主義市場經濟的發展與完善，破壞法制的統一性，稀釋法律的權威性、有效性與安定性，進而與「法治」原則背道而馳，影響法治社會的建立。特別是中國近年來為爭取加入 WTO，已陸續在投資准入、投資措施、投資待遇等方面透過相關法規範的立、改、廢方式，逐步從形式上建構一個適合各種不同屬性、類型的企業在盡可能無「差別待遇（discrimination treatment）」的情況下得以進行公平競爭的投資法律環境；其後，為履行入世承諾仍持續此項立法工作（按 2007 年通過的《企業所得稅法》即一著例），蓋在市場經濟下，各經濟行為主體彼此之間的競爭必須是公開、平等、公正的，不能因所有制、隸屬關係或投資來源的不同而給予歧視待遇。基此，內、外資法制並軌的主、客觀條件應均已然成熟。

(二)立—規劃（planning）

對於將《合營企業法》、《外資企業法》及《合作企業法》等現行三大外商投資企業基本法律及其各自子法的規範內容整併為單一規範，同時揚棄「雙軌制」的立法模式，將目前分別內、外資不同的法律制度予以並軌而回歸單一立法模式，在學術界已然形成普遍的共識（惟少數學者對於制定統一的外資法則持保留意見[68]）；惟問題在於應採取何種立法體例進行重構？其制度的實質內涵為何？則容有不同的看法。有認為應廢除現行外商投資企業法制但不再另行制定統一的外資法，外國直接投資者與內資企業一律直接適用中國現行的相關法律制度[69]。有認為應從「企業法」為核心的體系轉為以

---

[68] 蔡奕：「論我國外資立法體系的重構——兼議外國投資法典的編纂問題」，載於《法學》，2000 年第 5 期；沈木珠：「完善中國外商投資法的若干建議」，載於《政治與法律》，1997 年第 2 期。

[69] 王妍著：《中國企業法律制度評判與探析》，法律出版社，2006 年 7 月第 1 版第 1 刷，第 9-10 頁；沈木珠：前揭文。

「投資法」為核心的體系，將現行三大外商投資企業基本法律及其各自子法全部廢除，另行制定所謂《外國直接投資法》（主要係就外國直接投資的定義、外國資本准入、外國人投資保障、投資收益再投資、獎勵投資措施、投資者與東道國間投資爭議解決等內容為原則性規定），而輔以其他與外國直接投資（FDI）直接相關的法規範，進而形成新的外資法制；至於如：企業組織、契約（合同）、外匯、財會、審計、勞動、投資者之間的投資爭議等與內資企業具共通性的事項，則直接適用中國現行的法律制度⑰。有認為應制定統一的外資法（惟視其是否考量調整「所有制」分類的立法模式而賦予不同的名稱，或謂《外商投資企業法》、《外資管理法》，或名為《外商投資法》或僅泛稱外國投資法典）規範涉及政府管理外商投資的特殊性問題（惟對何類事項屬之，學者間則有不同的認知），至於涉及政府對外商投資企業（或外商投資或外國投資者）一般的經濟管理事項與企業組織管理內容者，則直接適用中國現行的法律制度（惟對何類事項屬之，學者認知亦有出入）⑱。有認為應編纂《外國投資法》做為外國投資關係的基本法，規範涉及外資准入、外資待遇、外資保護與鼓勵、外資管制等事宜；涉及外商投資一般的經濟管理事項，即直接適用中國現行的法律制度；至於有關外商投資企業的組織與經營管理方面的事宜，則編制統一的外商投資企業法做為規範依據⑲。

　　法律制度是一種結構，是看得見的，它樹立了力量的領域並影響著人們

---

⑰王玉梅著：前揭書，第 242-245 頁。余勁松教授與曾華群教授基本上均同此見解，參余勁松主編：《中國涉外經濟法律問題新探》，武漢大學出版社，1999 年 10 月第 1 版，2000年 12 月第 2 刷，第 191 頁；曾華群著：前揭《WTO 與中國外資法發展》，第 414-417 頁。

⑱丁偉主編：前揭書，第 249-252 頁；朱崇實著：《中國外資法研究──在 WTO 背景下的思考》，廈門大學出版社，2005 年 3 月第 1 版第 1 刷，第 296-298 頁；徐箐：「加入WTO與我國外資法的完善」，載於《法學》，2001 年第 1 期；劉慶飛：「國際投資法的自由化趨勢與我國外資法的重構」，載於《現代法學》，第 23 卷第 2 期，2001 年 4 月；李廣輝、彭曉紅：前揭文；盧炯星：前揭文；李樹成：「論中國外資法的重構」，載於《法學研究》，2003 年第 6 期；杜惟毅：「論我國外商投資企業法的重構與革新」，載於《河北經貿大學學報》，2000 年第 3 期；張慶麟、彭忠波：「論我國外資法律體系重構模式」，載於《法學評論》，2006 年第 1 期（惟後兩者均認為應打破傳統以所有制為基礎此種帶有計畫經濟調整影響的立法模式，建立以市場經濟為基礎的以資本運行與管理為主的立法模式，故稱統一後的外資法為《外商投資法》或僅泛稱外國投資法典）。

⑲漆多俊主編：前揭《中國經濟組織法》，第 339-340 頁。

的思考模式[73]。一切社會成員皆有權得到與他人相同的對待，並且沒有任何可自圓其說的理論能使區別不同的人、使其得到不同的物質利益以及其他好處取得正當性[74]。市場經濟係自由競爭的經濟，故須建立在充分競爭的基礎上，而此項基礎則源自於競爭主體其身分與地位的平等。按不論是以「企業組織本位」為支點的分別立法模式，抑或是內、外分立的「雙軌制」立法模式，此等產自於計畫經濟體制背景下的制度安排，由於透過人為的方式在不同經濟主體間造成差別待遇，實難以期待可據此形成一個公平競爭的法制環境，更遑論市場經濟體制得以發展、生根；中國既已確定實行社會主義市場經濟，且長期以來便積極地建構符合市場機制運作的現代法律制度，為進一步完善市場經濟，即應以統一的現代企業法律制度來實現此目標。由於多年的努力，分別用以規制內、外資企業的法律框架已基本一致，實已為推動兩者並軌立下一定的根基；復以入世之後的過渡期業已結束，後 WTO 時代業已來臨，國際社會勢必對於中國市場的開放與自由化提出更高的要求，設若仍不回歸一般現代化國家通常採行的單一立法模式，顯將不利於與國際常規接軌，恐將降低國際社會對中國履行入世承諾誠意與決心的信賴。惟不論是否並軌，然做為使鬆散的社會結構緊緊凝聚在一起的黏合物，法律必須巧妙地將過去與現在勾連起來，同時又不忽視未來的迫切要求[75]。

三、調整實體內涵

(一)因應外在環境變遷的迫切需要

　　一個合理且有效運作的法律制度係一國繁榮昌盛的必要條件之一，而一個適度的法制基礎架構（其核心作用即在於保障財產與契約/合同權利）是一國在現代化過程中繁榮經濟所需要，而「法治」則對於一個國家其經濟的增長與財富的累積有著卓著的貢獻[76]。美國當代著名法理學家羅納德・德沃

---

[73]（美）勞倫斯・傅利曼著：前揭《美國法導論》，第 351 頁。

[74]（英）彼得・斯坦、約翰・香德著：前揭書，第 98 頁。

[75] Cardozo, p.1-3, p.143-145；Harry W. Jones,「The Creative Power and Function of Law in Historical Perspective」, 17 *Vanderbilt Law Review* 135, 尤見 140 (1963)〔轉引自（美）E・博登海默著：前揭書，第 326 頁〕。

[76] 理查德・A・波斯納：「為經濟發展構築法制框架」，載於吳志攀、白建軍主編：《經濟的法制框架》，法律出版社，2004 年 2 月第 3 版第 1 刷，第 3、6 頁。

金（Ronald Dworkin）教授曾指出：在法律迅速發展的時期必然對維護法律的有效性提出特殊的挑戰，於此期間法律的發展必須在「維持現存的法律與政治實踐的一致性」以及「調整與適應由這種社會與經濟的迅速變化所急速產生的新環境」之間尋得一個平衡（按此即在法律的安定性與實質正義的要求兩者間經常存在的矛盾）；設若法律不能充分解決由社會與經濟的迅速變化所帶來的新型爭端（蓋此係法應具備的功能與目的），人們便會不再將法律視做社會組織的一項工具而依賴之⑰。法律是反映著社會生活的一面鏡子；整體社會中的社會力量創造、型塑、扭轉、推動著法律制度；法律順應著社會變遷，並會進而隨之調整⑱。市場經濟的活力與有效運作需要現代化的法律與法治的環境，過往在計畫經濟體制下所建立的法律制度與規範內容已遠無法適應中國市場化取向改革與體制轉型持續發展、過渡與完善的需要，故加強現代化的立法，建立一套完善的現代法律制度即成為客觀上迫切的需求。此外，隨著經濟全球化的推移，促使各項制度領域的相互滲透，進而導致各國法規範朝向趨同化的發展，為因應此項人類社會發展的變革，做為中國法律制度一環的外資法制，恐已無法自外於此等外在環境變遷的影響而不為適當的回應與改革，而移植或借鑑其他國家的法律制度或國際規範則可做為中國外資立法發展與演進的重要選項。

(二)過往改革未能就制度本質差異為全面性檢視的缺憾

　　蓋中國以外商投資企業法制為核心規範的外資法制係在當時仍實行計畫經濟體制的背景下開始建構，故其制度精神、內涵與運作模式必然受到此種高度集中體制思維的影響。過去中國外資法制雖如前述，亦曾基於回應國內、外環境變遷的需要而為若干調整，惟卻始終未能就新、舊經濟制度其本質上的差異為思考基礎進行全面性的鼎革。《合營企業法實施條例》雖曾先後於1986年1月及1987年12月進行修訂，惟前者重點在於延長合營企業經營特定合營項目之合營期限⑲，而後者則側重調整因匯率差異記帳的會計處

---

⑰（美）羅納德・德沃金著：《認真對待權利》，信春鷹、吳玉章譯，中國大百科全書出版社，1998年5月第1版，2002年7月第2刷，中文版序言第1-2頁。

⑱（美）勞倫斯・傅利曼著：前揭《美國法導論》，第348-351頁。

⑲參1986年國務院《關於〈中華人民共和國中外合資經營企業法實施條例〉第100條的修訂》，全文詳《國務院公報》，1986年第2號。

理與法規適用[80]，均僅係針對個別條款為調整，尚非就該《實施條例》本身存在的缺陷進行全面性的通盤檢討與改革；此外，《合營企業法》雖亦曾於1990年4月進行修訂（第一次），惟該次修訂主要係針對：不實行國有化徵收、董事長由合營雙方協商確定、合營期限等內容[81]，仍非涉及其制度缺陷的全面性改革；由於外商投資企業法制諸多不合理的法律框架依然存在，讓外商在中國的經營發展依舊受到制約，致使非市場化機制往往占據上風，使外方投資者的經營理念與意圖難以貫徹，合資（或合作）雙方在擴大規模、提高競爭力以及體制、觀念等出現衝突勢所難免[82]。1995年WTO成立後，同年11月中國將推動「復關」談判的工作改為「入世」談判並積極爭取入世，而所以如此，目標無非在於為改革開放與經濟建設營造一個有利的國際環境[83]。其後，在因應國際投資自由化（Liberalization of Investment）趨勢、改革外資立法本身存在之缺陷，以及符合爭取加入WTO其資格需求等背景因素驅使下，為使外資法制與國際投資規範逐步銜接，乃於2000年與2001年間，相繼對於做為外資法制核心規範的三大外商投資企業基本法律及其配套子規範，進行較大幅度的修訂與調整[84]，例如：取消或減少其中涉及違反TRIMs協定所揭櫫之「國民待遇（national treatment）」原則或「普遍消除數量限制（general elimination of quantitative restrictions）」原則中有關履行要求（performance requirements）或投資待遇（treatment of investment）內容的相關規定，以符合國際規範的要求（詳第四章）。事實上，中國早在烏拉圭回合多邊貿易談判中便已經意識到外商投資企業法制與未來多邊貿易規則間可能的潛藏衝突，但遲至加入WTO前夕方為修法安排；考其根本原因，還在於一貫強調維護政經與社會穩定的國情下，並不允許採取激進的態度對法規範

---

[80] 參1987年國務院《關於修訂〈中華人民共和國中外合資經營企業法實施條例〉第86條第3款的通知》，全文詳《國務院公報》，1987年第30號。

[81] 鄭拓彬：前揭《關於〈中華人民共和國中外合資經營企業法修正案（草案）〉的說明》，全文詳見《全國人大常委會公報》，1990年第2期。

[82] 王文杰：前揭「大陸外商投資企業法制之修正與評析──以中外合資經營企業法暨實施條例為中心」乙文。

[83] 王文杰：前揭「大陸外商投資企業法律體系之變遷與進入WTO後之調整」乙文。

[84] 按《合作企業法》與《外資企業法》均於2000年10月間修訂、《合營企業法》於2001年3月修訂、《外資企業法實施細則》及《合營企業法實施條例》則分別於同年4月與7月修訂。

進行大幅度的立、改、廢工作；其後隨著經濟持續發展、各項相關經濟與法律制度的進一步改革，待諸項條件逐步成熟後，方正式考量外商投資企業法制相關條款的修改與廢除問題。然而，三大外商投資企業基本法律及其配套子規範在此波修訂中雖有較大幅的改動，惟仍屬於「頭痛醫頭，腳痛醫腳」的調整模式，其實體內涵本身依然存在著如前所述諸多缺陷（詳第三章），並未能真正從市場經濟體制下應有的立法思維，深刻且全面性地檢視與調整制度本身與內容的缺失。蓋若不以現代化的法律精神與思維模式指導市場經濟法制建設，而仍執著採取傳統的法律觀念與方式進行市場經濟的立法，所建構出的法律制度恐將難以適應體制轉型與經濟全球化持續發展的需要。

(三)展望未來持續改革的方向

法律精神是法律的靈魂。在市場經濟體制轉換下，必然產生從意志本位到規律本位、從管理本位到權利本位、從產權高度國有化到產權社會化、從完全國家意志到意思自治、從人治到法治等方面的法律精神的變遷；當社會主義市場經濟提升至憲法位階時，朝向市場經濟的法律制度內涵的設計，必然須有所調整以適應市場經濟發展的需要；在此等變化中法律精神的體現與具體制度的變遷，亦將隨之進化[85]。隨著中國深化與完善社會主義市場經濟體制的自我期許以及經濟全球化的持續發展，中國的外資法制必仍將隨此要求與變遷不斷地進行調整與鼎革。轉型國家經濟的持續發展取決於制度的變革與創新，故更應重視制度的建設與完善；為此，吾人提出以下幾項未來持續改革的主要側重方向，供作日後修法的參考。

1.改採以資本運行與管理為支點的立法

採行現代市場經濟的國家，基本上係是以出資者的「責任形態」或「出資形式」做為其企業類型劃分的標準，亦即以「資本」特徵做為分類的立法思路（一般泛稱具備此項特徵的企業為「現代企業」）；此外，現代企業以「資本」做為其信用基礎（按市場經濟亦為一種信用經濟），可標示其做為民事主體承擔財產責任的實際能力與範圍，亦即，以「資本」為信用係現代企業最本質的特徵[86]。在市場經濟中，現代企業做為某種組織，發揮著與市

---

[85] 王文杰著：前揭書，第 262-269 頁。
[86] 馮果著：《現代公司資本制度比較研究》，武漢大學出版社，2000 年 7 月第 1 版第 1 刷，第 15 頁。

場機制同樣重要的作用，甚或比市場更為重要；企業（主要是公司）才是直接承載現代市場經濟的主體，設若沒有企業組織，在現代社會中開展經濟活動是極其困難的[87]。故此類國家為吸引外國直接投資（FDI），在制定其外資政策或外資立法時，自然便以「資本本位」做為支點，在設計有關外國直接投資（FDI）進入的鼓勵與限制、外資利用的調查與研究、外資政策的擬定與推動、外資法的研擬與頒布等相關制度時，均圍繞著「資本」及其性質的特徵進行審查。受到社會主義公有制的基本經濟制度與計畫經濟的管理體制的影響，一直以來中國係以「所有制」的性質做為企業類型劃分的標準與立法思路；在改革開放前，「所有制」性質係企業的身分標記，舉凡企業的註冊登記、地位、權利義務能力、資格等皆與其息息相關（蓋其時「所有制」是一切問題的決定因素）。現行外商投資企業法制在建構之初，所以採取合營企業、外資企業、合作企業此種以「企業組織本位」為支點的立法模式，可謂受此種計畫經濟體制下固有思維的影響所致；然而，採取此種分類方式僅反映企業的行政隸屬關係而漠視其獨立的法律人格，只體現企業的內部關係而無視其外部關係，外人實無法從「所有制」性質判斷企業承擔財產責任的形式[88]，且易造成不同「所有制」屬性的企業其法律地位的不平等，進而使不同性質的企業在市場上處於不公平競爭狀態，實不符合市場經濟講求「信用」與「公平競爭」的本質（蓋現代市場經濟係一種以信用交易為主的信用經濟[89]，且其制度與機制的有效運作必須仰賴競爭機制為資源的配置），在中國確定改採市場經濟體制之後，此種既不科學又不合理的分類方式即應揚棄[90]；更何況考察已於 1993 年、1997 年、1999 年先後頒布的《公司法》、《合夥企業法》與《個人獨資企業法》其規範內容，顯示中國在企

---

[87]（日）山口重克主編：《市場經濟──歷史‧思想‧現在》，張季風等譯，社會科學文獻出版社，2007 年 5 月第 1 版第 1 刷，第 158 頁。

[88] 王文杰著：《國有企業公司化改制之法律分析》，中國政法大學出版社，1999 年 5 月第 1 版第 1 刷，第 82 頁。

[89] 信用是隨著市場的發展而產生的。企業信用管理與社會徵信系統皆是保持市場經濟（信用經濟）穩定運行所必要的重要架構（吳敬璉著：《轉軌中國》，四川人民出版社，2002 年 9 月第 1 版，2003 年 3 月第 2 刷，第 304、332 頁）。

[90] 由於中國長期以來受計畫經濟的影響，一般缺乏市場經濟中應有的信用意識與觀念，即使在 1993 年確立市場經濟體制為改革目標後發展迄今已多年，然而以所有制性質衡量企業信用高低的傳統觀念仍根深蒂固（馮果著：前揭書，第 16 頁）。

業制度方面的立法思路，已轉為依照企業組織形式與投資者責任做為分類標準，以期建立符合市場機制運作需要的現代企業。基此，日後在重構外資法制時，即應改以「資本」運行與管理為支點的立法模式，將「資本本位」原則貫徹於外國直接投資（FDI）其資本營運的整個過程（即進入、運營、轉移、退出各階段），如此不但有利於外資的認定（包括：返投資、再投資），避免產生「假外資」並發揮鼓勵外資持續在華投資的作用，同時解決過往外國直接投資（FDI）僅可透過企業組織此種形態從事投資的模式，達到擴大利用外資的形式（即可將外商投資股份有限公司、外資併購、BOT、QFII ⑨[91]等新型態的投資模式納入）吸引更多外國直接投資（FDI）入境投資持續促進經濟發展的目的⑨[92]。

2.擷取自由市場經濟立法思維的精神

投資法律環境在自由度、透明度、公平性、安定性、保障性等方面的不完備，一直以來，便為進入（或擬進入）中國境內從事投資活動的外國直接投資（FDI）所長期詬病。事實上，中國經歷三十多年的改革開放，從一開始的經濟改革到確定為制度轉型，市場經濟取代計畫經濟已是不可逆的定局，並且亦正為建構一個符合市場機制運作的現代化法律制度而努力；然而，人們固有的意識形態、思維模式、價值觀念是否亦已隨著時間的推移而有深切且根本性地轉變，則成為市場經濟此項移植自西方社會的制度安排以及據此所建構的法律制度能否真正在中國發展、生根、完善的決定性關鍵因素。蓋在一個國家法制現代化的過程中，即便法律制度的外在形式已現代化，設若制度操作者（包括：立法者、執法者、受規範者）並未從心理、態度、行為模式上實現向現代人的轉變，則不但此等法律制度的規範內容難以落實，該國的法制現代化亦不過是徒具虛名而已⑨[93]。法律是一種文化現象。「法律因文化的差異而各自不同」⑨[94]。不同的文明國度在其社會歷史演變中

---

⑨[91] QFII（Qualified Foreign Institutional Investor）譯為「合格的境外機構投資者」，它是一國在貨幣尚未實現完全可自由兌換、資本項目尚未開放的情況下，有限度地開放資本市場、引進外資的一種過渡性制度。

⑨[92] 張慶麟主編：《國際投資法問題專論》，武漢大學出版社，2007 年 10 月第 1 版第 1 刷，第 229-232 頁。

⑨[93] 公丕祥著：《法制現代化的挑戰》，武漢大學出版社，2006 年 1 月第 1 版第 1 刷，第 166 頁。

⑨[94] Donald Black, *The Behaviour of Law*, New York u. a. 1976, S. 63.〔轉引自（德）伯恩哈德‧格羅斯菲爾德著：前揭書，第 69 頁〕。

產生各具特色的不同時代的法律文化傳統；而「法律文化則是一個國家法制的內在邏輯」，它表現在受到歷史傳統制約的人們關於法與法律的態度、價值、信念、心理、感情、習慣等之中，直接或間接、有形或無形地影響著社會主體的法律實踐與行為，進而在很大程度上規制著一個國家法制的運作模式及其發展走向；因此，確認法制的文化底蘊對於把握法制的內在生命精神是不可或缺的[95]。現代市場經濟體制係源自於西方社會，「平等」與「自由」係此種制度安排必不可或缺的構成要素，經濟自由（效率則係其必然結果）、個人的自由意志（可自願決定是否與任何人從事具體的交易行為；蓋私人自主權係競爭的前提條件[96]）、私有財產權利的享有（自由利用並排除他人非法干預，具有排他性）、公平競爭的自由環境、法律對於交易行為的有效保護、同受法律約束且職責範圍有限的政府等，則是它的制度特徵，為維繫它的運作，即需要恰當的制度安排為市場中的交易主體提供一套制度框架（包括法律框架在內），藉此提升可預見性與可信賴性（按制度的關鍵功能便在於增進秩序[97]）；基此，「社會秩序」、「公平」、「個人自由」便成為西方社會法律制度中必不可或缺的三項基本價值[98]；而舉凡現代法律制度中諸如：「法治原則（principle of the rule of law）」、「契約自由（freedom of contract）」、「無差別待遇（或非歧視待遇）原則（principles of non-discrimination treatment）」、「法律與政策的明確性、透明度及可預見性」、「權利保障與救濟」（如：徵收補償）、「紛爭解決（disputes settlement）」、「制裁（或懲罰）機制」（如：違約賠償、司法制度）等法律理念與法律價值，多演繹自前開三項基本價值或以其為基礎。此外，市場經濟的法律制度不僅在於規律本位，還在於與國際經濟的交流與互動[99]；今日的經濟全球化是建立在市場經濟的基礎之上，在法律趨同化的推移下，各國法律以及國際法所具備的特徵與內涵其相似度越來越高（蓋外國法經常反映著世界範圍內的趨勢，對於這些趨勢吾人在國內遲早都會感受到[100]），若擬融入國際分

---

[95] 公丕祥著：前揭《法制現代化的挑戰》，第 158-159 頁。

[96] （德）柯武剛、史漫飛著：前揭書，第 380 頁。

[97] （德）柯武剛、史漫飛著：前揭書，第 33 頁。

[98] （英）彼得・斯坦、約翰・香德著：前揭書，第 2 頁。

[99] 王文杰著：前揭《中國大陸法制之變遷》，第 262-263 頁。

[100] （德）伯恩哈德・格羅斯菲爾德著：前揭書，第 174 頁。

工，惟有遵循此等市場經濟的制度規則與其法律制度的基本價值，否則，若法律精神與法律觀念沒有變革或轉變，往後立法仍將成為計畫經濟體制法律的延續，而無由建立市場經濟法律制度，實現中國法制的現代化。因此，日後在重構外資法制時，即須借鑑市場經濟立法思維的精神並順應國際投資法制自由化的趨勢進行調整（包括：修訂與 WTO 規則其精神及規範內容不一致者），進一步符合國際規範，方能促使中國外資法制由「人治型的價值──規範體系」朝向「法治型的價值──規範體系」轉變，真正朝向現代化發展[100]，方能符合國、內外社會環境變遷（包括：自由化程度日益提高）的實際需求。

3.實施外資管制應在恪守與落實「法治」原則的前提下進行

由制度所集合而成的經濟體制所以難以零碎地產生變化，其原因在於制度間存在著互補性（complementarity）[102]。如前所述，政府與市場各自有其制度缺陷，故皆非完善（imperfect），但卻是任何社會所不可或缺（即便是自由市場亦不排斥對政府的需要[103]），一國若欲謀求其經濟的穩定發展，即應尋求兩者之間適當的平衡點（包括探求有效的制度以應對市場失靈並防範政府失靈），促使其彼此發揮充分互補作用。因此，問題不在於政府應否在經濟發展中發揮作用（蓋政府在所有社會中均扮演著一個至關重要的角色──市場遊戲規則的制定者），而是政府與市場各自應如何在所處的社會環境下扮演好自己的角色，發揮互補作用以共同促進經濟的增長與發展。對西方國家而言，管制（regulation）是對企業無節制的市場力量的一種限制，其基本內容在於制定政府法令與設計市場激勵機制，藉以控制企業的價格、銷售或生產等決策，主要係政府基於防止壟斷或寡頭壟斷濫用市場支配地位、矯正資訊的不完全、處理外部性（externalities）等公共利益理由所為[104]，它在西方經濟制度的發展過程中，甚至迄今仍扮演著制約的角色而發揮一定程度的作用。中國從計畫經濟向市場經濟的轉型過程中，亦同時在原有的計畫性管

---

[100] 公丕祥著：《法制現代化的理論邏輯》，中國政法大學出版社，1999 年 1 月第 1 版，2003 年 1 月第 2 刷，第 2 頁。

[102] 青木昌彥：前揭文，載於孫寬平主編：前揭書，第 137 頁。

[103] （美）米爾頓・弗里德曼著：前揭書，第 19 頁。

[104] （美）保羅・薩繆爾森、威廉・諾德豪斯著：前揭書，第 297 頁；有關政府管制概念的探討，可進一步參閱徐邦友著：前揭書，第 1-12 頁。

制制度基礎上，建立有別於西方國家而屬於自己特有的政府管制制度（即其並非基於防範市場失靈所生，而係源自於計畫經濟的慣性與本能），然與西方制度相較，其管制的範圍更廣、程度更深、約束更嚴厲[105]，而管制的對象，亦包括擬進入中國境內投資的外國直接投資（FDI）及其所設立的外商投資企業；由於管制係屬政府直接干預社會經濟生活權利主體其自主活動的作為，故在市場經濟體制下即應受到「法治（或法治國）」原則的拘束。

　　誠然，政府在保護所有的人並使其免受他人的強制與暴力此方面是不可或缺的；惟一旦政府為了達到此項目的而成功地壟斷了實施強制與暴力的權力，那麼它便成為威脅個人自由的首要因素[106]，此即十七、十八世紀西方社會憲政創始者所以建構「法治（或法治國）」原則，用以限制政府此項權力以防範其濫用的立意目的。然而，經濟活動的自由係指「法治」下的自由，而非完全不需政府的作為，設若政府在經濟領域所採取的措施與「法治」原則相符時，則此等政府作為即不能被視為是一種政府干涉（interference）或干預（intervention）而摒棄，蓋一個功效顯著的市場經濟，事實上是以國家採取某些行動（有利於市場機制有效運作的）為其前提的；「法治」原則所要求的在於：政府所採取的一切強制性行動皆須限於對一般且抽象的規則的實施（即政府亦須受法律規範），皆須由一個穩定且持續的法律框架予以明確規定（蓋此種框架能使個人在制定計畫時保有一定程度的信心並盡可能地減少人為的不確定性），而欲使自由經濟得到令人滿意的運行，遵循「法治」乃是一個必要的條件[107]；為保證政府行為的可度量性與可預測性，政府必須受法律約束[108]，蓋法律面前人人平等是法治國的法律概念的內在屬性[109]。其間，「法治」原則的概念內涵，亦分別歷經「自由法治國（der liberale Re-chtsstaat）」到「社會法治國（der soziale Rechtsstaat）」，以及「形式法治國

[105] 徐邦友著：前揭書，第 12、13、17、23 頁。

[106] （英）弗里德利希・馮・哈耶克著：《法律、立法與自由》(第二、三卷)，鄧正來、張守東、李靜冰譯，中國大百科全書出版社，2000 年 10 月第 1 版，2003 年 3 月第 3 刷，第 457-458 頁。

[107] （英）弗里德利希・馮・哈耶克著：前揭《自由秩序原理》（上冊），第 190-195、279-282 頁。

[108] 沃爾德馬・貝森、戈特巴德・賈斯珀：前揭文，載於（德）約瑟夫・夏辛、（德）容敏德編：前揭書，第 53 頁。

（der formelle Rechtsstaat）」到「實質法治國（der materiale Rechtsstaat）」的發展，時至今日，「法治」原則已成為現代法治國家其憲政秩序中的核心價值，其目的在於實現與保障人民的基本權（Grundrechte），促成人的自我實現的最大可能性，舉凡權力分立原則（Der Grundsatz der Gewaltenteilung）、依法行政原則（Gesetzmässigkeit der Verwaltung）、法的安定性原則（Der Grundsatz der Rechtssicherheit）、比例原則（Der Grundsatz der Verhältnismäßigkeit）、權利救濟的保護（Rechtsschutz）、國家賠償責任（Staatshaftung）等殆皆為其內涵型塑與派生原則[109]。

對於發展中的轉型國家而言，若無市場化取向的經濟體制改革，則不會對法律制度有強烈的改革需求。不論在需求面（demand-side）抑或供給面（supply-side），經濟改革對於法制改革是相當重要的[110]；惟誠如前述，所借鑑或移植的制度能否與繼受國本土文化融合亦是必須予以考量與重視的。中國所建構的社會主義市場經濟，主要係擬在國家宏觀調控的條件下使市場發揮資源配置的基礎性作用，以避免重蹈西方國家發展市場經濟的覆轍；然若深究目前的制度內涵與實際運作（不論是經濟面抑或是法律面），仍或多或少受到過往計畫經濟體制下固有思維慣性作用的影響，易言之，並不全然已完成制度的轉型，實仍待進一步完善；雖然，新體制的因素在制度運行中日益增多，但是舊體制的若干部分卻依然存在並仍在繼續運用，在此種新舊思維並存的情況下必然產生彼此的交互作用，此亦為中國自改革開放雖已三十餘年，惟在制度運作中卻仍不時出現若干矛盾的現象的主要原因。按大多數法律改革皆具有非整體的或不完全的性質；法律秩序中受到影響的部分會在某種程度上發生變化，而其原有結構的大部分則仍將保持不變，此即解釋「穩定」與「變化」在法律生活中趨向於相互聯結與相互滲透的事實[112]；因此，所有的法律思想皆力圖協調「穩定必要性」與「變化必要性」這兩種彼

---

[109]（德）卡爾·施密特著：《憲法學說》，劉鋒譯，聯經出版事業股份有限公司，2004年12月初版，第208頁。

[110] 許育典著：前揭書，第55-76頁；陳慈陽著：第223-247頁；（德）卡爾·施密特著：第176-211頁。

[111] 理查德·A·波斯納：前揭文，載於吳志攀、白建軍主編：前揭書，第7頁。

[112]（美）E·博登海默著：前揭書，第326頁。

此衝突的要求⑬。正在轉型的中國所面對的，是一個任務多重且艱鉅的局面，既要消除舊體制遺留的沉疴，又要解決新舊體制並存期間所滋生的矛盾，還要建設新的制度環境，以及面對新體制所可能滋生的問題（如：市場失靈），致深陷疲於奔命、應接不暇的境地；惟改革之路卻已無從回頭，唯一的出路即在於繼續推進經濟、社會、政治的改革，全面性建立、鼎革與完善市場經濟體制與符合其制度運作的法律制度。中國既已選擇向市場經濟體制轉型，積極建構符合市場機制運作的現代化法律制度，並深自期許建設為一個社會主義法治國家，在對外國直接投資（FDI）實施管制與管理時，便應深刻學習與習慣在恪守「法治」原則的前提下進行，以逐步落實「法治」原則。培育守法意識（包括規範者與受規範者）並使公民基本上自覺地服從法律，對「法治」在國家持續存在皆是必要的。法制現代化是一場意義深遠的法制變革過程，其能否達到預期的目的，很大程度取決於做為社會主體的人們其積極性、能動性與創造性能否被最大程度地激發，其能量能否充分地發揮⑭。

---

⑬（美）羅斯科・龐德著：前揭《法律史解釋》，第 1 頁。
⑭公丕祥著：前揭《法制現代化的理論邏輯》，第 67 頁。

第六章

結　論

　　一個國家的生存與繁榮仰賴於經濟發展，而經濟發展的前提要件則在於充分利用資源，而資本（capital）則為充分利用資源一項不可或缺的要素；職是，經濟發展必須仰賴資本，缺乏資本將阻礙經濟發展。從國際社會汲取所需的資本，一直以來，便是發展中國家謀求自身經濟發展的一個重要途徑，而其獲取外來資本主要係透過「拓展國際貿易以增加外匯收入」與「自國外輸入公共或私人等國際資本」此兩種方式。二次大戰後，新獨立的發展中國家儘管已取得政治地位的獨立，但由於本身經濟尚未開發，亟需大量資本以促進發展；礙於本身貿易結構未臻完備、既存國際貿易體制的缺陷，以及自身保守的政策態度等相關因素制約下，貿易逆差日增，實無法仰賴國際貿易賺取發展經濟所需的資本；至於二十世紀五〇、六〇年代流入發展中國家的國際經濟援助（international economic aid）此等屬於公共（官方）投資的國際資本，並未能契合發展中國家經濟發展的實際需要，且長遠以觀，亦無法僅仰賴所輸入的公共資本做為支撐國家整體經濟發展的資金，故其對於發展中國家的貢獻亦相當有限。發展中國家既無法完全依賴貿易與援助做為供給國家經濟發展所需的資本，唯有另闢蹊徑自國外引進外國直接投資（FDI）以滿足國內對資本的渴求。惟在客觀上由於當時發展中國家爭取、維護與鞏固經濟主權及經濟獨立的國際經濟新秩序運動方興未艾，國內經濟基礎與體質尚嫌薄弱，規制外國直接投資（FDI）的外資立法未臻健全，欠缺對跨國公司行為的規範經驗，加以利於國際資本自由流動的環境尚未形成；復因主觀上為避免其經濟命脈再度為外國或外來資本所把持與控制，致對於外來投資或外國資本的進入仍抱持著審慎、懷疑甚至排拒的態度；在此主、客觀因素的雙重制約下，外國直接投資（FDI）在當時並未能快速發展。職是，發展中國家當時所引進的國際資本，基本上仍以借貸為主（主要來源為國際金融機構貸款、外國商業銀行貸款及出口信貸等），並輔以少量的外國直接投資（FDI），進而以此等資本來源做為發展本國經濟的憑藉；同時為嚴格管制外資的准入以及外國直接投資（FDI）進入後的經營活動，普遍實行限制

性的外資政策與外資立法，對外來資本實施嚴格審查與慎重引導的策略。

　　隨著發展中國家改革的深化以及國際經濟、政治秩序的改變，1980 年代後期起，國際資本流入發展中國家邁入一個嶄新的資本全球化時代；在資訊技術與科技發展的趨動下，各項經濟因素的流動突破國界的限制，廣泛地影響各國經濟活動、產業結構及市場運作模式，促使經濟全球化的進程大幅度加劇，國際資本流動的規模與速度亦隨之不斷地擴大與加快。1990 年代之後，由於區域經濟與全球經濟一體化的持續強化，經濟全球化以其沛然無可阻檔的強大力量，逐步向世界每個角落以及各國經濟生活的各個領域延伸與滲透；隨著經濟全球化的不斷地發展與滲透，世界各國的經濟皆被納於統一的世界經濟體系框架之中，各國經濟彼此的交互影響與相互依存，已然成為現今國際經濟活動一個重要的特徵；在同一個全球市場體系下，經濟運作的方式、慣例與規則亦日趨一致，對做為國際經濟合作重要形式的外國直接投資（FDI）而言，亦復如是。貿易與投資的自由化趨勢業已形成，流向發展中國家的國際資本結構已發生根本性的轉變，外國直接投資（FDI）實際上已取代以銀行貸款及公共（官方）投資等獲取資本的方式，而成為發展中國家最重要的外部資本來源①，對於當時正持續進行經濟改革開放政策，並著手進行經濟體制轉型（軌）的中國亦不例外。中國自改革開放以來，經由不斷引進外國直接投資（FDI）的過程，已逐步融入國際經濟體系當中，隨著國際投資法制朝向自由化發展以及經濟全球化發展的要求，國際經濟活動的參與者不但須以符合市場機制運作方式參與交流、合作與競爭，並且須持續開放市場；時至今日，經濟全球化已不是一種選項，而是一種在國際社會生存發展所須認真面對的國際政經現實。因此，中國在入世後，意味著經濟開放程度將進一步提高，並正式進入全球激烈競爭的競技場；利用外國資本的政策勢將從以往以「稅收激勵機制」為主的優惠政策，轉向以「公平競爭機制」為主的規則政策，而經貿發展在市場公平競爭的激化下，將面臨新的機遇與挑戰，而此亦為中國自改革開放迄今，最深刻的社會轉型與開放挑戰；在面對諸如：法律政策的透明化與落實、中央與地方引資步調與法規的不協調、地方保護主義的抬頭與制約、投資領域放寬對市場所帶來的衝擊、跨國

①關於開發中國家融入國際資本形成的歷程，可參葉初升著：前揭書，第 171-182 頁。

併購新投資型態的因應②、產業結構調整與升級的瓶頸③、經濟發展嚴重失衡的導正、市場壟斷行為的防範與規制、政府職能的轉變與調整④、人民幣面臨升值的國際壓力、失業人口與貧富差距所引發的社會問題等諸多挑戰與難關，能否逐一克服、排除與調適，正考驗著執政當局的能力與決心，亦關係著中國是否能持續吸引外國直接投資（FDI）做為維持經濟高度成長的依憑。做為外資法制核心規範的外商投資企業法制亦已無法再以本身的經濟環境與社會背景做為單一考量的出發點，而應結合國際經貿常規與外國直接投資者的需求作整體的規劃與調整，以圖進一步的發展；近年來，有相當多的學者倡議應改採較具系統的統一的外資法立法體例，除為解決以往因採取制定外國投資專法或特別法的立法體例而造成繁雜、重複甚至相互矛盾的窘境之外，相當程度亦基於前述國際與國內政經發展背景與發展趨勢的考量。

國際投資自由化實際上是一個動態推移的概念，其不僅指各國對外國直

---

② 在全球產業結構大幅調整的背景下，由於藉由併購可使生產成本降低，故而跨國併購近年來有逐漸取代新建投資成為外國直接投資（FDI）主要形式的趨勢；而激勵跨國併購的基本動因主要包括：尋求市場的支配力與支配權、透過擴充產權資產增加競爭實力、透過協作合併擴大規模以提高效益、多樣化經營以分散風險等。隨著外商獨資企業與外商股份制企業在外商投資企業中所占比例日益提高的客觀因素，以及中國為促進經濟增長、結構調整、持續改革的主觀需求，外國直接投資（FDI）在中國的投資方式亦開始從單純的新建投資轉向跨國併購，易言之，外國直接投資（FDI）的形式已發生根本性的轉變（王海英、密啟娜：「企業跨國併購對我國的影響及對策」，載於《法學論壇》，2002 年 1 月號；促進跨國公司對華投資政策課題組：「跨國公司在華併購投資：意義、趨勢及應對戰略」，載於《管理世界》，2001 年第 3 期；唐以今：「外國直接投資新特點和中國引資環境的重整」，載於《國際經濟合作》，2001 年第 7 期；楊亞沙：前揭文；史憲慈：「加入 WTO 後中國大陸外資併購的演變」，載於《國際經際情勢週報》，第 1493 期，2003 年 7 月 3 日，第 5-13 頁）。

③ 1980 年代外國直接投資（FDI）在中國主要投資於勞力密集型產業，1990 年代初期已開始轉向資本密集型產業，近年來更轉向技術密集型產業，且多偏向於中高技術含量的製造業與服務業，特別是近年來，大型跨國企業（主要來自於美國、歐洲及日本）紛紛投入鉅資設立研發中心（center of reseach and development，簡稱 center of R&D），出現由製造環節為主轉向製造與研發並重的階段（鍾偉、覃東海：「國際資本的流入結構和政府間 FDI 的激勵競爭」，載於《管理世界》，2003 年第 10 期；喻世友、萬欣榮、史衛：「論跨國公司 R&D 投資的國別選擇」，載於《管理世界》，2004 年第 1 期）。

④ 學者認為政府在職能方面的轉變包括：由無限政府向有限政府轉變、由任性政府向守信政府轉變、由無過錯政府向責任政府轉變、由管制導向型政府向服務導向政府轉變（石文龍、關洪濤：「『入世』與我國政府行政職能之轉變」，載於《行政與法》，2004 年第 1 期）。

接投資（FDI）開放的程度，亦為資本輸入國的外資政策不斷朝自由與規範方向發展的趨勢與過程；自由化核心的內容在於逐步消除因原帶有限制（limitation）、歧視（discrimination）性質的外資政策與外資立法所引發的市場扭曲的行為與現象，從而須建構有序、必要的機制與規則來規範進入其境內的外國直接投資（FDI）。法是社會生活的規律，存在於社會之中，隨著社會的變遷而變遷⑤。吾人須深刻體認賦予法律制度（the legal system；institut）生命與真實性的，是外面的社會世界⑥。近年來，中國包括外商投資企業法制在內法律制度的建構、內涵與變遷，深受市場化改革與經濟體制轉軌不斷深化，以及經濟全球化作用下逐步融入國際經濟活動的影響與牽引；此外，中國已正式加入 WTO，為履行身為 WTO 成員的義務以及當初的入世承諾，可預期它對外開放的程度將持續加大。做為中國用以規制外國直接投資（FDI）而以外商投資企業法制為核心的外資法制，其日後的發展，可預見地將逐漸產生本質上的變化。羅斯科‧龐德（Roscoe Pound）教授曾道：法律必須是穩定的，然不可一成不變；因此，所有的法律思想皆力圖協調「穩定必要性」與「變化必要性」這兩種彼此衝突的要求⑦。而愛德格‧博登海默（Edgar Bodenheimer）教授亦指出：一個完全不具穩定性的法律制度，只堪稱一系列僅為應付一時性變故而制定的特定措施，缺乏邏輯上的一致性（consistency）與連續性（continuity）⑧。隨著經濟體制變遷逐漸向市場經濟過渡，市場化的程度與日俱增，中國必須深刻體認法律制度須能為市場交易機制產生的社會經濟關係所用，經濟發展與增長方能持續，「法治」意識須予強化並潛移默化，其得來不易的經濟成果方可持續獲致保障。中國既已將市場經濟做為日後經濟發展的制度主軸，便應逐步摒除現仍保有計畫經濟思維而不符合市場運作模式的法律制度，且應重新構建符合市場經濟思維模式的法律制度，這當然包括用以規制外國直接投資（FDI）最主要的外商投資企業法制在內。

---

⑤（日）美濃部達吉著：《法之本質》，林紀東譯，臺灣商務印書館，1993 年 8 月臺第 2 版第 2 刷，第 7 頁。

⑥（美）勞倫斯‧M‧弗里德曼著：前揭書，第 17 頁。

⑦（美）羅斯科‧龐德著：前揭《法律史解釋》，第 1 頁。

⑧（美）E‧博登海默著：前揭書，第 325-326 頁。

　　隨著後 WTO 時期的到來，中國是否遵守以及將如何遵守入世承諾，已成為舉世關注的焦點⑨，意味著日後經貿活動需遵循國際經貿規則，更意味著中國將從有範圍、有限制領域的局部開放，轉向全方位、多層次的對外開放；從試點型、政府主導型的計畫經濟為主體的開放格局，走向以市場經濟、企業家為本位和以法律為框架的對外開放；從以國內規則為基礎的開放，轉向以國際規則為基礎的開放；從單面向、按自己表訂時程的開放，走向與 WTO 成員、世界經濟全球化、經濟改革一體化的對外開放；從所謂以「中國國情」、「中國特殊性」的對外開放，走向以國際通行規範的對外開放；從過去用改革來推動對外開放，走向以開放來促進改革⑩。中國以外商投資企業法制為核心規範的外資法制，其日後的建設與發展，可預見地將產生本質上的變化；設若此趨勢能夠持續強化，或將轉變為具備「開放型的外資准入態度、多元化的外資組織形式、落實國民待遇原則、與國際通行規範接軌」等特徵的所謂「市場經濟型」外資法制⑪，而得以儘早順應經濟全球化、投資自由化的發展趨勢，並融入國際投資法制的整體架構中；若然如此，相信將有助於中國整體投資法律環境的進一步完善。WTO 協議仍處於動態的發展過程中，其對於中國外資法制的影響將不會僅局限於目前幾個已達成的協定，可預期的，它將持續不斷地加深對中國外資法制及投資法律環境的影響，相信中國外資法制若可藉此機會日益完備，將可提供外國直接投資（FDI）一個真正符合市場經濟自由開放的投資環境，使其投資權益與經營活動皆能獲致法律完整、周全的保障。然而，在短期內若期待中國包括外商投資企業法制在內的法律制度完全擺脫長期以來計畫經濟思維模式的桎梏，並毫無保留且全面性地在其中植入符合市場經濟運作的核心價值理念，顯然與其長期以來係透過漸進式改革以維繫整體社會經濟穩定秩序的指導原

---

⑨ 自中國於 2001 年 12 月成為 WTO 正式會員後，美國的國會貿易談判代表辦公室每年均會對大陸履行 WTO 義務與入世承諾情況進行審議評判；迄今，有關智慧財產權（知識產權）保護不利仍是最嚴重的問題，其他如：准入標準不明確、法規透明度不足、行政效率過於低落等皆為其履約不利的項目（包崇侃：「從美國的角度看中國的 WTO 執行情況」，載於《時代經貿》，2004 年第 2 期）。

⑩ 王文杰著：前揭《中國大陸法制之變遷》，第 319-320 頁；鄭志海：「經濟全球化與我國對外經貿的發展」，載於《國際經濟合作》，2001 年第 3 期。

⑪ 陳安主編：《國際經濟法學專論》（下編－分論），高等教育出版社，2002 年 7 月第 1 版第 1 刷，第 710-732 頁。

則有所偏離；然在經濟全球化、投資自由化的趨勢下，任何國家的企業所須面對的，將是全球性的、殘酷的自由競爭市場，若擬在這場國際激烈的競逐中勝出，惟有不斷地優化自身的競爭體質、提升自身的競爭優勢，當然這其中當然包括政府角色及職能的轉變與調適、相關法律制度的持續變革與完備、「法治」建設的落實與深化。經濟全球化無異於一把「雙刃劍」，在為發展中國家帶來追趕上發達國家的新機遇與促進其經濟發展的同時，卻也不可避免地對發展中國家的經濟主權與經濟安全提出新的挑戰，產生了許多負面影響甚至是對發展中國家經濟的嚴重衝擊；然而，經濟全球化的發展卻已是不可逆抵與逃避的，而如何在追求社會秩序穩定與法律制度變革之間取得平衡，將是中國日後法制發展所須面對的嚴峻挑戰。亦惟有以務實的態度、理性的思維、國際的觀點看待與面對伴隨著經濟全球化與體制變遷所帶來的必然影響，方能覓得與掌握經濟發展與經濟安全之間的「度」，進而在經濟全球化的激烈競逐中穩定茁壯，在瞬息萬變的國際環境裏持盈保泰，真正成為一個崛起中的經濟強國，發揮穩定與維繫世界和平秩序的關鍵力量。

參考文獻

一、中文論著

[1] 丁偉主編：《經濟全球化與中國外資立法完善》，法律出版社，2004 年 12 月第 1 版第 1 刷。

[2] 丁冰等著：《我國利用外資和對外貿易問題研究》，中國經濟出版社，2006 年 6 月第 1 版第 1 刷。

[3] 子衫著：《國家的選擇與安全——全球化進程中國家安全觀的演變與重構》，上海三聯書店，2006 年 2 月第 2 版第 1 刷。

[4] （日）大木雅夫著：《比較法》（修訂譯本），范愉譯，法律出版社，2006 年 12 月第 1 版第 1 刷。

[5] （日）山口重克主編：《市場經濟——歷史・思想・現在》，張季風等譯，社會科學文獻出版社，2007 年 5 月第 1 版第 1 刷。

[6] （德）馬迪亞斯・赫德根著：《國際經濟法》（第六版），江清雲等譯，上海人民出版社，2007 年 5 月第 1 版第 1 刷。

[7] 萬解秋、徐濤著：《論 FDI 與國家經濟安全》，復旦大學出版社，2006 年 12 月第 1 版第 1 刷。

[8] 于安著：《外商投資特許權項目協議（BOT）與行政合同法》，法律出版社，1998 年 4 月第 1 版第 1 刷。

[9] 于雷著：《市場規制法律問題研究》，北京大學出版社，2003 年 4 月第 1 版第 1 刷。

[10] （美）小奧利弗・溫德爾・霍姆斯著：《普通法》，冉昊、姚中秋譯，中國政法大學出版社，2006 年 1 月第 1 版第 1 刷。

[11] 王文杰著：《中國大陸法制之變遷》，自版 2002 年 10 月初版第 1 刷。

[12] 王文杰著：《國有企業公司化改制之法律分析》，中國政法大學出版社，1999 年 5 月第 1 版第 1 刷。

[13] 王元龍著：《外商直接投資宏觀調控論》，中國人民大學出版社，1998 年 11 月第 1 版第 1 刷。

[14] 王玉梅著：《中國的外國直接投資法律制度研究》，法律出版社，2003 年

6 月第 1 版第 1 刷。

[15] 王妍著：《中國企業法律制度評判與探析》，法律出版社，2006 年 7 月第 1 版第 1 刷。

[16] 王雨本著：《WTO 之外的國際經濟組織》，人民法院出版社，2002 年 1 月第 1 版第 1 刷。

[17] 王巾英、崔新健著：《中國利用外資——理論／效益／管理》，北京大學出版社，2002 年 6 月第 1 版第 1 刷。

[18] 王泰銓著：《大陸經濟體制改革與投資爭議問題》，月旦出版股份有限公司，1995 年 6 月初版。

[19] 王泰銓著：《中共對外經濟貿易法》，五南圖書出版有限公司，1996 年初版第 1 刷。

[20] 王泰銓著：《當前兩岸法律問題分析》，五南圖書出版有限公司，2000 年 9 月初版第 2 刷。

[21] 王泰銓、陳月端編著：《兩岸關係法律》，大中國圖書股份有限公司，2000 年 10 月第 1 版第 2 刷。

[22] 王泰銓著：《投資大陸市場法律與實務解析》，學林文化事業有限公司，2000 年 12 月第 1 版。

[23] 公丕祥著：《法制現代化的理論邏輯》，中國政法大學出版社，1999 年 1 月第 1 版，2003 年 1 月第 2 刷。

[24] 公丕祥著：《法制現代化的挑戰》，武漢大學出版社，2006 年 1 月第 1 版第 1 刷。

[25] 孔祥俊著：《WTO 法律的國內適用》，人民法院出版社，2002 年 6 月第 1 版第 1 刷。

[26] 丘宏達著：《現代國際法》，三民書局股份有限公司，1995 年 11 月初版。

[27] 丘宏達編輯：《現代國際法參考文件》，三民書局股份有限公司，1996 年 11 月初版。

[28] 中共中央文獻研究室編：《十一屆三中全會以來黨的歷次全國代表大會中央全會重要文件選編》（上），中央文獻出版社，1997 年 10 月第 1 版，2000 年 7 月第 5 刷。

[29] 中共中央文獻研究室編：《十一屆三中全會以來黨的歷次全國代表大會中央全會重要文件選編》（下），中央文獻出版社，1997 年 10 月第 1 版，2000 年 7 月第 5 刷。

[30]　中國現代國際關係研究院經濟安全研究中心：《國家經濟安全》，時事出版社，2005 年 7 月第 1 版第 1 刷。

[31]　中國政策科學研究院、國家安全政策委員會：《中國的經濟安全與發展——第二屆中國國家安全論壇文集》，時事出版社，2004 年 5 月第 1 版第 1 刷。

[32]　中國社會科學院科研局組織選編：《董輔礽集》，中國社會科學出版社，2006 年 11 月第 1 版第 1 刷。

[33]　中華徵信所主編：《國際貿易金融大辭典》，中華徵信所股份有限公司，1994 年 4 月修訂 6 版。

[34]　鄧小平著：《鄧小平文選》（第一卷），人民出版社，1994 年 10 月第 2 版，2002 年 8 月北京第 12 刷。

[35]　鄧小平著：《鄧小平文選》（第二卷），人民出版社，1994 年 10 月第 2 版，2002 年 8 月北京第 13 刷。

[36]　鄧小平著：《鄧小平文選》（第三卷），人民出版社，1993 年 10 月第 1 版，2002 年 8 月北京第 16 刷。

[37]　（日）中川淳司、清水章雄、平覺、間宮勇著：《國際經濟法》，白巴根譯，北京大學出版社，2007 年 11 月第 1 版第 1 刷。

[38]　（美）丹尼·羅德里克著：《新全球經濟與發展中國家——讓開放起作用》，王勇譯，世界知識出版社，2004 年 12 月第 1 版第 1 刷。

[39]　（美）丹尼·羅德瑞克著：《全球化走的太遠嗎？》，熊賢良、何蓉譯，北京出版社，2000 年 1 月第 1 版第 1 刷。

[40]　（美）丹尼爾· F ·史普博著：《管制與市場》，余暉、何凡、錢家駿、周維富譯，餘暉總校，上海人民出版社，1999 年 12 月第 1 版，2003 年 7 月第 2 刷。

[41]　（德）烏茨·施利斯基著：《經濟公法》（2003 年第 2 版），喻文光譯，法律出版社，2006 年 6 月第 1 版第 1 刷。

[42]　（奧）尤根·埃利希著：《法律社會學基本原理》，葉名怡、袁震譯，九州出版社，2007 年 4 月第 1 版第 1 刷。

[43]　盧炯星主編：《中國外商投資法律問題研究》，法律出版社，2001 年 12 月第 1 版第 1 刷。

[44]　盧曉勇等著：《中國利用發達國家直接投資研究》，江西人民出版社，2003 年 9 月第 1 版第 1 刷。

[45]　盧曉勇等著：《國際投資理論與發達國家對華直接投資》，科學出版社，

2004 年 5 月第 1 版第 1 刷。

[46] **盧進勇編著**：《入世與中國利用外資和海外投資》，對外經濟貿易大學出版社，2001 年 3 月北京第 1 版第 1 刷。

[47] **甘培忠著**：《企業與公司法學》，北京大學出版社，2001 年 1 月第 2 版，2001 年 6 月第 2 刷。

[48] **葉初升著**：《國際資本形成與經濟發展》，人民出版社，2004 年 1 月第 1 版北京第 1 刷。

[49] **馮果著**：《現代公司資本制度比較研究》，武漢大學出版社，2000 年 7 月第 1 版第 1 刷。

[50] **許傳璽主編**：《中國社會轉型時期的法律發展》，法律出版社，2004 年 5 月第 1 版第 1 刷。

[51] **對外貿易經濟合作部國際經貿關係司譯**：《烏拉圭回合多邊貿易談判結果法律文本》，法律出版社，2000 年 10 月第 1 版第 1 刷。

[52] **對外貿易經濟合作部世界貿易組織司譯**：《中國加入世界貿易組織法律文件》，法律出版社，2002 年 1 月第 1 版第 1 刷。

[53] **世界貿易組織秘書處編**：《烏拉圭回合協議導讀》，索必成、胡盈之譯，法律出版社，2000 年 5 月第 1 版，2001 年 6 月第 2 刷。

[54] **世界經濟百科全書編輯委員會、中國大百科全書出版社編輯部編**：《世界經濟百科全書》，中國大百科全書出版社，1987 年 6 月第 1 版第 1 刷。

[55] **世界銀行著**：《2020 年的中國——新世紀的發展挑戰》，世界銀行中國代表處組織譯，中國財政經濟出版社，1997 年 9 月第 1 版北京第 1 刷。

[56] **世界銀行著**：《2005 年世界發展報告——改善投資環境促使人人受益》，中國科學院—清華大學國情研究中心譯，清華大學出版社，2005 年 1 月第 1 版，7 月第 2 刷。

[57] **世界銀行東亞與太平洋地區減貧與經濟管理局編**：《中國利用外資的前景和戰略》，中信出版社，2007 年 8 月第 1 版第 1 刷。

[58] **（德）卡爾·拉倫茨著**：《法學方法論》，陳愛娥譯，五南圖書出版有限公司，1996 年 12 月初版第 1 刷。

[59] **（德）卡爾·施密特著**：《憲法學說》，劉鋒譯，聯經出版事業股份有限公司，2004 年 12 月初版。

[60] **（美）本杰明·N·卡多佐著**：《法律的成長、法律科學的悖論》，董炯，彭冰譯，中國法制出版社，2002 年 10 月第 1 版，2003 年 7 月印刷。

[61]　（英）弗里德里希・奧古斯特・馮・哈耶克著：《通往奴役之路》，王明毅、馮興元等譯，中國社會科學出版社，1997 年 8 月第 1 版，2007 年 3 月第 2 刷。

[62]　（英）弗里德利希・馮・哈耶克著：《自由秩序原理》（上冊），鄧正來譯，生活、讀書、新知三聯書店，1997 年 12 月北京第 1 版第 1 刷。

[63]　（英）弗里德利希・馮・哈耶克著：《自由秩序原理》（下冊），鄧正來譯，生活、讀書、新知三聯書店，1997 年 12 月北京第 1 版第 1 刷。

[64]　（英）弗里德利希・馮・哈耶克著：《法律、立法與自由》（第二、三卷），鄧正來、張守東、李靜冰譯，中國大百科全書出版社，2000 年 10 月第 1 版，2003 年 3 月第 3 刷。

[65]　（美）弗雷德里克・皮爾遜、西蒙・巴亞斯里安著：《國際政治經濟學——全球體系中的衝突與合作》，楊毅、鐘飛騰、苗苗譯，王正毅校，北京大學出版社，2006 年 8 月第 1 版第 1 刷。

[66]　（法）弗朗索瓦・沙奈著：《資本全球化》，齊建華譯，中央編譯出版社，2001 年 9 月第 1 版第 1 刷。

[67]　（德）瓦爾特・歐根著：《經濟政策的原則》，李道斌譯，上海人民出版社，2001 年 8 月第 1 版，2002 年 3 月第 2 刷。

[68]　（美）尼古拉斯・施普爾伯著：《國家職能的變遷——在工業化經濟體和過渡性經濟體中的私有化和福利改革》，楊俊峰、馬愛華、朱源譯，遼寧教育出版社，2004 年 2 月第 1 版第 1 刷。

[69]　許育典著：《憲法》，元照出版有限公司，2008 年 2 月第 2 版第 1 刷。

[70]　江小娟著：《中國的外資經濟——對增長、結構升級和競爭力的貢獻》，中國人民大學出版社，2002 年 7 月第 1 版第 1 刷。

[71]　江小娟等著：《中國經濟的開放與增長 1980～2005 年》，人民出版社，2007 年 4 月第 1 版北京第 1 刷。

[72]　江澤民：《全面建設小康社會開創中國特色社會主義事業新局面——在中國共產黨第十六次全國代表大會上的報告》，人民出版社，2002 年 11 月第 1 版北京第 1 刷。

[73]　孫同鵬著：《經濟立法問題研究——制度變遷與公共選擇的視角》，中國人民大學出版社，2004 年 3 月第 1 版第 1 刷。

[74]　孫林主編：《寫給法律人的經濟辭彙》，法律出版社，2004 年 1 月第 1 版第 1 刷

[75]　孫南申等著：《進入WTO的中國涉外經濟法律制度》，人民法院出版社，2003年7月第1版第1刷。

[76]　孫寬平主編：《轉軌、規制與制度選擇》，社會科學文獻出版社，2004年8月第1版第1刷。

[77]　朱崇實著：《中國外資法研究——在WTO背景下的思考》，廈門大學出版社，2005年3月第1版第1刷。

[78]　朱光磊著：《當代中國政府過程》，天津人民出版社，2002年9月第2版，2006年1月第3刷。

[79]　朱景文主編：《法律與全球化——實踐背後的理論》，法律出版社，2004年4月第1版第1刷。

[80]　劉豐名、葉俊英著：《中國外資法》，同濟大學出版社，1988年9月第1版第1刷。

[81]　劉志雲著：《國際經濟法律自由化原理研究》，廈門大學出版社，2005年6月第1版第1刷。

[82]　劉筍著：《WTO法律規則體系對國際國際投資法的影響》，中國法制出版社2001年9月北京第1版第1刷。

[83]　劉筍著：《國際投資保護的國際法制——若干重要法律問題研究》，法律出版社，2002年3月第1版第1刷。

[84]　劉莘主編：《國內法律衝突與立法對策》，中國政法大學出版社，2003年6月第1版第1刷。

[85]　劉莘主編：《立法法》，北京大學出版社，2008年9月第1版第1刷。

[86]　劉想樹著：《中國涉外仲裁裁決制度與學理研究》，法律出版社，2001年8月第1版第1刷。

[87]　劉劍文主編：《WTO體制下的中國稅收法治》，北京大學出版社，2004年3月第1版第1刷。

[88]　劉劍文著：《財稅法專題研究》（第二版），北京大學出版社，2007年3月第2版第1刷。

[89]　劉俊海著：《現代公司法》，法律出版社，2008年7月第1版第1刷。

[90]　劉德標主編：《加入WTO後中國涉外經濟貿易法律實施體系與規則》，中國方正出版社，2000年12月第1版，2001年11月北京第2刷。

[91]　劉隆亨著：《中國稅法概論》，北京大學出版社，1986年2月第1版，2003年11月第4刷第1刷。

[92]　劉智峰主編：《第七次革命——1998～2003 年中國政府機構改革問題報告》，中國社會科學出版社，2003 年 10 月第 1 版第 1 刷。

[93]　全國人大財政經濟委員會辦公室、國家發展和改革委員會發展規劃司編：《建國以來國民經濟和社會發展五年規劃重要文件彙編》，中國民主法制出版社，2008 年 1 月第 1 版第 1 刷。

[94]　（美）托瑪斯・K・麥格勞著：《現代資本主義——三次工業革命中的成功者》，趙文書、蕭鎖章譯，江蘇人民出版社，2000 年 1 月第 2 版第 1 刷。

[95]　（德）考夫曼著：《法律哲學》，劉幸義等譯，法律出版社，2004 年 6 月第 1 版，2005 年 3 月第 2 刷。

[96]　（德）約瑟夫・夏辛、（德）容敏德編：《法治》，阿登納基金會譯，法律出版社，2005 年 4 月第 1 版第 1 刷。

[97]　（英）約瑟夫・拉茲著：《法律體系的概念》，吳玉章譯，中國法制出版社，2003 年 6 月第 1 版第 1 刷。

[98]　（美）約瑟夫・S.奈、約翰・D.唐納胡主編：《全球化世界的治理》，王勇、門洪華、王榮軍、肖東燕、高軍、戴平輝譯，世界知識出版社，2003 年 10 月第 1 版第 1 刷。

[99]　（英）約翰・梅納德・凱恩斯著：《就業、利息和貨幣通論》，宋韻聲譯，華夏出版社，2005 年 1 月北京第 1 版，2008 年 1 月北京第 4 刷。

[100]　（英）亞當・斯密著：《國富論——國民財富的性質和起因的研究》，謝祖鈞譯，新世界出版社，2007 年 1 月第 1 版北京第 1 刷。

[101]　Michael Hill 著：《現代國家的政策過程》，林鍾沂、柯義龍、陳志瑋譯，韋伯文化國際出版有限公司，2003 年 1 月。

[102]　（美）米爾頓・弗里德曼著：《資本主義與自由》，張瑞玉譯，商務印書館，2007 年 11 月北京第 7 刷。

[103]　（美）米爾頓・傅利曼、羅絲・傅利曼著：《選擇的自由》，羅耀宗譯，經濟新潮社，2008 年 3 月初版第 1 刷。

[104]　（美）吉利斯、波金斯、羅默、斯諾德格拉斯著：《發展經濟學》（第四版），黃衛平等譯，中國人民大學出版社，1998 年 9 月第 1 版，1999 年 4 月第 2 刷。

[105]　（美）伊夫斯・德扎雷、（美）布賴恩特・加思主編：《全球性解決方案——新法律正統性的產生、輸出與輸入》，陸幸福、王煜宇、趙明譯，法律出版社，2006 年 9 月第 1 版第 1 刷。

[106] 李小北、王珽玖主編：《國際投資學》，經濟管理出版社，2003 年 9 月第 1 版北京第 1 刷。

[107] 李嵐清主編：《中國利用外資基礎知識》，中共中央黨校出版社、中國對外經濟貿易出版社，1995 年 6 月第 1 版第 1 刷。

[108] 李其慶主編：《全球化與新自由主義》，廣西師範大學出版社，2003 年 10 月第 1 版第 1 刷。

[109] 李浩培著：《條約法概論》，法律出版社，2003 年 1 月第 2 版，2003 年 5 月第 1 刷。

[110] 李金澤著：《跨國公司與法律衝突》，武漢大學出版社，2001 年 3 月第 1 版第 1 刷。

[111] 李貴英著：《國際投資法專論——國際投資爭端之解決》，自版 2004 年 1 月初版第 1 刷。

[112] 李培傳著：《論立法》，中國法制出版社，2004 年 1 月第 1 版第 1 刷。

[113] 李琮主編：《經濟全球化新論》，中國社會科學出版社，2005 年 5 月第 1 版第 1 刷。

[114] 李曙光著：《轉型法律學——市場經濟的法律解釋》，中國政法大學出版社，2004 年 1 月第 1 版第 1 刷。

[115] 余勁松主編：《中國涉外經濟法律問題新探》，武漢大學出版社，1999 年 10 月第 1 版，2000 年 12 月第 2 刷。

[116] 余勁松主編：《國際經濟交往法律問題研究》，人民法院出版社，2002 年 7 月第 1 版第 1 刷。

[117] 余勁松主編：《國際投資法》，法律出版社，2007 年 2 月第 3 版第 1 刷。

[118] 余勁松、吳志攀主編：《國際經濟法》，北京大學出版社，2005 年 7 月第 2 版，2006 年 11 月第 5 刷。

[119] 沈四寶編著：《國際投資法》，中國對外經濟貿易出版社，1990 年 11 月第 1 版第 1 刷。

[120] 沈四寶主編：《中國涉外經貿法》，首都經濟貿易大學出版社，2006 年 2 月第 3 版第 9 刷。

[121] 沈宗靈著：《比較法研究》，北京大學出版社，1998 年 9 月第 1 版，2003 年 4 月第 6 刷。

[122] 何志鵬著：《全球化經濟的法律調控》，清華大學出版社，2006 年 4 月第 1 版第 1 刷。

[123] 杜賢中、許望武主編：《中國外資企業管理》，北京大學出版社，2003 年 1 月第 1 版第 1 刷。

[124] 吳光明著：《商事爭議之仲裁》，五南圖書出版有限公司，1999 年 9 月初版第 1 刷。

[125] 吳志攀、白建軍主編：《經濟的法制框架》，法律出版社，2004 年 2 月第 3 版第 1 刷。

[126] 吳庚著：《憲法的解釋與適用》（第三版），自版 2004 年 6 月第 3 版。

[127] 吳庚著：《行政法之理論與實用》（增訂九版），自版 2005 年 8 月增訂 9 版。

[128] 吳英明、張其祿合著：《全球化下的公共管理》，商鼎文化出版社，2006 年 2 月第 1 版第 1 刷。

[129] 吳敬璉著：《轉軌中國》，四川人民出版社，2002 年 9 月第 1 版，2003 年 3 月第 2 刷。

[130] 吳敬璉著：《當代中國經濟改革》，上海遠東出版社，2004 年 1 月第 1 版第 1 刷。

[131] 吳敬璉主編：《比較》（第十三輯），中信出版社，2004 年 7 月第 1 版第 1 刷。

[132] 吳敬璉主編：《比較》（第十六輯），中信出版社，2005 年 1 月第 1 版第 1 刷。

[133] 吳敬璉著：《吳敬璉自選集》，山西經濟出版社，2006 年 1 月第 1 版第 3 刷。

[134] 吳敬璉著：《呼喚法治的市場經濟》，生活、讀書、新知三聯書店，2007 年 9 月北京第 1 版第 1 刷。

[135] 吳敬璉著：《中國增長模式抉擇》，上海遠東出版社，2008 年 10 月第 3 版（增訂版）第 1 刷。

[136] 楊紫烜、徐杰主編：《經濟法學》，北京大學出版社，2001 年 3 月第 3 版第 1 刷。

[137] 張二震、馬野青、方勇等著：《貿易投資一體化與中國的戰略》，人民出版社，2004 年 1 月第 1 版北京第 1 刷。

[138] 張士銓、雷家驌著：《經濟安全》，陝西人民教育出版社，2006 年 10 月第 1 版第 1 刷。

[139] 張千帆等著：《憲政、法治與經濟發展》，北京大學出版社，2004 年 10 月第 1 版，2006 年 1 月第 2 刷。

[140] 張世賢著：《中國引資發展戰略研究》，天津人民出版社，2000年7月第1版第1刷。

[141] 張世賢、陳恒鈞著：《公共政策——政府與市場的觀點》，商鼎文化出版社，2001年12月第2版第1刷。

[142] 張軍著：《「雙軌制」經濟學——中國的經濟改革（1978～1992）》，上海人民出版社，2006年3月新1版第1刷。

[143] 張慶麟主編：《國際投資法問題專論》，武漢大學出版社，2007年10月第1版第1刷。

[144] 張其祿著：《管制行政——理論與經驗分析》，商鼎文化出版社，2007年3月第1版第1刷。

[145] 張杰林著：《對外開放的法律與實務》，中國對外經濟貿易出版社，1990年8月第1版第1刷。

[146] 張紀康主編：《跨國公司與直接投資》，復旦大學出版社，2004年7月第1版第1刷。

[147] 張曉君等著：《國家經濟安全法律保障制度研究》，重慶出版社，2007年7月第1版第1刷。

[148] 張清溪、許嘉棟、劉鶯釧、吳聰敏合著：《經濟學——理論與實踐》（二版上冊），自版1993年2版修訂。

[149] 張清溪、許嘉棟、劉鶯釧、吳聰敏合著：《經濟學——理論與實踐》（二版下冊），自版1993年2版修訂。

[150] 張登文著：《經濟全球化與後發資本主義國家》，人民出版社，2007年3月第1版北京第1刷。

[151] 張曙光著：《中國轉型中的制度結構與變遷》，經濟科學出版社，2005年4月第1版第1刷。

[152] 陳業宏著：《利用外資中國有資產流失及法律防範研究》，湖北人民出版社，2002年12月第1版第1刷。

[153] 陳安、劉智中編選：《國際經濟法資料選編》，法律出版社，1991年5月第1版，1995年6月第3刷。

[154] 陳安主編：《國際經濟法論叢》（第一卷），法律出版社，1998年5月第1版第1刷。

[155] 陳安主編：《國際經濟法論叢》（第三卷），法律出版社，2000年8月第1版第1刷。

[156] **陳安主編**：《國際經濟法論叢》（第四卷），法律出版社，2001 年 9 月第 1 版第 1 刷。

[157] **陳安主編**：《國際經濟法學專論》（上編－總論），高等教育出版社，2002 年 7 月第 1 版第 1 刷。

[158] **陳安主編**：《國際經濟法學專論》（下編－分論），高等教育出版社，2002 年 7 月第 1 版第 1 刷。

[159] **陳安主編**：《國際經濟法學》，北京大學出版社，2004 年 11 月第 3 版第 1 刷。

[160] **陳安主編**：《國際投資法的新發展與中國雙邊投資條約的新實踐》，復旦大學出版社，2007 年 6 月第 1 版第 1 刷。

[161] **陳明森著**：《產業升級外向推動與利用外資戰略調整》，科學出版社，2004 年 7 月第 1 版第 1 刷。

[162] **陳治世著**：《條約法公約析論》，臺灣學生書局，1992 年 8 月初版。

[163] **陳煥生著**：《國際仲裁法專論》，五南圖書出版有限公司，1994 年 4 月初版第 1 刷。

[164] **陳錦隆著**：《國際私人投資之法律問題》，嘉新水泥公司文化基金會，1976 年 5 月。

[165] **陳新民著**：《法治國家論》，學林文化事業有限公司，2001 年 4 月第 1 版。

[166] **陳慈陽著**：《憲法學》，元照出版有限公司，2005 年 11 月第 2 版第 1 刷。

[167] **陳櫻琴著**：《經濟法理論與新趨勢》，翰蘆圖書出版有限公司，2000 年 9 月增訂 1 版。

[168] **蘇旭霞著**：《國際直接投資自由化與中國外資政策——以 WTO 多邊投資框架談判為背景》，中國商務出版社，2005 年 1 月第 1 版第 1 刷。

[169] （美）**勞倫斯・M・弗里德曼著**：《法律制度——從社會科學角度觀察》，李瓊英、林欣譯，中國政法大學出版社，2004 年 1 月修訂版第 1 刷。

[170] （美）**勞倫斯・傅利曼著**：《美國法導論》，楊佳陵譯，商周出版，2004 年 3 月初版。

[171] （德）**伯恩・魏德士著**：《法理學》，丁小春、吳越譯，法律出版社，2003 年 7 月第 1 版第 1 刷。

[172] （德）**伯恩哈德・格羅斯菲爾德著**：《比較法的力量與弱點》，孫世彥、姚建宗譯，清華大學出版社，2002 年 10 月第 1 版，2003 年 9 月第 2 刷。

[173] （德）**沃爾夫剛・格拉夫・魏智通著**：《國際法》，吳越、毛曉飛譯，法

律出版社，2002 年 9 月第 1 版第 1 刷。

[174] （英）蘇珊・斯特蘭奇著：《權力流散——世界經濟中的國家與非國家權威》，肖宏宇、耿協峰譯，北京大學出版社，2005 年 10 月第 1 版第 1 刷。

[175] （英）李・J・阿爾斯通、(冰)思拉恩・埃格特森等編：《制度變革的經驗研究》，羅仲偉譯，經濟科學出版社，2003 年 5 月第 1 版，2004 年 5 月第 2 刷。

[176] （英）阿布杜勒・帕力瓦拉、薩米・阿德爾曼等著：《第三世界國家的法律與危機》，鄧宏光、陳紅梅、劉麗君等譯，法律出版社，2006 年 12 月第 1 版第 1 刷。

[177] （英）阿蘭・魯格曼著：《全球化的終結》，常志霄、沈群紅、熊義志譯，生活、讀書、新知三聯書店，2001 年 6 月北京第 1 版第 1 刷。

[178] （德）阿圖爾・考夫曼、溫弗里德・哈斯默爾主編：《當代法哲學和法律理論導論》，鄭永流譯，法律出版社，2002 年 1 月第 1 版，2004 年 7 月第 2 刷。

[179] 周旺生主編：《立法研究》(第一卷)，法律出版社，2000 年 6 月第 1 版第 1 刷。

[180] 周旺生主編：《立法研究》(第二卷)，法律出版社，2001 年 6 月第 1 版第 1 刷。

[181] 周旺生主編：《立法研究》(第四卷)，法律出版社，2003 年 12 月第 1 版第 1 刷。

[182] 周旺生著：《立法學》，法律出版社，2004 年 11 月第 1 版，2005 年 4 月第 2 刷。

[183] 周忠海等著：《國際法學述評》，法律出版社，2001 年 7 月第 1 版第 1 刷。

[184] 周林彬著：《WTO 規則與中國經濟法理論創新》，中國政法大學出版社，2003 年 11 月第 1 版第 1 刷。

[185] 周曉燕主編：《解決涉外經濟糾紛的法律與實務》，中信出版社，1999 年 1 月第 1 版第 1 刷。

[186] 金犖著：《資本管制與資本項目自由化》，中信出版社，2006 年 8 月第 1 版第 1 刷。

[187] 易建明著：《國際投資法》，翰蘆圖書出版有限公司，2002 年 3 月初版。

[188] 林俊益著：《國際商務仲裁論文集》(一)，長弘出版社。

[189] 林毅夫、蔡昉、李周著：《中國經濟改革與發展》，聯經出版事業股份有限公司，2000 年 7 月初版。

[190] 林毅夫著：《發展戰略與經濟改革》，北京大學出版社，2004 年 9 月第 1 版，2006 年 1 月第 2 刷。

[191] 林桂軍著：《人民幣匯率問題研究——兼析現代西方匯率決定理論》，對

外經濟貿易大學出版社，1997 年 5 月第 1 刷。

[192] **羅昌發著**：《貿易與競爭之法律互動》，月旦出版股份有限公司，1994 年 4 月初版。

[193] **羅昌發著**：《國際貿易法》，月旦出版股份有限公司，1996 年 10 月第 1 版。

[194] **J・Rogers Hollingsworth、Robert Boyer 等著**：《全球化與資本主義》，徐子婷等譯，韋伯文化國際出版有限公司，2005 年 1 月。

[195] **經濟合作與發展組織編**：《OECD 國家的監管政策——從干預主義到監管治理》，陳偉譯，高世楫校，法律出版社，2006 年 9 月第 1 版第 1 刷。

[196] **經濟合作與發展組織編**：《衡量全球化——OECD 經濟全球化指標體系》，蔡春林、杜耀武主譯，張漢林主校，中國財政經濟出版社，2007 年 5 月第 1 版北京第 1 刷。

[197] **國際貨幣基金組織編**：《世界經濟展望 1997》，康以同等譯，中國金融出版社，1997 年 10 月第 1 版北京第 1 刷。

[198] **國家統計局貿易外經統計司編**：《中國對外經濟統計年鑑——2003》，中國統計出版社，2004 年 2 月第 1 版北京第 1 刷。

[199] （法）**孟德斯鳩著**：《論法的精神》，張雁深譯，臺灣商務印書館，1998 年 1 月初版第 1 刷。

[200] （美）**C・E・林德布魯姆著**：《市場體制的秘密》，耿修林譯，江蘇人民出版社，2002 年 1 月第 1 版第 1 刷。

[201] （美）**羅爾斯著**：《正義論》，李少軍等譯，桂冠圖書股份有限公司，2006 年 3 月初版 3 刷。

[202] （美）**羅伯特・吉爾平著**：《全球資本主義的挑戰——二十一世紀的世界經濟》，楊宇光、楊炯譯，上海人民出版社，2001 年 7 月第 1 版第 1 刷。

[203] （美）**羅伯特・吉爾平著**：《全球政治經濟學——掌握國際經濟秩序》，陳怡仲、張晉閣、許孝慈譯，桂冠圖書股份有限公司，2004 年 1 月初版第 1 刷。

[204] （美）**羅伯特・吉爾平著**：《國際關係政治經濟學》，楊宇光等譯，上海人民出版社，2006 年 10 月第 1 版第 1 刷。

[205] （美）**羅納德・德沃金著**：《認真對待權利》，信春鷹、吳玉章譯，中國大百科全書出版社，1998 年 5 月第 1 版，2002 年 7 月第 2 刷。

[206] （英）**J・羅杰斯・霍林斯沃思、羅伯特・博耶主編**：《當代資本主義——制度的移植》，許耀桐等譯，重慶出版社，2001 年 9 月第 1 版第 1 刷。

[207] （美）羅・龐德著：《通過法律的社會控制／法律的任務》，沈宗靈、董世忠譯，楊昌裕、樓邦彥校，商務印書館，1984 年 4 月第 1 版北京第 1 刷。

[208] （美）羅斯科・龐德著：《法律史解釋》，鄧正來譯，中國法制出版社，2002 年 12 月第 1 版，2003 年 9 月印刷。

[209] （美）龐德著：《龐德法學文述》，張文伯、雷賓南譯，中國政法大學出版社，2005 年 8 月第 1 版第 1 刷。

[210] （美）羅斯科・龐德著：《法理學》（第二卷），鄧正來譯，中國政法大學出版社，2007 年 4 月第 1 版第 1 刷。

[211] （美）羅斯科・龐德著：《法理學》（第三卷），廖德宇譯，法律出版社，2007 年 2 月第 1 版第 1 刷。

[212] （英）彼得・斯坦、約翰・香德著：《西方社會的法律價值》，王獻平譯，鄭成思校，中國法制出版社，2004 年 11 月第 1 版，2005 年 7 月印刷。

[213] （德）彼得-托比亞斯・施托爾、弗蘭克・朔爾科普夫著：《WTO——世界貿易制度和世界貿易法》，南京大學中德法學研究所譯，法律出版社，2004 年 4 月第 1 版第 1 刷。

[214] （德）E.U.彼德斯曼：《國際經濟法的憲法功能與憲法問題》，何志鵬、孫璐、王彥志譯，高等教育出版社，2004 年 5 月第 1 版第 1 刷。

[215] （意）D・奈爾肯、（英）J・菲斯特編：《法律移植與法律文化》，高鴻鈞等譯，清華大學出版社，2006 年 12 月第 1 版第 1 刷。

[216] （德）G・拉德布魯赫著：《法哲學》，王朴譯，法律出版社，2005 年 3 月第 1 版，2006 年 11 月第 2 刷。

[217] （日）牧野英一著：《法律上之進化與進步》，朱廣文譯，中國政法大學出版社，2003 年 5 月第 1 版第 1 刷。

[218] （日）美濃部達吉著：《法之本質》，林紀東譯，臺灣商務印書館股份有限公司，1993 年 8 月臺第 2 版第 2 刷。

[219] （日）美濃部達吉著：《憲法學原理》，歐宗佑、何作霖譯，中國政法大學出版社，2003 年 7 月第 1 版第 1 刷。

[220] （英）杰里米・邊沁著：《論一般法律》，毛國權譯，上海三聯書店，2008 年 4 月第 1 版第 1 刷。

[221] 姜勵男著：《國際投資法概要》，五南圖書出版有限公司，1994 年 5 月初版 1 刷。

[222] 姚梅鎮著：《國際投資法》，武漢大學出版社 1989 年 3 月第 2 次修訂版，

1990 年 7 月第 4 刷。

[223] **姚梅鎮**主編：《外商投資企業法教程》，法律出版社，1990 年 6 月第 1 版，1991 年 9 月第 3 刷。

[224] **姚梅鎮**主編：《比較外資法》，武漢大學出版社，1993 年 9 月第 1 版第 1 刷。

[225] **姚梅鎮**主編：《國際經濟法概論》，武漢大學出版社，2001 年 7 月修訂版第 4 刷。

[226] **趙旭東**主編：《新公司法制度設計》，法律出版社，2006 年 1 月第 1 版 1 刷。

[227] **趙旭東**主編：《公司法學》，高等教育出版社，2006 年 5 月第 2 版、7 月第 2 刷。

[228] **趙秀文**著：《國際商事仲裁及其法律適用研究》，北京大學出版社，2002 年 1 月第 1 版，2002 年 10 月第 2 刷。

[229] **趙相林、曹俊**主編：《外商投資法律實務》，中信出版社，2002 年 11 月第 1 版第 1 刷。

[230] **趙晉平**編著：《利用外資與中國經濟增長》，人民出版社，2001 年 6 月第 1 版北京第 1 刷。

[231] **趙維田**著：《世貿組織（WTO）的法律制度》，吉林人民出版社，2000 年 1 月第 1 版，2001 年 4 月第 4 刷。

[232] **趙喜臣、張衛華**主編：《外向型經濟法律環境研究》，法律出版社，1998 年 7 月第 1 版第 1 刷。

[233] **趙蓓文**著：《WTO 規則與中國外資政策》，上海遠東出版社，2004 年 5 月第 1 版第 1 刷。

[234] **趙燕士、田予**著：《外商投資企業法概論》，中國政法大學出版社，1992 年 5 月第 1 版第 1 刷。

[235] **胡佛**著：《政府過程》，浙江人民出版社，1998 年 12 月第 1 版第 1 刷。

[236] **胡家勇**著：《一隻靈巧的手——論政府轉型》，社會科學文獻出版社，2002 年 2 月第 1 版第 1 刷。

[237] **胡家勇**主編：《轉型、發展與政府》，社會科學文獻出版社，2003 年 2 月第 1 版第 1 刷。

[238] **胡景岩**著：《論開放市場與引進技術》，中國對外經濟貿易出版社，2003 年 11 月第 1 版第 1 刷。

[239] **胡錦濤**：《高舉中國特色社會主義偉大旗幟為奪取全面建設小康社會新勝利而奮鬥——在中國共產黨第十七次全國代表大會上的報告》，人民出版

社，2007 年 10 月第 1 版北京第 1 刷。

[240] 胡鞍鋼著：《中國發展前景》，浙江人民出版社，1999 年 5 月第 1 版第 1 刷。

[241] 胡鞍鋼主編：《中國走向》，浙江人民出版社，2000 年 1 月第 1 版，2000 年 3 月第 4 刷。

[242] 胡鞍鋼著：《中國——新發展觀》，浙江人民出版社，2004 年 1 月第 1 版，2004 年 5 月第 3 刷。

[243] 胡鞍鋼著：《中國崛起之路》，北京大學出版社，2007 年 1 月第 1 版第 1 刷。

[244] 城仲模主編：《行政法之一般法律原則》（一），三民書局股份有限公司，1999 年 3 月再版。

[245] 封麗霞著：《中央與地方立法關係法治化研究》，北京大學出版社，2008 年 8 月第 1 版第 1 刷。

[246] 饒戈平著：《全球化進程中的國際組織》，北京大學出版社，2005 年 3 月第 1 版，2006 年 10 月第 2 刷。

[247] （德）K・茨威格特、H・克茨著：《比較法總論》，潘漢典、米健、高鴻鈞、賀衛方譯，法律出版社，2003 年 1 月第 1 版第 1 刷。

[248] （美）查爾斯・沃爾夫著：《市場，還是政府——不完善的可選事物間的抉擇》，陸俊、謝旭譯，重慶出版社，2007 年 1 月第 1 版第 1 刷。

[249] （美）查爾斯・林布隆著：《政治與市場：世界的政治——經濟制度》，王逸舟譯，桂冠圖書股份有限公司，1994 年 8 月初版，1998 年 8 月第 2 刷。

[250] （美）查爾斯・林布隆著：《市場不只一隻手》，胡瑋珊譯，新新聞文化事業股份有限公司，2002 年 6 月初版第 1 刷。

[251] （美）保羅・薩繆爾森、威廉・諾德豪斯著：《經濟學》（第十八版），蕭琛主譯，人民郵電出版社，2008 年 1 月第 1 版，2008 年 3 月第 2 刷。

[252] （德）柯武剛、史漫飛著：《制度經濟學——社會秩序與公共政策》，韓朝華譯，商務印書館，2000 年 11 月第 1 版，2004 年 10 月北京第 6 刷。

[253] 徐泉著：《國際貿易投資自由化法律規制研究》，中國檢察出版社，2004 年 1 月第 1 版第 1 刷。

[254] 徐泉著：《國家經濟主權論》，人民出版社，2006 年 5 月第 1 版北京第 1 刷。

[255] 徐邦友著：《自負的制度——政府管制的政治學研究》，學林出版社，2008 年 3 月第 1 版第 1 刷。

[256] 袁祝杰著：《競爭秩序的建構——行政性限制競爭研究》，北京大學出版社，2003 年 7 月第 1 版第 1 刷。

[257] 莫瑞‧霍恩著：《公共行政之政治經濟學──公部門的制度選擇》，浩平、蕭羨一譯，商周出版，2003 年 11 月初版。

[258] 桑百川著：《外商直接投資下的經濟制度變遷》，對外經濟貿易大學出版社，2000 年 7 月北京第 1 版第 1 刷。

[259] 高輝、王文杰著：《大陸國務院機構改革之研究》，行政院大陸委員會委託研究，1998 年 9 月印製。

[260] 高長著：《大陸經改與兩岸經貿關係》，五南圖書出版有限公司，2002 年 3 月第 3 版第 1 刷。

[261] 錢穎一著：《現代經濟學與中國經濟改革》，中國人民大學出版社，2003 年 8 月第 1 版，2004 年 5 月第 2 刷。

[262] 翁岳生著：《法治國家之行政法與司法》，月旦出版社股份有限公司，1994 年 6 月初版。

[263] **Gordon Tullock、Arthur Seldon、Gordon L‧Brady** 著：《政府失靈──公共選擇的初探》，徐仁輝等譯，智勝文化事業有限公司，2005 年 4 月初版。

[264] （中國）夏勇、李林、**(瑞士)**麗狄亞‧芭斯塔‧弗萊納主編：《法治與二十一世紀》，社會科學文獻出版社，2004 年 8 月第 1 版第 1 刷。

[265] （美）理查德‧**A**‧波斯納著：《法律理論的前沿》，武欣、淩斌譯，中國政法大學出版社，2003 年 1 月第 1 版第 1 刷。

[266] （美）理查德‧**A**‧波斯納著：《法理學問題》，蘇力譯，中國政法大學出版社，2002 年 1 月第 1 版第 2 刷。

[267] （美）道格拉斯‧諾思著：《理解經濟變遷過程》，鍾正生、邢華等譯，中國人民大學出版社，2008 年 1 月第 1 版第 1 刷。

[268] （美）**H.W.**埃爾曼著：《比較法律文化》，賀衛方、高鴻鈞譯，清華大學出版社，2002 年 10 月第 1 版，2004 年 4 月第 2 刷。

[269] 崔健著：《外國直接投資與發展中國家經濟安全》，中國社會科學出版社，2004 年 11 月第 1 版第 1 刷。

[270] 崔新健著：《外商對華直接投資的決定因素》，中國發展出版社，2001 年 9 月第 1 版第 1 刷。

[271] 郭秀君著：《入世與中國利用外資新戰略》，經濟日報出版社，2002 年 1 月第 1 版第 1 刷。

[272] 郭連成主編：《經濟全球化與轉軌國家經濟發展及其互動效應》，經濟科學出版社，2007 年 6 月第 1 版第 1 刷。

[273] 郭飛、李卓、王飛、楊國亮、方勇等著：《貿易自由化與投資自由化互動關係研究》，人民出版社，2006 年 11 月第 1 版北京第 1 刷。

[274] 梁蓓、杜奇華編著：《國際投資》，對外經濟貿易大學出版社，2004 年 2 月北京第 1 版第 1 刷。

[275] 梁西著：《國際組織法》(總論)，武漢大學出版社，2001 年 6 月第 5 版，2002 年 9 月第 2 刷。

[276] 盛斌著：《WTO 與多邊投資協議》，天津大學出版社，2003 年 1 月第 1 版第 1 刷。

[277] 黃志雄著：《WTO 體制內的發展問題與國際發展法研究》，武漢大學出版社，2005 年 5 月第 1 版第 1 刷。

[278] 龔曉菊著：《制度變遷與民營經濟發展研究》，武漢大學出版社，2005 年 9 月第 1 版第 1 刷。

[279] （法）雅克・阿達著：《經濟全球化》，何竟、周曉幸譯，中央編譯出版社，2000 年 3 月第 1 版第 1 刷。

[280] （匈）雅諾斯・科奈著：《邁向自由經濟之路──匈牙利社會主義制度的轉向》，遠流出版事業股份有限公司，1994 年 6 月初版第 1 刷。

[281] （英）蒂莫西・希利爾著：《國際公法原理》（第二版），曲波譯，中國人民大學出版社，2006 年 3 月第 1 版第 1 刷。

[282] 曾令良著：《世界貿易組織法》，武漢大學出版社，1996 年 12 月第 1 版第 1 刷。

[283] 曾華群主編：《國際投資法學》，北京大學出版社，1999 年 11 月第 1 版第 1 刷。

[284] 曾華群著：《WTO 與中國外資法發展》，廈門大學出版社，2006 年 3 月第 1 版第 1 刷。

[285] 曾華群主編：《WTO 規則與中國經貿法制的新發展》，廈門大學出版社，2006 年 4 月第 1 版第 1 刷。

[286] 董輔礽主編：《中華人民共和國經濟史》（上卷），經濟科學出版社，1999 年 9 月第 1 版第 1 刷。

[287] 董輔礽主編：《中華人民共和國經濟史》（下卷），經濟科學出版社，1999 年 9 月第 1 版第 1 刷。

[288] 董輔礽著：《董輔礽縱論中國經濟》，上海交通大學出版社，2005 年 1 月第 1 版第 1 刷。

[289] 董海軍著：《轉軌與國家制度能力——一種博弈論的分析》，上海人民出版社，2007 年 1 月第 1 版第 1 刷。

[290] 程偉等著：《經濟全球化與經濟轉軌互動研究》，商務印書館，2005 年 10 月第 1 版北京第 1 刷。

[291] 韓德培主編：《國際私法》，高等教育出版社，2000 年 8 月第 1 版，2002 年 5 月第 5 刷。

[292] 韓彩珍著：《中國外資政策和法律的績效分析》，中國經濟出版社，2007 年 1 月第 1 版第 1 刷。

[293] 彭有軒著：《國際直接投資理論與政策研究》，中國財政經濟出版社，2003 年 7 月第 1 版北京第 1 刷。

[294] 聯合國貿易與發展會議編：《2002 年世界投資報告——跨國公司與出口競爭力》，中國財政經濟出版社，2003 年 11 月第 1 版北京第 1 刷。

[295] 聯合國貿發會議/世界貿易組織國際貿易中心、英聯邦秘書處編著：《WTO 企業指南》，中國（海南）改革發展研究院本書翻譯組譯，企業管理出版社，2001 年 4 月第 1 版第 1 刷。

[296] （美）E ・博登海默著：《法理學——法律哲學與法律方法》，鄧正來譯，中國政法大學出版社, 1999 年 1 月第 1 版，2001 年 5 月第 2 刷。

[297] （德）魯道夫・馮・耶林著：《為權利而鬥爭》，鄭永流譯,法律出版社，2007 年 1 月第 1 版第 1 刷。

[298] 雷家驌主編：《國家經濟安全理論與方法》，經濟科學出版社，2000 年 12 月第 1 版第 1 刷。

[299] （美）劉易斯・亨金著：《國際法——政治與價值》，張乃根、馬忠法、羅國強、葉玉、徐珊珊譯，中國政法大學出版社，2005 年 2 月第 1 版第 1 刷。

[300] （美）詹姆斯・A.道、史迪夫・H.漢科、（英）阿蘭・A.瓦爾特斯編著：《發展經濟學的革命》，黃祖輝、蔣文化主譯，上海人民出版社，2000 年 10 月第 1 版，2004 年 8 月第 2 刷。

[301] （美）詹姆斯・L.多蒂、德威特・R.李編著：《市場經濟讀本》，林季紅等譯，江蘇人民出版社，2005 年 5 月第 2 版第 1 刷。

[302] 漆多俊主編：《經濟法論叢》（第一卷），中國方正出版社，1999 年 4 月第 1 版第 1 刷。

[303] 漆多俊主編：《市場經濟企業立法觀——企業、市場、國家與法律》，武

漢大學出版社，2000 年 10 月第 1 版第 1 刷。

[304] **漆多俊主編**：《中國經濟組織法》，中國政法大學出版社，2003 年 1 月第 1
版第 1 刷。

[305] **漆多俊主編**：《經濟法論叢》（第九卷），中國方正出版社，2004 年 5 月
第 1 版北京第 1 刷。

[306] **廖揚麗著**：《政府的自我革命——中國行政審批制度改革研究》，法律出
版社，2006 年 11 月第 1 版第 1 刷。

[307] **蔡定劍著**：《歷史與變革——新中國法制建設的歷程》，中國政法大學出
版社，1999 年 3 月第 1 版第 1 刷。

[308] **顏慶章著**：《租稅法》，月旦出版股份有限公司，1995 年 1 月初版，1996
年第 2 刷。

[309] **樊綱著**：《市場機制與經濟效率》，遠流出版事業股份有限公司，1993 年
8 月臺灣初版。

[310] （日）**櫻井雅夫著**：《國際經濟法》，陳虹譯，五南圖書出版有限公司，
1998 年 9 月初版第 1 刷。

[311] （美）**穆雷‧羅斯巴德著**：《權力與市場》，劉雲鵬、戴忠玉、李衛公譯，
姚中秋校，新星出版社，2007 年 8 月第 1 版第 1 刷。

[312] （英）**戴維‧赫爾德等著**：《全球大變革——全球化時代的政治、經濟與
文化》，楊雪冬等譯，社會科學文獻出版社，2001 年 4 月第 1 版第 1 刷。

[313] （英）**戴維‧赫爾德著**：《民主與全球秩序——從現代國家到世界主義治
理》，胡偉等譯，上海人民出版社，2003 年 11 月第 1 版第 1 刷。

[314] （英）**戴維‧赫爾德、安東尼‧麥克格魯著**：《全球化與反全球化》，陳
志剛譯，社會科學文獻出版社，2004 年 12 月第 1 版第 1 刷。

[315] （英）**戴維‧赫爾德、安東尼‧麥克格魯編**：《治理全球化——權力、權
威與全球治理》，曹榮湘、龍虎等譯，社會科學文獻出版社，2004 年 12 月
第 1 版第 1 刷。

二、外文論著

[1] **A.A.Fatouros**, *Towards an International Agreement on Foreign Direct Investment?*, ICSID-Foreign Investment Law Review，1995.

[2] **D. J. Harris**, *Cases and Materials on International Law*, 4th ed., London： Sweet & Maxwell, 1991.

[3]   **International Monetary Fund(IMF)**, *Balance of Payments Manual*, Washington DC，Vol. V，1993.

[4]   **International Monetary Fund(IMF)**, *Balance of Payments Manual*, Washington DC，Vol. IV，1977.

[5]   **Kenneth J. Vandevelde**, *U. S. Bilateral Investment Treaties：The Second Wave (J). Michigan Journal of International Law*, Vol. 14, 1993.

[6]   **Kenneth J. Vandevelde**, *Investment Liberalization and Economic Development*: The Role of Bilateral Investment Treaties. Columbia Journal of Transnational Law.Vol.36, 1998.

[7]   **Louis Henkin, Richard C. Pugh, Oscar Schachter and Hans Smit**, *International Law, Cases and Materials*, St. Paul, Minn.: West Publishing Co., 3rd ed., 1993.

[8]   **M.Sornarajah**, *The International Law on Foreign Investment*, Cambridge University Press，1994.

[9]   **Organization for Economic Co-operation and Development (OECD)**, *Benchmark Definition of Foreign Direct Investment*, Paris, Vol. III，1996.

[10]   **Organization for Economic Co-operation and Development (OECD)**, *OECD Economic Outlook*, No.73，June，2003.

[11]   **Patrick Way**, *Transations: Taxation of Joint Ventures*, Longman Law, Tax and Finance Longman Group UK Ltd, 1994.

[12]   **S.W.Stein**, *Build-Operate-Transfer (BOT)-A Re-evaluation*, The International Construction Law Review, Pt.2, 1994.

[13]   **United Nations(UN)**, *The Impact of Trade-related Investment Measures on Trade and Development.U.N.Doc.ST/LT/120*, N.U.Sales, No.E.91.II.A, 1991.

[14]   **United Nations Center on Transnational Corporation(UNCTC)**, *Bilateral investment Treaties，Graham & Trot man Limited*, 1988.

[15]   **United Nations Conference on Trade and Development(UNCTAD)**, *World Investment Report 1996: Investment, trade and international policy agreements.*, New and Geneva, Sales E.96.II.A.14, 1996.

[16]   **United Nations Conference on Trade and Development(UNCTAD)**, *World Investment Report 1997: Transnational corporations, market structure and competition policy.*, New and Geneva，Sales E.97.II.D.10, 1997.

[17]   **United Nations Conference on Trade and Development(UNCTAD)**, *World Invest-*

ment Report 1998: Trends and Determinants., New and Geneva, Sales No.E.98.II.D. 5., 1998.

[18] **United Nations Conference on Trade and Development(UNCTAD)**, *World Investment Report 1998: Trends and Determinants. Overview*, New York and Geneva，1998.

[19] **United Nations Conference on Trade and Development(UNCTAD)**, *World Investment Report 1999: Foreign Direct Investment and the Challenge of Development.*, New and Geneva, Sales No.E.99.II.D.3., 1999.

[20] **United Nations Conference on Trade and Development(UNCTAD)**, *World Investment Report 2000: Cross-border Mergers and Acquisitions and Development.*, New York and Geneva, Sales No.E.00.II.D.20, 2000.

[21] **United Nations Conference on Trade and Development(UNCTAD)**, *World Investment Report 2001: Promoting Linkages.*, New York and Geneva，Sales No.E.01.II.D. 12.，2001.

[22] **United Nations Conference on Trade and Development(UNCTAD)**, *World Investment Report 2002: Transnational Corporations and Export Competitiveness.*, New York and Geneva, Sales No.E.02.II.D.4, 2002.

[23] **United Nations Conference on Trade and Development(UNCTAD)**, *World Investment Report 2003: FDI Policies for Development: National and International Perspectives.*, New York and Geneva, Sales No.E.03.II.D.8, 2003.

[24] **United Nations Conference on Trade and Development(UNCTAD)**, *World Investment Report 2004: The Shift Towards Services.*, New York and Geneva, Sales No.E. 04.II.D.36, 2004.

[25] **United Nations Conference on Trade and Development(UNCTAD)**, *World Investment Report 2004: The Shift Towards Services. Overview.*, New York and Geneva，2004.

[26] **United Nations Conference on Trade and Development(UNCTAD)**, *World Investment Report 2005: Transnational Corporations and the Internationalization of R&D.*, New York and Geneva, Sales No.E.05.II.D.10，2005.

[27] **United Nations Conference on Trade and Development(UNCTAD)**, *World Investment Report 2006: FDI from Developing and Transition Economies: Implications for Development.*, New York and Geneva，Sales No.E.06.II.D.11, 2006.

[28]   **United Nations Conference on Trade and Development(UNCTAD)**, *World Invest-ment Report 2007: Transnational Corporations, Extractive Industries and develop-ment.*, New York and Geneva, Sales No.E.07.II.D.9, 2007.

[29]   **United Nations Conference on Trade and Development(UNCTAD)**, *World Invest-ment Report 2008: Transnational Corporations, and the Infrastructure Challenge.*, New York and Geneva, Sales No.E.08.II.D.23, 2008.

[30]   **Weimer David L. and Aidan R.Vining**, *Policy Analysis: Concepts and Practice.* 3rd ed.Upper Saddle River, NJ: Prentice-Hall, Inc., 1999.

三、中文文章

[1]   丁偉：「我國涉外民商事訴訟管轄權制度的完善」，載於《政法論壇》，第 24 卷第 6 期，2006 年 11 月。

[2]   丁作提：「公司法與外商投資企業法關係初探」，載於《江海學刊》，1997 年第 5 期。

[3]   丁永剛：「雙缺口經濟模型與中國引資模式的轉變」，載於《長安大學學報》（社會科學版），2001 年第 1 期。

[4]   于津平：「外資政策、國民利益與經濟發展」，載於《經濟研究》，2004 年第 5 期。

[5]   （德）於爾根・巴澤多：「限制與促進競爭的經濟管制」，載於《環球法律評論》，2004 年第 3 期。

[6]   上海社科院世界經濟研究所：「經濟全球化與我國發展戰略研究」，載於《世界經濟研究》，2001 年第 6 期。

[7]   （德）馬蒂亞斯・海爾德根：「聯合國與國際法的未來——現代國際法體系基本價值及其有效保障」，載於《世界經濟與政治》，2004 年第 5 期。

[8]   王文杰：「中華人民共和國外商投資企業的發展新動態」，載於《月旦法學》，第 14 期，1996 年 7 月。

[9]   王文杰：「大陸外商投資企業法律體系與發展動態」，載於《臺灣銀行經濟金融月刊》，第 34 卷第 10 期，1998 年 10 月。

[10]   王文杰：「臺商同胞投資保護法及其實施細則之分析」，載於《實用稅務》，第 303 期，2000 年 3 月。

[11]   王文杰：「大陸外商投資企業法律體系之變遷與進入 WTO 後之調整」，載於《全國律師》，2000 年 9 月號。

[12] 王文杰：「嬗變中的大陸法制」，載於《律師雜誌》，2002 年 2 月號。

[13] 王文杰：「中國大陸加入 WTO 後的法制因應」，載於《萬國法律》，2002 年第 4 期。

[14] 王文杰：「大陸外商投資企業法制之修正與評析——以中外合資經營企業法暨實施條例為中心」，載於《中國大陸研究》，第 46 卷第 5 期，2003 年 9-10 月。

[15] 王文杰：「認真對待崛起中的中國大陸法制——一個客觀檢驗標準的建立」，載於《月旦法學》，第 100 期，2003 年 9 月。

[16] 王文杰：「中國大陸現行憲法第四次修正評析」，載於《月旦法學》，第 109 期，2004 年 6 月。

[17] 王文杰：「2005 年中國大陸公司法修正評析」，載於《月旦法學》，第 128 期，2006 年 1 月。

[18] 王文杰：「加入 WTO 後之外商投資企業法律環境——以銀行業為例」，載於《中國大陸法制研究》（第十五輯），2006 年 11 月。

[19] 王文娟：「區域性貿易協議之的發展趨勢及最新動態」，載於《經濟情勢暨評論季刊》，第 8 卷第 3 期，2002 年 12 月。

[20] 王少杰、李延壽：「法律視野中的全球化問題探析——兼論全球化對中國法制建設的影響」，載於《理論探索》，2005 年第 6 期。

[21] 王水林、徐立新、大衛・多拉爾、時安卿：「中國投資環境的國際比較」，載於《經濟社會體制比較》，2003 年第 3 期。

[22] 王允貴：「加入 WTO 後中國利用外資戰略研究」，載於《改革》，2001 年第 4 期。

[23] 王正毅：「理解中國轉型——國家戰略目標、制度調整與國際力量」，載於《世界經濟與政治》，2005 年第 6 期。

[24] 王先林：「產業政策法初論」，載於《中國法學》，2003 年第 3 期。

[25] 王先林：「論經濟全球化背景下競爭政策和競爭法的國際協調」，載於《上海交通大學學報》（哲社版），2006 年第 6 期。

[26] 王傳麗：「WTO 協議與司法審查」，載於《中國法學》，2003 年第 2 期。

[27] 王廷惠：「自然壟斷邊界變化與政府管制的調整」，載於《中國工業經濟》，2002 年第 11 期。

[28] 王志誠：「跨國性併購——政策與法律」，載於《台大法學論叢》，第 33 卷第 4 期，2004 年 7 月。

[29] 王宏軍：「經濟法國家適度干預原則的經濟學分析」，載於《法學雜誌》，2005 年第 3 期。

[30] 王林昌、宣海林、鄭鳴：「外商獨資企業數量增加及相關影響」，載於《改革》，2002 年第 1 期。

[31] 王其輝：「中國企業對外直接投資——優勢、特點與問題」，載於《國際經濟合作》，2004 年第 3 期。

[32] 王明華：「民營經濟發展與政府管制改革」，載於《理論探索》，2007 年第 6 期。

[33] 王保樹：「市場經濟與經濟民主」，載於《中國法學》，1994 年第 2 期。

[34] 王泰銓、林宏儒：「『臺灣投資企業』與『外商投資企業』在大陸投資地位之比較分析（上）」，載於《法令月刊》，第 49 卷第 12 期，1998 年 12 月。

[35] 王泰銓、林宏儒：「『臺灣投資企業』與『外商投資企業』在大陸投資地位之比較分析（下）」，載於《法令月刊》，第 50 卷第 1 期，1999 年 1 月。

[36] 王泰銓、楊士慧：「加入 WTO 對兩岸投資規範之影響」，載於《律師雜誌》，2002 年 2 月號。

[37] 王海英、密啟娜：「企業跨國併購對我國的影響及對策」，載於《法學論壇》，2002 年 1 月號。

[38] 王曉珉：「中國涉外稅收優惠政策的得失及其改革」，載於《法商研究》，1997 年第 3 期。

[39] 王儷容：「WTO 新回合關於投資自由化規範之探討」，載於《經濟情勢暨評論季刊》，第 10 卷第 2 期，2004 年 9 月。

[40] 牛惠之：「軟法之法律效力與其在國際經濟規範中之發展」，載於《經社法制論叢》，第 20 期，1997 年 7 月。

[41] 文貫中：「市場機制、政府定位和法治——對市場失靈和政府失靈的匡正之法的回顧與展望」，載於《經濟社會體制比較》，2002 年第 1 期。

[42] 中川淳司：「經濟規制的國際協調」，白巴根譯，載於《政法論壇》，第 24 卷第 3 期，2006 年 5 月。

[43] 中國社會科學院經濟研究所經濟增長前沿課題組：「開放中的經濟增長與政策選擇——當前經濟增長態勢分析」，載於《經濟研究》，2004 年第 4 期。

[44] 引進外資與發展民族經濟課題組：「民族經濟及其與外資的矛盾」，載於

《中國工業經濟》，1999 年第 6 期。

[45] 田君美：「中國大陸加入世貿組織對其經濟的影響與挑戰」，載於《萬國法律》，2002 年第 4 期。

[46] 左海聰：「中國國際經濟法學研究——世紀之交的回顧與展望」，載於《法學評論》，2001 年第 3 期。

[47] 史惠慈：「大陸外商直接投資發展趨勢與展望」，載於《經濟前瞻》，1998 年 1 月。

[48] 史惠慈：「加入 WTO 後中國大陸外資併購的演變」，載於《國際經際情勢週報》，第 1493 期，2003 年 7 月 3 日。

[49] 包崇侃：「從美國的角度看中國的 WTO 執行情況」，載於《時代經貿》，2004 年第 2 期。

[50] 付志剛：「外資准入立法的國際發展趨勢」，載於《哈爾濱商業大學學報》，2004 年第 4 期。

[51] 石文龍、關洪濤：「『入世』與我國政府行政職能之轉變」，載於《行政與法》，2004 年第 1 期。

[52] 石慧：「對國際條約在我國適用問題的新思考」，載於《法律適用》，2004 年第 1 期。

[53] 葉興平：「外國直接投資最新趨勢與變遷中的國際投資規則——宏觀考察」，載於《法學評論》，2002 年第 4 期。

[54] 葉興平：「WTO 體系內制定投資規則的努力——歷史、現狀與展望」，載於《現代法學》，第 26 卷第 1 期，2004 年 2 月。

[55] 葉興平：「WTO 內多邊投資規則談判的利弊分析」，載於《深圳大學學報》，2006 年第 1 期。

[56] 葉世清：「經濟法的抉擇——在市場自由與國家干預之間」，載於《干肅社會科學》，2006 年第 4 期。

[57] 盧炯星：「論完善外商投資法律制度」，載於《中國法學》，1996 年第 3 期。

[58] 盧炯星、謝峰：「論外商投資法律體系的重構」，載於《月旦民商法》，第 5 期，2004 年 9 月。

[59] 盧進勇：「從《與貿易有關的投資措施協議（TRIMs）》到《多邊投資協議（MAI）》——兼論中國利用外資政策法規的調整與完善」，載於《國際貿易問題》，1997 年第 2 期。

[60]　盧進勇：「《多邊投資協議》——必要性及主要內容」，載於《國際經濟合作》，2001 年第 4 期。

[61]　盧進勇：「入世與中國企業的『走出去』戰略」，載於《國際貿易問題》，2001 年第 6 期。

[62]　盧榮忠：「入世對中國吸引外商直接投資的影響」，載於《中國經濟問題》，2001 年第 1 期。

[63]　古惠冬：「對我國優惠政策的再思考」，載於《改革》，2000 年第 6 期。

[64]　劉少榮、操敬德：「市場經濟法制建設與法律移植之思考」，載於《法商研究》，1995 年第 2 期。

[65]　劉加良：「《民事訴訟法》新近修改之冷思考」，載於《河南大學學報》(社會科學版), 2008 年第 5 期。

[66]　劉永偉：「稅收優惠違反國民待遇原則悖論——兼談我國外商投資企業稅收政策的選擇」，載於《現代法學》，第 28 卷第 2 期，2006 年 3 月。

[67]　劉永偉：「國際條約在中國適用新論」，載於《法學家》，2007 年第 2 期。

[68]　劉慶飛：「國際投資法的自由化趨勢與我國外資法的重構」，載於《現代法學》，第 23 卷第 2 期，2001 年 4 月。

[69]　劉志雲：「統一公司法與外商投資法的若干探討」，載於《福建法學》，2001 年第 1 期。

[70]　劉志雲：「試論外資併購審批制度的重構」，載於《改革》，2002 年第 5 期。

[71]　劉凱湘、任頌：「論我國外資立法中國民待遇原則之確立」，載於《北京社會科學》，2001 年第 1 期。

[72]　劉宜君：「全球化與國家財政職能的轉換」，載於《競爭力評論》，第 4 期，2001 年 7 月。

[73]　劉劍文、熊偉：「國民待遇與外資稅收優惠政策之改革」，載於《中外法學》，1998 年第 2 期。

[74]　劉劍文、熊偉：「WTO 與中國外資稅收優惠法律制度之改革」，載於《中外法學》，2001 年第 2 期。

[75]　劉劍文：「統一企業所得稅法的若干問題」，載於《法學雜誌》，2006 年第 5 期。

[76]　劉劍文：「統一企業所得稅法的必要性、改革趨勢及其影響」，載於《法學雜誌》，2007 年第 2 期。

[77]　劉劍文：「新《企業所得稅法》——八大制度創新」，載於《涉外稅務》，

2007 年第 8 期。

[78] **劉筍**：「論 WTO 協議對國際投資法的影響」，載於《法商研究》，2000 年第 1 期。

[79] **劉筍**：「再論對 TRIMs 協議的理解」，載於《法商研究》，2001 年第 2 期。

[80] **劉筍**：「知識產權保護立法的不足及 TRIPs 協議與國際投資法的關係」，載於《政法論壇》，2001 年第 2 期。

[81] **劉筍**：「跨國投資國際法制的晚近發展」，載於《法學研究》，2001 年第 5 期。

[82] **劉筍**：「從 MAI 看綜合性國際投資多邊立法的困境和出路」，載於《中國法學》，2001 年第 5 期。

[83] **劉筍**：「外資准入法律管制的放鬆及其影響——結合 WTO 和中國入世進行研究」，載於《中外法學》，2001 年第 5 期。

[84] **劉筍**：「投資自由化規則在晚近投資條約中的反映及其地位評析」，載於《華東政法學院學報》，2002 年第 1 期。

[85] **劉筍**：「從多邊投資協議草案看國際投資多邊法制的走向」，載於《比較法研究》，2003 年第 2 期。

[86] **劉筍**：「WTO 框架下的多邊投資協議問題述評」，載於《中國法學》，2003 年第 2 期。

[87] **劉筍**：「雙邊投資條約中的絕對待遇標準評析」，載於《武漢大學學報》，2003 年第 3 期。

[88] **劉筍、李國賡**：「關於『與貿易有關的問題』及 WTO 調整範圍的若干思考」，載於《法商研究》，2003 年第 5 期。

[89] **劉筍**：「貿易與投資——WTO 法和國際投資法的共同挑戰」，載於《法學評論》，2004 年第 1 期。

[90] **劉筍**：「技術移轉要求、投資鼓勵與國際投資環境的關聯關係——結合 WTO 貿易與投資關係工作組的研究和晚近國際投資立法進行分析」，載於《政法論壇》，第 22 卷第 3 期，2004 年 5 月。

[91] **劉崇堅**：「理想競爭理論及其對解除管制政策之影響」，載於《經社法制論叢》，第 7 期，1991 年 1 月。

[92] **劉培林**：「政治穩定條件下的漸進式改革——中國和印度經濟轉軌的共同特徵」，載於《世界經濟與政治》，2005 年第 1 期。

[93] **劉嘉珍、馬宇**：「烏拉圭回合與我國外商投資有關法律法規和政策問題思考」，載於《國際經濟合作》，1995 年第 1 期。

[94]　朱玉杰、周楠：「不同因素對吸收 FDI 的影響研究」，載於《國際經濟合作》，2003 年第 11 期。

[95]　朱允衛：「外商對華直接投資『獨資化』趨勢的成因及對策」，載於《世界經濟研究》，2002 年第 5 期。

[96]　朱廷珺：「發展中國家投資政策自由化的作用及其影響」，載於《國際貿易問題》，1997 年第 12 期。

[97]　朱景文：「關於立法發展趨勢的幾個問題——一個比較研究」，載於《法學雜誌》，2005 年第 6 期。

[98]　江豔冰：「TRIMs協議與我國外資立法」，載於《國際經貿探索》，1999 年第 6 期。

[99]　江小娟：「利用外資對產業發展的促進作用——以發展中國家為背景的理論分析」，載於《中國工業經濟》，1999 年第 2 期。

[100]　江小娟：「2001 年外商對華投資分析及 2002 年前景展望」，載於《管理世界》，2002 年第 1 期。

[101]　江小娟、李蕊：「FDI對中國工業增長和技術進步的貢獻」，載於《中國工業經濟》，2002 年第 7 期。

[102]　江小娟：「中國作為FDI東道國的國際地位——比較與展望」，載於《管理世界》，2003 年第 1 期。

[103]　江小娟：「吸引外資、對外投資和中國的全面小康目標」，載於《國際貿易問題》，2004 年第 1 期。

[104]　江小娟：「中國經濟發展進入新階段——挑戰與戰略」，載於《經濟研究》，2004 年第 10 期。

[105]　江平：「現代企業的核心是資本企業」，載於《中國法學》，1997 年第 6 期。

[106]　孫明：「新形勢下我國對外開放的新格局」，載於《中國經濟問題》，2001 年第 3 期。

[107]　孫建中、王美麗：「外商對華直接投資的經濟影響及對策」，載於《經濟理論與經濟管理》，2003 年第 6 期。

[108]　孫南申：「WTO 體制下國際投資法的趨勢與發展」，載於《當代法學》，第 19 卷第 1 期，2005 年 1 月。

[109]　孫南申：「WTO 體制下司法審查範圍的理論與實踐」，載於《比較法研究》，2006 年第 4 期。

[110] 孫潮、沈偉：「BOT投資方式在我國的適用衝突及其法律分析」，載於《中國法學》，1997 第 1 期。

[111] 許明月：「市場、政府與經濟法——對經濟法幾個流行觀點的質疑與反思」，載於《中國法學》，2004 年第 6 期。

[112] 安麗：「WTO 規則與中國外資法重構」，載於《法商研究》，2002 年第 3 期。

[113] （美）安‧Ｏ‧克魯格、羅‧鄧肯：「管制的政治經濟學——複雜性問題」，載於《經濟社會體制比較》，1996 年第 4 期。

[114] 喬生：「GATS 與我國服務貿易的適度開放及立法完善」，載於《現代法學》，第 24 卷第 4 期，2002 年 8 月。

[115] 呂政、郭克莎、呂鐵：「對『十五』時期經濟結構調整的思考」，載於《中國工業經濟》，2000 年第 7 期。

[116] 呂忠梅、鄢斌：「面向 WTO 發展中國經濟法」，載於《華中科技大學學報》，2001 年第 1 期。

[117] 呂博：「當前國際資本流動的新趨勢和新特點」，載於《國際經濟合作》，2001 年第 3 期。

[118] 湯樹梅：「外商投資股份有限公司的發展及其法律適用」，載於《法學家》，2002 年第 3 期。

[119] 華民、蔣舒：「開放資本市場——應對三資企業獨資化發展傾向的策略取向」，載於《管理世界》，2002 年第 12 期。

[120] 何勤華：「法的移植與法的本土化」，載於《中國法學》，2002 年第 3 期。

[121] （美）約瑟夫‧Ｅ‧斯蒂格利茨：「關於轉軌問題的幾個建議」，載於《經濟社會體制比較》，1997 年第 2 期。

[122] （美）約瑟夫‧Ｅ‧斯蒂格利茨：「更多政策工具和更廣發展目標——走向『後華盛頓共識』」，載於鄭秉文、麥克爾‧奧爾札格主編：《保險與社會保障》（第 1 輯），中國勞動社會保障出版社，2005 年 11 月第 1 版第 1 刷。

[123] 應飛虎：「需要干預經濟關係論——一種經濟法的認知模式」，載於《中國法學》，2001 年第 2 期。

[124] 芮守勝、楊三正：「對『國家干預』的邏輯解析——基於經濟法的視角」，載於《甘肅政法學院學報》，2007 年第 4 期。

[125] 李萬強：「我國外資法規的若干問題」，載於《國際經濟合作》，1995 年

第 4 期。

[126] 李廣輝、彭曉紅：「中國加入世貿組織與外資立法的完善」，載於《韶關學院學報》，2002 年第 11 期。

[127] 李雙元、李贊：「全球化進程中的法律發展理論評析——『法律全球化』和『法律趨同化』理論的比較」，載於《法商研究》，2005 年第 5 期。

[128] 李帥、王丹：「我國《對外貿易法》修訂整體思路探討」，載於《國際經貿探索》，2003 年第 2 期。

[129] 李玉虎：「經濟全球化與我國經濟法的變遷」，載於《安徽大學學報》（哲學社會科學版），2006 年第 4 期。

[130] 李向陽：「全球化時代的區域經濟合作」，載於《世界經濟》，2002 年第 5 期。

[131] 李向陽：「全球區域經濟合作的發展趨勢與中國的戰略選擇」，載於《拉丁美洲研究》，第 27 卷第 2 期，2005 年第 4 期。

[132] 李向陽：「國際經濟規則的形成機制」，載於《世界經濟與政治》，2006 年第 9 期。

[133] 李靈稚：「我國利用外資法律體系的形成與發展」，載於《國際經濟合作》，1996 年第 6 期。

[134] 李壽雙、周雙慶：「國際直接投資的政治風險及其法律應對——以國際直接投資保險制度為例」，載於《學術論壇》，2003 年第 5 期。

[135] 李欣達：「引進外資與維護國家經濟安全」，載於《國際貿易問題》，1999 年第 8 期。

[136] 李秀清：「試論蘇聯經濟法理論對中國的影響」，載於《政治與法律》，2002 年第 3 期。

[137] 李政達：「淺析外人直接投資之國際投資規範趨勢」，載於《經濟情勢暨評論季刊》，第 4 卷第 1 期，1998 年 5 月。

[138] 李適時：「WTO 規則與我國法制建設」，載於《政府法制建設》，2001 年第 4 期。

[139] 李昌麒、魯籬：「中國經濟法現代化的若干思考」，載於《法學研究》，1999 年第 3 期。

[140] 李昌麒：「論市場經濟、政府干預和經濟法之間的內在聯繫」，載於楊紫烜主編：《經濟法研究》（第 1 卷），2000 年 3 月。

[141] 李昌麒、應飛虎：「論經濟法的獨立性——基於對市場失靈最佳克服的視

角」，載於《山西大學學報》（哲學社會科學版），2001 年第 3 期。

[142] 李昌麒、張波：「論經濟法的國家干預觀與市場調節觀——對國家與市場分析範式的一種解讀」，載於《甘肅社會科學》，2006 年第 4 期。

[143] 李昌麒、王懷勇：「政府干預市場的邊界—以和諧產業發展的法治要求為例」，載於《政治與法律》，2006 年第 4 期。

[144] 李政達：「二十一世紀外人直接投資之新視野及政策挑戰」，載於《國際投資》，2002 年 3 月。

[145] 李樹成：「論中國外資法的重構」，載於《法學研究》，2003 年第 6 期。

[146] 李凌雲：「我國反壟斷立法中有關外資併購的國民待遇問題」，載於《華東政法學院學報》，2003 年第 4 期。

[147] 李海艦：「外資進入與國家經濟安全」，載於《中國工業經濟》，1997 年第 8 期。

[148] 李海艦：「『十五』時期保障我國經濟安全的思路和對策」，載於《中國工業經濟》，2001 年第 1 期。

[149] 李培才：「從政府干預的歷史演變看政府干預的法治化與程序化」，載於《河南省政法管理幹部學院學報》，2004 年第 1 期。

[150] 汪寧生：「外人直接投資與經濟貢獻及獎勵措施之關係」，載於《經濟情勢暨評論季刊》，第 3 卷第 4 期，1998 年 2 月。

[151] 蘇力：「市場經濟對立法的啟示」，載於《中國法學》，1996 年第 4 期。

[152] 沈四寶：「外商投資企業適用公司法的若干問題」，載於《中國法學》，1995 年第 1 期。

[153] 沈四寶、盛建明：「經濟全球化與國際經濟法的新發展」，載於《中國法學》，2006 年第 3 期。

[154] 沈木珠：「完善中國外商投資法的若干建議」，載於《政治與法律》，1997 年第 2 期。

[155] 沈木珠：「WTO 法的重要發展與前景預測」，載於《中國法學》，2005 年第 2 期。

[156] 沈杰、趙進、李戰軍：「外國直接投資優惠政策的國際協調」，載於《國際貿易問題》，2001 年第 1 期。

[157] 邱本：「論市場競爭法的基礎」，載於《中國法學》，2003 年第 4 期。

[158] 邱一川、王丹：「論我國《對外貿易法》修訂的整體思路」，載於《世界貿易組織動態與研究》，2003 年第 2 期。

[159] 余勁松：「論國際投資法的晚近發展」，載於《法學評論》，1997 年第 6 期。

[160] 余勁松：「TRIMs 協議研究」，載於《法學評論》，2001 年第 2 期。

[161] 余勁松：「經濟全球化與國際經濟法」，載於《法學家》，2003 年第 3 期。

[162] 余勁松、詹曉寧：「論投資者與東道國間爭端解決機制及其影響」，載於《中國法學》，2005 年第 5 期。

[163] 余勁松：「外資的公平與公正待遇問題研究——由 NAFTA 的實踐產生的幾點思考」，載於《法商研究》，2005 年第 6 期。

[164] 余勁松：「中國發展過程中的外資准入階段國民待遇問題」，載於《法學家》，2006 年第 6 期。

[165] 余永定：「人民幣匯率制度改革的歷史性一步」，載於《世界經濟與政治》，2005 年第 10 期。

[166] 余凌雲：「『十一五』引資政策向左？向右？」，載於《中國外資》，2006 年第 3 期。

[167] 宋利芳、熊昆：「經濟全球化時代的後發優勢與發展中國家的對策」，載於《世界經濟研究》，2003 年第 8 期。

[168] 宋國誠：「全球化與中國——機遇、挑戰與調適」，載於《中國大陸研究》，第 45 卷第 2 期，2002 年 3-4 月。

[169] 宋錫祥：「論加入 WTO 對我國外資法的影響」，載於《外國經濟與管理》，2000 年第 6 期。

[170] 何文強：「經濟自由與國家干預」，載於《雲南社會科學》，2007 年第 1 期。

[171] 何詩霏：「APEC 下貿易投資自由化」，載於《國際經濟合作》，2001 年第 6 期。

[172] 何明瑜：「徵用外人投資財產之研究——以國際法為中心兼論我國相關之規範」，載於《輔仁法學》，第 21 期，2001 年 6 月。

[173] 何勤華：「法的移植與法的本土化」，載於《中國法學》，2002 年第 3 期。

[174] 杜新麗：「中外雙邊投資保護協議法律問題研究」，載於《政法論壇》，1998 年第 3 期。

[175] 杜仕林：「轉型期國家干預之邊界考量——基於經濟法的認知視角」，載於《甘肅社會科學》，2006 年第 4 期。

[176] 杜惟毅：「論我國外商投資企業法的重構與革新」，載於《河北經貿大學

學報》，2000 年第 3 期。

[177] 吳必然：「國際投資規範之發展」，載於《月旦法學》，第 29 期，1997 年 10 月。

[178] 吳重禮、尤淑儀：「大陸市場對於外人來台直接投資的影響評估」，載於 《中國大陸研究》，第 45 卷第 1 期，2002 年 1-2 月。

[179] 吳敬璉：「二十年來中國的經濟改革和經濟發展」，載於《百年潮》，1999 年第 11 期。

[180] 吳敬璉：「共和國經濟五十年」，載於《財經時報》，2002 年 2 月 26 日。

[181] 吳煜賢：「論大陸雙軌立法模式下所建構的外商投資企業法制——兼論與 其公司法間之法律衝突」，載於《中國大陸法制研究》，第十六輯，2008 年 1 月。

[182] 吳煜賢：「大陸雙軌立法模式下外商投資企業法制與公司法間之法律衝 突」，載於《月旦民商法》，第 22 期，2008 年 12 月。

[183] 遲福林：「中國經濟體制轉軌——進程、挑戰與目標」，載於《轉軌通 訊》，2004 年第 3 期。

[184] 鄒立剛：「TRIMs 協議與我國對外資的待遇標準」，載於《法商研究》， 1999 年第 1 期。

[185] 肖興志：「中國自然壟斷產業規制改革模式研究」，載於《中國工業經 濟》，2002 年第 4 期。

[186] 陳月端：「WTO 與大陸地區法律之因應」，載於《律師雜誌》，2002 年 2 月號。

[187] 陳永生：「外國直接投資與中國大陸的經濟發展」，載於《中國大陸研 究》，第 44 卷第 3 期，2001 年 3 月。

[188] 陳治東、沈偉：「國際商事仲裁裁決承認與執行的國際化趨勢」，載於《中 國法學》，1998 年第 2 期。

[189] 陳柳裕：「建國以來民營經濟法制的發展進程及其演變軌跡」，載於《浙 江工商大學學報》，2006 年第 2 期。

[190] 陳銘祥：「政策與法律」，載於《經社法制論叢》，第 21 期，1998 年 1 月。

[191] 陳晨：「對統一的多邊投資協議的前景分析」，載於《法學評論》，2004 年第 4 期。

[192] 陳晨：「經濟立法中的法律移植和本土資源」，載於《黑龍江對外經貿》， 2007 年第 5 期。

[193] 陳寒楓、周衛國、蔣豪：「國際條約與國內法的關係及中國的實踐」，載於《政法論壇》，2000 年第 2 期。

[194] 陳漫：「我國引進外商直接投資的實效分析」，載於《東方文化》，2001 年第 4 期。

[195] 陳慧琴：「經濟對外開放與產業結構的調整」，載於《中國工業經濟》，1999 年第 6 期。

[196] 張文春：「對外國直接投資優惠的經濟分析」，載於《經濟理論與經濟管理》，1999 年第 1 期。

[197] 張玉卿、楊國華：「配合入世建立中國新的外經貿法律體制（上）」，載於《中國法律》，2004 年 2 月號。

[198] 張玉卿、楊國華：「配合入世建立中國新的外經貿法律體制（下）」，載於《中國法律》，2004 年 4 月號。

[199] 張秀娥：「經濟全球化中的政府職能協調」，載於《國際經濟合作》，2001 年第 10 期。

[200] 張進選：「中國利用外資——現狀、問題與對策」，載於《國際經濟合作》，2001 年第 5 期。

[201] 張進選：「對調整外資優惠政策的探討」，載於《國際經濟合作》，2002 年第 8 期。

[202] 張慶麟、彭忠波：「論我國外資法律體系重構模式」，載於《法學評論》，2006 年第 1 期。

[203] 張國元：「《與投資有關的貿易措施》探析」，載於《華東政法學院學報》，2004 年第 6 期。

[204] 張其祿：「政府管制政策績效評估——以 OECD 國家經驗為例」，載於《經社法制論叢》，第 38 期，2006 年 7 月。

[205] 張其祿：「政府行政管制與中小企業之發展——兼論建構興利之法規環境」，載於「政府與企業法制關係」學術研討會論文集，2006 年 10 月。

[206] 張其祿：「政府行政管制與中小企業之發展——以 OECD 國家為例」，載於《經社法制論叢》，第 40 期，2007 年 7 月。

[207] 張金杰：「整體規模將小幅穩增——全球國際直接投資現況及發展趨勢」，載於《國際貿易》，2004 年第 11 期。

[208] 張智勇、王慧：「《與貿易有關的投資措施協議》與中國外資法」，載於《法學》，2000 年第 1 期。

[209] 張韜：「外商投資國民待遇問題新探」，載於《法商研究》，1996 年第 3 期。

[210] 張燕生、畢吉耀：「對經濟全球化趨勢的理論思考」，載於《世界經濟》，2003 年第 4 期。

[211] 張鑫煒：「我國外商直接投資的發展趨勢和應對策略」，載於《國際經濟合作》，2001 年第 8 期。

[212] 楊衛東：「雙邊條約與國際投資法淵源」，載於《科技與法律季刊》，2001 年第 1 期。

[213] 楊亞沙：「跨國併購的發展及對我國的影響」，載於《國際經濟合作》，2004 年第 1 期。

[214] 楊在平：「政策法學——邁向實踐與理想形態的中國法學」，載於《理論探索》，2006 年第 5 期。

[215] 楊澤偉：「晚近國際法發展的新趨勢及其制約因素」，載於《中國法學》，2000 年第 6 期。

[216] 楊解君：「WTO 與中國行政制變革」，載於《政法論壇》，2002 年第 1 期。

[217] 楊慧芳：「外資稅收優惠問題探析」，載於《外交評論》，2003 年第 1 期。

[218] 楊慧芳：「我國企業所得稅法的統一及對外資的影響」，載於《外交評論》，2005 年第 5 期。

[219] 楊建順：「論政府職能轉變的目標及其制度支撐」，載於《中國法學》，2006 年第 6 期。

[220] 周育仁：「我國政府經濟管制角色之分析——兼論建立廉能政府應有的方向」，載於《經濟情勢暨評論季刊》，第 2 卷第 4 期，1997 年 2 月。

[221] 周旺生：「法的功能和法的作用辨異」，載於《政法論壇》，第 24 卷第 5 期，2006 年 9 月。

[222] 周茂清：「『入世』與國內產業的合法保護」，載於《中國工業經濟》，2000 年第 5 期。

[223] 周叔蓮、王延中：「加入 WTO 之後提高中國工業國際競爭力的對策」，載於《中國工業經濟》，2001 年第 8 期。

[224] 周繼紅：「全球化中的吸引外資新取向」，載於《國際貿易問題》，2003 年第 4 期。

[225] 單文華：「我國外資國民待遇制度的發展與完善」，載於《法學研究》，1995 年第 6 期。

[226] 單文華：「世界貿易組織協議中的國際投資規範評析」，載於《法學研究》，1996 年第 2 期。

[227] 單文華：「市場經濟與外商投資企業的國民待遇研究」，載於《中國法學》，1994 年第 5 期。

[228] 冼國明、葛順奇：「國際直接投資的全球趨勢」，載於《國際經濟合作》，2002 年第 9 期。

[229] 屈振輝：「試論公共政策法律化的限度」，載於《蘭州商學院學報》，2007 年第 6 期。

[230] 易建明：「戰後日本外資自由化之過程以及外國投資人取得股份之規範——以日本外資法、外匯法為題」，載於《經社法制論叢》，第 14 期，1994 年 7 月。

[231] 武力：「試論我國實施五年計畫的歷史經驗」，載於《中共黨史研究》，2006 年第 6 期。

[232] 林俊宏：「概論多邊投資協議——以開發中國家為中心之省思」，載於《經社法制論叢》，第 38 期，2006 年 7 月。

[233] 金芳：「國際分工的深化趨勢及其對中國國際分工地位的影響」，載於《世界經濟研究》，2003 年第 3 期。

[234] 金培：「經濟全球化背景下的中國工業」，載於《中國工業經濟》，2001 年第 5 期。

[235] 金培：「當前中國經濟的突出特點和發展趨勢」，載於《中國工業經濟》，2002 年第 1 期。

[236] 金培：「WTO 規則下的中國工業經濟」，載於《中國工業經濟》，2002 年第 5 期。

[237] 鄭北雁、馬寧：「跨國投資發展趨勢對我國吸引外商投資的影響」，載於《國際經濟合作》，2000 年第 11 期。

[238] 鄭志海：「經濟全球化與我國對外經貿的發展」，載於《國際經濟合作》，2001 年第 3 期。

[239] 鄭國泰：「政府管制治理之新猷——管制衝擊評鑑」，載於「政府與企業法制關係」學術研討會論文集，2006 年 10 月。

[240] 鄭勇強：「多邊投資待遇規則貿易化新探」，載於《廣州大學學報》，2004 年第 7 期。

[241] （美）拉里・卡塔・巴克爾：「中國的憲政、『三個代表』與法治」，載

於《經濟社會體制比較》，2007 年第 1 期。

[242] 趙相林、耿勇：「WTO 與中國涉外民商事審判」，載於《政法論壇》，2002 年第 8 期。

[243] 趙凌雲：「中國法治化與市場化的歷史關聯與現實互動」，載於《法商研究》，2001 年第 5 期。

[244] 趙蓓文：「外國直接投資激勵政策的國內外效應」，載於《世界經濟研究》，2003 年第 1 期。

[245] 趙蓓文：「世紀初中國的外資政策與國家競爭優勢的建構——全球化時代中國的引資戰略」，載於《世界經濟研究》，2003 年第 12 期。

[246] 侯佳儒：「自由市場、政府干預與中國經濟法諸理論」，載於史際春、鄧峰主編：《經濟法學評論》(第 3 卷), 2003 年 3 月。

[247] 胡泓：「我國外商投資企業法與 WTO 規則的衝突及適應」，載於《經濟研究》，2001 年第 10 期。

[248] 胡祖六：「關於中國引進外資的三大問題」，載於《國際經濟評論》，2004 年 3-4 月。

[249] 柯春共：「區域貿易協議主要類型之研析」，載於《問題與研究》，第 44 卷第 2 期，2005 年 3-4 月。

[250] 姜茹嬌：「我國國民待遇制度的現狀與發展前景探析」，載於《政法論壇》，2002 年 8 月。

[251] 賀力行、李陳國、洪錫銘：「跨國企業 FDI 與地主國吸引外資政策之研究」，載於《管理研究學報》，2003 年 7 月。

[252] 賀小勇：「我國經貿法律制度與 WTO 規則的融合及其發展趨勢」，載於《法學》，2005 年第 2 期。

[253] 郝紅梅：「WTO 與我國外商投資企業的有關法律」，載於《國際經濟合作》，2001 年第 8 期。

[254] 郝紅梅：「經濟全球化對發展中國家吸收外資的影響」，載於《國際經濟合作》，2001 年第 9 期。

[255] 郝雨磊：「外商投資企業中虛假投資現象分析」，載於《經濟與管理研究》，2002 年第 5 期。

[256] 郝紅光：「我國引資模式轉換與引資戰略調整」，載於《上海大學學報》（社會科學版），2000 年第 1 期。

[257] 孫本初、鍾京佑：「治理理論之初探——政府、市場與社會治理架構」，

載於《公共行政學報》，第 16 期，2005 年 9 月。

[258] 促進跨國公司對華投資政策課題組：「跨國公司在華併購投資——意義、趨勢及應對戰略」，載於《管理世界》，2001 年第 3 期。

[259] （美）保羅‧G‧黑爾：「轉型時期的制度變遷和經濟發展」，載於《經濟社會體制比較》，2004 年第 5 期。

[260] （波蘭）G‧W‧科勒德克：「從『休克』失敗到『後華盛頓共識』」，載於《經濟社會體制比較》，1999 年第 2 期。

[261] 徐偉功：「論國際商事仲裁實體問題的法律適用」，載於《法商研究》，2001 年第 1 期。

[262] 徐偉、賈希凌：「論全球化背景下完善涉外經濟管制基本問題」，載於《河北法學》，2007 年第 3 期。

[263] 徐泉：「略論外資准入與投資自由化」，載於《現代法學》，第 25 卷第 2 期，2003 年 4 月。

[264] 徐泉：「外資管轄權弱化的法律分析」，載於《西北師大學報》，2004 年第 4 期。

[265] 徐泉：「WTO 體制中成員集團化趨向發展及中國的選擇析論」，載於《法律科學》，2007 年第 3 期。

[266] 徐思嘉、麥挺：「外國直接投資的福利效應與激勵政策——兼論中國外資激勵政策的調整」，載於《改革》，2004 年第 2 期。

[267] 徐振東：「跨國併購的風險及其控制的主要途徑」，載於《中國工業經濟》，2000 年第 5 期。

[268] 徐崇利：「市場經濟與我國涉外經濟立法導向」，載於《法學研究》，1994 年第 6 期。

[269] 徐崇利：「世界經濟的一體化與晚近國際經濟立法的發展趨勢」，載於《法商研究》，1996 年第 5 期。

[270] 徐崇利：「從南北紛爭焦點的轉移看國際投資法的晚近發展」，載於《比較法研究》，1997 年第 1 期。

[271] 徐崇利：「WTO 多邊投資協議議題與中國的基本策略分析」，載於《法律科學》，2004 年第 4 期。

[272] 徐崇利：「經濟全球化與跨國經濟立法模式」，載於《華東政法大學學報》，2006 年第 2 期。

[273] 徐崇利：「從實體到程序——最惠國待遇適用範圍之爭」，載於《法商研

究》，2007 年第 2 期。

[274] 徐景安：「我所經歷的經濟體制改革決策過程」，載於《百年潮》，2008 年 2 期。

[275] 徐箐：「加入 WTO 與我國外資法的完善」，載於《法學》，2001 年第 1 期。

[276] 徐璐、劉萬洪：「社會轉型背景下的立法者——從 1980～2004 年人大常委會公報看立法理念的發展變化」，載於《法律科學》，2005 年第 6 期。

[277] 袁曙宏、楊偉東：「論建立市場取向的行政許可制度」，載於《中國法學》，2002 年第 5 期。

[278] 秦前紅：「憲政視野下的中國立法模式變遷論——從『變革性立法』走向『自治性立法』」，載於《中國法學》，2005 年第 3 期。

[279] 郭連成：「經濟全球化與轉軌國家政府職能轉換」，載於《世界經濟》，2003 年第 10 期。

[280] 郭連成、李卿燕：「經濟全球化與轉軌國家經濟安全相關性」，載於《世界經濟》，2005 年第 11 期。

[281] 郭連成：「經濟全球化與轉軌國家經濟雙向互動論」，載於《世界經濟與政治》，2006 年第 11 期。

[282] 顧自安：「經濟轉軌、政府管制與權力資本化——中國案例」，載於《遠東中文經貿評論》，2005 年第 1 期。

[283] 唐以今：「外國直接投資新特點和中國引資環境的重整」，載於《國際經濟合作》，2001 年第 7 期。

[284] 唐曉華、張保勝：「自然壟斷產業放鬆規制的理論觀點及其分析」，載於《中國工業經濟》，2001 年第 12 期。

[285] 高玉泉：「論國際投資爭議之仲裁——西方國家與開發中國家立場之比較」，載於《丘宏達教授六秩晉五華誕祝壽論文集編輯委員會，國際法論集——丘宏達教授六秩晉五華誕祝壽論文集》，三民書局股份有限公司，2001 年 3 月初版 1 刷。

[286] 夏霖：「外資稅收優惠政策的有效性與再調整」，載於《稅務研究》，2003 年第 12 期。

[287] 夏錦文、蔡道通：「論中國法治化的觀念基礎」，載於《中國法學》，1997 年第 5 期。

[288] 殷華方、魯明泓：「中國吸引外商直接投資政策有效性研究」，載於《管理世界》，2004 年第 1 期。

[289] 桂宏誠：「從法制到法治──中共『依法治國』之涵義與目的」，載於《展望與探索》，第 3 卷第 3 期，2005 年 3 月。

[290] 席濤：「誰來監管美國的市場經濟──美國的市場化管制及對中國管制改革的啟迪」，載於《國際經濟評論》，2005 年第 1 期。

[291] 都毫：「論國際投資法的新發展」，載於《當代法學》，第 15 卷第 6 期，2001 年 6 月。

[292] 錢穎一：「政府與法治」，載於《經濟社會體制比較》，2003 年第 5 期。

[293] （德）恩斯特・本達：「全球化時代的國家主權」，載於《世界經濟與政治》，2004 年第 2 期。

[294] 梁蓓：「國民待遇原則與我國外資政策調整」，載於《國際經濟合作》，2003 年第 10 期。

[295] 梁炳揚：「發展與問題──民事訴訟法修改述評」，載於《廣西政法管理幹部學院學報》，2008 年第 1 期。

[296] 屠正鋒：「購併式外國直接投資在我國的趨勢和發展」，載於《國際貿易問題》，2000 年第 5 期。

[297] 黃克安、張家恩：「對外商直接投資實行超國民待遇的利弊分析」，載於《國際貿易問題》，1999 年第 12 期。

[298] 黃金如：「經濟全球化與中國工業化的戰略選擇」，載於《中國工業經濟》，2001 年第 11 期。

[299] 黃雪蘭：「統一涉內外企業所得稅法芻議」，載於《現代法學》，第 23 卷第 6 期，2001 年 12 月。

[300] 黃雪蘭：「完善外商投資企業審批制度的思考」，載於《法律適用》，總 194 期，2002 年 5 月。

[301] 黃紫紅：「外資併購及其法律規制」，載於《華東政法學院學報》，2003 年第 4 期。

[302] 黃曉霞、王歡：「我國稅收優惠政策對吸引外資的影響分析」，載於《國際貿易問題》，2003 年第 5 期。

[303] 黃曉玲：「對外投資促進措施──國際模式評介與中國體系的建構」，載於《國際經濟合作》，2003 年第 12 期。

[304] 黃毅、王瀛：「外商對華直接投資的影響及對策」，載於《國際貿易問題》，2003 年第 7 期。

[305] 黃智聰、歐陽宏：「世界各國對中國大陸直接投資決定因素之研究」，載

於《遠景基金會季刊》，第 7 卷第 2 期，2006 年 4 月。

[306] （美）理查德・**A**・波斯納：「行政法的潮起潮落」，載於《比較法研究》，2007 年第 4 期。

[307] （美）道格拉斯・**C**・諾思：「理解經濟變遷的過程」，載於《經濟社會體制比較》，2004 年第 1 期。

[308] 溫耀慶、陳泰鋒：「論引進外資與國家經濟安全」，載於《國際貿易問題》，2001 年第 2 期。

[309] 喻世友、萬欣榮、史衛：「論跨國公司 R&D 投資的國別選擇」，載於《管理世界》，2004 年第 1 期。

[310] 景學成：「試論人民幣實現經常項目下可兌換的宏觀經濟意義」，載於《經濟研究》，1997 年第 4 期。

[311] 曾小荷：「我國對外直接投資的產業和區位選擇」，載於《國際貿易問題》，2003 年第 5 期。

[312] 曾華群：「我國對外實行國民待遇原則的法律實踐」，載於《廈門大學學報》，2001 年第 4 期。

[313] 曾華群：「論 WTO 體制與國際投資法的關係」，載於《廈門大學學報》，2007 年第 6 期。

[314] 曾國安：「論經濟管制與宏觀經濟調控的關係」，載於《經濟評論》，2003 年第 1 期。

[315] 魯政委：「發展經濟學的演變——基於政府與市場的視角」，載於《西安電子科技大學學報》（社會科學版），2002 年第 2 期。

[316] 葛順奇、詹曉寧：「國際投資協定——准入和開業的控制模式與政策選擇」，載於《國際經濟合作》，2002 年第 9 期。

[317] 韓彩珍：「中國外資政策調整的理性思考」，載於《中國外資》，2007 年第 5 期。

[318] 隆國強：「加入 WTO 對政府職能提出新挑戰」，載於《經濟與管理研究》，2001 年第 5 期。

[319] 詹曉寧、葛順奇：「多邊投資框架——趨勢與評價」，載於《國際經濟合作》，2002 年第 6 期。

[320] 詹曉寧、葛順奇：「國際投資協定——投資與投資者的範圍與定義」，載於《國際經濟合作》，2003 年第 1 期。

[321] 路愛國：「中國改革發展的成敗得失——國外的評價和看法」，載於《當

代中國史研究》，2005 年第 6 期。

[322] **賴朝輝**：「民主式的經濟干預體系──《德國經濟行政法》之啟示」，載於《比較法研究》，2005 年第 2 期。

[323] **廖元和**：「全球化下中國對外開放戰略的轉變與創新」，載於《改革》，2002 年第 4 期。

[324] **漆多俊**：「市場、調節機制與法律的同步演變──世紀之交的回顧與展望」，載於漆多俊主編：《經濟法論叢》（第一卷），1994 年第 4 月第 1 版第 1 刷。

[325] **漆多俊**：「論市場經濟發展三階段及其法律保護體系」，載於《法律科學》，1999 年第 2 期。

[326] **譚兵**：「我國仲裁法的重大突破和仲裁制度良性運行的條件」，載於《海南大學學報》(社會科學版), 1996 年第 4 期。

[327] **鍾偉、覃東海**：「國際資本的流入結構和政府間 FDI 的激勵競爭」，載於《管理世界》，2003 年第 10 期。

[328] **慕亞平、黃勇**：「適應入世新形勢重構我國外資法」，載於《政法學刊》，2001 年第 1 期。

[329] **慕亞平、黃勇**：「《TRIMs 協議》對國際投資法與我國外資法的影響」，載於《中山大學學報》，2001 年第 1 期。

[330] **慕亞平、代中現**：「論經濟全球化影響下我國投資法律環境的優化」，載於《河南省政法管理幹部學院學報》，2001 年第 3 期。

[331] **裴長洪、江小娟**：「外商對華投資的趨勢與在華投資機會」，載於《財貿經濟》，2000 年第 7 期。

[332] **裴長洪**：「論中國進入利用外資新階段──『十一五』時期利用外資的戰略思考」，載於《中國工業經濟》，2005 年第 1 期。

[333] **蔡奕**：「論我國外資立法體系的重構──兼議外國投資法典的編纂問題」，載於《法學》，2000 年第 5 期。

[334] **蔡慶輝**：「《與貿易有關的投資措施協議》與我國外資法」，載於《國際貿易問題》，1998 年第 10 期。

[335] **蔡向輝**：「綠地與褐地投資──孰優孰劣」，載於《國際經濟合作》，2002 年第 8 期。

[336] **維托‧坦茨**：「體制轉軌和政府角色的改變」，載於《經濟社會體制比較》，1999 年第 4 期。

[337] 潘愛玲：「跨國併購的新趨勢與我國引進外資的新思路」，載於《經濟與管理研究》，2002 年第 5 期。

[338] 戴德生：「WTO《與貿易有關的投資措施協議》與中國加入 WTO」，載於《現代法學》，第 24 卷第 3 期，2002 年 6 月。

[339] 戴德生：「世貿組織區域經濟一體化法律規則與中國對策」，載於《國際貿易問題》，2003 年第 4 期。

[340] 瞿大文：「OECD 多邊投資協議及其諮商進展」，載於《經濟情勢暨評論季刊》，第 4 卷第 1 期，1998 年 5 月。

四、外文文章

[1] **David P.**, *Fidler，Foreign Private Investment in Palestine：An Analysis of the law on the Encouragement of Investment in Palestine*, Journal of Fordham, International Law, Vol. 19, 1995.

[2] **David Winter, OBE,** *Eastern Bloo Joint Ventures*, Butterworths & Co.Ltd,1990.

[3] **Dale D.Murphy**, *Interjuriscictional competition and regulatory advantage.8* J.Int'l Econ. L. 2005.

[4] **E. D. Hirsch, Jr., Joseph F. Kett, James Trefil**, *The New Dictionary of Cultural Literacy*, Third Edition. 2002，Published by Houghton Mifflin Company.

[5] **George J. Stigler**, *The Theory of Economic Regulation*. Bell J. Econ. 1971, 2.

[6] **John H. Jackson**, *Global Economics and International Economic Law*, Journal of International Economic Law. 1998, 1: 1-2.

[7] **Lester M. Salamon**, *The New Governance and the Tools of Public Action: An Introduction*, The Tools of Government. 1: 11-14.

[8] **Levinsohn, James**, *Competition Policy and International Trade*, NBER Working Paper 4972. 1994.

[9] **M. Bothe,** "Legal and Non-Legal Norms—A Meaning Distinction in International Relations?" *Netherlands Yearbook of International Law*, Vol. 11, 1980.

[10] **Merton R C.**, *A Functional Perspective of Financial Intermediation*, Financial Management, 1995, 24(2): 23-41.

[11] **Ronald Dworkin**, *A Matter of Principle*, Cambridge, MA: Harvard University Press, 1985.

[12] **Rosenau, J.**, *Along the Domestic-Foreign Frontier*. Cambridge: Cambridge Univer-

sity Press. 1997.

[13]   **Robert Gilpin**, *Global Political Economy-Understanding The International Economic Order* (New Jersey: Princeton University Press, 2001.

[14]   **Steven A. Ramirez**, *Depoliticizing Financial Regulation*, Wm. & Mary L. Rev. 2002, 41.

[15]   **Shaw, Malcolm N.**, *International Law*, 4th Ed., Cambridge University Press, 1997.

[16]   **Weimer, D. L., and A. R. Vining.**, *Policy Analysis: Concepts and Practice.* Englewood Cliffs, New Jersey: Prentice Hall,1992.

[17]   **Wolf, C. Jr.**, *Markets or Governments: Chossing between Imperfect Alternatives*, 2rd ed.Cambridge, Mass.: The MIT Press, 1997.

附 表

一、《中外合資經營企業法》歷次條文修訂對照表

1979 年 7 月	1990 年 4 月	2001 年 3 月
第 1 條 中華人民共和國為了擴大國際經濟合作和技術交流，允許外國公司、企業和其他經濟組織或個人（以下簡稱外國合營者），按照平等互利的原則，經中國政府批准，在中華人民共和國境內，同中國的公司、企業或其他經濟組織（以下簡稱中國合營者）共同舉辦合營企業。	第 1 條 中華人民共和國為了擴大國際經濟合作和技術交流，允許外國公司、企業和其他經濟組織或個人（以下簡稱外國合營者），按照平等互利的原則，經中國政府批准，在中華人民共和國境內，同中國的公司、企業或其他經濟組織（以下簡稱中國合營者）共同舉辦合營企業。	第 1 條 中華人民共和國為了擴大國際經濟合作和技術交流，允許外國公司、企業和其他經濟組織或個人（以下簡稱外國合營者），按照平等互利的原則，經中國政府批准，在中華人民共和國境內，同中國的公司、企業或其他經濟組織（以下簡稱中國合營者）共同舉辦合營企業。
第 2 條 中國政府依法保護外國合營者按照經中國政府批准的協議、合同、章程在合營企業的投資、應分得的利潤和其他合法權益。 合營企業的一切活動應遵守中華人民共和國法律、法令和有關條例規定。	第 2 條 中國政府依法保護外國合營者按照經中國政府批准的協議、合同、章程在合營企業的投資、應分得的利潤和其他合法權益。 合營企業的一切活動應遵守中華人民共和國法律、法令和有關條例規定。 **國家對合營企業不實行國有化和徵收；在特殊情況下，根據社會公共利益的需要，對合營企業可以依照法律程序實行徵收，並給予相應的補償。**	第 2 條 中國政府依法保護外國合營者按照經中國政府批准的協議、合同、章程在合營企業的投資、應分得的利潤和其他合法權益。 合營企業的一切活動應遵守中華人民共和國法律、**法規的規定**。 國家對合營企業不實行國有化和徵收；在特殊情況下，根據社會公共利益的需要，對合營企業可以依照法律程序實行徵收，並給予相應的補償。

第3條 合營各方簽訂的合營協議、合同、章程，應報中華人民共和國外國投資管理委員會，該委員會應在三個月內決定批准或不批准。合營企業經批准後，向中華人民共和國工商行政管理總局登記，領取營業執照，開始營業。	第3條 合營各方簽訂的合營**協定**、合同、章程，應報國家**對外經濟貿易主管部門（以下稱審查批准機關）審查批准。審查批准機關**應在三個月內決定批准或不批准。合營企業經批准後，向**國家工商行政管理主管部門**登記，領取營業執照，開始營業。	第3條 合營各方簽訂的合營協定、合同、章程，應報國家對外經濟貿易主管部門（以下稱審查批准機關）審查批准。審查批准機關應在三個月內決定批准或不批准。合營企業經批准後，向國家工商行政管理主管部門登記，領取營業執照，開始營業。
第4條 合營企業的形式為有限責任公司。 在合營企業的註冊資本中，外國合營者的投資比例一般不低於百分之二十五。 合營各方按註冊資本比例分享利潤和分擔風險及虧損。 合營者的註冊資本如果轉讓必須經合營各方同意。	第4條 合營企業的形式為有限責任公司。 在合營企業的註冊資本中，外國合營者的投資比例一般不低於百分之二十五。 合營各方按註冊資本比例分享利潤和分擔風險及虧損。 合營者的註冊資本如果轉讓必須經合營各方同意。	第4條 合營企業的形式為有限責任公司。 在合營企業的註冊資本中，外國合營者的投資比例一般不低於百分之二十五。 合營各方按註冊資本比例分享利潤和分擔風險及虧損。 合營者的註冊資本如果轉讓必須經合營各方同意。
第5條 合營企業各方可以現金、實物、工業產權等進行投資。 外國合營者做為投資的技術和設備，必須確實是適合我國需要的先進技術和設備。如果有意以落後的技術和設備進行欺騙，造成損失的，應賠償損失。 中國合營者的投資可包括為合營企業經營期間提供的場地使用權。如果場地使用權未做為中國合營者投資的一部分，合營企業應向中國政府繳納使用費。 上述各項投資應在合營企業的合同和章程中加以規定，其價格（場地除外）由合營各方評議商定。	第5條 合營企業各方可以現金、實物、工業產權等進行投資。 外國合營者做為投資的技術和設備，必須確實是適合我國需要的先進技術和設備。如果有意以落後的技術和設備進行欺騙，造成損失的，應賠償損失。 中國合營者的投資可包括為合營企業經營期間提供的場地使用權。如果場地使用權未做為中國合營者投資的一部分，合營企業應向中國政府繳納使用費。 上述各項投資應在合營企業的合同和章程中加以規定，其價格（場地除外）由合營各方評議商定。	第5條 合營企業各方可以現金、實物、工業產權等進行投資。 外國合營者做為投資的技術和設備，必須確實是適合我國需要的先進技術和設備。如果有意以落後的技術和設備進行欺騙，造成損失的，應賠償損失。 中國合營者的投資可包括為合營企業經營期間提供的場地使用權。如果場地使用權未做為中國合營者投資的一部分，合營企業應向中國政府繳納使用費。 上述各項投資應在合營企業的合同和章程中加以規定，其價格（場地除外）由合營各方評議商定。

第6條 合營企業設董事會,其人數組成由合營各方協商,在合同、章程中確定,並由合營各方委派和撤換。董事會設董事長一人,由中國合營者擔任;副董事長一人或二人,由外國合營者擔任。董事會處理重大問題,由合營各方根據平等互利原則協商決定。 董事會的職權是按合營企業章程規定,討論決定合營企業的一切重大問題:企業發展規畫、生產經營活動方案、收支預算、利潤分配、勞動工資計畫、停業,以及總經理、副總經理、總工程師、總會計師、審計師的任命或聘請及其職權和待遇等。 正副總經理(或正副廠長)由合營各方分別擔任。 合營企業職工的雇用、解雇,依法由合營各方的協議、合同規定。	第6條 合營企業設董事會,其人數組成由合營各方協商,在合同、章程中確定,並由合營各方委派和撤換。**董事長和副董事長由合營各方協商確定或由董事會選舉產生。中外合營者的一方擔任董事長的,由他方擔任副董事長。董事會根據平等互利的原則,決定合營企業的重大問題。** 董事會的職權是按合營企業章程規定,討論決定合營企業的一切重大問題:企業發展規畫、生產經營活動方案、收支預算、利潤分配、勞動工資計畫、停業,以及總經理、副總經理、總工程師、總會計師、審計師的任命或聘請及其職權和待遇等。 正副總經理(或正副廠長)由合營各方分別擔任。 合營企業職工的雇用、解雇,依法由合營各方的協議、合同規定。	第6條 合營企業設董事會,其人數組成由合營各方協商,在合同、章程中確定,並由合營各方委派和撤換。董事長和副董事長由合營各方協商確定或由董事會選舉產生。中外合營者的一方擔任董事長的,由他方擔任副董事長。董事會根據平等互利的原則,決定合營企業的重大問題。 董事會的職權是按合營企業章程規定,討論決定合營企業的一切重大問題:企業發展規畫、生產經營活動方案、收支預算、利潤分配、勞動工資計畫、停業,以及總經理、副總經理、總工程師、總會計師、審計師的任命或聘請及其職權和待遇等。 正副總經理(或正副廠長)由合營各方分別擔任。 合營企業職工的**錄用、辭退、報酬、福利、勞動保護、勞動保險等事項,應當依法通過訂立合同加以規定。**
		第7條 合營企業的職工依法建立工會組織,開展工會活動,維護職工的合法權益。 合營企業應當為本企業工會提供必要的活動條件。

第 7 條 合營企業獲得的毛利潤，按中華人民共和國稅法規定繳納合營企業所得稅後，扣除合營企業章程規定的儲備基金、職工獎勵及福利基金、企業發展基金，淨利潤根據合營各方註冊資本的比例進行分配。 具有世界先進技術水平的合營企業開始獲利的頭兩年至三年可申請免所得稅。 外國合營者將分得的淨利潤用於在中國境內再投資時，可申請退還已繳納的部分所得稅。	第 7 條 合營企業獲得的毛利潤，按中華人民共和國稅法規定繳納合營企業所得稅後，扣除合營企業章程規定的儲備基金、職工獎勵及福利基金、企業發展基金，淨利潤根據合營各方註冊資本的比例進行分配。 **合營企業依照國家有關稅收的法律和行政法規的規定，可以享受減稅、免稅的優惠待遇。** 外國合營者將分得的淨利潤用於在中國境內再投資時，可申請退還已繳納的部分所得稅。	**第 8 條** 合營企業獲得的毛利潤，按中華人民共和國稅法規定繳納合營企業所得稅後，扣除合營企業章程規定的儲備基金、職工獎勵及福利基金、企業發展基金，淨利潤根據合營各方註冊資本的比例進行分配。 合營企業依照國家有關稅收的法律和行政法規的規定，可以享受減稅、免稅的優惠待遇。 外國合營者將分得的淨利潤用於在中國境內再投資時，可申請退還已繳納的部分所得稅。
第 8 條 合營企業應在中國銀行或者經中國銀行同意的銀行開戶。 合營企業的有關外匯事宜，應遵照中華人民共和國外匯管理條例辦理。 合營企業在其經營活動中，可直接向外國銀行籌措資金。 合營企業的各項保險應向中國的保險公司投保。	第 8 條 **合營企業應憑營業執照在國家外匯管理機關允許經營外匯業務的銀行或其他金融機構開立外匯帳戶。** 合營企業的有關外匯事宜，應遵照中華人民共和國外匯管理條例辦理。 合營企業在其經營活動中，可直接向外國銀行籌措資金。 合營企業的各項保險應向中國的保險公司投保。	第 9 條 合營企業應憑營業執照在國家外匯管理機關允許經營外匯業務的銀行或其他金融機構開立外匯帳戶。 合營企業的有關外匯事宜，應遵照中華人民共和國外匯管理條例辦理。 合營企業在其經營活動中，可直接向外國銀行籌措資金。 合營企業的各項保險應向**中國境內的保險公司投保。**
第 9 條 合營企業生產經營計畫，應報主管部門備案，並通過經濟合同方式執行。 合營企業所需原材料、燃料、配套件等，應儘先在中國購買，也可由合營企業自籌外匯，直接在國際市場上購買。 鼓勵合營企業向中國境外銷售產品。出口產品可由合營企業直接或與其有關的委託機構向國外市場出售，也可通過中國	第 9 條 合營企業生產經營計畫，應報主管部門備案，並通過經濟合同方式執行。 合營企業所需原材料、燃料、配套件等，應儘先在中國購買，也可由合營企業自籌外匯，直接在國際市場上購買。 鼓勵合營企業向中國境外銷售產品。出口產品可由合營企業直接或與其有關的委託機構向國外市場出售，也可通過中國	**第 10 條** **（原第 1 款刪除）** 合營企業**在批准的經營範圍內**所需的原材料、燃料等物資，**按照公平、合理的原則，可以在國內市場或者在國際市場購買。** 鼓勵合營企業向中國境外銷售產品。出口產品可由合營企業直接或與其有關的委託機構向

的外貿機構出售。合營企業產品也可在中國市場銷售。 合營企業需要時可在中國境外設立分支機構。	的外貿機構出售。合營企業產品也可在中國市場銷售。 合營企業需要時可在中國境外設立分支機構。	國外市場出售，也可通過中國的外貿機構出售。合營企業產品也可在中國市場銷售。 合營企業需要時可在中國境外設立分支機構。
第 10 條 外國合營者在履行法律和協議、合同規定的義務後分得的淨利潤，在合營企業期滿或者中止時所分得的資金以及其他資金，可按合營企業合同規定的貨幣，通過中國銀行按外匯管理條例匯往國外。 鼓勵外國合營者將可匯出的外匯存入中國銀行。	第 10 條 外國合營者在履行法律和協議、合同規定的義務後分得的淨利潤，在合營企業期滿或者中止時所分得的資金以及其他資金，可按合營企業合同規定的貨幣，**按外匯管理條例**匯往國外。 鼓勵外國合營者將可匯出的外匯存入中國銀行。	**第 11 條** 外國合營者在履行法律和協議、合同規定的義務後分得的淨利潤，在合營企業期滿或者中止時所分得的資金以及其他資金，可按合營企業合同規定的貨幣，按外匯管理條例匯往國外。 鼓勵外國合營者將可匯出的外匯存入中國銀行。
第 11 條 合營企業的外籍職工的工資收入和其他正當收入，按中華人民共和國稅法繳納個人所得稅後，可通過中國銀行按外匯管理條例匯往國外。	第 11 條 合營企業的外籍職工的工資收入和其他正當收入，按中華人民共和國稅法繳納個人所得稅後，**可按外匯管理條例**匯往國外。	**第 12 條** 合營企業的外籍職工的工資收入和其他正當收入，按中華人民共和國稅法繳納個人所得稅後，可按外匯管理條例匯往國外。
第 12 條 合營企業合同期限，可按不同行業、不同情況，由合營各方商定。合營企業合同期滿後，如各方同意並報請中華人民共和國外國投資管理委員會批准，可延長期限。延長合同期限的申請，應在合同期滿六個月前提出。	第 12 條 **合營企業的合營期限，按不同行業、不同情況，作不同的約定。有的行業的合營企業，應當約定合營期限；有的行業的合營企業，可以約定合營期限，也可以不約定合營期限。約定合營期限的合營企業，合營各方同意延長合營期限的，應在距合營期滿六個月前向審查批准機關提出申請。審查批准機關應自接到申請之日起一個月內決定批准或不批准。**	**第 13 條** 合營企業的合營期限，按不同行業、不同情況，作不同的約定。有的行業的合營企業，應當約定合營期限；有的行業的合營企業，可以約定合營期限，也可以不約定合營期限。約定合營期限的合營企業，合營各方同意延長合營期限的，應在距合營期滿六個月前向審查批准機關提出申請。審查批准機關應自接到申請之日起一個月內決定批准或不批准。

第 13 條 合營企業合同期滿前，如發生嚴重虧損、一方不履行合同和章程規定的義務、不可抗力等，經合營各方協商同意，報請中華人民共和國外國投資管理委員會批准，並向工商行政管理總局登記，可提前終止合同。如果因違反合同而造成損失的，應由違反合同的一方承擔經濟責任。	第 13 條 合營企業如發生嚴重虧損、一方不履行合同和章程規定的義務、不可抗力等，經合營各方協商同意，報請審查批准機關批准，並向國家工商行政管理主管部門登記，可終止合同。如果因違反合同而造成損失的，應由違反合同的一方承擔經濟責任。	第 14 條 合營企業如發生嚴重虧損、一方不履行合同和章程規定的義務、不可抗力等，經合營各方協商同意，報請審查批准機關批准，並向國家工商行政管理主管部門登記，可終止合同。如果因違反合同而造成損失的，應由違反合同的一方承擔經濟責任。
第 14 條 合營各方發生糾紛，董事會不能協商解決時，由中國仲裁機構進行調解或仲裁，也可由合營各方協議在其他仲裁機構仲裁。	第 14 條 合營各方發生糾紛，董事會不能協商解決時，由中國仲裁機構進行調解或仲裁，也可由合營各方協議在其他仲裁機構仲裁。	第 15 條 合營各方發生糾紛，董事會不能協商解決時，由中國仲裁機構進行調解或仲裁，也可由合營各方協議在其他仲裁機構仲裁。 合營各方沒有在合同中訂有仲裁條款的或者事後沒有達成書面仲裁協定的，可以向人民法院起訴。
第 15 條 本法自公布之日起生效。本法修改權屬於全國人民代表大會。	第 15 條 本法自公布之日起生效。本法修改權屬於全國人民代表大會。	第 16 條 本法自公布之日起生效。

二、《中外合資經營企業法實施條例》條文修訂對照表

◎按現行《中外合資經營企業法實施條例》自1983年9月20日由「國務院」發布
　以來，曾於1986年1月15日①及1987年12月21日②分別就個別條款（第100
　條及第86條第3款）進行修正，由於修訂幅度不大，故不擬於本表中另欄列載。

1983 年 9 月	2001 年 7 月
第一章　總則	
第 1 條 為了便於《中華人民共和國中外合資經營企業法》（以下簡稱《中外合資經營企業法》）的順利實施，特制定本條例。	第 1 條 為了便於《中華人民共和國中外合資經營企業法》（以下簡稱《中外合資經營企業法》）的順利實施，特制定本條例。
第 2 條 依照《中外合資經營企業法》批准在中國境內設立的中外合資經營企業（以下簡稱合營企業）是中國的法人，受中國法律的管轄和保護。	第 2 條 依照《中外合資經營企業法》批准在中國境內設立的中外合資經營企業（以下簡稱合營企業）是中國的法人，受中國法律的管轄和保護。

①1986年1月15日「國務院」《關於〈中華人民共和國中外合資經營企業法實施條例〉第
　100條的修訂》：「國務院於1983年9月20日發布的《中華人民共和國中外合資經營企
　業法實施條例》第100條規定：『合營企業的合營期限，根據不同行業和項目的具體情況，
　由合營各方協商決定。一般項目的合營期限原則上為10年至30年。投資大、建設週期長、
　資金利潤率低的項目，合營期限也可以在30年以上。』現修改為：『合營企業的合營期
　限，根據不同行業和項目的具體情況，由合營各方協商決定。一般項目的合營期限為10年
　至30年。投資大、建設週期長、資金利潤率低的項目，由外國合營者提供先進技術或關鍵
　技術生產尖端產品的項目，或在國際上有競爭能力的產品的項目，其合營期限可以延長到
　50年。經國務院特別批准的可在50年以上。』」（全文參見國務院公報，1986年第2
　號）。
②1987年12月21日「國務院」《關於修訂〈中華人民共和國中外合資經營企業法實施條
　例〉第86條第3款的通知》：「國務院於1983年9月20日發布的《中華人民共和國中外
　合資經營企業法實施條例》第86條第3款規定：『因匯率的差異而發生的匯兌損益，應以
　實現數為准，作為本年損益列帳。記帳匯率變動，有關外幣各帳戶的帳面餘額，均不作調
　整。』現修改為：『因匯率的差異而發生的折合記帳本位幣差額，作為匯兌損益列帳。記
　帳匯率變動，有關外幣各帳戶的帳面餘額，於年終結帳時，應當按照中國有關法律和財務
　會計制度的規定進行會計處理。』」（全文參見國務院公報，1987年第30號）。

第3條 在中國境內設立的合營企業，應能促進中國經濟的發展和科學技術水平的提高，有利於社會主義現代化建設。允許設立合營企業的主要行業是： （一）能源開發，建築材料工業，化學工業，冶金工業； （二）機械製造工業，儀器儀表工業，海上石油開採設備的製造業； （三）電子工業，計算機工業，通訊設備的製造業； （四）輕工業，紡織工業，食品工業，醫藥和醫療器械工業，包裝工業； （五）農業，牧業，養殖業； （六）旅遊和服務業。	第3條 在中國境內設立的合營企業，**應當能夠**促進中國經濟的發展和科學技術水平的提高，有利於社會主義現代化建設。 **國家鼓勵、允許、限制或者禁止設立合營企業的行業，按照國家指導外商投資方向的規定及外商投資產業指導目錄執行。**
第4條 申請設立的合營企業應注重經濟效益，符合下列一項或數項要求： （一）採用先進技術設備和科學管理方法，能增加產品品種，提高產品質量和產量，節約能源和材料； （二）有利於企業技術改造，能做到投資少、見效快、收益大； （三）能擴大產品出口，增加外匯收入； （四）能培訓技術人員和經營管理人員。	（原第4條刪除）
第5條 申請設立合營企業有下列情況之一的，不予批准： （一）有損中國主權的； （二）違反中國法律的； （三）不符合中國國民經濟發展要求的； （四）造成環境污染的； （五）簽訂的協定、合同、章程顯屬不公平，損害合營一方權益的。	**第4條** 申請設立合營企業有下列情況之一的，不予批准： （一）有損中國主權的； （二）違反中國法律的； （三）不符合中國國民經濟發展要求的； （四）造成環境污染的； （五）簽訂的協定、合同、章程顯屬不公平，損害合營一方權益的。

第 6 條 除另有規定外，中國合營者的政府主管部門就是合營企業的主管部門（以下簡稱企業主管部門）。如合營企業有兩個或兩個以上的中國合營者並隸屬於不同的部門或地區時，應由有關部門和地區協商確定一個企業主管部門。 企業主管部門對合營企業負指導、幫助和監督的責任。	（原第 6 條刪除）
第 7 條 在中國法律、法規和合營企業協議、合同、章程規定的範圍內，合營企業有權自主地進行經營管理。各有關部門應給予支持和幫助。	第 5 條 在中國法律、法規和合營企業協議、合同、章程規定的範圍內，合營企業有權自主地進行經營管理。各有關部門應給予支持和幫助。
第二章　設立與登記	
第 8 條 在中國境內設立合營企業，必須經中華人民共和國對外經濟貿易部（以下簡稱對外經濟貿易部）審查批准。批准後，由對外經濟貿易部發給批准證書。 凡具備下列條件的，對外經濟貿易部得委託有關的省、自治區、直轄市人民政府或國務院有關部、局（以下簡稱受託機構）審批： （一）投資總額在國務院規定的金額內，中國合營者的資金來源已落實的； （二）不需要國家增撥原材料，不影響燃料、動力、交通運輸、外貿出口配額等的全國平衡的。 受託機構批准設立合營企業後，應報對外經濟貿易部備案，並由對外經濟貿易部發給批准證書。 （對外經濟貿易部和受託機構，以下統稱為審批機構。）	第 6 條 <u>在中國境內設立合營企業，必須經中華人民共和國對外貿易經濟合作部（以下簡稱對外貿易經濟合作部）審查批准。批准後，由對外貿易經濟合作部發給批准證書。</u> <u>凡具備下列條件的，國務院授權省、自治區、直轄市人民政府或者國務院有關部門審批：</u> <u>（一）投資總額在國務院規定的投資審批許可權以內，中國合營者的資金來源已經落實的；</u> <u>（二）不需要國家增撥原材料，不影響燃料、動力、交通運輸、外貿出口配額等方面的全國平衡的。</u> <u>依照前款批准設立的合營企業，應當報對外貿易經濟合作部備案。</u> <u>對外貿易經濟合作部和國務院授權的省、自治區、直轄市人民政府或者國務院有關部門，以下統稱審批機構。</u>

第 9 條 設立合營企業按下列程序辦理： （一）由中國合營者向企業主管部門呈報擬 　　　與外國合營者設立合營企業的項目建 　　　議書和初步可行性研究報告。該建議 　　　書與初步可行性研究報告，經企業主 　　　管部門審查同意並轉報審批機構批准 　　　後，合營各方才能進行以可行性研究 　　　為中心的各項工作，在此基礎上商簽 　　　合營企業協議、合同、章程。 （二）申請設立合營企業，由中國合營者負 　　　責向審批機構報送下列正式文件： 　　　(1)設立合營企業的申請書； 　　　(2)合營各方共同編制的可行性研究報 　　　　　告； 　　　(3)由合營各方授權代表簽署的合營企 　　　　　業協議、合同和章程； 　　　(4)由合營各方委派的合營企業董事 　　　　　長、副董事長、董事人選名單； 　　　(5)中國合營者的企業主管部門和合營 　　　　　企業所在地的省、自治區、直轄市 　　　　　人民政府對設立該合營企業簽署的 　　　　　意見。 上列各項文件必須用中文書寫，其中(2)、 (3)、(4)項文件可同時用合營各方商定的一種 外文書寫。兩種文字書寫的文件具有同等效 力。	第 7 條 申請設立合營企業，由中外合營者共同向審 批機構報送下列文件： （一）設立合營企業的申請書； （二）合營各方共同編制的可行性研究報 　　　告； （三）由合營各方授權代表簽署的合營企業 　　　協議、合同和章程； （四）由合營各方委派的合營企業董事長、 　　　副董事長、董事人選名單； （五）審批機構規定的其他文件。 前款所列文件必須用中文書寫，其中第 （二）、（三）、（四）項文件可以同時用 合營各方商定的一種外文書寫。兩種文字書 寫的文件具有同等效力。 審批機構發現報送的文件有不當之處的，應 當要求限期修改。
第 10 條 審批機構自接到本條例第 9 條第（二）項規 定的全部文件之日起，三個月內決定批准或 不批准。審批機構如發現前述文件有不當之 處，應要求限期修改，否則不予批准。	第 8 條 審批機構自接到本條例第 7 條第（二）項規 定的全部文件之日起，三個月內決定批准或 不批准。審批機構如發現前述文件有不當之 處，應要求限期修改，否則不予批准。
第 11 條 申請者應在收到批准證書後一個月內，按 《中華人民共和國中外合資經營企業登記管 理辦法》的規定，憑批准證書向合營企業所 在地的省、自治區、直轄市工商行政管理局 （以下簡稱登記管理機構）辦理登記手續。 合營企業的營業執照簽發日期，即為該合營 企業的成立日期。	第 9 條 申請者應當自收到批准證書之日起一個月 內，按照國家有關規定，向工商行政管理機 關（以下簡稱登記管理機構）辦理登記手 續。合營企業的營業執照簽發日期，即為該 合營企業的成立日期。

第 12 條 外國投資者有意在中國設立合營企業，但無中國方面具體合作對象的，可提出合營項目的初步方案，委託中國國際信託投資公司或有關省、自治區、直轄市的信託投資機構和有關政府部門、民間組織介紹合作對象。	（原第 12 條刪除）
第 13 條 本章所述的合營企業協定，是指合營各方對設立合營企業的某些要點和原則達成一致意見而訂立的文件。 合營企業合同，是指合營各方為設立合營企業就相互權利、義務關係達成一致意見而訂立的文件。 合營企業章程，是按照合營企業合同規定的原則，經合營各方一致同意，規定合營企業的宗旨、組織原則和經營管理方法等事項的文件。 合營企業協議與合營企業合同有牴觸時，以合營企業合同為准。 經合營各方同意，也可以不訂立合營企業協議而只訂立合營企業合同、章程。	第 10 條 本章所述的合營企業協定，是指合營各方對設立合營企業的某些要點和原則達成一致意見而訂立的文件。 合營企業合同，是指合營各方為設立合營企業就相互權利、義務關係達成一致意見而訂立的文件。 合營企業章程，是按照合營企業合同規定的原則，經合營各方一致同意，規定合營企業的宗旨、組織原則和經營管理方法等事項的文件。 合營企業協議與合營企業合同有牴觸時，以合營企業合同為准。 經合營各方同意，也可以不訂立合營企業協議而只訂立合營企業合同、章程。
第 14 條 合營企業合同應包括下列主要內容： （一）合營各方的名稱、註冊國家、法定地址和法定代表的姓名、職務、國籍； （二）合營企業名稱、法定地址、宗旨、經營範圍和規模； （三）合營企業的投資總額，註冊資本，合營各方的出資額、出資比例、出資方式、出資的繳付期限以及出資額欠繳、轉讓的規定； （四）合營各方利潤分配和虧損分擔的比例； （五）合營企業董事會的組成、董事名額的分配以及總經理、副總經理及其他高級管理人員的職責、許可權和聘用辦法； （六）採用的主要生產設備、生產技術及其來源； （七）原材料購買和產品銷售方式，產品在中國境內和境外銷售的比例；	第 11 條 合營企業合同應包括下列主要內容： （一）合營各方的名稱、註冊國家、法定地址和法定代表的姓名、職務、國籍； （二）合營企業名稱、法定地址、宗旨、經營範圍和規模； （三）合營企業的投資總額，註冊資本，合營各方的出資額、出資比例、出資方式、出資的繳付期限以及出資額欠繳、轉讓的規定； （四）合營各方利潤分配和虧損分擔的比例； （五）合營企業董事會的組成、董事名額的分配以及總經理、副總經理及其他高級管理人員的職責、許可權和聘用辦法； （六）採用的主要生產設備、生產技術及其來源； （七）**原材料購買和產品銷售方式**；

（八）外匯資金收支的安排； （九）財務、會計、審計的處理原則； （十）有關勞動管理、工資、福利、勞動保 　　　險等事項的規定； （十一）合營企業期限、解散及清算程序； （十二）違反合同的責任； （十三）解決合營各方之間爭議的方式和程 　　　　序； （十四）合同文本採用的文字和合同生效的 　　　　條件。 合營企業合同的附件，與合營企業合同具有 同等效力。	（原第八項刪除） （<u>八</u>）財務、會計、審計的處理原則； （<u>九</u>）有關勞動管理、工資、福利、勞動保 　　　險等事項的規定； （<u>十</u>）合營企業期限、解散及清算程序； （<u>十一</u>）違反合同的責任； （<u>十二</u>）解決合營各方之間爭議的方式和程 　　　　序； （<u>十三</u>）合同文本採用的文字和合同生效的 　　　　條件。 合營企業合同的附件，與合營企業合同具有 同等效力。
第 15 條 合營企業合同的訂立、效力、解釋、執行及 其爭議的解決，均應適用中國的法律。	<u>第 12 條</u> 合營企業合同的訂立、效力、解釋、執行及 其爭議的解決，均應適用中國的法律。
第 16 條 合營企業章程應包括下列主要內容： （一）合營企業名稱及法定地址； （二）合營企業的宗旨、經營範圍和合營期 　　　限； （三）合營各方的名稱、註冊國家、法定地 　　　址、法定代表的姓名、職務、國籍； （四）合營企業的投資總額，註冊資本，合 　　　營各方的出資額、出資比例、出資額 　　　轉讓的規定，利潤分配和虧損分擔的 　　　比例； （五）董事會的組成、職權和議事規則，董 　　　事的任期，董事長、副董事長的職 　　　責； （六）管理機構的設置，辦事規則，總經 　　　理、副總經理及其他高級管理人員的 　　　職責和任免方法； （七）財務、會計、審計制度的原則； （八）解散和清算； （九）章程修改的程序。	<u>第 13 條</u> 合營企業章程應包括下列主要內容： （一）合營企業名稱及法定地址； （二）合營企業的宗旨、經營範圍和合營期 　　　限； （三）合營各方的名稱、註冊國家、法定地 　　　址、法定代表的姓名、職務、國籍； （四）合營企業的投資總額，註冊資本，合 　　　營各方的出資額、出資比例、出資額 　　　轉讓的規定，利潤分配和虧損分擔的 　　　比例； （五）董事會的組成、職權和議事規則，董 　　　事的任期，董事長、副董事長的職 　　　責； （六）管理機構的設置，辦事規則，總經 　　　理、副總經理及其他高級管理人員的 　　　職責和任免方法； （七）財務、會計、審計制度的原則； （八）解散和清算； （九）章程修改的程序。
第 17 條 合營企業協議、合同和章程經審批機構批准 後生效，其修改時同。	<u>第 14 條</u> 合營企業協議、合同和章程經審批機構批准 後生效，其修改時同。
第 18 條 審批機構和登記管理機構對合營企業合同、 章程的執行負有監督檢查的責任。	<u>第 15 條</u> 審批機構和登記管理機構對合營企業合同、 章程的執行負有監督檢查的責任。

第三章　組織形式與註冊資本	
第19條 合營企業為有限責任公司。 合營各方對合營企業的責任以各自認繳的出資額為限。	第16條 合營企業為有限責任公司。 合營各方對合營企業的責任以各自認繳的出資額為限。
第20條 合營企業的投資總額（含企業借款），是指按照合營企業合同、章程規定的生產規模需要投入的基本建設資金和生產流動資金的總和。	**第17條** 合營企業的投資總額（含企業借款），是指按照合營企業合同、章程規定的生產規模需要投入的基本建設資金和生產流動資金的總和。
第21條 合營企業的註冊資本，是指為設立合營企業在登記管理機構登記的資本總額，應為合營各方認繳的出資額之和。 合營企業的註冊資本一般應以人民幣表示，也可以用合營各方約定的外幣表示。	**第18條** 合營企業的註冊資本，是指為設立合營企業在登記管理機構登記的資本總額，應為合營各方認繳的出資額之和。 合營企業的註冊資本一般應以人民幣表示，也可以用合營各方約定的外幣表示。
第22條 合營企業在合營期內不得減少其註冊資本。	**第19條** 合營企業在合營期內不得減少其註冊資本。**因投資總額和生產經營規模等發生變化，確需減少的，須經審批機構批准。**
第23條 合營一方如向第三者轉讓其全部或部分出資額，須經合營他方同意，並經審批機構批准。 合營一方轉讓其全部或部分出資額時，合營他方有優先購買權。 合營一方向第三者轉讓出資額的條件，不得比向合營他方轉讓的條件優惠。 違反上述規定的，其轉讓無效。	**第20條** 合營一方如向第三者轉讓其全部或部分出資額，須經合營他方同意，並經審批機構批准。 合營一方轉讓其全部或部分出資額時，合營他方有優先購買權。 合營一方向第三者轉讓出資額的條件，不得比向合營他方轉讓的條件優惠。 違反上述規定的，其轉讓無效。
第24條 合營企業註冊資本的增加、轉讓或以其他方式處置，應由董事會會議通過，並報原審批機構批准，向原登記管理機構辦理變更登記手續。	**第21條** 合營企業註冊資本的增加、轉讓或以其他方式處置，應由董事會會議通過，並報原審批機構批准，向原登記管理機構辦理變更登記手續。
第四章　出資方式	
第25條 合營者可以用貨幣出資，也可以用建築物、廠房、機器設備或其他物料、工業產權、專有技術、場地使用權等作價出資。以建築物、廠房、機器設備或其他物料、工業產權、專有技術做為出資的，其作價由合營各方按照公平合理的原則協商確定，或聘請合營各方同意的第三者評定。	**第22條** 合營者可以用貨幣出資，也可以用建築物、廠房、機器設備或其他物料、工業產權、專有技術、場地使用權等作價出資。以建築物、廠房、機器設備或其他物料、工業產權、專有技術做為出資的，其作價由合營各方按照公平合理的原則協商確定，或聘請合營各方同意的第三者評定。

第 26 條 外國合營者出資的外幣,按繳款當日中華人民共和國國家外匯管理局(以下簡稱國家外匯管理局)公布的外匯牌價折算成人民幣或套算成約定的外幣。 中國合營者出資的人民幣現金,如需折合外幣,按繳款當日國家外匯管理局公布的外匯牌價折算。	第 23 條 外國合營者出資的外幣,按繳款當日**中國人民銀行公布的基準匯率折算成人民幣**或者套算成約定的外幣。 中國合營者出資的人民幣現金,**需要折算成外幣的,按繳款當日中國人民銀行公布的基準匯率折算。**
第 27 條 做為外國合營者出資的機器設備或其他物料,必須符合下列各項條件: (一)為合營企業生產所不可少的; (二)中國不能生產,或雖能生產,但價格過高或在技術性能和供應時間上不能保證需要的; (三)作價不得高於同類機器設備或其他物料當時國際市場價格。	第 24 條 做為外國合營者出資的機器設備或者其他物料,**應當是合營企業生產所必需的。** **前款所指機器設備或者其他物料的作價,不得高於同類機器設備或者其他物料當時的國際市場價格。**
第 28 條 做為外國合營者出資的工業產權或專有技術,必須符合下列條件之一: (一)能生產中國急需的新產品或出口適銷產品的; (二)能顯著改進現有產品的性能、質量,提高生產效率的; (三)能顯著節約原材料、燃料、動力的。	第 25 條 做為外國合營者出資的工業產權或專有技術,必須符合下列條件之一: **(原第一項刪除)** **(一)**能顯著改進現有產品的性能、質量,提高生產效率的; **(二)**能顯著節約原材料、燃料、動力的。
第 29 條 外國合營者以工業產權或專有技術做為出資,應提交該工業產權或專有技術的有關資料,包括專利證書或商標註冊證書的複製件、有效狀況及其技術特性、實用價值、作價的計算根據、與中國合營者簽訂的作價協定等有關文件,做為合營合同的附件。	第 26 條 外國合營者以工業產權或專有技術做為出資,應提交該工業產權或專有技術的有關資料,包括專利證書或商標註冊證書的複製件、有效狀況及其技術特性、實用價值、作價的計算根據、與中國合營者簽訂的作價協定等有關文件,做為合營合同的附件。
第 30 條 外國合營者做為出資的機器設備或其他物料、工業產權或專有技術,應經中國合營者的企業主管部門審查同意,報審批機構批准。	第 27 條 **外國合營者做為出資的機器設備或其他物料、工業產權或者專有技術,應當報審批機構批准。**
第 31 條 合營各方應按合同規定的期限繳清各自的出資額。逾期未繳或未繳清的,應按合同規定支付遲延利息或賠償損失。	第 28 條 合營各方應按合同規定的期限繳清各自的出資額。逾期未繳或未繳清的,應按合同規定支付遲延利息或賠償損失。

第 32 條 合營各方繳付出資額後，應由中國註冊的會計師驗證，出具驗資報告後，由合營企業據以發給出資證明書。出資證明書載明下列事項：合營企業名稱；合營企業成立的年、月、日；合營者名稱（或姓名）及其出資額、出資的年、月、日；發給出資證明書的年、月、日。	第 29 條 合營各方繳付出資額後，應由中國註冊的會計師驗證，出具驗資報告後，由合營企業據以發給出資證明書。出資證明書載明下列事項：合營企業名稱；合營企業成立的年、月、日；合營者名稱（或姓名）及其出資額、出資的年、月、日；發給出資證明書的年、月、日。
第五章　董事會與經營管理機構	
第 33 條 董事會是合營企業的最高權力機構，決定合營企業的一切重大問題。	第 30 條 董事會是合營企業的最高權力機構，決定合營企業的一切重大問題。
第 34 條 董事會成員不得少於三人。董事名額的分配由合營各方參照出資比例協商確定。 董事由合營各方委派。董事長由中國合營者委派，副董事長由外國合營者委派。 董事的任期為四年，經合營各方繼續委派可以連任。	第 31 條 董事會成員不得少於三人。董事名額的分配由合營各方參照出資比例協商確定。 （原第二款刪除） 董事的任期為四年，經合營各方繼續委派可以連任。
第 35 條 董事會會議每年至少召開一次，由董事長負責召集並主持。董事長不能召集時，由董事長委託副董事長或其他董事負責召集並主持董事會會議。經三分之一以上董事提議，可由董事長召開董事會臨時會議。 董事會會議應有三分之二以上董事出席方能舉行。董事不能出席，可出具委託書委託他人代表其出席和表決。 董事會會議一般應在合營企業法定地址所在地舉行。	第 32 條 董事會會議每年至少召開一次，由董事長負責召集並主持。董事長不能召集時，由董事長委託副董事長或其他董事負責召集並主持董事會會議。經三分之一以上董事提議，可由董事長召開董事會臨時會議。 董事會會議應有三分之二以上董事出席方能舉行。董事不能出席，可出具委託書委託他人代表其出席和表決。 董事會會議一般應在合營企業法定地址所在地舉行。
第 36 條 下列事項由出席董事會會議的董事一致通過方可作出決議： （一）合營企業章程的修改； （二）合營企業的中止、解散； （三）合營企業註冊資本的增加、轉讓； （四）合營企業與其他經濟組織的合併。 其他事項，可以根據合營企業章程載明的議事規則作出決議。	第 33 條 下列事項由出席董事會會議的董事一致通過方可作出決議： （一）合營企業章程的修改； （二）合營企業的中止、解散； （三）合營企業註冊資本的增加、轉讓； （四）合營企業與其他經濟組織的合併。 其他事項，可以根據合營企業章程載明的議事規則作出決議。
第 37 條 董事長是合營企業的法定代表。董事長不能履行職責時，應授權副董事長或其他董事代表合營企業。	第 34 條 董事長是合營企業的法定代表。董事長不能履行職責時，應授權副董事長或其他董事代表合營企業。

第 38 條 合營企業設經營管理機構，負責企業的日常經營管理工作。經營管理機構設總經理一人，副總經理若干人。副總經理協助總經理工作。	第 35 條 合營企業設經營管理機構，負責企業的日常經營管理工作。經營管理機構設總經理一人，副總經理若干人。副總經理協助總經理工作。
第 39 條 總經理執行董事會會議的各項決議，組織領導合營企業的日常經營管理工作。在董事會授權範圍內，總經理對外代表合營企業，對內任免下屬人員，行使董事會授予的其他職權。	第 36 條 總經理執行董事會會議的各項決議，組織領導合營企業的日常經營管理工作。在董事會授權範圍內，總經理對外代表合營企業，對內任免下屬人員，行使董事會授予的其他職權。
第 40 條 總經理、副總經理由合營企業董事會聘請，可以由中國公民擔任，也可以由外國公民擔任。 經董事會聘請，董事長、副董事長、董事可以兼任合營企業的總經理、副總經理或其他高級管理職務。 總經理處理重要問題時，應同副總經理協商。總經理或副總經理不得兼任其他經濟組織的總經理或副總經理，不得參與其他經濟組織對本企業的商業競爭。	第 37 條 總經理、副總經理由合營企業董事會聘請，可以由中國公民擔任，也可以由外國公民擔任。 經董事會聘請，董事長、副董事長、董事可以兼任合營企業的總經理、副總經理或其他高級管理職務。 總經理處理重要問題時，應同副總經理協商。總經理或副總經理不得兼任其他經濟組織的總經理或副總經理，不得參與其他經濟組織對本企業的商業競爭。
第 41 條 總經理、副總經理及其他高級管理人員有營私舞弊或嚴重失職行為的，經董事會決議可以隨時解聘。	第 38 條 總經理、副總經理及其他高級管理人員有營私舞弊或嚴重失職行為的，經董事會決議可以隨時解聘。
第 42 條 合營企業需要在國外和港澳地區設立分支機構（含銷售機構）時，應報對外經濟貿易部批准。	第 39 條 合營企業需要在國外和港澳地區設立分支機構（含銷售機構）時，應報**對外貿易經濟合作部**批准。
第六章 引進技術	
第 43 條 本章所說的引進技術，是指合營企業通過技術轉讓的方式，從第三者或合營者獲得所需要的技術。	第 40 條 本章所說的引進技術，是指合營企業通過技術轉讓的方式，從第三者或合營者獲得所需要的技術。
第 44 條 合營企業引進的技術應是適用的、先進的，使其產品在國內具有顯著的社會經濟效益或在國際市場上具有競爭能力。	第 41 條 合營企業引進的技術應是適用的、先進的，使其產品在國內具有顯著的社會經濟效益或在國際市場上具有競爭能力。
第 45 條 在訂立技術轉讓協議時，必須維護合營企業獨立進行經營管理的權利，並參照本條例第 29 條的規定，要求技術輸出方提供有關的資料。	第 42 條 在訂立技術轉讓協議時，必須維護合營企業獨立進行經營管理的權利，並參照本條例第 26 條的規定，要求技術輸出方提供有關的資料。

第 46 條 合營企業訂立的技術轉讓協議，應經企業主管部門審查同意，並報審批機構批准。 技術轉讓協議必須符合以下規定： （一）技術使用費應公平合理。一般應採取提成方式支付。採取提成方式支付技術使用費時，提成率不得高於國際上通常的水平。提成率應按由該技術所生產產品的淨銷售額或雙方協定的其他合理方式計算。 （二）除雙方另有協議外，技術輸出方不得限制技術輸入方出口其產品的地區、數量和價格。 （三）技術轉讓協議的期限一般不超過十年。 （四）技術轉讓協議期滿後，技術輸入方有權繼續使用該項技術。 （五）訂立技術轉讓協定雙方，相互交換改進技術的條件應對等。 （六）技術輸入方有權按自己認為合適的來源購買需要的機器設備、零部件和原材料。 （七）不得含有為中國的法律、法規所禁止的不合理的限制性條款。	第 43 條 合營企業訂立的技術轉讓協議，**應當報審批機構批准。** 技術轉讓協議必須符合以下規定： （一）**技術使用費應公平合理。** （二）除雙方另有協議外，技術輸出方不得限制技術輸入方出口其產品的地區、數量和價格。 （三）技術轉讓協議的期限一般不超過十年。 （四）技術轉讓協議期滿後，技術輸入方有權繼續使用該項技術。 （五）訂立技術轉讓協定雙方，相互交換改進技術的條件應對等。 （六）技術輸入方有權按自己認為合適的來源購買需要的機器設備、零部件和原材料。 （七）不得含有為中國的法律、法規所禁止的不合理的限制性條款。
第七章 場地使用權及其費用	
第 47 條 合營企業使用場地，必須貫徹執行節約用地的原則。所需場地，應由合營企業向所在地的市（縣）級土地主管部門提出申請，經審查批准後，通過簽訂合同取得場地使用權。合同應訂明場地面積、地點、用途、合同期限、場地使用權的費用（以下簡稱場地使用費）、雙方的權利與義務、違反合同的罰則等。	第 44 條 合營企業使用場地，必須貫徹執行節約用地的原則。所需場地，應由合營企業向所在地的市（縣）級土地主管部門提出申請，經審查批准後，通過簽訂合同取得場地使用權。合同應訂明場地面積、地點、用途、合同期限、場地使用權的費用（以下簡稱場地使用費）、雙方的權利與義務、違反合同的罰則等。
第 48 條 合營企業所需場地的使用權，如已為中國合營者擁有，則中國合營者可將其做為對合營企業的出資，其作價金額應與取得同類場地使用權所應繳納的使用費相同。	第 45 條 合營企業所需場地的使用權，如已為中國合營者擁有，則中國合營者可將其做為對合營企業的出資，其作價金額應與取得同類場地使用權所應繳納的使用費相同。
第 49 條 場地使用費標準應根據該場地的用途、地理環境條件、徵地拆遷安置費用和合營企業對基礎設施的要求等因素，由所在地的省、自治區、直轄市人民政府規定，並向對外經濟貿易部和國家土地主管部門備案。	第 46 條 場地使用費標準應根據該場地的用途、地理環境條件、徵地拆遷安置費用和合營企業對基礎設施的要求等因素，由所在地的省、自治區、直轄市人民政府規定，並向**對外貿易經濟合作部**和國家土地主管部門備案。

第 50 條 從事農業、畜牧業的合營企業，經所在地的省、自治區、直轄市人民政府同意，可按合營企業營業收入的百分比向所在地的土地主管部門繳納場地使用費。 在經濟不發達地區從事開發性的項目，場地使用費經所在地人民政府同意，可以給予特別優惠。	第 47 條 從事農業、畜牧業的合營企業，經所在地的省、自治區、直轄市人民政府同意，可按合營企業營業收入的百分比向所在地的土地主管部門繳納場地使用費。 在經濟不發達地區從事開發性的項目，場地使用費經所在地人民政府同意，可以給予特別優惠。
第 51 條 場地使用費在開始用地的五年內不調整。以後隨著經濟的發展、供需情況的變化和地理環境條件的變化需要調整時，調整的間隔期應不少於三年。 場地使用費做為中國合營者投資的，在該合同期限內不得調整。	第 48 條 場地使用費在開始用地的五年內不調整。以後隨著經濟的發展、供需情況的變化和地理環境條件的變化需要調整時，調整的間隔期應不少於三年。 場地使用費做為中國合營者投資的，在該合同期限內不得調整。
第 52 條 合營企業按本條例第 47 條取得的場地使用權，其場地使用費應按合同規定的用地時間從開始時起按年繳納，第一日曆年用地時間超過半年的按半年計算；不足半年的免繳。 在合同期內，場地使用費如有調整，應自調整的年度起按新的費用標準繳納。	第 49 條 合營企業按本條例第 44 條取得的場地使用權，其場地使用費應按合同規定的用地時間從開始時起按年繳納，第一日曆年用地時間超過半年的按半年計算；不足半年的免繳。 在合同期內，場地使用費如有調整，應自調整的年度起按新的費用標準繳納。
第 53 條 合營企業對於准予使用的場地，只有使用權，沒有所有權，其使用權不得轉讓。	第 50 條 **合營企業除依照本章規定取得場地使用權外，還可以按照國家有關規定取得場地使用權。**
第八章 計畫、購買與銷售	
第 54 條 合營企業的基本建設計畫（包括施工力量、各種建築材料、水、電、氣等），應根據批准的可行性研究報告編制，並納入企業主管部門的基本建設計畫，企業主管部門應優先予以安排和保證實施。	**（原第 54 條刪除）**
第 55 條 合營企業的基本建設資金，由合營企業的開戶銀行統一管理。	**（原第 55 條刪除）**
第 56 條 合營企業按照合營合同規定的經營範圍和生產規模所制訂的生產經營計畫，由董事會批准執行，報企業主管部門備案。 企業主管部門和各級計畫管理部門，不對合營企業下達指令性生產經營計畫。	**（原第 56 條刪除）**

第 57 條 合營企業所需的機器設備、原材料、燃料、配套件、運輸工具和辦公用品等（以下簡稱物資），有權自行決定在中國購買或向國外購買，但在同等條件下，應儘先在中國購買。	第 51 條 **合營企業所需的機器設備、原材料、燃料、配套件、運輸工具和辦公用品等（以下簡稱物資），有權自行決定在中國購買或向國外購買。**
第 58 條 合營企業在中國購買的物資，其供應渠道如下： （一）屬於計畫分配的物資，納入企業主管部門供應計畫，由物資、商業部門或生產企業按合同保證供應； （二）屬於物資、商業部門經營的物資，向有關的物資經營單位購買； （三）屬於市場自由流通的物資，向生產企業或其經銷、代銷機構購買； （四）屬於外貿公司經營的出口物資，向有關的外貿公司購買。	（原第 58 條刪除）
第 59 條 合營企業需要在中國購置的辦公、生活用品，按需要量購買，不受限制。	第 52 條 合營企業需要在中國購置的辦公、生活用品，按需要量購買，不受限制。
第 60 條 中國政府鼓勵合營企業向國際市場銷售其產品。	第 53 條 中國政府鼓勵合營企業向國際市場銷售其產品。
第 61 條 合營企業生產的產品，屬於中國急需的或中國需要進口的，可以在中國國內市場銷售為主。	（原第 61 條刪除）
第 62 條 合營企業有權自行出口其產品，也可以委託外國合營者的銷售機構或中國的外貿公司代銷或經銷。	第 54 條 合營企業有權自行出口其產品，也可以委託外國合營者的銷售機構或中國的外貿公司代銷或經銷。
第 63 條 合營企業在合營合同規定的經營範圍內，進口本企業生產所需的機器設備、零配件、原材料、燃料，凡屬國家規定需要領取進口許可證的，每年編制一次計畫，每半年申領一次。外國合營者做為出資的機器設備或其他物料，可憑審批機構的批准文件直接辦理進口許可證進口。超出合營合同規定範圍進口的物資，凡國家規定需要領取進口許可證的，應另行申領。 合營企業生產的產品，可自主經營出口，凡國家規定需要領取出口許可證的，合營企業按本企業的年度出口計畫，每半年申領一次。	第 55 條 合營企業在合營合同規定的經營範圍內，進口本企業生產所需的機器設備、零配件、原材料、燃料，凡屬國家規定需要領取進口許可證的，每年編制一次計畫，每半年申領一次。外國合營者做為出資的機器設備或其他物料，可憑審批機構的批准文件直接辦理進口許可證進口。超出合營合同規定範圍進口的物資，凡屬國家規定需要領取進口許可證的，應另行申領。 合營企業生產的產品，可自主經營出口，凡屬國家規定需要領取出口許可證的，合營企業按本企業的年度出口計畫，每半年申領一次。

第 64 條 合營企業在中國銷售產品，按下列辦法辦理： （一）屬於計畫分配的物資，通過企業主管部門列入物資管理部門的分配計畫，按計畫銷售給指定的用戶。 （二）屬於物資、商業部門經營的物資，由物資、商業部門向合營企業訂購。 （三）上述兩類物資的計畫收購外的部分，以及不屬於上述兩類的物資，合營企業有權自行銷售或委託有關單位代銷。 （四）合營企業出口的產品，如屬中國的外貿公司所要進口的物資，合營企業可向中國的外貿公司銷售，收取外匯。	（原第 64 條刪除）
第 65 條 合營企業在國內購買物資和所需服務，其價格按下列規定執行： （一）用於直接生產出口產品的金、銀、鉑、石油、煤炭、木材六種原料，按照國家外匯管理局或外貿部門提供的國際市場價格計價，以外幣或人民幣支付。 （二）購買中國的外貿公司經營的出口商品或進口商品，由供需雙方參照國際市場價格協商定價，以外幣支付。 （三）購買用於生產在中國國內銷售產品所需的燃料用煤、車輛用油和除本條（一）、（二）項所列外的其他物資的價格，以及為合營企業提供水、電、氣、熱、貨物運輸、勞務、工程設計、諮詢服務、廣告等收取的費用，應與國營企業同等待遇，以人民幣支付。	第 56 條 合營企業在國內購買物資的價格以及支付水、電、氣、熱、貨物運輸、勞務、工程設計、諮詢、廣告等服務的費用，享受與國內其他企業同等的待遇。
第 66 條 合營企業在中國國內銷售的產品，除經物價管理部門批准可以參照國際市場價格定價的以外，應執行國家規定價格，實行按質論價，收取人民幣。合營企業制訂的產品銷售價格，應報企業主管部門和物價管理部門備案。 合營企業的出口產品價格，由合營企業自行制定，報企業主管部門和物價管理部門備案。	（原第 66 條刪除）

第 67 條 合營企業與中國其他經濟組織之間的經濟往來，按照有關的法律規定和雙方訂立的合同承擔經濟責任，解決合同爭議。	第 57 條 合營企業與中國其他經濟組織之間的經濟往來，按照有關的法律規定和雙方訂立的合同承擔經濟責任，解決合同爭議。
第 68 條 合營企業必須按照有關規定，填報生產、供應、銷售的統計表，報企業主管部門、統計部門和其他有關部門備案。	**第 58 條** **合營企業應當依照《中華人民共和國統計法》及中國利用外資統計制度的規定，提供統計資料，報送統計報表。**
<div align="center">第九章 稅務</div>	
第 69 條 合營企業應按照中華人民共和國有關法律的規定，繳納各種稅款。	第 59 條 合營企業應按照中華人民共和國有關法律的規定，繳納各種稅款。
第 70 條 合營企業的職工應根據《中華人民共和國個人所得稅法》繳納個人所得稅。	第 60 條 合營企業的職工應根據《中華人民共和國個人所得稅法》繳納個人所得稅。
第 71 條 合營企業進口下列物資免徵關稅和工商統一稅： （一）按照合同規定做為外國合營者出資的機器設備、零部件和其他物料（其他物料係指合營企業建廠（場）以及安裝、加固機器所需材料，下同）； （二）合營企業以投資總額內的資金進口的機器設備、零部件和其他物料； （三）經審批機構批准，合營企業以增加資本所進口的國內不能保證生產供應的機器設備、零部件和其他物料； （四）合營企業為生產出口產品，從國外進口的原材料、輔料、元器件、零部件和包裝物料。 上述免稅進口物資，經批准在中國國內轉賣或轉用於在中國國內銷售的產品，應照章納稅或補稅。	第 61 條 合營企業進口下列物資，<u>依照中國稅法的有關規定減稅、免稅</u>： （一）按照合同規定做為外國合營者出資的機器設備、零部件和其他物料（其他物料係指合營企業建廠（場）以及安裝、加固機器所需材料，下同）； （二）合營企業以投資總額內的資金進口的機器設備、零部件和其他物料； （三）經審批機構批准，合營企業以增加資本所進口的國內不能保證生產供應的機器設備、零部件和其他物料； （四）合營企業為生產出口產品，從國外進口的原材料、輔料、元器件、零部件和包裝物料。 上述免稅進口物資，經批准在中國國內轉賣或轉用於在中國國內銷售的產品，應照章納稅或補稅。
第 72 條 合營企業生產的出口產品，除國家限制出口的以外，經中華人民共和國財政部批准，可免徵工商統一稅。 合營企業生產的內銷產品，在開辦初期納稅有困難的，可以申請在一定期限內減徵或免徵工商統一稅。	第 62 條 合營企業生產的出口產品，**除中國限制出口的以外，依照中國稅法的有關規定減稅、免稅或者退稅。**

第十章 外匯管理	
第73條 合營企業的一切外匯事宜，按《中華人民共和國外匯管理暫行條例》和有關管理辦法的規定辦理。	第63條 合營企業的一切外匯事宜，按《中華人民共和國外匯管理暫行條例》和有關管理辦法的規定辦理。
第74條 合營企業憑中華人民共和國國家工商行政管理局發給的營業執照，在中國銀行或指定的其他銀行開立外幣存款帳戶和人民幣存款帳戶，由開戶銀行監督收付。 合營企業的一切外匯收入，都必須存入其開戶銀行的外匯存款帳戶；一切外匯支出，從其外匯存款帳戶中支付。存款利率按中國銀行公布的利率執行。	第64條 **合營企業憑營業執照，在境內銀行開立外匯帳戶和人民幣帳戶，由開戶銀行監督收付。**
第75條 合營企業的外匯收支一般應保持平衡。根據批准的合營企業的可行性研究報告、合同，產品以內銷為主外匯不能平衡的，由有關省、自治區、直轄市人民政府或國務院主管部門在留成外匯中調劑解決，不能解決的，由對外經濟貿易部會同中華人民共和國國家計畫委員會審批後納入計畫解決。	（原第75條刪除）
第76條 合營企業在國外或港澳地區的銀行開立外匯存款帳戶，應經國家外匯管理局或其分局批准，並向國家外匯管理局或其分局報告收付情況和提供銀行對帳單。	第65條 合營企業在國外或港澳地區的銀行開立外匯存款帳戶，應經國家外匯管理局或其分局批准，並向國家外匯管理局或其分局報告收付情況和提供銀行對帳單。
第77條 合營企業在國外或港澳地區設立的分支機構，凡當地有中國銀行的，應在中國銀行開立帳戶。其年度資產負債表和年度利潤表，應通過合營企業報送國家外匯管理局或其分局。	第66條 **合營企業在國外或港澳地區設立的分支機構，其年度資產負債表和年度利潤表，應通過合營企業報送國家外匯管理局或其分局。**
第78條 合營企業根據經營業務的需要，可以按《中國銀行辦理中外合資經營企業貸款暫行辦法》向中國銀行申請外匯貸款和人民幣貸款。對合營企業的貸款利率按中國銀行公布的利率執行。合營企業也可以從國外或港澳地區的銀行借入外匯資金，但必須向國家外匯管理局或其分局備案。	第67條 合營企業根據經營業務的需要，可以**向境內的金融機構申請外匯貸款和人民幣貸款，也可以按照國家有關規定從國外或者港澳地區的銀行借入外匯資金，並向國家外匯管理局或者其分局辦理登記或者備案手續。**
第79條 合營企業的外籍職工和港澳職工的工資和其他正當收益，依法納稅後，減去在中國境內使用的花費，其剩餘部分可以向中國銀行申請全部匯出。	第68條 合營企業的外籍職工和港澳職工的工資和其他正當收益，依法納稅後，減去在中國境內使用的花費，其剩餘部分可以**按照國家有關規定購匯匯出。**

第十一章　財務與會計	
第 80 條 合營企業的財務與會計制度，應根據中國有關法律和財務會計制度的規定，結合合營企業的情況加以制定，並報當地財政部門、稅務機關備案。	**第 69 條** 合營企業的財務與會計制度，應根據中國有關法律和財務會計制度的規定，結合合營企業的情況加以制定，並報當地財政部門、稅務機關備案。
第 81 條 合營企業設總會計師，協助總經理負責主持企業的財務會計工作。必要時，可設副總會計師。	**第 70 條** 合營企業設總會計師，協助總經理負責主持企業的財務會計工作。必要時，可設副總會計師。
第 82 條 合營企業設審計師（小的企業可不設），負責審查、稽核合營企業的財務收支和會計帳目，向董事會、總經理提出報告。	**第 71 條** 合營企業設審計師（小的企業可不設），負責審查、稽核合營企業的財務收支和會計帳目，向董事會、總經理提出報告。
第 83 條 合營企業會計年度採用日曆年制，自西曆每年一月一日起至十二月三十一日止為一個會計年度。	**第 72 條** 合營企業會計年度採用日曆年制，自西曆每年一月一日起至十二月三十一日止為一個會計年度。
第 84 條 合營企業會計採用國際通用的權責發生制和借貸記帳法記帳。一切自製憑證、帳簿、報表必須用中文書寫，也可以同時用合營各方商定的一種外文書寫。	**第 73 條** 合營企業會計採用國際通用的權責發生制和借貸記帳法記帳。一切自製憑證、帳簿、報表必須用中文書寫，也可以同時用合營各方商定的一種外文書寫。
第 85 條 合營企業原則上採用人民幣為記帳本位幣，經合營各方商定，也可以採用某一種外國貨幣為本位幣。	**第 74 條** 合營企業原則上採用人民幣為記帳本位幣，經合營各方商定，也可以採用某一種外國貨幣為本位幣。
第 86 條 合營企業的帳目，除按記帳本位幣記錄外，對於現金、銀行存款、其他貨幣款項以及債權債務、收益和費用等，如與記帳本位幣不一致時，還應按實際收付的貨幣記帳。 以外國貨幣記帳的合營企業，除編制外幣的會計報表外，還應另編折合為人民幣的會計報表。 因匯率的差異而發生的匯兌損益，應以實現數為准，做為本年損益列帳。記帳匯率變動，有關外幣各帳戶的帳面餘額，均不作調整。	**第 75 條** 合營企業的帳目，除按記帳本位幣記錄外，對於現金、銀行存款、其他貨幣款項以及債權債務、收益和費用等，如與記帳本位幣不一致時，還應按實際收付的貨幣記帳。 **以外國貨幣做為記賬本位幣的合營企業，其編報的財務會計報告應當折算為人民幣。** 因匯率的差異而發生的匯兌損益，應以實現數為准，做為本年損益列帳。記帳匯率變動，有關外幣各帳戶的帳面餘額，均不作調整。
第 87 條 合營企業按照《中華人民共和國中外合資經營企業所得稅法》繳納所得稅後的利潤分配原則如下：	**第 76 條** 合營企業按照《中華人民共和國中外合資經營企業所得稅法》繳納所得稅後的利潤分配原則如下：

（一）提取儲備基金、職工獎勵及福利基金、企業發展基金，提取比例由董事會確定。 （二）儲備基金除用於墊補合營企業虧損外，經審批機構批准也可以用於本企業增加資本，擴大生產。 （三）按本條（一）項規定提取三項基金後的可分配利潤，如董事會確定分配，應按照合營各方出資比例進行分配。	（一）提取儲備基金、職工獎勵及福利基金、企業發展基金，提取比例由董事會確定。 （二）儲備基金除用於墊補合營企業虧損外，經審批機構批准也可以用於本企業增加資本，擴大生產。 （三）按本條（一）項規定提取三項基金後的可分配利潤，如董事會確定分配，應按照合營各方出資比例進行分配。
第 88 條 以前年度的虧損未彌補前不得分配利潤。以前年度未分配的利潤，可並入本年度利潤分配。	**第 77 條** 以前年度的虧損未彌補前不得分配利潤。以前年度未分配的利潤，可並入本年度利潤分配。
第 89 條 合營企業應向合營各方、當地稅務機關、企業主管部門和同級財政部門報送季度和年度會計報表。 年度會計報表應抄報原審批機構。	**第 78 條** **合營企業應當向合營各方、當地稅務機關和財政部門報送季度和年度會計報表。**
第 90 條 合營企業的下列文件、證件、報表，應經中國註冊的會計師驗證和出具證明，方為有效： （一）合營各方的出資證明書（以物料、場地使用權、工業產權、專有技術做為出資的，應包括合營各方簽字同意的財產估價清單及其協定文件）； （二）合營企業的年度會計報表； （三）合營企業清算的會計報表。	**第 79 條** 合營企業的下列文件、證件、報表，應經中國註冊的會計師驗證和出具證明，方為有效： （一）合營各方的出資證明書（以物料、場地使用權、工業產權、專有技術做為出資的，應包括合營各方簽字同意的財產估價清單及其協定文件）； （二）合營企業的年度會計報表； （三）合營企業清算的會計報表。
第十二章　職工	
第 91 條 合營企業職工的招收、招聘、辭退、辭職、工資、福利、勞動保險、勞動保護、勞動紀律等事宜，按照《中華人民共和國中外合資經營企業勞動管理規定》辦理。	**第 80 條** 合營企業職工的招收、招聘、辭退、辭職、工資、福利、勞動保險、勞動保護、勞動紀律等事宜，**按照國家有關勞動和社會保障的規定辦理。**
第 92 條 合營企業應加強對職工的業務、技術培訓，建立嚴格的考核制度，使他們在生產、管理技能方面能夠適應現代化企業的要求。	**第 81 條** 合營企業應加強對職工的業務、技術培訓，建立嚴格的考核制度，使他們在生產、管理技能方面能夠適應現代化企業的要求。
第 93 條 合營企業的工資、獎勵制度必須符合按勞分配、多勞多得的原則。	**第 82 條** 合營企業的工資、獎勵制度必須符合按勞分配、多勞多得的原則。

第 94 條	第 83 條
正副總經理、正副總工程師、正副總會計師、審計師等高級管理人員的工資待遇，由董事會決定。	正副總經理、正副總工程師、正副總會計師、審計師等高級管理人員的工資待遇，由董事會決定。

第十三章　工會

第 95 條	第 84 條
合營企業職工有權按照《中華人民共和國工會法》（以下簡稱《中國工會法》）和《中國工會章程》的規定，建立基層工會組織，開展工會活動。	合營企業職工有權按照《中華人民共和國工會法》（以下簡稱《中國工會法》）和《中國工會章程》的規定，建立基層工會組織，開展工會活動。
第 96 條	第 85 條
合營企業工會是職工利益的代表，有權代表職工同合營企業簽訂勞動合同，並監督合同的執行。	合營企業工會是職工利益的代表，有權代表職工同合營企業簽訂勞動合同，並監督合同的執行。
第 97 條	第 86 條
合營企業工會的基本任務是：依法維護職工的民主權利和物質利益；協助合營企業安排和合理使用福利、獎勵基金；組織職工學習政治、業務、科學、技術和業務知識，開展文藝、體育活動；教育職工遵守勞動紀律，努力完成企業的各項經濟任務。	合營企業工會的基本任務是：依法維護職工的民主權利和物質利益；協助合營企業安排和合理使用福利、獎勵基金；組織職工學習政治、業務、科學、技術和業務知識，開展文藝、體育活動；教育職工遵守勞動紀律，努力完成企業的各項經濟任務。
第 98 條	第 87 條
合營企業董事會會議討論合營企業的發展規畫、生產經營活動等重大事項時，工會的代表有權列席會議，反映職工的意見和要求。在董事會會議研究決定有關職工獎懲、工資制度、生活福利、勞動保護和保險等問題時，工會的代表有權列席會議，董事會應聽取工會的意見，取得工會的合作。	合營企業董事會會議討論合營企業的發展規畫、生產經營活動等重大事項時，工會的代表有權列席會議，反映職工的意見和要求。在董事會會議研究決定有關職工獎懲、工資制度、生活福利、勞動保護和保險等問題時，工會的代表有權列席會議，董事會應聽取工會的意見，取得工會的合作。
第 99 條	第 88 條
合營企業應積極支持本企業工會的工作。合營企業應按照《中國工會法》的規定為工會組織提供必要的房屋和設備，用於辦公、會議、舉辦職工集體福利、文化、體育事業。合營企業每月按企業職工實際工資總額的百分之二撥交工會經費，由本企業工會按照中華全國總工會制定的有關工會經費管理辦法使用。	合營企業應積極支持本企業工會的工作。合營企業應按照《中國工會法》的規定為工會組織提供必要的房屋和設備，用於辦公、會議、舉辦職工集體福利、文化、體育事業。合營企業每月按企業職工實際工資總額的百分之二撥交工會經費，由本企業工會按照中華全國總工會制定的有關工會經費管理辦法使用。

第十四章　期限、解散與清算

第 100 條	第 89 條
合營企業的合營期限，根據不同行業和項目的具體情況，由合營各方協商決定。一般項目的合營期限原則上為十年至三十年。投資大、建設週期長、資金利潤率低的項目，合營期限也可以在三十年以上。	合營企業的合營期限，按照《中外合資經營企業合營期限暫行規定》執行。

第 101 條 合營企業的合營期限，由合營各方在合營企業協議、合同、章程中作出規定。合營期限從合營企業營業執照簽發之日起算。 合營各方如同意延長合營期限，應在合營期滿前六個月，向審批機構報送由合營各方授權代表簽署的延長合營期限的申請書。審批機構應在接到申請書之日起一個月內予以批復。 合營企業經批准延長合營期限後，應按照《中華人民共和國中外合資經營企業登記管理辦法》的規定，辦理變更登記手續。	
第 102 條 合營企業在下列情況下解散： （一）合營期限屆滿； （二）企業發生嚴重虧損，無力繼續經營； （三）合營一方不履行合營企業協議、合同、章程規定的義務，致使企業無法繼續經營； （四）因自然災害、戰爭等不可抗力遭受嚴重損失，無法繼續經營； （五）合營企業未達到其經營目的，同時又無發展前途； （六）合營企業合同、章程所規定的其他解散原因已經出現。 本　條（二）、（三）、（四）、（五）、（六）項情況發生，應由董事會提出解散申請書，報審批機構批准。 在本條（三）項情況下，不履行合營企業協議、合同、章程規定的義務一方，應對合營企業由此造成的損失負賠償責任。	第 90 條 合營企業在下列情況下解散： （一）合營期限屆滿； （二）企業發生嚴重虧損，無力繼續經營； （三）合營一方不履行合營企業協議、合同、章程規定的義務，致使企業無法繼續經營； （四）因自然災害、戰爭等不可抗力遭受嚴重損失，無法繼續經營； （五）合營企業未達到其經營目的，同時又無發展前途； （六）合營企業合同、章程所規定的其他解散原因已經出現。 *前款第（二）、（四）、（五）、（六）項情況發生的，由董事會提出解散申請書，報審批機構批准；第（三）項情況發生的，由履行合同的一方提出申請，報審批機構批准。* 在本條（三）項情況下，不履行合營企業協議、合同、章程規定的義務一方，應對合營企業由此造成的損失負賠償責任。
第 103 條 合營企業宣告解散時，董事會應提出清算的程序、原則和清算委員會人選，報企業主管部門審核並監督清算。	第 91 條 *合營企業宣告解散時，應當進行清算。合營企業應當按照《外商投資企業清算辦法》的規定成立清算委員會，由清算委員會負責清算事宜。*
第 104 條 清算委員會的成員一般應在合營企業的董事中選任。董事不能擔任或不適合擔任清算委員會成員時，合營企業可聘請在中國註冊的會計師、律師擔任。審批機構認為必要時，可以派人進行監督。 清算費用和清算委員會成員的酬勞應從合營企業現存財產中優先支付。	第 92 條 清算委員會的成員一般應在合營企業的董事中選任。董事不能擔任或不適合擔任清算委員會成員時，合營企業可聘請在中國註冊的會計師、律師擔任。審批機構認為必要時，可以派人進行監督。 清算費用和清算委員會成員的酬勞應從合營企業現存財產中優先支付。

第 105 條 清算委員會的任務是對合營企業的財產、債權、債務進行全面清查，編制資產負債表和財產目錄，提出財產作價和計算依據，制定清算方案，提請董事會會議通過後執行。 清算期間，清算委員會代表該合營企業起訴和應訴。	第 93 條 清算委員會的任務是對合營企業的財產、債權、債務進行全面清查，編制資產負債表和財產目錄，提出財產作價和計算依據，制定清算方案，提請董事會會議通過後執行。 清算期間，清算委員會代表該合營企業起訴和應訴。
第 106 條 合營企業以其全部資產對其債務承擔責任。 合營企業清償債務後的剩餘財產按照合營各方的出資比例進行分配，但合營企業協議、合同、章程另有規定的除外。 合營企業解散時，其資產淨額或剩餘財產超過註冊資本的增值部分視同利潤，應依法繳納所得稅。外國合營者分得的資產淨額或剩餘財產超過其出資額的部分，在匯往國外時，應依法繳納所得稅。	第 94 條 合營企業以其全部資產對其債務承擔責任。 合營企業清償債務後的剩餘財產按照合營各方的出資比例進行分配，但合營企業協議、合同、章程另有規定的除外。 合營企業解散時，其資產淨額**或者剩餘財產減除企業未分配利潤、各項基金和清算費用後的餘額，超過實繳資本的部分為清算所得，應當依法繳納所得稅。**
第 107 條 合營企業的清算工作結束後，由清算委員會提出清算結束報告，提請董事會會議通過後，報告原審批機構，並向原登記管理機構辦理註銷登記手續，繳銷營業執照。	第 95 條 合營企業的清算工作結束後，由清算委員會提出清算結束報告，提請董事會會議通過後，報告原審批機構，並向原登記管理機構辦理註銷登記手續，繳銷營業執照。
第 108 條 合營企業解散後，各項帳冊及文件應由原中國合營者保存。	第 96 條 合營企業解散後，各項帳冊及文件應由原中國合營者保存。
第十五章 爭議的解決	
第 109 條 合營各方如在解釋或履行合營企業協議、合同、章程時發生爭議，應儘量通過友好協商或調解解決。如經過協商或調解無效，則提請仲裁或司法解決。	第 97 條 合營各方如在解釋或履行合營企業協議、合同、章程時發生爭議，應儘量通過友好協商或調解解決。如經過協商或調解無效，則提請仲裁或司法解決。
第 110 條 合營各方根據有關仲裁的書面協議，提請仲裁。可以在中國國際貿易促進委員會對外經濟貿易仲裁委員會仲裁，按該會的仲裁程序規則進行。如當事各方同意，也可以在被訴一方所在國或第三國的仲裁機構仲裁，按該機構的仲裁程序規則進行。	第 98 條 **合營各方根據有關仲裁的書面協議，可以在中國的仲裁機構進行仲裁，也可以在其他仲裁機構仲裁。**
第 111 條 如合營各方之間沒有仲裁的書面協定，發生爭議的任何一方都可以依法向中國人民法院起訴。	第 99 條 如合營各方之間沒有仲裁的書面協定，發生爭議的任何一方都可以依法向中國人民法院起訴。

第 112 條 在解決爭議期間，除爭議事項外，合營各方應繼續履行合營企業協議、合同、章程所規定的其他各項條款。	第 100 條 在解決爭議期間，除爭議事項外，合營各方應繼續履行合營企業協議、合同、章程所規定的其他各項條款。
第十六章 附則	
第 113 條 合營企業的外籍職工和港澳職工（包括其家屬），需要經常入、出中國國境的，中國主管簽證機關可簡化手續，予以方便。	第 101 條 合營企業的外籍職工和港澳職工（包括其家屬），需要經常入、出中國國境的，中國主管簽證機關可簡化手續，予以方便。
第 114 條 合營企業的中國職工，因工作需要出國考察、洽談業務、學習或接受培訓，由企業主管部門負責申請並辦理出國手續。	第 102 條 合營企業的中國職工，因工作需要出國考察、洽談業務、學習或接受培訓，**按照國家有關規定辦理出國（境）手續**。
第 115 條 合營企業的外籍職工和港澳職工，可帶進必需的交通工具和辦公用品，按規定繳納關稅和工商統一稅。	第 103 條 合營企業的外籍職工和港澳職工，可帶進必需的交通工具和辦公用品，**按照中國稅法的有關規定納稅**。
第 116 條 在經濟特區設立的合營企業，如全國人民代表大會、全國人民代表大會常務委員會或國務院通過的法律、法規另有規定的，從其規定。	第 104 條 **在經濟特區設立的合營企業，法律、行政法規另有規定的，從其規定。**
第 117 條 本條例的解釋權授予對外經濟貿易部。	（原第 117 條刪除）
第 118 條 本條例自發布之日起實施。	第 105 條 本條例自發布之日起實施。

三、《中外合作經營企業法》條文修訂對照表

1988 年 4 月	2000 年 10 月
第 1 條 為了擴大對外經濟合作和技術交流，促進外國的企業和其他經濟組織或者個人（以下簡稱外國合作者）按照平等互利的原則，同中華人民共和國的企業或者其他經濟組織（以下簡稱中國合作者）在中國境內共同舉辦中外合作經營企業（以下簡稱合作企業），特制定本法。	第 1 條 為了擴大對外經濟合作和技術交流，促進外國的企業和其他經濟組織或者個人（以下簡稱外國合作者）按照平等互利的原則，同中華人民共和國的企業或者其他經濟組織（以下簡稱中國合作者）在中國境內共同舉辦中外合作經營企業（以下簡稱合作企業），特制定本法。
第 2 條 中外合作者舉辦合作企業，應當依照本法的規定，在合作企業合同中約定投資或者合作條件、收益或者產品的分配、風險和虧損的分擔、經營管理的方式和合作企業終止時財產的歸屬等事項。 合作企業符合中國法律關於法人條件的規定的，依法取得中國法人資格。	第 2 條 中外合作者舉辦合作企業，應當依照本法的規定，在合作企業合同中約定投資或者合作條件、收益或者產品的分配、風險和虧損的分擔、經營管理的方式和合作企業終止時財產的歸屬等事項。 合作企業符合中國法律關於法人條件的規定的，依法取得中國法人資格。
第 3 條 國家依法保護合作企業和中外合作者的合法權益。 合作企業必須遵守中國的法律、法規，不得損害中國的社會公共利益。 國家有關機關依法對合作企業實行監督。	第 3 條 國家依法保護合作企業和中外合作者的合法權益。 合作企業必須遵守中國的法律、法規，不得損害中國的社會公共利益。 國家有關機關依法對合作企業實行監督。
第 4 條 國家鼓勵舉辦產品出口的或者技術先進的生產型合作企業。	第 4 條 國家鼓勵舉辦產品出口的或者技術先進的生產型合作企業。
第 5 條 申請設立合作企業，應當將中外合作者簽訂的協議、合同、章程等文件報國務院對外經濟貿易主管部門或者國務院授權的部門和地方政府（以下簡稱審查批准機關）審查批准。審查批准機關應當自接到申請之日起四十五天內決定批准或者不批准。	第 5 條 申請設立合作企業，應當將中外合作者簽訂的協議、合同、章程等文件報國務院對外經濟貿易主管部門或者國務院授權的部門和地方政府（以下簡稱審查批准機關）審查批准。審查批准機關應當自接到申請之日起四十五天內決定批准或者不批准。

第 6 條 設立合作企業的申請經批准後，應當自接到批准證書之日起三十天內向工商行政管理機關申請登記，領取營業執照。合作企業的營業執照簽發日期，為該企業的成立日期。 合作企業應當自成立之日起三十天內向稅務機關辦理稅務登記。	第 6 條 設立合作企業的申請經批准後，應當自接到批准證書之日起三十天內向工商行政管理機關申請登記，領取營業執照。合作企業的營業執照簽發日期，為該企業的成立日期。 合作企業應當自成立之日起三十天內向稅務機關辦理稅務登記。
第 7 條 中外合作者在合作期限內協商同意對合作企業合同作重大變更的，應當報審查批准機關批准；變更內容涉及法定工商登記項目、稅務登記項目的，應當向工商行政管理機關、稅務機關辦理變更登記手續。	第 7 條 中外合作者在合作期限內協商同意對合作企業合同作重大變更的，應當報審查批准機關批准；變更內容涉及法定工商登記項目、稅務登記項目的，應當向工商行政管理機關、稅務機關辦理變更登記手續。
第 8 條 中外合作者的投資或者提供的合作條件可以是現金、實物、土地使用權、工業產權、非專利技術和其他財產權利。	第 8 條 中外合作者的投資或者提供的合作條件可以是現金、實物、土地使用權、工業產權、非專利技術和其他財產權利。
第 9 條 中外合作者應當依照法律、法規的規定和合作企業合同的約定，如期履行繳足投資、提供合作條件的義務。逾期不履行的，由工商行政管理機關限期履行；限期屆滿仍未履行的，由審查批准機關和工商行政管理機關依照國家有關規定處理。 中外合作者的投資或者提供的合作條件，由中國註冊會計師或者有關機構驗證並出具證明。	第 9 條 中外合作者應當依照法律、法規的規定和合作企業合同的約定，如期履行繳足投資、提供合作條件的義務。逾期不履行的，由工商行政管理機關限期履行；限期屆滿仍未履行的，由審查批准機關和工商行政管理機關依照國家有關規定處理。 中外合作者的投資或者提供的合作條件，由中國註冊會計師或者有關機構驗證並出具證明。
第 10 條 中外合作者的一方轉讓其在合作企業合同中的全部或者部分權利、義務的，必須經他方同意，並報審查批准機關批准。	第 10 條 中外合作者的一方轉讓其在合作企業合同中的全部或者部分權利、義務的，必須經他方同意，並報審查批准機關批准。
第 11 條 合作企業依照經批准的合作企業合同、章程進行經營管理活動。合作企業的經營管理自主權不受干涉。	第 11 條 合作企業依照經批准的合作企業合同、章程進行經營管理活動。合作企業的經營管理自主權不受干涉。

第 12 條 合作企業應當設立董事會或者聯合管理機構，依照合作企業合同或者章程的規定，決定合作企業的重大問題。中外合作者的一方擔任董事會的董事長、聯合管理機構的主任的，由他方擔任副董事長、副主任。董事會或者聯合管理機構可以決定任命或者聘請總經理負責合作企業的日常經營管理工作。總經理對董事會或者聯合管理機構負責。 合作企業成立後改為委託中外合作者以外的他人經營管理的，必須經董事會或者聯合管理機構一致同意，報審查批准機關批准，並向工商行政管理機關辦理變更登記手續。	第 12 條 合作企業應當設立董事會或者聯合管理機構，依照合作企業合同或者章程的規定，決定合作企業的重大問題。中外合作者的一方擔任董事會的董事長、聯合管理機構的主任的，由他方擔任副董事長、副主任。董事會或者聯合管理機構可以決定任命或者聘請總經理負責合作企業的日常經營管理工作。總經理對董事會或者聯合管理機構負責。 合作企業成立後改為委託中外合作者以外的他人經營管理的，必須經董事會或者聯合管理機構一致同意，報審查批准機關批准，並向工商行政管理機關辦理變更登記手續。
第 13 條 合作企業職工的錄用、辭退、報酬、福利、勞動保護、勞動保險等事項，應當依法通過訂立合同加以規定。	第 13 條 合作企業職工的錄用、辭退、報酬、福利、勞動保護、勞動保險等事項，應當依法通過訂立合同加以規定。
第 14 條 合作企業的職工依法建立工會組織，開展工會活動，維護職工的合法權益。 合作企業應當為本企業工會提供必要的活動條件。	第 14 條 合作企業的職工依法建立工會組織，開展工會活動，維護職工的合法權益。 合作企業應當為本企業工會提供必要的活動條件。
第 15 條 合作企業必須在中國境內設置會計帳簿，依照規定報送會計報表，並接受財政稅務機關的監督。 合作企業違反前款規定，不在中國境內設置會計帳簿的，財政稅務機關可以處以罰款，工商行政管理機關可以責令停止營業或者吊銷其營業執照。	第 15 條 合作企業必須在中國境內設置會計帳簿，依照規定報送會計報表，並接受財政稅務機關的監督。 合作企業違反前款規定，不在中國境內設置會計帳簿的，財政稅務機關可以處以罰款，工商行政管理機關可以責令停止營業或者吊銷其營業執照。
第 16 條 合作企業應當憑營業執照在國家外匯管理機關允許經營外匯業務的銀行或者其他金融機構開立外匯帳戶。 合作企業的外匯事宜，依照國家有關外匯管理的規定辦理。	第 16 條 合作企業應當憑營業執照在國家外匯管理機關允許經營外匯業務的銀行或者其他金融機構開立外匯帳戶。 合作企業的外匯事宜，依照國家有關外匯管理的規定辦理。

第 17 條 合作企業可以向中國境內的金融機構借款，也可以在中國境外借款。 中外合作者用作投資或者合作條件的借款及其擔保，由各方自行解決。	第 17 條 合作企業可以向中國境內的金融機構借款，也可以在中國境外借款。 中外合作者用作投資或者合作條件的借款及其擔保，由各方自行解決。
第 18 條 合作企業的各項保險應當向中國境內的保險機構投保。	第 18 條 合作企業的各項保險應當向中國境內的保險機構投保。
第 19 條 合作企業可以在經批准的經營範圍內，進口本企業需要的物資，出口本企業生產的產品。合作企業在經批准的經營範圍內所需的原材料、燃料等物資，可以在國內市場購買，也可以在國際市場購買。	第 19 條 合作企業可以在經批准的經營範圍內，進口本企業需要的物資，出口本企業生產的產品。合作企業在經批准的經營範圍內所需的原材料、燃料等物資，**按照公平、合理的原則，可以在國內市場或者**在國際市場購買。
第 20 條 合作企業應當自行解決外匯收支平衡。合作企業不能自行解決外匯收支平衡的，可以依照國家規定申請有關機關給予協助。	（原第 20 條刪除）
第 21 條 合作企業依照國家有關稅收的規定繳納稅款並可以享受減稅、免稅的優惠待遇。	**第 20 條** 合作企業依照國家有關稅收的規定繳納稅款並可以享受減稅、免稅的優惠待遇。
第 22 條 中外合作者依照合作企業合同的約定，分配收益或者產品，承擔風險和虧損。 中外合作者在合作企業合同中約定合作期滿時合作企業的全部固定資產歸中國合作者所有的，可以在合作企業合同中約定外國合作者在合作期限內先行回收投資的辦法。合作企業合同約定外國合作者在繳納所得稅前回收投資的，必須向財政稅務機關提出申請，由財政稅務機關依照國家有關稅收的規定審查批准。 依照前款規定外國合作者在合作期限內先行回收投資的，中外合作者應當依照有關法律的規定和合作企業合同的約定對合作企業的債務承擔責任。	**第 21 條** 中外合作者依照合作企業合同的約定，分配收益或者產品，承擔風險和虧損。 中外合作者在合作企業合同中約定合作期滿時合作企業的全部固定資產歸中國合作者所有的，可以在合作企業合同中約定外國合作者在合作期限內先行回收投資的辦法。合作企業合同約定外國合作者在繳納所得稅前回收投資的，必須向財政稅務機關提出申請，由財政稅務機關依照國家有關稅收的規定審查批准。 依照前款規定外國合作者在合作期限內先行回收投資的，中外合作者應當依照有關法律的規定和合作企業合同的約定對合作企業的債務承擔責任。

第 23 條 外國合作者在履行法律規定和合作企業合同約定的義務後分得的利潤、其他合法收入和合作企業終止時分得的資金，可以依法匯往國外。合作企業的外籍職工的工資收入和其他合法收入，依法繳納個人所得稅後，可以匯往國外。	第 22 條 外國合作者在履行法律規定和合作企業合同約定的義務後分得的利潤、其他合法收入和合作企業終止時分得的資金，可以依法匯往國外。合作企業的外籍職工的工資收入和其他合法收入，依法繳納個人所得稅後，可以匯往國外。
第 24 條 合作企業期滿或者提前終止時，應當依照法定程序對資產和債權、債務進行清算。中外合作者應當依照合作企業合同的約定確定合作企業財產的歸屬。 合作企業期滿或者提前終止，應當向工商行政管理機關和稅務機關辦理註銷登記手續。	第 23 條 合作企業期滿或者提前終止時，應當依照法定程序對資產和債權、債務進行清算。中外合作者應當依照合作企業合同的約定確定合作企業財產的歸屬。 合作企業期滿或者提前終止，應當向工商行政管理機關和稅務機關辦理註銷登記手續。
第 25 條 合作企業的合作期限由中外合作者協商並在合作企業合同中訂明。中外合作者同意延長合作期限的，應當在距合作期滿一百八十天前向審查批准機關提出申請。 審查批准機關應當自接到申請之日起三十天內決定批准或者不批准。	第 24 條 合作企業的合作期限由中外合作者協商並在合作企業合同中訂明。中外合作者同意延長合作期限的，應當在距合作期滿一百八十天前向審查批准機關提出申請。 審查批准機關應當自接到申請之日起三十天內決定批准或者不批准。
第 26 條 中外合作者履行合作企業合同、章程發生爭議時，應當通過協商或者調解解決。中外合作者不願通過協商、調解解決的，或者協商、調解不成的，可以依照合作企業合同中的仲裁條款或者事後達成的書面仲裁協議，提交中國仲裁機構或者其他仲裁機構仲裁。 中外合作者沒有在合作企業合同中訂立仲裁條款，事後又沒有達成書面仲裁協議的，可以向中國法院起訴。	第 25 條 中外合作者履行合作企業合同、章程發生爭議時，應當通過協商或者調解解決。中外合作者不願通過協商、調解解決的，或者協商、調解不成的，可以依照合作企業合同中的仲裁條款或者事後達成的書面仲裁協議，提交中國仲裁機構或者其他仲裁機構仲裁。 中外合作者沒有在合作企業合同中訂立仲裁條款，事後又沒有達成書面仲裁協議的，可以向中國法院起訴。
第 27 條 國務院對外經濟貿易主管部門根據本法制定實施細則，報國務院批准後施行。	第 26 條 國務院對外經濟貿易主管部門根據本法制定實施細則，報國務院批准後施行。
第 28 條 本法自公布之日起施行。	第 27 條 本法自公布之日起施行。

四、《外資企業法》條文修訂對照表

1986 年 4 月	2000 年 10 月
第 1 條 為了擴大對外經濟合作和技術交流，促進中國國民經濟的發展，中華人民共和國允許外國的企業和其他經濟組織或者個人（以下簡稱外國投資者）在中國境內舉辦外資企業，保護外資企業的合法權益。	第 1 條 為了擴大對外經濟合作和技術交流，促進中國國民經濟的發展，中華人民共和國允許外國的企業和其他經濟組織或者個人（以下簡稱外國投資者）在中國境內舉辦外資企業，保護外資企業的合法權益。
第 2 條 本法所稱的外資企業是指依照中國有關法律在中國境內設立的全部資本由外國投資者投資的企業，不包括外國的企業和其他經濟組織在中國境內的分支機構。	第 2 條 本法所稱的外資企業是指依照中國有關法律在中國境內設立的全部資本由外國投資者投資的企業，不包括外國的企業和其他經濟組織在中國境內的分支機構。
第 3 條 設立外資企業，必須有利於中國國民經濟的發展，並且採用先進的技術和設備，或者產品全部出口或者大部分出口。 國家禁止或者限制設立外資企業的行業由國務院規定。	第 3 條 設立外資企業，必須有利於中國國民經濟的發展。**國家鼓勵舉辦產品出口或者技術先進的外資企業。** 國家禁止或者限制設立外資企業的行業由國務院規定。
第 4 條 外國投資者在中國境內的投資、獲得的利潤和其他合法權益，受中國法律保護。 外資企業必須遵守中國的法律、法規，不得損害中國的社會公共利益。	第 4 條 外國投資者在中國境內的投資、獲得的利潤和其他合法權益，受中國法律保護。 外資企業必須遵守中國的法律、法規，不得損害中國的社會公共利益。
第 5 條 國家對外資企業不實行國有化和徵收；在特殊情況下，根據社會公共利益的需要，對外資企業可以依照法律程序實行徵收，並給予相應的補償。	第 5 條 國家對外資企業不實行國有化和徵收；在特殊情況下，根據社會公共利益的需要，對外資企業可以依照法律程序實行徵收，並給予相應的補償。
第 6 條 設立外資企業的申請，由國務院對外經濟貿易主管部門或者國務院授權的機關審查批准。審查批准機關應當在接到申請之日起九十天內決定批准或者不批准。	第 6 條 設立外資企業的申請，由國務院對外經濟貿易主管部門或者國務院授權的機關審查批准。審查批准機關應當在接到申請之日起九十天內決定批准或者不批准。

第 7 條 設立外資企業的申請經批准後，外國投資者應當在接到批准證書之日起三十天內向工商行政管理機關申請登記，領取營業執照。外資企業的營業執照簽發日期，為該企業成立日期。	第 7 條 設立外資企業的申請經批准後，外國投資者應當在接到批准證書之日起三十天內向工商行政管理機關申請登記，領取營業執照。外資企業的營業執照簽發日期，為該企業成立日期。
第 8 條 外資企業符合中國法律關於法人條件的規定的，依法取得中國法人資格。	第 8 條 外資企業符合中國法律關於法人條件的規定的，依法取得中國法人資格。
第 9 條 外資企業應當在審查批准機關核准的期限內在中國境內投資；逾期不投資的，工商行政管理機關有權吊銷營業執照。 工商行政管理機關對外資企業的投資情況進行檢查和監督。	第 9 條 外資企業應當在審查批准機關核准的期限內在中國境內投資；逾期不投資的，工商行政管理機關有權吊銷營業執照。 工商行政管理機關對外資企業的投資情況進行檢查和監督。
第 10 條 外資企業分立、合併或者其他重要事項變更，應當報審查批准機關批准，並向工商行政管理機關辦理變更登記手續。	第 10 條 外資企業分立、合併或者其他重要事項變更，應當報審查批准機關批准，並向工商行政管理機關辦理變更登記手續。
第 11 條 外資企業的生產經營計畫應當報其主管部門備案。 外資企業依照經批准的章程進行經營管理活動，不受干涉。	第 11 條 **（原第 1 款刪除）** 外資企業依照經批准的章程進行經營管理活動，不受干涉。
第 12 條 外資企業雇用中國職工應當依法簽定合同，並在合同中訂明雇用、解雇、報酬、福利、勞動保護、勞動保險等事項。	第 12 條 外資企業雇用中國職工應當依法簽訂合同，並在合同中訂明雇用、解雇、報酬、福利、勞動保護、勞動保險等事項。
第 13 條 外資企業的職工依法建立工會組織，開展工會活動，維護職工的合法權益。 外資企業應當為本企業工會提供必要的活動條件。	第 13 條 外資企業的職工依法建立工會組織，開展工會活動，維護職工的合法權益。 外資企業應當為本企業工會提供必要的活動條件。

第 14 條 外資企業必須在中國境內設置會計帳簿，進行獨立核算，按照規定報送會計報表，並接受財政稅務機關的監督。 外資企業拒絕在中國境內設置會計帳簿的，財政稅務機關可以處以罰款，工商行政管理機關可以責令停止營業或者吊銷營業執照。	第 14 條 外資企業必須在中國境內設置會計帳簿，進行獨立核算，按照規定報送會計報表，並接受財政稅務機關的監督。 外資企業拒絕在中國境內設置會計帳簿的，財政稅務機關可以處以罰款，工商行政管理機關可以責令停止營業或者吊銷營業執照。
第 15 條 外資企業在批准的經營範圍內需要的原材料、燃料等物資，可以在中國購買，也可以在國際市場購買；在同等條件下，應當儘先在中國購買。	第 15 條 外資企業在批准的經營範圍內所需的原材料、燃料等物資，**按照公平、合理的原則，可以在國內市場或者在國際市場購買。**
第 16 條 外資企業的各項保險應當向中國境內的保險公司投保。	第 16 條 外資企業的各項保險應當向中國境內的保險公司投保。
第 17 條 外資企業依照國家有關稅收的規定納稅並可以享受減稅、免稅的優惠待遇。 外資企業將繳納所得稅後的利潤在中國境內再投資的，可以依照國家規定申請退還再投資部分已繳納的部分所得稅稅款。	第 17 條 外資企業依照國家有關稅收的規定納稅並可以享受減稅、免稅的優惠待遇。 外資企業將繳納所得稅後的利潤在中國境內再投資的，可以依照國家規定申請退還再投資部分已繳納的部分所得稅稅款。
第 18 條 外資企業的外匯事宜，依照國家外匯管理規定辦理。外資企業應當在中國銀行或者國家外匯管理機關指定的銀行開戶。 外資企業應當自行解決外匯收支平衡。外資企業的產品經有關主管機關批准在中國市場銷售，因而造成企業外匯收支不平衡的，由批准其在中國市場銷售的機關負責解決。	第 18 條 外資企業的外匯事宜，依照國家外匯管理規定辦理。外資企業應當在中國銀行或者國家外匯管理機關指定的銀行開戶。 **（原第 3 款刪除）**
第 19 條 外國投資者從外資企業獲得的合法利潤、其他合法收入和清算後的資金，可以匯往國外。 外資企業的外籍職工的工資收入和其他正當收入，依法繳納個人所得稅後，可以匯往國外。	第 19 條 外國投資者從外資企業獲得的合法利潤、其他合法收入和清算後的資金，可以匯往國外。 外資企業的外籍職工的工資收入和其他正當收入，依法繳納個人所得稅後，可以匯往國外。

第 20 條 外資企業的經營期限由外國投資者申報，由審查批准機關批准。期滿需要延長的，應當在期滿一百八十天以前向審查批准機關提出申請。審查批准機關應當在接到申請之日起三十天內決定批准或者不批准。	第 20 條 外資企業的經營期限由外國投資者申報，由審查批准機關批准。期滿需要延長的，應當在期滿一百八十天以前向審查批准機關提出申請。審查批准機關應當在接到申請之日起三十天內決定批准或者不批准。
第 21 條 外資企業終止，應當及時公告，按照法定程序進行清算。 在清算完結前，除為了執行清算外，外國投資者對企業財產不得處理。	第 21 條 外資企業終止，應當及時公告，按照法定程序進行清算。 在清算完結前，除為了執行清算外，外國投資者對企業財產不得處理。
第 22 條 外資企業終止，應當向工商行政管理機關辦理註銷登記手續，繳銷營業執照。	第 22 條 外資企業終止，應當向工商行政管理機關辦理註銷登記手續，繳銷營業執照。
第 23 條 國務院對外經濟貿易主管部門根據本法制定實施細則，報國務院批准後施行。	第 23 條 國務院對外經濟貿易主管部門根據本法制定實施細則，報國務院批准後施行。
第 24 條 本法自公布之日起施行。	第 24 條 本法自公布之日起施行。

五、《外資企業法實施細則》條文修訂對照表

1990 年 10 月	2001 年 4 月
第一章　總則	
第 1 條 根據《中華人民共和國外資企業法》第 23 條的規定，制定本實施細則。	第 1 條 根據《中華人民共和國外資企業法》第 23 條的規定，制定本實施細則。
第 2 條 外資企業受中國法律的管轄和保護。 外資企業在中國境內從事經營活動，必須遵守中國的法律、法規，不得損害中國的社會公共利益。	第 2 條 外資企業受中國法律的管轄和保護。 外資企業在中國境內從事經營活動，必須遵守中國的法律、法規，不得損害中國的社會公共利益。
第 3 條 設立外資企業,必須有利於中國國民經濟的發展,能夠取得顯著的經濟效益 ,並應當至少符合下列一項條件： （一）採用先進技術和設備，從事新產品開發，節約能源和原材料，實現產品升級換代，可以替代進口的； （二）年出口產品的產值達到當年全部產品產值百分之五十以上，實現外匯收支平衡或者有餘的。	第 3 條 設立外資企業，必須有利於中國國民經濟的發展，能夠取得顯著的經濟效益。國家鼓勵外資企業採用先進技術和設備，從事新產品開發，實現產品升級換代，節約能源和原材料，並鼓勵舉辦產品出口的外資企業。
第 4 條 下列行業，禁止設立外資企業： （一）新聞、出版、廣播、電視、電影； （二）國內商業、對外貿易、保險； （三）郵電通信； （四）中國政府規定禁止設立外資企業的其他行業。	第 4 條 禁止或者限制設立外資企業的行業，按照國家指導外商投資方向的規定及外商投資產業指導目錄執行。
第 5 條 下列行業，限制設立外資企業： （一）公用事業； （二）交通運輸； （三）房地產； （四）信託投資； （五）租賃。	

申請在前款規定的行業中設立外資企業，除中國法律、法規另有規定外，須經中華人民共和國對外經濟貿易部（以下簡稱對外經濟貿易部）批准。	
第6條 申請設立外資企業，有下列情況之一的，不予批准： （一）有損中國主權或者社會公共利益的； （二）危及中國國家安全的； （三）違反中國法律、法規的； （四）不符合中國國民經濟發展要求的； （五）可能造成環境污染的。	第5條 申請設立外資企業，有下列情況之一的，不予批准： （一）有損中國主權或者社會公共利益的； （二）危及中國國家安全的； （三）違反中國法律、法規的； （四）不符合中國國民經濟發展要求的； （五）可能造成環境污染的。
第7條 外資企業在批准的經營範圍內，自主經營管理，不受干涉。	第6條 外資企業在批准的經營範圍內，自主經營管理，不受干涉。
第二章　設立程序	
第8條 設立外資企業的申請，由對外經濟貿易部審查批准後，發給批准證書。 設立外資企業的申請屬於下列情形的，國務院授權省、自治區、直轄市和計畫單列市、經濟特區人民政府審查批准後，發給批准證書： （一）投資總額在國務院規定的投資審批許可權以內的； （二）不需要國家調撥原材料，不影響能源、交通運輸、外貿出口配額等全國綜合平衡的。 省、自治區、直轄市和計畫單列市、經濟特區人民政府在國務院授權範圍內批准設立外資企業，應當在批准後十五天內報對外經濟貿易部備案（對外經濟貿易部和省、自治區、直轄市和計畫單列市、經濟特區人民政府，以下統稱審批機關）。	第7條 設立外資企業的申請，**由中華人民共和國對外貿易經濟合作部（以下簡稱對外貿易經濟合作部）**審查批准後，發給批准證書。 設立外資企業的申請屬於下列情形的，國務院授權省、自治區、直轄市和計畫單列市、經濟特區人民政府審查批准後，發給批准證書： （一）投資總額在國務院規定的投資審批許可權以內的； （二）不需要國家調撥原材料，不影響能源、交通運輸、外貿出口配額等全國綜合平衡的。 省、自治區、直轄市和計畫單列市、經濟特區人民政府在國務院授權範圍內批准設立外資企業，應當在批准後十五天內報對外貿易經濟合作部備案（對外貿易經濟合作部和省、自治區、直轄市和計畫單列市、經濟特區人民政府，以下統稱審批機關）。

第9條 申請設立的外資企業，其產品涉及出口許可證、出口配額、進口許可證或者屬於國家限制進口的，應當依照有關管理許可權事先徵得對外經濟貿易部門的同意。	第8條 申請設立的外資企業，其產品涉及出口許可證、出口配額、進口許可證或者屬於國家限制進口的，應當依照有關管理許可權事先徵得對外貿易經濟合作部門的同意。
第10條 外國投資者在提出設立外資企業的申請前，應當就下列事項向擬設立外資企業所在地的縣級或者縣級以上地方人民政府提交報告。報告內容包括：設立外資企業的宗旨；經營範圍、規模；生產產品；使用的技術設備；產品在中國和國外市場的銷售比例；用地面積及要求；需要用水、電、煤、煤氣或者其他能源的條件及數量；對公共設施的要求等。 縣級或者縣級以上地方人民政府應當在收到外國投資者提交的報告之日起三十天內以書面形式答覆外國投資者。	第9條 外國投資者在提出設立外資企業的申請前，應當就下列事項向擬設立外資企業所在地的縣級或者縣級以上地方人民政府提交報告。報告內容包括：**設立外資企業的宗旨；經營範圍、規模；生產產品；使用的技術設備；用地面積及要求；需要用水、電、煤、煤氣或者其他能源的條件及數量；對公共設施的要求等**。 縣級或者縣級以上地方人民政府應當在收到外國投資者提交的報告之日起三十天內以書面形式答覆外國投資者。
第11條 外國投資者設立外資企業，應當通過擬設立外資企業所在地的縣級或者縣級以上地方人民政府向審批機關提出申請，並報送下列文件： （一）設立外資企業申請書； （二）可行性研究報告； （三）外資企業章程； （四）外資企業法定代表人（或者董事會人選）名單； （五）外國投資者的法律證明文件和資信證明文件； （六）擬設立外資企業所在地的縣級或者縣級以上地方人民政府的書面答覆； （七）需要進口的物資清單； （八）其他需要報送的文件。 前款（一）、（三）項文件必須用中文書寫；（二）、（四）、（五）項文件可以用外文書寫，但應當附中文譯文。 兩個或者兩個以上外國投資者共同申請設立外資企業，應當將其簽訂的合同副本報送審批機關備案。	第10條 外國投資者設立外資企業，應當通過擬設立外資企業所在地的縣級或者縣級以上地方人民政府向審批機關提出申請，並報送下列文件： （一）設立外資企業申請書； （二）可行性研究報告； （三）外資企業章程； （四）外資企業法定代表人（或者董事會人選）名單； （五）外國投資者的法律證明文件和資信證明文件； （六）擬設立外資企業所在地的縣級或者縣級以上地方人民政府的書面答覆； （七）需要進口的物資清單； （八）其他需要報送的文件。 前款（一）、（三）項文件必須用中文書寫；（二）、（四）、（五）項文件可以用外文書寫，但應當附中文譯文。 兩個或者兩個以上外國投資者共同申請設立外資企業，應當將其簽訂的合同副本報送審批機關備案。
第12條 審批機關應當在收到申請設立外資企業的全部文件之日起九十天內決定批准或者不批准。審批機關如果發現上述文件不齊備或者有不當之處，可以要求限期補報或者修改。	第11條 審批機關應當在收到申請設立外資企業的全部文件之日起九十天內決定批准或者不批准。審批機關如果發現上述文件不齊備或者有不當之處，可以要求限期補報或者修改。

第 13 條 設立外資企業的申請經審批機關批准後，外國投資者應當在收到批准證書之日起三十天內向工商行政管理機關申請登記，領取營業執照。外資企業的營業執照簽發日期，為該企業成立日期。 外國投資者在收到批准登記書之日起滿三十天未向工商行政管理機關申請登記的，外資企業批准證書自動失效。 外資企業應當在企業成立之日起三十天內向稅務機關辦理稅務登記。	第 12 條 設立外資企業的申請經審批機關批准後，外國投資者應當在收到批准證書之日起三十天內向工商行政管理機關申請登記，領取營業執照。外資企業的營業執照簽發日期，為該企業成立日期。 外國投資者在收到批准登記書之日起滿三十天未向工商行政管理機關申請登記的，外資企業批准證書自動失效。 外資企業應當在企業成立之日起三十天內向稅務機關辦理稅務登記。
第 14 條 外國投資者可以委託中國的外商投資企業服務機構或者其他經濟組織代為辦理第 9 條、第 10 條第 1 款和第 11 條規定事宜，但須簽訂委託合同。	第 13 條 外國投資者可以委託中國的外商投資企業服務機構或者其他經濟組織代為辦理第 9 條、第 10 條第 1 款和第 11 條規定事宜，但須簽訂委託合同。
第 15 條 設立外資企業的申請書應當包括下列內容： （一）外國投資者的姓名或者名稱、住所、註冊地和法定代表人的姓名、國籍、職務； （二）擬設立外資企業的名稱、住所； （三）經營範圍、產品品種和生產規模； （四）擬設立外資企業的投資總額、註冊資本、資金來源、出資方式和期限； （五）擬設立外資企業的組織形式和機構、法定代表人； （六）採用的主要生產設備及其新舊程度、生產技術、工藝水平及其來源； （七）產品的銷售方向、地區和銷售渠道、方式以及在中國和國外市場的銷售比例； （八）外匯資金的收支安排； （九）有關機構設置和人員編制，職工的招用、培訓、工資、福利、保險、勞動保護等事項的安排； （十）可能造成環境污染的程度和解決措施； （十一）場地選擇和用地面積； （十二）基本建設和生產經營所需資金、能源、原材料及其解決辦法； （十三）項目實施的進度計畫； （十四）擬設立外資企業的經營期限。	第 14 條 設立外資企業的申請書應當包括下列內容： （一）外國投資者的姓名或者名稱、住所、註冊地和法定代表人的姓名、國籍、職務； （二）擬設立外資企業的名稱、住所； （三）經營範圍、產品品種和生產規模； （四）擬設立外資企業的投資總額、註冊資本、資金來源、出資方式和期限； （五）擬設立外資企業的組織形式和機構、法定代表人； （六）採用的主要生產設備及其新舊程度、生產技術、工藝水平及其來源； （七）**產品的銷售方向、地區和銷售渠道、方式；** （八）外匯資金的收支安排； （九）有關機構設置和人員編制，職工的招用、培訓、工資、福利、保險、勞動保護等事項的安排； （十）可能造成環境污染的程度和解決措施； （十一）場地選擇和用地面積； （十二）基本建設和生產經營所需資金、能源、原材料及其解決辦法； （十三）項目實施的進度計畫； （十四）擬設立外資企業的經營期限。

第 16 條 外資企業的章程應當包括下列內容： （一）名稱及住所； （二）宗旨、經營範圍； （三）投資總額、註冊資本、出資期限； （四）組織形式； （五）內部組織機構及其職權和議事規則， 　　　法定代表人以及總經理、總工程師、 　　　總會計師等人員的職責、許可權； （六）財務、會計及審計的原則和制度； （七）勞動管理； （八）經營期限、終止及清算； （九）章程的修改程序。	第 15 條 外資企業的章程應當包括下列內容： （一）名稱及住所； （二）宗旨、經營範圍； （三）投資總額、註冊資本、出資期限； （四）組織形式； （五）內部組織機構及其職權和議事規則， 　　　法定代表人以及總經理、總工程師、 　　　總會計師等人員的職責、許可權； （六）財務、會計及審計的原則和制度； （七）勞動管理； （八）經營期限、終止及清算； （九）章程的修改程序。
第 17 條 外資企業的章程經審批機關批准後生效，修改時同。	第 16 條 外資企業的章程經審批機關批准後生效，修改時同。
第 18 條 外資企業的分立、合併或者由於其他原因導致資本發生重大變動，須經審批機關批准，並應當聘請中國的註冊會計師驗證和出具驗資報告；經審批機關批准後，向工商行政管理機關辦理變更登記手續。	第 17 條 外資企業的分立、合併或者由於其他原因導致資本發生重大變動，須經審批機關批准，並應當聘請中國的註冊會計師驗證和出具驗資報告；經審批機關批准後，向工商行政管理機關辦理變更登記手續。
第三章 組織形式與註冊資本	
第 19 條 外資企業的組織形式為有限責任公司。經批准也可以為其他責任形式。 外資企業為有限責任公司的，外國投資者對企業的責任以其認繳的出資額為限。 外資企業為其他責任公司的，外國投資者對企業的責任適用中國法律、法規的規定。	第 18 條 外資企業的組織形式為有限責任公司。經批准也可以為其他責任形式。 外資企業為有限責任公司的，外國投資者對企業的責任以其認繳的出資額為限。 外資企業為其他責任公司的，外國投資者對企業的責任適用中國法律、法規的規定。
第 20 條 外資企業的投資總額，是指開辦外資企業所需資金總額，即按其生產規模需要投入的基本建設資金和生產流動資金的總和。	第 19 條 外資企業的投資總額，是指開辦外資企業所需資金總額，即按其生產規模需要投入的基本建設資金和生產流動資金的總和。
第 21 條 外資企業的註冊資本，是指為設立外資企業在工商行政管理機關登記的資本總額，即外國投資者認繳的全部出資額。 外資企業的註冊資本要與其經營規模相適應，註冊資本與投資總額的比例應當符合中國有關規定。	第 20 條 外資企業的註冊資本，是指為設立外資企業在工商行政管理機關登記的資本總額，即外國投資者認繳的全部出資額。 外資企業的註冊資本要與其經營規模相適應，註冊資本與投資總額的比例應當符合中國有關規定。

第 22 條 外資企業在經營期內不得減少其註冊資本。	第 21 條 外資企業在經營期內不得減少其註冊資本。**但是,因投資總額和生產經營規模等發生變化,確需減少的,須經審批機關批准。**
第 23 條 外資企業註冊資本的增加、轉讓,須經審批機關批准,並向工商行政管理機關辦理變更登記手續。	第 22 條 外資企業註冊資本的增加、轉讓,須經審批機關批准,並向工商行政管理機關辦理變更登記手續。
第 24 條 外資企業將其財產或者權益對外抵押、轉讓,須經審批機關批准並向工商管理機關備案。	第 23 條 外資企業將其財產或者權益對外抵押、轉讓,須經審批機關批准並向工商管理機關備案。
第 25 條 外資企業的法定代表人是依照其章程規定,代表外資企業行使職權的負責人。 法定代表人無法履行其職權時,應當以書面形式委託代理人,代其行使職權。	第 24 條 外資企業的法定代表人是依照其章程規定,代表外資企業行使職權的負責人。 法定代表人無法履行其職權時,應當以書面形式委託代理人,代其行使職權。
第四章 出資方式與期限	
第 26 條 外國投資者可以用可自由兌換的外幣出資,也可以用機器設備、工業產權、專有技術等作價出資。 經審批機關批准,外國投資者也可以用其從中國境內舉辦的其他外商投資企業獲得的人民幣利潤出資。	第 25 條 外國投資者可以用可自由兌換的外幣出資,也可以用機器設備、工業產權、專有技術等作價出資。 經審批機關批准,外國投資者也可以用其從中國境內舉辦的其他外商投資企業獲得的人民幣利潤出資。
第 27 條 外國投資者以機器設備作價出資的,該機器設備必須符合下列要求: (一)外資企業生產所必需的; (二)中國不能生產,或者雖能生產,但在技術性能或者供應時間上不能保證需要的。 該機器設備的作價不得高於同類機器設備當時的國際市場正常價格。 對作價出資的機器設備,應當列出詳細的作價出資清單,包括名稱、種類、數量、作價等,做為設立外資企業申請的附件一併報送審批機關。	第 26 條 **外國投資者以機器設備作價出資的,該機器設備應當是外資企業生產所必需的設備。** 該機器設備的作價不得高於同類機器設備當時的國際市場正常價格。 對作價出資的機器設備,應當列出詳細的作價出資清單,包括名稱、種類、數量、作價等,做為設立外資企業申請的附件一併報送審批機關。

第 28 條 外國投資者以工業產權、專有技術作價出資時，該工業產權、專有技術必須符合下列要求： （一）外國投資者自己所有的； （二）能生產中國急需的新產品或者出口適銷產品的。 該工業產權、專有技術的作價應當與國際上通常的作價原則相一致，其作價金額不能超過外資企業註冊資本的百分之二十。 對作價出資的工業產權、專有技術，應當備有詳細資料，包括所有權證書的複製件，有效狀況及其技術性能、實用價值，作價的計算根據和標準等，做為設立外資企業申請書的附件一併報送審批機關。	第 27 條 **外國投資者以工業產權、專有技術作價出資的，該工業產權、專有技術應當為外國投資者所有。** 該工業產權、專有技術的作價應當與國際上通常的作價原則相一致，其作價金額不能超過外資企業註冊資本的百分之二十。 對作價出資的工業產權、專有技術，應當備有詳細資料，包括所有權證書的複製件，有效狀況及其技術性能、實用價值，作價的計算根據和標準等，做為設立外資企業申請書的附件一併報送審批機關。
第 29 條 作價出資的機器設備運抵中國口岸時，外資企業應當報請中國的商檢機構進行檢驗，由該商檢機構出具檢驗報告。 作價出資的機器設備的品種、質量和數量與外國投資者報送審批機關的作價出資清單列出的機器設備的品種、質量和數量不符的，審批機關有權要求外國投資者限期改正。	第 28 條 作價出資的機器設備運抵中國口岸時，外資企業應當報請中國的商檢機構進行檢驗，由該商檢機構出具檢驗報告。 作價出資的機器設備的品種、質量和數量與外國投資者報送審批機關的作價出資清單列出的機器設備的品種、質量和數量不符的，審批機關有權要求外國投資者限期改正。
第 30 條 作價出資的工業產權、專有技術實施後，審批機關有權進行檢查。該工業產權、專有技術與外國投資者原提供的資料不符的，審批機關有權要求外國投資者限期改正。	第 29 條 作價出資的工業產權、專有技術實施後，審批機關有權進行檢查。該工業產權、專有技術與外國投資者原提供的資料不符的，審批機關有權要求外國投資者限期改正。
第 31 條 外國投資者繳付出資的期限應當在設立外資企業申請書和外資企業章程中載明。外國投資者可以分期繳付出資，但最後一期出資應當在營業執照簽發之日起三年內繳清。其中第一期出資不得少於外國投資者認繳出資額的百分之十五，並應當在外資企業營業執照簽發之日起九十天內繳清。 外國投資者為能在前款規定的期限內繳付第一期出資的，外資企業批准證書即自動失效。外資企業應當向工商行政管理機關辦理註銷登記手續，繳銷營業執照；不辦理註銷登記手續和繳銷營業執照的，由工商行政管理機關吊銷其營業執照，並予以公告。	第 30 條 外國投資者繳付出資的期限應當在設立外資企業申請書和外資企業章程中載明。外國投資者可以分期繳付出資，但最後一期出資應當在營業執照簽發之日起三年內繳清。其中第一期出資不得少於外國投資者認繳出資額的百分之十五，並應當在外資企業營業執照簽發之日起九十天內繳清。 外國投資者為能在前款規定的期限內繳付第一期出資的，外資企業批准證書即自動失效。外資企業應當向工商行政管理機關辦理註銷登記手續，繳銷營業執照；不辦理註銷登記手續和繳銷營業執照的，由工商行政管理機關吊銷其營業執照，並予以公告。

第 32 條 第一期出資後的其他各期的出資，外國投資者應當如期繳付。無正當理由逾期三十天不出資的，依照本實施細則第三十一條第二款的規定處理。 外國投資者有正當理由要求延期出資的，應當經審批機關同意，並報工商行政管理機關備案。	**第 31 條** 第一期出資後的其他各期的出資，外國投資者應當如期繳付。無正當理由逾期三十天不出資的，依照本實施細則第三十一條第二款的規定處理。 外國投資者有正當理由要求延期出資的，應當經審批機關同意，並報工商行政管理機關備案。
第 33 條 外國投資者繳付每期出資後，外資企業應當聘請中國的註冊會計師驗證，並出具驗資報告，報審批機關和工商行政管理機關備案。	**第 32 條** 外國投資者繳付每期出資後，外資企業應當聘請中國的註冊會計師驗證，並出具驗資報告，報審批機關和工商行政管理機關備案。
第五章 用地及其費用	
第 34 條 外資企業的用地，由外資企業所在地的縣級或者縣級以上地方人民政府根據本地區的情況審核後，予以安排。	**第 33 條** 外資企業的用地，由外資企業所在地的縣級或者縣級以上地方人民政府根據本地區的情況審核後，予以安排。
第 35 條 外資企業應當在營業執照簽發之日起三十天內，持批准證書和營業執照到外資企業所在地縣級或者縣級以上地方人民政府的土地管理部門辦理土地使用手續，領取土地證書。	**第 34 條** 外資企業應當在營業執照簽發之日起三十天內，持批准證書和營業執照到外資企業所在地縣級或者縣級以上地方人民政府的土地管理部門辦理土地使用手續，領取土地證書。
第 36 條 土地證書為外資企業使用土地的法律憑證。外資企業在經營期限內未經批准，其土地使用權不得轉讓。	**第 35 條** 土地證書為外資企業使用土地的法律憑證。外資企業在經營期限內未經批准，其土地使用權不得轉讓。
第 37 條 外資企業在領取土地證書時，應當向其所在地土地管理部門繳納土地使用費。	**第 36 條** 外資企業在領取土地證書時，應當向其所在地土地管理部門繳納土地使用費。
第 38 條 外資企業使用經過開發的土地，應當繳付土地開發費。 前款所指土地開發費包括徵地拆遷安置費用和為外資企業配套的基礎設施建設費用。土地開發費可由土地開發單位一次性計收或者分年計收。	**第 37 條** 外資企業使用經過開發的土地，應當繳付土地開發費。 前款所指土地開發費包括徵地拆遷安置費用和為外資企業配套的基礎設施建設費用。土地開發費可由土地開發單位一次性計收或者分年計收。
第 39 條 外資企業使用未經開發的土地，可以自行開發或者委託中國有關單位開發。基礎設施的建設，應當由外資企業所在地縣級或者縣級以上地方人民政府統一安排。	**第 38 條** 外資企業使用未經開發的土地，可以自行開發或者委託中國有關單位開發。基礎設施的建設，應當由外資企業所在地縣級或者縣級以上地方人民政府統一安排。
第 40 條 外資企業的土地使用費和土地開發費的計收標準，依照中國有關規定辦理。	**第 39 條** 外資企業的土地使用費和土地開發費的計收標準，依照中國有關規定辦理。

第 41 條 外資企業的土地使用年限，與經批准的該外資企業的經營期限相同。	第 40 條 外資企業的土地使用年限，與經批准的該外資企業的經營期限相同。
第 42 條 外資企業除依照本章規定取得土地使用權外，還可以依照中國其他法規的規定取得土地使用權。	第 41 條 外資企業除依照本章規定取得土地使用權外，還可以依照中國其他法規的規定取得土地使用權。
第 43 條 外資企業自行制定和執行生產經營計畫，該生產經營計畫應當報其所在地行業主管部門備案。	（原第 43 條刪除）
第六章　購買與銷售	
第 44 條 外資企業有權自行決定購買本企業自用的機器設備、原材料、燃料、零部件、配套件、元器件、運輸工具和辦公用品等（以下統稱「物資」）。 外資企業在中國購買物資，在同等條件下，享受與中國企業同等的待遇。	第 42 條 外資企業有權自行決定購買本企業自用的機器設備、原材料、燃料、零部件、配套件、元器件、運輸工具和辦公用品等（以下統稱「物資」）。 外資企業在中國購買物資，在同等條件下，享受與中國企業同等的待遇。
第 45 條 外資企業在中國市場銷售其產品，應當依照經批准的銷售比例進行。 外資企業超過批准的銷售比例在中國市場銷售其產品，須經審批機關批准。	第 43 條 **外資企業可以在中國市場銷售其產品。國家鼓勵外資企業出口其生產的產品。**
第 46 條 外資企業有權自行出口本企業生產的產品，也可以委託中國的外貿公司代銷或者委託中國境外的公司代銷。 外資企業有權依照批准的銷售比例自行在中國銷售本企業生產的產品，也可以委託中國的商業機構代銷。	第 44 條 外資企業有權自行出口本企業生產的產品，也可以委託中國的外貿公司代銷或者委託中國境外的公司代銷。 **外資企業可以自行在中國銷售本企業生產的產品，也可以委託商業機構代銷其產品。**
第 47 條 外國投資者做為出資的機器設備，依照中國規定需要領取進口許可證的，外資企業憑批准的該企業進口設備和物資清單直接或者委託代理機構向發證機關申領進口許可證。 外資企業在批准的經營範圍內，進口本企業自用並為生產所需的物資，依照中國規定需要領取進口許可證的，應當編制年度進口計畫，每半年向發證機關申領一次。 外資企業出口產品，依照中國規定需要領取出口許可證的，應當編制年度出口計畫，每半年向發證機關申領一次。	第 45 條 外國投資者做為出資的機器設備，依照中國規定需要領取進口許可證的，外資企業憑批准的該企業進口設備和物資清單直接或者委託代理機構向發證機關申領進口許可證。 外資企業在批准的經營範圍內，進口本企業自用並為生產所需的物資，依照中國規定需要領取進口許可證的，應當編制年度進口計畫，每半年向發證機關申領一次。 外資企業出口產品，依照中國規定需要領取出口許可證的，應當編制年度出口計畫，每半年向發證機關申領一次。

第 48 條 外資企業進口的物資以及技術勞務的價格不得高於當時國際市場同類物資以及技術勞務的正常價格。外資企業的出口產品價格，由外資企業參照當時的國際市場價格自行確定，但不得低於合理的出口價格。用高價進口、低於出口等方式逃避稅收的，稅務機關有權根據稅法規定，追究其法律責任。 外資企業依照批准的銷售比例在中國市場銷售產品的價格，應當執行中國有關價格管理的規定。 前述價格應當報物價管理機關和稅務機關備案，並接受其監督。	第 46 條 外資企業進口的物資以及技術勞務的價格不得高於當時國際市場同類物資以及技術勞務的正常價格。外資企業的出口產品價格，由外資企業參照當時的國際市場價格自行確定，但不得低於合理的出口價格。用高價進口、低於出口等方式逃避稅收的，稅務機關有權根據稅法規定，追究其法律責任。 （原第 2 款、第 3 款刪除）
第 49 條 外資企業應當依照《中華人民共和國統計法》及中國利用外資統計制度的規定，提供統計資料，報送統計報表。	第 47 條 外資企業應當依照《中華人民共和國統計法》及中國利用外資統計制度的規定，提供統計資料，報送統計報表。
第七章 稅務	
第 50 條 外資企業應當依照中國法律、法規的規定，繳納稅款。	第 48 條 外資企業應當依照中國法律、法規的規定，繳納稅款。
第 51 條 外資企業的職工應當依照中國法律、法規的規定，繳納個人所得稅。	第 49 條 外資企業的職工應當依照中國法律、法規的規定，繳納個人所得稅。
第 52 條 外資企業進口下列物資，免徵關稅和工商統一稅： （一）外國投資者做為出資的機器設備、零部件、建設用建築材料以及安裝、加固機器所需材料； （二）外資企業以投資總額內的資金進口本企業生產所需的自用機器設備、零部件、生產用交通運輸工具以及生產管理設備； （三）外資企業為生產出口產品而進口的原材料、輔料、元器件、零部件和包裝物料。 前款所述的進口物資，經批准在中國境內轉賣或者轉用於生產在中國境內銷售的產品，應當依照中國稅法納稅或者補稅。	第 50 條 外資企業進口下列物資，<u>依照中國稅法的有關規定減稅、免稅</u>： （一）外國投資者做為出資的機器設備、零部件、建設用建築材料以及安裝、加固機器所需材料； （二）外資企業以投資總額內的資金進口本企業生產所需的自用機器設備、零部件、生產用交通運輸工具以及生產管理設備； （三）外資企業為生產出口產品而進口的原材料、輔料、元器件、零部件和包裝物料。 前款所述的進口物資，經批准在中國境內轉賣或者轉用於生產在中國境內銷售的產品，應當依照中國稅法納稅或者補稅。
第 53 條 外資企業生產的出口產品，除中國限制出口的以外，依照中國稅法免徵關稅和工商統一稅。	第 51 條 外資企業生產的出口產品，除中國限制出口的以外，<u>依照中國稅法的有關規定減稅、免稅或者退稅</u>。

第八章 外匯管理	
第 54 條 外資企業的外匯事宜，應當依照中國有關外匯管理的法規辦理。	**第 52 條** 外資企業的外匯事宜，應當依照中國有關外匯管理的法規辦理。
第 55 條 外資企業憑工商行政管理機關發給的營業執照，在中國境內可以經營外匯業務的銀行開立帳戶，由開戶銀行監督收付。 外資企業的外匯收入，應當存入其開戶銀行的外匯帳戶；外匯支出，應當從其外匯帳戶中支付。	**第 53 條** 外資企業憑工商行政管理機關發給的營業執照，在中國境內可以經營外匯業務的銀行開立帳戶，由開戶銀行監督收付。 外資企業的外匯收入，應當存入其開戶銀行的外匯帳戶；外匯支出，應當從其外匯帳戶中支付。
第 56 條 外資企業應當自行解決外匯收支平衡。 外資企業無法自行解決外匯收支平衡的，外國投資者應當在設立外資企業申請書中載明並提出如何解決的具體方案；審批機關會商有關部門後作出答覆。 設立外資企業申請書中已載明自行解決外匯收支平衡的，任何政府部門不負責解決其外匯收支平衡問題。 外資企業生產的產品為中國急需並且可以替代進口，經批准在中國銷售的，經中國外匯管理機關批准後，可以收取外匯。	（原第 56 條刪除）
第 57 條 外資企業因生產和經營需要在中國境外的銀行開立外匯帳戶，須經中國外匯管理機關批准，並依照中國外匯管理機關的規定定期報告外匯收付情況和提供銀行對帳單。	**第 54 條** 外資企業因生產和經營需要在中國境外的銀行開立外匯帳戶，須經中國外匯管理機關批准，並依照中國外匯管理機關的規定定期報告外匯收付情況和提供銀行對帳單。
第 58 條 外資企業中的外籍職工和港澳台職工的工資和其他正當的外匯收益，依照中國稅法納稅後，可以自由匯出。	**第 55 條** 外資企業中的外籍職工和港澳台職工的工資和其他正當的外匯收益，依照中國稅法納稅後，可以自由匯出。
第九章 財務會計	
第 59 條 外資企業應當依照中國法律、法規和財政機關的規定，建立財務會計制度並報其所在地財政、稅務機關備案。	**第 56 條** 外資企業應當依照中國法律、法規和財政機關的規定，建立財務會計制度並報其所在地財政、稅務機關備案。
第 60 條 外資企業的會計年度自西曆年的一月一日起至十二月三十一日止。	**第 57 條** 外資企業的會計年度自西曆年的一月一日起至十二月三十一日止。

第 61 條 外資企業依照中國稅法規定繳納所得稅後的利潤，應當提取儲備基金和職工獎勵及福利基金。儲備基金的提取比例不得低於稅後利潤的百分之十，當累計提取金額達到註冊資本的百分之五十時，可以不再提取。職工獎勵及福利基金的提取比例由外資企業自行確定。 外資企業以往會計年度的虧損未彌補前，不得分配利潤；以往會計年度未分配的利潤，可與本會計年度可供分配的利潤一併分配。	第 58 條 外資企業依照中國稅法規定繳納所得稅後的利潤，應當提取儲備基金和職工獎勵及福利基金。儲備基金的提取比例不得低於稅後利潤的百分之十，當累計提取金額達到註冊資本的百分之五十時，可以不再提取。職工獎勵及福利基金的提取比例由外資企業自行確定。 外資企業以往會計年度的虧損未彌補前，不得分配利潤；以往會計年度未分配的利潤，可與本會計年度可供分配的利潤一併分配。
第 62 條 外資企業的自製會計憑證、會計帳簿和會計報表，應當用中文書寫；用外文書寫的，應當加註中文。	第 59 條 外資企業的自製會計憑證、會計帳簿和會計報表，應當用中文書寫；用外文書寫的，應當加註中文。
第 63 條 外資企業應當獨立核算。 外資企業的年度會計報表和清算會計報表，應當依照中國財政、稅務機關的規定編制。以外幣編報會計報表的，應當同時編報外幣折合人民幣的會計報表。外資企業的年度會計報表的清算會計報表，應當聘請中國的註冊會計師進行驗證並出具報告。 第二款和第三款規定的外資企業的年度會計報表和清算會計報表，連同中國的註冊會計師出具的報告，應當在規定的時間內報送財政、稅務機關，並報審批機關和工商行政管理機關備案。	第 60 條 外資企業應當獨立核算。 外資企業的年度會計報表和清算會計報表，應當依照中國財政、稅務機關的規定編制。以外幣編報會計報表的，應當同時編報外幣折合人民幣的會計報表。外資企業的年度會計報表的清算會計報表，應當聘請中國的註冊會計師進行驗證並出具報告。 第二款和第三款規定的外資企業的年度會計報表和清算會計報表，連同中國的註冊會計師出具的報告，應當在規定的時間內報送財政、稅務機關，並報審批機關和工商行政管理機關備案。
第 64 條 外國投資者可以聘請中國或者外國的會計人員查閱外資企業帳簿，費用由外國投資者承擔。	第 61 條 外國投資者可以聘請中國或者外國的會計人員查閱外資企業帳簿，費用由外國投資者承擔。
第 65 條 外資企業應當向財政、稅務機關報送年度資產負債表和損益表，並報審批機關和工商行政管理機關備案。	第 62 條 外資企業應當向財政、稅務機關報送年度資產負債表和損益表，並報審批機關和工商行政管理機關備案。
第 66 條 外資企業應當在企業所在地設置會計帳簿，並接受帳政、稅務機關的監督。 違反前款規定的，財政、稅務機關可以處以罰款，工商行政管理機關可以責令停止營業或者吊銷營業執照。	第 63 條 外資企業應當在企業所在地設置會計帳簿，並接受帳政、稅務機關的監督。 違反前款規定的，財政、稅務機關可以處以罰款，工商行政管理機關可以責令停止營業或者吊銷營業執照。

第十章 職工	
第 67 條 外資企業在中國境內雇用職工，企業和職工雙方應當依照中國的法律、法規簽訂勞動合同。合同中應當訂明雇用、辭退、報酬、福利、勞動保護、勞動保險等事項。 外資企業不得雇用童工。	第 64 條 外資企業在中國境內雇用職工，企業和職工雙方應當依照中國的法律、法規簽訂勞動合同。合同中應當訂明雇用、辭退、報酬、福利、勞動保護、勞動保險等事項。 外資企業不得雇用童工。
第 68 條 外資企業應當負責職工的業務、技術培訓，建立考核制度，使職工在生產、管理技能方面能夠適應企業的生產與發展需要。	第 65 條 外資企業應當負責職工的業務、技術培訓，建立考核制度，使職工在生產、管理技能方面能夠適應企業的生產與發展需要。
第十一章 工會	
第 69 條 外資企業的職工有權依照《中華人民共和國工會法》的規定，建立基層工會組織，開展工會活動。	第 66 條 外資企業的職工有權依照《中華人民共和國工會法》的規定，建立基層工會組織，開展工會活動。
第 70 條 外資企業工會是職工利益的代表，有要代表職工同本企業簽訂勞動合同，並監督勞動合同的執行。	第 67 條 外資企業工會是職工利益的代表，有要代表職工同本企業簽訂勞動合同，並監督勞動合同的執行。
第 71 條 外資企業工會的基本任務是：依照中國法律、法規的規定維護職工的合法權益，協助企業合理安排和使用職工福利、獎勵基金；組織職工學習政治、科學技術和業務知識，開展文藝、體育活動；教育職工遵守勞動紀律，努力完成企業的各項經濟任務。 外資企業研究決定有關職工獎懲、工資制度、生活福利、勞動保護和保險問題時，工會代表有權列席會議。外資企業應當聽取工會的意見，取得工會的合作。	第 68 條 外資企業工會的基本任務是：依照中國法律、法規的規定維護職工的合法權益，協助企業合理安排和使用職工福利、獎勵基金；組織職工學習政治、科學技術和業務知識，開展文藝、體育活動；教育職工遵守勞動紀律，努力完成企業的各項經濟任務。 外資企業研究決定有關職工獎懲、工資制度、生活福利、勞動保護和保險問題時，工會代表有權列席會議。外資企業應當聽取工會的意見，取得工會的合作。
第 72 條 外資企業應當積極支持本企業工會的工作，依照《中華人民共和國工會法》的規定，為工會組織提供必要的房屋和設備，用於辦公、會議、舉辦職工集體福利、文化、體育事業。外資企業每月按照企業職工實發工資總額的百分之二撥繳工會經費，由本企業工會依照中華全國總工會制定的有關工會經費管理辦法使用。	第 69 條 外資企業應當積極支持本企業工會的工作，依照《中華人民共和國工會法》的規定，為工會組織提供必要的房屋和設備，用於辦公、會議、舉辦職工集體福利、文化、體育事業。外資企業每月按照企業職工實發工資總額的百分之二撥繳工會經費，由本企業工會依照中華全國總工會制定的有關工會經費管理辦法使用。

第十二章 期限、終止與清算	
第 73 條 外資企業的經營期限，根據不同行業和企業的具體情況，由外國投資者在設立外資企業的申請書中擬訂，經審批機關批准。	第 70 條 外資企業的經營期限，根據不同行業和企業的具體情況，由外國投資者在設立外資企業的申請書中擬訂，經審批機關批准。
第 74 條 外資企業的經營期限，從其營業執照簽發之日起計算。 外資企業經營期滿需要延長經營期限的，應當在距經營期滿一百八十天前向審批機關報送延長經營期限的申請書。審批機關應當在收到申請書之日起三十天內決定批准或者不批准。 外資企業經批准延長經營期限的，應當自收到批准延長期限文件之日起三十天內，向工商行政管理機關辦理變更登記手續。	第 71 條 外資企業的經營期限，從其營業執照簽發之日起計算。 外資企業經營期滿需要延長經營期限的，應當在距經營期滿一百八十天前向審批機關報送延長經營期限的申請書。審批機關應當在收到申請書之日起三十天內決定批准或者不批准。 外資企業經批准延長經營期限的，應當自收到批准延長期限文件之日起三十天內，向工商行政管理機關辦理變更登記手續。
第 75 條 外資企業有下列情形之一的，應予終止： （一）經營期限屆滿； （二）經營不善，嚴重虧損，外國投資者決定解散； （三）因自然災害、戰爭等不可抗力而遭受嚴重損失，無法繼續經營； （四）破產； （五）違反中國法律、法規，危害社會公共利益被依法撤銷； （六）外資企業章程規定的其他解散事由已經出現。 外資企業如存在前款第（二）、（三）、（四）項所列情形，應當自行提交終止申請書，報審批機關核准。審批機關作出核准的日期為企業的終止日期。	第 72 條 外資企業有下列情形之一的，應予終止： （一）經營期限屆滿； （二）經營不善，嚴重虧損，外國投資者決定解散； （三）因自然災害、戰爭等不可抗力而遭受嚴重損失，無法繼續經營； （四）破產； （五）違反中國法律、法規，危害社會公共利益被依法撤銷； （六）外資企業章程規定的其他解散事由已經出現。 外資企業如存在前款第（二）、（三）、（四）項所列情形，應當自行提交終止申請書，報審批機關核准。審批機關作出核准的日期為企業的終止日期。
第 76 條 外資企業依照第 75 條第（一）、（二）、（三）、（六）項的規定終止的，應當在終止之日起十五天內對外公告並通知債權人，並在終止公告發出之日起十五天內，提出清算程序、原則和清算委員會人選，報審批機關審核後進行清算。	第 73 條 外資企業依照第 75 條第（一）、（二）、（三）、（六）項的規定終止的，應當在終止之日起十五天內對外公告並通知債權人，並在終止公告發出之日起十五天內，提出清算程序、原則和清算委員會人選，報審批機關審核後進行清算。
第 77 條 清算委員會應當由外資企業的法定代表人、債權人代表以及有關主管機關的代表組成，並聘請中國的註冊會計師、律師等參加。 清算費用從外資企業現存財產中優先支付。	第 74 條 清算委員會應當由外資企業的法定代表人、債權人代表以及有關主管機關的代表組成，並聘請中國的註冊會計師、律師等參加。 清算費用從外資企業現存財產中優先支付。

第 78 條 清算委員會行使下列職權： （一）召集債權人會議； （二）接管並清理企業財產，編制資產負債表和財產目錄； （三）提出財產作價和計算依據； （四）制定清算方案； （五）收回債權和清償債務； （六）追回股東應繳而未繳的款項； （七）分配剩餘財產； （八）代表外資企業起訴和應訴。	第 75 條 清算委員會行使下列職權： （一）召集債權人會議； （二）接管並清理企業財產，編制資產負債表和財產目錄； （三）提出財產作價和計算依據； （四）制定清算方案； （五）收回債權和清償債務； （六）追回股東應繳而未繳的款項； （七）分配剩餘財產； （八）代表外資企業起訴和應訴。
第 79 條 外資企業在清算結束之前，外國投資者不得將該企業的資金匯出或者攜出中國境外，不得自行處理企業的財產。 外資企業清算結束，其資產淨額和剩餘財產起過註冊資本的部分視同利潤，應當依照中國稅法繳納所得稅。	第 76 條 外資企業在清算結束之前，外國投資者不得將該企業的資金匯出或者攜出中國境外，不得自行處理企業的財產。 外資企業清算結束，其資產淨額和剩餘財產起過註冊資本的部分視同利潤，應當依照中國稅法繳納所得稅。
第 80 條 外資企業清算結束，應當向工商行政管理機關辦理註銷登記手續，繳銷營業執照。	第 77 條 外資企業清算結束，應當向工商行政管理機關辦理註銷登記手續，繳銷營業執照。
第 81 條 外資企業清算處理財產時，在同等條件下，中國的企業或者其他經濟組織有優先購買權。	第 78 條 外資企業清算處理財產時，在同等條件下，中國的企業或者其他經濟組織有優先購買權。
第 82 條 外資企業依照第 75 條第（四）項的規定終止的，參照中國有關法律、法規進行清算。 外資企業依照第 75 條第（五）的規定終止的，依照中國有關規定進行清算。	第 79 條 外資企業依照第 75 條第（四）項的規定終止的，參照中國有關法律、法規進行清算。 外資企業依照第 75 條第（五）的規定終止的，依照中國有關規定進行清算。
第十三章 附則	
第 83 條 外資企業的各項保險，應當向中國境內的保險公司投保。	第 80 條 外資企業的各項保險，應當向中國境內的保險公司投保。
第 84 條 外資企業與中國的其他企業或者經濟組織簽訂經濟合同，適用《中華人民共和國經濟合同法》。 外資企業與外國的公司、企業或者個人簽訂經濟合同，適用《中華人民共和國涉外經濟合同法》。	第 81 條 外資企業與其他公司、企業或者經濟組織以及個人簽訂合同，適用《中華人民共和國合同法》。

第 85 條 香港、澳門、台灣地區的公司、企業和其他經濟組織或者個人以及在國外居住的中國公民在大陸設立全部資本為其所有的企業，參照本實施細則辦理。	第 82 條 香港、澳門、台灣地區的公司、企業和其他經濟組織或者個人以及在國外居住的中國公民在大陸設立全部資本為其所有的企業，參照本實施細則辦理。
第 86 條 外資企業中的外籍職工和港澳台職工可帶進合理自用的交通工具和生活物品，並依照中國規定辦理進口手續。	第 83 條 外資企業中的外籍職工和港澳台職工可帶進合理自用的交通工具和生活物品，並依照中國規定辦理進口手續。
第 87 條 本細則由對外經濟貿易部負責解釋。	（原第 87 條刪除）
第 88 條 本細則自發布之日起施行。	第 84 條 本細則自發布之日起施行。

經濟全球化背景下中國外商投資企業法制的發展：
開放與管制政策思維之牽動

作者◆吳煜賢

發行人◆王學哲

總編輯◆方鵬程

主編◆葉幗英

責任編輯◆徐平

美術設計◆吳郁婷

出版發行：臺灣商務印書館股份有限公司

台北市重慶南路一段三十七號

電話：(02)2371-3712

讀者服務專線：0800056196

郵撥：0000165-1

網路書店：www.cptw.com.tw

E-mail：ecptw@cptw.com.tw

網址：www.cptw.com.tw

局版北市業字第 993 號

初版一刷：2011 年 2 月

定價：新台幣 550 元

ISBN 978-957-05-2578-6

經濟全球化背景下中國外商投資企業法制的發展：
開放與管制政策思維之牽動 / 吳煜賢著. -- 初
版. -- 臺北市：臺灣商務, 2011.02
　　面 ； 　公分
　　ISBN 978-957-05-2578-6（平裝）

1. 經濟制度 2. 經濟政策 3. 經濟法規 4. 外資企
業 5. 中國

552.2　　　　　　　　　　　　　　99023568

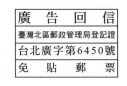
100台北市重慶南路一段37號

臺灣商務印書館　收

對摺寄回，謝謝！

傳統現代　　並翼而翔

Flying with the wings of tradtion and modernity.

讀者回函卡

感謝您對本館的支持，為加強對您的服務，請填妥此卡，免付郵資寄回，可隨時收到本館最新出版訊息，及享受各種優惠。

- 姓名：＿＿＿＿＿＿＿＿＿＿＿＿ 性別：□ 男 □ 女
- 出生日期：＿＿＿＿年＿＿＿＿月＿＿＿＿日
- 職業：□學生 □公務(含軍警) □家管 □服務 □金融 □製造
  □資訊 □大眾傳播 □自由業 □農漁牧 □退休 □其他
- 學歷：□高中以下（含高中）□大專 □研究所（含以上）
- 地址：＿＿＿＿＿＿＿＿＿＿＿＿＿＿＿＿＿＿＿
  ＿＿＿＿＿＿＿＿＿＿＿＿＿＿＿＿＿＿＿
- 電話：(H)＿＿＿＿＿＿＿＿ (O)＿＿＿＿＿＿＿＿
- E-mail：＿＿＿＿＿＿＿＿＿＿＿＿＿＿＿
- 購買書名：＿＿＿＿＿＿＿＿＿＿＿＿＿＿＿
- 您從何處得知本書？
  □網路 □DM廣告 □報紙廣告 □報紙專欄 □傳單
  □書店 □親友介紹 □電視廣播 □雜誌廣告 □其他
- 您喜歡閱讀哪一類別的書籍？
  □哲學‧宗教 □藝術‧心靈 □人文‧科普 □商業‧投資
  □社會‧文化 □親子‧學習 □生活‧休閒 □醫學‧養生
  □文學‧小說 □歷史‧傳記
- 您對本書的意見？（A/滿意 B/尚可 C/須改進）
  內容＿＿＿＿ 編輯＿＿＿＿ 校對＿＿＿＿ 翻譯＿＿＿＿
  封面設計＿＿＿＿ 價格＿＿＿＿ 其他＿＿＿＿
- 您的建議：＿＿＿＿＿＿＿＿＿＿＿＿＿＿＿

※ 歡迎您隨時至本館網路書店發表書評及留下任何意見

臺灣商務印書館 The Commercial Press, Ltd.

台北市100重慶南路一段三十七號 電話：(02)23115538
讀者服務專線：0800056196 傳真：(02)23710274
郵撥：0000165-1號 E-mail：ecptw@cptw.com.tw
網路書店網址：www.cptw.com.tw 部落格：http://blog.yam.com/ecptw